Persönliche Frömmigkeit und offizielle Religion

Persönliche Frömmigkeit und offizielle Religion

Religionsinterner Pluralismus in Israel und Babylon

Rainer Albertz

Society of Biblical Literature
Atlanta

Persönliche Frömmigkeit und
offizielle Religion

Library of Congress Cataloging-in-Publication Data

Albertz, Rainer, 1943–
Persönliche Frömmigkeit und offizielle Religion : religionsinterner Pluralismus in Israel und Babylon / Rainer Albertz.
p. cm.
Summary in English.
Includes bibliographical references.
ISBN-13: 978-1-58983-176-6 (alk. paper)
ISBN-10: 1-58983-176-4 (alk. paper)
1. Bible. O.T.—Theology. 2. Palestine—Religious life and customs. 3. Assyro-Babylonian religion. 4.Babylonia—Religious life and customs. 5. Assyro-Babylonian literature—Relation to the Old Testament. I. Title.

BS1192.5.A42 2005
296'.09'013—dc22 2005049902

Printed in the United States of America
on acid-free paper

∞

INHALTSVERZEICHNIS

A. RELIGIONSINTERNER PLURALISMUS.
Problem, Forschungsgeschichte und Grundlegung
1. Das theologische Problem 1
2. Die These 2
3. Kollektivismus und Individualismus
a) Forschungsgeschichte 4
b) Folgerungen 9
4. Volksfrömmigkeit und Jahwereligion
a) Forschungsgeschichte 14
b) Folgerungen 16
5. Persönlicher Gott und Volksgott
a) Forschungsgeschichte 18
b) Folgerungen 21

B. PERSÖNLICHE FRÖMMIGKEIT UND OFFIZIELLE RELIGION IN ISRAEL
I. Religiöse Unterschiede zwischen der Klage des Einzelnen und der Klage des Volkes 23
1. Datierung und Sitz im Leben 24
2. Rückblick auf Gottes früheres Heilshandeln und Bekenntnis der Zuversicht 27
3. "Unser Gott" und "mein Gott" 32
4. Weltschöpfer und Menschenschöpfer 37
5. Verwerfen und Verlassen 38
6. Politische und dämonische Mächte 43
7. Zusammenfassung 48

II. Die theophoren Namen als Ausdruck der persönlichen Frömmigkeit
1. Die Bedeutung der Namengebung in der Familie 49
Exkurs: Akkadische Geburtsrituale 51
2. Das Fehlen der Traditionen des Volkes 56
3. Gottes Handeln im Umkreis der Geburt 58
4. Gottes Zuwendung, Rettung und Schutz 60
a) Die Zuwendung Gottes 61
b) Das Eingreifen Gottes 63
c) Das Vertrauensverhältnis zwischen Gott und dem Einzelnen 67
d) Das Vergeben Gottes 70
5. Die theophoren Elemente 71
6. Die Verwandtschaftswörter als Gottesbezeichnungen 74

III. Die Religion der Erzväter als Ausdruck der persönlichen Frömmigkeit
1. Entsprechungen zwischen der Väterreligion und der Frömmigkeit der Personennamen und individuellen Klagen 77
2. Das Mit-Sein Gottes 81
3. Der Gott der Väter 88

IV. Zusammenfassung 92

C. PERSÖNLICHE FRÖMMIGKEIT UND OFFIZIELLE RELIGION IN MESOPOTAMIEN

I. Einleitung 96
1. Religionsinterner Pluralismus in der mesopotamischen Religion 97
2. Die Auswahl der Texte 98

II. Die persönliche Frömmigkeit der altbabylonischen Briefe im Vergleich zu den theophoren Personennamen 101
1. Der Inhalt des Geschehens zwischen Gott und dem Einzelnen in den Briefen und den Namen 102
a) Die Erschaffung des Einzelnen durch die Götter ("Geburtsnamen") 102
b) Das segnende, fördernde und leitende Handeln der Götter ("Segensnamen") 104
c) Das rettende und schützende Handeln der Götter ("Gebetsnamen") 111
d) Mögliche Krisen des persönlichen Gottesverhältnisses 119
e) Die religiösen Aussagen der aB Briefe und die kassitischen Siegelgebete 121
2. Die soziale Dimension der persönlichen Frömmigkeit 126
3. Der Grad der Ritualisierung der persönlichen Frömmigkeit 130
4. Das Gottesverständnis in den Briefen 134

III. Die offizielle Religion der altbabylonischen Königsinschriften
1. Auswahl und Art der Texte 140
2. Das Handeln der Götter in den Königsinschriften
a) Das politische Handeln der Götter 141
(a) Das Deligieren von Herrschaft 142
(b) Das Beauftragen zu Regierungsmaßnahmen 143
(c) Die Sicherung politischer Stabilität 144
(d) Die geschichtliche Dimension des göttlichen Handelns 146

(e) Die legitimierende Funktion des göttlichen Handelns 148
b) Die Unterstützung des Königs bei seiner Amtsführung 149
c) Elemente persönlicher Frömmigkeit in den Königsinschriften 150
3. Das politische Handeln des Königs als religiöses Handeln
a) Der König als gehorsamer Diener der Götter 152
b) Die königlichen Baumaßnahmen 153
c) Die königliche Sicherung des offiziellen Kultes 153
4. Das Gottesverständnis in den Königsinschriften 154
a) Die polytheistische Götterwelt der Inschriften 155
b) Die theologische Bewältigung des Aufstiegs Babylons 157

D. RELIGIONSINTERNER PLURALISMUS IN ISRAEL UND MESOPOTAMIEN 158

I. Die persönliche Frömmigkeit in den beiden Religionen 159
II. Die offiziellen Religionen 161
III. Das Verhältnis der Religionsschichten zueinander 164

E. DIE GESCHICHTE VON PERSÖNLICHER FRÖMMIGKEIT UND OFFIZIELLER RELIGION IN ISRAEL

I. Übersicht über die Entwicklung 165
II. Der Versuch einer Integration der persönlichen Frömmigkeit in die offizielle Religion durch das Deuteronomium
1. Hinweise auf den familiären Lebensbereich im Deuteronomium 169
2. Die Hineinnahme der Volksgeschichte in das Segenswirken Gottes am Einzelnen 170
a) Die Segenshinweise in Geboten und Gebotsparänesen 171
b) Die bedingten Segensverheißungen 174
3. Die Verankerung der Volksgeschichte in die Familientradition 177
III. Die Rettung der Religion Israels durch die persönliche Frömmigkeit im Exil 178
1. Die Aufnahme individueller Vertrauensmotive in die Klage des Volkes 180
2. Die vertrauenstärkende Funktion der privaten Klage- und Lobzeremonie 183
3. Die Anknüpfung an die persönliche Frömmigkeit in der exilischen Heilsprophetie 186

IV. Die Vermischung beider Religionsschichten in der nachexilischen Gemeindefrömmigkeit
1. Die neue Lage nach dem Exil 190
2. Die gegenwärtige Not und das Harren auf die endgültige Rettung 192
3. Die Auseinandersetzung mit den religiösen Gegnern 194

F. RELIGIONSINTERNER PLURALISMUS IN DER HEUTIGEN CHRISTLICHEN KIRCHE
Der Versuch einer neuen theologischen Begründung der sogenannten kirchlichen Amtshandlungen

I. Die Problematik der heutigen Amtshandlungspraxis und der Mangel ihrer theologischen Bewältigung
1. Die Problematik der Praxis 198
2. Die bisherige theologische Bewältigung 199

II. Der religionsinterne Pluralismus als Deutungskategorie für die heutige Problematik
1. Die in den Amtshandlungen zu Tage tretende Religiosität 201
2. Das Subjekt der Kasualgottesdienste 203

III. Die sogenannten Amtshandlungen als Rituale der persönlichen Frömmigkeit
1. Der Versuch einer neuen theologischen Begründung 205
2. Der Versuch einer neuen Theorie der Amtshandlungen
a) "Die Amtshandlungen" als Familiengottesdienste 207
b) Die Aufgaben des Pfarrers für die persönliche Frömmigkeit 208
c) Die Funktionen der persönlichen Frömmigkeit für die Gemeinde 209

ANMERKUNGEN A 211
ANMERKUNGEN B 217
ANMERKUNGEN C 244
ANMERKUNGEN D 261
ANMERKUNGEN E 262
ANMERKUNGEN F 274
ABKÜRZUNGEN UND VERWEISE 280
LITERATURVERZEICHNIS 283
NACHWORT 297

A. RELIGIONSINTERNER PLURALISMUS. Problem, Forschungsgeschichte und Grundlegung

1. Das theologische Problem

"Vorwärts mit Gott,
der mit uns sein wird, wie er mit den Vätern war!"(1)

So heißt der letzte Satz des Aufrufs, den Kaiser Wilhelm II am 6.8.1914 an das deutsche Volk richtete. Er bedeutete Mobilmachung zu einem Krieg, der später der 1. Weltkrieg genannt wurde. Viele folgten ihm, manche gezwungen, die meisten aber - so hören wir - freiwillig und begeistert. Sie trauten dem Bekenntnis ihres Kaisers, vertrauten, wie es auch auf ihren Koppelschlössern eingeprägt war, daß Gott mit den Heeren, Kanonen und Panzerwagen des deutschen Volkes sein würde. Und viele, besonders die jungen, rannten in diesem religiösen und nationalen Enthusiasmus geradewegs in das Feuer der feindlichen Linien, in Ypern etwa, und starben.

Uns Nachgeborenen eines Volkes, das nicht nur diesen Krieg, sondern einen zweiten, noch entsetzlicheren verloren hat, ist bei diesen Äußerungen des Gottvertrauens unbehaglich. Es gibt wohl heute bei uns kaum noch Christen und Theologen, die dieses Bekenntnis für eine legitime religiöse Äußerung in der Situation einer Mobilmachung halten würden. Aber kann sich dieses "Gott mit uns" nicht direkt auf die Bibel, besonders auf das Alte Testament berufen?

Um aus dem Dilemma herauszukommen, könnte man das Alte Testament in diesem Fall als überholt ansehen - das wäre die billigste Lösung. Man könnte auch darauf verweisen, daß sich seit Deuterojesaja das Handeln Gottes von jeglicher politischer und militärischer Macht seines Volkes getrennt hat(2) - das wäre eine gute Lösung, doch würde das Bekenntnis dadurch nicht legitimer.

Man kann aber auch einen dritten Weg gehen, nämlich fragen, zu welchem Lebensvorgang und in welchen Lebensbereich das Vertrauen auf Gottes Mit-Sein eigentlich gehörte und wie sich diese zur Mobilmachung eines modernen Volksheeres verhalten. Und dann kommt man, wie diese Untersuchung noch im einzelnen ausführen wird(3), zu einem erstaunlichen Ergebnis: Vom Mit-Sein Gottes spricht im Alten Testament ursprünglich nur ein einzelner Mensch in der Situation der Bedrohung:

Ps 23,4 Und wenn ich auch wandere im finsteren Tal,
fürchte ich kein Unglück, denn du bist bei mir...

oder es wird einem einzelnen Menschen in einer scheinbar hoffnungslosen Notlage zugesprochen:

Jes 41,10 Du brauchst keine Angst zu haben, denn ich bin bei dir,
du brauchst dich nicht zu fürchten, denn ich bin dein Gott!
Ich stärke dich, ja, ich helfe dir, ich stütze dich mit meiner heilsamen Rechten. (4)

Dieser einzelne Mensch ist den Gefährdungen hilflos ausgeliefert, er sieht keine Möglichkeit und hat keine Machtmittel, sich selbst durchzuschlagen. "Du brauchst keine Angst zu haben, ich bin bei dir, alles ist gut", sagt der Mann von der Rettungsmannschaft, wenn er den Vermißten findet, sagt eine Mutter zu ihrem Kind, das von einem bösen Traum aufgewacht ist und weint.

Damit ist deutlich: Zusage und Bekenntnis des Mit-Seins Gottes gehören in den Lebensbereich des einzelnen, zerbrechlichen Menschen, hier klingen sie auch heute noch theologisch völlig legitim.

Illegitim werden sie erst, wenn man diese unbedingte Vertrauensbeziehung aus ihrem Lebensbereich löst und sie in den Lebensbereich einer großen Gruppe von Menschen überträgt. Eine Gruppe, ein Volk ist Gefährdungen weit weniger ausgesetzt, sie hat größere Möglichkeiten zur Selbsthilfe als ein einzelner Mensch, noch dazu wenn sie bis an die Zähne bewaffnet ist. Auf sie angewandt, wird das Bekenntnis des Mit-Seins Gottes zur Überhöhung der eigenen Macht mißbraucht, wird zur Ideologie.(5)

Folgt man diesem Beispiel, dann ist es offensichtlich theologisch nicht gleichgültig, in welchen Lebensbereich ein Handeln oder Reden Gottes gehört. Wenn man in diesem Fall das Handeln Gottes im Lebensbereich des Einzelnen nicht ohne weiteres auf das Volk übertragen kann, dann stellt sich die Frage, ob wir in der Religion Israels nicht grundsätzlich verschiedene Ebenen unterscheiden müssen, je nachdem sich Jahwes Reden und Handeln auf die Lebensbereiche Einzelner, der Familie, des Stammes oder des staatlich verfaßten Volkes bezieht.

2. Die These

Eine solche Frage hat meines Wissens in der bisherigen theologischen Diskussion kaum eine Rolle gespielt, auch in der alttestamentlichen Forschung spricht man von "<u>der</u> Religion Israels", "<u>dem</u> Glauben Israels" oder "<u>dem</u> Handeln Gottes an Israel", so als wäre das damit Bezeichnete eine, wenn auch aus mannigfachen Traditionen gewachsene, und mehrere Entwicklungsstufen durchlaufende Einheit. Hier fällt nun eine Entscheidung: Faßt man Religion primär als etwas Gedankliches, wie in der abendländischen Tradition weithin geschehen, dann kann man in der Tat in ihr etwas Einheitliches sehen, ein in sich stimmiges System religiöser Gedanken und Inhalte, was dann immer nur neu entfaltet zu werden braucht.(6) Nun haben aber besonders S.Mowinckel und die kultgeschichtliche Schule gezeigt, daß die Religionen nicht primär durch gedankliche Systeme konstituiert sind, sondern durch Handlung.(7) Religion ist Geschehen, sie geschieht von Gott zu den Menschen und von den Menschen zu Gott. Folgt man diesem Ansatz, dann kann man nicht mehr davon absehen, ob es sich bei dem einen Partner dieses Wechselgeschehens z.B. um eine Familie mit 10 Mitgliedern oder um eine Gruppe von einigen tausend Mann handelt, dann muß man davon ausgehen, daß die Sozialform, in der sich die Träger eines religiösen Vorganges befinden, notwendigerweise Auswirkungen auf diesen selbst hat. Dann müßte die Religion einer Kleinvieh züchtenden, wandernden Familie (Gen 12-50) eine andere sein, als die von in das Kulturland drängenden Stämmen (Ex-Nu) und wiederum von beiden verschieden die Religion eines staatlich verfaßten, seßhaften Volkes (Dtn).

Doch ist das noch ein zu einfaches Modell. Nur in Ausnahmefällen besteht eine Gesellschaft aus einer einzigen Sozialform, etwa nur aus der Familie wie in den Vätererzählungen. Meist kommt es zu einer Überschichtung mehrerer Sozialformen. Als Israel seßhaft wurde und ein staatlich verfaßtes Volk, lösten sich wohl die Stämme mit der Zeit auf, die Familie blieb aber als eine tragende soziale Größe innerhalb des Volkes bestehen. Zwar berührten sich die Lebensbereiche der Familie und des Volkes an vielen Punkten, war doch jeder zugleich "Mitglied" in beiden Gemeinschaftsformen, dennoch waren sie nicht einfach deckungsgleich: Die Geburt eines Kindes etwa war ein zentrales Ereignis in der Familie, spielte aber für das Volk so gut wie keine Rolle(8), andererseits war eine kriegerische Auseinandersetzung Sache des Volkes als ganzen, die zwar das Alltagsleben in den Familien nicht unberührt ließ, aber doch nicht einfach außer Kraft setzte.(9) Nur ausgesprochene Katastrophen führen zu einem Zusammenfallen der Ebenen.(10)

Dieses Ineinander von verschiedenen tragenden Sozialformen in einer Gesellschaft ist der Grund für eine Erscheinung, die ich mit G.Lanczkowski "religionsinternen Pluralismus"(11) nennen möchte. Der Begriff bezeichnet das Sich-Überlagern von Schichten innerhalb einer Religion. Solche Religionsschichtung läßt sich in einer Reihe von Religionen nachweisen, so etwa in der griechischen Religion, in der sich die Religion des mykenischen Adels, wie sie sich in den homerischen Epen darstellt, über eine anders geartete bäuerliche Glaubensform gelagert hat.(12) F.Pfister spricht in diesem Zusammenhang von einer "Religion der Tiefe"(13), sie ist, so meint G.Lanczkowski, "in jeder Religion vorhanden, wenn sie sich auch unterschiedlich von der offiziellen Religion abhebt".(14) Die Scheidung kann so weit gehen, daß in der Chinesischen Religion die Ausübung des Staatskultes nur Sache des Kaisers und seiner Beamten war, an dem das niedere Volk keinen direkten Anteil hatte.(15)

Dafür, daß man auch für die Religion Israels mit einer sozial bedingten Schichtung rechnen muß, gibt es zumindest einen Anhaltspunkt: Ich war bei meiner Untersuchung der Schöpfungsaussagen der Psalmen und davon beeinflußten Teilen des Alten Testaments darauf gestoßen, daß der Appell an den Menschenschöpfer in eine Bittzeremonie gehört, welche die Familie für ihr krankes Mitglied veranstaltet, während der Weltschöpfer in den Feiern des Volkes an den großen Heiligtümern des Landes gerühmt wird. Ich habe in diesem Zusammenhang von einer "Subreligion" in Israel gesprochen, die man vom offiziellen Jahweglauben abheben müsse.(16)

Die These einer sozial bedingten Schichtung innerhalb der Religion Israels, die ich in dieser Arbeit weiter ausbauen möchte, berührt sich in Teilaspekten mit drei, auf den ersten Blick recht unterschiedlich erscheinenden Diskussionskreisen in der bisherigen alttestamentlichen Forschungsgeschichte: 1. Mit der Auseinandersetzung um Kollektivismus oder Individualismus im Alten Testament, 2. mit der Frage nach einer gegenüber dem "Jahwismus" in irgend einer Weise "primitiveren" Volksfrömmigkeit und 3. mit der These H.Vorländers von einem gegenüber dem Volksgott unterscheidbaren Gottestyp des "persönlichen Gottes".

3. Kollektivismus und Individualismus

a) Forschungsgeschichte:

Die Auseinandersetzung um Kollektivismus und Individualismus im Alten Testament, die heute aufgrund der theologischen Konzentration und weithin heilsgeschichtlichen Orientierung der Arbeit am Alten Testament im Gefolge der dialektischen Theologie fast in Vergessenheit geraten ist, wurde mit Heftigkeit vom Ende des vorigen Jahrhunderts bis in die dreißiger Jahre geführt. Noch 1938 galt J.Hempel die Frage nach der "gegenseitige(n) Beziehung von Kollektivismus und Individualismus" als "eines der umstrittensten Probleme der alttestamentlichen Forschung". (17) Um was ging es?

Der Streit begann, als B.Duhm 1875 gegen eine vorschnelle Vereinnahmung des Alten Testaments durch einen "cosmopolitischen Individualismus" und eine heilsgeschichtlich argumentierende Theologie mit dem geschulten Blick des Historikers für geschichtliche Abstände die Frage nach dem Subjekt der alttestamentlichen Religion stellt und sie pointiert beantwortet: "Demnach ist das Volk Israel, wie es im Gegensatz steht zu allen anderen Völkern, aber auch zu den einzelnen Individuen das Subject der Religion."(18) "Das sittliche, mit Gott persönlich und unmittelbar verbundene Individuum"(19) tritt erst mit der prophetischen Religion ans Tageslicht, insbesonders bei Jeremia, und diese prophetische Religion ist es, die die alte Volksreligion grundlegend in Richtung auf eine Individualisierung umgestaltet. Ausgeführt hat Duhm die These vor allem an der Entwicklung von einer kollektiven Vergeltung (Jos 7) zur Eigenverantwortung des Einzelnen vor Gott (Jer 31; Ez 18).

Diese These des "Kollektivismus", wie sie von den Gegnern plakativ genannt wurde, ist von der Wellhausen-Schule weiter ausgebaut und verschärft worden. Ausgebaut wurde sie aufgrund religionswissenschaftlicher Ergebnisse von W.R.Smith (1889/dt.1899). Nach Smith gilt für "die Religion der Semiten" überhaupt, daß sie "nicht für das Heil der Seelen, sondern im Interesse der Erhaltung und Wohlfahrt des Gemeinwesens" bestand. (20) Dabei weist Smith schon auf eine soziologische Bedingtheit: So wie der Einzelne bei den Semiten in seine Familie, seinen Stamm oder sein Volk fest eingebunden war, so nimmt er an der Religion nur als Glied der Gesamtheit teil. (21) Verschärft wurde die These dadurch, daß man die Gottesbeziehung des Einzelnen in vorprophetischer Zeit entweder pauschal leugnete oder doch stark abwertete: So z.B. B.Stade: "Israels Religion ist Volksreligion...nur durch seine Zugehörigkeit zu dem Volke Israel als der Cultgenossenschaft Jahwes tritt der einzelne Israelit in ein Verhältnis zu Jahwe"(22) und R.Smend schreibt: "Aber die Sache des Einzelnen wurde nicht mit der Zuversicht vor Jahve gebracht wie die des ganzen Volkes. Dazu war sie zu klein. Der Einzelne hoffte wohl auf Jahve, aber er vertraute nicht eigentlich auf ihn."(23)

Man muß wissen, daß diese negativen Abgrenzungen überall nur thetisch vorgetragen wurden und eine exegetische Begründung so gut wie ganz fehlt. Dabei ist die geringe Bewertung der persönlichen Gottesbeziehung in vorprophetischer Zeit mitbedingt durch das hohe Ideal einer sittlich-religiösen Persönlichkeit im 19.Jh., das man erst in den Prophetengestalten verwirklicht sah. Voraussetzung für die These war die Annahme einer Evolution in der Religionsgeschichte vom Naturhaften zum Geistigen, wie sie durch Vatke in das

Alte Testament eingeführt war. An dieser Evolution, besonders an ihrem Endpunkt war man interessiert; so kommt es, daß man die "Kollektivreligion", die man eigentlich negativ bewertete, mit dieser Emphase und Ausschließlichkeit postulierte; man brauchte sie, um davon die "Individualreligion" der Propheten um so leuchtender abheben zu können.

Es ist diese Einseitigkeit gewesen, welche die Bestreiter der Kollektivismus-These auf den Plan rief. Die erste grundlegende Arbeit stammt von E.Sellin (1893). Er bestreitet, daß sich Kollektivismus und Individualismus einfach auf zwei Entwicklungsstadien aufteilen lassen. Mit Hinweis auf die griechische Religion stellt er fest: "Es ist somit zunächst ein feststehendes religionsgeschichtliches Faktum, daß im Altertum vielfach parallel nebeneinander verschiedene Subjekte der Religion, bald der Staat, bald die Familie, bald das Individuum gedacht sind und daß durch das eine das andere nicht ausgeschlossen."(24) Sellin geht sodann das ganze Alte Testament durch, um exegetisch nachzuweisen, daß es auch schon in vorexilischer Zeit eine Beziehung des einzelnen Menschen zu Gott gegeben hat. Methodisch wichtig ist, daß er dabei nach Gattungen unterscheidet: "In dem Gesetze kommt der Einzelne fast nur als Glied des Volkes in Betracht; in den Reden der Propheten desgleichen, dagegen zeigt sich bei ihnen schon, wie in praxi dies Verhältnis zu Gott doch von dem Einzelnen als ein direktes aufgefaßt wurde; in den historischen Büchern halten sich die Beziehung Gottes auf das Volk und die auf das Individuum so ziemlich das Gleichgewicht. In der religiösen Lyrik erscheint außerhalb der eigentlichen Volkshymnen das Individuum überall in einem direkten innigen Verhältnis zu Gott stehend, wenn auch die Beziehung Gottes auf das Volk vielfach durchklingt als der Grund, auf dem der Individualismus ausschließlich sich erbauen kann."(25) Dabei kommen die Psalmen nicht voll ins Blickfeld, weil Sellin sie meist für nachexilisch hält(26), er belegt aber eine Vielzahl von individuellen Gebeten in den Geschichtsbüchern.(27) Daneben weist er noch auf die theophoren Eigennamen und die Chokma(29) als Quellen für eine individuelle Gottesbeziehung hin. Daß es besonders Führer und Könige sind, an denen Gott in den Geschichtsbüchern handelt, schließt die Gottesbeziehung gewöhnlicher Israeliten nicht aus, sondern ist in der Selektion der Quellen begründet: "so ist der Grund einfach der, daß die Geschichtsbücher an und für sich Volksgeschichte, nicht private Geschichten enthalten."(30)

So sind die Belege, die Sellin für eine persönliche Frömmigkeit innerhalb der Religion Israels aufführt, reichhaltig und methodisch erstaunlich klar differenziert. Doch bedingt durch die Fragestellung seines Gegenüber nach dem Subjekt der israelititschen Religion, begnügt sich Sellin mit dem Nachweis, daß es eine Beziehung des Einzelnen zu Jahwe gegeben hat und zwar schon in ältester Zeit. Wie diese aussieht, wie sie sich zur Gottesbeziehung des Volkes verhält, fragt er trotz seiner ausführlichen exegetischen Untersuchung nicht. Er scheint einfach ihre Identität vorauszusetzen.

Ähnlich in der Zielrichtung wie auch in der Beschränkung sind die Bestreitungen der "Kollektivismus-These" in der Folgezeit von M.Löhr (1906)(31), H.Gunkel (1912)(32), J.Hempel (2.Aufl.1936/1938)(33), J.de Fraine (1952)(34) und H.H.Rowley (1956).(35) Sie alle leugnen nicht die Grundeinsicht Duhms, daß primäres Subjekt der Religion Israels das Volk sei, noch daß eine individualisierende Tendenz zu beobachten sei, aber sie bestreiten die Extremität der Auffassung von Kollektivität und Individualität sowie die Einlinigkeit der Entwicklung.

So sieht etwa auch H.Gunkel einen Individualisierungsprozeß ab dem 8.Jh., doch der Fortschritt vom "Sozialismus zum Individualismus" ist komplizierter verlaufen, als die Wellhausen-Schule es wahrhaben will: "Israels älteste Religion ist zunächst eine Volksreligion gewesen.../Die großen Begehungen der Religion sind Feiern der Volksgemeinde... Trotzdem würde die Annahme, daß das Individuum in der Religion Israels überhaupt keine Beziehung gehabt habe, ein starker Irrtum sein"(36), denn das Interesse des einzelnen Israeliten ist keineswegs ausschließlich auf das Ergehen des Volkes gerichtet, die Mutter bangt sich um ihr Kind, der Kranke fürchtet sich vor dem Tod, der Bauer wünscht sich reichen Ertrag auf dem Feld, "alles Dinge, die den Einzelnen zwar sehr viel, Israel aber gar nichts angehen."(37) Gunkel fragt: "Und sollten nicht die individuellen Schmerzen und Freuden, welche die alten Israeliten wie alle anderen Menschen gefühlt haben, auch in der Religion ihre Stätte besessen haben?"(38) Es gibt also für Gunkel neben und abgehoben von dem Individualisierungsprozeß der Gesamtreligion seit alters das Faktum einer persönlichen Gottesbeziehung, das dadurch begründet ist, daß selbst in der solidarischen israelitischen Gemeinschaftsform der Lebensbereich der Familie nicht im Lebensbereich des Volkes aufgeht.

J.Hempel fügt noch eine religionsgeschichtliche Erkenntnis hinzu: "Das Erwachen des Einzelnen zum 'Ich' liegt jenseits unser ältesten Quellen"(39), die menschheitsgeschichtliche Evolution, die die Wellhausen-Schule innerhalb des Alten Testaments aufzeigen wollte, geschah schon viele Jahrtausende früher.

Im Rückblick faßt H.H.Rowley die Diskussion so zusammen: Richtig sei an der Kollektivismus-These, daß in der altisraelitischen Gesellschaft der Einzelne stärker in die Solidarität der Gemeinschaft einbezogen war als in unserer abendländischen Industriegesellschaft. "But in no period of life of Israel do we find extreme collectivism or extreme individualism but a combination of both."(40) Von Sellin bis Rowley ist dabei das exegetische Material, was zur Begründung einer frühen Gottesbeziehung des Einzelnen angeführt wird, ziemlich konstant: Es sind 1. die theophoren Namen(41), 2. Gebete (Psalmen und Prosagebete aus den Geschichtsbüchern)(42), und 3. Erzählungen, von diesen besonders die Genesiserzählungen.(43)

Es ist nun bezeichnend, daß die Autoren, die sich exegetisch mit einem dieser Textbereiche speziell auseinandergesetzt haben, automatisch zu Gegnern der Kollektivismus-These wurden. So stellt M.Noth (1938) in der Zusammenfassung seiner Studie über die israelitischen Personennamen fest: "Die Personennamen werden stets eine Auffassung, die für die ältere Zeit nur eine Beziehung der Gottheit zum Volke als ganzem gelten lassen will, ins Unrecht setzen."(44) Und A.Wendel (1931) sagt in Zusammenfassung seiner Untersuchung zu den Gelübdegebeten: "Es ist daher nach dem Stand der Quellen nicht zu sagen, daß die Individualreligion eine Sekundär- und Spätform im Alten Testament sei...Gerade im Gebete...gerade auch in der Frauenwelt, lebt schon in alter Zeit eine innige persönliche Frömmigkeit."(45)

In diesen exegetischen Arbeiten sowie in J.Hempels "Gott und Mensch" kommen nun - über den bestreitenden Nachweis hinaus - auch schon einige eigentümliche Züge dieser persönlichen Frömmigkeit ins Blickfeld, die sie von der Religion des Volkes unterscheiden.

So arbeitet M.Noth die Gottesanschauung der Personennamen folgendermaßen heraus: "Es ist nicht der Jahwe vom Sinai, der furchtbare, schreckenerregende Gott, der mit Israel gegen die Feinde kämpft, der sich in außergewöhnlichen Naturerscheinungen... manifestiert..., der in den Namen erscheint; es ist der freundliche, milde Gott, der in der Natur und ihren regelmäßigen Erscheinungen waltet, der vor allem Fruchtbarkeit, Kindersegen spendet, der das Kind schützt und gedeihen läßt, dem Menschen in seinem Leben beisteht und hilft."(46) Noth sieht hier einen "breiten Strom der Volksfrömmigkeit", der keineswegs auf Israel beschränkt war und seit uralter Zeit vorhanden, auch von den Erlebnissen Israels am Sinai nicht beseitigt werden konnte. Auch A.Wendel sieht zwei Linien durch die Religionsgeschichte Israels laufen: "Wenn Jahwe wie der himmlische väterliche Berater und Freund des Hauses auftritt (gemeint sind die Gelübde Gen 28,20-22; Nu 21,2; Ri 11,30f; 1.Sam 1,10f; 2.Sam 15,8), so ist zu beachten, wie diese Linie von der Patriarchenreligion her, an der Kriegs- und Stammesfrömmigkeit vorbei in die Königszeit läuft"(47) und: "Das Vertrauen dieser privaten Frömmigkeit überspringt auch Grenzen, welche die kultgebundene öffentliche Religion nicht übertreten kann...ja, man kann sagen, die Privat-Religion ist großzügiger und weiter als die Kultreligion. Die Linie führt von der Privatreligion zu der Prophetenreligion an der priesterlichen Kultreligion vorbei."(48) Auch wenn hier im einzelnen vieles fraglich bleibt, so zeigen doch diese Äußerungen, wie erstaunlich weit diese beiden Forscher auf dem Weg zu einem innerreligiösen Pluralismus vorgedrungen sind.

Schließlich ist J.Hempel, Gott und Mensch, 2.Aufl.1936 zu nennen, eine Arbeit, die zwar in die Reihe der Bestreitungen der Kollektivismusthese hineingehört, aber von ihrer Anlage her darüber hinausführt. Hempel arbeitet darin in Kap.2-4 "Der Glaube an die Macht Jahves in Geschichte und Natur" die Religion des Volkes heraus und stellt ihr in Kap.5 "Das Leben des Einzelnen als Wirkungsgebiet Jahves" gegenüber. Einige Züge seiner ausführlichen Charakterisierung seien hier herausgehoben: "In erster Linie sind es die großen, entscheidenden Augenblicke im Werden und Vergehen des Einzelnen, an denen das Erlebnis der göttlichen Macht aufspringt, Geburt, Krankheit und Tod vor allem anderen."(49) In diesem Bereich unterscheidet sich Jahwes Handeln nicht von dem anderer Götter in anderen Religionen, aber aufgrund seines Ausschließlichkeitsanspruchs als Volksgott bekommt die persönliche Frömmigkeit in Israel je länger je mehr besondere Intensität.(50) Die Vertrauensbeziehung des Einzelnen gründet sich für Hempel nicht auf einem, sondern auf zwei Lebenskreise: "so gründet der Einzelne sein Vertrauen nicht nur auf die dem Volke erwiesene Hilfe...sondern auch - das ist der zweite Kreis - auf die Bewährungen des göttlichen Schutzes im eigenen - und zwar zunächst im äußeren - Leben."(51)

Eine Diskussion der Thesen im einzelnen soll an dieser Stelle noch nicht erfolgen. Es sollte nur deutlich gemacht werden, wie bei diesen Forschern nicht nur die Existenz einer persönlichen Frömmigkeit nachgewiesen wird, sondern auch schon einige ihrer Merkmale ins Blickfeld geraten, und wie damit sofort die Frage nach ihrem Verhältnis zur offiziellen Religion des Volkes auftaucht.

Man sollte erwarten, daß aufgrund dieser gewichtigen exegetischen Argumente die Kollektivismus-These endgültig zurückgewiesen war. Das ist nun nicht der Fall. Sie lebt - in veränderter Gestalt - und ohne die alte polemische Schärfe in den zwei bedeutendsten neueren deutschen alttestamentlichen Theologien weiter, die sich ansonsten eher durch eine Abkehr von den Ansätzen der Wellhausen-Schule auszeichnen: in den Theologien von W.Eichrodt (II 1935, III 1939) und G.von Rad (I 1957).

Der Hauptunterschied zur alten Kollektivismus-These liegt darin, daß sie die kollektive Bindung des Einzelnen, das Volk und die Gemeinschaft als etwas Positives ansehen, etwa wenn G.von Rad von der "fast somatische(n) Verbundenheit des Einzelnen mit der Gemeinschaft" spricht(52), oder W.Eichrodt von der "ungebrochenen Kraft des primitiven Lebensgefühls...", mit dem man "das Einzelleben eingebettet in den großen Organismus des Gesamtlebens" empfand.(53) Demgegenüber wird die Individualisierung im 7. und 6. Jh. als "Krise des Jahweglaubens", als "Zerbrechen des alten patriarchalischen Glaubens"(54) eher negativ beurteilt.(55)

Obwohl Eichrodt auch schon in alter Zeit innerhalb der Solidarität der Gruppe einen "freien Raum für eine durchaus personale Gottesbeziehung"(56) sieht und von Rad mit "Errettungen im persönlichen Leben" rechnet und exkursweise auch auf die "Danknamen" hinweist(57), so kommt es doch bei beiden zu einer faktischen Abwertung dieser persönlichen Frömmigkeit gegenüber der Religion des ganzen Volkes. Das zeigt sich schon daran, daß G.von Rad auch das Lob und die Klage des Einzelnen unter die Überschrift "Israel vor Jahwe (Die Antwort Israels)" subsumiert und erhärtet sich, wenn er die Danklieder des Einzelnen fast ganz auf die Seite der Gemeinde zieht: "Es ist, als sei das Er/rettungserlebnis dem Einzelnen überhaupt nur widerfahren, daß er es der Gemeinde weitergibt, als gehörte es nicht ihm, sondern der Gemeinde."(58) Die "alte Volksfrömmigkeit" charakterisiert er durch die Fähigkeit, sich unverstandenen Schickungen zu ergeben (1.Sam 3,8)(59), die "Möglichkeit einer wirklichen Gottverlassenheit"(60) gibt es für den Einzelnen erst, als die ihn tragende Gemeinschaft zerbricht. Die Klagelieder des Psalters gehören für v.Rad darum alle in die Spätzeit: War die Gottverlassenheit, von der die Klagen des Volkes sprechen, nur eine "relative" gewesen, weil sie nicht das ganze Verhältnis Jahwes zu Israel in Frage stellte, so wird sie erst beim vereinzelten Individuum der Spätzeit radikal: "Darum sind die 'Klagelieder des Einzelnen' so voll bewegender Klagen, denn jede schwere Schickung stellt gleich das ganze Gottesverhältnis in Frage."(61)

So eindrucksvoll diese Sicht G. von Rads ist, daß hier etwas nicht stimmt, wird schon daran deutlich, daß er selbst im gleichen Atemzug einräumen muß, daß "in diesen Gebeten das eigentlich Persönliche doch nur stark gebrochen in einem kultisch konventionierten Vorstellungs- und Phrasengut zum Ausdruck" kommt(62), sie wird vollends fraglich, wenn man die Erkenntnis C.Westermanns bedenkt, daß die harten Anklagen Jahwes - und es sind viele Klagen Einzelner darunter - gerade in die Frühzeit gehören.(63)

Für W.Eichrodt wird die Frömmigkeit des Einzelnen total aus den Gotteserfahrungen des Volkes gespeist: "Als Glied des Volkes, dem sich Gott offenbart und dem er seine Verheißungen gegeben hat, wagt er es, an Gottes Macht, Weisheit und Güte auch in seinem eigenen Leben zu glauben."(64) Die Qual und Not seines Lebens bedeutet für ihn "nicht die eigentliche Anfechtung seiner Gottesgewißheit", denn dem einzelnen Frommen konnte es nicht "einfallen zu verlangen, daß sich Gottes Wirklichkeit und Nähe gerade in seinem Einzelleben bewähren müsse... Erst wo das Volk vom Unglück überfallen wird..., wird die Frage laut: Hat uns Jahve verlassen?"(65)

Eichrodt versucht expliziter als von Rad eine Verhältnisbestimmung zwischen persönlicher Frömmigkeit und dem Glauben Israels zu geben. Doch es ist ein völlig einseitiges Verhältnis, das entscheidende Geschehen im Guten wie im Schlechten findet zwischen Jahwe und seinem Volk statt. Wenn Eichrodt in diesem Zusammenhang die Gottesverlassenheit der Volksklagen ganz anders bewertet als v.Rad, so ist das ein Indiz dafür, wie unsicher und wie wenig ausgearbeitet die Verhältnisbestimmung noch ist. Sie wird bei Eichrodt auch im Folgenden nicht klarer, obgleich er den ganzen dritten Teil seiner Theologie "der persönlichen Gottesbeziehung" widmet.(66) Was er hier an Grundformen anführt: "die Gottesfurcht", "der Glaube", "die Liebe zu Gott", hat er nur zum geringsten Teil aus Zeugnissen individueller Frömmigkeit des Alten Testamentes gewonnen, stattdessen werden hier christliche Kategorien mit alttestamentlichem Material aufgefüllt, das völlig beliebig aus der Beziehung des Volkes wie des Einzelnen zu Gott stammt.

Damit kommen wir zu einer letzten Beobachtung an den beiden Theologien: Weder für W.Eichrodt, noch für G.von Rad hat eine Unterscheidung der Subjekte innerhalb der israelitischen Religion eine theologische Relevanz. Was den "Glauben Israels" ausmachte, was er für uns bedeutet, das läßt sich in diesen Theologien darstellen, ohne daß darauf geachtet wird, ob Jahwe an einem einzelnen Menschen oder einer großen Gruppe handelt. Es fragt sich nur: ist das möglich?

b) Folgerungen

1. Ich meine, an der These von B.Duhm und der ihm nachfolgenden Wellhausen-Schule muß man ernst nehmen, daß man die Frage nach dem Subjekt der israelitischen Religion nicht einfach theologisch überspringen darf. Das Geschehen zwischen Jahwe und seinem Volk ist nicht ohne weiteres auf die andere Sozialform der Gemeinde oder auf den Einzelnen übertragbar.

2. Die These einer Entwicklung vom "Kollektivismus" zum "Individualismus" in der israelitischen Religionsgeschichte ist in mehrfacher Hinsicht stark einzuschränken. Sie gilt weder als allgemeines Gesetz der Religionsgeschichte, noch in dieser Absolutheit für alle Lebensbereiche.

a) Es gibt immer wieder in der Geschichte der Religionen individualisierende Tendenzen, sie erfolgen aber keineswegs notwendigerweise und gehören keineswegs immer in das Spät- oder Endstadium einer Religion. Das zeigt sowohl die Reform der ägyptischen Religion durch Echnaton, die von der Restauration der Ramesiden gefolgt wird und der Pietismus im Christentum, dem in jüngster Vergangenheit ein Aufblühen der Gemeindefrömmigkeit in der Bekennenden Kirche gegenübersteht. In keiner dieser Entwicklungen, die wir kennen, wurde das religiöse Leben des einzelnen Menschen erst geschaffen, sondern nur innerhalb der Gesamtreligion intensiviert und höher bewertet. Den einzelnen Menschen als religiöses Subjekt gibt es schon viele Jahrtausende vor dem Alten Testament, es ist zumindest seit dem Alt-Paläolithikum nachweisbar. (67)

b) Man muß also unterscheiden (wie H. Gunkel) zwischen zeitlich eingrenzbaren individualisierenden Entwicklungen und einer persönlichen Frömmigkeit, die es immer schon gab. Darum schließen die individualisierenden Tendenzen in der israelitischen Religion des 7./6. Jahrhunderts eine frühere Beziehung zwischen Gott und dem einzelnen Israeliten nicht aus, im Gegenteil: jene speist sich aus dieser.

c) Nachgewiesen ist die Entwicklung vor allem für den Vorstellungskomplex Vergehen und Vergeltung; sie gilt aber z.B. nicht für die Erfahrung von Not und Rettung; andererseits läßt sich für den Segen die umgekehrte Entwicklung einer "Kollektivierung" im Dtn erkennen.

3. Die Ausrichtung der Frage auf das Subjekt der Religion in der bisherigen Diskussion hat verhindert, daß das Problem in seiner ganzen Tragweite ans Licht kam. Abgesehen von einigen Ausnahmen wurde nach dem Geschehen, das sich zwischen Gott und den beiden verschiedenen Subjekten abspielt, ob es sich unterscheidet und wenn ja, wie, überhaupt nicht gefragt. Hier will ich versuchen weiterzukommen.

4. Die Alternative mit der die Subjekte in dieser Diskussion gegenübergestellt wurden, hier Individualismus - da Kollektivismus, war aufgrund zeitgeschichtlicher Implikationen falsch gestellt.

Es kann heute als communis opinio gelten(68), daß es einen Individualismus im modernen Sinne im alten Israel nicht gegeben hat, und zwar zu keinem Zeitpunkt seiner Geschichte. Die vielen Forscher, von B. Duhm bis G. von Rad, die gegenüber der Moderne eine stärkere Eingebundenheit des einzelnen Israeliten in die Gemeinschaft betonen, haben zweifellos grundsätzlich recht. Doch im Detail bleibt ziemlich alles unklar: Der Begriff des Kollektivismus hat verdeckt, daß es ja die Gemeinschaft nicht gibt, sondern nur verschiedene Gemeinschaftsformen. Wir müssen fragen, welche der Gemeinschaftsformen ist denn als Bezugsgröße gemeint? Geht man die Forschungsgeschichte unter dieser Fragestellung noch einmal durch, so ergibt sich eine verwirrende Vielfalt: Meist wird dem Einzelnen das Volk gegenübergestellt(69), oder Volk und Stamm(70), oder der Clan bzw. der Stamm allein(71) oder Familie, Stamm und Volk(72), mit Variationen(73), und G. von Rad spricht vom "kollektiven Verband, mindestens von der Familie."(74) Hier zeigt sich eine Unsicherheit der Forschung, die davon herrührt, daß wir bis heute bis auf eine Reihe von Ansätzen(75) keine ausgeführte Sozialgeschichte des Alten Testaments haben. Auch ich kann diese Lücke nicht füllen, ich will hier nur einige Punkte zu bedenken geben, die für diese Arbeit eine Rolle spielen:

a) Gerade moderne Autoren, die vom ethnologischen Vergleich mit den heute lebenden Beduinen beeinflußt sind, halten den Stamm für die grundlegende Gemeinschaftsform der frühen, noch nomadischen Israeliten, dem sie dann die Gemeinschaftsform des seßhaften Staatsvolkes gegenüberstellen. (76) Unter den Stamm werden dann als Untergliederungen die Sippe (mišpāḥā) und die Familie (bēt ʾāb) subsumiert, allen gemeinsam sei die reale oder auch fiktive Blutsverwandtschaft als Organisationsform. Die verschwimmende Terminologie im Alten Testament verstärkt den Eindruck, als handele es sich um eine gegliederte, aber doch homogene Organisationsform.

Diese Auffassung halte ich für falsch. Sie übersieht, daß für Israel der Stamm nur eine temporäre Gemeinschaftsform war, die sich auf die Periode der Einwanderung in das Kulturland und kurz danach beschränkte; dagegen ist vor dieser Epoche die Familie die tragende Gemeinschaftsform (Gen 12-50) und sie bleibt auch in dem entstehenden seßhaften Volk die tragende Wirtschaftseinheit (naḥălā, Selbstversorgung!) innerhalb der Dorfgemeinschaft.(77) Der Stamm oder der Stammesverband schließt sich zwar an die familiäre Organisationsform an, das ändert aber nichts daran, daß er eine politische Gemeinschaftsform ist, denn wichtiger als die meist nur fiktive Abstammung von einem gemeinsamen Ahnherrn, ist die Unterordnung unter einen Führer.(78) Er ist ein Zusammenschluß der Familien oder Sippen zu eindeutig politischen Zwecken, zu denen die einzelnen Familien zu schwach sind: Eroberung neuer Wirtschaftsräume, Schutz vor militärischer Bedrohung durch überlegene Gegner, Rechtsprechung zwischen den Familien. Man kann sagen: Der Stamm ist _die_ Form politischer Organisation außerhalb der monarchisch organisierten Stadtstaaten. Damit gehört der Stamm funktional auf die Seite des seßhaften Staatsvolkes und steht - wenn auch in einer anderen Wirtschafts- und Organisationsform als dieses - der Familie gegenüber.(79)

b) Die erste primäre Gemeinschaftsform, in die der Einzelne im alten Israel eingebunden ist, ist damit die Familie.(80) Das gilt für alle Stadien der israelitischen Sozialgeschichte von der Väterzeit bis ins Judentum. Sie ist der wesentliche Lebensraum des Einzelnen und damit auch der Raum der persönlichen Frömmigkeit. Die Grunddaten des menschlichen Lebens: Geburt, Reife, Heirat und Tod mitsamt ihren religiösen Implikationen und Begehungen erlebt keiner für sich allein, sondern als Mitglied der Familie; das gleiche gilt auch für Krankheit und Heilung und abgeleitet auch für alle alltäglichen Tätigkeiten: Aussaat und Ernte, Weggehen und Kommen, Essen und Schlafen. Wenn ich von persönlicher Frömmigkeit spreche, meine ich das Geschehen zwischen Mensch und Gott, das sich im Lebensbereich der Familie abspielt. Man könnte auch von "Familienreligion" sprechen, doch wird durch diesen Begriff suggeriert, als müsse die Familie in jedem Fall als ganze religiös tätig werden. Das braucht aber nicht so zu sein: die Klage der kinderlosen Frau ist ihre eigene Klage, dennoch geht es in ihr um den Bestand der Familie als ganzer.

c) Die zweite Gemeinschaftsform, in der sich der Einzelne mitsamt seiner Familie befindet, ist eine politische. Das gilt nicht für alle Zeiten der israelitischen Sozialgeschichte, nicht für die Erzväterzeit und nur abgewandelt für die exilische und nachexilische Zeit. Hinzu kommt, daß sich die Form der politischen Gemeinschaft im Verlauf der Geschichte stark gewandelt hat, vom wandernden Stamm über den seßhaften Stammesverband bis hin zum staatlich verfaßten und monarchisch organisierten Volk. Hierhinein gehört nun das, was ich stark vereinfachend "offizielle Religion" nenne, und was sich im einzelnen als Konglomerat aus verschiedenen religiösen Traditionen erweist, das dazu noch geschichtlich und lokal starken Schwankungen unterworfen ist. Kennzeichen dieser Religionsschicht ist es, daß es in allen ihren Ausformungen immer um ein Geschehen zwischen Jahwe und der ganzen Großgruppe geht, um die sie konstituierenden Ereignisse, ihre gemeinsame Geschichte, ihre militärischen Bedrohungen und Dürrekatastrophen, ihre tragenden Institutionen (z.B. Rechtswesen, Königtum) und ihre Zukunft. Man könnte auch von "Stammesreligion" oder "Volksreligion" sprechen, aber die Begriffe sind im Deutschen mißverständlich. Das Kennzeichen "offiziell" soll darauf hinweisen, daß die Religion einer Großgruppe in weit höherem Maß institutionell verfestigt sein muß als die einer Kleingruppe: offizielle Religion vollzieht sich vor allem in den Jahresfesten (Großkult) der großen Heiligtümer des Landes.

Die Alternative zwischen Individualismus und Kollektivismus war also falsch gestellt. Nicht zwischen dem vereinzelten Individuum und allen nur möglichen Gemeinschaftsformen verläuft der Schnitt, sondern zwischen der Kleingruppe und der Großgruppe, zwischen der Familie und dem Stamm, bzw. dem Volk. (81)

Im Anschluß an diesen ersten Forschungsüberblick möchte ich noch kurz auf den Begriff der "corporate personality" eingehen, der abseits der Diskussion um Individualismus und Kollektivismus vor allem in der englischsprachigen Forschung eine nicht unerhebliche Rolle gespielt hat und noch spielt. Der Begriff wurde von H.W.Robinson 1936(82) eingeführt, ihm sachlich entsprechende Überlegungen finden sich bei ihm aber schon früher und unabhängig davon auch bei O.Eißfeldt 1933(83) und T.W.Manson 1931. (84) Eine Bedeutung hat er vor allem bei der Interpretation des "Ich" in den Psalmen (S.Mowinckel, 1962)(85) und der Gottesknechtslieder bekommen (H.W.Robinson (85), O.Eißfeldt(87), S.Mowinckel, 1959(88). Man beruft sich dabei auf die französischen Ethnologen L.Lévy-Bruhl und É.Durkheim(89) und auf den dänischen Alttestamentler J.Pedersen. (90)

Im Unterschied zu unserer modernen Gegenüberstellung von Individuum und Gesellschaft meint H.W.Robinson wie bei den Naturvölkern auch im Denken des alten Israel eine "fluidity of transition from the individual to the society and vice versa"(91) feststellen zu können. Er erklärt das aus einem eigentümlichen "primitiven" Gemeinschaftsverständnis, das er "corporate personality" nennt: "The whole group, including its past, present and future members might function as a single individual through any one of those members conceived as representative of it."(92) Die Gruppe ist mit dem Individuum identisch, das sie repräsentiert.

Wäre mit dieser Konzeption nur gemeint, daß die Gemeinschaften im Alten Testament (und auch sonst) mehr sind als die Summe der Einzelnen und als Einheit handelnd auftreten können und daß der Einzelne in Israel stärker als in unseren modernen Industriegesellschaften, in die Gemeinschaftsformen eingebunden war, könnte ich ihr nur zustimmen. Insoweit wird sie dem alttestamentlichen Tatbestand besser gerecht als die falsche Alternative in der kontinentalen Diskussion. Unpräzis und auch gefährlich wird die Konzeption der "corporate personality" aber dadurch, daß sie vorgibt, als könne ein Individuum einfach eine Gemeinschaft bedeuten, ohne daß darauf geachtet wird, um was für eine Gemeinschaftsform es sich dabei handelt. (93)

Die Weise der "Repräsentation" einer Gemeinschaft durch einen Einzelnen ist nämlich je nach Gemeinschaftsform durchaus verschieden: Ein gewöhnlicher Israelit kann voll überhaupt nur seine Familie repräsentieren, zwischen ihr und ihm besteht in der Tat ein hohes Maß der Identität, weil die Familie eine Gemeinschaftsform ist, in der der Einzelne total und unkündbar integriert ist. Dagegen könnte er kaum seinen Stamm oder sein Volk repräsentieren, weil es sich hier um Großgruppen handelt, die den Einzelnen nur partiell integrieren. (94) Großgruppen können nur durch ihre politischen oder geistigen Führer repräsentiert werden, die eine Aufgabe für das Ganze haben. Doch die Weise, wie ein König etwa sein Volk repräsentiert, ist eine andere als die eines Vaters gegenüber seiner Familie; sie ist politisch, nicht biologisch begründet und weit weniger unmittelbar. Die Geschichte Israels lehrt, daß es durchaus Gruppen im Volk geben konnte, die sich nicht durch den König repräsentiert fühlten ("Wir haben keinen Teil an David...", 2.Sam 20,1). Hier verdeckt der plakative Begriff der "corporate personality" mehr als er klärt.

In diesem Zusammenhang muß darauf hingewiesen werden, daß J.Pedersen den Tatbestand noch viel differenzierter gesehen hat als alle, die sich später auf ihn beriefen: Pedersen versucht nämlich durchaus zwischen den verschiedenen Gemeinschaftsformen zu differenzieren: Der Kern aller Gemeinschaftsformen ist die Familie, ihre Einheit ist die festeste, ihre Harmonie die tiefste(95), hier kommt es auch zur direktesten Verkörperung und Identifizierung von Einzelnem und Gemeinschaft: "The family is embodied in every man...one may say, that he is the family, because it manifests itself completely in him."(96) Doch diese enge Gruppensolidarität ist auf den Raum der Familie beschränkt: "We may say that this community does not extend widely, and here there is a significant difference between Israel and the Arabians, where community extends through a whole tribe."(97) Wohl herrscht auch im Volk "a strong fellow feeling, even if it cannot compare with the family feeling in intensity."(98) Das Zusammengehörigkeitsgefühl in der Großgruppe ist nach Pedersen demnach weniger intensiv als in der Familie, das Maß der Identifizierung des Einzelnen mit der Gruppe ist je nach Gruppenform durchaus verschieden. Auch wenn bei Pedersen an anderen Stellen diese Differenzierung wieder verwischt wird(99), könnte meiner Meinung nach die notwendige Klärung und Präzisierung des Begriffs der "corporate personality" in der von ihm gewiesenen Richtung über eine Beachtung der unterschiedlichen Gemeinschaftsformen erreicht werden. In seiner heute üblichen pauschalisierten Form bietet der Begriff kein tragfähiges Modell für eine Verhältnisbestimmung zwischen dem Einzelnen und der Gemeinschaft im Alten Testament.

4. Volksfrömmigkeit und Jahwereligion

a) Forschungsgeschichte

Ein weiterer Aspekt der von mir vertretenen These taucht in der alttestamentlichen Forschung unter dem Begriff "Volksfrömmigkeit" oder auch "Volksreligion" auf. Auch hier liegen die Ansätze in den Jahrzehnten um die Jahrhundertwende. In einer Zeit, da durch die ersten großen religionswissenschaftlichen Veröffentlichungen die "primitiven Religionen" in das Bewußtsein der Öffentlichkeit drangen(100), als etwa auch im Bereich der Praktischen Theologie die Wichtigkeit der religiösen Volkskunde entdeckt wurde(101), ist es nicht verwunderlich, daß man auch im Alten Testament Elemente solcher primitiven Religiosität suchte und fand. Als Beispiel nenne ich hier A. Jirku (1914), der unter dem Titel "Materialien zur Volksreligion Israels" aus dem Alten Testament magisch wirkende Gegenstände, allerlei Zauberhandlungen und Traumdeutungen sammelt.(102)

Dabei schillert der Begriff "Volksreligion" erheblich. Er bedeutet in der Wellhausen-Schule und darüber hinaus einmal neutral die Religion des Volkes Israel (Nationalreligion), wie sie der Religion anderer Völker, aber auch der Religion des Einzelnen gegenüber steht(103), aber indem die "Volksreligion" als die der "prophetischen Religion" voraufgehende und von ihr überwundene Form der Religion Israels verstanden wird, kommt eine negative Wertung hinein, es ist eine gegenüber den Propheten primitivere, volkstümliche Frömmigkeit in der Linie des religionsgeschichtlich beeinflußten Begriffs.(104) Dabei wird von einer Reihe von Vertretern dieser Richtung auch in vorexilischer Zeit noch einmal wertend unterschieden zwischen der mosaischen Religion, die in den großen Einzelgestalten wie Samuel und Elia weitergeht, und einer volkstümlichen, z.T. vormosaisch polydämonistischen, z.T. daneben herlaufenden kanaanäisch beeinflußten Religion.(105) Durch diese Verquickung im Ansatz kommt in den Begriff eine erhebliche Unklarheit: einmal bedeutet er die von den Propheten bekämpfte Religion insgesamt, schließt also durchaus den Staats- und Großkult mit ein, auf der anderen Seite meint er eine niedere, synkretistische Religion der breiten Volksschichten, die den offiziellen Vertretern des Jahwismus gegenübersteht.

Mit der Neuorientierung der alttestamentlichen Wissenschaft im Gefolge der dialektischen Theologie ist das Interesse an der israelitischen Volksfrömmigkeit eingeschlafen. An seine Stelle trat eine immer feinere Differenzierung der "Jahwereligion" nach Traditionen und Kultorten. Die religionsgeschichtlichen Vergleichstexte kamen nun fast ausschließlich aus den vorderorientalischen Hochkulturen - insbesonders haben die Texte aus Ugarit die Vorstellung einer primitiven kanaanäischen Religion korrigiert - nicht mehr aus den "primitiven Völkern". Neuere zusammenfassende Arbeiten zur Religion Israels können darum sehr viel zur "Ziontheologie" oder zur "deuteronomistischen Theologie" sagen, erwähnen aber eine "volkstümliche synkretistische Religion"(106) nur pauschal nebenbei; einige der primitiven Elemente, die A. Jirku u.a. entdeckt hatten, wandern z.B. bei G. Fohrer als "urtümliches religiöses Gut" vor die eigentliche Religionsgeschichte Israels.(107)

Erst in jüngster Zeit beginnt das Interesse an der Volksfrömmigkeit neu zu erwachen, bezeichnender Weise zuerst wieder in der Frage nach den Adressaten der prophetischen Verkündigung. So beklagt J.L.Crenshaw: "In the past, far too little attention has been given to the actual religion of the 'man in the streets' in ancient Israel"(108) und findet den methodischen Zugang zu ihr in den Anspielungen und Zitaten der Propheten. Und C.J.Labuschagne hebt das Gottesverständnis des Amos von der "popular theology of his time" ab. Er definiert diese folgendermaßen: "The term 'popular theology' denotes the views held by the great mass on theological matters, the popular way of thinking about God, the idea concerning God in vogue among the people as opposed to prophetic theology."(109) Mit dieser Definition aber kommt C.J.Labuschagne in eine Schwierigkeit, denn Amos wendet sich ja meist gar nicht gegen "die große Masse", sondern gegen die Vertreter der Oberschicht, ja, sogar gegen einen Vertreter der offiziellen Jahwereligion des Heiligtums von Bethel. Die Schwierigkeit versucht Labuschagne so zu lösen: "Thus the popular theology we encounter during the time of Amos is a corrupted and perverted form of Yahwism, which came to be officially recognised by the spiritual leaders of the people and defended by their spokesman, Amaziah, the priest of Bethel."(110) Aus der Religion der Masse, der Volksfrömmigkeit also, ist nach Labuschagne auf irgendeine Weise die offizielle Religion geworden, eine "Paratheology", die nun die gesamte Religion Israels, abgesehen von der Verkündigung der Propheten, umfaßt und sich nicht mehr an eine soziale Gruppe festmachen läßt. Hier wiederholt sich die gleiche Unklarheit, wie wir sie für den Begriff der Volksreligion in der Wellhausen-Schule feststellen konnten.

In ähnliche Richtung geht auch die neueste Arbeit zur Volksfrömmigkeit, die auch die erste ausführliche Untersuchung zu diesem Thema überhaupt ist: M.Rose, Der Ausschließlichkeitsanspruch Jahwes. Deuteronomische Schultheologie und Volksfrömmigkeit in der späten Königszeit, 1975. Die Arbeit bietet eine Fülle interessanter Beobachtungen und Thesen, auf die ich z.T. im Verlauf meiner Untersuchung noch eingehen werde. Hier interessiert nur der methodische Ansatz:

Wie der Untertitel schon klar macht, versucht auch M.Rose die Volksfrömmigkeit im Gegenüber zur "offiziellen" Theologie herauszuarbeiten. Er erweitert dabei die Textbasis, indem er neben den Propheten (Jer, Ez Teil B II) das Deuteronomium (Teil A) - in seinen verschiedenen Schichten - zum Ausgangspunkt nimmt. Er bestimmt Volksfrömmigkeit rein formal: "Mit der Bemühung um die 'Volksfrömmigkeit' soll versucht werden, dem alttestamentlichen Glauben seinen innerisraelitischen Dialog-Partner wiederzugeben"(111), die inhaltliche Füllung ergibt sich aus den Positionen der dtn Schultheologie und den Gegenpositionen zur prophetischen Verkündigung. Hinzu kommt zur Unterstützung noch archäologisches Material.

Positiv ist an dem Ansatz M.Roses hervorzuheben, daß er die Volksfrömmigkeit als "innerisraelitische" Erscheinung bestimmt. Er befreit sie damit von den abwertenden Urteilen, die seit dem Anfang des Jahrhunderts mit dem Begriff verbunden waren; auch die Volksfrömmigkeit ist eine Weise des Jahweglaubens. Rose trennt sie klar vom Phänomen des Synkretismus, sie ist nicht durch Mischung von "reiner" Jahwereligion und "primitiver" kanaanäischer Religion konstituiert, oder anders herum gesagt: die Volksfrömmigkeit ist nicht synkretistischer als viele Teile der offiziellen Theologie, etwa dieZiontheologie.(112) Mit dieser Trennung von innerreligiöser Schichtung und Synkretismus ist eine wichtige Klärung erreicht.

Kritisch ist gegen den Ansatz von M. Rose einzuwenden, daß er im Unklaren läßt, welche gesellschaftliche Gruppen denn Träger der Volksfrömmigkeit gewesen sind und auf welchen Lebensbereich sie sich damit bezog. Am plastischsten wird die Volksfrömmigkeit von Rose da herausgearbeitet, wo er anhand von Jer 7,16ff; 44,15ff den Kult der Himmelsgöttin beschreibt: er ist eine "Angelegenheit der Familie", nicht "eine offizielle Angelegenheit (des Tempels oder des Königtums)" und gehört in die "einfacheren Volksschichten."(113) Entsprechend charakterisiert Rose seine Funktion: "Es sind nicht die 'großen'/politischen Probleme um Krieg und Frieden, Heimat und Fremde, die diese Frauen bewegen, sondern das sozusagen 'kleine' Alltags-Problem des Satt-Werdens."(114) Doch gibt Rose diese einleuchtende soziale Ortung der Volksfrömmigkeit gleich wieder auf, wenn er dieses Streben nach Sicherung der Ernährung im alltäglichen Lebensbereich gleichsetzt mit der Beschwörung der nationalen Sicherheit in den Tempelgottesdiensten von Jerusalem (Jer. 7,1-15).(115) In seiner Auslegung der Tempelrede Jeremias rechnet M. Rose der Volksfrömmigkeit zu, was man gemeinhin als "Ziontheologie" (die Theologie des Tempels von Jerusalem) bezeichnet(116); und auf Grund der prophetischen Kritik in Ez 8 wird die Volksfrömmigkeit sogar für einzelne Elemente des Jerusalemer Gottesdienstes, für die ja nun zweifellos die Priester zuständig waren, verantwortlich gemacht.(117) So beschränkt sich für M. Rose die Volksfrömmigkeit nicht auf die Gruppe der Familie oder niederer Volksschichten, sondern schließt die 'offizielle' Theologie der Priesterschaft des Jerusalemer Heiligtums mit ein. Man fragt sich, was dann der Begriff "Volksfrömmigkeit" noch soll, wenn er ziemlich alles umgreift, was außerhalb der prophetischen und deuteronomischen Kreise geglaubt wurde. Die Unsicherheit, die in der mangelnden soziologischen Klärung liegt, kommt darin zum Ausdruck, daß Rose häufig "die Volksfrömmigkeit" zum Subjekt eines Satzes machen kann, so wie häufig Neutestamentler vom "Glauben" sprechen: z.B. "Die Volksfrömmigkeit rüttelt nicht an der überragenden Stellung Jahwes..." (118) oder "die Volksfrömmigkeit (erwartet) von Jahwe die nationale Sicherheit"(119), wer da rüttelt, wer da erwartet, bleibt bei einer solchen Redeweise im Dunkeln. Hinzu kommt, daß M. Rose durchaus von einer "offiziellen Religion" sprechen kann, in der Jahwe "zum Gott des Königtums, zum Gott des Staates und zum Gott des Landes geworden ist"(120) und sie der Volksfrömmigkeit gegenüberstellt. Man fragt sich, wie das möglich ist, wenn er doch zuvor die sicher offizielle Theologie des Jerusalemer Tempels der Volksfrömmigkeit eingeordnet hatte. So bleibt auch am Ende dieser bisher ausführlichsten Arbeit zur Volksfrömmigkeit in Israel ein Fragezeichen. Die methodischen Unklarheiten aus dem Anfang des Jahrhunderts sind auch in dieser Untersuchung noch nicht voll geklärt.

b) Folgerungen

1. Die Diskussion, die sich um die Volksfrömmigkeit oder Volksreligion drehte, hat deutlicher gemacht als die um Kollektivismus und Individualismus, daß es nicht nur um die Aufteilung der einen Religion Israels auf zwei verschiedene Subjekte geht, sondern um ein Nebeneinander zweier inhaltlich nicht identischer Religionsschichten. Die Fragestellung entspricht also dem,

was G.Lanczkowski "innerreligiösen Pluralismus" nennt, weit eher. Wenn es dennoch bisher nicht zu einer überzeugenden Darstellung der Volksfrömmigkeit gekommen ist, dann liegt das an einer Reihe dem Begriff anhaftenden methodischen Unklarheiten:

2. Unter Volksfrömmigkeit bzw. Volksreligion wurde einerseits eine "primitivere", den breiten Volksschichten zuzuordnende Frömmigkeit verstanden, andererseits das Konglomerat von religiösen Vorstellungen, gegen das sich die Propheten, bzw. das Deuteronomium wenden. Beidemale wird sie als etwas verstanden, was man primär gedanklich bestimmen kann. Die Frage nach den Trägern dieser Frömmigkeit und nach dem Lebensbereich, auf den sie sich bezog, blieb meist ganz außer acht.

3. Das Sammeln von möglichst "pimitiven" religiösen Vorstellungen ist heute kein möglicher Zugang zur alttestamentlichen Volksfrömmigkeit mehr. Ganz abgesehen davon, daß die dabei vorausgesetzte religionsgeschichtliche Evolutionstheorie fraglich geworden ist, macht man zumindest zwei Fehler: Man fragt nicht nach der Funktion, die diese Vorstellungen in konkreten religiösen Vorgängen gespielt haben - es gibt im Alten Testament nämlich "urtümliches religiöses Gut", das zwar mitgeschleppt wird, aber weithin funktionslos geworden ist, und man beachtet nicht, daß es "primitive", z.B. magische Vorstellungen durchaus auch im Bereich der offiziellen Religion gibt, ich nenne nur den Sündenbock beim großen Versöhnungsfest (Lev 16).

Aufgrund dieser Einsicht, in der M.Rose mich bestärkt hat, möchte ich mich hier von meinem in meiner Dissertation gebrauchten Begriff "Subreligion"(121) wieder trennen. Er ist möglich, solange man sich dabei nur übereinander liegende, sozial bedingte religiöse Schichten vorstellt, doch klingt immer wieder auch eine negative Wertung mit, die meiner Intention zuwiderläuft.

4. Damit hängt zusammen, daß das Phänomen einer Volksfrömmigkeit neben der offiziellen Theologie nicht durch den Synkretismus erklärt werden kann. Die Übernahme und Assimilation von Vorgängen und Vorstellungen aus anderen Religionen läuft quer zur innerreligiösen Schichtung, sie betrifft beide Schichten gleichermaßen. Man kann nur sagen, daß sie im Bereich der offiziellen Theologie geordneter und reflektierter verläuft, während sie im Bereich privater Religiosität fließender und unreflektierter geschieht. Das hängt damit zusammen, daß die Religion im familiären Bereich enger an den Lebensvollzug gebunden bleibt und sich weniger zu einer die religiösen Erfahrungen reflektierenden Theologie verselbständigt als im Bereich des Volkes, wo es spezialisierte Berufe (Priester) und Institutionen (Tempel) für die die Gruppe als ganze tragenden religiösen Traditionen gibt. Die Religion im Bereich der Familie ist so sehr funktionell bestimmt, daß selbst das Anrufen einer anderen Gottheit (etwa im "Kult" der Himmelsgöttin), das von der offiziellen Religion aus eindeutig als Überschreiten der Religionsgrenze qualifiziert würde, von den Beteiligten nicht als Synkretismus empfunden wird.(122)

5. Die Frage nach den von den Propheten u.a. vorausgesetzten oder bekämpften Vorstellungen ist ein möglicher, aber keineswegs ein sicherer Zugang zur

Volksfrömmigkeit Israels. Die prophetische Kritik richtet sich nämlich gegen religiöse Vorstellungen und Bräuche, die von ganz verschiedenen sozialen Gruppen getragen werden und verschiedenen Lebensbereichen angehören, sowohl gegen Ausgestaltungen der persönlichen Frömmigkeit (Jer 2,27) als auch gegen bestimmte Elemente der Theologie der großen Heiligtümer (Jer 7,1-15). Es soll nicht ausgeschlossen werden, daß zwischen der Theologie der Priester und ihrer Rezeption durch die Gottesdienstteilnehmer eine Differenz liegen kann. Das ändert aber nichts daran, daß sich solche populäre Rezeption genauso wie die Priestertheologie auf die Grundlagen des Volkes als ganzes bezieht und mit dem alltäglichen Lebensbereich nicht unmittelbar etwas zu tun hat. Wenn man dennoch beides unter den Begriff "Volksfrömmigkeit" subsumiert, dann verdeckt der Begriff mehr, als er klärt. Der Begriff ist nur brauchbar, wenn man ihn soziologisch orientiert: wenn man also hinzusagt, welche Gruppe Träger dieser Frömmigkeit ist, und auf welchen Lebensbereich sie sich bezieht. Die Fragerichtungen der beiden Diskussionen, nach dem Subjekt der Religion (Kollektivismus-Individualismus) und nach der Schichtung innerhalb der Religion (Volksfrömmigkeit - offizielle Theologie) sind miteinander zu verbinden.

Ich vermeide deswegen den mißverständlichen Begriff der Volksfrömmigkeit, denn die religiöse Schicht, die ich herausarbeiten will, wird nicht vom Volk, sondern von der Familie getragen. Ob es daneben noch andere Schichten unterhalb der offiziellen Theologie gibt, die von anderen Gruppenformen getragen werden, möchte ich dabei bewußt offen lassen.

5. Persönlicher Gott und Volksgott

a) Forschungsgeschichte

Das Phänomen des religionsinternen Pluralismus ist schließlich von einem dritten Ausgangspunkt her ins Blickfeld gekommen: von der Gottesvorstellung. In den Wirren der letzten Kriegsjahre war schon O.Eißfeldt auf die besondere Gottesbeziehung gestoßen, die vor allem in den Psalmen in der vertrauensvollen Anrede "mein Gott" zum Ausdruck kommt.(123) Dieser Gottesbezeichnung hat nun in jüngster Zeit H.Vorländer eine ausführliche Untersuchung gewidmet, die nicht nur das Alte Testament, sondern auch den Alten Orient umgreift.(124) In Aufnahme der verschiedentlich von orientalistischer Seite geäußerten Auffassung, daß mit ilu + sing. suff. ("mein, dein, sein Gott") der persönliche Schutzgott des jeweiligen Menschen gemeint sei (z.B. von M.Jastrow, P.Th.Paffrath, D.O.Edzard(125), vertritt Vorländer über Eißfeldt hinausgehend die These, daß ʾælōhāī bzw. ʾēlī im Alten Testament einen bestimmten Gottestyp bezeichne, nämlich den "persönlichen Gott". Das Charakteristikum dieses Gottestyps sieht er in der Funktion, "zu einem Individuum und dessen Familie in einer dauernden, engen Beziehung als sein spezieller Gott zu stehen."(126) In dieser persönlichen Beziehung schützt er den ihn verehrenden Menschen vor bösen Mächten, garantiert sein Wohlergehen und tritt als Mittler und Fürbitter gegenüber anderen Göttern ein.(127) Diese Funktionen sind nach Vorländer im alten Orient und im Alten Testament die gleichen, nur die Fürbitte tritt im Alten Testament ganz zurück.(128)

Der persönliche Gott wurde in Israel in einem "Privatkultus" verehrt (Ri 17f; 1.Sam 20,6 u.a.); "private Familienkultstätten" bestanden zumindest bis in josianische Zeit neben dem Tempel von Jerusalem.(129) Damit ist nach Vorländer der persönliche Gott und seine Verehrung total von dem Volksgott Jahwe und seinem Kult zu unterscheiden: "Ihm (sc. dem Volksgott) werden nicht in einer privaten Feier, sondern in einem allgemeinen Kultfest am offiziellen Heiligtum die Opfer dargebracht. Der Kult einer Familie oder Sippe richtet sich in der Regel an den von ihr speziell verehrten Gott, nämlich ihren persönlichen Gott."(130) Die Trennung geht nach Vorländer sogar in den synkretistischen Bereich: "Es muß sich vielmehr um fremde Gottheiten gehandelt haben, die in einem privaten Kult als persönlicher Gott verehrt wurden."(131) Damit trennt Vorländer zwischen "Volksreligion und Privatkultus": "Während der Jahwekult primär als eine Angelegenheit des gesamten Volkes galt, verehrten die einzelnen israelitischen Sippen und Familien ihre eigenen Gottheiten."(132) Man müsse darum in der Religion Israels bis zum Exil zwei Ebenen unterscheiden: "Die eine Ebene stellt die Religion des Volkes als ganzen, den Jahwekult dar." Die andere Ebene bilden die zahlreichen lokalen und Gruppen-Kulte, darunter "die Verehrung der persönlichen Gottheiten."(133) Beide Ebenen lebten lange Zeit schiedlich friedlich nebeneinander, bis sich im Exil die theologische Erkenntnis durchsetzt, daß die Jahweverehrung die übrigen Kulte ausschließt.

Diese in den großen Linien imponierende Hypothese, die sich in einer Reihe von Punkten mit meinen, im Anschluß an meine Dissertation gemachten Überlegungen deckt, hat aber eine Anzahl von Schwächen:

Die Hauptschwäche liegt darin, daß Vorländer offenbar der Auffassung ist, man könne Religion hinreichend allein vom Gottesbegriff her verstehen. Er macht, ohne darüber zu reflektieren, die Bezeichnung 'Gott mit singularischem Personalsuffix' zum alleinigen Ausgangspunkt seiner Untersuchung, sie ist ihm das entscheidende Kriterium für die Auswahl seines Textmaterials und <u>das</u> Charakteristikum der von ihm erhobenen Gottesbeziehung. Dabei muß die Frage nach dem menschlichen Gegenüber und dem Geschehen, das sich zwischen ihm und seinem Gott abspielt, fast notwendigerweise zu kurz kommen. Die Schwäche dieses Ansatzes läßt sich an einer ganzen Reihe von Punkten aufweisen:

a) Indem H.Vorländer im mesopotamischen Raum einfach alle Texte sammelt, in denen ilu+suffix begegnet(134), ordnet er die verschiedensten Textsorten (Gattungen) zusammen: Personennamen, Briefe, Königsinschriften, Mythen, Epen, Hymnen und Gebete, Omina und Weisheitstexte - dazu noch aus sehr verschiedenen Kulturepochen - ohne überhaupt die Frage zu stellen, aus welchem sozialen Milieu und religiösem Bereich sie stammen. Doch kann man das so einfach? Hymnen und Königsinschriften z.B. gehören doch sicher in den Bereich offizieller Religion; wenn die These Vorländers richtig ist, daß der persönliche Gott in einen wie auch immer davon unterschiedenen Privatkultus gehört, dann müßte sich doch die "Religion" solcher Zeugnisse offizieller Theologie gerade charakteristisch von den mit dem persönlichen Gott verbundenen Vorstellungen unterscheiden. Doch dieser Konsequenz seiner Hypothese ist sich Vorländer nicht bewußt; stattdessen führt das Fehlen der soziologischen Frage und einer ihr entsprechenden streng formgeschichtlichen

Textauswahl zu einer Vielzahl von Unklarheiten: So macht er keinen Unterschied zwischen dem persönlichen Gott eines Privatmannes und dem eines Königs (Dynastiegott)(135), obgleich die Lebensbereiche beider sicher nicht identisch sind, und er setzt den persönlichen Gott wiederum mit dem Sippengott gleich. (136) Bei dieser Unschärfe verwundert es nicht, daß es Vorländer kaum gelingt, eigenständige religiöse Vorstellungen zu nennen, die die Verehrung des persönlichen Gottes von der offiziellen Religion unterscheiden: weder handelt es sich um besondere - etwa niedrigere - Gottheiten, noch ist ihr Tun spezifisch: "Insofern unterscheidet sich das, was der persönliche Gott für seinen Schützling tut, nicht grundsätzlich vom Handeln der übrigen Götter in Bezug auf den Menschen."(137) Und in der Tat sind die Funktionen "Schutz vor bösen Mächten", "Garant für das Wohlergehen" und "Fürsprecher" so weit gefaßt, daß sich fast alles darunter subsumieren läßt. Und wenn Vorländer noch dazu auch den Komplex Zorn und Vergebung aufgrund der (späten) Gebetsbeschwörungen dem persönlichen Gott zuordnet(138), dann fragt man sich, was von "der mesopotamischen Religion" nicht zum Privatkult des persönlichen Gottes gehört. Es bleibt allein das formale Kriterium der persönlichen Bindung an einen einzelnen Menschen, doch wie sich diese zu der Bindung der Götter an das Volk oder Land verhält, wird nicht gefragt. So bleibt es schließlich völlig unklar, wie sich die Verehrung des persönlichen Gottes zu der offiziellen sumerisch-babylonischen Religion verhält, daß hier eine eigenständige Religionsschicht vorliegt, bleibt mehr Behauptung, als daß es erwiesen wäre. (139) Der Ausgangspunkt bei der Gottesbezeichnung hat eine methodisch klare Differenzierung verhindert.

b) Ähnlich sind meine Einwände gegen den alttestamentlichen Teil. Auch hier bleibt die Textauswahl methodisch ungeklärt: Vorländer stützt sich vor allem auf die Vätergeschichte, die Psalmen, die Samuel- und Königsbücher und die Eigennamen. Auswahlkriterium ist wieder die Gottesbezeichnung; doch klärt Vorländer weder genügend, warum er das Deuteronomium, in dem eines ihrer Hauptvorkommen liegt, beiseite lassen kann(140), noch weist er nach, daß sich trotz abweichender Gottesbezeichnung (Gott meines Vaters!) Erzväterreligion und Frömmigkeit der Psalmen so ähneln, daß wir es mit der gleichen Religionsschicht zu tun haben, und so die Hinzuziehung der Vätergeschichten gerechtfertigt ist. Außerdem setzt er wieder den persönlichen Gott mit dem Gott der Daviddynastie einfach gleich. Und schließlich bleibt es Vorländers Geheimnis, wie man aus den Psalmen ohne jede Gattungskriterien einfach aufgrund einer einzigen Wendung "Gebete an den persönlichen Gott" ausgrenzen kann.

Die Tatsache einer Religionsschichtung weist Vorländer allein aufgrund von Hinweisen auf Familienkulte(141) und einiger Gottesbezeichnungen nach, die er mit dem persönlichen Gott gleichsetzt. (142) Dabei setzt er die vertikale Differenzierung weitgehend mit der lokalen gleich. (143) Ob die persönliche Gottesbeziehung notwendig an lokale Heiligtümer gebunden war, fragt er nicht einmal, er setzt es einfach voraus. Eine irgendwie geartete inhaltliche Abgrenzung der privaten Frömmigkeit von der offiziellen Jahwereligion bleibt Vorländer schuldig. Sie wird dem Synkretismus zugeordnet und damit abgeschoben. Darum wird auch die theologische Frage, was es bedeutet, wenn sich innerhalb der Jahwereligion eine eigenständige persönliche Frömmigkeit nachweisen läßt, überhaupt nicht gestellt. So ist durch die Untersuchung Vorländers das Problem des religionsinternen Pluralismus in der israelitischen Religion noch längst nicht hinreichend geklärt.

b) Folgerungen
1. Die Schwächen in der Untersuchung von H.Vorländer sind vor allem darin begründet, daß die Textauswahl allein über eine bestimmte Wendung vorgenommen wird. Das stellt die Frage nach der methodisch richtigen Textauswahl: Die persönliche Frömmigkeit kann primär nur aus Texten gewonnen werden, die aus dem sozialen Milieu dieser Frömmigkeit selber stammen. D.h. der methodische Zugang zu den Texten muß primär ein formgeschichtlicher sein: Eine eigenständige persönliche Frömmigkeit läßt sich nur dann nachweisen, wenn sich zeigen läßt, daß sich das zwischen "Gott" und "Mensch" Geschehende in Gattungen aus dem sozialen Milieu der Familie von dem in den Gattungen aus den gottesdienstlichen Begehungen des ganzen Volkes unterscheiden läßt.

2. Eine inhaltliche und funktionale Differenzierung der Schichten innerhalb der israelitischen Religion hat H.Vorländer noch nicht geleistet. Was er an Funktionen des persönlichen Gottes nennt, ist viel zu allgemein, die Funktionen des "Volksgottes" interessieren ihn überhaupt nicht. So bleibt das Verhältnis zueinander weithin ungeklärt. Wichtig ist das von ihm beobachtete Element einer besonderen persönlichen Beziehung zwischen dem Einzelnen und seinem Gott; aber das ist nicht genug; es bleibt herauszuarbeiten, wie sich dieses im Leben des Einzelnen ausgestaltet im Unterschied zur Geschichte des Volkes.

3. H.Vorländer ist an der theologischen Bedeutung seiner These erstaunlich wenig interessiert. Für ihn handelt der persönliche Gott genauso, wie Götter auch sonst "in Bezug auf den (!) Menschen" zu handeln pflegen. Der Privatkultus ist für ihn eine Form des Synkretismus. Damit kommt das theologische Problem, daß Gott "ein anderer ist", je nachdem ob er einem Einzelnen in seiner Familie, oder ob er einer Großgruppe (Volk) gegenübersteht, gar nicht in den Blick. Mir scheint hier ein grundlegendes theologisches und religionswissenschaftliches Problem zu liegen: Was bedeuten dann noch solche theoretischen Bestimmungen wie Monotheismus und Polytheismus? Und gibt es etwa ein Nebeneinander von persönlicher Frömmigkeit und offizieller Religion auch in der christlichen Kirche?

> Blättert man unser "Evangelisches Kirchengesangbuch" durch, möchte man diese Frage bejahen: Da gibt es auf der einen Seite Lieder, die ganz um das Heilshandeln Gottes in Jesus Christus kreisen, wie "Gelobet seist du, Jesu Christ" (EKG 15), "Vom Himmel hoch da komm ich her" (EKG 16), "Christ ist erstanden" (EKG 75), und "Jesus Christus herrscht als König". Sie berichten lobend von dem Geschehensablauf: Inkarnation, Kreuzigung, Auferstehung und Himmelfahrt und was er für uns bedeutet. Und auch da, wo der Blick mehr auf der Gemeinde (z.B. "O wir armen Sünder", EKG 57) oder auf dem einzelnen Christen ruht (z.B. das Recht-

fertigungslied Luthers: "Nun freut euch, liebe Christen gmein" EKG 239), bleibt doch der Bezug auf das umfassende Christusgeschehen immer erhalten. Man könnte sagen, diese Lieder sind "gesungene Heilsgeschichte" oder "gesungene Gemeindetheologie". Fast alle Lieder Martin Luthers gehören hierher.

Auf der anderen Seite gibt es Lieder, die damit wenig oder gar nichts zu tun haben, wie z.B. "Geh aus, mein Herz, und suche Freud" (EKG 371), "All Morgen ist ganz frisch und neu" (EKG 336), "Lobe den Herren, den mächtigen König der Ehren" (EKG 234) und "Nun danket alle Gott" (EKG 228). Hier wird Gott in der Schönheit der "Natur" erfahren, in seinem Segen und seinem Schutz, den er dem Menschen gewährt. Vor allem in den Vertrauens- und Trostliedern spricht sich oft eine Frömmigkeit aus, die von einer unmittelbaren Vertrauensbeziehung zu Gott weiß, die jenseits von Sünde, Vergebung und Rechtfertigung liegt (vgl. EKG 280; 300; 301; 306; auch 283). Typisch hierfür sind besonders Lieder von Paul Gerhardt (295; 250; 232).

Ich kann hier nur auf die Tatsache als solche hinweisen, sie bedürfte einer genaueren Untersuchung. Ich verweise darauf, daß auch I. Röbbelen, die die evangelisch-lutherischen Gesangbücher des 17. und 18. Jh. untersucht hat, ebenfalls "auf das Phänomen einer durchgängigen Problematik von 'Theologie' und 'Frömmigkeit'" gestoßen ist. (144)

Wenn meine These sich bewahrheiten sollte, hat das auch Konsequenzen für unsere gegenwärtige christliche Religion. Es wäre dann neu die Frage nach dem Verhältnis der "Theologie der Amtshandlungen" zur gottesdienstlichen Verkündigung zu stellen, denn man muß dann fragen: kann man die religiösen Traditionen, die die Gemeinde konstituieren, einfach auf die Begehungen in der Familie übertragen, besteht da nicht die Gefahr, an den echten religiösen Erfahrungen, die bei der Geburt eines Kindes, der Heirat zweier Liebenden und dem Tod der Eltern gemacht werden, vorbeizureden? Ja, es erhebt sich überhaupt die Frage, ob man religiöse Erfahrungen aus dem Lebensbereich, in dem sie gemacht worden sind, herauslösen kann, ohne ihnen damit etwas von ihrer Echtheit und Lebendigkeit zu nehmen. Hängt die Lebensferne unseres theologischen Redens vielleicht zum Teil damit zusammen? Damit weise ich wieder zurück auf das Beispiel vom "Mit-Sein" Gottes, von dem ich ausgegangen war.

Im Nachhinein zeigt es sich, daß die verschiedenen, scheinbar weit voneinander getrennten Diskussionsebenen: Individualismus und Kollektivismus, Volksfrömmigkeit und Jahweglaube, persönlicher Gott und Volksgott keine beliebigen gewesen sind, sondern eng zusammengehören: In allen dreien geht es um drei Aspekte des gleichen Vorgangs: um das Geschehen zwischen Gott und Mensch. Ging es auf der ersten Ebene um die menschlichen Subjekte, auf der zweiten Ebene um die Geschehensvorgänge, so auf der dritten Ebene um die Gottestypen. Dieser Zusammenklang in der bisherigen Forschung bestätigt mir die Notwendigkeit meiner Fragestellung; sie ist keine herangetragene, sondern drängte sich offensichtlich von den biblischen Texten her immer wieder auf. Auf jeder dieser Ebenen wurden die Aspekte der anderen Ebenen bisher vernachlässigt. Alle drei Fragerichtungen, nach den Subjekten, den Vorgängen und den Gottestypen müssen zusammengenommen werden, wenn das Problem einer sozial bedingten Religionsschichtung geklärt werden soll.

B. PERSÖNLICHE FRÖMMIGKEIT UND OFFIZIELLE RELIGION IN ISRAEL

I. Religiöse Unterschiede zwischen der Klage des Einzelnen und der Klage des Volkes

Schon 1893 hatte E.Sellin in Bestreitung der Kollektivismusthese festgestellt: "In der religiösen Lyrik erscheint außerhalb der eigentlichen Volkshymnen das Individuum überall in einem innigen Verhältnis zu Gott stehend."(1) Doch war die Differenzierung, die Sellin hier andeutet, zu seiner Zeit keineswegs exegetisch gesichert. Ein Vertreter der Kollektivismusthese, R.Smend, hatte die alte von den Targumim über die mittelalterlich jüdischen Ausleger zu Calvin und de Wette laufende Auslegungstradition wieder aufgenommen und behauptete mit historisch-kritischen Argumenten, mit dem Ich in den Psalmen sei gar kein Individuum, sondern die jüdische Gemeinde gemeint. Wie sehr Smend bei dieser Hypothese von dem Bild der Religionsgeschichte Israels bestimmt ist, das die Vertreter der Kollektivismusthese gezeichnet haben, zeigt sein Argument, die Vertrauensaussagen in den Klagen könnten unmöglich von einem Einzelnen gesprochen sein, denn: "im Allgemeinen sind solche Ansprüche des Individuums im A.T. nicht sehr berechtigt und die zuversichtliche Erwartung ihrer Erfüllung unerhört."(2) So stützen sich die Kollektivismusthese und die kollektive Auslegung der individuellen Psalmen gegenseitig.

Erst E.Balla und H.Gunkel haben der kollektiven Psalmenauslegung den Boden entzogen.(3) Und mehr noch, seitdem Gunkel klar definierte Psalmengattungen herausarbeiten konnte(4), läßt sich die von E.Sellin noch vage formulierte Differenzierung methodisch erheblich schärfer fassen. H.Gunkel konnte formgeschichtlich nachweisen, daß sich sowohl die Klage als auch das Lob in Israel zu je zwei verschiedenen Gattungen ausgeformt hat, je nachdem ein Ich oder ein Wir die Redenden sind: Neben der Klage des Einzelnen steht die Klage des Volkes und neben dem Danklied (berichtendes Lob des Einzelnen) der Hymnus (beschreibendes Lob), d.h. das Lob des gottesdienstlich versammelten Volkes.(5)

Diese Gattungseinteilung Gunkels ist heute weithin anerkannt, dennoch scheint man sich ihrer Tragweite bis heute nicht bewußt geworden zu sein. Denn sie bedeutet doch nicht weniger als dies: Daß es für das Geschehen zwischen "Mensch" und Gott nicht gleichgültig ist, ob ein Einzelner oder eine große Gruppe darin zu Wort kommt. Denn verschiedene Gattungen bedeuten verschiedene "Sitze im Leben". Das heißt konkret, daß die religiöse Begehung, die für einen kranken Menschen vollzogen wird, ein anderer Vorgang ist als die Begehung nach einer militärischen Niederlage des Volkes. Hätte es da nicht nahegelegen - so wundere ich mich - weiterzufragen, auf welche Weise sich die Geschehensvorgänge hier und dort unterscheiden? Mußte sich aus der formgeschichtlichen Differenzierung der Klage- bzw. der Lobgattungen nicht geradezu die Frage nach einer von den religiösen Äußerungen des Volkes unterschiedenen persönlichen Frömmigkeit aufdrängen?

Ich beschränke mich in diesem Kapitel auf eine Gegenüberstellung der Klagegattungen. Grundsätzlich gilt natürlich das Gleiche für das berichtende Lob im Unterschied zum beschreibenden Lob. Doch sind die Grenzen zwischen den Lobgattungen fließender als zwischen den Klagegattungen. (6) Das hängt damit zusammen, daß das Lob des geretteten einzelnen Menschen über die Familie hinaus drängt: Zur Tōdā-Feier kann die Dorfgemeinschaft eingeladen werden (1.Sam 9), sie findet - wenn auch nicht ausschließlich - gerne an einem der Heiligtümer statt, wo der Genesene sein Gelübde bezahlt (Opfer). Zwar handelt es sich auch dabei immer um kasuelle Gottesdienste, die sich von den Wallfahrtsfesten des Volkes abheben, doch konnten mehrere Veranstaltungen zusammengefaßt und unter die Leitung eines Priester gestellt sein (Ps 107), und die Feier in einer Gemeinde liturgisch gestaltet werden (Ps 118). So ist es erklärlich, daß es zu Berührungspunkten mit dem beschreibenden Lob kommt. So eignen sich die Lobgattungen nicht so gut für eine Differenzierung; ich gehe darum von den Klagegattungen aus und ziehe von ihnen her die Lobgattungen von Fall zu Fall hinzu.

1. Datierung und Sitz im Leben

Es sind - so sehe ich - vor allem zwei Gründe, die bisher verhindert haben, daß die Psalmen unter dieser Fragestellung untersucht worden sind: die unsichere Datierung und ein unpräziser Kultbegriff.

a) Die Psalmen, insbesondere die Klagen des Einzelnen, die ja von ihrer Natur her jeglicher politischer Fakten entbehren, lassen sich äußerst schwer oder gar nicht datieren. Sie wurden in einer literarkritisch bestimmten Forschungsphase fast durchweg in die nachexilische bis makkabäische Zeit angesiedelt, nicht zuletzt auf Grund einer bestimmten religionsgeschichtlichen Evolutionstheorie. (7) Diese grundsätzliche Spätdatierung ist z.B. der Grund, warum die Klagen des Einzelnen bei E.Sellin (1893)(8), ja, selbst noch bei J.de Fraine (1952)(9) zur Erhebung einer persönlichen Frömmigkeit in Israel nicht ausgewertet werden, und auch M.Rose lehnt es aus Unsicherheiten der Datierung ab, die Psalmen zum Ausgangspunkt seiner Untersuchung zu machen, obgleich sie "manches wichtige Material zur Volksfrömmigkeit... bereitstellen (können)."(10)

Gegen eine generelle Spätdatierung hat sich als erster S.Mowinckel (1921) ausgesprochen. (11) Auch ich will nicht bestreiten, daß der Psalter "das Gesangbuch des zweiten Tempels" gewesen ist, daß also auch die Klagepsalmen, wie sie uns jetzt überliefert sind, ihre Endgestalt in der nachexilischen Zeit bekommen haben. Aber es scheint mir unzweifelhaft, daß die Gattung der Klage des Einzelnen, ihr Aufbau und die Mehrzahl ihrer Elemente in die vorexilische Zeit zurückreicht. Der terminus ad quem ist durch die Klagen Jeremias und Thren 3 gegeben. Sie ist aber sicher nicht erst in dieser Zeit "erfunden", sondern geht weiter in die vorexilische Zeit zurück, wie die verschiedenen, in den Geschichtsbüchern überlieferten, noch meist selbständigen Klagepsalmenelemente zeigen. (12) Ich werde anhand der theophoren Personennamen zu erhärten versuchen, daß wesentliche Teile der Klage des Einzelnen von der Väterzeit an durch die ganze vorexilische Zeit hindurch existiert haben. (13)

b) Der zweite, noch wichtigere Grund war, daß man die formgeschichtlich erkannten Differenzierungen durch einen viel zu allgemeinen Kultbegriff wieder verwischt hat. Es war ein Fortschritt formgeschichtlicher Arbeit an den Psalmen gewesen, zu zeigen, daß sie keine "Ergüsse frommer Gedanken" sind, wie eine idealistische Psalmenexegese gemeint hatte, sondern gottesdienstliche Begehungen. Doch bedingt durch diese Frontstellung wurde versäumt zu klären, welche Art von Gottesdienst man meinte. Man suchte und fand in den Psalmen eine Vielzahl von Merkmalen, die man für kultisch hielt, Tempel, Riten, Orakel etc, um dann alle Gattungen pauschal dem Kult zuzuweisen. Die Klage des Volkes war dann genauso kultisch wie die Klage des Einzelnen. Und weil Festkalender und Priestergesetze es fast nur mit dem offiziellen Kult zu tun haben, verstand man unter "Kult" eo ipso den Großkult am Tempel. (14) Hier kam es im Gefolge von Mowinckels These eines israelitischen "Thronbesteigungsfestes" zu einer gewaltigen Hypothesenbildung, die zu einer immer weiteren Verflüchtigung formgeschichtlicher Kriterien führte(15): ein bestimmtes postuliertes Fest zog wie ein Magnet alle Gattungen an. Damit geriet die Frage nach dem Sitz im Leben der Klage des Einzelnen völlig in die Sackgasse, selbst diese Gattung wurde einfach unter den Festkult am Heiligtum subsumiert. (16)

Hier lohnt es sich, an eine Kontroverse zu erinnern, die zwischen H. Gunkel und S. Mowinckel zu Beginn dieser Fehlentwicklung geführt worden ist. (17) Sie kann deutlich machen, daß die Texte sich gegen diese einlinig kultische Vereinnahmung sträuben.

Gunkel hatte zwar erkannt, daß die Klagelieder des Einzelnen "zu gewissen gottesdienstlichen Handlungen" gehören, doch ihm war aufgefallen, daß die Texte weit weniger Anspielungen darauf enthielten, als man eigentlich erwarten müßte. Er deutet diesen Tatbestand so, daß die Gattung zwar ursprünglich kultisch gewesen sei, doch daß "die Psalmendichter sich von dem Vollzug des Gottesdienstes abgewandt haben und ihn zu vergeistigen bestrebt sind."(18) "Das Klagelied des Einzelnen (hat sich) allmählich von den mit ihm verbundenen Kultushandlungen innerlich gelöst"(19), es wird zum "geistlichen Liede", das nun auch fern vom Heiligtum gesungen werden konnte. (20)

S. Mowinckel hat sich mit aller Schärfe gegen diese "Spiritualisierungstheorie" Gunkels gewandt, er sieht in ihr - wohl zu recht - einen Rückfall in die ältere idealistisch orientierte Psalmenexegese. (21) Für Mowinckel steht fest, daß wir es bei den Klagen des Einzelnen "nicht mit Herzensergießungen privater Menschen betreffend ihrer privaten Plagen und Leiden zu tun haben, sondern mit den offiziellen Kultliedern, die zu den oben erwähnten Sühne- und Reinigungsriten gehört haben."(22) Den Nachweis versucht Mowinckel dadurch zu erbringen, daß er auf einzelne Elemente, die er für "kultisch" hält, Tempel, Riten und Orakel(23) in den individuellen Klagen hinweist. Wieweit alle diese Elemente notwendiger Weise an den Tempel gebunden sind, fragt Mowinckel nicht - etwa das Heilsorakel, das die Masse seiner Belege ausmacht - für ihn, wie für Gunkel, gibt es nur die Alternative: kultisch oder unkultisch.

Die differenzierende Beobachtung Gunkels, daß sich unter der großen Zahl der individuellen Klagepsalmen nur recht wenige finden, die explizit den Tempel nennen oder auf seinen Kult anspielen, ja, daß sogar einige von ihnen mit Sicherheit nicht im Tempel, sondern auf dem Krankenlager oder in der Fremde gesprochen sind(24), kamen nicht zum Tragen und wurden von ihm selbst falsch gedeutet. Stattdessen setzte sich die pauschale Ansicht Mowinckels durch, daß die Klagen des Einzelnen wie alle anderen Psalmengattungen auch "wirkliche Kultpsalmen"(25) gewesen seien, so z.B. H.J.Kraus: "Auch die aus 'privater Sphäre' stammenden Lieder sind in den Bereich des Heiligtums gebracht worden und haben erst dort ihren entscheidenden Vortrag, ihren Gebrauch als Formular und ihre Traditionsgeschichte erlebt. Die Klage-, Dank- und Vertrauenslieder haben also zumeist im Heiligtum ihren durchaus kultischen 'Sitz im Leben'."(26)

Es ist klar, daß auf Grund dieses einlinigen Kultbegriffes hauptsächlich das Verbindende zwischen den Klagen des Einzelnen und den Volksklagen, bzw. den Hymnen betont wurde, und man die Differenzen übersah. Hier ist erst in jüngster Zeit ein grundlegender Wandel eingetreten: E.Gerstenberger hat wie schon S.Mowinckel 50 Jahre früher die Klagen des Einzelnen einem ausführlichen Vergleich mit den - inzwischen erheblich vermehrten - babylonischen Beschwörungen unterzogen und kommt zu einem anderen Ergebnis: Die babylonischen Beschwörungen sind zwar rituelle Begehungen, aber sie gehören nicht zum offiziellen Tempelkult. Es handelt sich vielmehr um kasuelle Zeremonien, die ein Beschwörungsfachmann (āšipu, mašmašu) am Krankenlager oder einem sonst geeigneten Ort (z.B. am Fluß) an dem Kranken vollzieht.(27) In Analogie dazu versucht E.Gerstenberger auch in Israel eine "kasuelle Bittzeremonie" zu rekonstruieren, die sich zwar am Heiligtum - Gerstenberger denkt an Nebenaltäre - abspielen kann, die aber keineswegs notwendig an den heiligen Ort gebunden ist.(28) Träger ist in jedem Fall nicht das Volk, sondern die kleinste "Primärgruppe", die Familie. Sie zieht im Falle der Erkrankung eines ihrer Familienmitglieder einen "Liturgen" hinzu, der im Beisein der Familie, also im kleinsten Kreise(29), eine Zeremonie vollzieht, deren Höhepunkt die Klage bildet. In Einzelfällen konnte er sie durch ein Heilsorakel beantworten.(30) Wie sich dabei die Rollen von "Liturgen" und Familie zueinander verhalten, wird bei Gerstenberger nicht ganz klar: auf der einen Seite sieht er den eigentlichen Träger dieser Klagegottesdienste in Analogie zum babylonischen Ritual im "Kultfachmann" und denkt dabei an Seher, Gottesmänner oder Propheten, die allerdings "vom festen Kultinstitut relativ unabhängig" sind(31), also eine Zwischenstellung zwischen den Tempelpriestern und "freiberuflichen Praktikern" einnehmen.(32) Auf der anderen Seite hat die Familie das Hauptgewicht: "Ursprungszelle der Zeremonie" ist die "Primärgruppe, die kleine soziale Einheit, die ihre kultischen Begehungen neben dem offiziellen Kult hält, und die ihre Traditionen nicht aus dem großen Strom der offiziellen Volksreligion, sondern zu einem erheblichen Teil aus den schmalen Rinnsalen der Familien- und Sippenüberlieferung empfängt."(33) Diese zweite Möglichkeit scheint mir angemessener: wohl sind in Israel Heilungen durch Gottesmänner und Propheten belegt(34), doch dabei handelt es sich immer schon um prominente Patienten; es ist darum zu fragen, ob wir für Israel nicht erheblich "primitivere" Verhältnisse voraussetzen müssen als in der hochentwickelten babylonischen Stadtkultur; z.B. könnte man sich vorstellen, daß im Normalfall ein in rituellen Dingen erfahrenes Familienmitglied oder Nachbar die Funktion des Liturgen übernimmt. Dann wären die kasuellen Klagegottesdienste auch personell noch weiter vom offiziellen Tempelkult getrennt.

Mit dieser Hypothese Gerstenbergers finden sowohl die Beobachtung kultischer Elemente - besonders der Orakel - durch S.Mowinckel als auch die dagegenstehenden Vorbehalte H.Gunkels ihre hinreichende Erklärung.(35) Die Alternative heißt jetzt nicht mehr kultisch oder unkultisch, sondern es ist, wie Gerstenberger feststellt, "je nach der Mitwirkung verschiedener Gruppen der Gesamtbegriff 'Kultus' ... zu differenzieren."(36) Auf der einen Seite steht der Großkult, d.h. die offiziell ausgerufenen Klagefeiern des Volkes (ṣōm) und die Jahresfeste an den großen Heiligtümern, hierhinein gehören die Gattungen: Klage des Volkes bzw. das beschreibende Lob; auf der anderen Seite stehen - personell, funktional und meist lokal davon unterschieden - die kasuellen Klagegottesdienste im Kreis der Familie, hierhinein gehört die Gattung Klage des Einzelnen.

Erst mit dieser Klärung Gerstenbergers, die sich schon in meiner Dissertation bewährt hat(37), ist die formgeschichtliche Konsequenz aus dem Tatbestand gezogen, daß wir zwei Klagegattungen im Alten Testament haben. Die Klagen des Einzelnen gehören in eine eigenständige religiöse Begehung im Familienkreis, damit weisen sie in das Milieu, in dem ich die persönliche Frömmigkeit lokalisiert hatte und können als Quellen für sie in Anspruch genommen werden. Damit ist der methodisch gesicherte Einstieg zum Nachweis einer eigenständigen persönlichen Frömmigkeit in Israel gewonnen: Wenn meine These richtig ist, dann müssen sich in der Frömmigkeit der individuellen Klagen charakteristische Unterschiede zu den Gattungen der offiziellen Religion, insbesonders zu den aus analoger Situation gesprochenen Klagen des Volkes nachweisen lassen.

2. Rückblick auf Gottes früheres Heilshandeln und Bekenntnis der Zuversicht

Während sich der Aufbau der Klage des Volkes und des Einzelnen bezüglich der Klage, Bitte und des Lobgelübdes im Wesentlichen entsprechen, gibt es bezüglich eines Teils eine klare Differenz: In der Klage des Einzelnen steht im Kontrast zur Klage das Bekenntnis der Zuversicht, an seiner Stelle findet sich in den Klagen des Volkes der "Rückblick auf Gottes früheres Heilshandeln."(38)

Diese formgeschichtliche Unterscheidung stützt sich auf eine recht signifikante Quellenlage: Daß das Bekenntnis der Zuversicht, bzw. das Vertrauensbekenntnis (39) ein konstitutiver Teil der Klage des Einzelnen ist, steht heute außer jeden Zweifel.(40) Von den 39 Klagen des Einzelnen im Psalter(41), die H.Gunkel/J.Begrich nennen, stehen eine oder beide Formen des Bekenntnisses in 28 Fällen(42), hinzu kommt eine vertrauensvolle Anrede (Ps 88,2) und Vertrauensmotive (Ps 143,8-10);

zweimal hat sich das Bekenntnis in Richtung auf einen allgemeinen Lobsatz entwickelt. (43) Nur in 9 der 39 Klagen fehlt jede Art von Bekenntnis.

Nicht ganz so klar scheint bis heute zu sein, daß Bekenntnis der Zuversicht und Vertrauensbekenntnis sich auf die individuellen Gebetsgattungen beschränken; so rechnen z.B. C.Westermann und J.Kühlewein mit einem Bekenntnis in der Klage des Volkes. (44) Doch das Material, das sie anführen, ist ganz im Unterschied zu den Belegen aus der Klage des Einzelnen so verschiedenartig, daß mir ihre Annahme doch sehr fraglich erscheint. Zwar gibt es zuweilen in den Klagen des Volkes auch bekenntnisartige Wendungen, doch sie erinnern nur von Ferne an die Klage des Einzelnen(45) und sind immer strikt auf die Volksgeschichte bezogen. (46) Hierfür die gleiche Bezeichnung zu verwenden, obgleich in den "echten" Bekenntnissen der Zuversicht der Bezug auf die Volksgeschichte gerade fehlt, halte ich darum für unglücklich. Die Belege, die auch inhaltlich am deutlichsten an die Bekenntnisse der individuellen Klage erinnern, lassen sich alle als Anleihen der exilisch-nachexilischen Gemeinde an die persönliche Frömmigkeit erklären. (47) Diesen wenigen (5) pluralischen Abwandlungen stehen, nimmt man alle von der Klage des Einzelnen beeinflußten Texte(48) in und außerhalb des Psalters und das ihr korrespondierende berichtende Lob hinzu(49), 56 Belege gegenüber, in denen das Bekenntnis der Zuversicht in die Beziehung eines einzelnen Menschen zu seinem Gott gehört. Auch die Tatsache, daß es zur Ausbildung einer Gattung "Vertrauenspsalmen" nur auf der Seite des Einzelnen gekommen ist, während ein Pendant auf der Seite des Volkes fehlt(50), spricht dafür, daß das Bekenntnis der Zuversicht nicht in der Klage des Volkes, sondern nur in der Klage des Einzelnen verankert ist. (51)

Auf der anderen Seite begegnet der "Rückblick auf Gottes früheres Heilshandeln" in fast allen echten Volksklagen. (52) Thr 5,19 steht stattdessen ein allgemeiner Lobsatz, er fehlt nur in Ps 79 und 60. Dabei tritt anstelle des geschichtlichen Rettungshandelns wahrscheinlich in exilischer Zeit das machtvolle Urzeithandeln gegen die Chaosmächte. (53) Auch außerhalb des eigentlichen Rückblicks tauchen mancherlei Verweise auf die Volksgeschichte auf, die Jahwe zum rettenden Eingreifen bewegen wollen. (54) Ohne Zweifel, es ist die Klage des Volkes, wo dieses Reden von Geschichte im Kontrast zur gegenwärtigen Not zuhause ist.

Dagegen sind es bei den vielen Texten, die wir haben, auffallend wenige Stellen, an denen das geschichtliche Handeln Jahwes auch in den Horizont der Klage des Einzelnen eindringt. (55) Darauf werde ich weiter unten noch eingehen.

Was bedeutet dieser formgeschichtliche Tatbestand für meine Fragestellung? Er bedeutet nicht weniger, als daß sich der Einzelne in der Not an andere religiöse Erfahrungen klammert als das Volk in analoger Situation.

Das Volk hält Jahwe seine früheren Heilstaten an Israel vor, es hofft darauf, daß Jahwe die Geschichte, die er mit ihm begonnen hat, nicht einfach abbrechen, sondern weiterführen wird. Das ist allgemein anerkannt(56) und bedarf keiner weiteren Erläuterung.

Doch wird in der alttestamentlichen Forschung weithin so getan, als gelte das für den einzelnen Israeliten in gleicher Weise, so wenn W. Zimmerli schreibt: "Auch da, wo der Beter in Dunkelheit sitzt..., hält er Gott vor, was er doch einst an den Vätern getan hat."(57) Wenn dieser Satz richtig wäre, müßte es in den Klagen des Einzelnen überall etwa so heißen: "Du hast das Volk Israel aus Ägypten gerettet - so rette auch mich in meiner Not." Doch das ist nicht der Fall. Normalerweise hält der Einzelne Gott in seiner Not nicht sein Handeln als Retter des Volkes entgegen; im Gegenteil, in dieser Situation spielt in der Regel die Geschichte Jahwes mit seinem Volk für ihn überhaupt keine Rolle, stattdessen beruft er sich im Bekenntnis der Zuversicht auf Erfahrungen, die er selbst mit Gott gemacht hat:

Ps 71,5f Ja, du bist meine Hoffnung Herr,
du, Jahwe mein Vertrauen von meiner Jugend an.
Auf dich stütze ich mich von Mutterleib an,
von meiner Mutter Leib an bist du meine 'Stärke' (58)
auf dich geht mein ständiges Loblied!
...
9 Laß mich nicht fallen in der Zeit des Alters,
da meine Kraft schwindet, verlaß mich nicht!

Seit seiner Geburt hat Gott ihn schützend, helfend und stärkend begleitet, er war ihm auf seinem ganzen Lebensweg immer wieder Grund, neu zu vertrauen, neu zu hoffen; darum vertraut und hofft er auch jetzt, daß ihn sein Gott, mit dem er diese Erfahrungen gemacht hat, auch in der Krankheit und Schwäche seines Alters nicht fallen läßt.

Hier und in den vielen Bekenntnissen der Zuversicht haben wir also einen Fundus an persönlicher Frömmigkeit, der sich deutlich von den das Volk tragenden Heilstraditionen unterscheidet.

Das zeigt sich bis in die Grammatik hinein: Handelt es sich in den geschichtlichen Rückblicken immer um eine Folge von geschichtlichen Fakten, die man nur nacheinander erzählen kann (Verbalsätze, meist 2.sg.pf. "du hast getan..."), so verschmelzen die vielen "kleinen" Erfahrungen von Gottes Schutz und Rettung im persönlichen Leben zu einem Vertrauensverhältnis, das jeweils als ganzes aktualisiert wird: "Du bist doch meine Rettung, mein Schutz, meine Stärke...etc" (meist Nominalsatz). (59) Ereignisse im alltäglichen Lebensbereich sind keine herausragenden, geschichtlich fixierbaren Fakten, solche erlebt nur eine größere Gruppe, im Lebensbogen eines einzelnen Menschen fließen Vergangenheit, Gegenwart und Zukunft stärker ineinander als in der politischen Geschichte eines Volkes.

So schöpft der Einzelne und seine Familie in einer Bedrohung sein Vertrauen aus einem anderen Quell von Gotteserfahrungen als das Volk in analoger Situation. Hier wird eine persönliche Frömmigkeit greifbar, die zwar gewisse Analogien zur offiziellen Religion aufweist (z.B. Rettung), die jedoch nicht mit ihr identisch ist, sondern neben ihr herläuft.

Das zeigen nun auch die besonderen Fälle, in denen sich einmal ein leidender Mensch auf die Volksgeschichte beruft. Das geschieht am klarsten und eindrücklichsten in Ps 22, einem Psalm, der sich in einer Reihe von Punkten von den "normalen" Klagen des Einzelnen abhebt.

Wenn der Beter dieses Psalms sich gleich nach der Anklage Gottes auf die offizielle, im Tempelkult von Jerusalem beheimatete Vorstellung vom heiligen und thronenden Gott (v.4)(60) bezieht und seinem Leid die Gotteserfahrungen der Väter gegenüberstellt (v.5-6):

Aber du bist heilig, der du thronst (auf?) den Lobgesängen Israels(61)
Auf dich vertrauten unsere Väter,
    sie vertrauten und du rettetest sie,
Zu dir schrieen sie und wurden gerettet,
    auf dich vertrauten sie und wurden nicht enttäuscht.

dann ersetzt er damit die Erfahrungen aus seiner persönlichen Gotteserfahrung nicht, sondern stellt diese daneben:

10 Ja, du zogst mich aus dem Mutterleib,
    bargst mich an meiner Mutter Brust.
11 Auf dich bin ich geworfen von Mutterleib an,
    von meiner Mutter Leib bist du mein Gott.

Hier haben wir das alte Bekenntnis der Zuversicht, das von Hause aus zur Gattung gehört, und zwar in einer besonders schönen und vollen Form: Das persönliche Vertrauensverhältnis dieses Beters zu seinem Gott gründet darauf, daß dieser Gott ihn geschaffen hat und seit seiner Geburt beschützte und bewahrte. (62) Das ist ohne Zweifel ein anderer Lebens- und Erfahrungsbereich als der, der in v.4-6 angesprochen wurde. Wie sich das eine zu dem anderen verhält, wird nicht gesagt, beides bleibt unausgeglichen nebeneinander stehen.

Warum in Ps 22,4-6 Elemente der offiziellen Religion aufgenommen sind, kann ich nur vermuten. Es hängt wahrscheinlich damit zusammen, daß der Psalm über das normale Lobgelübde hinaus, das noch in v.23+26 zu erkennen ist, gottesdienstliches Lob (imp. Aufruf v.24 mit Begründung v.25; v.27 neuer juss. Aufruf oder impf. Fortsetzung von v.25) aufgenommen hat und darüber hinaus das Weitergehen des Gotteslobes in die Weite des Raumes (v.28f) und in die Tiefe der Zeit (Vergangenheit und Zukunft v.30-32) darstellen will. Wie dieser breite Umschlag ins Lob, mit dem Ps 22 unter den Klagen des Einzelnen einzigartig dasteht, zu erklären ist, ist noch unsicher. Aber immerhin ist soviel klar, daß v.23-32 eine Feier in einem gottesdienstlichen Rahmen zum Hintergrund haben müssen, die auch über die normale tōdā-Feier noch hinausgeht. (63) Mit diesem gottesdienstlichen Hintergrund scheinen auch v.4-6 zusammenzuhängen. Das Reden von "unseren Vätern" v.5 setzt eine Gemeinde voraus, ja, die Verse könnten von der Gemeinde gesprochen sein. Vielleicht handelt es sich um die Klage und Rettung eines irgendwie hervorgehobenen Menschen. (64) Weiter möchte ich in meinen Vermutungen nicht gehen. Ich möchte aber darauf hinweisen, daß in Ps 22,5-6 nicht so von den Geschichtstaten Jahwes gesprochen wird wie etwa in Ps 80, 9-12 (2.sg.perf.); es wird kein einziges Ereignis aus der Geschichte

Israels genannt, sondern nur summarisch auf Jahwes Retterhandeln verwiesen und zwar ganz unter seinem subjektiven Aspekt: die Väter vertrauten bei ihren Volksklagen auf Jahwe und wurden nicht enttäuscht.

Die eben genannten Merkmale gelten auch für Ps 143,5; auch hier ist der subjektive Aspekt vorherrschend und die "Taten der Vorzeit" werden nur pauschal erwähnt. Doch im Unterschied zu Ps 22 ist die Stellung und Funktion des Rückblicks in Ps 143,5 völlig unklar(65): Der Vers unterbricht die Ich-Klage (v.4+6); es fehlt ein adversatives waw. Inhaltlich entspricht er Ps 77,6.12, so daß man fragen muß, ob er nicht eine von dort genommene und hier schlecht plazierte Glosse ist. Wie dem auch sei, auch für Ps 143 gilt, daß daneben auch Motive aus dem Bekenntnis der Zuversicht stehen (v.8-10).

So erweisen auch die Ausnahmen Ps 22 und Ps 143 (?) die Eigenständigkeit der in den Bekenntnissen der Zuversicht verdichteten persönlichen Frömmigkeit. Wäre das, was dort zur Sprache kommt, mit den heilsgeschichtlichen Erfahrungen des Volkes identisch(66), dann wäre nicht zu verstehen, warum der Bezug auf die Volksgeschichte das eigene Bekenntnis nicht einfach ersetzt. Die Tatsache, daß beides nebeneinander stehen gelassen wurde, zeigt, daß man beides als unterschiedlich empfand.

Als weitere Belege dafür, daß sich der einzelne Israelit im Gebet auf die Volksgeschichte beziehen konnte, werden in der Forschung noch Ps 39,13 und 77 genannt.(67) Diese Stellen sind von den vorhergehenden abzuheben, denn in ihnen hat der "Rückblick" nicht die Funktion, in einer persönlichen Notlage Hoffnung zu begründen.

Ps 39,13 "Denn ich bin ein Fremdling bei dir, ein Beisasse wie alle meine Väter", ist in seiner Deutung nicht ganz sicher. Wahrscheinlich ist ein Niedrigkeitsmotiv gemeint: der Beter beschreibt seine hilflose Lage vor Gott mit der eines gēr und schließt sich in dieser mit seinen Vätern zusammen.

Ps 77 kommen zwar Elemente der Klage des Einzelnen mit einem expliziten geschichtlichen Rückblick (v.14-21) zusammen, aber es liegt keine echte Klage des Einzelnen mehr vor. Die Not, aus der heraus der Beter seine Klage erhebt (v.2-3), ist keine Bedrohung von Leib und Leben mehr, sondern, wie sich v.4-7 herausstellt, eine gedankliche, theologische Not: Der Beter denkt über das Schicksal seines Volkes nach (vgl. die vielen Verben des Denkens: zākar v.4.7.12; śîaḥ v.4.7.13; hāgā v.7cj.13; ḥāšab v.6), und dessen Not (v.8-10) wird zu seiner eigenen (v.11: Da sprach ich: "Das ist mein Schmerz, daß sich die Rechte Eljons so verändert hat!"). Da fällt ihm das gottesdienstliche Lob ein, das die Epiphanie Jahwes am Schilfmeer besang (12-21) und im Rezitieren wird ihm Gott wieder groß, löst sich ihm - so müssen wir annehmen, obgleich der Psalm nichts darüber sagt - sein theologisches Problem.

Den Versuch A.Weisers, hinter Ps 77 einen gottesdienstlichen Vorgang zu sehen, finde ich nicht überzeugend.(68) Schon das Reden von Gott in der 3.Pers. spricht meiner Meinung nach eher für eine Meditation. Doch bedarf einer Erklärung, warum die Traditionen der offiziellen

Religion (hinter v.8-10 steht eindeutig die liturgische Formel von Ex 34,6) für einen Einzelnen eine solche Bedeutung bekommen konnte. Ich sehe den Grund in der Exilskatastrophe von 587. Schwere Katastrophen führen dazu, daß die Lebensbereiche von Volk und Familie weithin zusammenfallen (s.u.178ff), die Not des Volkes trifft dann auch den Einzelnen in seinem Lebensbereich voll, zumindest als theologisches Problem. Ein solches Ineinanderrücken vormals getrennter Lebensbereiche läßt sich auch in der Verkündigung Deuterojesajas beobachten. Die Funktion, die er dem beschreibenden Lob in seinen Bestreitungen gibt, entspricht der in Ps 77,12-21 weitgehend. So ist die außergewöhnliche Form des 77. Psalms durch eine außergewöhnliche geschichtliche Situation bedingt; insofern wird er uns noch weiter unten interessieren(69), ein Beleg für die "normale" Frömmigkeit der Klagen des Einzelnen ist er auf keinen Fall.

Damit sind alle "Ausnahmen" genannt. Das Erstaunliche ist nicht, daß die Volksgeschichte in einigen Fällen in den Horizont der Klage des Einzelnen eindringen konnte, das Erstaunliche ist vielmehr, daß es - obwohl grundsätzlich möglich - so selten geschah! Man kann nicht sagen, daß die Geschichtstraditionen des Volkes in der Familie einfach unbekannt waren. Man kann sich auch nicht damit herausreden, daß in den Formulierungen des Bekenntnisses der Zuversicht verklausuliert doch die Geschichtserfahrungen mit Jahwe zum Ausdruck kämen; die Klagen des Volkes und auch die "Ausnahmen" unter den Klagen des Einzelnen beweisen, daß, wenn man von der Geschichte Jahwes mit seinem Volk reden wollte, dies deutlich und unmißverständlich konnte. Nein, wenn die Familien bei ihren kleinen Klagegottesdiensten normalerweise nicht auf die Heilstaten Jahwes an Israel rekurrierten, dann kann man das nur so deuten, daß diese für ihren Lebensbereich, in diesem Falle für die Heilung eines krank gewordenen Familienmitglieds, keine direkte aktuelle Bedeutung hatten. Direkte Bedeutung hatten sie nur dort, wo es um das Schicksal des ganzen Volkes ging, etwa bei den öffentlichen Volksklagefeiern. Für die Probleme des familiären Lebensbereichs hatte man seine eigenen, starken Gotteserfahrungen. Wie diese Gotteserfahrungen im einzelnen zu kennzeichnen sind, wird weiter unten gezeigt werden, hier genügt es, festzuhalten, daß sie sich von den Erfahrungen des Volkes unterscheiden. So weist die formgeschichtliche Differenz zwischen Bekenntnis der Zuversicht in der Klage des Einzelnen und Rückblick auf Gottes früheres Heilshandeln in der Klage des Volkes auf die religiöse Differenz zwischen persönlicher Frömmigkeit und offizieller Religion.

3. "Unser Gott" und "mein Gott"

Die an Hand der Aufbauelemente "Bekenntnis der Zuversicht" und "Rückblick auf Gottes früheres Heilshandeln" beobachteten Differenzen lassen sich bis in die Gottesbezeichnungen hinein weiterverfolgen.

In den Klagen des Einzelnen finden sich, in engem Zusammenhang mit dem Bekenntnis der Zuversicht - mehrmals Bekenntnisse von der Art "Du bist mein Gott" und viele vertrauensvolle Anreden, in denen Jahwe als "mein Gott" o.ä. angesprochen wird. ʾēlī bzw. ʾæ̆lōhāī "mein Gott" begegnet in den 39 Klagen des Einzelnen 29 mal(70), und zwar in 19 verschiedenen Psalmen(71); hinzu kommen 19 weitere Belege in Vertrauenspsalmen, berichtenden Lobpsalmen oder sonst mit der Klage verwandten Texten.(72) Die Bezeichnungen ʾæ̆lōhē jišʿī, ʾæ̆lōhē jĕšūʿātī und ʾæ̆lōhē tĕšuʿātī, die ich mit "mein Rettergott" wiedergeben möchte(73), kommen in den 39 Klagen 4 mal (74), in ihnen verwandten Texten weitere 4 mal vor.(75) Ganz in ihre Nähe gehören Bezeichnungen wie ʾæ̆lōhē māʿuzzī "mein Schutzgott" (Ps 43,2), ʾæ̆lōhē ḥasdī "mein huldvoller Gott" (59,18) und ʾæ̆lōhē ṣidqī "mein mir Recht schaffender Gott" (Ps 4,2). Ebenfalls eine personale Vertrauensbeziehung drücken die Gottesbezeichnungen "mein Herr"(76), "mein Hirte"(77) und "mein König"(78) aus. Ähnlich, wenn auch noch weniger fest geprägt, ist die Wendung: ʾēl gōmēr ʿālāī "Gott, der mir (Gutes) vergilt" (57,3). Beschränkt man sich einmal auf die Gruppe der 39 Klagen des Einzelnen, dann kommen in ihnen insgesamt 41 Gottesbezeichnungen mit einem Suffix der 1.sg. vor, verteilt auf 24 verschiedene Psalmen.(79) Damit dürfen wohl diese vertrauensvollen Anreden und Bekenntnisse als charakteristisches Merkmal der Klagen des Einzelnen und ihrer Frömmigkeit angesehen werden.

Wäre diese Frömmigkeit mit der offiziellen Religion identisch, so müßte man erwarten, daß in den aus analoger Situation stammenden Klagen des Volkes prozentual etwa evenso viele Anreden wie "Jahwe, unser Gott" oder Bekenntnisse wie "Du bist Jahwe, unser Gott" vorkommen. Das ist aber nicht der Fall! Fanden sich in den Klagen des Einzelnen 8 Bekenntnisse von der Art "du bist mein Gott/ bzw. mein Retter- mein Schutzgott"(80), so fehlen entsprechende Bekenntnisse in der Klage des Volkes überhaupt. In den echten Klagen des Volkes (11 Texte) begegnet ʾæ̆lōhēnu "unser Gott" ein einziges Mal (Ps 44,21) und die Anrede "unser Rettergott" (ʾæ̆lōhē jišʿēnu) ganze 2 mal (Ps 79,9; 85,5). Die normale Anrede Gottes in der Klage des Volkes ist Jahwe(81), bzw. ʾæ̆lōhīm im elohistischen Psalter(82), manchmal Jahwe Zebaoth(83), daneben ʾēl(84), ʾădōnāī(85) und zĕrōăʿ jhwh "Arm Jahwes".(86) Klar auf die Volksgeschichte bezogen und mit Epitheta der offiziellen Religion verbunden ist die Anrede Gottes in Ps 80:

v.2 Du Hirte Israels höre!
Der du weidest Joseph wie Schafe,
der du auf den Keruben thronst...

Das sind die typischen Gottesbezeichnungen der Klage des Volkes. Die Gegenprobe bestätigt es: Bis auf die Übertragung des Bildes vom Hirten auf die individuelle Gottesbeziehung in Ps 23,1 fehlen offizielle Epitheta wie "Gott Israels" und "Jahwe Zebaoth" in der Klage des Einzelnen, sie begegnen bis auf eine einzige Ausnahme nur dort, wo diese nachträglich auf das Volk umgedeutet worden sind.(87)

Ein Problem bieten die Gottesbezeichnungen mit dem suff. der 1.sg. in den Volksklagen: "Mein König" Ps 74,12; 44,5 und "mein Gott Ps 83, 14; (44,5cj?). Meist nimmt man an, daß hier ein Vorbeter zu Wort kommt; dann könnte man die Stellen so erklären, daß hier ein Vorbeter seine persönliche Gottesbeziehung mit in das Ringen des Volkes mit Jahwe einbringt.

Von den beiden Ausnahmen Ps 79,9 und 85,5 gehört sicher die letztere in die früh nachexilische Zeit (vgl. v.2-4), von daher wären Anleihen an die persönliche Frömmigkeit denkbar. Das läßt sich ganz sicher für die Bekenntnisse in der exilischen Volksklage Jes 63,16; 64,7 "Du bist unser Vater" nachweisen(88) und ähnlich läßt sich wohl das Anwachsen der Anrede Gottes mit ʾᵆlōhēnu in den exilisch-nachexilischen Gemeindegebeten erklären. (89)

Wie ist dieser auffällige Unterschied in der Gottesbezeichnung hier und dort zu deuten? Doch wohl so, daß die Beziehung Gottes zu einem einzelnen Menschen sich von seiner Beziehung zum Volk als ganzem unterscheidet.

Die Beziehung des einzelnen Menschen zu Gott ist nach Ausweis der häufigen suffigierten Gottesbezeichnungen von einem engen, persönlichen Vertrauensverhältnis geprägt. Die vertrauliche Anrede "mein Gott" findet sich besonders häufig in der Bitte und im Bekenntnis der Zuversicht(90); indem der in Not geratene Mensch Gott auf die zwischen ihnen bestehende Vertrauensbeziehung anspricht, versucht er ihn zum rettenden Eingreifen zu bewegen. Die gleiche Funktion haben auch die Bekenntnisse: "Du bist mein Gott etc". In allen 12 Fällen, in denen sie in Gebeten Einzelner in und außerhalb des Psalters begegnen(91), meinen sie nirgends ein Bekenntnis im Sinne der Entscheidung für einen bestimmten Gott, welche die Abkehr von anderen Göttern einschließt. (92) Nein, sie haben affirmative Bedeutung: Das Bekenntnis: "Du bist (doch) mein Gott" aktualisiert in der Notsituation gegen die Bedrohung durch feindliche Mächte eine Vertrauensbeziehung, die immer schon zwischen einem Menschen und seinem Gott besteht. Der Beter des 22. Psalms bekennt:

v.11 Auf dich bin ich geworfen von Mutterleib an,
vom Leib meiner Mutter an bist du doch mein Gott.

Die persönliche Vertrauensbeziehung wird nach dieser Aussage überhaupt nicht durch die Entscheidung des Menschen zu einem fixierbaren Zeitpunkt im Laufe seines Lebens geschaffen, sondern sie besteht schon seit seiner Geburt, sie ist seinem Leben immer schon vorgegeben wie die Vertrauensbeziehung zu seinen Eltern. (93)

Und das ist beim Volk eben anders! Die Beziehung zwischen ihm und Jahwe war nicht von Anfang an da, sondern begann an einem bestimmten, fixierbaren Punkt in der Geschichte dieses Volkes. Für die Gruppe als ganze gehört damit die Entscheidung für Jahwe und gegen andere Götter notwendigerweise zur Gottesbeziehung hinzu, wie es - wenn auch aus großem Abstand - Jos 24 grundsätzlich zutreffend darstellt. Das zeigen nun auch die Volksbekenntnisse im Alten Testament, die zwar äußerlich den Vertrauensbekenntnissen in der Klage des Einzelnen recht ähnlich sehen, aber etwas ganz anderes meinen:

Jos 24,18 Auch wir wollen Jahwe dienen, ja, er ist unser Gott
(kī hūʾ ʾᵆlōhēnu)

Jer 3,22 Da sind wir, wir 'kommen' zu dir, ja, du bist Jahwe,
unser Gott (kī ʾattā jhwh ʾǣlōhēnu)

Jes 42,17 Die zu ihren Gußbildern sagen: "Ihr seid unsere Götter"
(ʾattæm ʾǣlōhēnu) (94)

Das Bekenntnis "er ist unser Gott" oder "du bist unser Gott" bedeutet Entscheidung für Jahwe, Rückkehr zu ihm, oder Abfall zu anderen Göttern. In diesen Zusammenhang gehört auch die einzige Stelle, an der in einer Klage des Volkes ʾǣlōhēnu vorkommt:

Ps 44,21 Wenn wir den Namen unseres Gottes vergessen hätten,
indem wir unsere Hände zu einem fremden Gott ausgestreckt
hätten(95)

und auch sonst - etwa in den beschreibenden Lobpsalmen - überwiegt bei der Bezeichnung "unser Gott" der Aspekt der Unterscheidung von den Göttern anderer Völker. (96) Der Aspekt einer Vertrauensbeziehung kommt zwar auch vor, ist aber demgegenüber untergeordnet. (97)

Einen ähnlichen Eindruck vermittelt eine Untersuchung des hebräischen Verbs für "vertrauen" bāṭaḥ. Auf den ersten Blick scheint der Befund des theologischen Sprachgebrauchs zwar wenig signifikant zu sein, sowohl der Einzelne als auch das Volk können als Subjekt von bāṭaḥ auftreten. (98) Aber der Eindruck trügt: eine feste Verankerung in einer bestimmten Gattung und damit in einer bestimmten Lebenssituation weist allein der singularische Verbgebrauch auf: Es ist das Vertrauensbekenntnis in der Klage des Einzelnen. (99) Der pluralisch-kollektive Gebrauch hat dagegen kein klares Zentrum, ja, ein ganz erheblicher Teil der Belege läßt noch eindeutig seine Herkunft aus dem singularischen Gebrauch erkennen und wird uns noch später beschäftigen. (100) Signifikant wird der statistische Befund jedoch erst, wenn man das Vorkommen in der 1.Person sing. und plur. untersucht: Das Bekenntnis "(Aber) ich vertraue auf dich, (Jahwe)" kommt in einigen Varianten allein 11x in den 39 Klagen des Einzelnen vor(101), dagegen fehlt ein entsprechendes pluralisches Bekenntnis "Wir vertrauen auf dich, Jahwe" in den 10 Klagen des Volkes völlig. Ja, das Verb bāṭaḥ begegnet überhaupt nur ein einziges Mal in dieser Textgruppe (Ps 44,7 sing.!). (102) Die einzigen Stellen, an denen das Volk ein solches Vertrauensbekenntnis spricht (Jes 12,2 sing., Ps 33,21 plur.), lassen sich eindeutig als nachexilische Übertragungen aus der Klage des Einzelnen nachweisen. (103) Das ist doch aber ein recht klares Bild: In der akuten Notsituation wird ursprünglich nur da von einer Vertrauensbeziehung zu Jahwe gesprochen, wo es ein einzelner Mensch ist, der sich an Gott klammert.

Dieses Ergebnis läßt sich noch vertiefen: Selbst wenn in anderen Texten auch von einem "Sich-Verlassen" des Volkes auf Jahwe gesprochen wird, dann ist damit strukturell etwas anderes gemeint als das, was das Gottvertrauen des Einzelnen ausmacht:

Wenn der einzelne Mensch sich in höchster Todesnot mit seinem Vertrauensbekenntnis an Gott klammert, dann trifft er damit keine bewußte Entscheidung für oder gegen Gott. Er hat keine Alternative, höchstens die, sich und sein Leben aufzugeben. Er flieht darum so "selbstverständlich" zu seinem Gott, so wie ein weinendes Kind zu seiner Mutter läuft, um dort Schutz und Trost zu finden. Würde es nicht so handeln, würde das zeigen, daß die personalen Beziehungen in der Familie zerstört sind. D. h. das Vertrauensbekenntnis setzt nicht erst in einem bewußten Akt ein Vertrauensverhältnis zwischen dem Einzelnen und seinem Gott, sondern es aktualisiert eine personale Vertrauensbeziehung, die schon zuvor weithin unbewußt gewachsen war.

Und eben das ist beim Volk anders. Es hat auch in politisch-militärischen Konfliktsituationen als Gruppe noch verschiedene Möglichkeiten und kann sich entscheiden: Es kann sich auf seine eigene militärische Stärke(104), es kann sich auf seine Bundesgenossen verlassen(105); es kann sich aber im konkreten Fall auf Jahwe verlassen, was bedeutet, daß man erst einmal abwartet und durchhält, bis sich eine bis jetzt noch nicht sichtbare Lösung des Konfliktes ergibt.(106) Dem Vertrauen auf Jahwe steht damit beim Volk das Vertrauen auf die eigene politisch-militärische Potenz gegenüber. In der Anklage der Propheten des 8.Jh. wird die zweite Möglichkeit als Fehlentscheidung und Ungehorsam gegenüber Jawe gegeisselt(107) und die Erzählung 2.Kön 18f reflektiert thematisch die Alternative, sich auf militärische Bundesgenossen oder auf Jahwe zu verlassen.(108) In dem "Vertrauensakt" des Volkes vollzieht sich damit eine Entscheidung für oder gegen Jahwe, sie entspricht der Entscheidungssituation, die oben für das Bekenntnis des Volkes "Du bist Jahwe, unser Gott" herausgearbeitet worden war.

Das unbedingte, alternativlose personale Vertrauensverhältnis zu Gott dagegen darf als ein Charakteristikum der Gottesbeziehung des Einzelnen angesehen werden.(109)

Nun wäre es aber falsch, aus dem Fehlen der suffigierten Gottesbezeichnungen zu folgern, daß es in den Klagen des Volkes überhaupt keinen personalen Bezug zwischen Jahwe und dem Volk gäbe. Denn quasi an der Stelle der vertrauensvollen Gottesbezeichnungen stehen in der Klage des Volkes eine Vielzahl von Motiven, welche eine Zugehörigkeit des Volkes zu Jahwe beschwören wollen: Das Volk nennt sich "dein Volk"(110), "deine Gemeinde" (111), "deine Knechte"(112), "deine Frommen"(113), "Schafe deines Weidens"(114) und "dein Erbbesitz"(115). Auch das sind personale Beziehungen, aber sie sind weniger familiär, weniger intim als in der Klage des Einzelnen. Dahinter stehen - soweit erkennbar - Vorstellungen wie die vom Führer/ König und seinem Volk(116), vom Hirten und seiner Herde(117), vom Herrn und seinen Knechten(118) und vom Besitzer zu seinem Grundbesitz (119). Das sind eher Beziehungen aus dem wirtschaftlichen und politischen Lebensbereich, sie drücken neben der Zugehörigkeit zugleich einen Abstand aus, der zwischen dem Volk und Jahwe besteht, darum ist eine persönliche "Vereinnahmung" Gottes hier nicht möglich. Um die Hoheit und Ehre Jahwes geht es auch in den Motiven, die betonen, Jahwe solle "um der Ehre seines Namens willen" sein Volk retten(120), damit seine Feinde seinen Namen nicht mehr lästern (121). Hier kommt wieder der Aspekt der Überlegenheit gegenüber den anderen Völkern und ihren Göttern hinein: Wie die politische Ohnmacht eines Volkes das Ansehen seines Königs, der es repräsentiert, schmälert, so schmälert die Ohnmacht Israels das Ansehen Jahwes bei den Völkern. Hier ist der politische Vorstellungsbereich mit Händen zu greifen.

So wird man den Unterschied der Gottesbeziehung zwischen der Klage des Einzelnen und der Klage des Volkes vorläufig so charakterisieren dürfen:

Die Gottesbeziehung des einzelnen Menschen im Kreis seiner Familie ist bestimmt durch ein intimes, immer schon bestehendes, ihm mit seiner Geburt vorgegebenes Vertrauensverhältnis. Es ist vergleichbar mit dem Vertrauensverhältnis, in der sich jeder qua Geburt und Sozialisation zu seinem Vater oder seiner Mutter befindet.

Die Gottesbeziehung des Volkes ist mehr eine von politischen Kategorien bestimmte Zugehörigkeit. Sie wird durch einen Akt in der Geschichte konstituiert, in dem sich Gott für dieses Volk und das Volk für diesen Gott entscheidet. Damit gehört zu diesem Gottesverhältnis von vornherein die Abgrenzung von anderen Völkern und Göttern hinzu, und damit ist die Möglichkeit des Abfalls gegeben. Der Abstand zwischen Jahwe und seinem Volk ist größer; die Beziehung beider wird durch eine gemeinsame Geschichte begründet, nicht aufgrund einer personalen Beziehung als solcher.

4. Weltschöpfer und Menschenschöpfer

Mit der formgeschichtlichen Differenz zwischen dem "Rückblick auf Gottes früheres Heilshandeln" und dem Bekenntnis der Zuversicht hängt noch ein weiterer, traditionsgeschichtlicher Unterschied zusammen.

Der Rückblick auf das geschichtliche Rettungshandeln Jahwes wurde - wahrscheinlich während des Exils - unter Aufnahme kanaanäischer Traditionen durch den "Rückblick" auf Jahwes urzeitlichen Sieg über die Chaosungeheuer verdrängt (122). Im Zusammenhang damit wurde z.T. auch das machtvolle Handeln des Weltschöpfers aus dem beschreibenden Lob in die Volksklage übernommen (123). Jahwe soll sich - das ist die Absicht der Übernahme - auch gegenüber Israels gegenwärtigen Feinden so mächtig erweisen, wie damals beim Chaoskampf und bei der Weltschöpfung. (124)

Die Weltschöpfungstradition gehört, wie ich in meiner Dissertation nachgewiesen habe, eindeutig in die offizielle Religion Israels, die an den großen Heiligtümern des Landes gepflegt wurde. (125) Der machtvolle Weltschöpfer und Herr der Welt wurde im gottesdienstlichen Lob der großen versammelten Volksgemeinde gerühmt, sein Lob stand als Majestätsaussage kat exochen dem Lob des Retters Israels gegenüber. (126) Auch mit der Übernahme in die Klage des Volkes verblieb die Schöpfungstradition im Bereich der offiziellen Religion: sie war es jetzt, die nach dem Zerbrechen der geschichtlichen Heilstraditionen dem Volk einen neuen Grund geben konnte.

Auch im Bekenntnis der Zuversicht der Klage des Einzelnen wird zuweilen "von Schöpfung" gesprochen. Doch eben nicht von der Weltschöpfung, sondern von der Erschaffung des Menschen. (127) Der einzelne, von den Mächten des Todes bedrohte Mensch appelliert an seinen Schöpfer, daß er ihn, den er mit so viel Liebe und Sorgfalt geschaffen hat, doch jetzt nicht dem Tode preisgeben könne (Hi 10,3.8-13).

Auf dem Hintergrund des Redens von Menschenschöpfung in der Klage des Einzelnen und in den ihm korrespondierenden Heilsorakel kommt erst die ganze Tragweite des schon mehrfach zitierten Bekenntnisses Ps 22,10f ans Licht:

> Ja, du bist es doch, der mich aus dem Mutterleib zog,
> der mir Vertrauen einflößte an meiner Mutter Brust!
> Auf dich bin ich geworfen von Mutterleib an,
> vom Leib meiner Mutter an bist du doch mein Gott!

Das intime, persönliche Vertrauensverhältnis zwischen dem einzelnen Menschen und seinem Gott gründet letztlich in seinem Geschaffen-Sein. Weil Gott ihn geschaffen hat und ihn nach seiner Geburt umsorgt und umhegt hat(128), ist er sein Gott, so wie Vater und Mutter durch Zeugung, Geburt und die Fürsorge in den ersten Lebensjahren zu seinen Eltern werden. Hinter den vielen Äußerungen des Gottvertrauens in den Bekenntnissen der Zuversicht, steht - so können wir jetzt sagen - die kreatürliche Zuneigung des Menschenschöpfers zu seinem Geschöpf; sie ist der Grund, auf den sich der in Todesbedrängnis geratene einzelne Mensch immer noch stützen kann.

Eine solche urtümliche, auf der Ebene des Kreatürlichen liegende Begründung des Verhältnisses zwischen Jahwe und Israel fehlt in den Klagen des Volkes und muß auch fehlen. Chaoskampf und Weltschöpfung zielen nicht direkt auf die Existenz und das Lebensrecht der Gruppe als ganzer. Anstelle der Erschaffung des Einzelnen steht in den Rückblicken die Rettungsgeschichte, die Jahwe mit dem Volk in Ägypten begonnen hat. Die Existenz der Gruppe als ganzer beruht auf einem geschichtlichen Handeln Jahwes, nicht auf seinem Schöpferhandeln.

So spiegelt sich auch im Nebeneinander beider Schöpfungstraditionen das Nebeneinander von offizieller Religion und persönlicher Frömmigkeit.

5. Verwerfen und Verlassen

Die verschiedenen Gottesbeziehungen des Volkes und des Einzelnen bewähren sich in der Not unterschiedlich.

Die Notsituation in den Klagen des Volkes ist immer eine bereits erfolgte militärische Niederlage oder Dürrekatastrophe.(129) Hier treffen wir nun aber auf das erstaunliche Faktum, daß, obwohl die militärischen Niederlagen eindeutig von den politischen Feinden Israels verursacht worden sind, sie dennoch fast immer auf ein Handeln Jahwes gegen sein Volk zurückgeführt werden. In 9 von 10 Texten klagt das Volk Jahwe an(130); in diesen Anklagen überwiegen Verben, die ein aktives, feindliches Handeln Jahwes gegen sein Volk und dessen König zum Ausdruck bringen: Jahwe hat das Volk um den Sieg gebracht(131), er hat es den militärischen Gegnern preisgegeben(132), er hat das Volk, sein Land und sein Königshaus zerstört(133) und hat das Volk in unsägliches Leid gestürzt.(134) Mit diesem gegen sein Volk gerichteten Handeln hat Jahwe die Gottesbeziehung des Volkes, die in einer gemeinsamen heilvollen Geschichte begründet war, als ganze in Frage gestellt: Das wird in Ps 80 bildhaft umschrieben, wenn hier das Volk nach dem Rückblick auf Jahwes früheres Heilshandeln, das als Pflanzen und Umhegen eines Weingartens dargestellt wird, mit der Anklage fortfährt:

Ps 80,13 Warum hast du seine Mauern eingerissen,
daß ihn pflücken alle, die vorbeikommen?

Das zeigt sich aber noch deutlicher in der verwendeten theologischen Begrifflichkeit: In 7 der 10 Volksklagen wird Jahwe vorgeworfen, daß er Israel, bzw. seinen König verstoßen (zānaḥ) oder verworfen (mā'as) habe.(135) Und in 8 Texten wird in diesem Zusammenhang vom Zorn Jahwes gegen sein Volk und sein Königshaus gesprochen.(136) In der erfahrenen militärischen Niederlage sieht sich also das Volk aus der besonderen, geschichtlich gewachsenen Gottesbeziehung herausgestoßen, und zwar vom zürnenden Gott selber. Die militärische Katastrophe, die die politische Existenz des Volkes in Frage stellt, erschüttert auch die Gottesbeziehung dieser Gruppe bis in ihre Grundfesten. Das ist die harte Realität, mit der in den Volksklagen gerungen wird.

Neben den aktiv-transitiven Verben kommen in den Volksklagepsalmen z.T. (in 6 von 10) auch Verben vor, die mehr ein reflexiv intransitives Verhalten Jahwes beinhalten: Jahwe habe sein Angesicht abgewandt (histīr pānīm)(137), sich verborgen (nistar)(138), er schweige (ḥāšā, ḥāraš)(139), habe sein Volk verlassen (ʿāzab)(140) oder sei sonstwie untätig.(141) Sie sind aber seltener als jene (Verhältnis 1:4) und stehen fast immer im Zusammenhang eines aktiven Eingreifens Jahwes gegen sein Volk. Allein Ps 83 macht eine Ausnahme; in ihm fehlt eine direkte Anklage, in der an ihrer Stelle stehenden negativen Bitte (v.2) kommen nur intransitive Verben vor.

Kommt man von den Klagen des Volkes her, dann ist man erstaunt, wie selten in den Klagen des Einzelnen vom Zorn Gottes die Rede ist.(142) Die harten anklagenden Fragen, wie man sie von den Volksklagen her erwarten müßte: "Warum zürnst du mir?" oder "Willst du mir denn dauernd zürnen?"(143) fehlen völlig, entsprechende Anklagen in Aussageform finden sich nur in Ps 88,8.17, sonst begegnen nur noch 2 negative Bitten(144) und 2 Hinweise auf Gottes Zorn als Ursachen des Leides innerhalb der Ich-Klage.(145) Insgesamt wird nur in 4-5 der 39 Klagen des Einzelnen die Not eines Menschen mit dem Zorn Gottes in Zusammenhang gebracht. Ein aktives gegnerisches Handeln Gottes gegen den Einzelnen kommt zwar vor, spielt aber längst nicht die beherrschende Rolle wie in den Klagen des Volkes: so wird von einem Verwerfen Gottes nur in 6 der 39 Texte gesprochen(146), und bei besonders schwerer und lang anhaltender Krankheit kann auch ein Einzelner ein zerstörerisches Handeln Gottes erfahren.(147)

Doch das gilt für die Klagen des Einzelnen keineswegs generell, sondern beschränkt sich nur auf eine, und dazu noch kleinere Gruppe von Texten (etwa 1/4).(148) In den Anklagen der individuellen Klagelieder, die prozentual weniger häufig sind als in den Volksklagen und dazu noch oft in der verhalteneren Form der negativen Bitte erscheinen, herrschen die reflexiv-intransitiven Verben vor:

> Mein Gott, mein Gott, warum hast du mich verlassen (ᶜāzab),
> bist du fern von meinem 'Hilfeschrei', meiner Klage? (rāḥaq)(149)

So klagt der Beter des 22. Psalms seinen Gott an: und mit Bitten wie "Verlaß mich nicht!"(150), "Sei nicht ferne!"(151), "Verbirg dein Gesicht nicht vor mir!"(152) und "Schweige nicht!"(153) beschwören andere in Not geratene Menschen ihren Gott immer wieder, daß er sich nicht von ihnen abwenden, sondern bei ihnen bleiben möge. Entscheidend ist, daß in den Klagen des Einzelnen in den meisten Fällen die Not nicht direkt auf Gott zurückgeführt wird: Sie erfährt der Einzelne stattdessen meist als Bedrohung durch feindliche Mächte. Gottes "Beteiligung" ist nur eine indirekte: wenn er den einzelnen Menschen verläßt, ist dieser schutzlos den Angriffen dieser Mächte ausgeliefert:

> Ps 71,10 Denn meine Feinde reden über mich,
> die mein Leben gefangennehmen wollen, beratschlagen zusammen:
> 11 "Sein Gott hat ihn verlassen.
> Verfolgt und ergreift ihn! Denn er hat niemand (mehr), der (ihn) schützt."

Dem entspricht es, daß die Bitten um Rettung in den Klagen des Einzelnen im Unterschied zur Klage des Volkes meist Bitten um Rettung vor den Angriffen dieser feindlichen Mächte sind(154), oder mit der Klage über ihr drohendes Handeln begründet werden.(155) Und auch die Vertrauensaussagen und Bekenntnisse der Zuversicht sind - zum Teil sogar explizit - auf die Schutzfunktion Gottes gegenüber den Mächten, die gegen den einzelnen Menschen anrennen, bezogen:

> Ps 7,2 Jahwe, mein Gott, bei dir berge ich mich!
> Rette mich vor allen meinen Verfolgern, reiß mich heraus!
> Ps 61,4 Denn du bist meine Zuflucht,
> (mein) Schutzturm (migdal-ᶜōz) vor dem Feind!
> Ps 142,4b Auf dem Weg, auf dem ich gehe, legten sie mir heimlich Netze.
> 5 Blicke ich nach rechts und schaue, da ist niemand,
> der sich für mich interessiert.
> Verloren habe ich jede Zuflucht, es gibt niemand,
> der sich um mein Leben kümmert.
> 6 So schrei ich, Jahwe, zu dir,
> spreche: Du bist meine Zuflucht, mein Teil im Lande der Lebendigen!
> 7 Achte auf meine Klage, denn ich bin sehr schwach!
> Rette mich vor meinen Verfolgern, denn sie sind mir zu stark!

Führe mich heraus aus der Gefangenschaft...(156)

Alle diese Texte zeigen, wie Menschen, die allein gelassen sind und sich verfolgt fühlen von Mächten, die ihr Leben bedrohen, bei Gott Schutz suchen.

Damit komme ich zum Entscheidenden: In der Klage des Volkes wurde Jawe als Gegner erfahren, der die Not selbst verursacht hat. Ähnliches kann in der Klage des Einzelnen vorkommen, aber es muß nicht, häufiger ist eine andere Konstellation: Gott wird als einer erfahren, der, obgleich er sich abgewandt hat, dennoch grundsätzlich auf der Seite des Leidenden steht und ihn gegen die feindlichen Todesmächte verteidigt. Die intime Vertrauensbeziehung zwischen dem einzelnen Menschen und seinem Gott wird hier durch die Notsituation nicht zerstört, sondern bleibt stark genug, um gegen die Lebensbedrohung aktualisiert zu werden.

Diese Eigentümlichkeit der persönlichen Frömmigkeit zeigt sich am klarsten in den Vertrauenspsalmen, die bezeichnenderweise keine echte Entsprechung auf Seiten des Volkes haben. (157) Auch sie sind angesichts einer Bedrohung gesprochen, aber die Vertrauensbeziehung ist so stark, daß sie daran abprallt, ohne den Beter ernstlich in Gefahr zu bringen:

Ps 27,1 Jahwe ist mein Licht und meine Rettung,
vor wem sollte ich mich fürchten?
Jahwe ist meines Lebens Schutz,
vor wem sollte ich erschrecken?
2 Stürzen Übeltäter auf mich, mein Fleisch zu fressen -
Meine Widersacher und Feinde '...', sie müssen straucheln und fallen!
3 Wenn sich ein Heerlager gegen mich lagert,
fürchtet mein Herz sich nicht.
Wenn sich ein Kampf gegen mich erhebt,
so halte ich dennoch dabei an meinem Vertrauen fest.

Aber auch in Klagegebeten, in denen ein Beter tatsächlich in Not geraten ist, kann er unangefochten ganz vom Vertrauen zu seinem Gott getragen sein. Das gilt insbesonders für eine Gruppe von Texten, die von der Feindklage und dem Bekenntnis der Zuversicht beherrscht werden. (158) Ich nenne als Beispiel:

Ps 3,2 Jahwe, wie viele sind meine Feinde,
wie viele, die sich gegen mich erheben!
3 Sie sprechen bezüglich meines Lebens:
"Es gibt für ihn keine Rettung durch 'seinen' Gott."(159)
4 Doch du, Jahwe, bist ein Schild um mich,
bist meine Ehre, der du mein Haupt emporhebst!
5 Laut rufe ich zu Jahwe, daß er mir antworte von seinem heiligen Berg.
6 Ich lag und schlief, (jetzt) bin ich aufgewacht:
Ja, Jahwe stützt mich!
7 Ich fürchte mich nicht vor den Massen, die sich rings um mich lagern.

8 Auf Jahwe, rette mich, mein Gott!
Ja, du schlägst allen meinen Feinden auf die Backe,
du zerbrichst die Zähne der Frevler!

Aber auch über diese Gruppe hinaus, gilt das hier Gesagte auch mehr oder minder und mit vielen graduellen Abstufungen für die Mehrzahl der Klagen des Einzelnen überhaupt. (160) Das bedeutet aber: Die urtümliche, letztlich durch das Erschaffensein begründete Vertrauensbeziehung des einzelnen Menschen zu seinem Gott hält sich in individuellen Notsituationen weit stärker durch als die geschichtliche Beziehung zwischen Jahwe und Israel in einer politisch-militärischen Notlage. Stellt dort jede Not die Gottesbeziehung grundsätzlich in Frage, so ist das beim einzelnen Menschen nicht notwendig der Fall. Abgesehen von besonderen Extremfällen bleibt die Vertrauensbeziehung des einzelnen Menschen in den Gefährdungen seines Lebens intakt. Wie ein Kind sich normalerweise darauf verlassen kann, daß seine Eltern, die es gezeugt, geboren und aufgezogen haben, es nicht verstoßen und nur selten einmal alleinlassen, sodaß es sich jederzeit bei ihnen bergen kann, wenn es Angst hat und Schutz suchen kann, wenn es sich bedroht fühlt, so kann auch im religiösen Bereich der einzelne Mensch darauf vertrauen, daß sein Schöpfer ihn "normalerweise" nicht verläßt, sondern bei ihm bleibt und für ihn da ist, wenn sein Leben unter dem Ansturm der Todesmächte zu zerbrechen droht. So spiegeln sich in der weithin unzerstörbaren Gottesbeziehung des Einzelnen die "normalerweise" unauflösbaren Beziehungen in der Kleingruppe der Familie, ja, sie kann diese noch überbieten:

Ps 27,9 Verbirg dein Angesicht nicht vor mir!
Weise deinen Knecht nicht im Zorn ab, du bist doch meine Hilfe!
Verstoße mich nicht, verlaß mich nicht, mein Rettergott!
Selbst wenn Vater und Mutter mich verlassen -
so nimmt Jahwe mich auf!

Dieses feste Zusammengehörigkeitsgefühl erklärt auch, warum in den Klagen des Einzelnen so selten und so verhalten vom Zorn Gottes gesprochen wird. Ein Vater kann sich über sein Kind ärgern, er kann es strafen, sogar hart strafen, aber nur unter extremen Umständen wird der Vorfall die Konsequenz haben, daß er sein Kind verstößt, normalerweise wird sein Zorn dadurch gebremst, daß von vornherein fraglos feststeht, daß er mit seinem Kind weiter zusammenleben und auskommen muß. Der Zorn bleibt innerhalb der vorgegebenen personalen Gruppenbeziehung gebändigt. Zorn, der zum Aufkündigen einer Gemeinschaft, zur offenen Feindschaft führt, gibt es normalerweise nur außerhalb der Eltern-Kind Beziehung, insbesondere im wirtschaftlich-politischen Bereich. Wenn Jahwe seinem Volk zürnt und es verstößt, dann handelt er nicht wie ein Familienvater, sondern eher wie ein König, der Männer seines Vertrauens, die er aus der Menge herausgehoben ("erwählt") und mit Ämtern versehen hat, nun infolge eines Vorfalls, über den er sich geärgert hat, aus diesen Ämtern entläßt (161) und aus seiner Gunst verstößt. Eine Vertrauensbeziehung im politischen Lebensbereich ist grundsätzlich kündbar, eine im familiären Lebensbereich normalerweise nicht.

Wieweit eine solche Erklärung aus den verschiedenen sozialen Lebensbereichen sich als tragfähig erweist, muß noch von einem größeren Überblick her geprüft werden. Die Tatsache, daß die Vertrauensbeziehungen des Volkes und des Einzelnen sich in Notsituationen verschieden stark durchhalten, kann wohl nicht bezweifelt werden.

6. Politische und dämonische Mächte

Mit dem zuletzt herausgearbeiteten Unterschied hängt zusammen, daß die Feinde in der Klage des Volkes und in der Klage des Einzelnen verschieden sind und unterschiedlich agieren. (162)

Die Feinde in der Klage des Volkes sind die realen, politisch-militärischen Gegner Israels, darüber besteht kein Zweifel. (163) Auffallend ist, daß sie selbst in der Stunde der Niederlage nicht verteufelt werden: Es kommen für sie nur ganz wenige disqualifizierende Begriffe vor, etwa "törichtes Volk". (164) Neben den verschiedenen Ausdrücken für "Feind" begegnen stattdessen erstaunlich viele wertneutrale Begriffe wie "Fremde"(165), "Nachbarn"(166), "Königreiche"(167) und "Völker". (168) Das Schwergewicht der politischen Realität sträubt sich offensichtlich gegen eine dämonische Überhöhung. Hinzu kommt die schon erwähnte klare theologische Verarbeitung der Notsituation: sie ist von Jahwe selbst veranlaßt. Wenn in den Volksklagen die Feinde z.T. auch "Feinde Jahwes" genannt werden(169), dann soll damit keine Aussage über die wirklichen Motivationen der Gegner gemacht werden, sondern hier handelt es sich um ein theologisches Motiv, das Jahwe zum Eingreifen bewegen soll. Israels Feinde sind Jahwes Feinde insofern, als sie außerhalb der Beziehung des Volkes zu seinem Gott stehen und mit dessen Besiegung auch sein Ansehen gefährden, mehr ist nicht gemeint, sie werden nirgends rešāʿîm genannt! (170)

Auch die Aktionen der Feinde, die in den Volksklagen geschildert werden, sind eindeutig politisch-militärische. Sie sind bereits abgeschlossen (perf.) oder dauern in der Gegenwart noch an. Von den vorbereitenden Bündnissen (171) über die Invasion(172), das Töten in der Schlacht(173), die Plünderung des Landes(174) bis hin zur Besatzungsherrschaft(175) lassen sich alle militärischen und politischen Vorgänge, die im Kriegsfall normalerweise vorkommen, aus den Volksklagen belegen. Eine zentrale Bedeutung spielt situationsgemäß die Zerstörung von Heiligtümern(176), hier ist das Verhältnis Israels zu Jahwe, um das es ja in den Volksklagen geht, am direktesten tangiert. Zu diesen abgeschlossenen militärischen Aktionen kommt das noch andauernde Schmähen und Spotten des Gegners. (177) Der Sieger läßt den Besiegten seine Überlegenheit spüren. Mit der militärischen Niederlage ist das gesamte Ansehen des Volkes in der "Völkerfamilie" herabgesetzt und damit das Selbstwertgefühl der Gruppe als ganzer gefährdet.

Gegenüber diesem klaren Tatbestand in der Klage des Volkes ist das Reden von den Feinden in der Klage des Einzelnen verwickelter und undurchsichtiger. Ein Konsens ist hier in der Forschung noch nicht erreicht; ich kann die weitgefächerte Diskussion hier nicht aufarbeiten und beschränke mich auf die für meine These wichtigsten Punkte.

Um mit dem ganz Sicheren anzufangen: Die Feinde in der Klage des Einzelnen sind trotz mancher kriegerischer Bilder keine politisch-militärischen Feinde. (178) Es lassen sich - abgesehen von der späteren Umdeutung auf die Gottlosen - zwei verschiedene, wenn auch nicht mit letzter Sicherheit abgrenzbare Gruppen(179) erkennen:

In der ersten Gruppe sind die Feinde des Einzelnen seine Mitmenschen, mit denen er zusammenlebt(180), seine Nachbarn(181), seine Bekannten(182), ja, sogar seine ehemaligen Freunde. (183) Als Folge seiner Krankheit trennen sie sich von ihm(184) und schütten ihren Spott über ihn aus. (185) Sie verhalten sich undankbar(186), geben scheinheilige Ratschläge(187) und nutzen seine Schwäche aus, gegen ihn, z.T. auch gerichtlich, vorzugehen. (188)

Die Not hat eine soziale Seite: führt die Niederlage des Volkes zur außenpolitischen, so das Leid des Einzelnen zur sozialen Isolierung. Was von diesen mitmenschlichen Feinden gesagt wird, ist zwar subjektiv, das heißt vom Blickwinkel des Kranken aus gesehen, aber es ist durchaus real. Auch heute führt die lange, vielleicht unheilbare Krankheit eines Menschen zu seiner sozialen Isolierung; die kreatürliche Reaktion des Mitleids, die vorübergehend zu einer erhöhten Anteilnahme für den Kranken führt(189), ist zeitlich begrenzt. Ist sie verebbt, wird der Kranke auch heute noch für die Gesunden hinderlich, er stört den normalen, leistungsorientierten Lebensablauf und er wird je länger je mehr aus der Gesellschaft der Gesunden an den Rand gedrängt: in die Familie, in Krankenhäuser, Pflegeheime, Irrenanstalten und Altersheime. Im Alten Testament bleibt einem lange Zeit kranken Menschen nur die Familie als reduzierter sozialer Lebensraum übrig. Auch hier konnte seine Stellung geschwächt sein, aber es ist sicher kein Zufall, daß die Familienangehörigen bis auf einen doch wohl hypothetisch gemeinten Fall(190), nicht unter den Feinden erscheinen. Stattdessen sind im Alten wie im Neuen Testament Fälle belegt, in denen Eltern um die Heilung ihrer schwerkranken Kinder kämpfen(191) und die Sorge um die gebrechlichen Eltern ist im Dekalog verankert. (192) Eine totale Ausgliederung eines Kranken aus der Gesellschaft gab es im Alten Testament nur für bestimmte ansteckende Krankheiten wie Aussatz. (193) Trotz der Schärfe mancher Aussagen ist in dieser Gruppe von Feindklagen nicht eine totale Isolierung, sondern nur eine Isolierung innerhalb der Dorfgemeinschaft gemeint. (194)

Doch gerade wenn man sich klar macht, daß dem Kranken trotz sozialer Isolierung der Schutzraum der Familie noch erhalten blieb, lassen sich längst nicht alle Stellen, an denen in der Klage des Einzelnen von den Feinden gesprochen wird, von den sozialen Auswirkungen der Krankheit her erklären. Neben den vor allem höhnenden Mitmenschen(195) findet sich der Einzelne in den Psalmen einer zweiten Gruppe von Feinden ausgeliefert, die sein Leben <u>total</u> bedrohen: sie jagen ihm nach (rādaf)(196), rennen gegen ihn an (rūṣ)(197), lauern ihm auf (gūr II, ʾārab)(198), stellen Fallen auf(199) und graben Fallgruben. (200) Sie schnappen nach ihm (šāʾaf)(201), gieren nach seinem Leben(202) und suchen ihn wie wilde Tiere zu zerreißen (ṭāraf)(203) und zu fressen (ʾākal)(204), um über ihn zu triumphieren (u.a. gīl). (205) Schon diese kleine Auswahl aus dem überaus reich entwickelten Motivkomplex zwingt jedem unvoreingenommenen Leser die Frage auf, ob es sich hier noch um eine zwischenmenschliche Realität handeln kann. Wenn man sich dazu noch die Zahl dieser Feinde vor Augen hält(206), mit der sie den Klagenden umringen(207) und sein völliges Ausgeliefertsein, das keine Gegenwehr zuläßt(208), dann muß man nüchtern zugeben, daß keine realen sozialen Auseinandersetzungen in Israel denkbar sind(209), in der diese Vorstellungen entstanden sein könnten. Hier handelt es sich gar nicht um "Rapporte" vorfindlicher Wirklichkeit, sondern - wie in der neuesten und ausführlichsten Untersuchung von O.Keel zu diesem Thema - richtig herausgestellt wird, um "Projektionen" der "Ängste und Sorgen des Beters". (210) Der einzelne Mensch erfährt seine Krankheit als Überfall durch feindliche Mächte.

Nun gesteht O.Keel zwar zu, daß eben dies Erlebnis totalen Bedrohtseins, das immer nur ein einzelner Mensch, aber nie eine Gruppe haben kann, der Quell gewesen ist, aus dem sich in vielen anderen Religionen der Dämonenglaube speist: "Krankheit, Niedergeschlagenheit, Angst und Aggressivität konkretisieren sich in Dämonen, bösen Toten und Zauberern."(211) Doch meint Keel, für so etwas sei in Israel wegen der "Allkausalität Jahwes" kein Platz gewesen. Doch ist das so sicher? Keel setzt einfach voraus, als habe ein "Theologumenon" aus der offiziellen Religion von vornherein für alle Schichten der Religion Gültigkeit. Von solcher "Allkausalität" kann man in der Tat bei den Volksklagepsalmen sprechen: hier wird die Not eindeutig auf Jahwe zurückgeführt. Aber eben das ist in den Klagen des Einzelnen, wie ich gezeigt habe(212), nicht der Fall; hier unterscheidet sich die persönliche Frömmigkeit gerade von der offiziellen Religion. Macht man sich von dem dogmatischen Vorurteil frei, das nicht nur O.Keel, sondern viele alttestamentliche Forscher beherrscht(213), dann kann man sich dem Schluß nicht entziehen, daß in dieser zweiten Gruppe von Feinden dämonische Mächte gemeint sind.

Die These ist nicht neu. S.Mowinckel hatte 1921 aufgrund einer Untersuchung des Begriffs pō ᶜălē ᵓāwæn die These vertreten, mit den Feinden seien Zauberer gemeint; daneben nennt er auch Dämonen. (214) Sie wurde 1927 von N.Nicolsky aufgenommen, hatte aber aufs ganze gesehen keine Nachfolger bekommen, sondern eine Flut von Bestreitungen ausgelöst, auf die ich hier nicht eingehen kann. Erst in jüngerer Vergangenheit kam es zu Annäherungen (vgl. O.Keel und H.Seidel 56-60) und vor kurzem hat H.Vorländer die These Mowinckels bewußt wieder aufgenommen. Er weist nach, daß die Bildkreise (Heer, Jagd, wilde Tiere) auch in den babylonischen Beschwörungen für Dämonen belegt sind(215), ich verweise nur auf die Dämonennamen: rabīṣu "der Lauerer" und alluḫappu "das Fangnetz"; daneben findet er auch Belege für Zauberer in den Psalmen, letztere sind mir nicht so sicher. (216) Sonst stimme ich seinen Ausführungen im großen und ganzen zu. Direkte Belege für Krankheitsdämonen im Alten Testament sind mit hoher Wahrscheinlichkeit Ps 91,5f(217); Hi 19,12; vgl. auch 1.Sam 18,10; 19,9. (218)

Die These hat ihre methodische Schwierigkeit darin, daß im Laufe der Traditionsgeschichte, als die Klage des Einzelnen in exilischer Zeit in die Gemeindegottesdienste gewandert ist, der sozial-religiöse Gegensatz vom Gottlosen und Frommen in die Klage des Kranken über dämonische

Mächte eingezeichnet worden ist. Die Tatsache als solche ist ziemlich sicher(219), aber es ist bis heute noch nicht gelungen, beide Traditionsstufen textlich sauber voneinander zu scheiden. (220)

Ist das grundsätzlich geklärt, dann muß man allerdings sofort hinzufügen, daß die Dämonenvorstellungen der Klage des Einzelnen im Unterschied zu denen des Zweistromlandes unterentwickelt und wenig differenziert sind. Bis auf Ps 91,5f fehlen konkrete Dämonennamen und auch alle technischen Beschwörungstermini. (221) Manches kann infolge der Traditionsgeschichte weggefallen sein(222), doch ist es in Israel wahrscheinlich gar nicht zu einer ausgebauten Dämonologie gekommen, weil sich die offizielle Religion hier im Unterschied zum Zweistromland nicht dieses Bereiches angenommen hat. Darum sind diese unmittelbaren Erfahrungen persönlicher Frömmigkeit nie wie dort theologisch und rituell organisiert worden. Ich möchte darum die Feindvorstellungen der Psalmen als "primitiven" Dämonismus bezeichnen und spreche lieber von dämonischen Mächten oder Todesmächten als von Dämonen. Dasselbe Bedrohtsein kann in den Klagen auch unpersönlich ausgedrückt sein. (223)

So erfährt der einzelne seine Not - anders als die Gruppe - als übermächtige, unfaßbare und unheimliche von außen auf ihn einstürzende Bedrohung seines Lebens. Selbst uns heute in Mitteleuropa, die wir über den Dämonenglauben nur meinen lächeln zu können, ist diese Erfahrung der Krankheit nicht völlig fremd. Die moderne Medizin hat wenig daran geändert, daß auch heute noch z.B. Infektionen, Krebs oder Geisteskrankheiten als unheimliche Bedrohungen erfahren werden, denen man sich hilflos ausgeliefert weiß; Krankheit wird hier nicht so sehr als etwas Eigenes erfahren, was man hat oder nicht hat, sondern als etwas Fremdes, was einen von außen her überfällt. Und hat nicht die Unvorhersehbarkeit, mit der man heute in einen Verkehrsunfall verwickelt werden kann, etwas mit dem Bild vom Feind zu tun, der heimlich Fallen stellt und aus dem Hinterhalt schießt? (224) Die Krankheit hat auch heute noch eine Virulenz - man denke an Virusinfektionen und entzündliche Prozesse - die mit der Dynamik der dämonischen Mächte im Alten Testament vergleichbar ist. Daneben gibt es allerdings auch die Krankheit als stetiges, dauerndes Leiden.

Die Dynamik des Krankheitsprozesses könnte erklären, warum wir unter den Klagen des Einzelnen Psalmen mit so unterschiedlicher Zuordnung von Feindklage und Ich-Klage besitzen. Es gibt Psalmen, in denen die Klage über die Bedrohung durch feindliche Mächte ganz vorherrscht. (225) Sie könnten in der Anfangsphase der Krankheit gesprochen sein: man spürt die Schmerzen auf sich eindringen und bittet Jahwe die Bedrohung abzuwenden, damit es nicht zur vollen Krankheit kommt. Es gibt Psalmen, in denen Ich- und Feindklage eng verquickt sind. (226) Sie stammen aus einer fortgeschrittenen Krankheitssituation, in der körperliche Folgen der Krankheit schon manifest sind, sich aber das Krankheitsbild durch neue, akute Schübe weiter verschlechtert. Und es gibt eine dritte Gruppe, die von der Ich-Klage beherrscht sind. (227) Hier handelt es sich um lange anhaltende, chronische und z.T. unheilbare Krankheiten; es ist sicher nicht zufällig, daß vor allem in dieser dritten Gruppe vom Zorn Gottes gesprochen wird(228) und immer auch Klagen über die soziale Isolierung vorkommen. (229) Schließlich könnten die Vertrauenspsalmen(230) in Epidemien und Seuchen gesprochen sein, in denen der Einzelne sieht, wie rechts und links von ihm andere getroffen werden (Ps 91,6f), selber aber noch gesund ist. Hier hat die Rezitation von Vertrauensaussagen - um Gebete an Jahwe handelt es sich ja nicht - rein apotropäische Funktion. (231) Ich möchte diese Erklärung hier nur einmal als Möglichkeit zur Erwägung geben. Sie hätte zwei Vorteile: Sie würde es einmal ermöglichen, trotz unterschiedlicher Aufbaumuster für die Mehrzahl der Klagen des Einzelnen an einem einheitlichen Sitz im Leben festzuhalten: sie gehören fast alle in verschiedene Stadien des Krankheitsprozesses. (232) Und sie würde zum anderen belegen, daß sich das gegenüber der Volksklage andersartige, dynamische Verständnis von Not, nicht nur in einem Motiv (der Feindklage), sondern auch in einer größeren Vielgestaltigkeit des Aufbaus spiegelt.

Wir haben uns im theologischen Sprachgebrauch angewöhnt, von Not so allgemein zu sprechen, als wären die Erfahrungen eines Volkes nach seiner Niederlage dieselben wie die eines Menschen, wenn er krank wird. Die Untersuchung hat gezeigt, daß das nicht so ist: Für eine Gruppe ist eine Not ein bestimmtes politisches Faktum, sie hat eine reale, klar erkennbare Ursache, und einen klar erkennbaren Anfang. Sie bedeutet eine Existenzminderung der Gruppe und ihrer Mitglieder; aber sie ist keine totale Bedrohung, es gibt - jedenfalls damals - immer Überlebende, die, wenn auch unter erheblichen Beschwernissen und Mühsalen, langsam wieder in ein normales Alltagsleben zurückfinden. Die Bitte, die aus einer Volksnot an Gott ergeht, ist darum die Bitte um Restitution, daß er den früheren Zustand, das normale Leben wiederherstellt. (233)

Der einzelne Mensch ist viel verletzlicher: er erlebt seine Not als totale Bedrohung, die ihn überall und unvermutet treffen kann. Sein hilfloses Ausgeliefert-Sein manifestiert sich darin, daß er sich durch übermenschliche, unheimliche, dämonische Mächte angegriffen fühlt. Die Übergänge zwischen Gesundheit und Krankheit sind fließend; die Krankheit ist ein dynamischer Prozeß, der bis zum Tod gehen kann. Es steht immer sein Leben als ganzes auf dem Spiel. Die Bitte, die er an seinen Gott richtet, ist die, daß er diesen heillosen Prozeß abstoppt, daß er ihn aus den Klauen der dämonischen Mächte befreit, die ihn immer weiter in den Tod hinabreißen wollen.

Das ist also die andere Seite der engen Vertrauensbeziehung, die ich für die persönliche Frömmigkeit herausgearbeitet hatte. Der einzelne Mensch ist gefährdeter als eine Gruppe, er ist Mächten ausgeliefert, denen er sich selber nicht erwehren kann. So braucht er erhöhten göttlichen Schutz, um weiter existieren zu können. Darum birgt er sich so kreatürlich, so unmittelbar bei seinem Gott, wie ein Kind auf dem Arm seines Vaters.

Wie sich dabei die dämonischen Mächte, vor denen er flieht, zu Gott verhalten, darüber reflektiert er nicht. Die Bedrohung durch die Mächte ist eine Erfahrung, das Gefühl der Geborgenheit bei Gott eine andere. Die persönliche Frömmigkeit bleibt bei diesen unmittelbaren Erfahrungen stehen, sie versucht nicht, sie in einem stringenten Gedankenzusammenhang zu vermitteln. Auch darin unterscheidet sie sich von der offiziellen Religion. Doch sollten wir uns hüten, vorschnell Noten zu verteilen: die Theologie in den

Volksklagen ist sicher "korrekter", aber die Gotteserfahrung in den individuellen Klagen ist unmittelbarer und impulsiver; es ist für uns heute ein leichtes, den Dämonismus der Psalmen wegzurationalisieren, man muß sich aber darüber im klaren sein, daß man damit auch das innige Vertrauensverhältnis der persönlichen Frömmigkeit trifft: ein Mensch, der sich nicht mehr bedroht fühlt, braucht sich auch nicht mehr zu Gott zu flüchten.

7. Zusammenfassung

Damit bin ich am Ende meiner Psalmenuntersuchung. Geht man den von H.Gunkel gewiesenen Weg einer formgeschichtlichen Unterscheidung von Klage des Volkes und Klage des Einzelnen konsequent weiter, dann lassen sich in der Tat deutliche Unterschiede zwischen den beiden Gattungen erkennen:

Der erste Unterschied erstreckt sich auf die Weise der "Heilsversicherung" in der Not: Sieht das Volk in einem Rückblick auf Jahwes geschichtliche Heilstaten zurück, so aktualisiert der Einzelne ein persönliches Vertrauensverhältnis zu Gott, das ihn von seiner Geburt an auf seinem Lebensweg begleitet. Ein Bezug auf die "Heilsgeschichte" Israels fehlt normalerweise in der Klage des Einzelnen.

Der zweite Unterschied erstreckt sich auf die Gottesbezeichnungen: Wohl wenden sich der Einzelne und das Volk in ihrer Not gleicherweise an Jahwe, aber der Einzelne nennt ihn nicht "Gott Israels" o.ä., sondern vertrauensvoll "mein Gott". Dagegen fehlt die entsprechende Anrede "unser Gott" in den Volksklagen fast ganz und wo sie begegnet, herrscht der Aspekt der Abgrenzung von den anderen Göttern vor. Das Verhältnis des Volkes zu Jahwe ist zwar auch ein personales, aber es ist doch distanzierter. Es hat einen Anfang in der Geschichte und beinhaltet darum immer eine Entscheidung für Jahwe. Dagegen wird das persönliche Gottesverhältnis des Einzelnen nicht durch Entscheidung geschaffen, sondern ist ihm mit seiner Geburt vorgegeben. Es gründet letztlich auf seiner Erschaffung durch Gott. Dagegen fehlt - und das ist der dritte Unterschied - in der Klage des Volkes normalerweise ein Rekurs auf "die Schöpfung". Wo sie in den geschichtlichen Rückblick eindringt, wird auf das Handeln des Chaoskämpfers und Weltschöpfers, nicht auf das des Menschenschöpfers geblickt.

Der vierte Unterschied erstreckt sich auf die Beziehung Gottes zur Notsituation: Theologisch klar und durchdacht ist sie in der Klage des Volkes: Hier ist die Not unmittelbar von Jahwe verursacht; er verstößt sein Volk im Zorn. Dagegen ist seine Beziehung zur Not des Einzelnen mehr eine indirekte: Weil er den Einzelnen verlassen hat, können die Todesmächte ungehindert auf ihn einstürmen. Die erbetene Rettung ist Schutz vor einer Bedrohung. Das persönliche Vertrauensverhältnis zu Gott wird gegen diese Bedrohung aktualisiert und bleibt auch in der Notsituation weithin intakt. Meist wird Gott als einer gesehen, der an der Seite seines Geschöpfes gegen die Feinde steht; der Zorn Gottes spielt in der Klage des Einzelnen nur eine geringe Rolle.

Der fünfte Unterschied erstreckt sich - damit zusammenhängend - auf die Feinde: In der Klage des Volkes sind es reale, politisch-militärische Feinde. Ihr Handeln liegt in der Vergangenheit, die Klage wird <u>nach</u> der Katastrophe von den Überlebenden der Gruppe an Jahwe gerichtet. Die Feinde in der Klage des Einzelnen sind ursprünglich - neben den spottenden Nachbarn und Freunden - dämonische Mächte. Sie spiegeln die Gebrechlichkeit und Todesbedrohtheit der menschlichen Existenz. Ihr Handeln vollzieht sich in der Gegenwart, sie rennen gegen den Einzelnen an und wollen ihn zu Fall bringen. Die Not ist eine gegenwärtige Bedrohung, ein dynamischer Prozeß zum Tode. Seine Klage kann der Einzelne nur vor diesem Schlußpunkt erheben, sie ist ein Versuch, den unheilvollen Prozeß abzustoppen, die Kräfte des Lebens gegen die des Todes zu beschwören.

Diese Unterschiede in den Klagegattungen weisen damit auf tiefgreifende Differenzen zwischen der Gottesbeziehung des Einzelnen und des Volkes. Was von Gott erwartet und erfahren wurde, war in den kasuellen familiären Bittzeremonien und in den öffentlichen Volksklagefeiern nicht identisch. Ich habe dafür schon Deutungskategorien angeboten, doch bevor generelle Schlüsse gezogen werden, soll das Material, besonders für die eigentümliche Frömmigkeit des Einzelnen, die sich in den individuellen Klagen herauskristalisiert hat, verbreitert werden, um damit zu abgesicherteren theologischen und soziologischen Ergebnissen zu kommen.

II. Die theophoren Namen als Ausdruck der persönlichen Frömmigkeit

1. Die Bedeutung der Namengebung für die Familie

Neben den individuellen Klagen wurden in der Forschung immer wieder die israelitischen Personennamen als Beleg für eine persönliche Frömmigkeit angeführt. Am entschiedensten hatte M.Noth die Auffassung vertreten, daß die theophoren Personennamen "nicht Aussagen einer bestimmten Dogmatik, Theologie oder Spekulation, sondern... in der Regel Ausdruck der Frömmigkeit, zumal der schlichten Frömmigkeit des einzelnen Menschen, sind..." (234) Doch geht diese Zuweisung bei Noth nicht glatt auf: Er stößt nämlich häufig auf eine "enge Beziehung, die die Namen zur Sprache der religiösen Dichtung haben, die im Kultus wurzelt."(235) Wohin gehören dann die Namen? In die schlichte Frömmigkeit der Familie oder in die Kultfrömmigkeit? Noth versucht den Widerspruch so zu lösen: Die theophoren Namen hätten nur sprachliche Anleihen an den Kultus gemacht, "aber über die Sprache hinaus suchen wir in der israelitischen Namengebung vergeblich nach (inhaltlichen) Beziehungen zum Kultus."(236) Doch kann man so zwischen Sprache und Sache trennen? Wenn die Eltern z.B. ihr Kind Ismael nennen ("Gott hat gehört"), haben sie da etwa etwas anderes erfahren als der Beter eines Lobpsalms, der das gleiche bekennt?

Hier ist nun ein Fortschritt über Noth hinaus möglich, wenn man den oben differenzierten Kultbegriff einführt: Die enge Beziehung der Namen besteht nämlich - wie noch im einzelnen zu zeigen sein wird(237) - gar nicht zum Kult allgemein, sondern ganz speziell zu den Gattungen des Kleinkultes: zur Klage des Einzelnen, zum berichtenden Lob und zum Heilsorakel. Die semantische Deckungsbreite der Wortfelder geht hier ganz erstaunlich weit: Über

50 % aller einigermaßen sicheren Wurzeln, die in den theophoren Namen als Prädikat erscheinen, lassen sich auch in der Klage bzw. dem berichtenden Lob des Einzelnen und im Heilsorakel nachweisen. (238) Und über 60 % aller Verben und Nomina, die in der Bitte um Zuwendung, um Rettung und im Bekenntnis der Zuversicht samt ihren Entsprechungen im Lob und Heilsorakel vorkommen, haben ihr Pendant in den theophoren Eigennamen. (239) Von den häufig vorkommenden Wurzeln gibt es nur wenige, die in den Namen fehlen. (240) Dagegen werden in nur 10 % der theophoren Namen ganz allgemeine Lobaussagen gemacht, aber auch deren Beziehung zum Hymnus ist nicht so eng, daß man sie aus dem Großkult ableiten müßte. (241)

Das heißt aber: die enge Beziehung der Namen zum "Kult", die Noth beobachtet hatte, erstreckt sich gar nicht auf den Großkult an den Heiligtümern, sondern auf die kleinen gottesdienstlichen Feiern, die - wie E. Gerstenberger zeigen konnte - weitgehend von der Familie getragen werden. Die breite Überlappung der Wortfelder erklärt sich dann einfach daraus, daß beide, sowohl die Personennamen als auch die Kleinkultgattungen, im Lebensbereich der Familie beheimatet sind. Die theophoren Eigennamen können darum noch eindeutiger, als seit Noth möglich schien, für die persönliche Frömmigkeit ausgewertet werden.

Nun könnte man einwenden, daß unsere heutige Namengebung mehr durch die Mode als durch die Überzeugungen der Eltern bestimmt wird. Wer denkt sich heute schon etwas dabei, wenn er sein Kind Gottfried nennt, ganz abgesehen von den vielen Lehnnamen aus fremden Sprachen, deren Sinn heute fast nur Spezialisten kennen (z.B. Sebastian)? Doch das war im Alten Testament anders: Daß sich die Eltern bei der Auswahl eines Namens für ihr Kind etwas gedacht haben, belegen die vielen Namenserklärungen, die im Zusammenhang der Benennung begegnen. (242) Zwar muß man vom Standpunkt der heutigen Sprachwissenschaft sagen, daß sie oft falsch sind (243): Etwa wenn der alte, aus vorhebräischer Zeit stammende Name jaʿăqōb (Jakob) von hebräisch ʿāqab I "betrügen" (Gen 27,36) oder ʿāqab II "zurückhalten" (Gen 25,25f) her erklärt wird, während die semitische Sprachwissenschaft heute mit Sicherheit sagen kann, daß er von der "amoritischen" Wurzel ʿqb abzuleiten und eine Kurzform des theophoren Namens ja-aḫ-qú-ub-ilu "Gott hat geschützt" ist. (244) Doch darf man die Sache nicht überbewerten: es gibt auch Belege für richtige Namensdeutungen: etwa wenn Hagar ihr Kind jišmāʿʾēl (Ismael) nennen soll, weil Jahwe auf ihr Unglück gehört hat (šāmaʿ; Gen 16, 11). Und man kann mit Sicherheit sagen, daß die Mehrzahl der israelitischen Namen in ihrem Sinn einsichtig waren, da ihre Elemente biblisch-hebräisch belegt sind, und auch nicht jede der nicht belegten Wurzeln muß im Umgangshebräisch von damals unbekannt gewesen sein. Was aber viel entscheidender ist: Die Namenserklärungen zeigen, daß die Israeliten in jedem Personennamen einen Sinn finden wollten, selbst dann, wenn er ihnen nicht ohne weiteres zugänglich war! Die Israeliten sahen in den Namen immer etwas, was eine Bedeutung für den Namensträger und seine Familie hatte. Die Namen sind zu einem sehr viel geringeren Teil als heute Ausdruck einer generellen Mode, sondern Ausdruck von echten Erfahrungen, die in den Familien gemacht worden sind.

Das läßt sich noch ein Stück weit explizieren, wenn man nach dem Vorgang fragt, zu dem die Namengebung gehört: Die Benennung des Kindes schließt den Vorgang der Geburt ab, das ist häufig in Erzählungen belegt. (245) Die Geburt eines Kindes ist neben Hochzeit und Beerdigung eines der zentralen Ereignisse im Leben der Familie. Das gilt für die israelitische Gesellschaft in noch höherem Maße als heute. Denn in der Geburt eines Kindes geht es um die Sicherung des Fortbestandes der Gruppe und zwar damals nicht nur im biologischen, sondern auch im wirtschaftlichen Sinn. Als selbständige wirtschaftliche Einheit (Selbstversorger) brauchte die Familie genügend Arbeitskräfte, ohne Kinder waren Eltern, besonders wenn sie älter und nicht mehr voll arbeitsfähig wurden, dem wirtschaftlichen Ruin preisgegeben. Insofern war die Geburt eines Kindes für die Gruppe ein existenznotwendiges Ereignis, das von ihr sehnlichst erwartet und freudig begrüßt wurde. (246)

Andererseits bedeutete aber auch jede Geburt eine Gefährdung der Gruppe: Sie führte die werdende Mutter in oft unerträgliche Schmerzen und manchmal - damals sicher häufiger als heute - auch in den Tod. Gen 35,17-20 wird uns berichtet, daß Rahel bei einer schweren Geburt (qāšā) stirbt und wie sich dieser die Familie erschütternde Vorgang in der Namensgebung spiegelt. Der folkloristische Erzählung in Ex 1,19, daß die Hebräerinnen so leicht gebaren, daß sie ohne (ägyptische) Hebammen auskamen, entspricht kaum der generellen Wirklichkeit. (247) Die vielen Stellen, in denen Elemente des Geburtsvorganges, etwa das Schreien bei den Wehen, als Bild für Katastrophen aller Art benutzt werden konnten, sprechen eine andere Sprache. (248) Aber auch wenn es nicht so schlimm kam, konnten häufige Verletzungen (z.B.Dammriß, vgl den Namen pæræṣ "Riß", Gen 38,29) bei den damaligen hygienischen Bedingungen zu einer ernsthaften Gefährdung der Gesundheit der Mütter führen. Aus dem Zweistromland sind uns eine ganze Reihe von Ritualtexten überliefert, die bei einer schweren Geburt die drohende Todesgefahr von der Mutter abwenden wollen:

Exkurs:

Zu nennen ist vor allem die nA Sammeltafel BAM 248 (=KAR 196), auf der mindestens 9 verschiedene Beschwörungen bei schwerer Geburt standen, von denen 6 noch lesbar sind. (249) Die Erzählung von der "Kuh des Sin" (BAM 248,III,10-35), die hier auch noch in zwei anderen Versionen begegnet (III, 36-45; III,54-IV,1) hat in zwei mA Texten ihre Parallelen bekommen (Rm 376(250) und Iraq 31, pl VI,51-62). (251) Ein weiteres Geburtsritual enthält Iraq 31, pl VI,33-50. Stark zerstört ist die nA Beschwörung BAM 244(252); eine Beschwörung gegen Frühgeburten beinhaltet KAR 223. (253) R.Labat nennt noch weitere unveröffentlichte Texte. (254) Es handelt sich jeweils um Texte, die rezitiert werden sollen, und um rituelle Anweisungen, die stark ins medizinische hinübergehen (Einreiben, Massagen). Die Tradenten dieser Texte waren ursprünglich wohl die Hebammen selber (vgl BAM 248,III,35). (255)

In allen Texten, die sonst sehr verschiedenartig sind, wird die schwere Geburt als Todesgefahr erfahren, welche die werdende Mutter in höchste Not bringt. Es ist auch heute noch erschütternd, den klagenden Bericht zu hören, den der Liturg den Göttern von der Frau in Geburtsnöten gibt:

Iraq 31, pl VI:

33 Die Frau in Geburtsnöten hat Schwierigkeiten zu gebären,
34 sie hat Schwierigkeiten zu gebären, sie hält das Baby fest,
35 sie hält das Baby fest. So daß sein Leben zuende geht,
ist der Riegel fest verschlossen.
36 Kontrolliert ist das Tor für den Säugling, 'abgesperrt'
ist der Muttermund. (256)
37 Die Erschafferin ist bedeckt mit Staub (?) (257) des Todes.
38 Wie ein Streitwagen vom Staub (?) der Schlacht ist sie bedeckt.
39 Wie ein Pflug vom Staub(?) des... (258) ist sie bedeckt.
40 Wie ein Held, der gekämpft hat, liegt sie in ihrem Blut.
41 Ihr Augenlicht ist so gemindert, daß sie nichts mehr sehen kann.
Ihre Lippen sind so zusammengepreßt,
42 daß sie (sie) nicht mehr öffnen kann.
[.....] (259)...trübe(?) sind ihre Augen.
43 Das Wehgeschrei bedeckt(260) fortwährend ihren Mund.
Ihre Ohren hören nichts mehr.
44 Nicht mehr hochgebunden ist ihre Brust, aufgelöst ist ihr Schleier.
45 Sie ist nicht mehr verhüllt, sie hat keine Scham mehr!
46 Hilf mir durch 'deinen' (261) Spruch, barmherziger Marduk!
47 Diese Verwirrung! Ich bin umzingelt! Stoße zu mir durch!
48 Das Versiegelte hole hervor, das Geschöpf der Götter!
49 Das Geschöpf der Menschen möge herauskommen, sehe das
helle Licht! (262)

Die Bitte, die sich aus dieser Not erhebt, ist den Bitten der Klagepsalmen um Rettung vor einer tödlichen Bedrohung ganz ähnlich. In einer Reihe von Beschwörungen folgt der Bericht von der Erhörung und Rettung durch einen der Götter:

BAM 248, II,

60 Als Marduk dieses hörte,
61 war er besorgt, kümmerte sich um ihr Leben. (263)
62 Auf Geheiß Eas machte er groß seinen Namen,
63 warf die Beschwörung des Lebens, die Formel des Heils.
64 Er ließ erschlaffen das Band, er lockerte ihren K[noten] (264)
65 die verriegelten Tore [öffnete er].
66 Er lockerte die Glieder,
67 das Versiegelte löste er, [führte heraus das Geschöpf],
68 fremdes Gebein, das Geschöpf [des Menschen],
69 schnell ging es heraus, sah das Licht der Sonne... (265)

Auch in der kleinen mythischen Erzählung von der Kuh des Sin, die in mehreren Fassungen vorliegt, findet sich der Aufbau von Not, Klage und Rettung, erweitert um einen Rückblick auf das unbeschwerte Leben vor der Erfahrung der ersten Geburt, die die junge Kuh als unerklärliche Bedrohung überfällt:

BAM 248,III,

10 Beschwörung: Eine Kuh des Sin, Geme Suena ihr Name,
11 war hoch geschmückt mit Schmuck
12 und üppig an Gestalt. Es sah sie Sin und liebte sie,
13 den Glanz des Sin legte er ihr...an.(266)
14 Er stellte sie an die Spitze der Herde,
15 die Hirten gehen hinter ihr her,
16 sie lassen sie die weichsten Kräuter abweiden,
17 aus der vollen Tränke tränken sie sie mit Wasser.
18 Verborgen vor den Junghirten, nicht bemerkt vom Hirten
19 sprang auf die Kuh der wilde Stier, trug fort ihre Jungfrauenschaft (?).
20 Als ihre Tage zuende gingen und ihre Wochen vorbei,
21 da erschrak die Kuh und zitterte.
22 Ihre Hirten waren betrübt, alle Junghirten trauerten.
23 Auf ihr Wehgeschrei und auf das Geschrei ihres Kreissens
war Nanna betrübt (hockte sich zu Boden),
24 Sin hörte im Himmel ihr Geschrei und streckte seine Hand aus
vom Himmel:
25 Zwei Schutzgöttingen stiegen vom Himmel herab, eine trug Schalenöl,
26 die andere ließ das Fruchtwasser(?) ab. Sie rieb ihre Stirn mit
Schalenöl ein.
27 Mit Fruchtwasser(?) besprengte sie ihren ganzen Körper.
28 Noch einmal rieb sie ihre Stirn mit Schalenöl ein,
29 und besprengte mit Fruchtwasser(?) ihre ganze Haut.
30 Sie weiteten ihre Genitalien, um hineinzufassen, (267)
31 da fiel das Kalb wie eine Gazelle auf den Boden;
32 "Säuglingskalb" (AMAR.GA = būr šizbi) nannten sie den Namen
des Kalbes.
33 Wie die Magd Suenas normal gebar,
34 so möge die junge Frau, die Schwierigkeiten hat, gebären!
35 Die Hebamme darf nicht zurückgehalten werden!
Die Schwangere möge ordnungsgemäß gebären!

Die Rezitation dieses "mythischen Falles", in dem die Geburt "entdeckt" wird, soll den heilvollen Ablauf der gegenwärtigen Geburten sichern.

Zum Schluß möchte ich noch einen nA Text vorführen, der kein Geburtsritual, sondern eher ein Gedicht zu sein scheint. In ihm spiegelt sich in hoher dichterischer Schönheit die große Spannbreite von Existenzerfüllung und Existenzbedrohung, welche die Geburt für die Menschen damals hatte. Da der Text bisher nur in einer veralteten und unvollständigen Umschrift vorliegt(268), biete ich hier den assyrischen Text:

K 890

1 a-na mì-i-ni ki-i (GIŠ)MÁ-e ina MÚRU ÍD-e na-da-ki
2 šab-bu-ru ḫu-qi-ki-i ba-tu-qu áš-li-ki
3 ka-lu-lu pa-ni-ki-i ÌD (URU)ŠÀ.URU te-bi-ri
4 a-ke-e la na-da-ku-ú(269) la ba-tu-qu áš-li-já
5 ina u(4)-me in-bu áš-šu-u-ni a-ke-e ḫa-da-ka a-na-ku

6 ḫa-da-ak a-na-ku-ú ḫa-di ḫa-bi-ri-i
7 ina u(4)-me ḫi-lu-ja-a e-tar-pu-u pa-ni-ja
8 ina u(4)-me ú-la-di-ja it-ta-ak-ri-ma IGI(II.MEŠ)-ja
9 pa-ta-ni up-na-ja-a a-na (d)Be-let-DINGIR ú-ṣal-la
10 um-mu a-li-da-te at-ti-i e-ṭi-ri-i na-pu-ul-ti
11 ⸢(d)Be-let-DINGIR(MEŠ) šá la⸣ ta-áš-mu-ni tuk-tal-li-la pa-ni-ša
12 [ ]at-ti-i a-na mì-ni tu-ṣa-na-li-ni
13 [ ]x-u-ni it-ti-di-i ri-ga-an-šú
14 [ ]-ni áš-lat la-le-ja-a
15 [ ]sa du-ur MU.AN.NA(MEŠ)-e
16 [ ]-da-a qaq-qar ḫi-bi-la-te
17 [(URU)]ŠÀ.URU tal-lak ta-si-si-i nu-bu-u
18 [ ]UD(MEŠ) an-nu-te TA* ḫa-bi-ri-ja a-na-ku
19 ⸢is-se⸣-šu áš-ba-ku-ú TA* ra-i-ma-ni-ja
20 mu-u-tú ina É KI.NÁ-ja iḫ-lu-la-a ḫi-il-lu-tú
21 TA* É-ti-ja-a us-se-ṣa-an-ni a+a-ši
22 TA* pa-an ḫa-bi-ri-ja ip-tar-sa-an-ni a+a-ši
23 GÌR(II.MEŠ)-ja is-sa-ka-na ina qaq-qar la ⸢GUR.GUR⸣-ri-ja

(die Nachbarn:)
1 Warum läßt du dich treiben wie ein Schiff mitten im Strom?
2 Warum sind deine Landungsstege zerbrochen, sind deine Taue gekappt?
3 Warum ist dein Gesicht verhüllt, überschreitest du den Strom Aššurs?
(die Frau:)
4 Wie? Sollte ich mich nicht treiben lassen, sollten meine Taue nicht gekappt sein?
5 Am Tage, da ich Frucht trug, wie freute ich mich da!
6 Ich freute mich, es freute sich mein Geliebter.
7 (Doch) am Tage meiner Wehen umwölkte sich mein Antlitz,
8 am Tage meines Gebärens bedeckten sich meine Augen,
9 meine Hände sind (bittend) geöffnet, ich flehe zu Bēlet-ilī,
10 "Mutter der Gebärenden bist du, rette (270) mein Leben!"
11 (Doch) Bēlet-ilī, die (mich) nicht erhörte, hat ihr Antlitz verhüllt.
(die Göttin?):
12 [ ]du, warum betest du immerfort zu mir?
13 [ ]...er erhob sein Geschrei (Donner?)
14 [ ]...(?) meiner Lust.
15 [ ]... Dauer von Jahren
16 [ ]...ein Gebiet von Ruinen
17 [ ]...(nach) Aššur (?) gehst du, schriest Wehklage.
(die Frau:)
18 [ ]... diese Tage lang war ich bei meinem Geliebten,
19 bei ihm saß ich. Hat sich mit meinem Geliebten
20 der Tod heimlich in meine Schlafkammer eingeschlichen?
21 Aus meinem Haus führte er mich heraus,
22 von dem Anblick meines Geliebten trennte er mich
23 und setzte meine Füße in ein Land ohne Wiederkehr.

Es gab Fälle, in denen das Geburtsritual nichts nutzte, in denen der Gott oder die Göttin nicht erhörten, und das bedeutete für die Frauen den Tod. Von dieser harten Realität zeugt dieser Text. Es ist sicher kein Zufall, daß er nur außerhalb der offiziellen Ritualsammlungen überliefert werden konnte.

Diese akkadischen Texte führen uns plastisch vor Augen, wie groß die Gefahren der Geburt für eine Frau damals sein konnten. Sie betrafen natürlich nicht nur sie, sondern die Gruppe als ganze: Ein Mann mußte damit rechnen, bei der nächsten Geburt, die er an sich wünschte, seine Frau zu verlieren, und die Kinder mußten um ihre Mutter bangen. Erst wenn man sich das ganze Ausmaß dieser Bedrohung klar gemacht hat, kann man die Erleichterung und den Jubel verstehen, der die Personennamen durchzieht: jĕšaʿjāhū (Jesaja) "Jahwe hat gerettet", ʾĕliʿæzær (Eliezer) "Mein Gott ist (meine) Hilfe" und viele, viele andere. Darin stimmen babylonische und israelitische Namen völlig überein.

Wieweit man sonst die babylonischen Ritualtexte auf Israel übertragen kann, ist nicht sicher. Mit einem organisierten Ritualwesen ist hier ja sowieso nicht zu rechnen und seltsamerweise sind im Alten Testament nur wenige Klagen der Frau in Geburtsnöten überliefert. Viel häufiger sind die Klagen der kinderlosen Frau, in denen die soziale Seite der Geburt im Vordergrund steht; doch sie allein können die vielen Danknamen unmöglich erklären. Wenn in Israel sich die Personennamen keineswegs auf den speziellen Geburtsvorgang beschränken, sondern in so hohem Maße an der Klage, dem Lob und dem Heilsorakel Anteil haben, dann darf man wohl in Analogie zu babylonischen Verhältnissen schließen, daß auch in Israel bei der Geburt Klagegebete gesprochen worden sind. Man könnte an kleine, von der Familie zusammen mit der Hebamme veranstaltete Zeremonien denken. Die Bedrohung, die bei der Geburt erfahren wird, entspricht der bei einer akuten Krankheit durchaus, deswegen passen die individuellen Klagelieder auch in diese Situation voll hinein. Aber die Geburt spielt meistens eine größere Rolle für die Familie als die Krankheit eines ihrer Mitglieder. So konzentriert sich hier alles, was von den Familienmitgliedern auch sonst an Bedrohung und Rettung erfahren wurde, wie in einem Hohlspiegel.

Erst wenn man sich das Geschehen Geburt in seiner ganzen komplexen Bedeutung klar macht, die sie für die Familien damals hatte, dann versteht man, warum soviel religiöse Erfahrung in diesem Ereignis kulminiert. An diesem exzeptionellen Ereignis kommt in den Personennamen zur Sprache, was die persönliche Frömmigkeit in der Familie im Kern ausmacht. Das ist die hohe Bedeutung der israelitischen Namengebung. Aus diesem Grunde repräsentieren die Eigennamen nicht nur einen mehr oder minder zufälligen kleinen Ausschnitt, sondern den wesentlichen Kern der persönlichen Frömmigkeit.

2. Das Fehlen der religiösen Traditionen des Volkes

Gerade wenn man erkannt hat, daß die theophoren Personennamen einen zentralen Teil der persönlichen Frömmigkeit zum Ausdruck bringen, dann bekommt die Tatsache, daß bestimmte Bereiche aus dem Geschehen zwischen Gott und Mensch gar nicht vorkommen oder doch stark unterrepräsentiert sind, ein erhöhtes Gewicht. Denn man muß nach alldem, was ich über den Hintergrund der Namengebung gesagt habe, folgern, daß, wenn eine religiöse Aussage bei der Geburt keine Rolle spielt, sie auch in der persönlichen Frömmigkeit insgesamt kaum von Bedeutung gewesen sein kann.

Allerdings muß man sich vorher klar machen, was nach den Gesetzen der nordwestsemitischen Namengebung möglich ist und was nicht, wenn man Fehlurteile vermeiden will:

1. Da die nordwestsemitischen theophoren Satznamen nur aus einem göttlichen Subjekt und einem verbalen oder nominalen Prädikat bestehen, sind sie fast ganz auf das Geschehen von Gott zum Menschen beschränkt; die umgekehrte Richtung kommt nur selten vor, vor allem in den Bezeichnungsnamen (z.B. ʿōbadjā "Diener Jahwes"). (271)
2. Da Objekte und adverbiale Bestimmungen in den Satznamen im Unterschied zu den akkadischen Namen fehlen(272), fallen Verben, die eine Näherbestimmung brauchen, fast ganz aus; die Namen klingen oft allgemeiner, als sie gemeint sind.
3. Ein negatives Handeln Gottes am Menschen fällt naturgemäß aus (z.B. zürnen).

a) Als erstes fällt jedem, der von der offiziellen Volksreligion herkommt, das Fehlen der kultischen Verben im engeren Sinn auf: Es gibt keine Personennamen mit qādōš "heilig" oder qiddēš "heiligen"; ebenso fehlen Verben wie ṭīhar "reinigen" oder kippær "sühnen". Der ganze weite Bereich der priesterlichen Heiligtums- und Opfertheologie spielt in der Namengebung und damit in der persönlichen Frömmigkeit keine Rolle. Aus der priesterlichen Sprache kommt nur ein einziges Verb in der Namengebung vor, nämlich ḥāšab "anrechnen"; aber es bildet nur berufsspezifische Namen, die fast nur von Leviten getragen wurden. (273)

Damit hängt zusammen, daß auch der Vorgang der Theophanie in der Namengebung nicht vorkommt. Ein Name *ʾælkābōd "Gott ist Herrlichkeit" o.ä. wäre nach den Bildungsgesetzen durchaus möglich, fehlt aber bezeichnenderweise. (274) Wohl gibt es im Alten Testament Gotteserscheinungen an Einzelne(275), doch sind das exzeptionelle Fälle, die man normalerweise im Alltag nicht erlebt; der Name nōʿadjā "Jahwe läßt sich treffen" ist wieder ein spezieller Berufsname. (276) Die Nähe Gottes wird vom einzelnen Menschen nicht in imposanten, die Natur in Aufruhr versetzenden Erscheinungen erfahren, sondern nur von einer großen Gruppe. Wir müssen dann folgern: Die großen, die Gottesbeziehung des Volkes grundlegend bestimmenden und den stetigen Kult begründenden Theophanien am Sinai haben für das religiöse Leben des Einzelnen im alltäglichen Leben keine Bedeutung. (277) Nicht zufällig fehlen qādōš und kābōd auch in den Klagen des Einzelnen. (278)

b) Aber nicht nur die Sinai- auch die Exodus- und Landnahmetradition fehlen in den Namen. Wohl könnte man die Namen mit Rettungsverben (hōšīăᶜ, mālaṭ, pālaṭ, pādā, ᶜāzar) zur Not auch auf den Exodus beziehen, da Objekte in der nordwestsemitischen Namengebung fehlen, doch ist das aus mehreren Gründen ganz unwahrscheinlich: Es fehlen gerade Namen mit dem Verb hiṣṣīl, das gerne für den Exodus verwendet wird(279), und wenn die Deutung zutreffend wäre, müßte man daneben Verben mit hōṣīʾ "Jahwe hat herausgeführt"(280) oder hæᶜĕlā "Jahwe hat heraufgeführt"(281) erwarten, sie kommen aber nicht vor. Hinzu kommt, daß Namen, die der Landgabe gedenken, fehlen: erwarten könnte man etwa: "Jahwe hat zum Erbbesitz gegeben" (hinḥīl)(282), "Jahwe hat Ruhe verschafft" (hēnīăḥ)(283) oder "Jahwe hat hineingebracht" (hēbīʾ) (284), die auch ohne Näherbestimmungen jedem Israeliten verständlich gewesen wären. Vollends unwahrscheinlich wird ein Bezug der Rettungsnamen auf die Volksgeschichte, wenn man sieht, daß Spitzenbegriffe der offiziellen Religion, die diese Geschichte deuten, in der Namengebung stark unterrepräsentiert sind: Gerne wird die Religion Israels heute mit dem Schlagwort "Erwählungsglaube/theologie"(285) charakterisiert. Doch in den Namen hat sie keinen Niederschlag gefunden: Obgleich Bildungen mit bāḥar zumindest nachdeuteronomisch leicht möglich gewesen wären, ist der einzige Name, der von dieser Wurzel belegt ist, ein Königsname: jibḥār "(Jahwe) hat erwählt" (2.Sam 5,15) meint hier gar nicht die Erwählung des Volkes, sondern die Erwählung Davids zum König.(286) Dem entspricht, daß Namen mit den beiden Spitzenbegriffen ḥæsæd "Gnade" und ʾæmæt "Treue" für die Bildung von Personennamen nur ganz selten verwendet werden.(287) Nicht, daß etwas diesen Begriffen Analoges nicht auch in der persönlichen Frömmigkeit erfahren werden konnte, doch sind sie scheinbar schon zu "theologisch", zu weit von den unmittelbaren Erfahrungen abstrahiert, als daß sie für die Frömmigkeit des Einzelnen einen adäquaten Ausdruck lieferten.

So kommt man an dem Schluß nicht vorbei, daß die israelitische Familie beim glücklichen Ausgang einer lebensbedrohenden Geburt nicht an die Errettung in Ägypten gedacht hat. Man kann daraus nicht folgern, daß sie diese Tradition nicht gekannt hat. Nein, man kannte sie schon, aber sie spielte zur Bewältigung der persönlichen Lebensprobleme keine Rolle, denn sie betraf das Volk als ganzes und lag damit auf einer anderen Ebene. Damit bestätigt sich das Fehlen des geschichtlichen Rückblicks in der Klage des Einzelnen auch in den Personennamen.

c) Ebenso fehlen in den israelitischen Namen alle Anspielungen auf das Königtum - im Unterschied zu den akkadischen Beamtennamen.(288) Das Handeln Jahwes am König oder das Handeln des Königs am Volk kommen in der persönlichen Frömmigkeit nicht vor, mochte die Jerusalemer Hoftheologie noch so sehr darum kreisen (2.Sam 7). Man kann nicht einwenden, daß die akkadischen Bildungen nordwestsemitisch nicht möglich gewesen sind, selbst Belege mit rāᶜā (Jahwe oder der König weidet, ist Hirte o.ä.) fehlen in den israelitischen Namen.(289)

d) Schließlich fehlt dieZiontheologie bis auf eine einzige, gleich zu besprechende Ausnahme. Weder die Vorstellung vom thronenden Gott (jāšab), noch das Gründen des unerschütterlichen Heiligtums (jāsad) kommen vor, und alle Kampfesverben, die auf die Vorstellung vom Völkerkampf hindeuten könnten, fehlen.(290) Erst in exilischer Zeit findet die Einweihung des neuen Tempels ihren Reflex in der Namengebung: šĕkanjā "Jahwe hat Wohnung genommen".(291) Man kann daraus abschätzen, wie sehr dieses Ereignis bis in die Familien hinab die Gemüter bewegt hat. Nach dem Untergang des politischen Volksganzen hatten sich ja Tempeltheologie und persönliche Frömmigkeit sowieso schon angenähert; hier in dem einen Fall sind sie einmal wirklich identisch.

M.Noth nennt insgesamt 2 Namen, die auf die Volksgeschichte anspielen: Außer dem schon genannten šĕkanjā noch ʾæljāšīb "Gott hat zurückkehren lassen."(292) Noth deutet diesen Namen auf die Rückkehr aus dem Exil. Das wäre durchaus denkbar, denn in der extremen Krisensituation des Exils könnten die bis dahin getrennten Lebensbereiche von Familie und Volk zusammenfallen. Ein Beleg aus vorexilischer Zeit für die gemeinte Erscheinung ist 1.Sam 4,19-22: Der Name ʾīkābōd "Wo ist die Herrlichkeit?" ist ein Ersatzname und beklagt den Tod des Vaters(293), aber wird in einer extremen Krisensituation ausgeweitet auf die Situation des Volkes, auf den Verlust der Lade an die Philister. Dennoch ist Noths Erklärung nicht die einzig mögliche. J.J.Stamm deutet auch ʾæljāšīb als Ersatzname in dem Sinn: Gott hat mit dem Kind, das diesen Namen trägt, ein verstorbenes Kind oder einen anderen verstorbenen Verwandten zurückkehren lassen.(294) Ich halte Stamms Erklärung für die wahrscheinlichere(295), aber wie man sich auch entscheidet: Gerade wenn man sieht, daß es theoretisch durchaus möglich war, Erfahrungen des Volkes in der Namengebung einzufangen, dann ist es um so auffälliger, daß es nicht häufiger geschieht. Das Fehlen aller großen religiösen Traditionen des Volkes in der Namengebung kann dann kein Zufall mehr sein, noch dazu, wenn die gleichen Bereiche auch in der Klage des Einzelnen fehlen; es wird nur verständlich, wenn man davon ausgeht, daß die in den Familien lebende Frömmigkeit weitgehend unabhängig und unbeeinflußt von der offiziellen Religion Israels gewesen ist.

3. Gottes Handeln im Umkreis der Geburt

Nachdem ausgegrenzt ist, was alles in den Namen nicht vorkommt, soll jetzt beschrieben werden, was sich in den Namen als persönliche Frömmigkeit darstellt. Die erste Gruppe bilden Namen, die unmittelbar in den Umkreis der Geburt gehören. Es sind von den 144 etwa 29, also ungefähr 20 %.

In einer ersten, kleinen Untergruppe wird in den Namen lobend bekannt, daß Gott den Geburtsvorgang ermöglicht oder erleichtert hat: jiftāḥ (ʾēl)(296) und pĕtaḥjā "Jahwe hat (den Mutterleib) geöffnet"; das erinnert an das Handeln Marduks und der Schutzgöttinnen in den oben zitierten babylonischen Geburtsritualen:(297)

BAM 248,II,64f	Er ließ erschlaffen das Band, er lockerte ihren Knoten, die verriegelten Tore öffnete er (petû D).
BAM 248,III,30f	Sie weiteten(?) ihre Genitalien, um hineinzufassen, da fiel das Kalb wie eine Gazelle zu Boden.

Möglicherweise gehört auch pᵉqaḥjā hierher in dem Sinn "Jahwe öffnet die Augen des Neugeborenen", denn daß das Kind die Augen aufschlägt und das helle Licht sieht, ist ein festes Motiv der Geburtsrituale. (298) Aber sicher ist das nicht. (299) Unsicher ist auch, ob Namen mit rāḥab hi "weit machen" auf die Geburt oder allgemeiner auf die Rettung zu beziehen sind. (300) Daß Jahwe den Samen einpflanzt und somit die Fruchtbarkeit schenkt, wird andeutend oft erzählt (z.B. Ru 4,13), kommt aber nur noch als Ortsname vor: jizriᶜēʾl. (301) Bei dem Namen mōlīd "der gebären läßt" ist nicht ganz sicher, ob Gott damit gemeint ist. (302) So bleiben bei dieser Gruppe viele Belege fraglich. Man hat den Eindruck, als ob es einmal mehr von diesen Namen gegeben hat, daß sie aber aus der bekannten Scheu des Alten Testaments, Jahwe mit dem sexuellen Bereich in Verbindung zu bringen, zurückgedrängt worden sind. Immerhin kann die Tatsache, daß Gott in der persönlichen Frömmigkeit mit diesem Bereich in Verbindung gebracht worden ist, nicht geleugnet werden, und das ist von der offiziellen Religion aus gesehen, erstaunlich. (303)

In einer zweiten, großen Gruppe geht es um das Handeln Gottes an dem Kind: Er hat es bei der Geburt erschaffen und stattet es mit Glück und Gesundheit aus. Das Menschenschöpfungsmotiv ist in den Namen reich entwickelt, es werden nicht weniger als 7 verschiedene Schöpfungsverben verwendet. (304) 5 davon sind auch in der Klage und im Heilsorakel belegt. (305)
Die Übereinstimmung betrifft nicht nur die Worte, sondern auch die Sache: Wir treffen hier in den Personennamen auf die gleiche urtümliche kreatürliche Begründung des Gottesverhältnisses des Einzelnen wie in der individuellen Klage und im Heilsorakel. Die Eltern bekennen in diesen Namen: die Zeugung und Geburt dieses Kindes durch uns ist nur der Vordergrund des Geschehens, dahinter ist im Verborgenen Gott selber am Werk gewesen; er hat dieses Kind geschaffen, ihm das Leben geschenkt, nicht wir, darum ist auch er für sein Leben "verantwortlich".

Das gleiche Ineinander von Geburt und Schöpfung reflektieren auch die assyrisch-babylonischen Geburtsrituale. Das Neugeborene wird hier bezeichnet:

BAM 248,II,45=68
GÌR.PAD.DU (eṣēmtu) a-ḫi-tu(4) bi-nu-ut a-me-⸢lu⸣-ti
Fremdes Gebein, Geschöpf des Menschen (der Menschheit)
Iraq 31,VI,48f
bu-nu-ut DINGIR(MEŠ) bu-nu-ut ⟨⟨NAM⟩⟩LÚ.U(x).LU (amēlūti)
Geschöpf der Götter, Geschöpf des Menschen (d.Menschheit)

Was da geboren wird, ist offensichtlich nicht voll beschrieben, wenn man es als Geschöpf der Mutter, oder grundsätzlicher als menschliches Geschöpf bezeichnet, nein, es ist mehr als das. Es ist ein eigenes, ein anderes, ein fremdes Leben, wie der BAM-Text andeutend formuliert, es ist, wie der mA Text klar expliziert, letzten Endes ein neues Geschöpf der Götter. Dem entspricht die Vorstellung der biblischen Urgeschichte (Gen 4,1 J;5,1f P), daß in Zeugung und Geburt die göttliche Schöpferkraft weitergeht. Und man kann die Frage stellen, ob nicht aus dieser Erfahrung bei der Geburt, daß mit der Abstammung von den Eltern nicht alles über den neuen Menschen gesagt ist, die Menschenschöpfungserzählungen ursprünglich herstammen. Aber auch wenn ein solcher Nachweis heute noch nicht mit Sicherheit zu führen ist, so machen die Geburtsrituale, die Klagen und die Namen durch ihre Übereinstimmung klar, daß hier eine ganz wesentliche religiöse Erfahrung im Leben des Einzelnen und seiner Familie liegt.

Die Entsprechung zwischen den Namen und den individuellen Klagen geht noch weiter: Wie dort das erschaffende Handeln Gottes weitergeht im Leben des Beters(306), so schließen sich an die "Schöpfungsnamen" Namen an, die das Bewahren und Fördern des Kindes durch Gott zum Inhalt haben, z.B.: šĕlumīʾēl "Meine Gesundheit kommt von Gott", ʾᾰlīšæbāʿ "Mein Gott ist (mein) Glück"(307), jĕbārækjā "Jahwe möge(308) (das Kind) segnen", jaḥṣĕʾēl "Gott möge (das Kind) begünstigen" und noch eine Reihe andere.(309) Es ist der Segen des Menschenschöpfers, der das Kind auf seinem Lebensweg begleitet und der sich in akuten Bedrohungen in einem rettenden Handeln manifestieren kann.

Eine dritte Gruppe macht schließlich deutlich, welche hohe Bedeutung die Geburt eines Kindes für die Familie als Ganze hat: Die Geburt eines Kindes wird als ein Geschenk erfahren, mit dem Gott die biologische und wirtschaftliche Lebenskraft der Familie fördert und das Leben der Eltern bereichert: Namen mit Verben bzw. Nomina für schenken/Geschenk (nātan, mattān, das aramäische zābad und nādab "sich freigiebig zeigen") sind ganz besonders häufig.(310)

Hinzu kommen die Ersatznamen, die ihre Existenz der hohen Kindersterblichkeit im antiken Orient verdanken. Diese konnte die durch eine glückliche Geburt erfüllten Sehnsüchte und Wünsche der Eltern schnell wieder enttäuschen. In der Erzählung 2.Sam 12,15ff können wir auch heute noch nachempfinden, in welche Verzweiflung ein sterbender Säugling einen Vater - hier David - stürzen konnte. Der einzige Ausweg in dieser Situation ist es, durch Zeugung und Geburt eines neuen Kindes den schmerzlichen Verlust zu ersetzen: David nennt diesen zweiten Sohn, den ihm Batseba schenkt, Salomo (šĕlōmō), der Name bedeutet "seine Unversehrtheit" d.h. "sein Ersatz".(311) Ein so benanntes Kind trägt sein ganzes Leben lang ein Stück längst vergangener "Familiengeschichte" mit sich herum. Wenn nun auch theophore Namen gebildet werden, die bekennen, daß Gott es ist, der getröstet (nĕḥæmjā), vergessen gemacht (jiššijjāhū)(312) und ersetzt hat (šælæmjāhū)(313), dann wird damit ein weiteres wichtiges Element der persönlichen Frömmigkeit deutlich: Gott begleitet nicht nur die einzelnen Familienmitglieder durch ihr Leben, sondern er begleitet auch die Familie als ganze in ihrer von Tiefen und Höhen bestimmten "Geschichte".

4. Gottes Zuwendung, Rettung und Schutz

Neben den Namen, die sich unmittelbar auf die Geburt beziehen, steht eine große Gruppe, die sich auf das Engste an die Klagen des Einzelnen, das berichtende Lob des Einzelnen und das Heilsorakel anschließt. Mit dem Geburtsvorgang hat sie insofern zu tun, als dieser eine der Krankheit vergleichbare lebensgefährliche Bedrohung der werdenden Mutter darstellt, und wir mit guten Gründen vermuten können, daß bei der Geburt, zumindest in schweren Fällen, Klagegebete gesprochen worden sind. Aber die sich in dieser Gruppe von Namen aussprechende religiöse Erfahrung ist nicht auf diese eine, spezielle Bedrohung beschränkt. (314) Aufgrund der exzeptionellen Bedeutung, welche die Geburt für die Familie hatte, sind in den Namen auch religiöse Erfahrungen gesammelt, die die Eltern in anderen bedrohlichen Lebenssituationen gemacht haben.

Diese Gruppe ist die größte der theophoren Namen überhaupt. Sie macht über 50 % aus. Das hilfreiche Handeln Gottes wird mit einer überwältigenden Differenziertheit und Farbigkeit der Vorstellungen gelobt. Wenn es eines weiteren Beweises bedürfte, daß die Personennamen lebensnahe, echte Frömmigkeit ausdrücken, dann könnte ihn diese Gruppe liefern! Alle einzelnen Vorstellungen meinen immer das Rettungsgeschehen als ganzes, aber wie viele Aspekte kommen dabei zur Sprache! Die Kongruenz zur Klage des Einzelnen und den ihr korrespondierenden Gattungen zeigt sich neben der Übereinstimmung im Wortfeld darin, daß sich die Fülle der Vorstellungen auf drei ihrer wichtigsten Teile aufgliedern läßt: 1. die Bitte um Zuwendung, 2. die Bitte um Rettung und 3. das Bekenntnis der Zuversicht.

a) Die Zuwendung Gottes

Theophore Namen von 17 verschiedenen Wurzeln lassen sich hier aufführen. 14 von ihnen haben ihre exakte Entsprechung im Bericht von der Zuwendung im berichtenden Lob, der Bitte um Zuwendung in der Klage und in der perfektischen Begründung des "Fürchte dich nicht!" im Heilsorakel. Ich gebe eine tabellarische Übersicht:

Zur Tabelle: ich gebe aus Übersichtsgründen jeweils nur einen Namen und einen Psalmenbeleg für jede Wurzel an. Sollten das die einzigen Belege sein, ist das durch (†) gekennzeichnet. Besonders häufige Namenswurzeln und Psalmenbelege sind durch ein (x) markiert. Mit (*) ist angegeben, wenn eine Wurzel nicht im AT belegt ist; ein nur außerhalb des AT belegter Name, wird unpunktiert gegeben. Die Zeitangaben sind nur ein grobes Raster, es bedeuten V = Väterzeit, W = Wüstenzeit, R = Richterzeit, K = Königszeit, fK frühe, mK mittlere, spK späte Königszeit, E = exilisch, NE = nachexilische Zeit.

1 Verben des Hörens

שׁמע	hören	יִשְׁמָעֵאל	x	V-NE	Ps 30,11	x
ענה	reagieren	עֲנָיָה		NE	Ps 13,4	
אזן hi	hören	יַאֲזַנְיָה		spK-NE	Ps 143,1	

2 Verben des Sehens

חזה	sehen (aram)	חֲזָאֵל		mK-NE	Ps 17,2?	+
ראה	sehen	יְרָאִיָּה		spK-NE	Ps 31,8	
נבט hi	hinsehen	נְבָט	+	mK	Ps 13,4	+

3 Verben des Sich-Kümmerns

זכר	jem. gedenken	זְכַרְיָה	x	mK-NE	1.Sam1,11 (Ps8,5)	
ידע	s.kümmern um	אֶלְיָדָע	x	fK-NE	Ps 31,8	
אסף	aufnehmen	אֲבִיאָסָף		W?, mK-NE	Ps 27,10	+

4 Verben der freundlichen Berücksichtigung

חנן	gnädig sein	אֶלְחָנָן	x	fK-NE	Ps 30,11	x
רחם	s.erbarmen	יְרַחְמְאֵל		spK-NE	(Ps 103,13)	+
חמל	Mitleid haben	יחמליהו		spK-NE	–	
אוֹר	freundlich blicken	(אֵל) יָאִיר	+	R-fK	Ps 31,17	

5 Verben der Zuwendung

פנה	zuwenden	Vok.? יְפַנֶּה	+	W	Ps 86,16	
שׁוב	zurückkehren	יָשׁוּב (אֵל)	(+)	R, NE	Ps 6,5	
קדם	entgegenkommen	? קַדְמִיאֵל	+	NE	Ps 59,11	
? קום	aufbrechen	אֲחִיקָם		spK-NE	Ps 3,8	

Die Entsprechung von Namen und Kleinkultgattungen ist signifikant. Nicht direkt belegt ist allein ḥāmal, Unsicherheiten gibt es bei ḥāzā und rāḥam. Ich weise besonders auf die häufigen Namensbildungen mit šāmaʿ und ḥānan hin, denen ein reiches Vorkommen in den Psalmen entspricht.

Die 5 Vorstellungsgruppen nennen alle Vorgänge, die auch zwischen zwei Menschen, etwa einem Vater und seinem Kind stattfinden könnten. Allein qūm könnte einen politischen Vorgang, nämlich den Aufbruch zum Krieg bezeichnen; aber gerade bei diesem Namen ist unsicher, ob er überhaupt aus den Psalmen erklärt werden kann. (315) Natürlich können die meisten dieser Verben auch ein Geschehen zwischen Jahwe und seinem Volk bezeichnen, dennoch gibt es einige charakteristische Unterschiede:

a) das Verb ḥānan, das nicht weniger als 13 verschiedene Namensformen gebildet hat, mit denen über 60 Personen im AT benannt sind, kommt in den Kleinkultgattungen 15x vor(316), fehlt aber gänzlich in der Klage des Volkes und im Hymnus.(317) Auch außerhalb der Psalmen kommt es selten auf das Volk bezogen vor.(318) Das kann kein Zufall sein. ḥānan bezeichnet den Gunstbeweis eines Höhergestellten gegenüber einem niedriger Gestellten.(319) Die Vorstellung würde sinnlos, wenn man sie auf eine große Gruppe übertragen würde, denn die Gunst gilt immer nur einigen wenigen, die damit vor der Gruppe ausgezeichnet und aus ihr herausgehoben werden.

b) Das Verb šāmaᶜ bildet 14 verschiedene Namen, damit sind über 40 Personen benannt. In den Kleinkultgattungen ist es 23x belegt(320), es fehlt aber in den überlieferten Volksklagen. Das Bild verändert sich etwas, wenn man die anderen Verben für "hören" hinzunimmt(321), doch bleibt der Eindruck bestehen, daß das Hören Jahwes in der Klage des Volkes nur eine geringe Rolle spielt. Stattdessen begegnet häufig die Bitte, daß Jahwe die Not des Volkes ansehen möchte (8x).(322) Das Sehen Gottes wiederum ist in den individuellen Gattungen von nur geringer Bedeutung(323) und auch entsprechende Namen sind, gemessen an den Verben des Hörens, stark unterrepräsentiert.(324) Ich möchte diesen Tatbestand so deuten: Die Klage des Einzelnen ist institutionell weniger fest gebunden als die Klage des Volkes. Bei den an vielen Orten und vielen Gelegenheiten veranstalteten kleinen Klagegottesdiensten kam alles darauf an, daß sich der Einzelne ersteinmal bei Gott Gehör verschafft (Kontaktschluß). Dagegen konnte das zu einer großen, lange vorbereiteten offiziellen Klagefeier zusammengekommene Volk davon ausgehen, daß Jahwe seine Klage hört, hier kam alles darauf an, Jahwe dafür zu interessieren, wie schlecht es seinem Volk geht.

c) Es fehlen in den Personennamen so gut wie alle Verben der Epiphanie.(325) Daß Jahwe wie ein unbändiger, die Natur in Aufruhr versetzender Krieger seinem Volk in der Schlacht zu Hilfe kommt, war eine der wichtigsten Erfahrungen, die das Volk Israel in seiner Frühzeit gemacht hat. So findet sich die Epiphanie in den alten Siegesliedern (Ri 5,4f) und auch in den späteren Volksklagen begegnet noch die Bitte um Epiphanie.(326) In der Klage des Einzelnen kommt zwar einmal eine Epiphanieschilderung vor (Ps 18,8-16), doch ist von den Auslegern seit langem festgestellt worden, daß sie literarisch eingefügt worden ist.(327) Der einzelne Mensch erfährt die Zuwendung Gottes nicht als welterschütternde Epiphanie, sondern als ein viel undramatischeres, in der Tröstung und Heilung verborgen wirksames Geschehen. Hier stimmt der Befund in den Psalmen und in den Personennamen völlig überein.

So weisen die Personennamen, die die Zuwendung Gottes bekennen, auf eine Reihe von Charakteristika der persönlichen Frömmigkeit.

b) Das Eingreifen Gottes

Noch häufiger als die Verben der Zuwendung sind die Verben in den Personennamen, die ein rettendes Eingreifen Gottes beinhalten. Es lassen sich insgesamt 41 verschiedene Wurzeln hier aufführen, 34 von ihnen sind auch in den

Kleinkultgattungen belegt, und zwar in der Bitte um Eingreifen in der Klage, dem lobenden Bericht davon im berichtenden Lob und in den perfektischen oder futurischen Begründungen im Heilsorakel. Von den übrig bleibenden 7 Wurzeln sind 3 im biblischen Hebräisch überhaupt nicht, 4 in der Sprache der Psalmen nicht belegt, sie lassen sich aber über die Bedeutung anschließen.

Die folgende Tabelle gibt eine Übersicht:

1 Verben des Rettens, Heilens und Recht-Schaffens

יֹשׁע hi	retten	(328) אֱלִישַׁע	x	mK-NE	Ps 3,8	x
מלט/ פלט pi	retten	פְּלַטְיָה	x	fK-NE	Ps 31,2	x
חלץ	retten	(329) ? חֶלֶץ	†	fK	Ps 6,5	
פדה	loskaufen	פְּדָהצוּר		R-NE	Ps 26,11	
דלה pi	herausziehen	דְּלָיָהוּ		spK-NE	Ps 30,2	
גאל	erlösen	גאל יהו		NE? (330)	Ps 69,19	
רחב hi	Raum schaffen	רְחַבְיָה		R?-NE	Ps 4,2	
רפא	heilen	רְפָאֵל		K-NE	Ps 6,3	
חיה pi	beleben	(331) יְחִיאֵל		K-NE	Ps 30,4	
גמל	Gutes erweisen	גַּמְלִיאֵל		R-NE	Ps 13,6	
גמר	Gutes vergelten	גְּמַרְיָה		mK?, spK	Ps 57,3	
שׁפט	Recht verschaffen	יְהוֹשָׁפָט	x	fK-NE	Ps 43,1	x
דין	Recht verschaffen	(332) אֲבִידָן		R-NE	Ps 54,3	
ריב	Recht verschaffen	יְהוֹיָרִיב		fK?-NE	Ps 43,1	
צדק	Recht verschaffen	יְהוֹצָדָק		mK-NE	∽ Ps 4,2	†
ישׁר	Recht verschaffen	יוישר		K	- (333)	
פלל	Recht verschaffen	פְּלַלְיָה		NE	-	
פלא	wunderbar handeln	פְּלָאיָה		NE	Ps 4,4	
גדל	großartig handeln	גְּדַלְיָה		spK-NE	Ps 40,17	

2 Verben des Beistandes

עזר	helfen, unterstützen	אֶלְעָזָר	x	W-NE	Ps 30,11	x
עוש	helfen, unterstützen	יוֹעָשׁ		fK	-	
סמך	stützen	סְמַכְיָהוּ		w? K?	Ps 3,6	
אחז	stützen	יְהוֹאָחָז	x	mK-NE	Ps 73,23 vgl חמך	†
אמץ pi	stärken	אֲמַצְיָה		mK-NE	Jes 41,10	†
חזק pi/hi	stärken, bei der Hand fassen	יְחֶזְקֵל		mK-E	hi Jes 41,9	
עזז	stärken	עֲזַזְיָהוּ		K-NE	Ps 86,16	
קום hi	aufrichten	אֱלְיָקִים	x	mK-NE	Ps 41,11	
רום hi	aufrichten Vok?	יִרְמְיָהוּ (334)		spK-NE	Ps 3,4	
הדה*	geleiten	יֶהְדַּי		?	-(mit נחה Ps 23,3)	

3 Verben des Schutzes

שׁמר	schützen	שְׁמַרְיָה	x	mK-NE	Ps 17,8	x
שׂגב pi	schützen	אֶלְשָׂגָב		K	Ps 59,2	
עמס/שׂ	schützend auf den Arm nehmen	עֲמַסְיָה		fK-NE	Jes 46,3 vglPs91,11	†
צפן	schützen	אֶלְצָפָן		W?, spK-NE	Ps 25,5	
צלל	beschatten	הַצְלֶלְפּוֹנִי	†	NE	Ps 17,8	
זמר III	schützen	בַּעַלְזָמֵר		K	Ps 118,14	
חמה* II	schützen	יַחְמַי	†	fK?	-	
עיר VI	schützen (335)	יָעִיר	†	fK	-	
עקב *	schützen	יַעֲקֹב		V+NE	-	
סתר	verbergen	סִתְרִי		W?	Ps 64,3	
חבא/ה	bergen Vok?	אֶלְיַחְבָּא (336)		fK-NE	Jes 49,2	†
ישב hi	sicher wohnen lassen	יוֹשְׁבְיָה	†	?	Ps 4,9	

Knapp die Hälfte aller Wurzeln läßt sich unter die Rubrik "Rettung" im weitesten Sinn einordnen: Hierhin gehören die Rettungsverben im engeren Sinn, dann die Verben des Heilens und Recht-Schaffens(337); etwas abgeblaßt ist die Bedeutung bei gāmal(338) und gāmar; einen Schritt vom direkten Rettungsgeschehen weg sind schon pālāʾ und gādal, sie drücken die staunende Reaktion aus, die sich schon beides, die hoffnungslose Lage zuvor und die unerwartete Rettung vor Augen hält.(339)

a) Diese Gruppe der "Rettungsverben" kann naturgemäß kaum charakteristische Merkmale der persönlichen Frömmigkeit an sich tragen. Mit den gleichen Verben können weithin auch die Rettungserfahrungen des Volkes ausgedrückt werden. Und doch gibt es einige Spezifika: Für die individuelle Rettungserfahrung spezifisch sind die Namen mit den Verben mālaṭ und pālaṭ. Die Verben meinen das Entkommen eines Einzelnen aus einer eine große Gruppe betreffenden Katastrophe. Der Befund zeigt, daß diese konkrete Bedeutung nie verloren gegangen ist: die Verben kommen 18x im Psalter vor, davon 16 in der Klage und dem Lob des Einzelnen(340), aber kein einziges Mal in der Klage des Volkes.

Ebenfalls spezifisch für die persönliche Frömmigkeit sind die Namen mit dem Verb šāfaṭ (7 Namensformen, 22 Personen). Das Verb hat im Alten Testament ein breites Bedeutungsspektrum(341), hier in den Namen meint es den Vorgang der Rechtshilfe: Gott verschafft einem Geschädigten oder Angeklagten gegen eine überlegene Gegenpartei Recht. Die dahinter stehenden Vorgänge aus dem israelitischen Schiedsgericht haben es immer nur mit einzelnen Menschen und ihren Familien zu tun, die innerhalb einer größeren Rechtsgemeinschaft leben. Eine Übertragung auf Großgruppen, etwa Völker müßte die mit dem Begriff gegebene Vorstellung ad absurdum führen. So ist die Bitte um Rechtshilfe eine typische Bitte in der Klage des Einzelnen (šāftēni "Schaffe mir Recht!")(342); eine analoge Bitte "Schaffe uns Recht!" fehlt in der Volksklage, wie schon H.J.Hermisson beobachtet hat.(343) Wenn Jahwes Handeln an seinem Volk in Rechtskategorien beschrieben wird, dann nicht so, daß er Israels Rechtsanspruch, sondern seinen eigenen gegen die Völker durchsetzt.(344)

b) Die eigentlichen Unterschiede zum Geschehen zwischen Jahwe und Israel kommen aber erst in den folgenden beiden Namensgruppen heraus. In über der Hälfte der hier behandelten Verben ist nicht so sehr eine akute Rettungshandlung aus einer bestehenden Not gemeint, sondern ein Beistehen angesichts oder ein Schützen vor einer Bedrohung. Die Namen bekennen lobend, daß Gott die Eltern bei der Hand genommen (ḥāzaq hi), sie gestützt (sāmak, ʾaḥaz) und aufgerichtet habe (hēqīm, hērīm), sie gestärkt (ʾāmaṣ, ʿāzaz), unterstützt (ʿāzar, ʿūš) und sie geleitet (hādā) habe, als sie sich unter der Wucht der Bedrohung nicht mehr halten konnten und in die Knie gesunken waren. Und die Eltern berichten in vielen verschiedenen Wendungen, daß Gott sie vor dieser Bedrohung in Schutz genommen habe (šāmar, śāgab, ṣāfan, zāmar, ḥāmā, ʿīr, ʿāqab), sie bei sich beschattet (ṣālal) und geborgen habe (sātar, ḥābāʾ/ḥābā), so wie eine Mutter ihr Kind schützend an ihrer Brust birgt, das sich aus Angst auf ihren Arm geflüchtet hat (ʿāmas/ś).(345)

Solche Erfahrungen kann nur ein einzelner gebrechlicher Mensch machen, keine große Gruppe. Diese Personennamen bestätigen voll das, was ich als

Charakteristikum der Not in der Klage des Einzelnen herausgearbeitet hatte: Auch dort war die Not weniger als ein Zustand, sondern mehr als eine immer wieder aufflackernde Bedrohung durch dämonische Mächte erfahren worden. Die Bitte um Rettung war dort zum größten Teil Bitte um Rettung aus einer Bedrohung gewesen.(346) Der einzelne Mensch ist ständig auf Gottes Schutz vor den auf ihn einstürmenden Todesmächten angewiesen. Hier stimmen Personennamen und Klagen völlig überein.

In den Klagen des Volkes fehlen dagegen die Verben des Beistandes und des Schutzes fast ganz. Verben aus Personennamen, die häufiger vorkommen und damit eine statistische Basis abgeben können, wie šāmar, sātar, sāmak und ṣāfan fehlen in den Klagen des Volkes und sind auch sonst fast nie auf das Volk bezogen.(347) Immer ist es ein Einzelner, nie das Volk, das sich im Schatten der Flügel Jahwes bergen will.(348) Etwas komplizierter ist der Tatbestand im Fall von ʿāzar "unterstützen", "beistehen". Das Verb kommt bezogen auf das Volk vor(349), auch in der Klage des Volkes (3x)(350), es hat in diesen Fällen aber eine ausgeprägt politische Bedeutung und meint meist die "militärische Unterstützung", so wie ein Alliierter seinen Bundesgenossen unterstützt.(351) Daneben wird das Verb im familiären Bereich verwendet und bezeichnet die Unterstützung bei der Bewältigung der Aufgaben des täglichen Lebens.(352) An diese Bedeutung, nicht an die politische, knüpft der reiche Gebrauch der Wurzel ʿāzar in den Kleinkultgattungen (29x) (353) und in der Namengebung an.(354) So kommt ʿāzar zwar in beiden Lebensbereichen vor, aber doch in zwei unterscheidbaren Bedeutungen. Damit ist der Einzelnachweis erbracht, daß die Erfahrungen des göttlichen Beistandes und Schutzes ein Spezifikum der persönlichen Frömmigkeit sind. Damit weisen auch die Personennamen, die von Gottes Eingreifen reden, auf eine wichtige Eigenart der individuellen Gotteserfahrung.

c) Das Vertrauensverhältnis zwischen Gott und dem Einzelnen

Schließlich kommen noch 24 Wurzeln hinzu, von denen Vertrauensnamen gebildet werden. Der Unterschied zu den Danknamen besteht darin, daß ihr Prädikat durch einen nominalen Ausdruck gebildet wird (Nominalsatz).(355) 8 Wurzeln wurden schon erwähnt, weil sie sowohl Dank- als auch Vertrauensnamen bilden: es sind dies:

jāšaʿ	-	šūăʿ
pālaṭ	-	pælæṭ
ṣādaq	-	ṣædæq(356)
ʿāzar	-	ʿæzær
ḥāzaq	-	ḥæzæq
ʿāzaz	-	ʿōz
ṣālal	-	ṣēl
sātar	-	sētær(357)

Damit bleiben 16 neue Wurzeln; die Tabelle gibt eine Übersicht:

1 Nomina der Rettung und der Rechtshilfe

שׁוּעַ	Rettung	יְהוֹשׁוּעַ	x	W-NE	u.ä. יְשׁוּעָה Ps 140,8	x
פֶּלֶט	Rettung	אֱלִיפֶלֶט	x	fK-NE	~ מְפַלֵּט Ps 40,18	
עֵד	Zeuge	יוֹעֵד		NE	- (vgl Hi 16,19)	
צֶדֶק	Recht	צִדְקִיָּהוּ	†	spK-NE	Ps 4,2	†

2 Nomina des Beistandes und der Orientierungshilfe

עֵזֶר	Hilfe, Unterstützung	אֱלִיעֶזֶר	x	V-NE	Ps 54,6	x
חֵזֶק	Stärke	חִזְקִיָּה		mK-NE	Ps 18,2	†
חַיִל	Stärke	אֲבִיחַיִל		R?-NE	Hab 3,19	†
עִם	Mit-Sein	עמדיהו		mK-NE	Ps 23,4	
אוּר	Licht	אוּרִיָּה(358)		fK-NE	Ps 27,1 אוֹר	
נֵר	Leuchte	נֵרִיָּהוּ		fK-spK	2.Sam 22,29	

3 Nomina des Schutzes

עֹז	Schutz (359)	עֻזִּיאֵל	x	W?, fK-NE	Ps 28,7	x
מָעוֹז	Zuflucht	מַעַזְיָהוּ		NE	Ps 31,5	
צוּר	Fels	אֱלִיצוּר		W?, R	Ps 62,3	x
מַחֲסֶה	Zuflucht	מַחְסֵיָה	†	spK-NE	Ps 61,4	
צֵל	Schatten	בְּצַלְאֵל		Ri?(360)NE	Ps 57,2	
סֵתֶר	Schutz	סִתְרִי	†	W?	Ps 32,7	
שׁוּר	Mauer	אֲבִישׁוּר		NE	- vgl Jer 1,18	
גֵּר	Schutzbürger	? גֵּרָא	†	V?, R-fK	Ps 39,13	

4 Nomina, die ein Vertrauensverhältnis ausdrücken

חֵלֶק	Anteil, Lebensgrundlage	חִלְקִיָּה		R-NE	Ps 142,6	
מִבְטַח	Vertrauen(sgrund)	מבטחיהו		spK-NE	Ps 71,5	
עַיִן אֶל	Auge auf	אֶלְיְהוֹעֵינַי		NE	Ps 141,8	
אֵלִי	mein Gott	אֱלִיהוּא		R-NE	Ps 22,11	
עֶבֶד	Knecht	עֹבַדְיָה		mK-NE	Ps 143,12	
יחל ?	Vertrauen	(361) יַחְלְאֵל	†	V	Ps 38,16	

Von den 24 Nominalformen können 22 mit genau entsprechenden oder in ihrer Bildung etwas abweichenden Nomina im Bekenntnis der Zuversicht der Klage des Einzelnen und in der nominalen Begründung des "Fürchte dich nicht!" im Heilsorakel geglichen werden. Damit ist noch ein starkes Argument für die enge Verbindung von individuellen Gebetsgattungen und Namengebung erbracht: Dem Nebeneinander von Dank- und Vertrauensnamen, z.T. von der gleichen Wurzel, entspricht das Nebeneinander von Bitte und Bekenntnis der Zuversicht in der Klage des Einzelnen.

Wie im Bekenntnis der Zuversicht der Klage frühere Erfahrungen von Rettung, Beistand und Schutz zusammengefaßt werden, so bringen die Vertrauensnamen die konkreten Erfahrungen, von denen die Danknamen berichteten, auf eine zusammenfassende Formel: jĕhōšuăᶜ "Jahwe ist (meine) Rettung", ʾĕlīᶜæzær "Mein Gott ist (mein) Beistand" und ᶜuzzīʾēl "(Mein) Schutz ist Gott/El". Alle 3 Bedeutungsgruppen, die wir bei den Verba des Eingreifens Gottes gefunden hatten, finden sich auch hier: es gibt Nomina der Rettung, des Beistandes und des Schutzes. Wo der Einzelne, alleingelassen, unter dem Ansturm der Todesmächte zusammenzubrechen droht, da ist Gott bei ihm (ᶜim), da stärkt er ihn (hēzæq, ḥajil) und hilft ihm auf (ᶜæzær), da geleitet er ihn wie eine Leuchte durch das Dunkel (nēr, ʾūr). Er gewährt ihm Zuflucht (māᶜōz, māḥăsæ) und Schutz (ᶜōz, sētær) wie ein Schatten (ṣēl), ein Fels (ṣūr) oder eine starke Mauer (šūr). Ja, in den Vertrauensnamen herrschen weit mehr als in den Danknamen Beistand und Schutz so vor, daß man die vielen Rettungsverben dort von hier aus interpretieren muß: sie sind als Rettung aus einer Bedrohung gemeint. Das findet seine Bestätigung in der Klage des Einzelnen: Auch hier ist die Bitte meist eine Bitte um Rettung aus einer Bedrohung, und das Bekenntnis der Zuversicht ist über das in den Vertrauensnamen Genannte hinaus voll von Bildern des Beistandes und des Schutzes: "Jahwe ist mir ein starker Held" bekennt Jeremia(362) und die Klagenden der Psalmen nennen Jahwe "meine Zuflucht" (mĕnūsī)(363), "meine Bergfeste" (mĕṣūdātī)(364) "meine Anhöhe" (miśgabbī)(365), "mein (starker) Turm" (migdālī)(366) und "mein Schild" (māginnī).(367) Die Anklänge an die militärische Sprache dürfen nicht dazu verleiten, den Erfahrungshintergrund dieser Frömmigkeit im Krieg zu vermuten(368): es sind nur Verteidigungsinstrumente genannt, nirgends heißt es, daß Jahwe "mein Spieß" oder "mein Schwert" sei. Es geht nämlich gar nicht um einen wirklichen Kampf, in dem eine Gegenwehr möglich wäre, sondern es geht um den Schutz vor übermenschlichen Todesmächten. Mit all' diesen Ausdrücken sind nur poetische Bilder gemeint; die Namen haben diese bildhafte Ausgestaltung des Schutzes in der Klage des Einzelnen nur in Ansätzen (māᶜōz, maḥăsæ) und relativ spät (spK-NE) mitgemacht, sie bleiben meist bei den einfacheren Begriffen und sind darum ein gutes Korrektiv gegen eine falsche Psalmeninterpretation.(369)

So verstärken die Vertrauensnamen noch den bei den Danknamen gewonnenen Eindruck, daß der Einzelne das Handeln Gottes primär als Schutz vor einer immer wieder aufflackernden tödlichen Bedrohung erfährt.

Auch das Vertrauensverhältnis zwischen dem Einzelnen und seinem Gott, das er im Vertrauensbekenntnis und im Bekenntnis der Zuversicht gegen die dämonische Bedrohung aktualisiert, hat in den Namen seinen Niederschlag gefunden. Allerdings ist die Gruppe klein, uneinheitlich und in manchem unsicher. Das hängt mit den Gesetzen der nordwestsemitischen Namengebung zusammen, die das Geschehen vom Menschen zu Gott nur stark unterrepräsentiert erscheinen lassen. Gegen dieses Gesetz analog zur Psalmensprache gebildet ist mibṭaḥjā "Vertrauensgrund ist Jahwe"; ʾæljĕhōʿēnāī "Auf Jahwe sind meine Augen (gerichtet)" ist ein akk. Lehnname. In der akk. Namengebung herrscht ja im Unterschied zur nordwestsemitischen die Beziehung vom Menschen zu Gott ganz vor. (370) In den Namen mit ḥælæq, einem Wort, das eigentlich den "Landanteil" und daneben den dem Priester zustehenden Opferanteil bezeichnet(371), ist ein Begriff aus der offiziellen Religion in die persönliche Frömmigkeit abgesunken. Der Bedeutungsinhalt ist in Richtung auf das umfassende individuelle Vertrauensverhältnis hin ausgeweitet, die Namen bedeuten etwa "Meine (ganze) Lebensgrundlage ist Jahwe". Die Namen mit hūʾ und ʿæbæd werden von M.Noth zur Gruppe der Bekenntnisnamen gerechnet(372), es ist aber die Frage, ob man sie nicht mit dem Bekenntnis der Klage "Du bist mein Gott"(373) und "Ich bin dein Knecht"(374) in Verbindung bringen sollte. Mit den Bekenntnisnamen wäre dann nicht so sehr eine Entscheidung für Jahwe gemeint, die eine Abkehr von anderen Göttern impliziert, obgleich sie manchmal vielleicht so verstanden werden konnten(375), sondern die Aktualisierung des schon seit der Geburt bestehenden innigen Vertrauensverhältnisses. So bleibt in dieser Gruppe manches fraglich. Aber die Tatsache, daß sich das persönliche Vertrauensverhältnis zwischen dem Einzelnen und seinem Gott überhaupt gegen die Bildungsgesetze in der Namengebung Raum verschafft hat, spricht doch sehr für die Lebendigkeit dieser Erfahrung in der persönlichen Frömmigkeit.

d) Das Vergeben Gottes

Unter all den vielen Verben und Nomina der Zuwendung und des rettenden Eingreifens fehlen auffälligerweise die Verben des Vergebens. Erst in nachexilischer Zeit taucht in Elephantine der wahrscheinlich theophore Name jislāḥ "(Gott) hat vergeben" auf. (376) Die Personennamen haben sich bisher als so repräsentativ für die persönliche Frömmigkeit erwiesen, daß das kein Zufall sein kann. (377)

Fragt man von diesem Tatbestand zurück nach dem Befund in der Klage des Einzelnen, dann ergibt sich folgendes Bild: Von den 39 Texten wird nur in 8 überhaupt von Sünden geredet. (378) Hinzu kommen noch drei berichtende Lobpsalmen des Einzelnen. (379) Doch in der Mehrzahl der Fälle ist das Reden von Sünde keineswegs betont, ebenso häufig können die Beter auch auf ihre Unschuld verweisen(380), in Ps 41,5.13 steht beides in ein und demselben Psalm! Es sind nur 5 Psalmen, in denen das Reden von Sünde und Vergebung beherrschend geworden ist: Ps 25; 51; 86; 130 KE und Ps 32 LE. Nur hier wird die Rettung als Vergebung der vorher begangenen Sünden erfahren. Aber gerade diese Psalmen gehören aufgrund sprachlicher und formgeschichtlicher Kriterien in die Spätgeschichte der Gattung. (381)

Nun ist sicher nachweisbar, daß mit dem Exil Sünde und Vergebung zu einem beherrschenden Thema der offiziellen Religion geworden sind. (382) So wäre es gut denkbar, daß von dort aus die Thematik je länger, je intensiver auf die persönliche Frömmigkeit eingewirkt hat.

So bestätigt der Befund in den Psalmen in etwa den eigenartigen Tatbestand in der Namengebung. Man würde sicher fehlgehen, wollte man aus ihm schliessen, daß es in der persönlichen Frömmigkeit überhaupt nicht die Erfahrung des Sich-Verfehlens vor Gott gegeben hätte, das können die Psalmen widerlegen, aber man kann aus ihm wohl doch folgern, daß Sünde und Vergebung für das Gottesverhältnis des Einzelnen nur eine partielle, untergeordnete Bedeutung hatten. Die uns so geläufige theologische Verknüpfung von Sünde, Zorn Gottes und Strafe Gottes ist zuerst in der offiziellen Religion ausgearbeitet worden(383), sie darf für die persönliche Frömmigkeit nicht einfach als selbstverständlich vorausgesetzt werden. Das persönliche Gottesverhältnis ist, wie ich gezeigt habe(384), in hohem Maße durch eine weithin unverlierbare Vertrauensbeziehung charakterisiert.

5. Die theophoren Elemente

In den israelitischen Personennamen begegnen eine ganze Reihe verschiedener theophorer Elemente nebeneinander: Verwandtschaftswörter als Gottesbezeichnungen: ʾāb, ʾāḫ, ʿam ("Onkel") (385), die Gottesbezeichnungen oder Gottesnamen: ʾēl, mælæk, ʾādōn, baʿal, gad(386) und schließlich der Gottesname Jahwe.

Das ist, gemessen an dem Ausschließlichkeitsanspruch Jahwes in der offiziellen Religion, ein erstaunlicher Tatbestand, der meiner Meinung nach längst nicht genügend gewürdigt worden ist. Die vergleichende Namensforschung war bisher vorwiegend daran interessiert, die verschiedenen Gottesbezeichnungen auf unterschiedliche Stadien der semitischen und speziell der israelitischen Religionsgeschichte zu verteilen. So hat M. Noth im Vergleich mit der semitischen Namengebung insgesamt die Verwandtschaftsnamen und die El-Namen verschiedenen vorisraelitischen Epochen zugewiesen(387), während er die Namen mit mælæk, baʿal, ʾādōn und gad aus einer Berührung der Israeliten mit der kanaanäischen Religion herleitet. (388) Und immer wieder wurde der Tatbestand betont, daß die noch in der frühen Königszeit vorherrschenden El-Namen angefangen von dem Namen Josua sukzessive in der mittleren und späten Königszeit von den jahwehaltigen Namen zurückgedrängt wurden. Und man begriff diesen Vorgang in Analogie zur Auseinandersetzung des Jahwismus mit der kanaanäischen Religion, als das Zurückschneiden eines volkstümlichen Synkretismus. (389)

Doch ist das Phänomen mit Synkretismus und Jahwesierung richtig umschrieben? Sind die Israeliten immer "rechtgläubiger" geworden? Dagegen spricht schon, daß es auch gegenläufige Entwicklungen gibt, daß z.B. die El-Namen ab dem 7. Jh. wieder aufleben. (390) Wichtiger ist aber folgendes: Man hat bei dem an sich richtigen Versuch, verschiedene Religionsstufen abzugrenzen, völlig übersehen, daß die Prädikate, mit denen die verschiedenen theophoren Elemente verbunden werden, im Grunde immer dieselben bleiben. Alle Bedeutungsgruppen, die wir für die israelitischen Namen herausgestellt haben, bleiben von der frühesten bis zur letzten Stufe praktisch gleich. Ich führe hier eine Auswahl von Belegen an:

	Wurzel	אב אח עם	אל	יהוה	מלך בעל אדון גד
1. allgem. Lobname	רום	אֲחִירָם u.a.	אלרם Ugar.	יוֹרָם	אֲדֹנִירָם u.a.
2. Geburt	נדב	עַמִּינָדָב	נדבאל	יְהוֹנָדָב	
	נתן		אֶלְנָתָן	יְהוֹנָתָן	נְתַן־מֶלֶךְ
	שָׁלוֹם	אֲבִישָׁלוֹם	שְׁלֻמִיאֵל	שֶׁלֶמְיָה	
3. Zuwendung	ידע	אֲבִידָע	אֶלְיָדָע	יְהוֹיָדָע	בְּעֶלְיָדָע
4. Rettung	ישׁע	אֲבִישׁוּעַ	אֱלִישׁוּעַ	יְהוֹשׁוּעַ	מַלְכִּי־שׁוּעַ
5. Beistand	עֶזֶר	אֲחִיעֶזֶר u.a.	אֱלִיעֶזֶר	יוֹעֶזֶר	vgl הֲדַדְעֶזֶר
6. Schutz	זמר			זמריה	בעלזמר
	צפן		אֱלִיצָפָן	צְפַנְיָה	
	עֹז		עֻזִּיאֵל	עֻזִּיָּה	עַזְגַּד

Sowohl die allgemeinen Lobnamen, die Geburtsnamen und die Rettungs-, Beistand- und Schutznamen lassen sich mit allen Gruppen theophorer Elemente belegen. Mögen auch die Götter sich ändern, die Erfahrungen, die mit diesen Göttern im Bereich der Familie gemacht werden, bleiben immer die gleichen. Das gleiche Phänomen wird auch in der Internationalität der semitischen Namen sichtbar, die seit langem erkannt ist. (391) Für mich ist es besonders wichtig, daß auch die jahwehaltigen Namen nichts wesentlich Neues hinzubringen. Mochten die Erfahrungen, die das Volk Israel mit Jahwe gemacht hatte, noch so neu und unvergleichlich sein, in den israelitischen Familien geht das weiter, was schon seit jeher von "Gott", mag er auch noch so verschieden heißen, erfahren worden ist. Und damit komme ich zum Entscheidenden: Die Auswechselbarkeit der theophoren Elemente in den Namen beweist, daß mit den verschiedenen Gottesbezeichnungen gar keine spezifischen, in ihren Tätigkeiten unterscheidbaren, charakteristischen "Götterpersönlichkeiten" gemeint sind. Ob El der Göttervater ist, der im Himmel thront, ob Baal der Gott des Unwetters und der Fruchtbarkeit oder Jahwe der Gott des Krieges oder der Berge ist, spielt für die persönliche Frömmigkeit keine Rolle. Solche Charakteristika bilden sich erst in der Geschichte von Großgruppen und deren Tempeln heraus und bewegen die offizielle Theologie. Nein, "der Gott" in der Familie ist rein funktional charakterisiert, daß er der Familie ein Kind schenkt, daß er dem Einzelnen in der Bedrohung beisteht, daß er ihn schützt und aus der Gefahr rettet, das ist das Entscheidende, nicht wie er heißt oder was für "Eigenschaften" er hat. Darum kann man das Nebeneinander der Gottesbezeichnungen in den Namen nicht als Synkretismus bezeichnen: Religionsmischung kann es nur geben, wo inhaltlich und kultisch abgrenzbare, unterschiedliche Religionen mit verschiedenen Göttern aufeinandertreffen und sich miteinander vermischen. In der persönlichen Frömmigkeit war nichts zu mischen, sie war praktisch immer die gleiche. Vielmehr muß man das Phänomen als "primitiven Henotheismus" bezeichnen: Man schloß sich zwar an die Gottesbezeichnung an, die im Lebensraum der Familie, und das heißt meist in der offiziellen Religion, die übliche war, aber was man von dem betreffenden "Gott" erwartete und auch erfuhr, war dasselbe, was man schon immer im Bereich der Familie von "Gott" erwartet und erfahren hatte. Die Gottesbezeichnungen konnten sich in der persönlichen Frömmigkeit langfristig wandeln, die Gotteserfahrungen änderten sich damit nicht. (392)

Diesen Tatbestand scheint mir auch die Gruppe der allgemeinen Bekenntnisnamen auszudrücken, die M. Noth zusammengestellt hat. (393) Sie sind charakterisiert durch eine weitgehende Identifizierung der verschiedenen umlaufenden Gottesbezeichnungen. Sie wollen meiner Meinung nach in Übergangssituationen, in denen sich die Gottesbezeichnungen in einer Region wandeln, die Identität der Gotteserfahrung vertrauend festhalten; ich gebe folgende Übersicht:

1. \ 2.	אב	עם	אל	יהוה	מלך	בעל
אב			אביאל	אביה	אבימלך	אבבעל
אח			(א)חיאל	אחיה	אחימלך	
עם			עמיאל			
צור			צוריאל			
אל	אליאב	אליעם	אליאל	אליה	אלימלך	
יהוה	יואב		יואל			
מלך			מלכיאל	מלכיה		
בעל				בעליה		
אדון				אדניה		
גד			גדיאל	גדיה		

Wenn einer z.B. sein Kind ʾăbijjā nennt, dann will er damit sagen: Jahwe übernimmt für unsere Familie dieselben Funktionen, die der Vatergott innehatte. Hier handelt es sich nicht um theologisch reflektierte

Identifizierungen, wie sie in der offiziellen Religion vollzogen werden. Wenn Jahwe in der Jerusalemer Theologie mit El-Eljon identifiziert wird, dann übernimmt er damit einen neuen charakteristischen Tätigkeitsbereich. Und eine Identifizierung von Baal und Jahwe, wie sie der Name baᶜaljā vornimmt, wäre in der offiziellen Religion ganz unvorstellbar. (394) Deswegen hat die offizielle Religion auch in die Texte eingegriffen und die Baal-haltigen Namen bewußt verändert und entstellt. (395) Nein, hier handelt es sich um die völlig selbstverständliche, keineswegs als demonstratives Bekenntnis gemeinte Hinübernahme der altüberlieferten Gotteserfahrungen der persönlichen Frömmigkeit in eine neue religiöse Gesamtlage.

Damit zeigen die theophoren Elemente der Personennamen einen für die persönliche Frömmigkeit eigentümlichen funktional charakterisierten Gottesbegriff. Alle Abgrenzung, alle Polemik gegen andere Götter ist ihnen fremd. Dieses Ergebnis stimmt mit der oben(396) erwähnten Erkenntnis überein, daß die persönliche Gottesbeziehung nicht durch eine Entscheidung, durch einen Bekenntnisakt erworben, sondern daß man in sie hineingeboren wird.

6. Die Verwandtschaftswörter als Gottesbezeichnungen

Eine Gruppe von theophoren Elementen fordert im Zusammenhang meiner These besondere Beachtung: die Verwandschaftswörter: ʾāb "Vater", ʾāḥ "Bruder" und ᶜam "Onkel". M. Noth hat gezeigt, daß sie in der gesamten alten semitischen Namengebung vorkommen, und seine These, daß zumindest der überwiegende Teil(397) als Gottesbezeichnung verstanden werden muß, ist auch heute noch unumstritten.

Revisionsbedürftig ist jedoch seine Hypothese, die Gottesbezeichnungen wurzelten in der Stammesreligion der alten, noch nomadischen Semiten. (398) Und das aus mehreren Gründen: Zum einen ist die dahinter stehende Vorstellung, als gehe die nomadische Wirtschaftsform im Vorderen Orient generell der bäuerlich seßhaften voraus, heute nicht mehr haltbar(399); der Stamm kann somit nicht mehr als die "ursprüngliche" semitische Gemeinschaftsform gelten. (400) Zum andern sind die Verwandschaftswörter auf der Ebene des Stammes ja nur übertragen gebraucht denkbar; Noths Hypothese wäre nur dann überzeugend, wenn zumindest neben den Verwandtschaftsbezeichnungen auch genuine Stammesbezeichnungen, etwa für die politischen Führungsämter des Stammes (Scheich, nāśīʾ) in der Namengebung auftauchten. Das ist aber nicht der Fall. Viel näher liegt doch die Annahme, daß die Verwandtschaftswörter als Gottesbezeichnung aus der Familie stammen und zwar in einer Kultur- und Wirtschaftsstufe, als sie die das gesamte Leben bestimmende Organisationsform war. (401) Auf dieser frühen Kulturstufe hätte man dann auch die Gottesbeziehung ganz in Analogie zu den Beziehungen innerhalb der Familie erfahren: Gott verhält sich zum einzelnen Menschen so, wie sich ein Vater zu seinem Kind, ein älterer Bruder zu seinem jüngeren, ein Onkel zu seinem Neffen verhält. (402)

Wenn diese Annahme richtig ist, hätten wir in diesen theophoren Namenselementen den Rest einer weit über Israel hinausreichenden uralten persönlichen Frömmigkeit vor uns. Bei der hohen Konstanz der Vorstellungen in diesem Bereich müssen wir dann aber erwarten, daß sich auch noch in der späteren israelitischen persönlichen Frömmigkeit etwas davon durchgehalten hat. Und das ist wahrhaftig der Fall:

Gehen wir aus von den Bezeichnungen: Zwar wird außerhalb der Namen im Alten Testament ᵓāḥ und ᶜam gar nicht, und ᵓāb nur relativ selten als Gottesbezeichnung verwendet(403), aber wo ᵓāb in diesem Sinne vorkommt, da läßt sich in den meisten Fällen eine ursprüngliche Verbindung zur persönlichen Frömmigkeit nachweisen: ᵓāb steht in Jer 2,27; Jes 64,7; Dtn 32,6b.18; Mal 2,10 und Ps 2,7 in unmittelbarem Zusammenhang mit dem Menschenschöpfungsmotiv, das zwar an diesen Stellen z.T. schon auf Israel bzw. auf den König bezogen ist, das aber, wie ich gezeigt habe(404), ein urtümliches Vertrauensmotiv der individuellen Gottesbeziehung ist. Beides, Vaterschaft Gottes und Menschenschöpfung begegnen auch außerhalb Israels häufig kombiniert.(405) Möglicherweise liegen hier Reste einer "Ahnenreligion" vor, in der beides in der Tat fast identisch war.(406) Aber auch wenn sich eine solche Religionsstufe für das Alte Testament nicht mehr nachweisen läßt(407), so drückt die Vaterbezeichnung doch genau wie das Menschenschöpfungsmotiv die enge kreatürliche Bindung zwischen dem Einzelnen und seinem Gott aus. Auch an den Stellen, wo eine Beziehung zur Menschenschöpfung nicht nachweisbar ist, ist mit der Vatervorstellung genauso wie mit dem Menschenschöpfungsmotiv fast ausschließlich eine Zuwendung Gottes, ein Vertrauensverhältnis gemeint.(408) So etwa auch noch in dem späten Gemeindepsalm:

Ps 103,13 Wie sich ein Vater seiner Söhne erbarmt,
so erbarmt sich Jahwe derer, die ihn fürchten.

Doch mit den Bezeichnungen ist das Wesentliche noch nicht herausgekommen. Es war ein Fehler bisheriger Untersuchungen zum Vaterbegriff im Alten Testament, daß sie sich auf die wenigen Stellen beschränkten, an denen die Bezeichnung vorkommt, und nicht gesehen hat, daß sowohl in den Namen als auch in der Klage des Einzelnen das Handeln Gottes so wie das eines Vaters oder einer Mutter beschrieben wird.(409) Ich war bei der Untersuchung der Frömmigkeit der Klagen des Einzelnen immer wieder auf die Analogien zur Eltern-Kind-Beziehung gestoßen: Die Vertrauensbeziehung des Einzelnen zu seinem Gott ist eine ihm vorgegebene, in seiner Erschaffung begründete, und wird nicht erst von ihm durch seine Entscheidung geschaffen, so wie jeder durch Geburt und Sozialisation automatisch in die Vertrauensbeziehung zu seinen Eltern hineinwächst.(410) Die Gottesbeziehung ist über weite Strekken unverlierbar, so wie die Eltern-Kind-Beziehung normalerweise unaufkündbar ist.(411) Und wie ein Kind bei seinen Eltern ganz selbstverständlich Schutz sucht, wenn es sich bedroht fühlt, so birgt sich der Einzelne bei Gott.(412) Am bildhaftesten kommt diese Analogie in dem Verb ᶜāmas/ś heraus, das hier soviel wie "schützend auf den Arm nehmen" bedeutet. Es begegnet sowohl in den Personennamen als auch in einem Text, der dem Heilsorakel sehr nahe steht:

Jes 46,3 f Hört mich an, Haus Jakob und Rest des Hauses Israel!
Ihr, die ihr von Mutterleib an auf den Arm genommen,
die ihr von Geburt an getragen wurdet.
Ja, bis in (euer) Greisenalter bin ich derselbe,
und bis ihr grau werdet, bin ich's, der (euch) trägt.

Ich habe (euch) geschaffen(413)
so nehme ich (euch) hoch,
ja, ich trage (euch schützend) und lasse (euch aus der Gefahr) entrinnen.

Deuterojesaja spricht zu einer Mehrzahl, den exilierten Israeliten. Aber es ist allzu deutlich, daß er sich Vorstellungen bedient (Mutterleib, Greisenalter), die aus dem individuellen Leben stammen. Er erinnert die Israeliten an die Gotteserfahrungen, die sie in ihrem persönlichen Leben gemacht haben: Wie auch dort Jahwe sein Geschöpf nicht preisgibt, sondern es schützend auf den Arm nimmt und durch alle Gefährdungen seines Lebens hindurchträgt bis ins hohe Alter, so wird er auch - gegen allen Augenschein - sein Volk nicht fallen lassen. So selbstverständlich wie eine Mutter ihr Kind auf den Arm nimmt, das weinend auf sie zugelaufen kommt und es tröstet, so schützt und tröstet Gott den einzelnen Menschen, und zwar nicht nur in seiner Kindheit, sondern sein ganzes Leben hindurch.

Ein solches Ineinander von Familienbeziehung und Gottesbeziehung belegt nun auch ein eigenartiger Tatbestand bei den Personennamen: J.J.Stamm hat gegenüber Noth geltend gemacht, daß etwa ein Viertel der Namen mit Verwandtschaftsbezeichnungen nicht theophor, sondern als profane Ersatznamen zu deuten seien. So meine etwa der phön. belegte Name ᵓBQM: der Vater ist in dem neugeborenen Kind wiedererstanden.(414) Aber Stamm geht noch weiter, er nennt eine ganze Gruppe von Namen, bei denen man im Zweifel sein kann, ob sie den menschlichen oder den göttlichen Vater meinen: Wegen der Parallelität zu den Ersatznamen sei in den Namen ᶜazrīqām "(Mein) Beistand ist erstanden" und ᵓīᶜæzær "Wo ist der Beistand?" mit ᶜæzær eindeutig der menschliche Vater bezeichnet. Darum sei es nicht sicher, ob der Name ᵓăbīᶜæzær, zu dem es durchaus klare theophore Parallelen gibt, nicht doch auf den leiblichen Vater zu beziehen sei.(415) Doch wie man sich auch entscheidet, wichtiger ist die Tatsache, daß überhaupt Zweifel aufkommen können, daß der menschliche Vater und Gott mit dem gleichen Wort "Beistand, Hilfe" bezeichnet werden konnten. Das bedeutet doch nicht weniger als dies: daß die Erfahrungen, die ein Kind in den ersten Lebensjahren mit seinem Vater macht, daß er ihm beisteht in Gefahren, nahtlos in die religiösen Erfahrungen, die es mit Gott macht, übergehen. Familiärer und religiöser Erfahrungsbereich liegen dann ganz eng beieinander.

So läßt sich über die Verwandtschaftswörter hinaus nachweisen, daß auch noch die persönliche Frömmigkeit in Israel stark von der Eltern-Kind-Beziehung geprägt ist, wie es die archaischen Namen mit ᵓāb, ᵓāḥ und ᶜam für frühere Epochen der semitischen Religionsgeschichte vermuten ließen. Das Weiterleben dieser alten Namen im Israel der Frühzeit hat seine sachliche Berechtigung. Die Namen unterstützen die früher schon erkannten Analogien zwischen der Eltern-Kind- und der Gottesbeziehung in der persönlichen Frömmigkeit. Die persönliche Frömmigkeit, so können wir jetzt sagen, nimmt ihre religiösen Vorstellungen weitgehend aus dem Erfahrungsbereich, in den sie gehört, aus der Familie. Was ein einzelner Mensch von Gott erhofft und erfährt, orientiert sich daran, was er in seiner Kindheit von seinen Eltern an Liebe, Zuwendung und Geborgenheit erfahren hat.

Das ist ein wichtiges exegetisch-religionswissenschaftliches Ergebnis, dessen Tragweite später noch erläutert werden soll. (416) Hier nur so viel: Das Ergebnis geht konform mit der Entdeckung der modernen Psychologie, welche entscheidende Bedeutung das in den ersten Lebensjahren von den Eltern vermittelte "Urvertrauen" für das ganze Leben des Kindes hat. (417) Was hier a-theologisch "Urvertrauen" genannt wird, ist nichts anderes als das, was in früheren Epochen der Menschheitsgeschichte und auch im Alten Testament als urtümliche Vertrauensbeziehung zu Gott erfahren wurde. Ist sich, so frage ich, die christliche Theologie und kirchliche Praxis eigentlich bewußt, welche entscheidende Bedeutung eine intakte Familie für die persönliche Frömmigkeit eines Menschen hat? Kann das Gottvertrauen, das durch zerstörte Familien verloren geht, überhaupt durch Anstrengungen der offiziellen Religion (Religions- und Konfirmandenunterricht, Predigt) ersetzt werden? Damit ist die Relevanz, die dieses exegetische Ergebnis hat, in Umrissen deutlich.

III. Die Religion der Erzväter als Ausdruck der persönlichen Frömmigkeit

1. Entsprechungen zwischen der Väterreligion und der Frömmigkeit der Personennamen und der individuellen Klagen

Von den Bestreitern der Kollektivismusthese ist seit E.Sellin neben den individuellen Gebetsgattungen und den Personennamen auf die Geschichtsbücher, und ganz besonders auf die Erzvätererzählungen als Beleg für eine persönliche Gottesbeziehung in Israel hingewiesen worden. (418)

Damit ist aber noch nicht gesagt, daß in allen drei Textgruppen wirklich das gleiche gemeint sei. Wenn man heute die Väterreligion mit der Frömmigkeit der Klage des Einzelnen in Zusammenhang bringen will, muß man das sachlich begründen(419); zu unterschiedlich sind die Textgattungen, zu groß scheint auch der zeitliche und kulturgeschichtliche Abstand. Denn man hat sich, seitdem A.Alt in den Vätergottbezeichnungen echte Spuren einer Religion der Patriarchen gefunden hat(420), daran gewöhnt, in ihr allein eine Vorstufe zur Jahwereligion zu sehen(421) und ihr Hauptcharakteristikum, die Bindung der Vätergötter an eine Menschengruppe und nicht an einen Ort, aus der nomadischen Lebensweise der Väter zu erklären. (422) Über A.Alt hinausgehend hat vor allem V.Maag die Religion der Väter als eine spezielle Nomadenreligion zu bestimmen versucht, der er die Religion der Seßhaften schroff gegenüberstellt. (423) Von dieser Sicht her sieht es unwahrscheinlich aus, daß die aus der nomadischen Frühzeit stammende Väterreligion etwas mit der persönlichen Frömmigkeit der seßhaften Israeliten zu tun haben könnte.

Nun fällt aber auf, daß weder Alt, noch viele seiner Nachfolger sich Klarheit darüber verschafft haben, wie die Sozialform der Väterreligion zu bestimmen ist. Alt spricht schwebend von der "zugehörigen Menschengruppe"(424), V.Maag von "Klan oder Stamm"(425), J.Bright bezeichnet die Väterreligion als "clan religion"(426), G.Fohrer als "Sippenreligion"(427) und H.Cazelles charakterisiert den Vatergott zugleich als "dieu personel" und "dieu 'tribal'".

(428) Hier bildet sich die gleiche Unsicherheit über die primäre nomadische Organisationsform ab, auf die ich schon in der Einleitung aufmerksam gemacht hatte(429), und daß hier eine Unklarheit besteht, konnte nur so lange verborgen bleiben, solange man sich ganz auf die Bezeichnungen der Vätergötter konzentrierte, aber an dem Geschehen zwischen ihnen und der ihnen "zugehörigen Menschengruppe" nicht sonderlich interessiert war.

Denn sobald man nach dem Geschehen fragt, von dem in den Genesiserzählungen berichtet wird, wird sofort klar, daß mit dem Begriff "nomadische Stammesreligion" nicht das Charakteristikum der Patriarchenreligion getroffen sein kann. Denn diese unterscheidet sich, wie man seit langem erkannt hat, charakteristisch von der Religion der nicht seßhaften Stämme, die uns von Exodus bis Numeri entgegentritt. Schon R.Kittel hat das, noch bevor A.Alt die Vätergötter entdeckte, mit erstaunlicher Klarheit erkannt: Es handelt sich bei dem Gott der Vätererzählungen um "eine Gottheit persönlicher Art", "einen gütigen, ja, väterlichen Helfer und Erhörer...Schützer und Ahnder", der "mild und freundlich" ist.(430) Dem stellt Kittel die Leidenschaft, die eifersüchtige Ausschließlichkeit Jahwes gegenüber, der "durch die geschichtliche Tat an den Stämmen ein Volksgott wird"(431); dieser tritt zuerst Mose, dann den Stämmen in überwältigender Heiligkeit gegenüber, zwischen ihm und dem Volk wird ein Mittler nötig, die Begegnung des Heiligen begründet den Kultus und das Priesteramt.(432)

Daß in der Väterreligion ein organisierter Kult und eine priesterliche Vermittlung fehlen, ist auch von anderen Forschern gesehen worden. Der Vätergott tritt mit den Seinen in unmittelbaren Kontakt, wann und wo er will und ist nicht an eine heilige Zeit und an einen heiligen Ort gebunden.(433) Es fehlt auch, so darf man R.Kittel verdeutlichend ergänzen: jede Polemik oder Abgrenzung gegen andere Götter und der ganze Komplex Sünde, Zorn, Strafe und Vergeben Gottes.(434)

Wenn aber so gravierende Unterschiede zwischen den Religionen der wandernden Stämme und der wandernden Väter bestehen, dann muß es zwischen beiden ein Kriterium geben, das nicht in der nicht-seßhaften Lebensweise liegen kann.

Nun hat C.Westermann herausgestellt, daß die Erzählungen der Genesis gar nicht von Stämmen handeln, sondern "Familiengeschichten" sind.(435) Diese Klarstellung hat um so mehr Gewicht, als eine Forschungsrichtung, welche die Vätergeschichten konsequent stammesgeschichtlich deuten wollte, ins allegorische Abseits gelaufen ist.(436) Wohl gibt es in der Genesis stammesgeschichtliche Motive, doch diese gehören, wie schon H.Greßmann 1910 festgestellt hat, "nicht zum Fundament, sondern zum oberen Stockwerk."(437) Abraham, Sara und Isaak stehen nicht für Stammesgruppierungen, sondern sind Menschen aus Fleisch und Blut, sie bilden zusammen eine Familie, und die Erzählungen von ihnen handeln in ihrer ältesten Schicht von nichts anderem als von den Gefährdungen, den Konflikten und Bewahrungen, die diese Familie erfahren hat.

Wir haben in Gen 12-36 eine Stufe der halbnomadischen Kleinviehzucht vor uns, in der die Familie noch die allein tragende Wirtschaftseinheit gewesen ist. Die einzelnen Familien standen zwar in lockerer Verbindung zu anderen verwandten Familien, hatten sich aber noch nicht unter eine politische Führung zu einem Stamm zusammengeschlossen. Viele Erzählzüge verstehen sich nur aus dieser Situation, hier nur zwei Beispiele: Im Unterschied zu den Stämmen in Nu-Jos weichen die Patriarchen immer bewaffneten Konflikten mit den Seßhaften aus(438), sie sind für einen Kampf viel zu wenige und zu schwach, schon mit dem Verlust eines Familienmitgliedes würde die Familie mehr verlieren als sie durch einen militärischen Erfolg gewinnen könnte. So bleiben die Streite um Brunnen und Weideland unterhalb der bewaffneten Auseinandersetzung, sie werden rechtzeitig durch Verträge beendet. Auch das Verhalten Abrahams, seine Frau im Kulturland als Schwester auszugeben, um irgendwie lebend durchzukommen, ist nur verständlich von der politischen Machtlosigkeit der vereinzelten Familie.(439)

Ist aber erkannt, daß die soziale Organisationsform in den Vätergeschichten die Familie ist, dann ist die Basis für einen Vergleich mit der persönlichen Frömmigkeit gewonnen. Gehört diese doch, wie zuletzt die Personennamen eindeutig belegt haben, in den Lebensraum der Familie. Dem entspricht es, daß in Gen 12-50 wie sonst nirgends im Alten Testament das Handeln Gottes streng auf den kleinen Horizont der Familiengeschichte begrenzt ist und der politische Bereich völlig ausgeblendet bleibt.(440) Dann ist aber zu erwarten, daß sich trotz unterschiedlicher Lebensform Zusammenhänge zwischen der Familienreligion der Patriarchen und der bisher herausgearbeiteten persönlichen Frömmigkeit aufdecken lassen.

In der Tat finden fast alle Besonderheiten der Väterreligion gegenüber der jahwistischen Stammesreligion ihre Analogien in der persönlichen Frömmigkeit. Wie in der Väterreligion so fehlt auch in den Personennamen der ganze Bereich des Kultus, mit der Theophanie und der Heiligkeit Gottes.(441) Beide sind grundsätzlich nicht an lokale Heiligtümer gebunden, auch wenn sie manchmal an ihnen stattfinden können; ihr Raum ist der Lebensbereich der Familie.(442)

Wie in der Väterreligion tritt in den Personennamen und der Klage des Einzelnen Gottes Zorn, sein Strafen und Vergeben in den Hintergrund. In beiden steht das positive, das Leben des Einzelnen schützende Handeln Gottes im Vordergrund. Es ist nicht bedingt und richtet sich nicht nach moralischen Verhaltensweisen der Familienmitglieder: So greift Gott in der "Ahnfrau-Erzählung" ganz selbstverständlich zum Schutz Saras und Abrahams gegen den Pharao ein(443), obgleich dieser moralisch gesehen im Recht ist, und er hilft Jakob gegen die Machenschaften Labans, obgleich jener selber nicht minder trickreich ist.(444) Der Vätergott schützt das ihm anvertraute Leben sogar da noch, wo die Familie unter sozialen Spannungen zerbricht: Er tröstet die in die Wüste ausgestoßene schwangere Hagar durch eine Sohnesverheißung (Gen 16) und rettet ihr vom Verdursten bedrohtes Kind (Gen 21). Weder das Verhalten Saras noch das der Hagar in der sozialen Auseinandersetzung der Frauen wird von Gott beurteilt und kann sein einziges Ziel, die Lebensfähigkeit der Familie unter allen Umständen zu erhalten, in irgendeiner Weise beeinträchtigen.

Was ich in den Klagen als weithin unverlierbare Vertrauensbeziehung zwischen dem Einzelnen und seinem Gott herausgearbeitet hatte, findet in den Genesiserzählungen ein plastisches Anschauungsmaterial. Die von vielen Forschern beobachtete enge persönliche Gottesbeziehung der Erzväter(445), die etwas anderes ist als die personale Beziehung zwischen Jahwe und Israel, erklärt sich als Ausformung der intimen Vertrauensbeziehung, welche für die persönliche Frömmigkeit charakteristisch ist. Nicht nur in den Vätergeschichten, nein, in der persönlichen Frömmigkeit aller Zeiten ist Gott ein "stets naher Gott"(446), der keines Mittlers bedarf und sich wie ein Vater vom Geschrei eines Kindes rühren läßt (Gen 21,17). Dieser Zusammenhang wurde schon von den Forschern erahnt, die die Vätergötter mit den persönlichen Schutzgöttern Mesopotamiens in Verbindung gebracht haben. (447)

Auch das immer wieder beobachtete fast durchgängige Fehlen einer Polemik gegen andere Götter in den Vätererzählungen(448) hat seine Entsprechung in der persönlichen Frömmigkeit: Auch dort wird das Gottesverhältnis nicht durch Entscheidung begründet. Dort wird Gott allein von seinen Funktionen für die Familie her verstanden, egal welche Rolle er daneben in der offiziellen Religion noch spielt. Auf der Stufe der persönlichen Frömmigkeit gibt es keine in Handlungsbereiche differenzierten Götter, wie die Götter auch heissen, ihre Funktionen für die Familie sind alle die gleichen. Deswegen ist eine Abgrenzung völlig unnötig. (449)

Und schließlich gibt es noch eine ganz gewichtige Entsprechung: In den Personennamen erwies sich, welche zentrale Bedeutung die Geburt für das Leben und die Religion der Familie hatte. Das gilt für die Familien der halbnomadischen Kleinviehzucht in noch weit höherem Maße. C. Westermann hat nachgewiesen, daß von den Verheißungen in den Vätergeschichten allein die Verheissung eines Kindes in geschlossenen Erzähleinheiten fest verankert ist(450) und damit mit großer Wahrscheinlichkeit in die Väterzeit zurückgeht. Im Abrahamkreis dreht sich das Handeln Gottes fast ausschließlich darum, daß die Familie zu einem Sohn kommt. (451) Hier geht es ohne Zweifel um einen zentralen Punkt der Väterreligion. Denn ohne den politischen und wirtschaftlichen Rückhalt größerer Sozialformen, ist die Familie der Patriarchen ohne einen Nachkommen dem sicheren Untergang ausgeliefert. Für die wandernden Kleinviehnomaden gilt darum in noch höherem Maße, was die Personennamen bezeugen, daß ein Kind ein Geschenk Gottes ist, mit dem er das Leben und Überleben der Gruppe ermöglicht. So hat dieser zentrale Punkt der Väterreligion in den Namen, die um das Handeln Gottes bei der Geburt kreisen, seine direkte Entsprechung. (452)

Als zweiten zentralen Punkt der Väterreligion hat V. Maag die Wegweisung der Nomadengruppe durch ihren Gott wahrscheinlich gemacht. (453) Zu ihr gehört die Zusage des Schutzes auf dem Weg hinzu. (454) Dieser Punkt hat in der persönlichen Frömmigkeit der Seßhaften keine unmittelbare Entsprechung: wohl begegnen in den Namen und im Bekenntnis der Zuversicht Aussagen, daß Jahwe den Einzelnen leitet und ihm die Orientierung gibt(455), aber damit ist keine reale Ortsveränderung, sondern der Lebensweg gemeint. An dieser Stelle kommen die Unterschiede zum Tragen, die sich dadurch ergeben, daß es sich bei den Erzvätern um wandernde Familien handelt. Die Bedrohung, die für die seßhafte Familie vor allem in der Krankheit besteht, liegt für die wandernde Familie in besonderem Maße in beschränkten Weideresourcen und Gefährdungen auf der darum notwendigen Wanderschaft.

Faßt man alle Entsprechungen, die zwischen der Väterreligion und der persönlichen Frömmigkeit bestehen, zusammen, dann kann wohl die Väterreligion als eine besondere Ausprägung der allgemeinen persönlichen Frömmigkeit angesehen werden. Die Besonderheiten ergeben sich aus der halbnomadischen Existenzweise, aber sie sprengen nicht den einheitlichen Religionstyp. Damit repräsentieren die Vätergeschichten nicht nur eine Religion vor dem Entstehen der Jahwereligion, sondern auch eine Religionsschicht, wie sie später, nach dem Aufkommen des Jahweglaubens neben der offiziellen Religion des Volkes in den israelitischen Familien lebendig war. (456)

2. Das Mit-Sein Gottes

Über die vielen sachlichen Entsprechungen zwischen der Frömmigkeit der Kleinkultgattungen, bzw. der Personennamen und der Väterreligion hinaus gibt es eine gewichtige Übereinstimmung, die bis in die Terminologie hineingeht: das ist das Mit-Sein Gottes. Es begegnet sowohl im Heilsorakel(457) und in der Klage des Einzelnen(458) als auch in den Personennamen(459) und spielt auch in den Vätererzählungen eine gewichtige Rolle. (460)

Diese Übereinstimmung wurde in den bisherigen Untersuchungen zu diesem Ausdruck kaum gesehen. Zum Teil lag das daran, daß man von einem zu allgemeinen Kultbegriff ausging: So fallen bei K.W.Neubauer die Belege aus den Heilsorakeln unter die Rubrik "Kultus", von der die "allgemeinen Anwendung" in der Frühzeit weit getrennt wird. (461) Zum Teil lag es daran, daß man Herkunft und Bedeutung des Begriffs zu einseitig bestimmte: Wenn z.B. H.D.Preuß "in der Formel(462) eine nomadische Grundstruktur israelitischen Denkens" (463) aufzuspüren meint oder D.Vetter glaubt, das Mit-Sein Gottes dem Segen Gottes zuordnen zu müssen(464), dann werden damit wohl die Belege in der Vätergeschichte mehr oder minder gut erklärt, aber es bleibt letztlich unverständlich, warum der Ausdruck im Heilsorakel, in dem es um die Rettung eines Einzelnen aus einer Krankheit geht, einen so festen Platz bekommen konnte.

Die Streitfrage, ob der Ausdruck "kultisch" oder "unkultisch" sei, löst sich von selbst, wenn man meine Differenzierung in Großkult und Kleinkult beachtet. (465) Dann gehört das Heilsorakel genauso wie die Zusage des Mit-Seins in den Vätergeschichten (z.B. Gen 31,3) in die Familie. Die Unsicherheit bei der Bestimmung der Bedeutung klärt sich sofort, wenn man den Ausdruck nicht von seinem Wortfeld isoliert, in welchem er in der Klage, dem Heilsorakel und in den Personennamen zu stehen kommt. Hier gehört das Mit-Sein eindeutig zu anderen Verben und Nomina des Beistandes. Wenn gesagt wird, daß Gott mit oder bei einem Menschen ist, dann ist nichts anderes gemeint, als daß er ihm bei-steht. (466)

Das Beistehen Gottes hatten wir neben dem eng verwandten Schützen Gottes als charakteristischen Ausdruck der persönlichen Frömmigkeit bestimmt. Es ist keineswegs auf eine Lebensform, weder auf die nomadische, noch auf die seßhafte beschränkt. Allerdings umspannt die Erfahrung des göttlichen Mit-Seins je nach Lebenssituation eine ganz erhebliche Bedeutungsbreite, die über das bisher Erarbeitete hinausgeht.

Auf der einen Seite berührt sich der Beistand Gottes mit seinem rettenden

Handeln: Gott steht dem Menschen bei, um ihn aus der Bedrohung zu retten (hōšīaʿ hiṣṣīl). (467) Ganz in die Nähe gehört der Beistand Gottes bei einer möglichen Bedrohung, die parallelen Verben sind hier šāmar "beschützen", lōʾʿāzab "nicht verlassen". (468) Auf der anderen Seite der Bedeutungsskala steht der Beistand Gottes bei einer schwierigen Aufgabe, oder bei sonstigen Tätigkeiten eines Menschen, die Parallelverben sind hier hiṣlīăḥ (469) "gelingen lassen, glücken lassen" und bērak "segnen". (470) Das Mit-Sein umfaßt also beides, sowohl das rettende als auch das segnende Handeln Gottes am Einzelnen. Es ist wie eine den Menschen umgebende schützende Hülle, die nicht nur Gefahren abprallen, sondern auch begonnene Unternehmungen zu einem gedeihlichen Abschluß kommen läßt. (471) Es ist sicher kein Zufall, daß die gesamte Bedeutungsbreite des Ausdrucks von den theophoren Personennamen abgedeckt wird: Der erste Aspekt von Namen mit Verben des Rettens, Beistehens und Schützens, der zweite Aspekt von Namen, die dem Kind Glück und Segen wünschen. (472)

Ist diese Bedeutungsbreite erkannt, lassen sich die Belege aus der Vätergeschichte ohne Schwierigkeiten denen aus den Gattungen der persönlichen Frömmigkeit zuordnen:

Die Heilsorakel sprechen dem unter dem akuten Ansturm der Todesmächte zusammensinkenden Menschen den Beistand Gottes zu:

Jes 41,10 Du brauchst keine Angst zu haben, denn ich bin bei dir,
du brauchst dich nicht zu fürchten, denn ich bin dein Gott.
Ich stärke dich, ja, ich helfe dir (auf), ich stütze dich mit meiner heilenden Rechten.

Und in den Vertrauenspsalmen klammert sich der einzelne Mensch an Gottes Beistand angesichts einer möglichen Bedrohung:

Ps 23,4 Und wenn ich auch wandere in finsterem Tal
fürchte ich kein Unglück, denn du bist bei mir.

In der halbnomadischen Lebensweise gibt es Lebensbedrohung nicht nur durch Krankheit, sondern auch und vor allem durch die Gefahren, die auf dem Weg lauern. Da waren die Übergriffe der Seßhaften, durch deren Gebiet man als Fremder ziehen mußte, da waren Wegelagerer und wilde Tiere, vor denen man nicht sicher war, und da waren schwierige Bergpfade und gefährliche Furten, die den Tod von Mensch und Tier bedeuten konnten.

In diese Situation gehört die Zusage des Mit-Seins, welche die Jakobsgeschichte durchzieht:

Gen 28,15 Siehe, ich bin mit dir und schütze dich (šāmar),
überall, wo du gehst und ich werde dich in dieses
Land zurückbringen, ja, ich werde dich nicht verlassen
(lōʾʿāzab), bis ich getan habe, was ich dir zugesagt habe. (473)

Gen 31,3 Da sprach Jahwe zu Jakob:
Kehre zurück in das Land deiner Väter und deiner Verwandtschaft!
Denn ich werde mit dir sein.

Diese Zusagen entsprechen durchaus den Heilsorakeln der späteren Zeit; wie in den Vertrauenspsalmen geht es noch nicht um eine akute, aber doch um eine mögliche Bedrohung. Auch die Parallelverben in Gen 28,15 šāmar und (lō') ʿāzab spielen in der Klage des Einzelnen eine wichtige Rolle.(474)

Eine andere Art der Bedrohung ist in Gen 21,20 angesprochen: Gott steht dem kleinen Kind Ismael in den Gefärdungen der damalig hohen Kindersterblichkeit bei: Das Kind kommt durch, es wird groß.(475) Der gleiche Tatbestand spiegelt sich in den Ersatznamen, und auch die Glücksnamen haben die Überwindung dieser Gefährdung im Auge. Aber auch wenn der Beter des 22. Psalms bekennt: "auf dich bin ich geworfen von Mutterleib an", dann kann sich das auch auf den Beistand Gottes bei den besonders gefährlichen Kinderkrankheiten beziehen.

Eine weitere Gefährdung der Familie ergibt sich durch den Tod des Familienoberhauptes, noch dazu wenn er seine Kinder in der Fremde zurückläßt:

Gen 48,21 Da sprach Israel zu Joseph:
Siehe, ich sterbe!
Doch Gott wird mit euch sein und euch in das Land eurer Väter zurückbringen.

Hier leuchtet einmal mehr die Analogie zwischen dem väterlichen und dem göttlichen Handeln auf: Er, Jakob, kann seine Kinder nicht mehr sicher heimbringen, was eigentlich seine Aufgabe gewesen wäre. So vertraut er sie dem Schutz Gottes an.

Ohne den Begriff des Mit-Seins zu gebrauchen, verdeutlicht die Einleitung des Josephsegens, den das ganze Leben umspannenden Beistand Gottes. Das Vertrauensverhältnis, das sich hier ausspricht, erinnert stark an die Vertrauenspsalmen:

Gen 48,15 Der Gott, vor dem meine Väter, Abraham und Isaak gewandelt sind,
der Gott, der mich behütete von meiner Geburt an bis heute,
der Engel, der mich aus allem Übel erlöst hat, er segne diese Jungen!(476)

Es kann kein Zweifel bestehen, die Frömmigkeit der Vätergeschichten ist eine Spielart der persönlichen Frömmigkeit.

Neben diesen Stellen, die sich unter Berücksichtigung der besonderen nomadischen Familiensituation voll vom Bekenntnis der Zuversicht und dem Heilsorakel erklären lassen, treten weitere Belege, in denen es um den fördernden Beistand Gottes geht.

So konstatieren die Bewohner Gerars besorgt das "ungemeine" Glück, das Abraham und Isaak bei ihren Wirtschaftsunternehmungen haben und führen das auf einen besonderen Beistand Gottes zurück (Gen 21,22; 26,28).(477) Dieselbe Verwendung findet sich in der Josephgeschichte (Gen 39,2f.21.23). Aber auch ohne den Begriff des Mit-Seins kann dasselbe ausgesagt werden: Gott läßt die schwierige Aufgabe der Brautwerbung in fremdem Land gelingen (Gen 24, hiṣlīaḥ)(478), er fügt das Geschehen so (hiqrā)(479), daß es der

Familie zum Besten gereicht, und er läßt für sie die Kraft des Segens wirksam werden.(480) Diese Seite des göttlichen Beistandes geht einen Schritt weit über das bloße Bewahren in Klage und Heilsorakel hinaus. Seine direkte Parallele hat sie in den "Glücks"- und Segensnamen. Aber sie ist in der gütigen Zuwendung, die der Menschenschöpfer seinem Geschöpf sein Leben lang schenkt, durchaus impliziert, auch wenn sie sich bei jedem Menschen verschieden stark auswirkt: Obgleich alle Menschen Geschöpfe Gottes sind, gibt es dennoch Glückspilze und Pechvögel.

Wie in den Klagen und Heilsorakeln hat sich damit auch in den Vätergeschichten das Mit-Sein Gottes als Ausdruck einer individuellen Gotteserfahrung erwiesen. An keiner Stelle ging der Beistand Gottes über den Horizont der Alltagsprobleme im familiären Lebensbereich hinaus. Und in der Tat läßt sich über die Vätergeschichte hinaus nachweisen, daß das Mit-Sein Gottes eine typische Gotteserfahrung des Einzelnen ist, die nicht in die offizielle Religion gehört: In mehr als 2/3 aller Belege (72 von 101) wird vom Mit-Sein Gottes mit einem Einzelnen gesprochen.(481)

Dieser einfache Tatbestand ist in der Forschung noch nicht genügend gewürdigt worden. Der einzige, der ihn klar herausgestellt hat, ist W.C.van Unnik: "in the large majority of the texts the term is used of individuals."(482) Schon van Unnik hat den Eindruck gewonnen, daß der individuelle Gebrauch als der ursprüngliche zu bewerten ist: "The line does not go from the people as a whole to the individual, but rather the other way."(483) Und dieser Eindruck ist meiner Meinung nach richtig. Die einzige sichere Beziehung zur offiziellen Religion hat der Ausdruck dadurch bekommen, daß er auch auf Menschen mit besonderen Führungsfunktionen übertragen worden ist: Wie bei gewöhnlichen Menschen läßt Gott auch ihre schwierigen Aufgaben glücken.(484)

Dagegen macht die Stellengruppe, in der das Mitsein Gottes auf das Volk bezogen ist, einen disparaten Eindruck, so daß eine Einordnung des Ausdrucks in eine der großen offiziellen religiösen Traditionen bis heute nicht gelungen ist.

H.D.Preuß möchte das Mit-Sein Gottes in der Exodustradition verankern: "Jahwe ist 'mit' seinem Volk auf dem Wege, und Israel wußte sich unter seinem Geleit. Seit dem Exodus... erlebt man daher die Geschichte als zielgerichteten Weg mit Jahwe unter dessen ständiger Präsenz." (485) Abgesehen davon, daß dieser zusammenfassende Satz völlig ignoriert, daß nur in weniger als 1/3 der Stellen das Mit-Sein Gottes überhaupt auf das Volk bezogen ist, ist er einfach deswegen falsch, weil in der ganzen Epoche der wandernden Stämme (von Ex-Nu) so gut wie gar nicht vom Mit-Sein Jahwes mit seinem Volk gesprochen wird. Die Führung in der Wüste wird eben nicht als Mit-Sein Gottes erfahren, stattdessen begegnet hier eine völlig andere Vorstellung: Jahwe zieht seinem Volk voran (hālak lifnē), z.T. in der imposanten Erscheinung einer Wolken- und Feuersäule.(486) Die früheste Stelle, in der auch einmal die Versorgung(!) des Volkes in der Wüste mit dem Mit-Sein Gottes in Zusammenhang gebracht werden kann, findet sich im dtr. Rückblick Dtn 2,7.

H.W.Wolff hat von der Immanuel-Verheißung her (Jes 7,14; 8,10 vgl v8) die Auffassung vertreten, das Mit-Sein Gottes mit dem Volk sei im Jahwekrieg verankert.(487) Doch auch das läßt sich meiner Meinung nach nicht halten. Das Kriegsorakel lautet nicht "Fürchte dich nicht, denn ich bin mit dir", sondern "Fürchte dich nicht! Ich habe die Feinde in deine Hand gegeben"(488) oder in den "Kriegsansprachen": "Habt keine Angst und fürchtet euch nicht vor ihnen! Jahwe, euer Gott, wird vor euch herziehen (hālak lifnē!) und für euch kämpfen (nilḥam)" (Dtn 1,29f).(489) Allein Dtn 20,1 kommt das Mit-Sein Gottes in einer Kriegsansprache vor, wenn man einmal von den späten Chronikstellen absieht.(490) Und hier scheint eine bewußte Mischung von Heilsorakel und Kriegsorakel vorzuliegen:

I.Dtn 20,1 Wenn du (sg.!) zur Schlacht gegen deinen Feind ausziehst
und siehst Rosse, Wagen und ein Heer, das größer ist als du,
so fürchte dich nicht vor ihnen,
denn Jahwe, dein Gott, wird mit dir sein, der dich aus dem
Land Ägypten herausgeführt hat.

II. v.2 Und wenn ihr zum Kampf ausrückt, so soll der Priester
herzutreten und zum Volk reden (3) und zu ihm sprechen:
Höre Israel!
Ihr rückt heute zum Kampf gegen eure Feinde aus.
Euer Herz verzage nicht, fürchtet euch nicht, erschreckt
nicht und graut euch nicht vor ihnen!
v.4 Denn Jahwe, euer Gott ist es, der mit euch zieht (hālak ʿim)
um für euch zu kämpfen (nilḥam) mit eurem Feind und euch
zu retten.

Die v.2-4 bilden die normale, pluralische Kriegsansprache. Sie entspricht den übrigen genau, nur daß anstelle von hālak lifnē hālak ʿim steht. Das zeigt schon ein Aufweichen der Terminologie. Vor diese Ansprache ist ein singularisches Orakel gestellt, in dem vom Mit-Sein Gottes aber im Unterschied zu den Kriegsansprachen nicht vom Kämpfen Gottes gesprochen wird. Dieses Heilsorakel könnte sich wirklich an Einzelne richten und spricht ihnen in der Situation der Panik vor einem übermächtigen Heer den Beistand Gottes zu. So sind in Dtn 20 zwei verschiedene Orakel, deren unterschiedliche Situation noch erkennbar ist, kombiniert worden. Die gleiche Einleitung "Fürchte dich nicht!" hat das erleichtert. Von daher ist auch das völlige Zusammenfließen in der Chronik zu verstehen.

Auch die übrigen Stellen, die vom Mit-Sein Gottes im Zusammenhang von Kämpfen reden, sind keineswegs spezifisch. Hier wird einfach ein abgeflachter Gebrauch von Mit-Sein Gottes = "Glück haben bei einer Tätigkeit" auch auf z.T. kriegerische Aktionen übertragen (Nu 14,43 par hiṣlīăḥ!); wobei Jos 14,12; Ri 1,19 der singularische Sprachgebrauch noch nachklingt. Ri 6,13 ist die Beziehung auf das Volk durch die Aufnahme des Grußes an Gideon (v.12) bedingt.(491) Jos 7,12 macht deutlich, daß es sich bei dieser Übertragung wirklich um eine katábasis eȋs

ʾállo génos handelt: Das Mit-Sein Gottes, daß beim Einzelnen immer unbedingt zugesagt wurde, wird beim Volk durch sein Verhalten bedingt. (492)

Im Zionlied Ps 46,8.12 wird das Bekenntnis der Zuversicht pluralisch ausgeweitet; das ist von der Klage des Volkes her nicht zu verstehen(493), denn in ihr fehlt bezeichnender Weise das Reden vom Mit-Sein Gottes. Verständlich wird es nur auf dem Hintergrund derZiontheologie: Diese identifiziert Jahwe direkt mit dem Zion (Ps 48,13-15). Normalerweise heißt es in der Ziontheologie, daß Jahwe in der Mitte (bĕqæræb) Jerusalems oder des Volkes weilt, so auch in Ps 46 an anderer Stelle:

Ps 46,6 Gott ist in ihrer (der Stadt) Mitte, so wankt sie nicht!
Mi 3,11 Ist nicht Jahwe in unserer Mitte?
Es kann kein Unglück über uns kommen! (494)

An die Stelle von bĕqæræb wird in den Kehrversen in Anklang an die Klage des Einzelnen ᶜim eingesetzt. Damit wird die, wie die Propheten deutlich gemacht haben, nicht ganz ungefährliche Identifizierung Jahwes mit einem politischen Gebilde in das Mit-Sein Gottes eingetragen. Damit wird es theologisch problematisch: der unbedingte Beistand Gottes zu einem Volk, das selbst im Unterschied zum einzelnen Menschen einen Machtfaktor darstellt, kann rasch zur Ideologie werden. (495)

So wird man auch die Immanuel-Verheißung Jesajas als eine bewußte Anleihe an die persönliche Frömmigkeit in einer Stunde höchster militärischer Bedrohung des Südreiches zu bewerten haben. Darauf weist auch der Name, der sonst nur mit singularischem Suffix vorkommt. So wie Gott einem Einzelnen von seiner Geburt an durch seine Kindheit hindurch unbedingten Beistand leistet gegen alle Bedrohung seines Lebens, so wird er auch jetzt Jerusalem beschützen. (496)

So ist das Reden vom Mit-Sein Gottes nicht ursprünglich im Jahwekrieg zuhause und bekam auch hier nie einen festen Platz. Es kann sekundär mit dem Lebensbereich Krieg in Berührung kommen, wo 1. ein abgeflachter Sprachgebrauch "Glück haben" von anderen menschlichen Tätigkeiten auch auf kriegerische übertragen wird, wo es 2. um ein Mit-Sein Gottes mit einem Führer oder König geht(497), der unter anderem auch Kriege zu führen hat, oder wo es sich 3. um besonders schwere Bedrohungen in einer Kriegssituation handelt. Es bleibt festzuhalten, daß der Ausdruck beim Angriffskrieg völlig fehlt! (498) An sich schließen sich unbedingter Beistand Gottes und militärisches Kriegspotential aus.

Damit läßt sich das Mit-Sein Gottes auch in dieser offiziellen religiösen Tradition nicht verankern.

Daß die Erfahrung des Mit-Seins Gottes in den Erlebnisbereich des Einzelnen fällt, wird sofort klar, wenn man es mit entsprechenden Ausdrücken aus dem Erfahrungsbereich des Volkes vergleicht: In den Wüstenerzählungen zieht Jahwe seinem Volk voran (hālak lifnē), z.T. als Tag und Nacht sichtbare Wolken- und Feuersäule. Die Vorstellung dahinter ist aus dem politisch-militärischen Lebensbereich genommen: Im Akkadischen heißt der Truppenführer direkt ālik pāni d.h. "der, der vorangeht". (499) Der Großgruppe auf dem Weg ist nicht damit geholfen, daß noch einer mehr dabei ist; sie braucht einen Führer, ein weithin sichtbares Führungszeichen, damit sie weiß, wo es hingeht. Daß Gott auf diese Weise, also durch eine voranziehende Wolken- und Feuersäule einen einzelnen Menschen, etwa Jakob auf seinem Weg, leiten würde, wäre eine völlig absurde Vorstellung.

Für einen Einzelnen dagegen bedeutet der Beistand eines anderen Entscheidendes. (500) Das gilt sowohl für die Bedrohung auf dem Weg als auch für die Bedrohung durch Krankheit.

Die Bedrohung, die ein Einzelner auf dem Weg erlebt, kann selbst im zivilisierten Mitteleuropa noch jeder spüren, der in der Dämmerung allein durch den Wald geht. Jeder, der einem begegnet, könnte ein Feind sein. Deswegen grüßt man sich im Wald, um die Bedrohlichkeit der Begegnung abzuschwächen. Der gleiche Weg zu zweit, mit einem anderen, der einem notfalls beistehen könnte, wird längst nicht mehr so bedrohlich erfahren.

Das gleiche gilt für die Bedrohung durch die Todesmächte. Schwer verletzte Unfallopfer schildern immer wieder, wie verlassen (ᶜāzab!) sie sich gefühlt haben und wie wichtig es für sie war, daß einer zu ihnen kam, der mit ihnen redete und sie tröstete. Der Zuspruch "Du brauchst keine Angst zu haben, ich bin doch bei dir" ist für einen Menschen in solcher Lage wirklich die Wende, er ist nicht mehr allein dem Tod ausgeliefert, er kann wieder Hoffnung schöpfen weiterzuleben. Diese Erfahrung der schützenden Nähe eines Menschen, zu der auch das rein körperliche Nahe-Sein gehört, kann nicht in gleicher Weise von einer Gruppe von 20-2000 Mann gemacht werden.

An dieses Erlebnis mitmenschlichen Beistandes knüpft das Reden vom Mit-Sein Gottes an. Diesen Beistand erfährt jeder Mensch zuerst von seinen Eltern, die ihn in seinen kindlichen Ängsten trösten. Der Beistand der Eltern wie der Beistand Gottes ist immer unbedingt, er ist selbstverständlich da, wenn er gebraucht wird. In dieser Unbedingtheit ist er ein Spiegelbild der hohen Verletzbarkeit und Gebrechlichkeit des einzelnen Menschen, dessen Leben zu jeder Zeit einer tödlichen Bedrohung ausgesetzt werden kann. Das gilt für eine große Gruppe von Menschen nicht. Sie ist weit weniger unvorhergesehenen Bedrohungen ausgesetzt und überlebt selbst militärische Niederlagen(501) und sonstige Katastrophen, obgleich viele aus der Gruppe den Tod gefunden haben. Aufgrund der größeren Widerstandskraft der Gruppe ist Gottes Verhältnis zu ihr nicht unbedingt und in größerem Maße ambivalent. Das zeigt ein Vergleich mit einem weiteren, dem Mit-Sein entsprechenden Ausdruck: die Nähe Gottes zum Volk(502) wird normalerweise mit bᵊqæræb ausgedrückt: Jahwe ist inmitten des Volkes. Doch im Unterschied zum Mit-Sein Gottes mit einem Einzelnen, das <u>immer</u> positiv ist, ist das Nahe-Sein Jahwes eine zweischneidige Sache: Es kann gefährlich werden und muß durch Reinigungsriten(503) und Gehorsam(504) in seiner Gefährlichkeit eingedämmt werden. Es kann sogar die Zerstörung der Gruppe bedeuten. (505) Wo das Nahe-Sein Gottes unbedingt ausgesagt wird, wie in der Ziontheologie, ist es theologisch problematisch.

So macht ein Vergleichen der Vorstellungsbereiche, aus denen das Mit-Sein, das Vorangehen und das Nahe-Sein Gottes genommen sind, die Differenzen zwischen der individuellen und der kollektiven Gottesbeziehung noch einmal deutlich.

3. Der Gott der Väter

Die Religion der Väter hatte sich bisher als eine Sonderform der persönlichen Frömmigkeit erwiesen. Ihre Eigenart ließ sich vor allem dadurch erklären, daß ihr Träger nicht das Volk, sondern die Familie ist. Demgegenüber waren die Besonderheiten, die sich aus der halbnomadischen Lebensform ergaben, von geringerer Tragweite. Diese Sicht der Väterreligion muß sich nun auch an ihren Gottesbezeichnungen bewähren.

A. Alt hatte gerade auf Grund der für die Vätergeschichte eigentümlichen Gottesbezeichnug "Gott des PN" die Väterreligion als eigenen, nomadischen Religionstyp bestimmt: "Schon die regelmäßige Benennung des theòs patrôos nach menschlichen Individuen und nie nach Orten darf als ein sicheres Anzeichen für die besondere Art dieses Religionstypos gelten... denn in seinem Wesen lag dann von vornherein die Möglichkeit der freien Bewegung im Raum, genauer gesagt: der Anpassung an jede Ortsveränderung der zugehörigen Menschengruppe."(506) V. Maag formuliert noch schärfer: der Vätergott ist ein "deus vagans und deus migrans."(507)

Doch ist das eine notwendige Folgerung? Aus der Benennung "Gott des PN" ergibt sich direkt nur eine enge personale Bindung des Gottes an einen Menschen und seine Familie. Das wird noch klarer, wenn man mit H.G. May(508) und K.T. Andersen(509) erkennt, daß als ursprüngliche Bezeichnung des Vätergottes "Gott meines oder deines Vaters" ohne einen Personennamen zu gelten hat(510), während vom Gott Abrahams oder dem Gott Nahors in den alten Erzähltexten ursprünglich nur dann gesprochen wird, wenn man den eigenen Familiengott gegenüber Fremden bezeichnen muß. (511) Daß diese enge personale Bindung etwas mit nomadischer Existenzweise zu tun haben müsse, das ergibt sich für Alt gar nicht aus der Gottesbezeichnung als solcher, sondern aus ihrer Gegenüberstellung zu den ʾelīm, die er für "Lokalnumina" hält. (512) Doch gerade diese Charakterisierung der El-Gottheiten durch A. Alt ist seit der Auffindung der ugaritischen Texte überholt. Am detailliertesten hat F. M. Cross nachgewiesen, daß es sich hierbei nicht um einzelne Lokalgötter, sondern um Kultnamen des höchsten Gottes des kanaanäischen Pantheons, des Göttervaters El handelt. (513) Diese kultischen Ausprägungen Els manifestieren sich zwar an Lokalkulten, doch ist damit der Gott keineswegs notwendig lokal gebunden, sondern ein universaler Himmelsgott.

Wird von diesem Fortschritt der vorderorientalischen Religionswissenschaft die Alternative, von der Alt das Wesen der Vätergötter bestimmte, schon fraglich, so wird sie völlig unwahrscheinlich, wenn man berücksichtigt, daß auch in seßhaften Kulturen des Vorderen Orients die Vätergottbezeichnung begegnet. Und zwar nicht nur in altassyrischen Briefen(514), die Alt noch meinte beiseite schieben zu können(515), sondern auch in altbabylonischen Texten(516), in Maribriefen(517) und je einem Text aus Ugarit(518), Qatna und Sam'al. (519) H. Vorländer führt 9 Belege auf, nach meiner Kenntnis sind es inzwischen 16-17. Das macht es meiner Meinung nach unmöglich, die Vätergottbezeichnung heute noch für einen spezifisch nomadischen Gottestyp in Anspruch zu nehmen.

Diese Sicht scheint mir auch das Alte Testament zu bestätigen. Die Vätergottbezeichnung findet sich zwar in Gen 12-Ex 3 gehäuft, doch sie läßt sich nicht auf die Väterzeit beschränken: Auch Mose spricht noch vom Gott seines Vaters(520) und auch in der davidischen Königsfamilie scheint die Bezeichnung geläufig gewesen zu sein. (521)

Wenn das aber so ist, dann ist auch die Gottesbezeichnung der Väterreligion nicht primär durch die nomadische Existenzform bedingt, sondern durch die Sozialform Familie. Ihre Konzentration auf die Erzväterzeit hängt damit zusammen, daß in dieser Periode die Familie die einzige tragende Sozialform gewesen ist. Ich stimme H. Vorländer zu, daß die Bezeichnung "Gott meines/deines Vaters" eng mit der Bezeichnung "mein Gott" bzw. "dein Gott" zusammenhängt. (522)

Dafür gibt es zwei Begründungen: Zum einen steht die Wendung "Gott deines Vaters" o.ä. in den altassyrischen Briefformeln genau an der Stelle, wo häufig auch "dein Gott" o.ä. begegnet. (523) Zum anderen gibt es einen Text des Alten Testaments, der beide Wendungen parallelisiert:

Ex 15,2 Mein Beistand und 'mein Schutz' (524) ist Jah,
er wurde mir zur Rettung.
Dies ist mein Gott, ihn will ich preisen,
der Gott meines Vaters, ihn will ich erhöhen.

Das Alter des Textes ist umstritten, ich würde ihn in die Königszeit datieren. (525) Formgeschichtlich gesehen, sind hier am Anfang eines Hymnus ein Bekenntnis der Zuversicht aus der Klage des Einzelnen mit einem kohortativen Aufruf zum Lob aus dem berichtenden Lob des Einzelnen miteinander kombiniert. Hier spricht der Vorsänger (vielleicht der König), bevor er Jahwes Rettungstaten am Volk besingt, ein Vertrauensbekenntnis zu Jahwe, seinem Gott aus, der ihn errettete. Wir befinden uns also durchaus im Bereich der persönlichen Frömmigkeit. Für diesen Vorsänger steht das Vertrauensbekenntnis zu seinem Gott mit dem zum Gott seines Vaters völlig parallel.

Wenn diese Parallelisierung richtig ist, bleibt die Frage, warum es neben der Bezeichnung "mein Gott" überhaupt zu der anderen "Gott meines Vaters" gekommen ist. Ich meine, sie erklärt sich aus einer Kulturstufe, in der die Familie noch der entscheidende Wirtschafts- und Lebensträger ist und noch keine Funktionen an größere, politische Organisationsformen (Stamm, Stadt) abgetreten hat. Ein solches soziokulturelles Stadium wird uns in den Vätergeschichten in der Tat vor Augen geführt: es wird so erzählt, als gäbe es in ganz Kanaan nur diese eine Familie, während alle anderen Gruppierungen zu reinen Statisten verblaßt sind.

In einer solchen soziokulturellen Situation werden praktisch alle zur Lebensbewältigung notwendigen Fertigkeiten und Kenntnisse innerhalb der Familie weitergegeben. Alles, was man zum Leben braucht, hat man von seinem Vater übernommen, auch die Religion. Denn eben das ist doch wohl als erstes in der Bezeichnung "Gott meines Vaters" gemeint: Daß der Sohn seinen Gott von seinem Vater übernommen hat. Er hat sich seine Religion nicht "gewählt", er hat sich dafür nicht entschieden, sondern er ist in sein Gottesverhältnis so hineingewachsen, wie er in seine Familie hineingewachsen ist. Das ist, wie ich herausgearbeitet habe(526), an sich ein Kennzeichen der persönlichen Frömmigkeit insgesamt; es spielt aber auf dieser kulturellen Stufe eine entscheidende Rolle und wird deswegen in der Gottesbezeichnung betont ausgedrückt.

Hinzu kommt etwas Zweites: Die Bezeichnung "Gott meines Vaters" drückt wie "mein Gott" Vertrauen aus. Beruft sich diese auf die eigenen Gotteserfahrungen, so jene auf die Erfahrungen, die der eigene Vater mit Gott gemacht hat. Auch heute bewirkt die Auskunft eines Fremden, er habe mit seinem Vater zusammengearbeitet, ja, ihm sogar einmal geholfen, Vertrauen beim Sohn und macht ihn automatisch auch zum Freund der nächsten Generation. Das galt nun aber in der fast ausschließlich familiär organisierten Welt der Erzväter in noch weit höherem Maße. Und das gilt nun auch für die Gottesbeziehung: Gott beruft sich gegenüber dem Sohn darauf, auch schon der Gott seines Vaters gewesen zu sein, um beim Sohn Vertrauen zu schaffen, und der Sohn erinnert Gott an die Vertrauensbeziehung, in der sein Vater zu ihm stand, um ihn dazu zu bewegen, auch ihm in Gefahren Beistand zu leisten. Die Gottesbeziehung bildet in der auf sich gestellten Familie ein starkes Kontinuum in dem für die Gruppe bedrohlichen Übergang von der einen Generation zur anderen. Stirbt auch der menschliche Vater, so bleibt doch der Gott des Vaters; die Gotteserfahrungen, die er gemacht hat, bleiben auch für die nächste Generation der tragende Grund.

Ist das der Erfahrungshintergrund der Bezeichnung "Gott meines Vaters", dann ist sie genausowenig wie "mein Gott" ein Gottesname, sondern eine vertrauensvolle Anrede. Das bestätigen auch die altorientalischen Parallelen, in denen durchaus Götter mit einem eigenen Namen, z.B. Ilabrat oder Amurru als "Gott meines oder deines Vaters" bezeichnet werden. (527) Auch die nabatäischen Inschriften, die Alt selbst zum Vergleich herangezogen hat, weisen wie F.M.Cross gezeigt hat, in die gleiche Richtung. (528)

Die vieldiskutierte Frage, welchen Gott die Väter verehrt haben, verschiebt sich dann: Man kann nicht mehr fragen, ob sie den Gott der Väter oder El verehrten, sondern nur ob ihr Gott namenlos war, oder einen Namen hatte. (529) Vielleicht läßt sich von der persönlichen Frömmigkeit aus eine Lösung dieser Streitfrage erreichen?

Von vielen Forschern wird auf die Personennamen mit Verwandtschaftsbezeichnungen verwiesen, die ich oben behandelt habe. (530) Und in der Tat läge es von der sozio-kulturellen Situation der Väterfamilien nahe, für sie Verwandtschaftswörter als Gottesbezeichnung anzunehmen. Doch die meisten Forscher ziehen diese Konsequenz nicht (531), denn die exegetische Grundlage ist dazu zu schmal: Belege sind einmal der Personenname Abram/Abraham "Der Vater ist erhaben", ein andermal möglicherweise die Gottesbezeichnung paḥad jiṣḥāq. Diese von A. Alt noch mit "Schrecken Isaaks" wiedergegebene Bezeichnung, wird von W.F. Albright mit palmyrenisch paḥdâ "Familie, Clan, Stamm" und arabisch faḫiḏ "kleiner Teil eines Stammes" in Zusammenhang gebracht und ist seiner Meinung nach mit "Verwandter Isaaks" wiederzugeben. (532) Die Erklärung Albrights hat einiges für sich, weil die Bezeichnung "Schrecken Isaaks" für das Handeln des Vätergottes so gar nicht paßt. Wenn sie richtig ist, dann wäre sie ein Hinweis darauf, daß in den Väterfamilien Gott z.T. auch analog zu den Familienbeziehungen verstanden und benannt wurde. Doch durchgängig sind diese Benennungen nach Verwandtschaftsbezeichnungen nicht, was sich schon daran zeigt, daß es viele Namensbildungen mit El gibt.

Aufgrund dieser Namen haben schon H.Gunkel und H.Greßmann die These vertreten, daß die Väterreligion eine Elreligion gewesen sei. Die These ist auch nach Alts Aufsatz von vielen Forschern aufgenommen worden, gestützt auf eine Vielzahl von Argumenten, auf die ich hier nicht eingehen möchte. Am detailliertesten hat F.M.Cross nachzuweisen versucht, daß die Väter am Kult Els, des obersten Gottes des kanaanäischen Pantheons, beteiligt gewesen sind.(533)

Mir scheint, daß diese Diskussion von falschen Voraussetzungen ausgegangen ist. Man tut nämlich so, als sei die Väterreligion eine offizielle Religion, die sich mit der ausgebauten polytheistischen kanaanäischen Religion auf die gleiche Stufe stellen lasse. Das ist aber nicht der Fall.

Man kann davon ausgehen, daß die halbnomadischen Kleinviehzüchter zu keiner Zeit in einem kulturfreien Raum gelebt haben(534), und so ist es durchaus wahrscheinlich, daß sie ihren Gott El genannt haben. Doch dieser in den Familien verehrte El hat mit dem Göttervater und Weltschöpfer El der großen kanaanäischen Tempel nicht viel mehr als den Namen gemein. Das belegt für die heutige Zeit die Religion der Beduinen: Auch sie nennen ihren Gott Allah, aber dieser hat mit dem Allah des Korans, der offiziellen islamischen Religion nicht viel zu tun: "Die Kamelzüchter kennen keine heiligen Orte, keine heiligen Sachen, keine Vermittler zwischen den Menschen und Allah, keine Gebetsformeln u.a."(535) Das entspricht dem Bild, das ich aufgrund der Namengebung gezeichnet habe.(536) In der persönlichen Frömmigkeit der Familie paßt man sich zwar an den offiziellen Gottesnamen des Lebensraumes an, aber für sie sind nur die Funktionen wichtig, die 'Gott' immer für die Familien und ihre Mitglieder hatte. Abgrenzbare Götterpersönlichkeiten gibt es auf der Ebene der persönlichen Frömmigkeit gar nicht. Deswegen hat die Frage nach dem Namen des Vätergottes für die Religion der Väter längst nicht die Relevanz, die ihr gemeinhin beigemessen wird. Er steht dem Einzelnen bei in gefährlichen Lebenssituationen, er sichert die biologische und materielle Existenz der Familie, völlig unabhängig davon, wie er heißt.

So bewährt sich die Einordnung der Väterreligion in die persönliche Frömmigkeit auch für ihre Gottesbezeichnungen. Sie bestätigt dadurch noch einmal, daß es sich bei der Frömmigkeit der Klage des Einzelnen wirklich um eine Religion auf der Ebene der Familie handelt. Die Unterschiede, die die Väterreligion zur Religion der Stämme aufweist, belegen noch einmal, daß es einen sozial bedingten Pluralismus innerhalb der israelitischen Religion gegeben hat.

IV. Zusammenfassung

An dieser Stelle will ich meine alttestamentliche Untersuchung abbrechen. Wohl ließe sich noch in anderen Textbereichen des Alten Testaments weiteres Material für meine These finden, ich denke etwa an die Samuel-, Königsbücher und die Proverbien, doch für den ersten Anlauf mag das vorgelegte erst einmal genügen.

Die Untersuchung der Personennamen und der Vätererzählungen hat in hohem Maße die anhand der Psalmen gewonnenen Ergebnisse bestätigt, dazu weiter geklärt und auch teilweise ergänzt.

Das bedeutet erstens, daß die eigentümliche Frömmigkeit der Klagen des Einzelnen nicht mehr isoliert dasteht, sondern sich einer breiteren, in verschiedenen Teilen des Alten Testaments bezeugten Religionsschicht zuweisen läßt. Neben vielen anderen Merkmalen ist es das Mit-Sein Gottes, das am klarsten die Zusammengehörigkeit der Frömmigkeit in den individuellen Klagen, den Personennamen und den Vätererzählungen aufweist. Mit Hilfe der Personennamen und den Vätererzählungen ließ sich diese Frömmigkeitsschicht sehr viel eindeutiger als über die Klage des Einzelnen in der Familie lokalisieren. Damit kann man gegen die Kollektivismusthese alter (B.Duhm(537)) und neuer (W.Eichrodt, G.v.Rad(538)) Prägung wohl jetzt mit einiger Sicherheit sagen, daß es seit der Frühzeit der Israelitischen Geschichte eine Gottesbeziehung des Einzelnen gegeben hat: eine persönliche Frömmigkeit im Lebensraum der Familie.

Das bedeutet zweitens, daß sich diese persönliche Frömmigkeit charakteristisch von der Jahwereligion des Volkes und seiner offiziellen Institutionen unterscheidet. Das Fehlen der israelitischen "Heilsgeschichte" in den Klagen des Einzelnen setzt sich fort in dem Fehlen der großen Heilstraditionen in der Namengebung und findet seine Entsprechung in der Differenz zwischen der Väterreligion und der Jahwereligion der Stämme. Keine der grundlegenden religiösen Erfahrungen des Volkes hat in den Krisensituationen des persönlichen und familiären Lebens eine Rolle gespielt, man hatte in diesem Lebensbereich seine eigenen starken Gotteserfahrungen, auf die man zurückgriff. Die Beobachtungen, die M.Noth, A.Wendel und J.Hempel in dieser Richtung gemacht haben(539), ließen sich grundsätzlich bestätigen und konnten erheblich erweitert und präzisiert werden.

Obgleich es durchaus auch Gemeinsamkeiten zwischen der persönlichen Frömmigkeit und der offiziellen Jahwereligion gibt (z.B. die hohe Bedeutung des Rettungshandelns Gottes), unterscheidet sich das Geschehen zwischen Gott und dem Einzelnen in vielen Aspekten von dem Geschehen zwischen Gott und dem Volk:

Die Zuwendung Gottes wird vom einzelnen Menschen nicht als welterschütternde Epiphanie erfahren, sondern in den vergleichsweise "stillen" alltäglichen Ereignissen (Heilung, Erfolg etc.). Auch das Erlebnis einer machtvollen Theophanie (Sinai, kĕbōd jhwh) fehlt in der persönlichen Frömmigkeit und damit der ganze Bereich des Kultischen im engeren Sinn. Weder ist die Gottesbeziehung des Einzelnen an einen heiligen Ort gebunden, noch ist sie auf einen besonderen Mittler angewiesen. Die Zuwendung Gottes zum einzelnen

Menschen kann überall und unmittelbar erfolgen.

Das Eingreifen Gottes bedeutet für das Volk und den Einzelnen gleichermassen Rettung, doch erscheint das rettende Handeln Gottes am Einzelnen überwiegend unter dem Aspekt des Beistandes in Gefahr und des Schutzes vor Bedrohung. Darin spiegelt sich die höhere Verletzbarkeit des einzelnen Menschen, dessen Existenz anders als die der Großgruppe einer ständigen Gefährdung ausgesetzt ist. In diesem Befund stimmen die individuellen Klagen, die Personennamen und die Vätererzählungen völlig überein.

Die Gegenwart Gottes erlebt der Einzelne als Mit-Sein Gottes. Es bedeutet für ihn Beistand in Gefahren und Unterstützung bei seinen Unternehmungen. Bezüglich dieses zweiten Aspekts des Mit-Seins, des segnend-fördernden Handelns Gottes am Einzelnen gingen die Personennamen und die Vätererzählungen über den Horizont der Klagen des Einzelnen hinaus. Das Wachsen-, Gedeihen- und Glücken-Lassen ist neben dem Retten und Schützen eine zweite wichtige Weise des Handelns Gottes am Einzelnen und seiner Familie. - Die Großgruppe dagegen erfährt als wandernder Stamm die Gegenwart Gottes in seiner Führung auf dem Weg (hālak lifnē) und als seßhaftes Volk in der kultischen Nähe am erwählten Heiligtum (bĕqæræb). Während das Mit-Sein Gottes für den Einzelnen immer positiv ist, kann die Nähe Gottes dem Volk gefährlich werden.

Die Gottesbeziehung des Einzelnen im ganzen ist eine enge persönliche Vertrauensbeziehung. Sie wird nicht, wie die Beziehung zwischen Jahwe und Israel durch einen Akt in der Geschichte begründet, sondern ist seinem Leben immer schon vorgegeben. Gehört zur geschichtlichen Gottesbeziehung des Volkes immer auch dessen Entscheidung, bei seinem Retter zu bleiben und nicht zu anderen Göttern zu laufen, hinzu, so fehlen die Elemente der Entscheidung und der Abgrenzung im Gottesverhältnis des Einzelnen weitgehend. Das erweisen die Vertrauensbekenntnisse in den individuellen Klagen, die Austauschbarkeit der theophoren Elemente in den Personennamen (funktionaler Gottesbegriff) und das Fehlen jeglicher Polemik gegen andere "Religionen" in den Vätererzählungen. Die Gottesbeziehung des Einzelnen beruht gar nicht auf seiner Entscheidung, sondern auf seiner Erschaffung durch Gott, sie hängt darum auch nicht von seiner Entscheidung ab; seinen Gott aufzugeben wäre gleichbedeutend damit, sein Leben aufzugeben. (540) Solange der einzelne Mensch überhaupt noch atmet, kann er sich immer noch vertrauensvoll an seinen Schöpfer klammern. Im Unterschied zur Gottesbeziehung des Volkes, die durch politische Katastrophen grundsätzlich in Frage gestellt wird, bleibt das persönliche Vertrauensverhältnis des einzelnen Menschen zu seinem Gott auch angesichts von Bedrohung und Leid lange Zeit intakt. Dem entspricht es, daß in der Gottesbeziehung des Einzelnen der ganze Komplex von Sünde, Zorn Gottes, Strafe und Vergebung zurücktritt. Er fehlt in der Religion der Väter ganz und taucht in der Namengebung erst in der Spätzeit auf. Es überwiegen eindeutig die positiven Elemente. Das Gottesbild des Einzelnen ist vor allem durch seine ihn und seine Familie schützenden und fördernden Funktionen bestimmt.

Eine letzte wichtige Differenz betrifft die unterschiedliche Zeitdimension im Handeln Gottes am Volk und am Einzelnen: Geschichtlich im strengen Sinn ist allein sein Handeln am Volk. Es setzt mit einem Akt in der Geschichte dieser Gruppe ein und bindet die politischen Erfahrungen vieler Generationen in großen Bögen von Verheißung und Erfüllung zusammen. Die Rückblicke auf Jahwes Handeln in den Klagen des Volkes umgreifen darum immer große geschichtliche Abstände (miqqædæm, mē‘ōlām).(541) Das Handeln Gottes am Einzelnen ist nicht geschichtlich im eigentlichen Sinn, sowenig wie ein einzelner Mensch oder eine Familie eine politische Geschichte haben. Es ist vielmehr bezogen auf den kleinen Lebensbogen eines ganz bestimmten Menschen; es begleitet diesen von seiner Geburt an bis zu seinem Tod, es läßt ihn wachsen und abnehmen und trägt ihn durch die vielen Bedrohungen und Gefährdungen seines Lebens hindurch.

Alle diese Differenzen des Geschehens zwischen Gott und dem Volk auf der einen und zwischen Gott und dem Einzelnen auf der anderen Seite sind nicht zufällig, sondern lassen sich zwei unterschiedlichen Erfahrungshorizonten zuordnen:

Der gemeinsame Erfahrungshintergrund, auf den sich alle Elemente der Gottesbeziehung des Einzelnen hindeuten lassen, ist die Familie, genauer gesagt die Eltern-Kind-Beziehung. Das wurde an vielen Stellen meiner Untersuchung deutlich und ließ sich besonders klar an der Gruppe von Personennamen zeigen, in der Gottesbezeichnung und Verwandtschaftsbezeichnungen (ʾāb, ʾāḥ, ‘am) ineinander übergehen. Das bedeutet: Die Erfahrungen, die der einzelne Mensch mit seinem Gott macht, entsprechen weitgehend denen, die ein kleines Kind mit seinen Eltern macht.

So wie die enge personale Beziehung zwischen den Eltern und ihrem Kind dadurch konstituiert ist, daß es von ihnen gezeugt und geboren ist, so ist die persönliche Gottesbeziehung des Einzelnen dadurch begründet, daß er von seinem Gott geschaffen ist. So wie ein kleines Kind aufgrund der liebevollen Zuwendung seiner Eltern "vorbewußt" in eine Vertrauensbeziehung zu ihnen hineinwächst, die sich auch über Krisen durchhält und normalerweise unaufkündbar ist, so wie es bedingungslos bei ihnen Schutz und Trost findet, wenn es sich ängstigt, so erfährt auch der Einzelne seinen Gott, und zwar auch dann noch, wenn er längst erwachsen geworden ist und sich von seinen Eltern ein Stück weit gelöst hat.(542)

Der Erfahrungshintergrund der Gottesbeziehung des Volkes kam in dem untersuchten Material weniger deutlich heraus; aber es gab doch genügend Hinweise dafür, daß er nicht im familiären, sondern im politischen Lebensbereich zu suchen ist (Heerführer, vgl ālik pāni, König). Hier ist aber noch eine weitere Klärung nötig.

Nimmt man alle Differenzen zusammen, dann kann es wohl als erwiesen gelten, daß sich im Alten Testament das Geschehen zwischen Gott und dem Einzelnen inhaltlich und strukturell deutlich von dem Geschehen zwischen Jahwe und seinem Volk unterscheidet. Die persönliche Frömmigkeit in den israelitischen Familien war nicht mit der offiziellen Jahwereligion des Volkes und seiner religiösen und politischen Institutionen identisch. Wir haben es vielmehr innerhalb dessen, was man bisher "die Religion" oder "den Glauben" Israels genannt hat, mit zwei verschiedenen Religionsschichten zu tun. Der Unterschied dieser Schichten hängt dabei direkt mit den sie tragenden unterschiedlichen Sozialformen zusammen: Die Frömmigkeit in den Familien ist in ihrem Inhalt selbst eindeutig familiär, die Religion des Volkes mehr politisch orientiert. Damit ist meine oben(543) aufgestellte These eines sozial bedingten Pluralismus innerhalb der israelitischen Religion verifiziert.

Ich habe in der Einleitung darauf aufmerksam gemacht, daß sich auch in unserem Gesangbuch ein ähnlich gearteter Pluralismus findet.(544) Ich möchte darum diesen Teil mit einem Hinweis auf ein Lied Paul Gerhardts schließen, auf das ich - wie ich betonen möchte - erst nach Abschluß meiner alttestamentlichen Untersuchungen gestoßen bin. Es lautet: "Gib dich zufrieden und sei stille in dem Gotte deines Lebens." Ich gebe der Kürze halber hier nur die Strophen 4-7 und 11 wieder:

EKG 295,4 Wenn gar kein Ein'ger mehr auf Erden,
dessen Treue du darfst trauen,
alsdann will er dein Treuster werden
und zu deinem Besten schauen.
Er weiß dein Leid und heimlich Grämen,
auch weiß er Zeit, dirs abzunehmen.
Gib dich zufrieden!

5 Er hört die Seufzer deiner Seelen
und des Herzens stilles Klagen,
und was du keinem darfst erzählen,
magst du Gott gar kühnlich sagen.
Er ist nicht fern, steht in der Mitten,
hört bald und gern der Armen Bitten.
Gib dich zufrieden!

6 Laß dich dein Elend nicht bezwingen,
halt an Gott, so wirst du siegen;
ob alle Fluten einhergingen,
dennoch mußt du oben liegen.
Doch wenn du wirst zu hoch beschweret,
hat Gott, dein Fürst, dich schon erhöret.
Gib dich zufrieden!

7 Was sorgst du für dein armes Leben,
wie du's halten wollst und nähren?
Der dir das Leben hat gegeben,
wird auch Unterhalt bescheren.
Er hat ein Hand, voll aller Gaben,
da See und Land sich muß von laben.
Gib dich zufrieden!

11 Nimm nicht zu Herzen, was die Rotten
deiner Feinde von dir dichten;
laß sie nur immer weidlich spotten,
Gott wirds hören und recht richten.
Ist Gott dein Freund und deiner Sachen,
was kann dein Feind, der Mensch, groß machen?
Gib dich zufrieden!

Das Maß an Übereinstimmung zwischen der Frömmigkeit, die sich in diesem Lied aus dem 17.Jh. ausspricht und der persönlichen Frömmigkeit, die ich aus den mindestens 2500 Jahre früheren Texten des Alten Testaments herausgearbeitet habe, ist erstaunlich hoch: In dem Lied finden sich persönliche Gottesbezeichnungen ("Gott deines Lebens", v.1; "dein Fürst", v.6 u.ö.), die Erschaffung des Einzelnen ("der dir das Leben hat gegeben", v.7) das Mit-Sein Gottes in der Not ("Er ist nicht fern, steht in der Mitten", v.5), seine Zuwendung, seine Rettung und sein segnendes Handeln (v.4-6; 7), dazu sein Schutz vor den Feinden (v.11). Das Lied ist durchzogen von einem starken, unmittelbaren Vertrauensverhältnis zu Gott (v.4), das zwar eine Spur verhaltener klingt als im Alten Testament, aber doch genauso wie dort gegen die Bedrohung aktualisiert wird ("Ist Gott dein Freund..., was kann dein Feind...?" v.11). Und was noch erstaunlicher ist: Dieses Vertrauensverhältnis hat scheinbar nichts mit der Heilstat Gottes in Jesus Christus zu tun, diese kommt im ganzen Lied nicht vor.

So stellt sich am Schluß dieses Teils die Frage, ob sich die am Alten Testament beobachteten Phänomene überhaupt auf dieses beschränken lassen. Ist die dort erhobene persönliche Frömmigkeit möglicherweise viel menschlich-allgemeinerer Art? Damit drängen die hier gewonnenen Ergebnisse ganz von selbst in einen weiteren religionsgeschichtlichen Horizont.

C. PERSÖNLICHE FRÖMMIGKEIT UND OFFIZIELLE RELIGION IN MESOPOTAMIEN

I. Einleitung

Meine These eines religionsinternen Pluralismus in der israelitischen Religion kann sich nicht nur auf Beobachtungen stützen, die an dieser einen Religion gemacht worden sind. Dazu ist sie religionswissenschaftlich von zu großer Tragweite. Die Sozialformen Familie und Volk und ihr In- und Nebeneinander, welche diesen Pluralismus bedingen, sind ja nicht etwa auf Israel beschränkt, sondern kommen in sehr vielen Kulturen unserer Erde vor. Nein, wenn die These richtig ist, dann muß sich ein irgendwie vergleichbarer Unterschied von offizieller Religion und persönlicher Frömmigkeit auch in anderen Religionen nachweisen lassen. Einen breit angelegten Nachweis kann ich allein nicht leisten. Ich muß mich beschränken und wähle als Beispiel die babylonische Religion aus. Sie scheint mir besonders dadurch geeignet zu sein, daß sie zum gleichen antiken vorderorientalischen Sprach- und Kulturkreis wie die israelitische Religion gehört und nach ihr textlich am besten bezeugt ist. Dagegen ist das sachlich vielleicht näher stehende religionsgeschichtliche Material aus dem syrisch-phönizischen und palästinensischen Raum einfach zu dünn gesät, als daß es für meine differenzierende Fragestellung ohne weiteres ergiebig wäre. Ich lasse es darum ganz beiseite. Mir geht es ja bei diesem religionsgeschichtlichen Teil sowieso nicht um den Nachweis irgendwie gearteter Abhängigkeiten, sondern um eine religionssoziologische Typik.

1. Religionsinterner Pluralismus in der mesopotamischen Religion(1)

Für mich war es von großer Wichtigkeit zu sehen, daß das Problem, das G.Lanczkowski mit dem Stichwort "religionsinterner Pluralismus" umschrieben hat, in der altorientalischen Fachwissenschaft selbst an verschiedenen Stellen aufgetaucht ist. Es braucht darum nicht erst durch mich an die mesopotamische Religion herangetragen zu werden. So äußert z.B. J.J.A.van Dijk am Schluß seines Buches "La sagesse suméro-accadienne" die Frage nach dem Ort der Weisheitstexte in der mesopotamischen Religion: "Il reste encore une question assez importante en la matière: si ces textes n'étaient pas destinés au culte officiel, l'étaient-ils au culte individuel?"(2) Van Dijk erkennt also klar, daß die von ihm behandelten Weisheitstexte nicht zum offiziellen Kult gehören, doch wohin sie zu ordnen sind, etwa in einen "individuellen Kult" und was darunter zu verstehen sei, läßt er offen.

Grundsätzlicher hat A.L.Oppenheim das Problem aufgeworfen: Oppenheim wendet sich generell gegen die früheren Versuche, aus dem riesigen archäologischen Material und den zahlreichen kultischen und mythologischen Texten ein einheitliches (gedankliches!) Bild der babylonisch-assyrischen Religion zu entwerfen. In der Begründung seiner polemischen Gegenthese "Why a 'Mesopotamian Religion' should not be written" weist Oppenheim stattdessen auf die enge Begrenzung des Tempel- und Königskultes sowie der Mythen- und Epenüberlieferung auf ganz bestimmte soziale Schichten hin. Die mesopotamische Religion ist nach Oppenheim keine Einheit, sondern "presents itself as a complex, multilayered accumulation."(3) Positiv deutet Oppenheim ein Prinzip an, einen sicheren Zugang zur mesopotamischen Religion zu bekommen: "This is its social stratification."(4) Er unterscheidet drei Schichten: "If one separates the royal religion from that of the common man and both from that of the priest one could possibly obtain something approaching an unobstructed vista."(5) Allerdings führt Oppenheim seinen Ansatz nicht aus. Das liegt u.a. daran, daß er keinen Zugang zur persönlichen Frömmigkeit des einzelnen Babyloniers findet und ihre Rolle darum extrem gering einschätzt. "The common man, lastly, remains an unknown, the most important unknown element in Mesopotamian religion. We have already pointed out that religion's claims on the private individual were extremely limited in Mesopotamia."(6) In seinem späteren Buch "Letters from Mesopotamia" erkennt Oppenheim zwar, daß "the extremely pious onomasticon would suggest not only personal piety but also a wide range of intensity and nature of the god-man relationship of Mesopotamian man. We still fail, however, to see in what, if any, cultic acts or attitudes this personal piety found expression, apart from the selection of a given name."(7)

In Weiterführung von A.L.Oppenheim differenziert A.Westenholz vier verschiedene religiöse Schichten:

"1. The popular religion;
2. The religion of practitioners not attached to the temples (presumably certain kinds of incantation priests and guardians of mythological traditions);
3. The religion of practitioners attached to the temples (that is the religion expressed in the official cult. Probably this was the level most susceptible to influences from the Sumerian culture);
4. The official religion of the ruling family in each city state (particulary that of the Akkadian kings)."(8)

Westenholz räumt ein, daß zwischen den Schichten Einflüsse möglich waren und daß sich ihre Zuordnung zeitlich und lokal durchaus änderte, dennoch stellt er die allgemeine Regel auf, daß engere Beziehungen nur zwischen den Schichten 1 und 2 auf der einen und 3 und 4 auf der anderen Seite bestehen, dagegen sind die "links between the manifestations of the popular religion and the official cult, ...rather weak, as they differed widely both in form and function."(9) Westenholz kommt also letztlich wieder auf eine Zweiteilung zurück, von "popular religion" and "official cult", die beide noch einmal in sich differenziert sind. Belege für die persönliche Frömmigkeit sind ihm vor allem die Personennamen.

Damit dürfte klar geworden sein, daß auch in der heutigen orientalistischen Forschung die Notwendigkeit einer sozialen Differenzierung der mesopotamischen Religion gesehen wird. (10) Allerdings steht ihre Ausarbeitung noch ganz in den Anfängen. (11)

2. Die Auswahl der Texte

Für den weiteren Ausbau der These hängt meiner Meinung nach alles an einem methodisch gesicherten Zugang zu dem, was J.J.A.van Dijk "culte individuel", A.L.Oppenheim "religion of the common man" und A.Westenholz "popular religion" nennen, d.h. zur persönlichen Frömmigkeit in der mesopotamischen Religion.

A.L.Oppenheim selbst hat einen "psychologischen" - oder wie wir in der Theologie sagen würden "existentialen" - Zugang angeboten: Er interpretiert die Begriffe ilu, ištaru, šēdu und lamassu als Grundkategorien der Selbsterfahrung und Selbstverwirklichung des einzelnen Menschen. (12) Doch zumindest für den, der die Texte, die ihm bei dieser Begriffsbestimmung vor Augen standen, nicht kennt - er gibt keine Quellen an! - ist es fraglich, ob hiermit der reale Vollzug der persönlichen Frömmigkeit der Babylonier wirklich getroffen ist. (13)

Einen ganz anderen Zugang hat H.Vorländer gewählt. Er meint über eine bestimmte Gottesbezeichnung (ilu + suff.) eine besondere Schicht innerhalb der sumerisch-babylonischen Religion herausheben zu können. Hierbei kann er an die in der orientalistischen Forschung vielfach geäußerte These anknüpfen, daß es neben den großen Göttern in Mesopotamien persönliche Schutzgötter gegeben habe. (14) Doch nimmt Vorländer weder auf Gattungen noch auf Zeitabstände Rücksicht, sodaß es schließlich kaum etwas aus der mesopotamischen Religion gibt, was nicht zur Religion des "persönlichen Gottes" gehört. (15) Eine Differenzierung von Religionsschichten, wie sie Oppenheim gefordert hat, leistet Vorländer gerade nicht.

Der einzig sichere Zugang, den schon A. Westenholz für den Teilbereich der frühen akkadischen Religion (2600-2200 v. Chr.) angedeutet hat, besteht darin, daß man den Religionsschichten bestimmte, für sie charakteristische Gattungen zuweist und die in ihnen zur Sprache kommenden religiösen Äußerungen voneinander abzuheben versucht. Ein "Texttyp", den ich schon für die persönliche Frömmigkeit im Alten Testament in Anspruch genommen habe, und der auch von den Orientalisten hierzu ausgewertet wird, sind zweifellos die theophoren Personennamen. (16)

Doch gibt es nicht auch "echte" Texte über diese Namen hinaus? A. L. Oppenheim meinte das verneinen zu müssen und hat darum die Existenz einer persönlichen Frömmigkeit des Babyloniers überhaupt in Frage gestellt. In Analogie zum alttestamentlichen Teil dieser Arbeit, sollte man meinen, die individuelle Gebetsliteratur des Zweistromlandes am ehesten für die persönliche Frömmigkeit in Anspruch nehmen zu können.

Doch hier ergeben sich eine Reihe schwieriger Probleme: Die große Masse der babylonischen Gebete, die sogenannten "Gebetsbeschwörungen" (INIM. INIM. MA ÉN), sowohl in den Serien Maqlû, Šurpu, Namburbi u.a. als auch die Gruppe der Handerhebungsgebete (ŠU ÍL. LÁ) gehen kaum vor das 14. Jh. v. Chr. zurück. (17) Sie unterscheiden sich von den israelitischen Klagen des Einzelnen trotz vieler Gemeinsamkeiten sowohl durch eine Vermengung mit komplizierten rituellen Handlungen als auch dadurch, daß die meisten von ihnen einen ausgebauten hymnischen Einleitungsteil besitzen, worauf schon C. Westermann aufmerksam gemacht hat. (18) Diese beiden Abweichungen machen aber deutlich, daß es sich bei diesen Gebetsbeschwörungen schon um eine von Fachleuten (āšipu) ausgebaute Tradition handelt. Diese bewegt sich zwar noch unterhalb des offiziellen Tempelkults (19), aber sie hat sich schon ein Stück weit von der Frömmigkeit in den Familien entfernt und verselbständigt. Es handelt sich also in diesen babylonischen Gebetstexten im Unterschied zu den alttestamentlichen Klagen des Einzelnen um eine stark ritualisierte und spezialisierte Umformung der persönlichen Frömmigkeit, nicht mehr um diese selber. Auch A. Westenholz weist darum die Beschwörungen nicht der "popular religion", sondern der zweiten Schicht zu ("religion of practitioners not attached to the temples").

Das Problem ist nun, daß natürlich eine Anzahl von Motiven aus diesen relativ späten Beschwörungen auf die persönliche Frömmigkeit zurückverweisen. Einige Texte haben sich durch neu gefundene Kopien auch als älter erwiesen. (20) Und es gibt auch Gebetsbeschwörungen, die den alttestamentlichen Klagen noch erheblich näher stehen, wie die von W. G. Lambert bearbeiteten Beschwörungen "Zur Beruhigung des erzürnten Gottes" (DINGIR. ŠÀ. DIB. BA). (21) Doch wie besonders einige Gottesbriefe (22) oder die kassitischen Siegelgebete (23) zeigen, sah das wirklich private Gebet eines Babyloniers noch schlichter aus. Hier fehlt fast jede hymnische Einleitung und das Reden zu Gott ist so direkt und so intim, wie wir es aus den alttestamentlichen Klagen kennen. (24)

Wenn aber das Gebet des Einzelnen in Mesopotamien solche formgeschichtliche, traditionsgeschichtliche, soziale und religiöse Abstände umspannt, dann kann es nicht ohne weiteres zur Ausarbeitung der persönlichen Frömmigkeit in Mesopotamien herangezogen werden. Jede Aussage in den Gebeten müßte kritisch beurteilt und eingeordnet werden; dazu wäre aber eine so detaillierte Kenntnis der Traditionsgeschichte des individuellen Gebets im Zweistromland nötig, die bei dem heutigen Stand der Forschung einfach noch nicht möglich ist. So können einzelne Aussagen aus den Gebeten nur ergänzend, nicht aber begründend zur Ausarbeitung der persönlichen Frömmigkeit benutzt werden.

Wegen dieser methodischen Schwierigkeit versuche ich in diesem Teil darum einen anderen Weg. Unzweifelhaft private Dokumente aus dem Zweistromland sind die vielen auf uns gekommenen Briefe, jedenfalls soweit es sich um Briefe von Privatpersonen handelt. In diesen Briefen kommen z.T. und meist nur nebenbei auch religiöse Wendungen vor. Damit ergibt sich die Möglichkeit, etwas über die Frömmigkeit der Briefschreiber herauszubekommen. (25) Man muß sich allerdings der Beschränktheit dieses Zugangs bewußt sein: Die Briefe belegen meist nicht wie die Klagen direkt die Vorgänge religiöser Frömmigkeit, sie geben häufig nur einen religiösen Grundtenor wieder; aber immerhin läßt sich z.T. von diesem auf die echten, dahinter liegenden Vorgänge zurückschließen, besonders, wenn man die gleichen oder ähnlichen Aussagen auch in den Personennamen wiederfindet. Auch muß man sich darüber im Klaren sein, daß der Brief eine Gattung ist, die inhaltlich weit weniger festgelegt ist als z.B. die Gattung Klage. Sieht man einmal von den Gruß- und Höflichkeitsformeln ab, so können fast alle Lebensbereiche im Brief angesprochen sein, das heißt auch der Bereich der offiziellen Religion wie Feste, Tempel, etc. Das heißt, nicht alles, was in den Briefen an "religiösen Dingen" vorkommt, gehört zur persönlichen Frömmigkeit, sondern nur das, was für den persönlichen und familiären Lebensbereich des Briefschreibers oder des Adressaten eine religiöse Bedeutung hat. Ist man sich dieser doppelten Einschränkung bewußt, dann ist der Brief durchaus eine geeignete Gattung, an die persönliche Frömmigkeit des Babyloniers heranzukommen.

Als Textbasis eignen sich dafür nun besonders die altbabylonischen Briefe. Zum einen, weil sie uns in so großer Zahl überliefert sind, zum andern weil die Menschen in keiner anderen Epoche der Geschichte des Zweistromlandes so viel von ihrem persönlichen Empfinden, also auch von ihrem religiösen Empfinden in die an sich nüchternen und sachlichen antiken Briefe haben einfließen lassen.

Ist damit diese Textgruppe gewählt, empfiehlt es sich, auch für die offizielle Religion Quellen aus altbabylonischer Zeit zu nehmen, damit die Gegenüberstellung nicht noch durch eine zeitliche Differenz kompliziert wird. Da nur einige wenige akkadische Hymnen - die Gattung, die am direktesten die offizielle Religion belegt - aus diesem Zeitraum überliefert sind(26), bieten sich dazu die altbabylonischen Königsinschriften an. Dazu gehört auch der Prolog und der Epilog des Codex Hammurabi.

Wenn die These einer "social stratification" der mesopotamischen Religion richtig ist, dann sollten sich auch für den Ausschnitt der altbabylonischen Zeit zwischen den religiösen Aussagen beider Gattungen charakteristische Abweichungen herausarbeiten lassen. Auf Textgruppen aus anderen Epochen kann ich nur vereinzelte Hinweise geben. Eine Ausarbeitung der These für die gesamte Religionsgeschichte des Zweistromlandes würde den Rahmen dieser Arbeit sprengen; hier soll nur an einem Ausschnitt ein Durchbruch versucht werden.

II. Die persönliche Frömmigkeit der altbabylonischen Briefe im Vergleich zu den theophoren Personennamen

A.Westenholz hatte die theophoren Personennamen für die Rekonstruktion der "popular religion" in altakkadischer Zeit in Anspruch genommen; auch A.L.Oppenheim hatte das "extremely pious onomasticon" notiert, hatte aber aufgrund des Fehlens anderer Quellen in Frage gestellt, ob hinter diesen Namen wirklich eine echte persönliche Frömmigkeit ("personal piety") steht.(27) Wenn man also die persönliche Frömmigkeit des einzelnen Babyloniers nachweisen will, dann muß man zeigen, daß die Aussagen in den theophoren Namen ihre Entsprechungen in anderen, aus dem persönlichen Lebensbereich stammenden religiösen Aussagen haben. Und das scheint mir nun in der Tat möglich zu sein: Ein ansehnlicher Teil der Verben in den akkadischen theophoren Satznamen(28) läßt sich auch in den altbabylonischen Briefen in religiöser Verwendung belegen. Oft ist auch eine direkte zeitliche Beziehung gegeben: die Namen stammen aus derselben Epoche wie die Briefe. Dann ist aber der Schluß unausweichlich, daß die Eltern, die ihrem Kind einen solchen Namen gaben und die Verfasser von Briefen, in denen eine entsprechende Aussage vorkommt, dieselbe religiöse Erfahrung gemeint haben.

Die Gewichtigkeit dieser Entsprechungen, die statistisch gesehen nicht die gleiche Signifikanz wie die zwischen Namen und Klagen im Alten Testament hat, wird erst richtig bewertet, wenn man berücksichtigt, daß normalerweise antike Briefe immer aus einem sehr praktischen Anlaß geschrieben werden und nicht primär - wie bei uns seit dem 16.Jh. - um Ansichten und Empfindungen zu äußern. So kommt auch das Religiöse, abgesehen von den Briefformularen, nur am Rande und oft rein zufällig zur Sprache. Nichtsdestoweniger lassen sich aufgrund der Masse der überlieferten Texte (sie gehen in einige Tausende) doch zu allen wichtigen Bedeutungsgruppen in den Namen Parallelen aus den Briefen zusammentragen.

Zu den Quellen: Ich habe etwa 90 % des veröffentlichten Materials durchgesehen(29) sowohl aus dem babylonischen Kernland als auch aus Mari und anderen Bereichen. Vollständigkeit ist sowieso noch nicht möglich, da die Edition noch im Fluß ist. Bei den noch nicht oder nur z.T. bearbeiteten Keilschrifteditionen (TIM 2; UET 5; YOS 13 und ARM 10) habe ich möglicherweise das eine oder andere Interessante übersehen. Die Fachwissenschaftler mögen mir das verzeihen; es war mir einfach zeitlich nicht möglich, alle Texte systematisch durchzuarbeiten.

Von den bearbeiteten Texten zitiere ich nach den Bearbeitungen AbB 1-6, ABPh, LFDB, CHJ, StrKT, RIAA; nach den Keilschrifteditionen zitiere ich TCL 17/18(E.Ebeling, MAOG 15); YOS 2 (E.Ebeling, MAOG 16); UCP 9 (E.Ebeling, MAOG 16); BIN 7 (Th.Fish, MCS 1 und 2); TIM 1

(A. Al-Zeebari); die in Zeitschriften veröffentlichten Texte werden nach der Zeitschrift zitiert.

Eine Lokalisierung der Briefe war mir nur insofern möglich, als sie durch Grabungen feststeht; eine Lokalisierung und Zusammenstellung der Tafeln aufgrund der Prosopographie muß ich den Fachwissenschaftlern überlassen. Solche Vorarbeiten sind für viele Fragen, etwa für die Beurteilung der Grußgötter, von großer Bedeutung, sie schienen mir aber für den ersten Versuch, einen Durchblick in religiöser Hinsicht zu schaffen, entbehrlich. Ich verstehe diesen Versuch von vornherein als ergänzungs- und korrekturbedürftig.

1. Der Inhalt des Geschehens zwischen Gott und dem Einzelnen in den aB Briefen und in den Personennamen

Sieht man das immer noch grundlegende Buch von J.J. Stamm über "Die akkadische Namengebung" durch, dann ergeben sich für die Prädikate der theophoren Satznamen vorwiegend drei große thematische Gruppen, die in etwa den Hauptgruppen der alttestamentlichen Namen entsprechen:

a) Namen, die das göttliche Handeln direkt mit dem Vorgang der Geburt zusammenbringen ("Geburtsnamen") (30),
b) Namen, die das göttliche Segnen, Fördern und Leiten des Kindes zum Inhalt haben ("Segensnamen") (31),
c) eine große Gruppe, die es mit dem Vorgang Not-Klage-Rettung-Lob zu tun hat ("Gebetsnamen"). (32)

Zu allen drei Themenkreisen gibt es entsprechende Wendungen in den altbabylonischen Briefen.

a) Die Erschaffung des Einzelnen durch die Götter ("Geburtsnamen")

Briefe			Namen			
banû	schaffen (33)	YOS 2, 132,4	Ili-bānî	Mein Gott ist mein Schöpfer	aB+	28

Zu den Tabellen in diesem Abschnitt: Es werden tabellarisch nur die Verben und Nomina aufgeführt, zu denen Entsprechungen in den Namen vorliegen, damit die Tabellen nicht zu unhandlich werden. Aus Übersichtsgründen wird jeweils nur ein Name genannt, wenn möglich aus aB Zeit; kommen dieser oder ähnliche Namen auch in anderen Perioden vor, wird das mit einem + bezeichnet. Für die Briefe und die Namen wird jeweils nur ein Beleg angeführt. Die letzte Spalte gibt den Fundort für den Namen an, wenn nicht anders bezeichnet, beziehen sich die Zahlen auf die Seiten bei J.J. Stamm, Die akkadische Namengebung.

Die "Geburtsnamen" werden in den aB Briefen durch das Verb banû "schaffen" repräsentiert. In den Namen kommen noch viele andere Verben vor, die in den Briefen fehlen, weil in ihnen von Geburt nie thematisch die Rede ist. Aber unter ihnen ist ja die Aussage, daß ein Gott den Menschen bei seiner Geburt geschaffen hat, theologisch sicher die gewichtigste.

So kann es in den Briefen in Abwandlung der normalen Gruß- und Einleitungsformeln heißen:

YOS 2,132 (4) (d)UTU ù (d)NIN.ŠUBUR ba-ni-ka (5) aš-šu-mi-ja da-ri-iš u(4)-mi (6) li-ba-al-li-ṭú-ka
Samas und Ilabrat, der dich geschaffen hat, mögen dich um meinetwillen viele Tage am Leben erhalten!

TCL 17,37 (1) a-na a-bi-ja ša DINGIR-šu ba-ni-šu (2) la-ma-sá-am da-ri-tam id-di-nu-šum (3) qí-bí-ma
Zu meinem Vater, dem sein Gott, sein Schöpfer, einen dauernden Schutzgeist gegeben hat, sprich!

AbB 1,105 (1) (d)AMAR.UTU ra-i-im-⌈ka⌉ (2) ša ib-nu-ka la-le-e l[i-it-tu-tim] (3) ù ši-bu-tim li-še-eb-⌈bi-ka⌉
Marduk, der dich liebt, der dich geschaffen hat, möge dich mit Fülle an (erfolgreichem Leben)(34) und mit hohem Alter sättigen.(35)

In allen drei Fällen wird der Adressat (in den zwei letzten Belegen der Vater) auf sein Geschaffensein angesprochen. Es bedeutet eine urtümliche, liebevolle (par râmu) Zuwendung eines Gottes zu einem Menschen und begründet ein seinen Lebensbogen begleitendes Vertrauensverhältnis: es ist der Menschenschöpfer, der in diesen Briefwünschen das Leben seines Geschöpfes erhalten, schützen und erfüllen soll. Das Menschenschöpfungsmotiv hat damit ähnlich wie in den Klagen des Alten Testaments eine Vertrauen begründende Funktion: die Erschaffung durch Gott ist der erste und letzte Grund, der die Beziehung zwischen ihm und einem Menschen konstituiert.(36)

So ist die Erschaffung des Einzelnen der Grund dafür, daß der Gott sich in gefährlichen Situationen seiner freundlich annimmt:

ABPh 119 (27) be-lí at-ta i-na šu-ul-mi ù ba-la-ṭi (28) a-na KÁ.DINGIR.RA(KI) er-ba-am-ma (29) bu-nu nam-ru-tum ša (d)AMAR.UTU ra-i-mi-ka (30) ù (d)IŠKUR ba-ni-ka li-im-ḫu-ru-ka
Du, mein Herr mögest heil und gesund nach Babylon gelangen. Möge sich das freundliche Antlitz Marduks, der dich liebt, und Adads, der dich schuf, dir zuwenden!

Ja, sogar ein dritter kann hoffen, daß sich das vertrauensvolle Gottesverhältnis eines anderen auch für ihn positiv auswirkt:

AbB 3,22 (7) ...šum-ma ba-al-ṭá-ku-ma (8) (d)AN.MAR.TU ba-ni-ka ig-da-am-la-an-ni (9) ṣa-al-mi-ka i-na a-ḫi-ja lu-uq-qú-ur
Wenn ich am Leben bleibe und mich Il Amurri, dein Schöpfer, gerettet haben wird, will ich deine (Fürbitt)-Figuren mit meinen Armen zerstören (d.h. selbst für dich Fürbitte leisten).(37)

Es ist also der Menschenschöpfer, der sowohl das Leben des Menschen fördert, segnet und erfüllt (YOS 2,132; AbB 1,105) als auch ihn vor Gefahren schützt (TCL 17,37) und in akuten Notfällen rettet (ABPh 119; AbB 3,22). Sowohl das segnende als auch das rettende Handeln der Götter an einzelnen Menschen, von dem in den beiden nächsten Abschnitten die Rede sein wird, ruht auf der Tatsache auf, daß sie sie geschaffen haben. Die Erschaffung des Einzelnen ist der Zentralpunkt, von der die beiden großen Linien göttlichen Handelns in der persönlichen Frömmigkeit ihren Ausgangspunkt nehmen.

b) Das segnende, fördernde und leitende Handeln der Götter ("Segensnamen")

Das Handeln des Menschenschöpfers geht weiter im Segnen, Fördern und Leiten seines Geschöpfes. Weil in Briefen naturgemäß häufig Wünsche für das Wohlergehen des Adressaten vorkommen, ist die Ausbeute für diesen Themenkreis besonders reich. Es ist ganz erstaunlich, in wie hohem Maße sich die Menschen des alten Mesopotamien in ihrem persönlichen alltäglichen Leben von den Göttern gefördert und geleitet wußten. Wegen der lebendigen Variabilität der Ausdrücke ist die Entsprechung zu den Namen nicht ganz so groß, dennoch läßt sich der Erfahrungshintergrund für eine ganze Reihe, z.T. auch sehr häufiger Namen, aus den Briefen aufhellen, wie die Tabelle zeigt:

Briefe			Namen			
a) Leben, Gesundheit, Segen						
balāṭu (D)	leben	AbB 1, 92,4	(d) Anum-muballiṭ	Anum erhält am Leben	aB+	219
labāru (D)	alt werden	AbB 1, 106,2	Liltabir-ilu	Er möge alt werden, o Gott	mB	158
šalāmu (D)	wohlbehalten s.	AbB 5, 239,25	(d) Adad-mušallim	Adad erhält gesund	aB+	219
karābu	segnen	AbB 1, 6,12	Ikrub-ilum	Gott hat (ihn) gesegnet	aAK	192
b) Erfolg im Beruf						
ilam rašû	Glück haben	YOS 2, 15,9	Raši-ilu	"Glückspilz"	nA	252
damāqu D	Gutes antun	AbPh 61,4	Mudammiq-(d)Marduk	Marduk erweist Gutes	aB+	AHw 156b
šumam zakāru	befördern	LFBD 1,5	Sîn-šuma-izkur	Sin hat befördert	mB	142
c) Leitung auf dem Lebensweg						
malāku	raten	Sumer 23, 161,18	Imlik-Ea	Ea hat Rat gegeben	aB	145
qabû	sprechen	AbB 6, 104,8	Iqbi-ilum	Gott hat gesprochen	aAK	AHw 890a

Am größten ist die Übereinstimmung in der ersten Untergruppe, wo es ganz allgemein um Leben, hohes Alter, Gesundheit, Segen und Glück geht. Das sind die Güter, welche für die Eltern bei der Namengebung im Vordergrund standen. Verständlicherweise sind die begrifflichen Übereinstimmungen in den beiden anderen Untergruppen dünner gesät, weil dieses speziellere fördernde und leitende Handeln der Götter bei der Geburt naturgemäß nicht die Rolle spielt. Um so auffälliger ist, daß sich dennoch einiges davon auch in den Namen niedergeschlagen hat. Und die Parallelität wird auch hier enger, wenn man über die begrifflichen Entsprechungen hinaus die sachlichen hinzunimmt.

(1) balāṭu: Dieses Verb ist mit Abstand das häufigste, das in den aB Briefen in theologischem Zusammenhang vorkommt. Das kommt daher, weil in dieser Zeit mit diesem Verb die am meisten verbreiteteste Grußformel gebildet wird: z.B.:

AbB 1,92	(4) (d)UTU ù (d)AMAR.UTU li-ba-al-li-ṭú-ki Šamaš und Marduk mögen dich am Leben erhalten!

Dabei gibt die Übersetzung des D-Stammes mit "am Leben erhalten" nicht den ganzen Sinn des Verbs wieder: Es ist sowohl gemeint, daß die Götter dem Adressaten ein langes Leben schenken möchten, wie die häufig hinzugefügte adverbiale Wendung da-ri-iš u(4)-mi "lange Zeit"(38) noch verdeutlicht, als auch daß die Götter ihm ein Leben im vollen Sinn, d.h. Gesundheit gewähren möchten.

Neben diesem Wunsch nach Gesundheit und langem Leben begegnet das Verb häufig schon in der Adressenangabe:

AbB 2,113	(1) a-na a-bi-ja ša (d)AMAR.UTU ú-ba-la-ṭú-šu (2) qí-bí-ma Zu meinem Vater, den Marduk am Leben erhält, sprich!

Hier wird konstatiert, daß der Adressat in einem besonderes Vertrauensverhältnis zu einem Gott steht, das sich darin auswirkt, daß er von ihm ständig gesund erhalten wird. Dadurch soll der Angeredete geehrt werden, die Wendung begegnet fast nur bei höhergestellten und verwandten Personen. Wie sich dieses konstatierende Reden zum meist folgenden Wunsch verhält, darüber wird nicht reflektiert.

Die Belege zu beiden Einleitungsformeln sind Legion.(39) Dennoch wäre es falsch, hier nur eine Floskel zu sehen, deren religiöser Inhalt entleert wäre. Das verbieten eine ganze Anzahl von Belegen außerhalb des formelhaften Gebrauchs:
So als Schlußwunsch:

CHJ 25f	(21) (d)UTU šu-u ba-la-aṭ-ka li-iq-[bi] Šamaš selbst möge dein Leben befehlen(40)

oder konstatierend in anderen Zusammenhängen:

UET 5,21 — (10) aš-šum (d)UTU (11) ša ú-ba-al-la-ṭù-ú-ka (12) re-ša-am ša-ti(!) (13) iš-tu UD 10 KAM a-na KÙ.BABBAR at-ta-di-iš-šu
Bei Šamaš, der dich am Leben erhält, besagten Sklaven habe ich seit 10 Tagen verkauft! (41)

AfO 24,124 — (24) šum-ma be-lí (d)AMAR.UTU (25) aš-šu-mi-ja ú-ba-la-aṭ-ka (25) ù i-ga-am-mi-il-ka ri-qú-sà (27)la i-la-kam
Wenn dich schon mein Herr Marduk um meinetwillen am Leben erhält und dich rettet, dann sollte sie (die zum Adressaten mit einem Auftrag gesandte Frau) nicht erfolglos zurückkommen.

Gerade diese argumentative Verwendung des Motivs beweist, daß es religiöses Gewicht gehabt haben muß. Man kann einen Menschen daraufhin ansprechen, daß er von einem Gott am Leben erhalten wird, um ihn zu einer dankbaren Reaktion zu bewegen (AfO 24,124). Und ein Gott kann durch ein sein Leben erhaltendes Handeln für einen Menschen charakterisiert werden und darum für diesen besonderes Gewicht bekommen (UET 5,21). Daß ein Gott einen Menschen gesund erhält und alt werden läßt, spielt ganz ohne Zweifel für das persönliche Gottesverhältnis des altbabylonischen Menschen eine wichtige Rolle.

Das bestätigen auch die anderen Verben, die dasselbe meinen, nur andere Aspekte hervorheben:

AbB 1,106 <u>labāru D</u> — (1) (d)AMAR.UTU ra-i-im-ka a-ḫi ka-ta (2) aš-šu-mi-ja li-la-ab-bi-ir-ka(42)
Marduk, der dich lieb hat, möge dich, meinen Bruder, um meinetwillen alt werden lassen!

AbB 2,89 <u>šebû Š</u> — (14) la-li ba-la-⌈ti⌉-[im] ⌈(d)UTU⌉ li-še-bi-i-ka(43)
Mit Fülle an Leben möge Šamaš dich sättigen!

Das Verb <u>šalāmu</u> und das Nomen <u>šulmu</u> "wohl, gesund sein, Wohlbefinden, Gesundheit" gehören wieder zur - erweiterten - Grußformel der aB Briefe und sind darum sehr häufig belegt, z.B.:

AbB 6,64 — (6) lu ša-al-ma-ti lu ba-al-ṭa-ti...
(8) a-na šu-ul-mi-ki aš-pu-ra-am
(9) šu-lum-ki ma-ḫar (d)UTU ù (d)AMAR.UTU lu da-ri(44)
Du mögest wohl, du mögest gesund sein (eine Frau)! Wegen deines Wohlbefindens schreibe ich (erkundige ich mich). Dein Wohlbefinden möge vor Šamaš und Marduk dauerhaft sein.

Hierbei wird der "profane", alltägliche Gruß "lū šalmāta/ti" "Du mögest gesund sein!"(45) aufgenommen und in den - immer schon unausgedrückt mitgedachten - religiösen Zusammenhang gestellt: Das menschliche Wohlbefinden "ereignet sich" im Gegenüber zu den Göttern. Auch diese Wünsche begegnen außerhalb des formelhaften Gebrauchs:

AbB 5,239 (24) aš-šum UD.KIB.NUN.NA(KI) (d)UTU ù (d)AMAR.UTU (25) li-ša-al-li-mu-ku-nu-ti(46)
Um Sippars willen mögen Šamaš und Marduk euch (zwei Personen) wohlbehalten sein lassen.

Explizit vom segnenden Handeln Gottes am Einzelnen, das auch bei den bisherigen Verben schon mitgemeint war, wird sowohl bezogen auf eine Person gesprochen:

AbB 1,6 (11) [DING]IR-ka la-ma-as-sà-ka ù x[...] (12) ⌈ša⌉ i-ka-ra-ba-ak-kum
karābu Dein Gott, dein Schutzgeist und [x], der dich segnet(47)

als auch bezogen auf ein Tun des Menschen:

YOS 13,161 (3) (d)AMAR.UTU a-na e-pé-ši-ka an-ni-im (4) li-ik-ru-ub
Marduk möge diese, deine Tat segnen! (48)

Im zweiten Fall ist der glückliche Ausgang einer (schwierigen) Unternehmung gemeint. So leitet dieser Gebrauch von karābu zum nächsten Bedeutungsfeld über. Das persönliche Gottesverhältnis wirkt sich nicht allein für das leibliche Leben eines Menschen aus, sondern umfaßt auch sein Handeln.

(2) Erfülltes Leben ohne dessen soziale Seite gibt es nicht. So schließen sich an die Verben des Segens eine Vielzahl von Ausdrücken an, die die erfolgreiche, anerkannte Arbeit des einzelnen Menschen zum Inhalt haben.

Die Götter verschaffen dem Menschen Glück und Reichtum. Das Akkadische hat dafür eine eigentümliche Wendung: "ilam rašû" wörtlich: "einen Gott bekommen", was soviel wie "Glück haben", "wohlhabend werden" bedeutet. Die Wendung kommt in diesem Sinn auch in den aB Briefen vor. (49)

Reichtum und sozialer Aufstieg wird explizit auf die Erhörung von Gebeten zurückgeführt:

AbB 3,52 (19) aš-šum DINGIR-lum un-ne-ni-ku-nu il-qú-ú-ma
(20) a-wi-lu-ú at-tu-nu-ma ra-ši-a-tu-nu-{ma}
(21) mi-im-mi-ku-nu a-na pa-ni-su it-ta-la-ak
Weil Gott eure Gebete angenommen hat und ihr Patrizier geworden und zu Besitz gekommen seid, hat all euer Besitz zugenommen.

und der Einzelne kann Gott um den erfolgreichen Abschluß eines Geschäfts bitten: so bittet ein Mann, der sich auf einer Geschäftsreise in Aššur befindet in einem Brief seine Mutter:

AbB 3,60 (10) ku-ur-bi-ma (11) ib-be li-ma-ṭi
Bete, daß er (Gott) den Verlust gering halte!

Reichtum und Erfolg sind also ein göttliches Geschenk und es wird allgemein vorausgesetzt, daß sich der so glücklich Beschenkte dessen bewußt bleibt: So fährt der Schreiber des Briefes AbB 3,52 anklagend fort: da-te-e ša bi-it a-bi-ni tu-uḫ-ta-li-qá "Die Angehörigen unserer Familie habt ihr ruiniert" gemeint ist: Obgleich ihr euren Aufstieg nicht euch, sondern Gott zu verdanken habt, treibt ihr den Konkurrenzkampf auf solche ruinöse Weise!

So wird auch sonst Reichtum und Erfolg im Zusammenhang mit dem sozialen Verhalten des Einzelnen gesehen:

AbB 1,97	(4) ú-sa-at te-pu-ša-ni-in-ni (5) (d)UTU ù (d)AMAR.UTU li-ri-ba-ku-nu-ši
riābu	Die Hilfe, die ihr mir geleistet habt, mögen Šamaš und Marduk euch vergelten!
ABPh 61	(4) ša te-pu-ša-an-ni il-ka (d)IŠKUR li-⌜id-dam⌝-mi-[iq](50)
damāqu Dtn	Was du mir getan hast, möge dein Gott Adad (dir) als Wohltat erweisen.

Das Verb damāqu D kommt auch häufig in der Namengebung vor; der gleiche Zusammenhang ist in den Namen mit dem Verb qâšu "schenken, belohnen" ausgedrückt(51); J.J.Stamm nennt noch eine Reihe von Namen mit anderen Verben, in denen um Reichtum und Erfolg gebeten wird.(52)

Reichtum und Erfolg gründen sich zwar grundsätzlich auf die Fürsorge und Förderung, die der Menschenschöpfer allen seinen Geschöpfen angedeihen läßt, dennoch gehen sie im Einzelfall auf eine besondere göttliche Zuwendung zu bestimmten Menschen zurück, wodurch diese gegenüber anderen herausgehoben werden. Diese schon im alttestamentlichen Teil bei der Analyse des "Mit-Seins" Gottes erhobene Differenzierung des persönlichen Gottesverhältnisses drückt sich im Akkadischen in dem Begriff "šumam zakāru" aus, der auch in der Namengebung seinen Niederschlag gefunden hat.(53) Er bedeutet wörtlich: "den Namen jemandes nennen, an jemanden denken". Indem ein Gott den Namen eines bestimmten Menschen nennt, kümmert er sich in besonderer Weise um ihn und seinen Lebensweg, sodaß der Ausdruck schließlich soviel wie "befördern" bedeutet:(54)

LFBD 1	(5) i-nu-ma (d)AMAR.UTU šu-um-ka iz-ku-ru (6) ma-di-iš aḫ-du Als Marduk dich (in diese hohe Stellung) beförderte, freute ich mich sehr.
AbB 2,82	(10) iš-tu šu-mi a-bi-ja ka-ta (d)EN.ZU-(d)MAR.TU (11) iz-ku-ru (12) ù sa-ar-di-a-am a-pu-lu(55) Als Sin-Amurrum dich, meinen Vater, befördert hatte und ich mit einem Dankgebet geantwortet hatte...

Genauso wichtig wie der Reichtum als solcher, ist die soziale Anerkennung, die Ehre und der gute Ruf, die er einbringt:

JCS 25,85	(5) (d)IŠKUR ù (d)Geštin-an-na i li [xxx](6) i-na a-al
kabātu D	wa-aš-ba-ti qá-qá-ad-ki li-ka-bi-tu(56)
	Mögen Adad und Geštin-anna [...] dich in der Stadt, in der du wohnst, geehrt machen!

ABPh 84	(1) (d)AMAR.UTU ra-i-im-ka (2) šu-ma-am dam-qá-am ša
šarāku	ta-ra-am-mu (3) aš-šu-mi-ja li-iš-ru-ka-ak-kum(57)
	Marduk, der dich liebt, möge dir den guten Ruf, den du begehrst, um meinetwillen schenken!

CT 18,150	(1) a-na (LÚ) PA.PA ša (d)LUGAL.BANDA-da (2) ù (d)Ur-ma-šum
damāqu D	šu-um-šu ú-dam-m [i-qú](58)
	Zu dem Hauptmann, den Lugalbanda und Urmašum in guten Ruf gebracht haben...

Diese Belege, die sich noch vermehren lassen, zeigen, daß in der altbabylonischen Gesellschaft das berufliche Leben jedes Einzelnen unter der Förderung der Götter stehend verstanden wurde: sein Erfolg, sein Aufstieg, sein Reichtum und sein Ansehen gingen direkt auf ein persönliches Handeln der Götter zurück.

(3) Dieser Eindruck verstärkt sich noch durch die dritte Gruppe: nicht nur im Berufsleben, nein, auch in allen möglichen anderen Lebenslagen, in der der Einzelne nach einer Orientierung sucht, weiß er sich von einem Gott geleitet und behütet. So wünscht eine Frau sehnsüchtig, daß Gott ihr ein Zusammentreffen mit ihrem Bruder ermöglicht:

BIN 7,41	(7) a-na i-li ša pa-ni-ka (8) ù-ka-la-ma-an-ni (9) i-na qu-ut-ri-na-tim (10) qá-ta-a+a pu-lu-ša(59)
	Für den Gott, der mich dein Angesicht wieder sehen läßt, sind meine Hände dauernd durch (glühende) Weihrauchkörner durchlöchert.

Und ein empörter Vater setzt fraglos voraus, daß es ein Gott war, der seine Söhne veranlaßte, sich an einem, von ihm nicht gebilligten Ort niederzulassen:

TCL 1,40	(22) šú-mi ì-lí-ka ù mu-ta-ki-li-ka (23) ša ka-ta ù a-ḫa-ka a-ša-ri-iš (24) ú-še-ši-bu-ú (25) li-ib-li-i
	Möge der Name deines Gottes und dessen, der dir das Vertrauen gab, der dich und deinen Bruder veranlaßte, sich dort anzusiedeln, vergehen! (60)

Und ein Mann, der so tief von Bekannten gekränkt worden ist, daß er jeden Kontakt abbrechen will, ruft aus:

Sumer 23,161	(18) (d)UTU li-im-li-ka-ni (19) ù-lu lu-mu-ut
malāku	(20) ù-lu lu-ub-lu-uṭ

Šamaš möge mir Rat geben, ob ich mich umbringen, oder ob ich weiterleben soll!

Mag dieser Wunsch mehr rhetorisch gemeint sein, so belegen doch andere Stellen eindeutig, daß der Einzelne bei schwierigen Entscheidungen sich auf den Rat und die Weisung der Götter angewiesen wußte:

AbB 2,157 idû Š	(18) e-li-i (d)UTU bi-il-ki (19) ú-še-e-da Soll ich hinaufgehen? Šamaš, dein Herr, wird es mir offenbaren.
AbB 6,104 qabû	(7) [iš-]⌈tu⌉ pa-na-ma ma-ri ni-iš i-li-ja at-ta (8) [ù] i-na-an-na (d)AMAR.UTU iq-bi-ma (9) qá-qá-di a-na sú-ni-ka (10) at-ba-lam(61) Seit früher bist du der "Sohn meines Gotteseides" und jetzt hat Marduk Weisung erteilt und ich habe meinen Kopf auf deinen Schoß gelegt.

Im letztgenannten Brief ist wohl eine von Marduk gewiesene Versöhnung zwischen zwei Partnern gemeint, doch bleibt der Vorgang im einzelnen noch interpretationsbedürftig.

Wir wissen, daß göttliche Weisungen im religiösen Leben Mesopotamiens eine große Bedeutung gehabt haben und zu den festen Institutionen der Traumdeutung und des Omenwesens führten, zu denen spezielle Berufstände gehörten (šā'ilu, šā'iltu, barû). Wir befinden uns hier also im Übergangsfeld zu offizielleren Religionsformen, denn Träume (šuttu) und Vorzeichnen (ṭêrtu) spielen auch in der kleinen und großen Politik (z.B. bei Heerzügen) eine wichtige Rolle. Aber die Briefe belegen, wie diese institutionalisierten Formen der Religion auch tief in die persönliche Frömmigkeit hineinwirkten, in ihnen vollzieht sich auch die Orientierung des Einzelnen in seinem privaten Lebensbereich. Zwei Texte sollen das veranschaulichen:

TCL 18,100	(8) a-na-ku mu-ša-am ù ka-ṣa-tam (9) šu-na-ti-ka-ma (10) a-na-ṭa-al(62) Ich achte nachts und früh morgens sogar auf die dich betreffenden Träume.
AbB 6,22	(7) aš-šu-mi-ki a-na ba-ri-im (8) ù ša-ḪI-il-tim a-⌈la⌉-[ak]........ (25) a-di-ni a-na ne-re-eb-tim (26) ú-ul e-li-ma ṭe(4)-em (27) ba-ri-im ú-ul aš-pu-ra-ki-im (28) i-na ka-ap-ri-im ba-ru-um (29) ú-ul i-ba-aš-ši(63) Wegen dir werde ich zum "Wahrsager" und zur Traumdeuterin gehen... Bis jetzt bin ich noch nicht nach Nerebtum hinaufgekommen und konnte dir deswegen den Bescheid des "Wahrsagers" noch nicht schreiben. Im Dorf gibt es keinen "Wahrsager."

Die gegenseitige Anteilnahme zweier Menschen drückt sich hier u.a. darin aus, daß der eine auf die göttlichen Weisungen für den anderen im Traum achtet oder sich um den Rat eines Fachmannes aus der Stadt bemüht. Selbst der Kreis der Freunde und Verwandten war jederzeit offen, eine einen Menschen aus diesem Kreis betreffende Weisung eines Gottes aufzunehmen und diesem zu übermitteln. Das zeigt noch einmal sehr deutlich, wie selbstverständlich der einzelne Babylonier sein alltägliches Leben unter göttlicher Leitung wußte. Auch in den Namen ist häufig von dem göttlichen Wort die Rede, etwa daß es sich bewahrheitet hat. (64) Damit ist wahrscheinlich zuerst konkret die Verheißung des Kindes gemeint, das geboren worden ist, aber es ist immerhin nicht völlig auszuschließen, daß damit auch die vielen anderen Worte und Weisungen der Götter im Leben eines Menschen gemeint sein könnten, die ihm in schwierigen Situationen Orientierung und Richtung gegeben haben.

c) Das rettende und schützende Handeln der Götter ("Gebetsnamen")

Das Handeln des Menschenschöpfers geht nicht nur im Segnen, Fördern und Leiten des Menschen weiter, sondern aktualisiert sich auch in Bedrohung und Not in einem beschützenden und rettenden Handeln. Dabei sind beide Linien nicht streng voneinander zu trennen: einerseits wurde ein beschützender Aspekt auch beim Fördern und Leiten sichtbar, andererseits ist das heile und erfüllte Leben auch Inhalt des Flehens, mit dem sich der Einzelne in bedrohlichen Situationen an einen Gott wendet. (65) Die Besonderheit dieses göttlichen Handelns am Einzelnen liegt darin, daß es sich um den Vorgang von Not-Klage-Rettung-Lob gruppieren läßt; es ist immer auf eine Bedrohung oder akute Notlage bezogen.

Und wirklich lassen sich alle der hier vorkommenden Verben und Nomina analog zum Aufbau der individuellen Klage anordnen, wie wir ihn aus dem Alten Testament kennen: Entsprechend der Bitte um Zuwendung und um Eingreifen kommen auch in den aB Briefen Verben der göttlichen Zuwendung und des göttlichen Eingreifens vor. Letztere untergliedern sich genauso wie im Alten Testament in Verben, bzw. Nomina des Rettens, des Beistandes und des Schutzes. Auch das Vertrauensbekenntnis und das Lobgelübde finden ihre Entsprechung in bestimmten Wendungen der Briefe.

Auffallend ist nun, daß die Verben und Nomina dieser Bedeutungsgruppe in einem noch weit höherem Ausmaß als die der vorigen auch in den akkadischen Namen vorkommen. Das belegt folgende Tabelle: (s.S.112)

Von den häufiger vorkommenden Verben fehlt in den Namen nur redû "begleiten". Natürlich sind längst nicht alle Verben, die in den "Gebetsnamen" begegnen, in den aB Briefen belegt, es fehlen z.B. so geläufige Verben der Zuwendung wie šemû "erhören" oder der Rettung wie eṭēru oder šūzubu. Aber das ist nicht weiter verwunderlich: in der Gattung Brief kommt eben der Klage-Rettungsvorgang meist nur indirekt zur Sprache und von göttlicher Hilfe in akuten Notfällen erfahren wir aus ihnen nur zufällig einmal etwas. Dagegen kommt in den für den Brief typischen Wünschen der göttliche Beistand und Schutz viel häufiger zum Tragen: so sind Ausdrücke für Beistehen (rēšam kullu) und Schützen (naṣāru) zum Bestandteil des erweiterten aB Briefformulars geworden. Aber daß überhaupt alle Bedeutungsgruppen, die wir in den alttestamentlichen Klagen fanden, auch in den aB Briefen nachweisen lassen, hat doch erhebliches Gewicht.

Briefe			Namen			
1. Zuwendung						
rêmu	s.erbarmen	AbB 6,1,36	(d) Šamaš-rēmanni	Šamaš, erbarme dich meiner!	aB+	167
unnēnam leqû	Flehen annehmen	AbB 3, 52,19	(d) Sîn-leqe-unnēni	Sin, nimm mein Gebet an!	mB	UET 7, 62,1
magāru	zustimmen, erhören	AbB 1,61,7	Imgur-(d)Enlil	Enlil hat erhört	aB	192
maḫāru	s.annehmen	ABPh 119,30	(d)Bel-supê-~ muḫur	Bel, nimm mein Gebet an!	spB	167
râmu (66)	lieben	AbB 2, 81,37	Irām-(d)Dagan	Dagan hat liebgewonnen	aAK	193
2. Eingreifen a) Rettung, Recht schaffen						
na᾽-rārum	Rettung	AbB 3, 48,5	(d)Šamaš-na᾽-rāri	Šamaš ist meine Rettung	aB+	212 Anm.4
rēṣum	Helfer	AbB 3, 48,5	GN-rēṣi	GN ist mein Helfer	aB+	AHw 972a
gamālu	schonen, retten(67)	AbB 3,22,8	(d)Sîn-gimlanni	Sin, rette mich!	aB	168
diānu	Recht schaffen	AbB 5, 159,Rs 8	Itti-(d)Sîn-dīni	Bei Sin ist mein Recht	aB	230
aḫāzuš	(Recht) anweisen	AbB 5,39,9	(d)Sîn-lišaḫiz	Sin möge (mein Recht) anweisen	aB	M.Stol AbB 5, S.18 Anm.
2b) Beistand						
(rēšam) kullu	halten, beistehen	AbB 2, 81,7f	Ili-killanni	Mein Gott, halte mich!	aB	171
ina idi alāku	begleiten	ARM 10, 4, 34	Idāja-alki	Geh mir zur Seite!	mA	171
(ina idi) izūzzu	beistehen	ARM10, 107, 20f	Izizzam-ili	Steh mir bei, mein	aA	193
tillatum	Hilfstruppe	ARM 10, 4, 31	Annu-tillatī	Annu(?) ist meine Hilfstruppe	aB	Römer 51
tappûtam alāku	beistehen, helfen	ARM10, 107,22	(d) Nabû-tappûta-illak	Nabu geht hilfreich zur Seite	nA	241
2c) Schutz						
nasāru	schützen	AbB 3,22,5	(d)Adad-nāsir	Adad ist Beschützer	aB+	YOS2, 103, 36
lamas-sum	Schutzgeist	TCL 17, 37,2	(d)Marduk-lamassašu	Marduk ist sein Schutzgeist	aB	210
3. Vertrauensbekenntnis						
takālu	vertrauen	AbB 4, 161,39	Ana-(d)Šamaš-taklāku	Auf Šamaš vertraue ich	aB	196
uznī bašû	Ohren richten auf = harren	AbB2, 82,32	Ibašši-uzni-ana-ili	Ich harre auf Gott	mB	196
4. Lobgelübde						
dalālu	loben	AbB 6, 135,20'	Ludlul-(d)Enlil	Ich will Enlil loben	aB	202
šēp GN našāqu	den Fuß GN's küssen	Ra 53, 32,Rs7f	Sep-Ea?(68)		aB	277

(1) Die Zuwendung:

AbB 6,1 (35) ⸢ki-ma⸣ (d)AMAR.UTU ša i-ka-ra-ba-ki (36) ⸢ir⸣-te-ma-an-ni-ma (37) i-na pí-ḫa-tim at-ta-zi-iz-zu
(38) KÙ.BABBAR ma-la ša a-ḫa-ti iš-pu-ra-am (39) a-na a-ḫa-ti-ja ú-ša-ab-ba-⸢al⸣ (40) mu-uš-ke-nu-ti at-ti ú-ul ⸢ti⸣ [di-i]
Sobald Marduk, der dich segnet, sich meiner erbarmt und ich wieder in eine Dienststelle eintreten kann,
werde ich das Geld, wovon meine Schwester geschrieben hat, an meine Schwester schicken. Oder wußtest du nicht, daß ich außer Dienst bin?

rêmu bezeichnet hier die Zuwendung Marduks als pars pro toto und schließt die Rettung aus der muškēnu-Existenzweise mit ein. Das Verb gehört aber eindeutig zur Bitte um Zuwendung, wie der aB Gottesbrief zeigt:

YOS 2,141 (14) ù qí-in-ni (15) ṣe-ḫe-ra-bi a-mu-ur
(16) aš-šu-mi-šu-nu (17) re-ma-an-ni
Doch meine Familie, groß und klein, sieh an!
Um ihretwillen erbarme dich meiner!

Und ständige, gesicherte Gebetserhörung ist es, die die nadītu Lamassani u.a. ihrem Vater wünscht:

AbB 1,61 (6) ⸢ba⸣-la-ṭa-am ṭú-ub li-ib-bi-im (7) ⸢la⸣-ma-as-sí qá-bé-e ù ma-ga-ri-im (8) i-na É.GAL Su-mu-la-DINGIR
magāru (9) be-lí ù be-el-ti a-na da-ri-a-tim (10) a-na a-bi-ja ka-ta li-iš-ru-ku(69)
Gesundheit, Zufriedenheit und einen Schutzgeist für das Flehen und das Erhört-Werden im Palast des Sumu-la-El möge mein Herr und meine Herrin dir, meinem Vater, immerdar schenken.

Auch das häufige, zu einem Gottesnamen hinzugesetzte Partizip rā'imka/ki "der dich liebt/liebgewonnen hat" meint eine Zuwendung:

AbB 2,81 (37) (d)AMAR.UTU ra-im-ka i-na pí-ḫa-at šu-ul-mi-⸢ka⸣
(38) u(4)-mi-ša li-ir-te-ed-di-ka(70)
râmu Marduk, der dich liebgewonnen hat, möge dich in deiner sicheren Dienststelle täglich geleiten.

Doch ist hier die einmalige Zuwendung zu einem speziellen Gebet schon in Richtung auf eine das ganze Leben umgreifende hin ausgeweitet. (71) Konkrete Zuwendung zum Gebet ist wieder gemeint:

AbB 3,52 (19) aš-šum DINGIR-lum un-ne-ni-ku-nu il-qú-ú-ma
unnēnam leqû Weil Gott eure Gebete angenommen hat...

Den Zusammenhang von freundlicher Annahme und Erschaffung eines Menschen (maḫāru vgl hebr. ʾāsaf Ps 27,10) belegt der schon zitierte Brief ABPh 119,27-30.(72)

(2a) Die Rettung: Ein plastisches Zeugnis persönlicher Frömmigkeit in Babylonien ist uns in dem Brief Bēlšunus an seinen Vater überliefert (AbB 3,48). Die Familie ist wohl in einen Rechtsstreit um ihr Haus verwickelt; es besteht die Gefahr, daß es ihr genommen wird (Z.20) und sie so zum Gespött der Stadt wird (Z.19). In dieser Bedrohung will Bēlšunu seinen Vater trösten; der Text ist leider etwas zerstört, aber wenn die Rekonstruktion von F.R.Kraus richtig ist, dann haben wir hier eine Vertrauensaussage vor uns, die auch stark an das Heilsorakel im Alten Testament erinnert:

AbB 3,48	(5) na-aḫ-ra-rum ša (d)AMAR.UTU ⸢re⸣-ṣi-ka
<u>naʾrārum</u>	(6) mi-im-ma-a la ta-a-⸢dar⸣
<u>rēṣum</u>	Rettung kommt von Marduk, deinem Helfer!
	Du brauchst keine Angst zu haben!

In ähnliche Richtung ist wohl auch die Bitte des Warad-ilišu zu verstehen:

AbB 6,135	(19)' ⸢na-ah-ra-a⸣r be-el-ti-ja li-ik-šu-da-an-ni-ma
	(20)' ⸢xxxxo⸣ lu-ud-lu-ul
	Die Rettung meiner Herrin (Inanna) möge mich erreichen und ihr Lob (?) will ich singen!

denn die gleiche Konstruktion ist in dem aB Gottesbrief belegt:

YOS 2,141	(18) na-aḫ-ra-ar-ka (19) li-ik-šu-da-an-ni
	Deine Rettung möge mich erreichen! (73)

Zu den Verben des Rettens gehört auch <u>gamālu</u>; ich verweise auf die oben zitierte Stelle AbB 3,22,7-9, die den Zusammenhang von erschaffendem und rettendem Handeln aufweist.(74)

Wie im AT werden auch in den aB Briefen Begriffe aus dem Rechtsleben gebraucht, um das rettende Handeln eines Gottes zu bezeichnen; so ruft in einigen Beschwerdebriefen der Absender Šamaš gegenüber dem säumigen Adressaten um Rechtshilfe an:

AbB 5,159,	Rs (8)' (d)UTU di-ni li-di-in
<u>diānu</u>	Šamaš möge mir zum Recht verhelfen! (75)

In ähnlichem Zusammenhang können auch die Verben <u>aḫāzu</u> Š und <u>šâlu</u> auftauchen:

AbB 5,39	(7)[ja-a]t-ta ù ka-at-ta (8) [(d)N]IN.ŠUBUR ì-lí a-bi-ka
	(9)[li-š]a-ḫi-iz
	Das Meine und das Deine möge Ilabrat, der Gott deines Vaters, anweisen!

ARM 13,98	(11) DINGIR-lum iš-ta-al-šu(!)(76) Gott hat ihn (den ungerechten Richter) zur Rechenschaft gezogen.

(2b) Der Beistand: Am häufigsten ist hier eine Formulierung (über 60 mal), die in der erweiterten aB Grußformel vorkommt und zwar in doppelter Form, z.B.:

AbB 1,3	(7) DINGIR na-ṣi-ir-ka re-eš da-mi-iq-ti-ka (8) li-ki-il
AbB 2,81	(7) DINGIR na-ṣi-ir-ka re-eš-ka a-na da-mi-iq-tim (8) li-ki-il

wörtlich bedeutet sie "Dein Schutzgott möge dein Haupt zu deinem Besten (hoch)halten", doch tritt die konkrete Bedeutung des Ausdrucks "rēšam... kullu" meist schon zurück(77) und man wird besser in übertragener Bedeutung übersetzen: "Dein Schutzgott möge dir zum Besten beistehen." Die noch mehr von der kommerziellen Verwendung des Ausdrucks herkommenden Übersetzungen von F.R.Kraus, "zum Besten bereitstehen"(78) oder von R.Frankena, "zum Guten zur Verfügung stehen"(79) halte ich nicht für treffend, denn in den Briefen ist die konkrete Vorstellung, daß der Schutzgott an der Seite oder am Kopf des Einzelnen steht, einige Male explizit bezeugt, sie wird darum auch beim Ausdruck "rēšam...kullu" noch mitschwingen:

AbPh 105	(11) ma-aṣ-ṣa-ar šu(!)-ul-mi-im ù ba-la-ṭi-[im] (12) i-na re-ši-ka a-ja ip-pa-ar-ku(80) Der Wächter des Wohlbefindens und des Lebens möge nicht von deinem Haupte weichen!
AbPh 106	(12) i-mi-it-tam (13) ù šu-me-lam be-lí ù be-el-ti (14) a-na na-ṣa-ri-ka a-ja i-gu-ú Zur Rechten wie zur Linken möge mein Herr und meine Herrin nicht müde werden, dich zu schützen.(81)

Wie die Belege zeigen, stehen auch in der aB Frömmigkeit wie im AT Beistand und Schutz eng beieinander. Es ist ein Beistand der Götter gegen mögliche Bedrohungen gemeint. In einer institutionalisierten Form der persönlichen Frömmigkeit, in den aB Ölomina, erscheinen dann auch sowohl die bedrohenden als auch die beschützenden Mächte in einer personalisierten Form: hier gibt es einen "guten Genius", der "mukil rēš damiqtim" und einen "bösen Genius", der "mukil rēš lemuttim" heißt; führt der erste zur Genesung(82), so der zweite zum Tod.(83) Es sind diese das Leben bedrohenden dämonischen Mächte, gegen die in den Briefen der göttliche Beistand und Schutz beschworen wird.

Außerhalb des Grußformulars begegnen noch eine ganze Reihe anderer Ausdrücke für den göttlichen Beistand: Ich möchte hier auch noch einmal auf einen altassyrischen Brief verweisen:

CCT 4,14b	(8) A-šùr u il(5)-kà qá-tí (9) i-ṣa-áb-tù-(ma)
(AfOB 13f,15b)	Aššur und dein Gott haben (helfend) meine Hand ergriffen.

qātam ṣabātu kommt auch in den theophoren Personennamen vor(84); die gleiche Vorstellung vom göttlichen Beistand ist auch im AT belegt.(85) Andere Wendungen finden sich besonders in den Maribriefen:

ARM 10,107	(20) (d)Da-gan ù il-ka⸢ša⸣[i-na i-di-ka](21) iz-za-az-[zu]
izuzzu	(22) ta-pu-ut-ka li-il-li-ku-ma
tappûtam	Dagan und dein Gott, der dir zur Seite steht,
alāku	mögen dir zur Hilfe kommen!

Und die Königin Šibtu versucht aufgrund einer Gottesbefragung ihrem Gemahl Zimrilim bei einem gefährlichen Kriegszug Mut zu machen:

ARM 10,4	(31) til-la-ti-i ja-at-tu-ú-um (d)Da-gan (32) (d)IM
ina idi	(d)I-túr-me-er ù NIN.É.GAL-lim (33) ù (d)IM-ma be-el
alāku	pu-ru-us-se-em (34) ša i-na i-di be-li-ja i-⸢la⸣-[ku]
tillatum	(Fragst du:) "Wer ist meine Hilfstruppe?" (So antworte ich:) "Dagan, Addu, Iturmer und Bēlet-ekallim - und Addu ist (ja) Herr der Entscheidung - sie sind es, die an der Seite meines Herrn gehen."

Die Person des Königs bewirkt, daß Elemente der offiziellen Religion (Häufung der Götter, Epitheta) in die persönliche Frömmigkeit eindringen. Ein häufigeres Verb des göttlichen Beistehens ist redû:

ARM 10,38	(7) a-na te-ri-iṣ ú-ba-ni-ka (8) li-ir-du-ka(86)
	(Mein Herr und meine Herrin)... mögen dich an deinem ausgestreckten Finger geleiten.

(2c) Eng mit den Ausdrücken des Beistandes gehören die des Schutzes zusammen. Hier hat in den aB Briefen vor allem naṣāru große Bedeutung erlangt. Wir waren schon auf die Briefeinleitungsformel gestoßen, in der häufig das Partizip (nāṣirum) und zuweilen auch das Nomen maṣṣārum(87) dazu verwendet wird, einen Gott, der meist nicht näher benannt wird, als Schutzgott eines Menschen zu qualifizieren: ilum nāṣirka "dein Schutzgott"(88) oder ilum nāṣir abīja "der Schutzgott meines Vaters" (AbB 1,17,7 u.ö.) und ilum nāṣir šāpirīja "der Schutzgott meines Chefs" (AbB 1,18,7 u.ö.). Man vergleiche dazu die Gottesbezeichnungen in den alttestamentlichen Klagen ʾæ̆lōhē jĕšūʿātī "mein Rettergott" u.ä., und einmal sogar ʾæ̆lōhē māʿuzzī "mein Schutzgott".(89)

Zum Teil steht der so qualifizierte Gott zu lamassum "Schutzgeist" parallel:

AbB 1,15	(6) la-ma-as-sí bi-ja-ti-ja li-iṣ-ṣú-ur-ka
	Der Schutzgott meines Väterchens möge dich beschützen!

Doch es wäre falsch in dem ilum nāṣir PN eo ipso eine untergeordnete Gottheit zu sehen, denn der Schutz des einzelnen Menschen wird an einer ganzen Reihe von Stellen gerade den sogenannten großen Göttern anheimgestellt, so z.B.:

AbB 3,22 — (4) (d){AMAR.}UTU ù (d)AMAR.UTU aš-šu-mi-ja da-ri-iš u(4)-mi
(5) pí-ir-ḫa-am ša É a-bi-ka li-iṣ-ṣú-ru
Šamaš(!) und Marduk mögen um meinetwillen allezeit den Sproß deines Vaterhauses (gemeint ist der Adressat selber) beschützen! (90)

Der Schutz eines Gottes begleitet den Menschen durch sein ganzes Leben:

AbB 5,23 — (6)[ki-ma]ma-aḫ-ri-⌜tim⌝-ma (7)[DINGIR ša i]t-ta-ṣa-⌜ru!-šu⌝ [be-lí l]i-ṣú-ur
Und wie schon früher möge der Gott, der ihn ständig geschützt hat (Gtn), meinen Herrn beschützen.

Er geht letztlich auf das mit der Erschaffung begründete Gottesverhältnis jedes Einzelnen zurück:

TCL 17,37 — (1) a-na a-bi-ja ša DINGIR-šu ba-ni-šu (2) la-ma-sá-am da-ri-tam id-di-nu-šum (3) qí-bí-ma
Zu meinem Vater, dem sein Gott, der ihn erschuf, einen dauernden Schutzgeist gegeben hat, sprich...

Der göttliche Schutz ist auch über die aB Zeit hinaus ein wesentlicher Bestandteil in der vorderorientalischen Briefeinleitung geblieben. (91)

(3) <u>Das Vertrauensbekenntnis:</u> Nicht nur für die Bitte um Zuwendung und Eingreifen finden sich in den Briefen entsprechende Wendungen, sondern auch für das Vertrauensbekenntnis: Dabei herrschen wie bei den akkadischen Namen solche vor, die das Verhältnis vom Menschen aus beschreiben:

AbB 4,161 <u>takālu</u> — (38) ki-i-ma (d)IŠKUR ù (d)UTU (39) a-na ka-ši-im ta-ak-la-ku(92)
Wie auf Adad und Šamaš ist mein Vertrauen auf dich gerichtet.

AbB 2,82 <u>uznān bašû</u> — (30) ki-ma (d)AMAR.UTU ù (d)EN.ZU-(d)MAR.TU
(31) ša a-na a-bi-ja i-ka-ar-ra-bu
(32) uz-na-ja ba-ši-a(93)
Wie auf Marduk und Sin-Amurru, die meinen Vater segnen, sind meine Ohren auf dich gerichtet (harre ich auf dich).

So vorbehaltlos, wie sie normalerweise nur Göttern vertrauen und auf ihre Rettung harren, so wollen die Absender dieser Briefe auf ihre Adressaten vertrauen und auf ihre Hilfe warten. Das eigene vertrauensvolle persönliche Gottesverhältnis wird dabei ganz selbstverständlich vorausgesetzt, es muß auch für den Briefpartner völlig selbstverständlich sein, denn sonst könnte das Motiv seine Funktion, nämlich den Adressaten zu rühren, nicht erfüllen. So wie Gott das Vertrauen seines Geschöpfes nicht enttäuscht, sondern sich ihm hilfreich zuwendet, so sollen die Empfänger dieser Briefe, die Bittsteller, die sich ihnen anvertrauen, nicht enttäuschen und ihnen wirtschaftlich unter die Arme greifen.

Doch auch die andere Seite des Vertrauensverhältnisses, das Geschehen von Gott zum Menschen, fehlt in den Briefen nicht völlig. Wie ich schon gezeigt habe, hat der Hinweis auf die Erschaffung durch Gott vertrauenbegründende Funktion(94) und das Rettungshandeln kam in dem Brief AbB 3,48,5f in einer Art Bekenntnis der Zuversicht vor. (95) Auch das häufige "Epitheton" rāʾimka/ki "der dich lieb hat", in dem die einmalige Zuwendung eines Gottes zu einem dauernden persönlichen Vertrauensverhältnis ausgeweitet ist, ist hier zu nennen. (96)

Beide Seiten der Vertrauensverhältnisse kommen sehr schön in einem Bekenntnis aus einem aA Brief zum Ausdruck:

KTS 15 (AfOB 13f, 15b)
(40) û ri-ʾì-bu-um li-iṣ-bi(4)-tí
(41) iš-té-en a-ta î-lí tú-kúl-tí (42) û ba-áš-tí
(42) a-ba-kà lu-ša-lim-ma
Und mag (mich) auch die raʾibu-Krankheit erfassen,
Du allein, mein Gott, bist mir Vertrauens(grund)
und Lebenskraft. - Er möge auch deinen Vater heilen(97).

Der Verfasser des Briefes aktualisiert sein Gottvertrauen gegen die Angriffe von Krankheitsdämonen und versucht dieses Vertrauen auch seinem Adressaten, der sich um seinen Vater sorgt, mitzuteilen. Dieses Bekenntnis könnte genauso in den alttestamentlichen Psalmen stehen. Kein Zweifel, auch in Mesopotamien wußte sich der Einzelne von einem innigen, persönlichen Gottesverhältnis getragen.

(4) Lobgelübde und Dank: Wie im Lobgelübde über die Klage hinaus auf das Lob des Geretteten geschaut wird, so gibt es in den Briefen neben Anspielungen auf das Klagegebet (belegt sind unnēnum, ikribum und qabûm) auch eine Reihe von Wendungen, welche eine dankbare Reaktion beinhalten. Ein echtes Lobgelübde liegt wahrscheinlich in dem leider stark zerstörten Brief AbB 6,135 vor, wo Z.20' noch zu lesen ist: [xxxxo] lu-ud-lu-ul. In Anlehnung an die in den späteren Handerhebungsgebeten häufige Formulierung (dà-lí-lí-ka/ki lud-lul "dein Lob will ich singen") (98) möchte ich dalīlīša ludlul ergänzen: "ihr (Inannas) Lob will ich singen!"

Von der Einlösung eines solchen Lobgelübdes redet

AbB 2,82
(10) iš-tu šu-mi a-bi-ja ka-ta (d)EN.ZU-(d)MAR.TU
(11) iz-ku-ru ù sa-ar-di-a-am a-pu-lu
Als Sin-Amurrum dich, meinen Vater befördert hatte,
und ich darauf ein Gelübde (Dankgebet) erstattet hatte...

und eine Dankgeste meint wohl auch die recht häufig begegnende Wendung "šēp(ē) GN našāqu" "den Fuß oder die Füße eines Gottes küssen", so etwa:

RA 53,32Rs (5) i-nu-ú-ma a-wi-lum it-ta-al-kam (6) šu-up-ri-im-ma lu-li-kam-ma (7) še-ep be-el-ti-ja lu-uš-ši-iq(99)
Sobald der Mann (der für die Briefschreiberin Nahrung bringen soll) zu mir abgereist ist, schreibe mir, daß ich hingehe und den Fuß meiner Herrin küsse!

Damit ist wohl konkret gemeint, daß die Gerettete zu einer Kapelle oder einem Tempel geht und den Fuß des dort aufgestellten Gottesbildes küßt. Wieweit dieser Vorgang rituell ausgestaltet war, kann ich nicht sagen. Deutlich wird durch diesen Gestus, daß der Dank in engere Berührung mit den Institutionen des offiziellen Kults kam als die Klage. Doch wie man sich ihn auch im einzelnen vorzustellen hat, es handelt sich immer noch um eine spontane, kasuelle Begehung, die mit den offiziellen Tempelfesten nichts zu tun hat.

Damit sind die in den aB Briefen belegten Verben und Nomina, die sich um den Vorgang von Not und Rettung, Bedrohung und Bewahrung herumranken, abgeschritten. Sie belegen, daß Flehen und Lob, Gebetserhörung, Rettung, Beistand und Schutz im Leben des einzelnen Babyloniers eine ganz erhebliche Rolle spielten. Die vielen "Gebetsnamen" finden damit ihre eindrückliche Bestätigung. Die Erfahrungen, die der Einzelne dabei mit bestimmten Göttern macht, speisen ein enges Vertrauensverhältnis zu ihnen. Dieses versetzt ihn in die Lage, auch gefährliche Situationen seines Lebens zu überstehen: Gerade in der Krise weiß er sich von einem sein ganzes Leben umspannenden göttlichen Beistand und Schutz getragen.

d) Mögliche Krisen des persönlichen Gottesverhältnisses

Neben diesem vielfältigen positiven Geschehen zwischen den Göttern und dem einzelnen Menschen, wird in den aB Briefen nur selten auf mögliche Krisen des persönlichen Gottesverhältnisses Bezug genommen.

Vor allem ist hier auf eine formelhafte Wendung einzugehen, die etwa 18 mal im erweiterten aB Briefformular vorkommt, so z.B.

AbB 3,52 (5) DINGIR-lum na-ṣi-ir-ka ṣi-bu-tam a-ja ir-ši
Dein Schutzgott möge keinen Wunsch bekommen!

Der genaue Sinn der Wendung ist noch nicht ganz klar: R.Frankena übersetzt "möge keinen Wunsch (mehr) bekommen"(100), CAD Ṣ "may... have no demand (unfulfilled)"(101), F.R.Kraus "möge an nichts Bedarf bekommen"(102) und W.v.Soden "möge nicht unzufrieden werden"(103).

Sonst kommt die Wendung ṣibûtam rašû oder išû "Bedarf bekommen oder haben" in den aB Briefen häufig in wirtschaftlichem Zusammenhang vor(104) und wird dort gebraucht, wo einem Geschäftsfreund oder Verwandten wichtige Wirtschaftsgüter oder liquide Geldmittel ausgehen und man ihm darin aushilft. Es handelt sich wohl um eine Freundschaftsgeste außerhalb des normalen Leih- und Kreditgeschäfts, zu der man aus moralischen Gründen verpflichtet war und die - weil unvorhersehbar - auch die eigene wirtschaftliche Basis gefährden konnte.

Gemeint ist dann wohl mit dieser Wendung, daß der eigene Schutzgott nicht so unerwartet Forderungen stellen möge, wie der in wirtschaftliche Schwierigkeiten geratene Geschäftsfreund oder Verwandte, zu deren Erfüllung man zwar aufgrund der personalen Beziehung zu ihm verpflichtet ist, denen man aber möglicherweise nicht nachkommen kann. So setzt diese Wendung eine personale Bindung zwischen einem Menschen und seinem Schutzgott voraus und deutet an, daß sich der Mensch nicht immer dieser Bindung entsprechend verhalten kann und sich so gegenüber seinem Gott verschulden könnte. So kommt hier eine mögliche Krise des persönlichen Gottesverhältnisses in den Blick, aber eben nur als Möglichkeit und nur am Rande. An was für göttliche Forderungen dabei gedacht ist - etwa an Opfergaben? - wird ebenso wenig gesagt, wie auf welche Weise der Mensch davon erfährt. Es wird nur gerade eben angedeutet, daß in der Gotteserfahrung auch immer etwas numinoses, nicht berechenbares ist, dem der Mensch ausgeliefert ist. Um diese Erfahrung auszudrücken, benutzt man in den Briefen gar keine religiöse Sprache, sondern macht eine Anleihe an die Wirtschaftssprache. Es ist sicher nicht zufällig, daß diese Wendung in den Namen keinen Niederschlag gefunden hat, ganz im Unterschied zur konkurrierenden Formulierung "ilum nāṣirka rēška ana damiqtim likil". Und es ist sicher kein Zufall, daß diese positive Formulierung ungefähr vier mal häufiger belegt ist.

Außerhalb dieser Briefeinleitungsformel begegnen in den Briefen nur sporadische und sehr unterschiedliche Anspielungen:

Sumer 23,161 (8) mi-na-am⸢e⸣-pu-uš (9) ša (d)UTU la ṭà-bu-šu
Was habe ich getan, das (etwa vor) Šamaš nicht gut wäre?

Hier klingt ein Unschuldbekenntnis an; eine Bitte um Vergebung findet sich in dem Gottesbrief YOS 2,141,10f.

Nur ein einziges Mal wird eine Notlage auf ein Handeln Gottes zurückgeführt:

AbB 6,22 (12) mi-im-ma a-na pa-ag-ri-ki (13) la ta-na-AḪ-di
pé-er-ke-tum (14) an-ne-ta-an ša be-el-ti-ja-ma
Du brauchst dir um dich keine Sorgen zu machen!
Diese Widrigkeiten (?) rühren von meiner Herrin!

Doch scheint diese Feststellung gerade etwas tröstliches zu meinen: Dein körperliches Leid geht nicht auf finstere Mächte, sondern auf meine Göttin zurück. - Normalerweise entspricht das Leiden eines Menschen nicht dem Willen Gottes:

TCL 17,29 (16) la li-ib-bi i-la(!)-ma (17) mu-tum Be-lí-ni-ši
ma-ar-šu it-ba-al(105)
Leider Gottes (wörtlich: was nicht das Herz der Götter ist) hat der Tod dem Bēliniši seinen Sohn fortgenommen.

Es ist klar, daß in der Gattung Brief mit ihren vielen guten Wünschen für den Adressaten das positive helfende und fördernde Handeln der Götter am

Einzelnen im Vordergrund stehen muß. Aber auch wenn man dies berücksichtigt, dann kann man aufgrund der genannten Stellen nicht zu dem Schluß kommen, daß menschliche Sünde und göttlicher Zorn das Zentrum der persönlichen Frömmigkeit des Babyloniers gebildet hätten. Nein, die Stellen belegen, daß wohl Krisen des persönlichen Gottesverhältnisses möglich waren, daß sie aber in der alltäglichen Frömmigkeit nur eine untergeordnete Rolle spielten. Den Kern der persönlichen Gottesbeziehung des Einzelnen macht auch in Babylon das segnende-fördernde und das schützende-rettende Handeln der Götter aus. Dieses gründet darauf, daß jeder einzelne Mensch von ihnen geschaffen ist. Die persönliche Frömmigkeit ist auch im alten Mesopotamien durch ein urtümliches, weithin unverlierbares und überwiegend positives Vertrauensverhältnis zwischen einem Menschen und seinem Gott bestimmt.

e) Die Religiösen Aussagen der aB Briefe und die kassitischen Siegelgebete

Daß es sich bei dem in den aB Briefen erhobenen Befund nicht um eine zufällige Auswahl aus der persönlichen Frömmigkeit des alten Mesopotamiens handelt, soll abschließend ein Vergleich mit den kassitischen Siegelgebeten verdeutlichen. Diese sind einige Jahrhunderte jünger als die bisher behandelten Texte.(106) Sie eignen sich besonders gut zu einem inhaltlichen Vergleich, weil diese kleinen Gebete, insbesonders die akkadisch verfaßten(107), noch sehr den Eindruck einer einfachen, noch nicht durch Fachleuchte ritualisierten Frömmigkeit machen. So sind lobende Epitheta in der Anrufung im Unterschied zu den meisten der späteren Gebetsbeschwörungen noch sehr spärlich entwickelt.

Vergleicht man die religiösen Zeugnisse der aB Briefe mit den kassitischen Siegelgebeten, so muß man feststellen, daß sie in allen wesentlichen Bedeutungsgruppen übereinstimmen. Sowohl das erschaffende Handeln, das segnende und fördernde Handeln als auch das zuwendende, schützende und rettende Handeln der Götter findet sich auch in den kassitischen Gebeten. Zum Teil geht die Übereinstimmung sogar bis in die Wortwahl hinein. Die folgende Übersicht soll das verdeutlichen:

Die linke Hälfte führt alle Verben, Nomina und Ausdrücke auf, die in den kassitischen Siegelgebeten das Geschehen zwischen Mensch und Gott bezeichnen.(108) Die rechte Hälfte nennt dazu die identischen oder sachlich entsprechenden Begriffe und Wendungen aus den aB Briefen. Die Zählung der Siegelgebete folgt der Edition von H.Limet, Les Légendes des sceaux cassites, 1971. Aus Übersichtsgründen wird hier wie bei den Briefen nur jeweils eine Belegstelle aufgeführt; die letzte Spalte verweist auf die Seite, auf der ich die Briefstelle zitiert habe.

Siegelgebete			Briefe			
1. Erschaffung						
banû	schaffen	5.1,2	banû	schaffen	YOS 2,132,4	103
nabû	nennen	5.1,2	—	—	—	

2. Segnen, Fördern, Leiten, a) Alter, Gesundheit

balātu D u.ä.	am Leben erhalten	5.7,3f	balāṭu D	am Leben erhalten	AbB 2,113,1	105
labāru	alt werden	7.4,6	labāru D	alt werden lassen	AbB 1,106,2	106
šebû Š	mit Leben sättigen	7.5,4	šebû S	mit Leben sättigen	AbB 2,89,14	106
bâru	Bestand haben	7.1,2	–	–	–	
edēšu	sich erneuern	7.4,4	–	–	–	
ūmī arāku	(Lebens-)tage werden lang	7.6,5	–	–	–	
šalāmu(D) u.ä.	gesund erhalten	8.14,4	šalāmu(D)	gesund erhalten	AbB 5,239,25	107
karābu	segnen	5.6,4	karābu	segnen	AbB 1,6,12	107
namāru	freundlich strahlen	7.4,5	~ṭūb libbi	Zufriedenheit	AbB 1,61,6	113

b) Erfolg im Beruf

dumqu o.ä.	Glück o.ä.		damāqu D	Wohltat erweisen o.ä.	ABPh 61,4	108
šuma damāqu	berühmt werden	7.12,6	šumam damāqu D	berühmt machen	CT 18,150,2	109
šalmiš alāku Gtn	wohlbehalten wandeln	7.11,5f	ina šulmim redû	wohlbehalten leiten	AbB 2,81, 37f(109)	113
ešēru	Erfolg haben	8.9,2	~ ešēru Š	erfolgreich leiten	AbB 3,33,4	
naḫāšu	gedeihen	5.9,2	–	–	–	
šuklulu	voll geben	8.14,5	~ šarāku	schenken	AbB 1,61,10	113
nēmelu	Gewinn	7.19,6	ibbam matû D	Verlust gering halten	AbB 3,60, 10f	107
mašru	Reichtum	7.9,5	rašû	hier: zu Besitz kommen	AbB 3,52, 19ff	107

c) Nachkommen

zēru, perʾu	Nachkommen	7.9,4	–	–	–

d) Leitung

qabû	(Gutes) sprechen	7.9,2	~ qabû	weisen	AbB 6,104,8	110
ina awat GN	Auf das Wort des GN	7.12,4	–	–	–	
etel pî GN	erhaben ist das Wort des GN	8.8,1	–	–	–	

3. Zuwendung, Rettung, Beistand, Schutz (Gebet) a) Zuwendung

šemû	erhören	8.15,2f	–	–	–	
palāsu N	hinsehen	5.9,1	–	–	–	
amāru	ansehen	7.9,2	–	–	–	
unnēna leqû	Flehen annehmen	8.15,3f	unnēnam leqû	Flehen annehmen	AbB 3,52,19	113
saḫāru N	s.zuwenden	5.10,6'	–	–	–	
rêmu	s.erbarmen	5.3,3	rêmu	s.erbarmen	AbB 6,1,36	113
râmu	liebgewinnen	5.3,3 (110)	~ râmu	lieben	AbB 2,81,37	113

b) Rettung

ezēbu Š	retten	5.1,4	~ rēṣu	Retter	AbB 3,48,5	114
eṭēru	retten	7,21,1	~na'rārum	Rettung	AbB 3,48,5	114
gamālu	retten	5.1,3	gamālu	retten	AbB 3,22,8	103
murṣa nasāḫu	Krankheit beseitigen	7.10,5	–	–	–	
sapāḫu, ṣabātu	(Dämonen) zerstreuen, fangen	9.7,6f	–	–	–	
abbuta sabatu	Fürsprache einlegen	5.8,6f	–	–	–	

c) Beistand

ubāni/qāta tarāṣu	Finger, Hand ausstrecken	7.9,3; 7.10,4	ana teriṣ ~ubāni redû	am ausgestreckten Finger leiten	ARM 10,38,7f	116

d) Schutz

naṣāru	schützen	5.1,3	naṣāru	schützen	AbB 1,15,6	116
rabiṣ šulmi	Wächter des Wohlergehens	7.22,5f	maṣṣar šulmi	Wächter des Wohlergehens	ABPh 105, 11f	115
lamassa šakānu (111)	Schutzgeist setzen	5.9,7	lamassam nadānu	Schutzgeist geben	TCL 17,37,1f	117

e) Sündenvergebung

ennēta paṭāru	Sünde lösen	8.15,6f	(112)	–	–

f) Vertrauensbekenntnis

takālu	vertrauen	9.6,1	takālu	vertrauen	AbB 4,161, 39	117
kapādu	sich Mühe geben	9.1,1	–	–	–	

Berücksichtigt man, daß es sich ja um Texte verschiedener Gattungen handelt, dann ist die Übereinstimmung erstaunlich hoch: 35 % aller in den Siegelgebeten vorkommenden Verben begegnen exakt so auch in den Briefen, nimmt man leichte Abwandlungen und sachliche Entsprechungen hinzu, so steigt die Übereinstimmung auf 61 % an. (113)

Darüber hinaus stimmen auch die Funktionen der Motive weitgehend überein: Wie in den aB Briefen hat der Hinweis auf das Erschaffensein durch einen Gott in den Gebeten Vertrauen begründende Funktion:

5.1	1 (d)NIN.É.AN.NA	O Nin-eanna,
	2 tab-ni-i tab-bi-i	du hast (mich doch) geschaffen, du hast (mich doch) benannt.
	3 uṣ-ri gi-im-lí	Schütze, schone
	4 ù šu-zi-bi	und rette
	5 ÌR pa-lí-iḫ-ki	(deinen) Knecht, der dich verehrt!

Der Inhaber des Siegels erinnert Innina von Kiš daran, daß sie ihn doch geschaffen habe, um sie dazu zu bewegen, daß sie ihn, ihr Geschöpf, vor Bedrohung bewahre und aus der Not rette. (114) Das entspricht der Funktion des Motivs in den alttestamentlichen Psalmen genau. (115) Die Bindung, welche die Menschenschöpferin bei der Erschaffung dieses Menschen mit ihm eingegangen ist, aktualisiert sich in mannigfachen Schutz- und Rettungstaten durch das ganze Leben dieses Menschen hindurch.

Auf der anderen Seite manifestiert sich das so geschaffene persönliche Gottesverhältnis wie in den Briefen in einem vielfältigen segnenden und fördernden göttlichen Handeln an diesem einzelnen Menschen. Dabei sind die Linien des Rettens und Segnens, wie eine Gruppe von Texten zeigt, nicht streng voneinander getrennt, sondern gehen nahtlos ineinander über:

7.9
1 ⌈a⌉-bi-ma be-lu ra-bu-ú (d)AMAR.UTU
2 a-mi-ri da-mi-iq-ti liq-bi
3 ŠU.SI kit-ti lit-ta-ri-iṣ EGIR-ja
4 lim-me-er NUMUN-ú-a per-i li-(ši)šèr
5 du-um-qu maš-ru-ú ù TI.LA
6 liš-ta-tu-ú it-ti-ja
1 Mein Vater, großer Herr Marduk,
2 der mich ansieht, möge mir Gutes zusprechen!
3 Sein heilvoller Finger möge sich nach mir ausstrecken!
4 Mein Same erstrahle, mein Sproß gedeihe!
5 An Glück, Reichtum und Leben
6 mögen sie sich bei mir sättigen! (116)

Zuwendung, Beistand, reiche Nachkommenschaft, Glück und Erfolg liegen hier eng beieinander, so wie auch das Mit-Sein Gottes im Alten Testament beides umfaßt. Daneben gibt es unter den Siegeltexten auch reine Segenswünsche:

7.4	1 ša-kin(NA(4)KIŠIB	Der Träger
	2 an-ni	dieses Siegels
	3 li-bu-ur	möge Bestand haben,
	4 li-di-iš	möge jung bleiben,
	5 li-me-er	möge freundlich strahlen
	6 ù li-la-be-er	und ein hohes Alter erreichen!

Sie sind den vielen Wünschen in den Briefen sehr ähnlich.

Solche weitgehende inhaltliche und funktionale Übereinstimmung kann nicht zufällig sein. Schon H. Limet war die überwiegend positive Gottesbeziehung in den Siegelgebeten aufgefallen, insbesondere daß menschliche Sünde und göttlicher Zorn ganz zurücktreten. (117) Das paßt gar nicht zu dem Bild, das Limet für "die" babylonische Religion, schon gar nicht die in kassitischer Zeit meint voraussetzen zu müssen (man denke etwa an Ludlul bēl nēmeqi). Er unternimmt komplizierte, rein gedankliche Ausgleichsversuche(118), möchte aber schließlich diese Gebete von der schon immer "positiveren" sumerischen Religion her ableiten. (119)

Die von mir nachgewiesene Übereinstimmung zwischen der Frömmigkeit der aB Briefe und der kassitischen Siegelgebete macht diese Herleitung Limets ganz unwahrscheinlich. Die Erklärung muß in ganz andere Richtung laufen: Die Siegelgebete repräsentieren nicht eine andere Religion als die babylonische, sondern eine bestimmte Religionsschicht in ihr. Es ist die Frömmigkeit, die vom Einzelnen im alltäglichen Lebenskreis seiner Familie getragen wurde, und die Schwierigkeiten, auf die Limet gestoßen war, zeigen, daß sie sich inhaltlich von der "sonstigen" babylonischen Religion ganz erheblich unterscheidet. Die Übereinstimmung kann nur so bewertet werden, daß die Frömmigkeit beider Textkomplexe in das gleiche soziale stratum gehört und der Schluß ist unausweichlich, daß sich diese private Frömmigkeit trotz aller politischer Krisen beim Niedergang der altbabylonischen Epoche im wesentlichen unverändert durchgehalten hat.

So stützen sich aB Briefe und kassitische Siegelgebete gegenseitig: die Briefe belegen die soziale Verankerung im privaten Lebensbereich, die Gebete bestätigen die Repräsentativität des aus den Briefen erhobenen religiösen Materials. Die verstreuten, oft formelhaften, oft nur nebenbei gesagten religiösen Wendungen der aB Briefe ruhen, so können wir jetzt mit Sicherheit sagen, auf echter, gelebter persönlicher Frömmigkeit auf. Damit belegen beide Textkomplexe den lebendigen religiösen Lebenshintergrund für den größten Teil der theophoren akkadischen Personennamen.

Ich war von dem skeptischen Urteil A.L. Oppenheims ausgegangen: "We still fail, however, to see in what, if any, cultic acts or attitudes this personal piety found expression, appart from the selection of a given name."(120) Er hatte von da her bezweifelt, ob es im alten Mesopotamien überhaupt eine Gottesbeziehung des "common man" gegeben habe. Das vorgelegte Material bringt, so meine ich, uns demgegenüber einen wirklichen Schritt weiter: Die theophoren Personennamen stehen nun nicht mehr isoliert da, aus den aB Briefen und den kassitischen Siegelgebeten lassen sich Zeugnisse beibringen, die ihren lebendigen religiösen Hintergrund illustrieren.

Und es läßt sich aus diesen Zeugnissen und den Namen das Bild einer inhaltlich im wesentlichen übereinstimmenden persönlichen Frömmigkeit gewinnen. Wieweit sie sich in "kultischen Handlungen" ausdrückte, muß noch weiter untersucht werden. Aber sicher ist schon jetzt, daß es in Mesopotamien, zumindest in alt- und mittelbabylonischer Zeit eine echte, lebendige persönliche Frömmigkeit des Einzelnen gegeben hat. (121)

2. Die soziale Dimension der persönlichen Frömmigkeit

Die inhaltliche Untersuchung der religiösen Aussagen in den aB Briefen hat ergeben, daß sie auf Erfahrungen zielen, die der Einzelne auf seinem individuellen Lebensweg mit den Göttern gemacht hat. Ich hatte darum von der Religion des einzelnen Babyloniers gesprochen. Doch daß es sich hierbei nicht um eine Frömmigkeit vereinzelter Individuen handelt, wird sofort klar, wenn man die religiösen Vorgänge mit in die Untersuchung einbezieht.

a) Der häufigste Vorgang, den die Briefe belegen, ist der Gruß, der in einer Fülle guter Wünsche für den Adressaten entfaltet wird. Der Gruß ist nun ein zentraler Vorgang innerhalb der Gemeinschaft, und zwar der kleinen, überschaubaren Gemeinschaft. Er nimmt den Ankommenden in die Gemeinschaft auf und sichert dem Fortgehenden die Solidarität der Gemeinschaft zu. (122) Die Grußformeln der Briefe stiften oder aktualisieren die Zusammengehörigkeit von Absender und Adressaten über einen größeren lokalen Abstand hinweg. Und bei diesem Stiften oder Aktualisieren von Gemeinschaft spielt die persönliche Frömmigkeit eine zentrale Rolle.

Das macht nun eine Wendung des aB Grußformulars explizit deutlich: Wenn z.B. Ēṭirum seinem Vater wünscht:

AbB 1,38 (4) ⌜(d)UTU⌝ ù (d)AMAR.UTU aš-šu-mi-ja da-ri-iš u(4)-⌜mi⌝
(5) [a]-bi ka-ta li-ba-al-li-ṭú-ka
Šamaš und Marduk mögen dich, meinen Vater, um meinetwillen allezeit am Leben erhalten!

dann betrifft das Handeln der Götter nicht nur diesen, sondern auch ihn selbst: Šamaš und Marduk sollen um seiner selbst willen (aššumīja) seinen Vater ein langes und gesundes Leben gewähren. Das heißt: Die Götter sollen das Leben des Vaters erhalten und schützen, weil er einen Sohn hat, der ihn liebt und ihn braucht, und damit er sich weiter um diesen Sohn kümmern kann. Das bedeutet aber, daß sich die individuelle Gottesbeziehung nicht auf isolierte Individuen erstreckt, sondern zugleich auch auf die soziale Gruppe, zu der sie gehören. Der Sohn bezieht im Wunsch den Vater in die Erfahrungen, die er selbst mit den Göttern gemacht hat, mit ein, und das segnende Handeln der Götter am Vater wirkt sich wiederum positiv auch für den Sohn aus. Die persönliche Frömmigkeit setzt also - wie das aššumīja zeigt - die Gemeinschaft der kleinen Gruppe, hier der Familie, voraus und übernimmt zugleich für sie eine wichtige tragende Funktion, sie aktualisiert und sichert die Gruppensolidarität über die lokale Trennung hinweg.

Im Alten Testament hatte ich die Familie als sozialen Raum der persönlichen Frömmigkeit bestimmt und an Gen 12-50 ließ sich in der Tat die konstitutive Funktion der Religion der Erzväter für ihre Familien nachweisen. Der oben zitierte aB Brief setzt ebenfalls eine Familienbeziehung voraus, und es war darum meine Frage, ob sich das solidarisierende aššumīja der aB Grußformel soziologisch hier festmachen läßt.

Eine solche Untersuchung hat erhebliche methodische Schwierigkeiten, weil die Verwandtschaftsbeziehung von Absender und Adressat oft nicht klar ist, sie setzt eigentlich eine genaue prosopographische Untersuchung voraus, die ich nicht leisten konnte. (123) Soweit ich mir dennoch ein Urteil erlauben kann, habe ich den Eindruck, daß Grüße mit aššumīja tatsächlich gehäuft in Briefen unter Familienangehörigen vorkommen, am häufigsten, wenn der Sohn oder die Tochter an den Vater schreiben, seltener auch an die Mutter, aber auch in Briefen der Geschwister untereinander und der Ehefrau an den Ehemann. (124)

Doch läßt sich die Wendung nicht auf den familiären Kreis beschränken, sondern begegnet auch in Briefen an Personen, denen die Briefschreiber in irgendeiner Weise untergeordnet (Herr, Chef) oder auf die sie angewiesen sind ("Patrizier").(125) Sie kommt aber auch bei gleichgestellten, befreundeten Personen vor. (126) Was beide Gruppen von Vorkommen miteinander verbindet, ist die Tatsache, daß der Adressat für den Absender etwas bedeutet, daß er ihn braucht und auf ihn angewiesen ist.

In der entwickelten babylonischen Stadtgesellschaft ist die Familie nicht mehr wie in den Vätergeschichten die einzige Gemeinschaftsform mit hilfreicher Solidarität, daneben gibt es Freundschaften, Bekanntenkreise, Geschäftsbeziehungen und allerlei Abhängigkeits- und Sorgeverhältnisse. Aber die Funktionen dieser Gemeinschaftsformen sind denen der Familie nicht unähnlich.

So kann man in Mesopotamien den Raum der persönlichen Frömmigkeit nicht so auf die Familie eingrenzen, wie es für weite Teile der israelitischen Sozialgeschichte möglich war. Die kompliziertere Stadtkultur bezieht andere, durch Freundschaft, wirtschaftliche Interessen und Abhängigkeitsverhältnisse konstituierte Gruppen stärker mit ein. Doch trotz dieser Aufweichung und Differenzierung bleibt die persönliche Frömmigkeit auch hier auf kleine Gruppen beschränkt; sie stützt und verstärkt das Netz von Gruppensolidaritäten, das der Einzelne in seinem alltäglichen Leben braucht.

Es ist sicher nicht zufällig, daß in den Königsbriefen dieser Zeit Grüße und alle damit verbundenen religiösen Aussagen fehlen. (127) Der König ist durch sein Amt soweit aus allen Menschen herausgehoben, daß er der hilfreichen Solidarität von Gruppen nicht mehr bedarf. Seine Beziehung zu seinen Untertanen ist eine politische, keine familiäre; eine die Gruppensolidarität stützende persönliche Frömmigkeit hat darum hier keine Funktion und muß deswegen fehlen. (128) Die soziale Verankerung der persönlichen Frömmigkeit in den kleinen Gruppen, in denen sich das Alltagsleben des Einzelnen vollzieht, wird auf diesem Hintergrund noch einmal deutlich.

b) Der zweithäufigste Vorgang, den die Briefe direkt belegen, ist die Fürbitte. (129) Auch in ihr wird die soziale Dimension der persönlichen Frömmigkeit gut sichtbar.

Von der Fürbitte wird in den Briefen in drei verschiedenen Zielrichtungen gesprochen: 1. In Bittbriefen verspricht der Briefschreiber, für den Adressaten Fürbitte zu leisten, falls dieser ihm seine Bitte erfüllt, so z.B.:

AbB 2,82 (33) a-bi li-ša-bi-lam-ma (34) li-ib-bi la i-le-em-mì-in (35) ma-ḫar (d)UTU ù (d)AMAR.UTU a-na a-bi-ja lu-uk-ru-ub

Mein Vater möge mir es (das versprochene Schaf und 5 Minen Wolle, Z.15) schicken, damit mein Herz nicht böse wird. Vor Šamaš und Marduk will ich dann für meinen Vater beten. (130)

Die Fürbitte hat hier die Funktion des Dankes. Für den Fall der Erfüllung ihrer Bitte stellt die Tochter ihrem Vater eine dankbare Reaktion in Aussicht. Die Gegengabe ist aber nicht materiell, sondern religiös. Das Beste, was man einem Menschen antun kann, ist, daß man für ihn vor den Göttern betet. Der zwischenmenschliche Vorgang von Hilfeleistung und dankbarer Reaktion schließt ganz selbstverständlich die Gottesbeziehung der Beteiligten mit ein.

2. Versichert der Absender, daß er ständig für den Adressaten betet, z.T. um ihn zu einer dankbaren Reaktion zu bewegen, z.T. um ihn anzuklagen, daß er sich demgegenüber treulos und undankbar verhält:

AbB 1,116 (2)' ⌈iš⌉-tu u(4)-mi ma-du-tim (3)' a-bi ù a-ḫi at-ta-ma (4)' ma-ḫa-ar (d)UTU (5)' a-na ba-la-ṭì-ka (6)' ⌈mu⌉-ša-⌈am⌉ (7)' ù ur-ra-⌈am⌉ (8)' ak-ta-na-ra-ab (9)' A.ŠÀ at-ta-ma (10)' ta-ad-di-nam (11)' mi-nam e-pu-uš-ma....

Seit langer Zeit bist du mir Vater und Bruder.
Vor Šamaš bete ich bei Nacht und bei Tag immer wieder für dein Leben. Das Feld, das du mir gegeben hast -
Was habe ich getan?... (abgebrochen) (131)

Die Tatsache, daß jemand für einen anderen betet, ist hier ein Beweis für die Anteilnahme, die Solidarität, ja, die quasi familiäre Zuneigung eines Menschen zu einem anderen. (132) Hier ist die solidarisierende, das Zusammengehörigkeitsgefühl einer Gruppe stützende und stärkende Funktion der persönlichen Frömmigkeit mit Händen zu greifen. Die Solidarität der Gruppe drückt sich darin aus, daß man sich gegenseitig in seine Fürbitte aufnimmt.

Und schließlich begegnet 3. die Bitte um Fürbitte:

AbB 1,31 (20) [ma]-ḫa-ar be-li-ki ku-ur-bi-ma (21) [aš-š]u-mi-ki lu ša-al-ma-a-ku

Bete zu deiner Herrin, daß ich um deinetwillen gesund bleibe! (133)

die deutlich macht, daß man sich auf die Fürbitte anderer Menschen angewiesen wußte. Sie konnte in einer schwierigen Situation die einzig mögliche

Form der Hilfe sein(134), die ein Angehöriger einem entfernten Familienmitglied zukommen lassen konnte, aber auch im alltäglichen Leben hielt man die Fürbitte anderer für wichtig und nützlich.

Dieses religiöse Bedürfnis hat sich in aB Zeit sogar einen institutionellen Ausdruck geschaffen, den Frauenorden der nadītu.(135) Insbesondere Familien höherer Schichten(136) übergaben eine ihrer Töchter diesen klosterartigen Gemeinschaften, und zwar, neben wirtschaftlichen Gründen(137) zu dem Zweck, daß diese regelmäßig Fürbitte für ihre Familie leisten sollten.(138) So weisen die nadītu in ihren zahlreichen Briefen, die wir von ihnen haben, immer wieder darauf hin, wie ernst sie ihre Fürbittepflichten nehmen und dennoch von ihrer Familie vernachlässigt werden.(139) So bezeichnet sich z.B. Erišti-Aja, nadītu in Sippar, gegenüber ihrem Vater, dem König Zimri-Lim von Mari, geradezu als Fürbitterin (kāribtum) oder als fürbittendes Emblem (šurinnum kāribum):

ARM 10,40 — (4)' a-na-ku iš-ti-a-at-ma (5)' ka-ri-ib-ta-ka (6)' ú-ul pa-aq-da-ku
Ich, deine einzige Fürbitterin, werde nicht versorgt!

ARM 10,38 — (9) a-na-ku ú-ul šu-ri-in-ka-a (10) ka-ri-bu-um ša i-na É.BABBAR(x)-ri-im (11) i-ge-ri-ka ú-da-ma-qú
Bin ich nicht dein fürbittendes Emblem, das in Ebabbar (dem Šamaštempel von Sippar) deinen Ruf gut macht?(140)

Hinter dieser Institution steht wohl die Vorstellung, daß die Gebete dieser zu einem religiösen Leben verpflichteten Frauen eine größere Chance auf Erhörung hätten als die Normalsterblicher.(141) Aber die nadītu-Frauen waren keine Priesterinnen, sie waren dem jeweiligen Tempel (etwa dem Šamaštempel von Sippar) nur locker zugeordnet und hatten keine Funktionen im offiziellen Festkult. Die Fürbitte für die kleine Gemeinschaft (Familie) bekommt in ihnen zwar eine institutionell verfestigte Ausprägung, aber grundsätzlich konnte jeder Mensch Fürbitte für seine Angehörigen und Freunde leisten.(142) So verstärkt die Institution der nadītu nur, was in der persönlichen Frömmigkeit dieser Zeit allgemein eine so wichtige Rolle spielt: die Stärkung und Sicherung der Solidarität der kleinen Gruppe.

c) In der Nähe der Aufforderung zur Fürbitte steht die Aufforderung an den Adressaten, dem Gott "einen Gefallen zu tun", indem er dem in Schwierigkeiten geratenen Absender hilft:

AbB 6,104 — (11) (d)AMAR.UTU gi-mil-ma a-aḫ-ka (12) e-li-ja la ta-na-ad-di
Tue Marduk einen Gefallen und vernachlässige mich nicht (wörtlich: laß deinen Arm mir gegenüber nicht sinken)!(143)

Dahinter steht die Vorstellung, daß die solidarische Hilfeleistung zugleich auch eine Wohltat gegenüber dem Gott ist. Der Gott hat Gefallen daran, wenn ein Gruppenmitglied das andere in einer Notlage unterstützt, die gegenseitige Verpflichtung füreinander wird so religiös verstärkt.

d) Als viertes sind hier noch die religiösen Interjektionen zu nennen, die sich in einer Reihe von Briefen finden und vielleicht auf die gesprochene Sprache zurückgehen. In ihnen berufen sich die Briefschreiber auf einen Gott, um mögliche Vorwürfe und Verdächtigungen der Adressaten zu entkräften und die Glaubwürdigkeit ihrer Aussage zu erhöhen, z.B.

LFBD 2	(7) aš-šum be-el-ti-ja (8) ki-ma na-àz-qá-a-ta (9) ù i-na KÁ.DINGIR.RA(KI) (10) at-ta a-di i-na-an-na (11) ú-ul i-de-e Bei meiner Herrin! Daß du ärgerlich bist und in Babylon warst, bis jetzt habe ich es nicht gewußt!
TIM 1,20	(83) aš-šum (d)UTU ša ú-ba-la-ṭù-ka a-na a-li-im ú-ul al-li-ik Bei Šamaš, der dich gesund erhält, ich konnte nicht in die Stadt gehen (um dir etwas zu besorgen).(144)

Erhöhte Glaubwürdigkeit bekommt die Aussage nur dadurch, daß für beide, den Absender und den Adressaten, die Gottesbeziehung ein zentraler Teil ihres Lebens ist. Mit der Nennung eines Gottes wird in einem Konfliktfall eine gemeinsame Basis angesprochen, die eine Brücke für die Verständigung bieten kann. Die beiderseitige Gottesbeziehung ist damit ein Mittel, das eine Gemeinschaft wieder heilen kann.

Die Untersuchung der in den Briefen direkt belegten religiösen Vorgänge hat damit eindeutig ergeben, daß die persönliche Frömmigkeit sich nicht auf ein isoliertes Individuum bezieht, sondern auf den Einzelnen in seinem Netz von kleinen Gemeinschaften, in dem sich sein alltägliches Leben vollzieht. Es ist keine "Herzensfrömmigkeit" im modernen Sinn, sondern sie lebt im Raum des Familien- und Freundeskreises und hat die Funktion, die Gemeinschaftsbeziehungen dieser Kreise zu stützen und zu verstärken.

3. Der Grad der Ritualisierung der persönlichen Frömmigkeit

A.L.Oppenheim hatte die Frage gestellt, "in what, if any, cultic acts or attitudes this personal piety found expression, apart from the selection of a given name."(145) Er setzt dabei voraus, daß sich die persönliche Frömmigkeit in jedem Fall notwendigerweise in kultischen Akten manifestieren müsse. Doch fragt es sich, ob diese Vorstellung richtig ist; sie gilt sicher für die offizielle Religion(146), aber es ist keineswegs ausgemacht, daß sie auch für die persönliche Frömmigkeit Gültigkeit haben muß. Das macht schon die Namengebung klar, die Oppenheim zwar erwähnt, aber offensichtlich nicht als echten religiösen Vorgang gelten läßt.

Es ist darum differenziert zu fragen, wieweit die verschiedenen Vorgänge in der Religion der Kleingruppe noch ganz im alltäglichen Lebensvollzug verankert sind und wieweit sie sich aus ihm herausgehoben und zu besonderen, zu Ritualen verfestigten Vorgängen entwickelt haben.

An dem einen Ende der Skala steht der Gruß mit den ihn entfaltenden Wünschen. Keiner wird bestreiten, daß es sich hierbei um einen religiösen Vorgang handelt, dennoch ist er kultisch völlig ungebunden, er geschieht direkt im Lebensvollzug. Das gilt auch für einen Großteil des in den Wünschen angesprochenen Handelns der Götter: Vor allem ihr segnendes Handeln, daß sie den Menschen alt, erfolgreich und reich werden lassen, wird unmittelbar im Lebensvollzug selber erfahren, und dieses sich über einen längeren Zeitraum erstreckende Wachsen und Gedeihen führt normalerweise auch nicht zu einer herausgehobenen religiösen Reaktion.

Schon ein Stück weit rituell ausgeformt ist dagegen meist das Gebet. Hinweise, daß die Briefschreiber "ūmišam" oder "mūšurrī" Fürbitte leisten wollen, setzen, selbst wenn man einige Übertreibung abzieht, voraus, daß die Babylonier täglich gebetet haben(147) und zwar, wie einige Briefe belegen, abends und morgens.(148) Darüberhinaus bezeugen die Briefe einer nadītu, daß beim morgendlichen und abendlichen Gebet den Göttern Opferbrot (ŠUK = kurummatum) dargebracht wurde.(149) Es ist zwar nicht ganz sicher, ob man diese Praxis auch für die normale Bevölkerung voraussetzen kann, aber ich halte es doch mit B.Landsberger für recht wahrscheinlich.(150) Die Formulierung "maḫar GN karābu" "vor GN beten" läßt vermuten, daß sich diese kleinen Zeremonien vor einem Götterbild vollzogen. Man braucht aber keineswegs daraus schließen, daß damit die Götterbilder in den großen Tempeln gemeint seien, im Gegenteil, es werden in der Fülle der Briefe nur zwei private Gebete erwähnt, die in einem der Haupttempel gesprochen worden sind.(151) Nein, man muß wohl annehmen, daß diese Gebetszeremonien in den Kapellen der Privathäuser vollzogen wurden, die für eine Reihe von Orten archäologisch nachgewiesen sind. Auch an die im Wohngebiet verstreuten "public chapels", die C.L.Wooley in Ur ausgegraben hat, könnte man denken.(152)

Neben diesen alltäglich sich wiederholenden Gebetszeremonien setzen die Briefe Klagen und Lob aus akutem Anlaß voraus. Sicher hat es auch in Babylon völlig freie Gebete gegeben, auch wenn sie in den Briefen nicht direkt belegt sind. Dem freien Klagegebet steht aber der Gottesbrief noch sehr nahe. Er kam wohl dann zur Anwendung, wenn ein Mensch fern von der Heimat in Not geriet. Er schrieb dann seine Klage an den Gott nach Hause, d.h. er ließ die Tafel von einem Angehörigen dem Gott vorlegen und vorlesen, um ihn so zur Hilfe zu bewegen:(153)

AbB 6,135 (4)'[xxxxo] i-na na-ri-ṭi-im na-di-[a-ku](5)'[ù o] i-na di-im-ma-tim ù bi-ki-tim (6)' [oo a-t] a-šu-uš...
(8)' [i-na]a-li-ki-ja ṭup-pí a-na (d)INANNA be-e[l-ti-ja]
(9)' [xxxo] ...
(16)' [xxo] be-el-ti-ja li-ša-aš-mu-ú (17)' [o i-na] ⌜si⌝ma-ak-ki-im ma-ḫar (d)INANNA (18)'[li]-iš-ša-ki-in-ma
(19)' [na-ah-ra-a]r be-el-ti-ja li-ik-šu-da-an-ni-ma

> In einem Sumpf liege ich und unter Jammern und Weinen bin ich betrübt geworden...
> Während meiner Reise [habe ich] einen Brief an meine Herrin Inanna [geschrieben]...
> Man möge (ihn) meine Herrin hören lassen und in der Kapelle der Inanna möge er deponiert werden. Die Hilfe meiner Herrin möge mich erreichen.

Die Gottesbriefe setzen somit auch in der persönlichen Frömmigkeit eine gewisse lokale Bindung der Götter voraus. Diese ist aber nicht total: die örtliche Trennung vom Heiligtum der Göttin hebt die persönliche Beziehung zu ihr keineswegs auf ("meine Herrin") und auch das erbetene Rettungshandeln der Göttin kann problemlos auch in der Fremde erfahren werden. Es ist keineswegs ausgeschlossen, daß der Briefschreiber sich auch in der Fremde direkt an seine Göttin gewendet hat, der Brief, der ihr an dem Ort verlesen werden soll, an dem er normalerweise zu ihr gebetet hat, soll nur sicherer machen, daß seine Klage die Göttin auch wirklich erreicht.

Auch für die Dankzeremonie šēp(ē) GN našāqu "den Fuß/die Füße des GN küssen" ist eine Lokalisierung an einem Heiligtum mit Götterbild anzunehmen. (154)

Doch trotz dieser gewissen Bindung der individuellen Gebetzeremonien an allerlei noch nicht genau zu bestimmende heilige Orte, hatten sie mit den großen Festen des offiziellen Tempelkults so gut wie nichts zu tun. Es gibt nur einen einzigen Beleg für eine private Gebetszeremonie im lockeren Zusammenhang mit einem großen Fest, hier dem Elūlu-Fest. (155) Wenn sonst in den Briefen von Festen gesprochen wird, dann nur unter dem Gesichtspunkt eines mehr oder minder bedeutsamen Termins für die eigenen Vorhaben und Geschäfte. (156) Hätten die Feste zentrale Bedeutung für die Frömmigkeit des Einzelnen, dann müßte man erwarten, daß ihre Erwähnung irgendwelche religiösen Aussagen auslöst. Das ist aber nicht der Fall, die Frömmigkeit des Einzelnen entzündet sich offenbar nicht an den Tempelfesten und Götterprozessionen, sie gründet sich auf andere Erfahrungen. So bleiben die Gebete Einzelner, trotz ihrer nachweisbaren Ritualisierung, doch noch immer weit von dem offiziellen Kult getrennt.

Das scheint auch noch für die Mehrzahl der in den Briefen erwähnten, verschiedenen privaten Opferhandlungen zu gelten, obwohl hier der Grad der Ritualisierung höher liegt. Erwähnt werden einmal die jährlichen Totenopfer für verstorbene Familienmitglieder (KI.SÈ.GA = kispum). Leider werden ihr genauer Vollzug und ihre religiöse Bedeutung aus den Texten nicht klar. (157) Hier handelt es sich sicher um rituelle Handlungen im Kreis der Familie. Daneben wird einmal ein Opfer erwähnt, was sowohl dem Hausgott als auch einer Hochgöttin abgestattet wird. (158) Und schließlich wird verschiedentlich von Opfern gesprochen, bei denen es durchaus wahrscheinlich ist, daß sie nicht mehr im Familienkreis, sondern an einem kleineren oder grösseren Heiligtum dargebracht worden sind. (159) Die Gründe für solche Opferhandlungen mögen sehr verschieden gewesen sein, ein plastisches Beispiel gibt der Brief von Jaqqim-Addu an Zimri-Lim:

ARM 14,10 (9) i-na-an-na (10) a-na Sa-ga-ra-⸢tim⸣(KI) (11) ak-šu-ud-ma 2 GEMÉ i-na⸢É⸣-tim (12) mì(!)-ta wa-ar-ka-tam{a} ap(!)-ru-⸢ús⸣-ma (13) um-ma-a-mi aš-šum SÍSKUR (14) ša (d)A-mu Ti-iḫ-ra-an(KI) (15) šum-ma li-ib-bi be-li-ja (16) lu-ul-li-ik-ma DINGIR še-tu lu-pu-ul

Eben kehrte ich nach Saragatum zurück, da waren zwei Sklavinnen im Hause tot. Danach prüfte ich (die Angelegenheit) und (ich erfuhr) folgendes: Wegen des Opfers für Amu von Tiḫran (ist es gegeschehen). Wenn es mein Herr erlaubt, will ich hinreisen und besagten Gott befriedigen.

Hier machen zwei mysteriöse Todesfälle im Hause des Jaqqim-Addu eine beschwichtigende Opferhandlung für einen Gott nötig. Sie muß im Tempel dieses Gottes vollzogen werden; es ist darum eine Reise nötig, zu der sich Jaqqim-Addu Urlaub erbitten muß. Hier liegt also eindeutig eine Opferhandlung eines Privatmannes an einem Heiligtum vor, es ist aber eine kasuelle Handlung, die weder mit dem stetigen Kult des Heiligtums, noch mit dem Festkult identisch ist.(160)

Ein recht hoher Grad der Ritualisierung liegt auch im Bereich des leitenden und weisenden Handelns der Götter vor. Hier sind - wie oben schon erläutert wurde - feste Institutionen der Traumdeutung und des Omenwesens entstanden. Doch bleiben auch sie noch unterhalb des offiziellen Tempelkults, weder der šā'ilu, noch der barû gehören zum festen Tempelpersonal.(161)

Etwas anders gelagert ist die Institutionalisierung der Fürbitte durch den Frauenorden der nadiātum. Während man sonst sagen kann, daß die Äußerungen persönlicher Frömmigkeit verblassen, je höher der Grad der Ritualisierung ist, und stattdessen ritualtechnische Fragen in den Vordergrund rücken, blüht in den Briefen der nadiātum eine ganz besonders volle und tiefe Frömmigkeit. Die schönsten der oben im inhaltlichen Teil angeführten Belege stammen zumeist aus Briefen von nadiatum.(162) Dennoch wäre es verfehlt, von einer exklusiven Klosterfrömmigkeit zu sprechen, die dem Normalbürger fremd gewesen sei, so wenn etwa R.Harris formuliert: "The relationship between her and her gods was considered in familial terms and hence there were special ties between the nadītu and Šamaš and Aja which did not exist for ordinary people."(163) Denn, wie J.Renger mit Recht betont, sind "alle diese Ausdrucksweisen einer persönlichen Frömmigkeit...nicht auf die nadiātum beschränkt."(164) So verstärkt sich in dieser institutionalisierten Form nur das, was auch sonst in der Frömmigkeit der Familien und anderer kleinen Gruppen eine Rolle spielt.

Spezielle Formen der Ritualisierung liegen im Bereich der Rechtsprechung vor, etwa beim Schwur(165), beim Eid(166) und bei religiösen Gerichtsverfahren.(167) Sie stehen der persönlichen Frömmigkeit oft schon fern und gehen in den Bereich der offiziellen Religion über.

So lassen sich in den religiösen Aussagen der aB Briefe ganz verschiedene Abstufungen im Grad der Ritualisierung aufzeigen: sie sind zum Teil "kultisch" völlig ungebunden, sie haben z.T. verschiedene, vom alltäglichen Lebensvollzug abgehobene ritualisierte Ausformungen unterhalb des offiziellen

Tempelkultus gewonnen und sie ragen schließlich auf verschiedene Weise in den Bereich des Tempelkultus hinein, ohne jedoch mit ihm identisch zu werden. Während der Vollzug der offiziellen Religion notwendigerweise an ein festes Heiligtum und ein festes Kultpersonal (mit Einschluß des Königs) gebunden ist, ist das bei den Vorgängen der persönlichen Frömmigkeit nicht der Fall. Sie kann Bindungen mit lokalen Heiligtümern eingehen, sie kann religiöse Fachleute in Anspruch nehmen, aber sie braucht es nicht notwendigerweise. Sie ereignet sich zu einem großen Teil direkt im aktuellen Lebensvollzug der kleinen Gruppe, und dieser Bezug auf das private Alltagsleben geht ihr selbst in den ritualisierten Ausformungen nie ganz verloren.

4. Das Gottesverständnis in den Briefen

Die weitgehende Unabhängigkeit der persönlichen Frömmigkeit von dem offiziellen Tempelkult bestätigt sich, wenn man das Gottesverständnis der aB Briefe in die Untersuchung einbezieht.

Im Gegensatz zu den sumerischen und aB Hymnen, die geradezu überquellen von bildreichen, lobenden Epitheta, fehlen göttliche Epitheta in den Briefen so gut wie ganz. (168) Und während die Hymnen zu einem großen Teil damit ausgefüllt sind, die unvergleichliche Stellung eines Gottes oder einer Göttin im Pantheon zu beschreiben(169), ist das, was die Briefe von den Göttern sagen, streng auf das Geschehen zwischen Gott und Mensch beschränkt. Das zeigen am deutlichsten die Attribute, die zumindest formal in die Nähe von Epitheta geraten, etwa die Partizipien rā᾿imka "der dich lieb hat"(170), bānika "der dich geschaffen hat"(171) oder Relativsätze wie ša uballaṭūka "der dich am Leben erhält". (172) Hier wird ein Gott nicht dadurch charakterisiert, was zwischen ihm und anderen Göttern, sondern was zwischen ihm und einem Menschen geschieht. Damit zusammen hängt die Tatsache, daß Motive aus den sumerisch-babylonischen Mythen und Epen in den Briefen völlig fehlen. Es wäre doch durchaus vorstellbar, daß einer seinem Briefpartner wünscht, daß Ea ihm beistehe, wie er Aṭramḫasîs beigestanden sei. Doch so etwas kommt nicht vor. Die einzige thematische Berührung zu den Mythen liegt im Motiv der Menschenschöpfung vor. Doch ist damit in den Briefen das gegenwärtige erschaffende Handeln der Götter bei der Geburt eines Menschen gemeint(173); wie sich dieses zu ihrem urzeitlichen Schöpfungshandeln verhält, liegt außerhalb des Horizonts der Briefe. Nimmt man alle diese ersten Beobachtungen zusammen, dann kann man das Gottesverständnis der Briefe als "vormythisches" bezeichnen. (174)

Doch wie verhält sich dieses "vormythische" Gottesverständnis zu dem ausgebauten Polytheismus der mesopotamischen Hochreligion? Auch in den Briefen werden ja eine Vielzahl von Göttern genannt, sodaß man erst einmal meinen könnte, sie lägen auf der gleichen polytheistischen Ebene. Und H.Schmökel etwa geht selbstverständlich davon aus, daß sich u.a. an der Auswahl der Götter in den Grußformularen die allgemeine Religionsgeschichte der Hammurabi-Zeit ablesen lasse. (175)

In der bisherigen Forschung, in der man meinte, eine Religion lasse sich hinreichend beschreiben, wenn man ihre Götter bestimmt, war man vor allem an den verschiedenen Grußgöttern interessiert und daran, die Gründe für ihre Auswahl in den Briefen herauszufinden. Dabei hat man sich auf die im Eingangsgruß genannten Götter beschränkt (GN liballiṭka bzw. GN+GN liballiṭūka).

B. Landsberger hat die These aufgestellt, der erste Gott im Grußformular sei der Stadtgott des Adressaten, der zweite der Stadtgott des Absenders. Der zweite könne aber auch der Landesgott (Marduk) sein, seltener werde ihnen der spezielle Schutzgott des Absenders ein- oder zugefügt. (176) Es gibt einige Briefe, die diese These stützen, so etwa der Brief des An-am aus Uruk an Sîn-muballiṭ in Babylon, in dem die Grußformel lautet: Ištar u Marduk mādiš ūmī liballiṭūka(177): Ištar ist Stadtgöttin von Uruk, Marduk Stadtgott von Babylon. Doch keineswegs eindeutig ist schon der Beleg YOS 2,143, den Landsberger anführt: hier setzt der Absender, der in Ešnunna lebt, seinen Stadtgott Tišpak an die zweite Stelle: Šamaš u Tišpak aššumija liballiṭūkunūti. Der Brief ist in Larsa gefunden, dessen Stadtgott Šamaš ist, als solcher könnte der Gott im Grußformular gemeint sein, aber braucht es keineswegs. (178) Denn: Šamaš begegnet ungefähr 10 mal so häufig allein oder in der ersten Position als alle anderen Götter zusammengenommen(179) und zwar auch in Briefen, die eindeutig in Städten gefunden worden sind, in denen Šamaš nicht Stadtgott war (Larsa, Sippar, Adab). So hat etwa S. Dalley darauf aufmerksam gemacht, daß in den aB Briefen aus Ur (UET 5) meistens Šamaš in den Grüßen begegnet, nicht etwa Sîn, wie man erwarten müßte. (180) Und die bei weitem häufigste Zusammenstellung "Šamaš und Marduk", die in der Hammurabizeit aufkam, findet sich sehr oft in Briefen aus Kiš, obgleich der Stadtgott dort Zababa war, und kommt sogar in Nippur vor, neben der dort geläufigen Kombination Enlil und Ninurta.

S. Dalley hat darum die These Landsbergers dahingehend modifiziert, daß man gegenwärtige oder auch vergangene politische Abhängigkeiten der Städte berücksichtigen müsse. So erklärt sie das häufige Vorkommen von Šamaš in den Briefen aus Ur damit, daß die Stadt in dieser Periode (Abi-sare bis Rim-Sîn)unter der Vorherrschaft Larsas gestanden hätte.

Aber Dalley geht noch ein Stück weiter. Sie erklärt die auffallende Bevorzugung von Šamaš in den Grüßen damit, daß die Grußformel insgesamt in der Zeit aufgekommen sei, als Larsa die Vorherrschaft im südlichen Mesopotamien innehatte. Darum habe ihr Stadtgott Šamaš in den Grüßen einen so festen Platz bekommen, daß er selbst dann, als der Aufstieg Babylons mit Hammurabi begann, nicht von seinem Platz verdrängt, sondern nur durch Marduk, den Stadtgott Babylons, ergänzt werden konnte. (181) Von da aus sei die Grußformel mit Šamaš und Marduk im ganzen altbabylonischen Reich zur Vorherrschaft gelangt und sei nur z.T. in den Randgebieten ignoriert worden. Damit läßt Dalley die Stadtgotthypothese Landsbergers nur noch beschränkt, für die Anfänge gelten, im Verlauf der Entwicklung werden dann jedoch traditionelle Gesichtspunkte beherrschend: Man grüßt sich mit Šamaš und Marduk, nicht weil sie die Stadtgötter von Absender und Adressaten sind, sondern weil sich diese Kombination im Verlauf der Geschichte als die allgemein übliche herausgebildet hat. Wenn Dalley recht hat, dann muß man aber daraus folgern, daß der Gruß auch bezüglich der in ihm genannten Götter in klassisch aB Zeit nur noch wenig mit dem aktuellen offiziellen Kult des Stadtgottes zu tun hat.

Doch damit ist eine endgültige Lösung des Problems keineswegs erreicht. Es erklärt sich damit wohl das häufige Vorkommen von Šamaš und Marduk in der Grußformel(182), ungeklärt bleibt jedoch, warum es daneben zu einer Fülle von anderen Kombinationen gekommen ist. Eine Erklärungsmöglichkeit hatte Landsberger bereits genannt: ein herausgehobenes persönliches Verhältnis zu einem Gott kann die Grußformel umgestalten: Ein Beispiel dafür sind die Briefe der nadiātum von Sippar, die in ihre Grußformel bēli u bēlti "mein Herr und meine Herrin" einsetzen und damit ihr besonderes Verhältnis zu Šamaš und Aja ausdrücken. (183) Auf ein besonderes Gottesverhältnis des Briefschreibers oder des Adressaten weist auch das zu einem Gottesnamen hinzugesetzte ilum mit Suffix, z.B. Ilabrat ilka "Ilabrat, dein Gott" oder Enlil ili "Enlil, mein Gott". (184) oder die Ersetzung des zweiten Grußgottes durch ilum mit Suffix, z.B. Šamaš u ilka "Šamaš und dein Gott". (185) An einer Reihe von Stellen gibt es Übereinstimmungen zwischen einem im Gruß genannten und dem im theophoren Namen von Absender oder Adressat vorkommenden Gott; so fügt Aššur-asu (wahrscheinlich ein Assyrer) in seinen Briefen Aššur den "normalen" Grußgöttern Šamaš und Marduk hinzu. (186) Und schließlich läßt sich in einem Fall nachweisen, daß die besondere Gottesbeziehung einer Familie die Auswahl des zweiten Grußgottes bestimmt: So verwendet der Beamte Šamaš-ḫāzir, von dem wir ein großes Archiv besitzen, in Briefen an seine Frau Zinû immer die Grußformel "Šamaš u Ilabrat liballiṭūki" "Šamaš und Ilabrat mögen dich am Leben erhalten". (187) Und ebenso taucht Ilabrat in den Briefen Zinus an ihren Ehemann auf. (188) Die Familie scheint damit eine herausgehobene Beziehung zu diesem Gott bekommen zu haben.

Doch trotz dieser Erklärungsmöglichkeiten, in der Mehrzahl der Fälle kann man bis heute nicht sagen, welche Gründe hinter der Wahl dieses oder jenes Gottes stehen. Möglicherweise werden genauere prosopographische Untersuchungen uns hier ein Stück weiterbringen.

Das Problem kompliziert sich noch einmal dadurch, daß die in den Grüßen genannten Götter nur teilweise oder auch gar nicht mit den Göttern übereinstimmen(189), von denen im Briefkorpus gesprochen wird; ich gebe nur drei Beispiele:

ABPh 61	3	Šamaš und Marduk mögen dich um meinetwillen dauernd am Leben erhalten!
	4	Was du mir getan hast, möge dir dein Gott Adad vergelten!
AbB 2,82	4	Šamaš und Marduk mögen dauernd meinen Vater am Leben erhalten! (vgl Z.9)

10 Als Sîn-Amurrum deinen, meines Vaters, Namen genannt hatte...
30 Wie auf Marduk und Sîn-Amurrum, die meinen Vater segnen, ist meine Aufmerksamkeit auf dich gerichtet.
35 Vor Šamaš und Marduk will ich dann für meinen Vater beten.

AbB 2,81
1 Zu dem Mann, den Marduk am Leben erhält, sprich...
2 Šamaš und Marduk mögen dich dauernd am Leben erhalten! (vgl Z.10)
23 Möge Marduk diese deine Tat segnen!
37f Marduk, der dich liebt, möge dich in deiner sicheren Dienststelle täglich führen!

Erkennbar wird aus diesen Beispielen, daß es spezielle Erlebnisse des Einzelnen mit bestimmten Göttern gegeben hat (Adad, dein Gott; Sîn-Amurrum), die nicht mit den "Grußgöttern" übereinstimmen. Deutlich wird aber auch, daß es von den Briefschreibern gar nicht als widersprüchlich oder störend empfunden wird, wenn man andere Götter für diesen Menschen bemüht; man kann im gleichen Atemzug konstatieren, daß Marduk den Adressaten am Leben erhält und ihm wünschen, daß Šamaš und Marduk ihn am Leben erhalten mögen.(190) Abgrenzungs- und Ausgleichsversuche, wie sich das Handeln des einen Gottes zu dem eines anderen verhält, werden nicht gemacht. Das führt aber zu dem Schluß, daß man offensichtlich das Handeln aller in einem Brief genannten Götter auf der gleichen Linie liegend empfand. Das ist nun aber ein erstaunlicher Tatbestand, dem weiter nachgegangen werden muß.

Die bisherige Forschung war ganz darauf fixiert, über die Differenzierung der verschiedenen in den Briefen genannten Götter zu Aussagen über ihre Religion zu kommen. Sie hat zu einigen möglichen Ergebnissen geführt, eine befriedigende Erklärung des ganzen Sachverhalts blieb ihr bisher jedoch versagt. Doch möglicherweise ging diese Fragestellung von falschen Prämissen aus und mußte deswegen an Grenzen stoßen. Denn man hat eines bisher übersehen: Obgleich in den Briefen verschiedene Götter genannt werden, handeln diese doch alle in gleicher Weise am einzelnen Menschen. Alle möglichen Götter werden als Schöpfer des Einzelnen bezeichnet, obgleich sie in der Mythologie keineswegs Schöpfergötter sind.(191) Alle segnen, fördern und leiten den Einzelnen, alle retten, unterstützen und schützen ihn in Not und Gefahren. Bis auf die einzige Ausnahme, daß von Šamaš gerne Rechtshilfe erwartet wird(192), ist keine der in den Briefen erwähnten göttlichen Handlungen für irgendeinen Gott spezifisch: Ob sie nun in der offiziellen Theologie und Mythologie Götter des Krieges, der Unterwelt, der Fruchtbarkeit oder des Sturmes sind, spielt in der persönlichen Gottesbeziehung des Einzelnen überhaupt keine Rolle. Sie alle haben für ihn eine schützende und fördernde Funktion; diese steht fest, die Götternamen sind dagegen austauschbar.

Dieser Tatbestand findet seine exakte Parallele in den theophoren Personennamen. J.J.Stamm hat darauf hingewiesen, daß es nur ganz wenige akkadische Namen gibt, in denen für einen bestimmten Gott spezifische Aussagen gemacht werden. "Was sonst in diesen Namen vom Wirken der Gottheit ausgesagt wird (das Spenden des Kindes, das Helfen, das Vertrauen des Menschen zu Gott usf.), kann von jedem beliebigen Gott gesagt werden."(193) Auch hier stehen die Prädikate, das heißt die Funktionen für den Einzelnen weitgehend fest, die Götternamen sind dagegen variabel. Ja, sogar der in der offiziellen Theologie als Pestgott festgelegte Irra hat in der Namengebung dieselben helfenden und schützenden Funktionen wie alle anderen Götter auch. (194)

Wie ist dieser Tatbestand in den Briefen und in den Personennamen zu deuten? Die bisherige Forschung ging einfach davon aus, daß, wenn in den Briefen und in den Personennamen ein Gott genannt wird, dieser derselbe sei, den wir aus der Mythologie, den Hymnen, Königsinschriften und Opferlisten der Tempel unter diesem Namen kennen. Doch ist das so selbstverständlich? Ist Enlil, den ein Einzelner in einem Brief als seinen Gott bezeichnet(195) wirklich der thronende Götterkönig, ist Adad, dem ein Einzelner die Belohnung für eine ihm erwiesene Hilfe anheimstellt, wirklich der brüllende Sturmgott?(196) Die fehlenden Epitheta, die völlige Austauschbarkeit und das unreflektierte Nebeneinander verschiedener Götter in den Briefen weisen in eine andere Richtung.

Zwar schließen sich die einzelnen Babylonier an die gängigen Götternamen ihrer Stadt oder des Reiches an, erfahren sie Rettungen von bestimmten, in den Kapellen oder Tempeln ihrer Nachbarschaft verehrten Götter, aber das, was sie von diesen Göttern erwarten und erfahren in ihrer alltäglichen Lebensbewältigung hängt nicht von diesen bestimmten Göttern ab, es ist unabhängig von ihnen immer und überall dasselbe. Wenn sie Enlil und Ninurta, Šamaš und Marduk in ihre Grüße aufnehmen, wenn sie ihre Kinder mit diesen und anderen Gottesnamen benennen, dann meinen sie damit gar keine spezifischen, von der Theologie der Priester und Schreiber ausgeformten Götterpersönlichkeiten mehr, sondern diese Namen repräsentieren für sie nur, was "Gott" für sie bedeutet. Šamaš und Marduk in den Grußformularen soll alles Göttliche umgreifen, was in altbabylonischer Zeit für den Einzelnen und seine Familie Bedeutung hat. Der Einzelne erlebt im alltäglichen Lebensvollzug "Gott" nicht in der komplizierten Vielheit der polytheistischen Hochreligion, sondern primär als Einheit hinter einer vielgestaltigen Ausformung.

Für diese Interpretation des Tatbestandes gibt es noch einige positive Hinweise. A.Westenholz hat herausgearbeitet, daß in der altakkadischen Namengebung die theophoren Elemente noch ilum und iltum waren, die erst in aB Zeit sukzessive durch konkrete Götternamen verdrängt worden sind. (197) Hier ist damit noch eine Stufe in der Geschichte der mesopotamischen persönlichen Frömmigkeit greifbar, in der "Gott" noch nicht auf verschiedene Götterpersonen aufgespalten war, sondern sich in einer männlich-weiblichen Zweiheit repräsentierte. Mit der Aufnahme von Götternamen in die aB Personennamen schloß man sich zwar locker an das offizielle Stadtpantheon an, aber damit änderte sich die in den prädikativen Elementen gesammelte Gotteserfahrung keineswegs.

Auch in den Briefen steht zuweilen ilum mit Suffix anstelle eines Gottesnamens. (198) Am häufigsten ist der ilum nāṣirka "der dich schützende Gott" im erweiterten aB Grußformular. (199) Man hat darin den persönlichen Schutzgott des Einzelnen sehen wollen, und H. Vorländer nimmt ihn für seinen "persönlichen Gott" in Anspruch. (200) Doch alle Versuche, hier eine bestimmte, untergeordnete Gottheit herauszudestillieren gehen in die Irre. Warum sollten die Briefschreiber, nachdem sie den Adressaten im Gruß unter die Fürsorge der großen Götter (z.B. Šamaš und Marduk) gestellt haben, ihn einen Satz später dem Schutz einer untergeordneten Gottheit anvertrauen? Noch dazu gibt es auch Wünsche mit naṣāru, in denen "große Götter" genannt werden. (201) Und J.J.Stamm hat für die Namengebung die Tendenz herausgearbeitet, daß man gerne gerade die großen Götter für die Benennung seines Kindes auswählt. (202) So muß denn auch H. Vorländer eingestehen, daß sich der "persönliche Gott" keineswegs auf bestimmte, niedrige Götter eingrenzen läßt. (203) D.h. aber, mit dem ilum nāṣirka ist kein bestimmter Gott, sondern eine bestimmte göttliche Funktion gemeint. Die unbestimmte Formulierung ist deswegen gewählt, um die entscheidende religiöse Funktion, die alle Götter für den Einzelnen haben, zusammenfassend zu bezeichnen. Oder anders herum: ilum nāṣirka ist "das Göttliche", wie es der Einzelne in den Handlungen aller nur möglichen benannten Götter erfährt, Šamaš und Marduk, Enlil und Ninurta und viele andere, sie alle repräsentieren für ihn nur die Schutzfunktion Gottes.

Aus allen diesen Beobachtungen kann ich nur den Schluß ziehen: Trotz der offiziellen polytheistischen Religion in Mesopotamien ist die persönliche Frömmigkeit von einem "primitiven", d.h. unreflektierten Henotheismus bestimmt. (204) Der Gottesbegriff ist in dieser Religionsschicht nicht durch "Eigenschaften", sondern funktional bestimmt. Damit bestätigen sich in etwa auch für Babylon die im Alten Testament erhobenen Ergebnisse, aber sie haben hier eine weitaus größere Tragweite: Standen sich dort eine kämpferische, monotheistische offizielle Religion und eine weniger strenge, unpolemische henotheistische Frömmigkeit gegenüber, so hier ein ausgebauter, komplizierter offizieller Polytheismus und ein praktischer Henotheismus, der nur äußerlich an den polytheistischen Strukturen der offiziellen Religion Anteil hat. Man wird daher nicht mehr von einer einheitlichen polytheistischen mesopotamischen Religion sprechen dürfen. Nein, der Polytheismus charakterisiert nur noch eine Religionsschicht in ihr, die offizielle Religion der Priester und Könige, nicht aber die Frömmigkeit in den Familien und anderen kleinen Gruppen. So liegt im Gottesverständnis ein entscheidender Unterschied zwischen der offiziellen Religion und der persönlichen Frömmigkeit in Mesopotamien.

III. Die offizielle Religion der altbabylonischen Königsinschriften

1. Auswahl und Art der Texte

Der Frömmigkeit des babylonischen Privatmannes, die uns in den altbabylonischen Briefen entgegentrat, soll nun die offizielle babylonische Religion der gleichen Epoche gegenübergestellt werden.

Doch hier erhebt sich sofort ein methodisches Problem: "die" offizielle babylonische Religion ist schon eine gedankliche Abstraktion. Nachdem frühere Versuche ihrer umfassenden gedanklichen Darstellung heute als methodisch fragwürdig angesehen werden müssen(205), bleibt als einzig einigermaßen sicherer Zugang, nach den religiösen Vorgängen in den Gattungen zu fragen, die in den offiziellen Institutionen der mesopotamischen Stadtstaaten gelebt haben, also etwa in Hymnen, Götter- und Opferlisten, Kultritualen und Königsinschriften. Die Schwierigkeit bleibt dabei, daß man heute noch keineswegs sicher sagen kann, was dazugehört und was nicht, und wie die Teilaspekte, die man so erhält, zusammenzuordnen sind. (206)

Altbabylonische Hymnen, die sich für einen Vergleich sachlich gut eignen würden, sind, jedenfalls soweit sie akkadisch verfaßt sind, zu spärlich überliefert, als daß sie eine brauchbare Textgrundlage abgeben könnten. (207) Ich wähle darum die aB Königsinschriften. Sie haben den Vorteil, daß sie in genügender Zahl belegt sind, sich hinreichend exakt datieren lassen und mit Sicherheit Dokumente einer offiziellen Institution sind. Sachlich sind sie normalerweise nicht so ergiebig, wollen sie doch primär politische, nicht religiöse Dokumente sein, die von den ruhmvollen Taten der Könige berichten. Die religiöse Dimension kommt in frühaltbabylonischer Zeit nur implizit zur Sprache. (208) Zum Glück wird das in der klassischen altbabylonischen Zeit anders: insbesondere die Inschriften Hammurabis und seines Sohnes Samsu-'ilunas geben dem Handeln der Götter breiten Raum. So können ihre Inschriften gut als Zeugnisse der Theologie des Königshauses bewertet werden. Ich bin mir aber bewußt, daß damit weder die "ganze" offizielle altbabylonische Religion, ja, noch nicht einmal alles, was für die Religion des Königshauses Bedeutung hatte(209), in das Blickfeld tritt. Es handelt sich nur um einen, wenn auch nicht unwesentlichen, Ausschnitt. Was also im Folgenden zur "offiziellen" Religion gesagt wird, steht von vornherein unter dieser methodisch bedingten Einschränkung und ist damit auf weitere Ergänzungen, vielleicht auch Korrekturen angewiesen.

Leider muß ich noch eine Einschränkung ankündigen, die sachlich nicht gerechtfertigt ist. Ich konnte leider nur die akkadisch überlieferten Inschriften berücksichtigen, da mir die sumerischen in der Originalsprache nicht zugänglich waren. Soweit es sich um Inschriften der 1.Dynastie von Babylon handelt, ist diese Lücke zu verschmerzen, da die sumerischen Texte nichts wesentlich Neues bringen. Leider aber bleiben so die Inschriften aus Larsa, Isin und anderen Orten weitgehend unberücksichtigt.

Ich stütze mich auf die folgenden Texte:

1. Hammurabi		
	a) Sippar A	LIH 57, IRSA IVC6e
	b) Sippar B	PBS 7,133 // INES 7,268f, IRSA IVC6f
	c) E-namtila	(nB Abschrift) LIH 59, IRSA IVC6g
	d) Borsippa	LIH 94, IRSA IVC6h
	d) Kanal "Ḫammurabi-nūḫuš-nīšī"	LIH 95, IRSA IVC6j

Hinzu kommt noch der den Königsinschriften in vielem ähnliche Prolog und Epilog des Kodex Hammurabi

	f) Prolog	KH I,1-V,25 Stele, Borger, BAL II,2ff; III,pl2-4 dazu Variante JSS 7,164, vgl Borger, BAL II,7
	g) Epilog	KH XXIVr,1-XXVIIIr,91 Stele, BAL II,42ff; III,pl 25-30
2. Samsu'iluna		
	a) Sam.A	VS 1,33 // LIH 97-99, IRSA IVC7b
	b) Sam.B	RA 61,40-42, IRSA IVC7c
	c) Sam.C	YOS 9,35 vgl RA 63,29-43, IRSA IVC7d
3. andere		
	a) Ašduni-jarim von Kiš	RA 8,65 // CT 36,4, IRSA IVK1a
	b) Ipiq-eštar von Malgûm	(Malgûm 1) VS 1,32, IRSA IVM2a
	c) Takil-ilissu v.Malgûm	(Malgûm 2) AfO 12,363-366, IRSA IVM1a
	d) Kudur-Mabuk von Larsa	RA 11,92, IRSA IVB13j
	e) Lipit-eštar von Isin	EDSA pl.III u.a., IRSA IVA5b
	f) Jaḫdun-lim von Mari (1)	RA 33,49-52, IRSA IVF6a
	g) Jaḫdun-lim von Mari (2)	Syria 32,4-11, IRSA IVF6b

2. Das Handeln der Götter in den Königsinschriften

a) Das politische Handeln der Götter

Kommt man von den Briefen zu den Königsinschriften, fühlt man sich in eine andere Welt versetzt. Zwar agieren dort wie hier mehr oder minder dieselben Götter, aber wie anders sieht ihr Handeln aus: da trifft der Götterkönig weitreichende Schicksalsentscheidungen, da delegiert er die Herrschaft über Länder und Städte an Götter und Könige, da werden Götter und Könige zur Ausführung politischer Aufträge beauftragt. Das schützende und rettende Handeln der Götter, ihre mitleidsvolle Zuneigung, ihr personales Vertrauensverhältnis zum einzelnen Menschen, die in den religiösen Aussagen der Briefe eine so zentrale Rolle spielten, treten dagegen hier ganz in den Hintergrund. Sie begegnen nur da, und z.T. nur charakteristisch abgewandelt, wo es um das persönliche Schicksal des Königs geht, und werden uns noch später beschäftigen. (210) Im Vordergrund, dort, wo es um das Land, seine Bevölkerung und die Institution des Königtums geht, handeln die Götter wie orientalische Könige, ist ihr Handeln eindeutig ein politisches.

Wenn man die wichtigsten Vorgänge und theologisch gebrauchten Verben der Königsinschriften untersucht, lassen sich die Merkmale des Politischen im Handeln der Götter im einzelnen aufzeigen.

(a) Das Delegieren von Herrschaft

Enlil, der "König von Himmel und Erde"(211) übt seine Herrschaft über die Welt meist nicht unmittelbar aus, sondern er delegiert sie, entweder an ihm untergeordnete Götter, so etwa an Marduk, den Stadtgott von Babylon:

KH I, (8) a-na (d)AMAR.UTU ...(11) (d)EN.LÍL-ut (12) KIŠ ni-šî (13) i-ši-mu-šum
(Als An-Enlil) für Marduk...die Enlilschaft über die gesamte Menschheit bestimmte. (212)

oder aber an einen König, so etwa direkt an Hammurabi:

LIH 59 (15) [i-n]u (d)EN.LÍL UKÙ(MEŠ) KUR-šú (16) a-na be-lu-ti e-pe-ši (17) id-di-na ṣer-ri-is-sa(!) (18) a-na ŠU-ja (19) ú-ma-al-li
Als Enlil mir die Bewohner seines Landes zum Beherrschen übergab und ihr (!) Nasenseil in meine Hand legte(213)

oder im Instanzenzug über den Stadtgott vermittelt an Samsu'iluna:

Sam.A I (13) i-nu-šu (d)AMAR.UTU (14)[(d)]EN.LÍL ma-ti-šu... (16) a-na Sa-am-su-i-lu-na (17) LUGAL la-le-šu ja-ti (18) ŠÚ.NIGÍN ma-ta-tim (19)[a-n]a re-ji-im i-din-nam
Damals gab Marduk, der Enlil seines Landes...an mich, Samsu'iluna, den König seiner Sehnsucht, die Gesamtheit der Länder zum Weiden. (214)

Die Vorstellung ist klar: Eigentlich gehört das Land dem Götterkönig (mātīšu)(215) oder vermittelt dem Stadtgott(216), es wird aber samt seinen Bewohnern an den menschlichen König übergeben, damit er die Herrschaft der Götter ausführt. Zur wirkungsvollen Ausübung von Herrschaft, sofern sie sich auf Großgruppen bezieht, gehört notwendigerweise ihre Delegierung. Weil die Herrschaftsform monarchisch gedacht ist, erfolgt die Delegierung nur von oben nach unten. Wie der König sein Land regiert, indem er Machtbefugnisse an seine Statthalter und Beamten überträgt, so regiert auch der Götterkönig sein Land durch Delegierung von Herrschaftsbefugnissen an den menschlichen König. Enlil nennt Samsu'iluna einmal ausdrücklich "seinen starken Abgesandten" (na-aš-pa-ri dan-nam, Sam.C,33).

Die Verben sind meist solche des Übergebens, meist nadānu "geben"(217), dann ana qātim mullû "in die Hand füllen"(218); daneben šarāku "gewähren" (219), talāmu Š "verleihen"(220) und šiāmu "bestimmen". (221)

Weiter wird die Inthronisation mit den Verben des Redens, nabû "nennen, berufen"(222) und des Sehens, palāsu N "anblicken"(223) ausgedrückt. Bei ihnen steht mehr der Gunsterweis für den König im Vordergrund, den er bei der Übertragung von Herrscherbefugnissen erhält.

(b) Das Beauftragen zu Regierungsmaßnahmen
Die Königsinschriften beschreiben bis in die Einzelheiten hinein, wie diese göttlich-königliche Weltregierung funktioniert. Ich nehme das ausführlichste Beispiel, die Inschrift Sam.C, heraus:

Am Anfang des Geschehens steht eine Entscheidung Enlils: Er, "der Hirte, der die Schicksalsentscheidungen trifft"(Z.3) beschließt, daß die Mauer von Kiš wieder aufgebaut werden soll (Z.8-15). Ein Grund für die Entscheidung wird nicht genannt, sie ist unableitbar, sie entspringt allein aus der höchsten Autorität des Götterkönigs. Schon das unterscheidet dieses göttliche Handeln grundsätzlich von dem in den Briefen, das meist als Reaktion auf eine Bedrängnis oder Not dargestellt ist.

Zur Verwirklichung seiner Entscheidung wendet sich Enlil hoheitsvoll-freundlich an Zababa und Inanna, die als Stadtgötter von Kiš zuständig sind. Er gibt ihnen den Befehl, Samsu'iluna seinen Auftrag mitzuteilen und ihn bei den vorher noch nötigen Kriegszügen zu unterstützen. Die Stadtgötter werden durch den Beschluß insofern tangiert, als auch sie wieder (sicher) in ihren Tempeln werden wohnen können(Z.16-52).

Die Stadtgötter freuen sich und leiten den Beschluß Enlils an Samsu'iluna weiter:

Sam.C (70) Sa-am-su-i-lu-⸢na⸣ (71) NUMUN î-lí da-rí-um (72) wu-ṣûm šar-ru-⸢tim⸣ (73) (d)EN.LÍL ši-ma-ti-ka (74) ú-⸢šar⸣-bí (75) a-na ra-bi-ṣú-ti-ka (76) in šu-ul-mi-im (77) e-pé-ši-im (78) ú-wa-ḪI-ra-an-ni-a-ti... (84) (URU)Kiš(KI) ma-ḫa-az-ni (85) ra-aš-ba-am (86) BÀD-šu bi-ni (87) e-li ša pa-[na] (88) šu-ti-ir-šu

Samsu'iluna, ewiger Sproß der Götter, Zierde des Königtums, Enlil hat eine große Entscheidung für dich getroffen! Er hat uns beauftragt, zu deiner Bewachung heilvoll zu handeln...Die Mauer von Kiš, unserer ehrfurchtgebietenden Stadt, baue auf! Höher als früher mache sie!

Darauf wird berichtet, wie Samsu'iluna dem Befehl der Götter gehorcht und ihrer Schutzzusage vertraut (Z.89-143). Nach Kriegszügen gegen aufständische Könige (Z.89-128) baut er die Mauer von Kiš wieder auf (140-143); der Ausführungsbericht schließt sich dabei bis in die Wortwahl an Enlils Entscheidung (Z.11-13) und den Befehl Zababas und Inannas an (Z.84-88). Darüberhinaus geht der Bericht vom Bau eines Kanals (135-139), es mag sein, daß er mit dem Mauerbau zusammenhing. Die Inschrift schließt mit einem Wunsch, daß Zababa und Inanna den König für sein Tun mit einer langen Lebenszeit belohnen mögen (Z.144-154).

Die Handlungstruktur dieser Inschrift ist eindeutig die von Befehl und Ausführung, von Entscheiden und Weiterleiten der Entscheidung, von Beauftragen und Durchführung des Auftrages. Die Inschrift berichtet ausführlich, wie die Entscheidung des Götterkönigs über einen hierarchisch gegliederten Instanzenweg schließlich zu ihrer Verwirklichung kommt. Und auch die meisten anderen Inschriften sind - manchmal nur mit zwei Instanzen - von dieser Handlungsstruktur geprägt. (224) Die dabei verwendeten Verben sind: šiāmu "entscheiden" (225), wâru D "beauftragen" (226), qabû "befehlen" (227) und einige Varianten. Die meisten der großen politischen Aktionen der Könige, ihre Baumaßnahmen, ihre Kriegszüge und ihre Rechtsprechung, werden so in den Inschriften als Ausführung göttlicher Aufträge oder Befehle dargestellt.

Damit ist aber klar, wie dieses göttliche Handeln zu charakterisieren ist. Die Handlungsstruktur Befehl-Ausführung, der Instanzenweg und die Inhalte der Befehle gehören alle in den Bereich des politischen Geschehens. So wie der irdische König aus seiner Machtvollkommenheit heraus Entscheidungen trifft und sich zu deren Ausführung eines hierarchisch gegliederten Verwaltungsapparates bedient, so setzen die Götter, vor allem der oberste Gott Enlil, ihre Entscheidungen über untergeordnete göttliche wie königliche Ausführungsorgane durch. Inhalt und Struktur göttlichen Handelns, welches die Großgruppe, die Bevölkerung eines Staates betrifft, sind damit eindeutig politisch. Kennzeichnend ist die distanzierte, majestätisch herabneigende Herrschergebärde, nicht die persönliche Zuneigung wie gegenüber dem Einzelnen. Es ist darum sicher kein Zufall, daß die charakteristischen Verben der Königsinschriften, šiāmu "entscheiden" und wâru D "beauftragen" in den aB Briefen gar nicht für das Handeln der Götter vorkommen, und daß wâru in den Personennamen gar nicht, šiāmu nur in einigen wenigen, nicht sicher zu deutenden Belegen begegnet. (228) Die großen "Schicksalsentscheidungen" der Götter spielten für das alltägliche Leben des Einzelnen keine Rolle, sie betrafen nur das politische Gemeinwesen als ganzes.

(c) Die Sicherung politischer Stabilität

Das übergreifende Ziel der göttlichen Regierung über das Land ist die Sicherung der innen- und außenpolitischen Stabilität. Dem dient sowohl die Delegation ihrer Herrschaftsbefugnisse an das Königtum als auch alle konkreten, an die Könige gerichteten Aufträge.

In den Inschriften taucht hier an verschiedenen Stellen das Verb kanû D "befestigen" auf. So hat Enlil für Marduk in Babylon ein "dauerhaftes Königtum befestigt" (šar-ru-tam da-rí-tam... ú-ki-in-nu-šum), "dessen Grundfesten wie die von Himmel und Erde fest gegründet sind" (KH I,20-26). Mit der Einrichtung eines stabilen Königtums haben die Götter zugleich auch dem babylonischen Staat politische Stabilität gegeben:

Sippar B (10) šar-ru-tam da-rí-tám (11) BALA u(4)-mi ar-ku-tim (12) iš-ru-kam (13) SUḪUŠ KALAM (14) ša a-na be-li-im (15) i-dí-na-am (16) ú-ki-in-na-am

(Als Šamaš mir, Hammurabi...) ein dauerhaftes Königtum und eine lange Regierungszeit gewährte, die Fundamente des Landes, das er mir zum Beherrschen übergeben hatte, befestigte (229)

Das Fehlen einer stabilen politischen Zentralgewalt bedeutet dagegen, wie die Inschrift Ipiq-eštars von Malgûm in einem Rückblick verdeutlicht, den Abstieg des Landes, den Aufruhr der Bevölkerung und die Zerstörung der Tempel (Z.18-24). Der Beschluß Eas, ein Königtum in Malgûm zu errichten hat ausdrücklich das Ziel, diesen Zustand politischer Wirrnisse zu beseitigen:

Malgûm 1 (11) ar-ḫi-iš mi-mu IM BU/GÍD DA (12) šu-tu-qí ma-ru-uš-ta-am (13) a-na wa-ar-ki-a-tim (14) lu-ki-na iš-da-šu (15) Ma-al-gu-um(KI) a-al-ki (16) šar-ru-tum BALA-um li-GÁL (17) a ip-pa-ar-ku i-na É-nam-ti-la
Schnell...(230) beseitige das Übel!
Zukünftig mögen die Fundamente von Malgûm, deiner Stadt feststehen, ein Königtum soll da sein, nicht soll es aufhören in E-namtila!

Gegenüber der früheren, unstabilen Lage, wird die Stabilität der politischen Institution Königtum herausgestellt.

Ich möchte besonders hervorheben, daß die Errichtung des Königtums nicht in den Kategorien von Not und Rettung, die für die Religion des Einzelnen eine so große Rolle spielten, dargestellt wird. Wohl wird damit eine unheilvolle Situation überwunden, aber nicht in der Weise einer personalen Zuwendung, die den vom Tode bedrohten Menschen eine neue Lebensmöglichkeit eröffnet. Nein, das göttliche Handeln vollzieht sich in der Kategorie des Ordnung-Schaffens. Anstelle eines Zustandes der Wirren und der Unordnung setzen sie durch die Errichtung des Königtums den Zustand der Ordnung und Sicherheit.

Dieser Zustand innen- und außenpolitischer Stabilität steht auch als Ziel hinter den göttlichen Aufträgen an den König. Das belegen die vielen finalen Infinitivkonstruktionen, die sich um die konkreten Aufträge herumranken:

So umschreibt Samsu'iluna den umfassenden Auftrag Marduks, sechs verschiedene Mauern zu bauen mit den Worten:

Sam.A (I,20) KALAM-su a-bur-ri (21) šu-ur-bu-ṣa-am (II,1) ni-ši-[šu] [ra]-ap-ša-tim (2) in šu-ul-mi-im (3) a-na da-ar i-tar-ra-am (4) ra-bi-iš lu ú-wa-e-ra-an-ni
(Damals) beauftragte er mich feierlich, sein Land sich auf Auen lagern zu lassen, seine ausgebreiteten Menschen in Frieden dauerhaft zu führen.(231)

Der Bau der Befestigungswerke dient dem Ziel der außenpolitischen Sicherung des Staates. Der innenpolitischen Sicherung soll die Gabe eines einheitlichen, königlichen Gesetzeswerkes dienen:

KH I, (27) i-nu-mi-šu (28) Ḫa-am-mu-ra-bi... (31) ja-ti (32) mi-ša-ra-am (33) i-na ma-tim (34) a-na šu-pí-i-im (35) ra-ga-am ù ṣe-nam (36) a-na ḫu-ul-lu-qí-im (37) dan-nu-um (38) en-ša-am (39) a-na la ḫa-ba-li-im (40) ki-ma (d)UTU (41) a-na SAG.GI(6) (42) wa-ṣe-e-em-ma (43) ma-tim (44) nu-

wu-ri-im (45) AN (46) ù (d)EN.LÍL (47) a-na ši-ir ni-ši
(48) ṭú-ub-bi-im (49) šu-mi ib-bu-ú
Damals haben An und Enlil mich, Hammurabi...,
um Gerechtigkeit im Lande aufscheinen zu lassen,
um den Bösen und Gehässigen auszurotten,
damit der Starke den Schwachen nicht unterdrückt,
um wie Šamaš über den Schwarzköpfigen aufzugehen,
und das Land zu erleuchten,
um die Menschen zu erfreuen, mit Namen benannt. (232)

Die politischen Aufträge der Götter an den König zielen damit auf das Wohl der Bevölkerung, sie sollen ihr politische und soziale Sicherheit verschaffen. Es handelt sich also durchaus um eine Weise des segnenden Handelns der Götter, aber es ist ein politisch vermitteltes Handeln, das sich primär auf die Bevölkerung als Ganzes erstreckt. Zum Wohlergehen des Einzelnen bleibt es in Distanz, es schafft nur die Rahmenbedingungen dafür, daß die einzelnen Familien ihr Glück finden können. Die direkte, persönliche Segnung, Förderung und Leitung des Einzelnen auf seinem Lebensweg, die wir in den Briefen bezeugt fanden, ist daneben eine andere Weise des göttlichen Handelns. Sie entspringt anderen Beweggründen als das politisch vermittelte Segenshandeln: Ist jene eine Folge der persönlichen Beziehung, die "Gott" qua Schöpfung und Geburt zu jedem einzelnen Menschen hat, so entspringt dieses der Sorge der göttlichen Weltregierung um einen geordneten Zustand ihres Besitzes. Ist die Beziehung zum Einzelnen familiär-personal, so die zum Land und seiner Bevölkerung politisch-sachlich.

So ergibt eine Durchsicht der wichtigsten Verben und Handlungsabläufe in den Königsinschriften, daß das Handeln der Götter, das sich auf die Großgruppe des Stadtstaates bezieht, alle Merkmale des politischen Handelns trägt. Es ist damit klar von ihrem Handeln am einzelnen Bürger in seinem Familien- und Freundeskreis unterschieden.

(d) Die geschichtliche Dimension des göttlichen Handelns

Das Handeln der Götter in den Königsinschriften erweist sich auch dadurch als politisches, daß es eine geschichtliche Dimension hat.

Kennzeichnend dafür ist die in der Hammurabi-Dynastie beliebte Einleitung der Inschriften durch lange Temporalsätze: inū(ma) "als, nachdem"...., denen ein meist mit inū(mī)šu "damals, da" eingeleiteter Hauptsatz folgt. (233) Damit wird die einzelne politische Aktion des Königs, etwa eine Baumaßnahme, von der die Inschrift berichten will, ihrer Isolation entrissen und in den weiteren Horizont einer Folge von göttlichen und königlichen Handlungen gestellt. Dabei ist durchaus das Bemühen zu erkennen, in dem Aufzeigen geschichtlicher Kontinuität Geschehen zu deuten.

So blicken die Könige in ihren Inschriften gerne auf ihre Inthronisation zurück; sie wollen damit aufzeigen, daß ihre jetzige politische Maßnahme in der Kontinuität einer Geschichte steht, die mit ihrem Herrschaftsantritt anhob. (234) Aber auch weitere geschichtliche Abstände kommen in den Blick: Nicht nur, daß sich die Könige von Babylon der Geschichte ihrer Dynastie bewußt sind - Hammurabi benennt einen Deich nach seinem Vater(235) und

Samus'iluna erneuert eine Mauer, die sein Vorfahr Sumu-la-il vor sechs Generationen erbaut hat(236) - nein, auch der Aufstieg Babylons unter der ersten Dynastie als ganzes ist es, auf den in den Inschriften zurückgeblickt und von dem aus die Gegenwart gedeutet wird:

KH I, (1) î-nu AN{ }ṣi-ru-um (2) LUGAL (d) A-nun-na-ki (3) (d)EN.LÍL (4) be-el ša-me-e (5) ù er-ṣe-tim (6) ša-i-im (7) ši-ma-at KALAM (8) a-na (d)AMAR.UTU (9) DUMU re-eš-ti-im (10) ša (d)EN.KI (11) (d)EN.LÍL-ut (12) KIŠ ni-šî (13) i-ši-mu-šu (14) in I-gi(4)-gi(4) (15) ù-šar-bí-ù-šu (16) KÁ.DINGIR.RA(KI) (17) šum-šu ṣi-ra-am ib-bi-ù (18) in ki-ib-ra-tim (19) ù-ša-te-ru-šu (20) i-na li-ib-bi-šu (21) šar-ru-tam da-rí-tam...(26) ú-ki-in-nu-šum
Als der erhabene An, der König der Anunnaki (und) Enlil, der Herr des Himmels und der Erden, der Bestimmer der Schicksale des Landes, für Marduk, den ersten Sohn des Ea, die Enlil-schaft über die gesamte Menschheit bestimmte, ihn unter den Igigi groß machte, Babylon (als) seinen erhabenen Namen nannte, es in den vier Weltenden mächtig werden ließ, in seiner Mitte ein Königtum...für ihn dauerhaft einrichtete...

Der Aufstieg Babylons wird hier als ein mythisches Geschehen dargestellt: Er geht darauf zurück, daß der Götterkönig Enlil Marduk, dem Stadtgott von Babylon, die Enlil-schaft über die ganze Menschheit übertragen hat. Das hatte nicht nur die Erhöhung Marduks in der Götterwelt zur Folge, sondern auch den Aufstieg seiner Stadt Babylon zum beherrschenden Machtzentrum von Mesopotamien. Zum politischen Aufstieg gehört die Etablierung einer stabilen königlichen Institution hinzu. (237)

Das ist der weite geschichtliche Horizont, in den Hammurabi sein aktuelles Regierungsvorhaben, die Vereinheitlichung des Rechts in seinem riesigen Reich, einzeichnet. Es steht damit nicht isoliert da, sondern in Kontinuität mit dieser großen, die Götter- wie die Menschengeschichte umfassenden Bewegung. Die Götter, die hinter diesem gewaltigen Aufstieg des Babylonischen Staates gestanden haben, sie stehen auch hinter der jetzigen rechtspolitischen Maßnahme.

Solches Handeln der Götter in großen geschichtlichen Dimensionen fehlte in der von den Briefen belegten Frömmigkeit des Einzelnen und muß wohl auch fehlen. (238) Das Leben des einzelnen Menschen ist zu kurz und spielt sich in viel engeren Dimensionen ab. Darum erfährt er göttliches Handeln in kurzen Geschehensbögen, etwa in der Gesundung von einer Krankheit oder in einem fast unmerklichen Wachsen und Gedeihen. Er kann sich normalerweise nicht auf ein imposantes Handeln der Götter an ihm berufen, das ihm Autorität gegenüber anderen gibt. Für ihn gibt es so etwas wie Kontinuität göttlichen Handelns nicht in der Kette großartiger Ereignisse, sondern in dem seit seiner Geburt bestehenden persönlichen Vertrauensverhältnis zu Gott.

(e) Die legitimierende Funktion des göttlichen Handelns

Nicht nur der Inhalt, die Struktur und die geschichtliche Dimension charakterisieren das Handeln der Götter in den Königsinschriften als politisches; es hat darüber hinaus noch eine politische Funktion: es soll die Herrschaft des Königs legitimieren.

Obgleich die aB Könige die Inschriften zu ihrem eigenen Ruhm anfertigen lassen, genügt es ihnen offensichtlich nicht, ihre Baumaßnahmen, ihre Kriegführung und ihre Gesetzgebung allein aus ihrer eigenen Machtvollkommenheit herzuleiten. Nein, sie suchen dafür einen tieferen Grund: So führen sie ihre politischen Aktionen entweder auf ausdrückliche göttliche Befehle zurück(239), oder leiten sie indirekt aus ihrer Inthronisation ab, bei der ihnen ein Teil der göttlichen Regierungsgewalt übergeben worden war. (240) Die königliche Politik hat demnach ihren Grund nicht in sich selber, sondern weist über sich hinaus auf höchste Entscheidungen der Götter. Sie sind es, die eigentlich das Land regieren, der König ist nur ihr ausführendes Organ. (241)

Man wird dieser Selbstdarstellung nicht gerecht, wenn man sie als religiöse Floskel abtut, sie erklärt sich auch nicht hinreichend aus einer aktuellen Notwendigkeit, sich gegenüber innen- und außenpolitischen Feinden zu legitimieren, nein, sie entspringt der politischen Institution des Königtums als solchen.

Das Königtum ist in Mesopotamien - mit einigen Schattierungen - immer sakrales Königtum gewesen. Und so lange es auf der Welt sakrales Königtum gegeben hat, von den primitiven Kulturen über die Antike bis hin zu den modernen Nationalstaaten, hat es nie darauf verzichten können, sich und seine Herrschaftsausübung religiös zu begründen und zu überhöhen. (242) Die religiöse Dimension ist in dieser Epoche dem Politischen offensichtlich inhärent, und es ist durchaus eine offene Frage, ob sie einfach aufhört, nachdem die politische Gewalt weitgehend auf andere Herrschaftsformen übergegangen ist.

Um so wichtiger ist die Beobachtung, daß die religiöse Überhöhung und Legitimierung jedenfalls in Babylon - aber wahrscheinlich nicht nur da - nur eine Funktion der offiziellen Religion gewesen ist. In den aB Briefen fehlt die religiös legitimierende Selbstdarstellung total. Nirgends führt der Normalbürger sein Handeln auf eine höchste Entscheidung der Götter zurück, niemals betont er die Übereinstimmung seines Tuns mit der göttlichen Weltregierung. Wohl befragt auch er die Omina und empfängt im Traum göttliche Weisungen, aber diese geben ihm nur Hilfestellung und Orientierung auf seinem Lebensweg und haben mit dem Schicksal des Volkes nichts zu tun. Der Einzelne übt im kleinen Lebenskreis seiner Familie und Freunde keine politische Herrschaft aus, er hat darum ihre religiöse Legitimation nicht nötig, seine alltäglichen Tätigkeiten betreffen einen so kleinen Kreis von Menschen, daß er sich lächerlich machen würde, wollte er sie mit einer religiösen Weihe umgeben. Es sind offenbar nur die großen politischen Entscheidungen, die das Schicksal einer großen Gruppe betreffen, die nach einer religiösen Sinngebung verlangen, spricht man nun wie damals vom Befehl eines Gottes, oder wie heute vom "Gebot der Stunde", von der Übereinstimmung mit der göttlichen Weltregierung oder von der Übereinstimmung mit "dem geschichtlichen Prozeß".

So ist das Handeln der Götter, das sich auf die Großgruppe, ihren Staat und ihr Königtum bezieht, nicht nur inhaltlich strukturell, sondern auch funktional klar von ihrem Handeln gegenüber der Kleingruppe geschieden. Es weist alle Merkmale des Lebensbereiches auf, auf den es sich bezieht, es ist ein durch und durch politisches Handeln.

b) Die Unterstützung des Königs bei seiner Amtsführung

Neben dem Handeln der Götter, mit dem sie über die Institution des Königtums das Land regieren, begegnet in den Inschriften noch ein Handeln, mit dem sie den König bei der Ausführung seines Amtes in vielfältiger Weise unterstützen. Doch während jenes den Geschehensablauf als ganzen bestimmte, kommt dies fast ausschließlich in Einzelszenen, Nebensätzen und Attributen vor. Es hat darum trotz einer gewissen Vielfalt erheblich geringeres Gewicht als das politische Handeln der Götter im engeren Sinn, ja, es ist ihm funktional untergeordnet: Die Götter delegieren nicht nur Herrschaft an den König und beauftragen ihn zu politischen Aktionen, sondern sie unterstützen auch seine Herrschaft und helfen ihm bei der Durchführung der Aufträge. In den Inschriften Samsu'ilunas wird diese Unterstützung des Königs z.T. als Belohnung für seine treue Ausführung der göttlichen Aufträge dem Hauptgeschehen zugeordnet. (243)

(a) Zur Delegation von Herrschaft gehört, daß die Götter der Herrscherposition des Königs Dauer und Größe verleihen. Sie machen "das Szepter" Hammurabis lang (arāku D) (244), sie gewähren Samsu'iluna, daß er sein Hirtenamt über die Welt lange Zeit ausüben kann (ana dār epēšu) (245) und sie machen ihr Königtum groß (rabû Š, elû D) (246), sodaß es keinesgleichen hat. (247)

(b) Zur Beauftragung des Königs zu konkreten politischen Maßnahmen gehört es, daß die Götter ihn auch mit besonderen Fähigkeiten ausstatten, die er zu ihrer Ausführung benötigt. Sie verleihen ihm für seine Bautätigkeit überlegene und erhabene Kräfte (emūqin gašrātim/ṣīrātim nadānu) (248), sie statten ihn für sie und seine Kriegsführung mit der nötigen Weisheit aus (igigallam nadānu/šiāmu) (249) und verleihen ihm für seine Gesetzgebung Gerechtigkeit. (250)

(c) Eine besondere Rolle spielt in den Königsinschriften die göttliche Unterstützung im Krieg. Das hängt wohl damit zusammen, daß hier Amt und Person des Königs ganz besonders gefährdet waren. Die Götter erfüllen den "Kampfeswunsch" des Königs (ernittam kašādu D) (251), sie verleihen ihm starke Waffen (kakkam dannam talāmu Š u.ä.) (252), sie fangen (253) und vernichten seine Feinde (ḫatû, nâru) (254) und geben sie in seine Hand (ina qātim mullû) (255).

Hier begegnet nun auch ein schützendes und rettendes Handeln der Götter, wie wir es von den aB Briefen her kennen: Die Götter stehen dem König in den Gefahren des Krieges bei (tappûtam alāku) (256), sie gehen zu seiner Rechten (ina imnim alāku) (257), bzw. an seiner Seite (ina idim alāku). (258) Sie sind ihm Gefährten (rū'um) (259), helles Licht (nūrum nawrum) (260) und gutes Zeichen (ittum damiqtum) (261), sie handeln zu seiner Bewachung (ana rābiṣūtim epēšu) (262), sie sind seine Schutzgeister (lamassum) (263) und seine Retter (rēṣum) (264) aus der Not.

In einer Inschrift, die auch sonst aus dem Rahmen fällt, steht das rettende Handeln der Götter einmal ganz im Zentrum: Der König Ašduni-jarim von Kiš berichtet:

Kiš (22) i-nu-mi (23) (d)Za-ba(4)-ba(4) be-lí (24) i-di-na-an-na(!) (25) ù Iš(8)-tár be-el-ti (26) ta-pu-ti (27) i-li-ku-na(!) (28) a-ka-al pa-ta-ni-ja él-qé-ma
Als Zababa, mein Herr, mir Recht verschaffte und Istar, meine Herrin, mir beistand (und) ich (so) Speise zu meiner Ernährung erhielt...

Hier liegt wohl ein konkretes Ereignis vor: dem König (und seinem Heer?) war auf seinem Kriegszug plötzlich die Nahrung ausgegangen, und er wurde in dieser Notlage von seinen Stadtgöttern gerettet.(265)

Das heißt aber: auch der König konnte wie jeder einzelne gewöhnliche Bürger ein rettendes Handeln der Götter erfahren, insbesondere dann, wenn er persönlich in Bedrängnis geriet; aber das geschah, da er bei seiner "normalen" Regierungstätigkeit institutionell viel zu sehr abgesichert war, vorzugsweise in der Ausnahmesituation des Krieges.(266) Es ist damit von vornherein schon auf eine politische Aufgabe bezogen. Der existentiell viel ungesichertere Mann auf der Straße erlebt dagegen göttlich Rettung häufiger und im zivilen, alltäglichen Lebensbereich. Für ihn ist sie immer total, betrifft seine ganze Existenz, während sie für den König nur einen Teil seiner Tätigkeit betrifft. Ebenso wichtig wie seine Rettung aus irgendwelchen gefährlichen Kampfsituationen, ist, daß die Götter der kriegerischen Aktion als ganzer Erfolg verleihen, die Feinde töten und ihm zum Sieg verhelfen.

Ebenso ist es mit dem segnenden Handeln der Götter: Auch für den gewöhnlichen Einzelbürger spielt das Wachsen und Gedeihen, die Begabung und die Förderung durch die Götter eine Rolle, aber das alles bleibt in den Grenzen seines kleinen, alltäglichen Tätigkeitsfeldes; erst der erweiterte politische Aufgabenbereich des Königs bedarf der Verleihung "erhabener Kräfte" und besonderer Weisheit.

So steht das den König bei seiner Regierungstätigkeit unterstützende Handeln der Götter zwar ihrem Handeln am Einzelnen näher, doch bleibt es stets auf eine politische Aufgabe bezogen und geht darum weit über die Bedürfnisse hinaus, die für den gewöhnlichen Bürger eine Rolle spielen.

c) Elemente persönlicher Frömmigkeit in den Königsinschriften

Neben dem politischen und die Amtsführung des Königs unterstützenden Handeln der Götter begegnen in den Königsinschriften auch Handlungsweisen, die für die persönliche Frömmigkeit des Einzelnen charakteristisch waren. Die Übergänge sind fließend. Schon bei der Unterstützung des Königs im Krieg stimmten viele Elemente mit dem rettenden Handeln am Einzelnen überein. Man kann etwa so sagen: je weiter das Amt des Königs zurück und seine Person in den Vordergrund rückt, um so mehr kommen auch für ihn Elemente der Gottesbeziehung zum Tragen, welche die Religion jedes einzelnen Menschen ausmachen. Doch auch diese Zeugnisse persönlicher Religiosität des Königs sind nie rein "privat", sie bleiben immer ausgerichtet auf seine politischen Funktionen.

(a) Wie schon erwähnt, kommt auch in den Königsinschriften Beistand, Schutz und Rettung der Götter vor; doch sind diese Handlungsweisen nie auf das Land oder Volk als ganzes, sondern nur auf den König bezogen und bleiben so gut wie ausschließlich auf die Situation des Krieges beschränkt. (267) Auch die Zuwendung der Götter zu den Gebeten des Königs (šemû "hören" (268), magāru "zustimmen, annehmen" (269), idû "sich kümmern um" (270)) ist zum Teil auf kriegerische Expeditionen bezogen (271), reicht aber auch darüber hinaus. Der Vorgang der Gebetserhörung, der in den Briefen und Personennamen eine so zentrale Rolle spielte, bleibt in den Inschriften meist eine isolierte Episode und ist nicht für die Struktur des Ganzen bestimmend. Allein der Aufbau der 2. Inschrift des Jaḫdun-lim von Mari: Gebet des Königs, Beistand des Gottes, Bericht von den erfolgreichen kriegerischen Expeditionen und Tempelbau für den Gott, erinnert von Ferne an den Vorgang: Klage-Erhörung-Lob (mit Erfüllung von Gelübden); aber sehr deutlich ist das nicht, und der Vorgang wäre hier auf die Ebene des Politischen transponiert.

(b) Auch das segnende Handeln der Götter am Einzelnen spielt für den König eine Rolle; auch ihm geht es um ein gesundes, erfülltes Leben, wie den Schreibern der aB Briefe. So baut er den Göttern Tempel (u.a.) um seines Lebens willen (ana balāṭīšu) (272) und erhält für die getreue Ausführung göttlicher Aufträge Leben (balāṭum) (273), Gesundheit (šulmum) (274), Stärke (dunnum) (275), Fülle (ḫegallum) (276), Herzensfreude (ṭub libbim) (277) und Jubel (rīštum) (278) geschenkt. Aber das Segensgut "Leben" ist für den König über das, was der Normalbürger sich wünschen kann, erheblich gesteigert: es soll sich monatlich wie Sin erneuern (279) und es bleibt auf die politische Aufgabe bezogen: Nur ein König, der gesund bleibt und lange lebt, kann eine lang währende Herrschaft ausüben und das Land zu politischer Stabilität führen.

(c) Recht häufig beruft sich der König darauf, von verschiedenen Göttern geschaffen zu sein. Wie in den Briefen wird dafür vor allem das Partizip bānû, bzw. seine fem. Form bānitu verwendet (280), daneben kommen andere Ausdrücke, so das Verb šuklulu "vollenden, vollendet ausführen" (281) und die Konstruktusverbindung lipit qātim "Werk der Hände..." (282) vor.

Doch während in den Briefen das Motiv der Erschaffung des Einzelnen immer nur eine Funktion hatte, nämlich das vertrauensvolle personale Verhältnis des Einzelnen zu seinem Gott zu aktualisieren, erhält es in den Königsinschriften ein ganzes Bündel verschiedener Funktionen: Es begründet die Inthronisation (283), die Beauftragung zu einer politischen Maßnahme (284), die göttliche Hilfe im Krieg (285), die Bestrafung des Zerstörers der Inschrift in den Fluchreihen (286) und schließlich ist es auch der Grund dafür, daß der König seinem Schöpfergott einen Tempel baut (287) oder die Mauern seiner Stadt erneuert. (288)

Die ursprüngliche, positive Vertrauensbeziehung ist in all diesen Funktionen noch im Hintergrund spürbar, sie wird aber überlagert durch politische Strukturen, die mit der Institution des Königtums gegeben sind. Der Mann auf der Straße kann von seinem Schöpfer nur ein normales, von Krankheit und

Not möglichst verschontes Leben erwarten, kein Amt, das ihn über alle Menschen erhebt, und er kann nur seinem Schöpfer vertrauen und ihm durch kleine Gesten danken, hat aber gar nicht die Möglichkeiten dafür, ihm Tempelbauten zu errichten. Beim König ist dagegen die familiär-personale Bindung des Schöpfungsmotivs in den politischen Lebensbereich entschränkt.

So kommen in den Königsinschriften, die Zeugnisse der offiziellen Religion sind, auch Elemente der persönlichen Frömmigkeit vor. Das erklärt sich einfach daraus, daß der König nicht nur ein politischer Funktionär ist, sondern auch ein Mensch mit einer persönlichen Gottesbeziehung wie andere Menschen auch. Doch so wie für den König persönlich-familiärer und politischer Lebensbereich unauflösbar ineinandergreifen, so tritt hier die persönliche Frömmigkeit nie in reiner Form, sondern nur in charakteristischen Abwandlungen auf: Auch die persönliche Gottesbeziehung des Königs bleibt immer umklammert von seiner politischen Funktion; sie bestimmt niemals das ganze Gottesverhältnis des Königs, sondern ist nur ein, und dazu noch untergeordneter Teil von ihm. Das Handeln, das daneben den König primär betrifft, ist ein ganz anderes: Es ist auf das ganze Land und seine Bevölkerung bezogen und trägt in jeder Hinsicht Merkmale des Politischen.

So belegen die differierenden Handlungsebenen der Götter in den Königsinschriften auf ihre Weise, daß sich in der babylonischen Religion das Handeln der Götter am Volk von dem am Einzelnen deutlich unterscheidet.

3. Das politische Handeln des Königs als religiöses Handeln

Ließ sich das primäre Handeln der Götter in den Königsinschriften als durch und durch politisches charakterisieren, so ist das politische Handeln des Königs letzten Endes religiöses Handeln, es kommt nicht nur von den Göttern her, sondern zielt auch auf sie hin.

a) Der König als gehorsamer Diener der Götter

Der Hauptstruktur des göttlichen Handelns von Befehl und Ausführung entspricht eine Selbstdarstellung des Königs als gehorsamer Diener der Götter. Er ist es, der die göttlichen Befehle gehorsam ausführt.(289) und die Wünsche der Götter erfüllt.(290) Er ist es, der damit das Herz der Götter erfreut(291) und ihr Gesicht aufhellt.(292) Die Könige werden nicht müde, die Übereinstimmung ihres Tuns mit dem Willen der Götter zu betonen:

Sam.B (96) ša e-li (d)UTU (97) (d)IŠKUR ù (d)A+a (98) ṭa-bu e-pu-uš
Das, was vor Šamaš, Adad und Aja gut ist, tat ich

stellt Samsu'iluna am Ende seines Ausführungsberichtes noch einmal ausdrücklich fest.(293)

Damit ist die Beziehung des Königs zu den Göttern stark von der Kategorie des Gehorsams geprägt, er ist der "šemû ilī rabûti" "der den großen Göttern Gehorsame".(294) Die Kategorie des Vertrauens, welche die Gottesbeziehung des Einzelnen wesentlich bestimmte, tritt dagegen deutlich zurück.(295)

Das ist sicher nicht zufällig. Die zerbrechliche Existenz des Einzelnen ist in erhöhtem Maß auf die gütige Zuwendung, den Beistand und den Schutz Gottes angewiesen. Diese sind begründet in seiner Erschaffung und generell nicht von seinen Gegenleistungen abhängig. So kann er darauf vertrauen, daß sein Schöpfer ihn nicht fallen läßt und er kann ihn loben und ihm mit kleinen Opfern danken, wenn er von ihm durch die Gefährdungen hindurchgetragen worden ist. Das Hauptgewicht der persönlichen Frömmigkeit liegt damit eindeutig auf der göttlichen Seite des Handelns. Eine der Majestät der Götter wirklich entsprechende Reaktion hat der Einzelne gar nicht. Er könnte sich nicht wie der König rühmen, mit seinem Tun die Wünsche der Götter zu erfüllen. Im Gegenteil, es wird in den Briefen als eine mögliche Gefährdung des Gottesverhältnisses angesehen, daß der Gott einen Wunsch bekommen könnte, den man ihm als Normalsterblicher nicht erfüllen kann. (296) Der König hat dagegen immer diese Möglichkeit; er ist für die großen Götter ein ebenbürtiger Partner. Er kann unter Aufbietung seines Staats- und Verwaltungsapparates wirklich etwas für die Götter leisten, indem er ihre Städte und Tempel in Ordnung hält. Damit bekommt die Seite des menschlichen Tuns in der offiziellen Religion des Königshauses eine weitaus höhere Bedeutung als in der persönlichen Frömmigkeit, damit rückt der Gehorsam des Königs gegenüber den Göttern in den Mittelpunkt des Interesses. Wenn man bezüglich der babylonischen Religion von "do ut des", vom Prinzip der Leistung und Gegenleistung sprechen will, dann trifft dies wohl für die offizielle königliche Religion(297), nicht aber für die persönliche Frömmigkeit zu.

b) Die königlichen Baumaßnahmen

Auch die politischen Maßnahmen, die wir heute als profan bezeichnen würden, etwa das Bauen von Deichen und Mauern, und das Ausbaggern von Kanälen, führt der König nach dem Verständnis der Inschriften für einen Gott aus (ana GN epēšu). (298) Sie sind damit eine Weise des königlichen Gottesdienstes. In der Königstheologie ist damit die Tendenz greifbar, alles Handeln des Königs umfassend auf die Götterwelt zu beziehen. Eine solche Tendenz ist den Zeugnissen der persönlichen Frömmigkeit völlig fremd. Die Briefe kennen einen weiten Bereich menschlicher Tätigkeiten, die mit den Göttern gar nichts zu tun haben. Die religiöse Tiefendimension blitzt nur hier und da einmal auf. Dem entspricht der Tatbestand, daß die Beziehung des Einzelnen zu seinem Gott lange Zeit untergründig verläuft und nur an bestimmten Wende- und Gefahrenpunkten des Lebens an die Oberfläche kommt und nur dann artikuliert wird. Auch alle möglichen Tätigkeiten des Einzelnen können religiöse Bedeutung bekommen, aber sie haben sie nicht immer und nicht von vornherein. Die umfassende Theologisierung des Lebens, die mit der legitimierenden Funktion der Religion zusammenhängt, ist eine Eigenart der offiziellen Religion.

c) Die königliche Sicherung des offiziellen Kultes

Der eigentliche Gottesdienst des Königs besteht jedoch in der Sicherung des offiziellen Kultes. Dazu gehören das Bauen, Renovieren und Ausstatten von Tempeln(299), dann die wirtschaftliche Versorgung der Heiligtümer(300) und schließlich die Wiederherstellung, Regelung und Sicherung der offiziellen Kultriten. (301) Im Prolog zu seinem Gesetzeswerk stellt Hammurabi die Expansion seines Reiches so dar, als habe die Unterordnung der anderen mesopotamischen Stadtstaaten vor allem den Zweck gehabt, deren offizielle Kulte zu sichern: Bei jeder der 24 Städte berichtet er nach einigen Maßnahmen für die Bevölkerung jedesmal von seinen Wohltaten für die betreffenden Heiligtümer und ihre Götter. (302) Das letzte Ziel seines politischen Handelns ist demnach die ordnungsgemäße Versorgung der Götter in den großen Heiligtümern seines Landes.

Deutlicher kann man die Zuordnung von Königtum und offiziellem Tempelkult nicht ausdrücken. Der König hat dafür zu sorgen, daß der offizielle Kultbetrieb für die großen Stadtgötter von seinen baulichen und wirtschaftlichen Voraussetzungen her und in seinen uralten geheiligten Riten ablaufen kann. (303)

Das ist viel, aber es ist auch alles. Was es außerhalb dieses Tempelkultes an Geschehen zwischen Gott und Mensch gibt, interessiert die offizielle Königstheologie nicht. Ja, es fehlen selbst Zielbestimmungen der Art, daß durch den Tempelkult die Babylonier zur Gottesverehrung geführt werden sollen. (304) Und was der einzelne Babylonier mit seinem Gott erfährt oder erfahren soll, bleibt erst recht total ausgeblendet. Aus der Sicht dieser offiziellen Theologie scheint es den Einzelnen als Subjekt religiöser Erfahrung gar nicht zu geben. Das macht verständlich, warum man überhaupt auf die Vermutung kommen konnte, der einzelne Babylonier habe keine eigene Gottesbeziehung gehabt - ich habe gezeigt, daß dieser Eindruck falsch ist - es macht aber noch einmal deutlich, wie weit offizielle Religion und persönliche Frömmigkeit in Babylon auseinander lagen.

4. Das Gottesverständnis der Königsinschriften

Man wird der Kluft zwischen den beiden Religionsschichten erst in ihrer ganzen Tiefe gewahr, wenn man das Gottesverständnis der Königsinschriften dem der Briefe gegenüberstellt. Die Unterschiede sind frappierend: Fehlten dort so gut wie alle Epitheta, so wird hier kaum ein Gottesname genannt, ohne daß er nicht mit einem ganzen Kranz von Appositionen geschmückt wird; war dort das göttliche Tun streng auf die Gott-Mensch-Beziehung beschränkt, so spielt hier das Handeln der Götter untereinander eine große, ja, man kann sagen, letztlich die entscheidende Rolle; und konnte man dort von einem "primitiven Henotheismus" sprechen, so entfalten die Königsinschriften das Bild einer ausgebauten polytheistischen Religion. Aus der Sicht des jüdisch-christlichen Monotheismus hat man den Polytheismus lange Zeit als eine primitive Stufe der Religion angesehen. Das entspricht aber nicht den Tatsachen: Man kann heute mit einiger Sicherheit sagen, daß der Polytheismus eine hoch entwickelte Religionsform ist, die erst mit den Hochkulturen aufkam. (305) Dem entspricht das Bild, das uns die aB Königsinschriften vermitteln: Ihr Polytheismus ist nicht "primitiv", im Gegenteil, es handelt sich bei ihm im Unterschied zur unreflektierten persönlichen Frömmigkeit um eine komplizierte, wohldurchdachte Theologie.

a) Die polytheistische Götterwelt der Inschriften

Während das Göttliche in den Briefen trotz der verschiedenen Gottesnamen als eine Einheit erfahren wurde, und die Existenz des Menschen immer als ganzes betrifft, ist es in den Königsinschriften in unterscheidbare göttliche Funktionen zergliedert und auf verschiedene Götterpersonen verteilt. Es betrifft den König nicht mehr total, sondern nur noch bezogen auf bestimmte Tätigkeits- und Lebensbereiche. Dafür ist der Bereich, auf den sich göttliches Handeln hier bezieht, ganz erheblich erweitert.(306) Führte der Einzelne die Förderung, die er im Alltag erfuhr, immer als ganze auf einen einzigen Gott zurück, so sind für die verschiedenen politischen Tätigkeitsbereiche des Königs verschiedene Götter zuständig: so Zababa und Ištar für seine Unterstützung im Kampf, Ea für seine Weisheit, Marduk für seine Tüchtigkeit und Šamaš für seine Rechtschaffenheit.(307) Dem entspricht eine differenzierende Charakterisierung der einzelnen Götter durch unterschiedliche Tätigkeitsbereiche in den Epitheta: So haben es Zababa und Ištar insbesondere mit dem Krieg zu tun, er "erfüllt den Kampfeswunsch Enlils" (kāšid ernittīšu)(308), sie ist die "Herrin von Kampf und Schlacht" (bēlet taḫāzim u qablim).(309) Ea ist der "Weise(ste) der Götter (apkal ilī)(310), der "Herr des Geheimnisses (bēl pirištim)(311), "der alles weiß" (mūdi mimma šumšu).(312) Und Šamaš ist der "große Richter von Himmel und Erde"(dajjānum rabium ša šamê u erṣetim)(313), "der die Lebewesen recht leitet" (muštešer šaknāt napištim).(314)

Die Götter der Inschriften sind damit anders als "die Götter" in den Briefen unterschiedliche Götterpersönlichkeiten. Zwar ist nicht jedes Epitheton, das einem Gott beigelegt wird, nur für diesen spezifisch(315), aber wenn z.B. der Götterkönig Enlil mušīm šīmātim "der Entscheider der 'Schicksale'"(316) und der Wettergott Adad bēl ḫegallim "der Herr des Überflusses" (317) genannt werden, dann ist doch damit immerhin etwas relativ charakteristisches über sie ausgesagt.(318)

War in den Briefen auch nicht das geringste Interesse dafür spürbar zu klären, wie sich die dort genannten Götter zueinander verhalten, so werden in den Königsinschriften die Götter explizit einander zugeordnet. Ja, hier liegt augenscheinlich ein Hauptinteresse der offiziellen Theologie. Mit der Einordnung der Götter in ein hierarchisch gegliedertes Pantheon wird zum einen den Göttern ein bestimmter Rang zugewiesen und zum andern verhindert, daß die auf verschiedene Personen aufgespaltenen göttlichen Funktionen völlig auseinanderfallen.(319)

Die monarchische Spitze nimmt in den Inschriften Hammurabis und seines Nachfolgers Enlil ein. Er ist der Herr und König von Himmel und Erde (bēl (320)/šarrum ša šamê u erṣetim)(321) und zugleich König der Götter (šarrum ša ilī).(322) Daneben erscheint zuweilen An, der König der Annunnaki (šarrum ša Anunnaki)(323) und Vater der Götter (abu ilī)(324); er handelt aber nicht mehr selbständig, sondern nur noch mit Enlil zusammen und ist ein Beispiel dafür, wie in der gelehrten offiziellen Theologie traditionelle Inhalte mitgeschleppt werden, die keine aktuelle Bedeutung mehr haben.

Die Position Enlils ist dabei keineswegs selbstverständlich, sondern geht, wie wir noch sehen werden, auf eine bewußte Entscheidung der babylonischen Könige zurück. (325) In Inschriften aus anderen Orten nehmen andere Götter die erste Position ein, in der Regel der Stadtgott, wie Šamaš in der Inschrift aus Larsa. (326) Diese Hervorhebung Enlils entspricht übrigens nicht dem Befund in den Briefen, wo am häufigsten Šamaš und Marduk begegnen, während Enlil auf die Briefe aus Nippur beschränkt ist. (327) Die theologische Entscheidung der Könige von Babylon hat demnach für die gleichzeitige persönliche Frömmigkeit keinerlei Auswirkungen gehabt.

Alle anderen Götter sind Enlil untergeordnet. Das zeigt am eindrücklichsten die Reihe der 12 Fluchgötter im Epilog des Kodex Hammurabi. (328) Zum Teil erfolgt diese Unterordnung explizit genealogisch: So ist Ninlil seine Gemahlin(329), und Zababa und Ištar von Kiš sind seine Kinder. (330) Weitere Paare sind Šamaš und Aja(331), Ea und Damkina(332), als deren Sohn Marduk eingeführt wird. (333) Die unterste Stufe bilden Götter wie Bunene (334) und Ušmu(335), die "Großveziere" (sukkalmaḫu) von Šamaš, bzw. Ea.

Durch die Ein- und Unterordnung in ein hierarchisches Pantheon bekommen die vielen verschiedenen Götter eine höhere Einheit. So wie hinter dem Handeln der Vielzahl von königlichen Beamten der Wille eines einzigen Königs steht, so gehen alle differenzierten Tätigkeiten der Götter auf die Entscheidung des einen Götterkönigs Enlil zurück. Was er befiehlt, gilt für alle Götter; sein Ausspruch kann nicht - auch nicht von den Göttern - verändert werden (ša qibissu lā uttakkarū u.ä.). (336) Er setzt mit seiner Weisung das Geschehen in Gang, die anderen Götter können sie mit ihren vielfältigen Fähigkeiten nur ausführen. (337) Sein Wort macht das Handeln der anderen Götter erst wirksam. (338)

In Spannung zu dieser stark monarchischen Ausrichtung der Götterwelt steht eine Tendenz, jeden der Götter in seiner überragenden Stellung zu rühmen: So ist nicht nur Enlils Herrschaft für die Götter überragend (ša bēlussu ana ilī šurbât) (339), sondern auch Ištars Göttlichkeit findet nicht ihresgleichen (ša ilūssa lā iššannanū). (340) Nicht nur Enlil entscheidet die Schicksale, nein, auch Eas Schicksalsentscheidungen gehen voran (ša šimātušu ina maḫra illakā). (341) Zababa und Ištar sind stark unter den Göttern(342), heldenhaft unter den Igigi(343) und vollkommene Herren. (344) Stark sind auch Šamaš, Nergal und Uraš(345) und den Titel des Helden tragen Šamaš, Zababa und Adad. (346) Diese rühmende Tendenz nivelliert z.T. wieder die zuvor mit so viel theologischer Akribie geleistete Zu- und Unterordnung. Und hier zeigt sich eine Aporie jeder polytheistischen Theologie: daß Gott eigentlich immer das höchste ist und alles umfaßt und daß Göttern mit abgeleiteter Autorität und partiellem Wirkungsbereich etwas von ihrer Göttlichkeit abgeht. (347)

Zwischen diesen divergierenden Tendenzen der Differenzierung, der hierarchischen Zusammenordnung und des Rühmens versucht die polytheistische Theologie zu vermitteln. Sie ist ein hochkompliziertes Geschäft, das einen hohen Grad von Wissen und Reflexion verlangt. Sie ist keine Sache für den Mann auf der Straße, sondern erfordert ausgebildete Fachleute. Man wird wohl nicht fehlgehen, in den Verfassern dieser Inschriften vom König beauftragte Priester zu vermuten. Damit liegt das Gottesverständnis der offiziellen Religion auf einer ganz anderen Ebene als die naive Gotteserfahrung des Einzelnen, der gerade die theologisch-reflektierende Durchdringung fehlt. Die Religion des Einzelnen erfordert keine Fachleute. Sie ist Frömmigkeit, keine Theologie.

b) Die theologische Bewältigung des Aufstiegs Babylons

An einer Stelle läßt sich ganz besonders deutlich die theologische Arbeit, die in den Inschriften geleistet worden ist, nachweisen: Dort wo es um die theologische Verarbeitung des Aufstiegs Babylons unter der ersten Dynastie geht.

Die königlichen Hoftheologen standen hier vor einem schwierigen Problem: Auf der einen Seite bedeutete der politische Aufstieg eine Aufwertung ihres Stadtgottes Marduk, auf die sie stolz sein konnten. Sie mußten darum daran interessiert sein, ihm in den Inschriften eine möglichst zentrale Stelle einzuräumen. Auf der anderen Seite war Marduk ein zu junger Gott, als daß er freiwillig von den unterworfenen Städten, die z.T. auf erheblich ältere Kulttraditionen zurückblicken konnten, als oberster Gott anerkannt worden wäre. Ihm fehlte die integrative Funktion für das entstehende Großreich, auf ihn allein konnte sich darum ein Königtum, das einen über Babylon hinausgehenden Herrschaftsanspruch erhob, nicht gründen. Man konnte darum Marduk nicht einfach an die oberste Stelle des Pantheons setzen.

Die theologische Lösung dieses schwierigen Problems führt in klassischer Weise der Anfang des Kodex Hammurabi vor(348): Die babylonischen Hoftheologen schließen sich an die altehrwürdigen Traditionen des Kultzentrums Nippur an. Sie setzen dessen obersten Gott Enlil an die Spitze ihres eigenen Pantheons. Dieser alte, mit An und Enki seit langem zur obersten Göttertrias zählende Gott ist in der Lage, für die "Weltherrschaft" Babylons die integrative und legitimierende Funktion zu übernehmen. Aber diese Anleihe bedeutet natürlich einen Machtverlust für den eigenen Stadtgott. Es kommt darum alles darauf an, Marduk möglichst eng mit Enlil in Verbindung zu bringen. Das geschieht einmal dadurch, daß man Marduk als Sohn des Enki/Ea einführt (KH I,9f)(349), der ja auch zur obersten Trias gehört, ein andermal dadurch, daß Enlil an Marduk seine Herrschaft über die ganze Menschheit delegiert (I,11-13). Damit schlüpft der junge Gott Marduk unter die Fittiche des alten Götterkönigs Enlil, er wird sein Stellvertreter, der jetzt seine Herrschaft ausführt. Aber die Theologen treiben die Verbindung noch weiter: Sie gebrauchen für "Herrschaft" nicht den gewöhnlichen Begriff bēlūtum, sondern prägen den Kunstbegriff der (d)EN.LÍL-ūt(um), der "Enlilschaft" (I,11). Sie wollen damit sagen: Marduk übernimmt das Wesen Enlils. Folgerichtig wird Marduk in Sam.A als der "Enlil seines Landes" bezeichnet ((d)EN.LÍL ma-ti-šu)(350), er ist sozusagen die dem babylonischen Reich zugewandte Seite Enlils.(351)

Wie gewagt diese spekulative Lösung ist, zeigt sich daran, daß sie in den Inschriften Hammurabis und Samsu'ilunas keineswegs konsequent angewendet worden ist.(352) Man müßte ja nun erwarten, daß Marduk im Folgenden als regierender Enlil die volle Initiative bekommt. Das ist aber selbst im Kodex Hammurabi nicht der Fall: Im ersten Teil des Prologs sind es doch wieder An und Enlil, die Hammurabi die Gesetzesreform übertragen (I,45f), man wollte offensichtlich doch nicht ganz auf ihre Autorität verzichten; erst am Schluß des Prologs, an weniger auffälliger Stelle, geschieht dasselbe durch Marduk (V,14-19). In dem Lob, das der durch das Gesetz des Königs zu seinem Recht gekommene aussprechen soll, kommt überhaupt nur noch Marduk vor, An und Enlil scheint es hier gar nicht mehr zu geben (XXVr, 20-38). Hier drängt sich das babylonische Stadtpantheon wieder hervor, in dem Marduk ganz selbstverständlich die oberste Spitze einnahm.

Hier zeigt sich ganz deutlich: die Wirklichkeit verschiedener Stadtgötter mit ihren lokalen Kulten war stärker als die theologische Theorie. Diese konnte ihre tatsächliche Identifizierung nicht leisten. Das zeigt sich auch daran, daß Hammurabi in seiner Inschrift Sippar B auf das Stadtpantheon Sippars Rücksicht nimmt. Hier überläßt er dem traditionellen Stadtgott Šamaš die Rolle, die sonst Enlil spielt(353), und Marduk wird nur nebenbei einmal genannt.(354) Sein Sohn Samsu'iluna ordnet dagegen in seiner Inschrift aus Sippar Šamaš Enlil unter.(355). Möglicherweise hatte sich die offizielle Königstheologie inzwischen weiter durchsetzen können. In den anderen Inschriften Hammurabis begnügen sich die Theologen meist damit, die Herrschaft des Königs von Enlil abzuleiten, aber Marduk immer wieder einmal zu nennen.(356)

So spiegelt sich in der polytheistischen Theologie der Königsinschriften ein Stück politischer Wirklichkeit. Sie muß mit Problemen fertig werden, die ihr durch den Verlauf der Geschichte aufgegeben werden. Sie bestehen darin, daß eine politisch und religiös bis dahin unbedeutende Stadt ihren Herrschaftsanspruch über die alten mesopotamischen Stadtstaaten anmeldet.

Mit dieser politischen Wirklichkeit hat die Frömmigkeit des einzelnen Babyloniers so gut wie nichts zu tun. Zwar beeinflussen die großen religionspolitischen Veränderungen indirekt auch seine Wahl der Götter; aber er wählt sie nicht bewußt aus und will durch ihre Wahl und Kombination keine politischen Probleme lösen. Wie die Götter auch heißen, er erfährt von ihnen allen die gleiche Förderung und Bewahrung auf seinem Lebensweg. Ihm kann es egal sein, wie sich die königlichen Theologen mit den Priestern der verschiedenen Heiligtümer über die Rangfolge in der Götterwelt einigen. Er lebt - religiös gesehen - in einer anderen Welt.

D. RELIGIONSINTERNER PLURALISMUS IN ISRAEL UND MESOPOTAMIEN

Das erste, was sich aus der Untersuchung der altbabylonischen Texte ergibt, ist dies: Auch in der babylonischen Religion läßt sich - zumindest in altbabylonischer Zeit - ein interner Pluralismus erkennen. Neben der offiziellen Religion, die vom Königtum (und natürlich auch von der Tempelpriesterschaft) getragen wurde, fand sich eine in den Kleingruppen lebende persönliche Frömmigkeit. Damit erhalten die am Alten Testament gemachten Beobachtungen eine religionsgeschichtliche Stütze. Sie sind dadurch ein Stück weit der Zufälligkeit enthoben. Auch wenn ein noch breiterer religionsgeschichtlicher Nachweis von mir hier nicht geliefert werden kann, so ist doch jetzt zumindest so viel sicher, daß der im Alten Testament erhobene Tatbestand einer Religionsschichtung kein isoliertes Phänomen ist, sondern eine darüber hinaus reichende Bedeutung hat. (1)

Doch mit dieser formalen Parallelität ist längst noch nicht alles gesagt, es gibt darüber hinaus eine Menge sachlicher Entsprechungen und Differenzen, die die Erscheinung des religionsinternen Pluralismus weiter klären helfen.

1. Die persönliche Frömmigkeit in beiden Religionen

Es war für mich eine der aufregendsten Erkenntnisse zu sehen, wie weitgehend sich die Äußerungen persönlicher Frömmigkeit in Israel und Babylon entsprechen, obgleich beide Religionen auf der offiziellen Ebene weit von einander geschieden sind.

Ich erinnere nur an den einen Tatbestand, daß sich die Verben und Nomina, mit denen die Babylonier Zuwendung, Beistand, Schutz und Rettung ihrer Götter ausdrückten, ganz zwanglos nach dem Aufbau des alttestamentlichen Klagepsalms anordnen ließen. (2) Dabei, so erstaunlich ist diese Erkenntnis eigentlich gar nicht, man hätte sie schon allein aus der Internationalität der semitischen Namengebung folgern können. (3) Wenn sie dennoch bis heute - zumindest in der deutschen alttestamentlichen Wissenschaft - nicht zum Tragen kam, dann liegt das neben allerhand dogmatisch bedingten Vorurteilen vor allem daran, daß man nicht die richtigen Texte auswertete.

Ein Musterbeispiel dafür ist die Untersuchung von J. Begrich über "Die Vertrauensäußerungen im israelitischen Klagelied des Einzelnen und in seinem babylonischen Gegenstück" von 1928(4), deren Ergebnisse bis heute stark nachwirken. Begrich zieht zum Vergleich die akkadischen Handerhebungsgebete heran und folgert vor allem aus der Tatsache, daß diese meist mit längeren hymnischen Einleitungen beginnen, daß sich die "Frömmigkeit des Durchschnittsbabyloniers"(5) diametral von der eines Israeliten unterscheidet: Während sich der Israelit nach dem Zeugnis der Klagen des Einzelnen von einer engen, persönlichen Vertrauensbeziehung zu Jahwe getragen weiß, sei für den Babylonier das "Bewußtsein der überragenden Größe der Gottheit" bestimmend: Er, "der armselige ardu" (Knecht) muß den unnahbaren Göttern mit schmeichelnder Huldigung kommen, wenn er von ihnen etwas erreichen will. (6) Begrich gesteht wohl ein, daß es auch in Babylon Ansätze zu einer mehr vertrauensvollen Hinwendung zu Gott gegeben habe(7), aufs Ganze gesehen spricht er jedoch dem babylonischen Menschen die vertrauensvolle persönliche Gottesbeziehung ab. Es bleibt bei einem Gegensatz: "Im Handerhebungsgebete herrscht das Bewußtsein der Ferne und Unnahbarkeit der Gottheit. Im Klagelied des Einzelnen lebt dagegen das Bewußtsein der Nähe des hohen Gottes."(8) - Einmal davon abgesehen, ob Begrich die hymnischen Einleitungen der Handerhebungsgebete sachlich richtig interpretiert, sein eigentlicher Fehler liegt darin, daß er sie als unmittelbare Dokumente privater babylonischer Frömmigkeit wertet, was sie nicht sind. Begrich übersieht, daß die babylonischen Gebete auf einer anderen Traditionsstufe stehen als die israelitischen Klagen, die ja auch in ihrer Spätgeschichte hymnische Elemente an sich ziehen. (9) Die hymnischen Einleitungen entspringen nicht direkt der persönlichen Frömmigkeit des Babyloniers, sondern sie sind ein Merkmal dafür, daß die babylonischen Gebete schon in einem weit höheren Maße ritualisiert und dem offiziellen Kult angenähert sind als die meisten israelitischen Klagepsalmen.

Schon W. Kunstmann (10) und G. Widengren (11) haben nachdrücklich darauf verwiesen, daß dieses negative Urteil über die private babylonische Frömmigkeit noch nicht einmal den Handerhebungsgebeten gerecht wird. Widengren hat darüber hinaus die zahlreichen Vertrauensnamen aus Mesopotamien ins Feld geführt. (12) Wenn Begrich recht hätte, dürfte es die Zeugnisse persönlicher Frömmigkeit, die ich beigebracht habe, gar nicht geben. Ich hoffe sehr, daß diese Texte einfach für sich sprechen und damit die Unhaltbarkeit dieser ungerechten These ein für alle Mal erweisen.

Das Geschehen zwischen Gott und dem einzelnen Menschen ist sowohl in Israel als auch in Mesopotamien durch ein seinen Lebensweg begleitendes persönliches Vertrauensverhältnis bestimmt. (13) Hier wie dort ist es begründet durch seine Erschaffung (14), hier wie dort aktualisiert es sich in einem schützenden und bewahrenden Handeln Gottes, wenn der Einzelne in Gefahr oder akute Not gerät (15), und hier wie dort manifestiert es sich in einem segnenden Handeln Gottes, das den Einzelnen stetig wachsen läßt und in seinem Leben weiterbringt. (16) Zwar begegnet der Begriff des Mit-Seins Gottes im Babylonischen nicht, doch die ganze Skala des göttlichen Beistandes, die er umgreift (17), findet sich auch hier.

Eine partielle Differenz ergibt sich einfach daraus, daß die Kleingruppe, der Raum der persönlichen Frömmigkeit in Babylon weit stärker urbanisiert ist als in Israel. Das gilt natürlich besonders im Vergleich zu der oben ausgewerteten Epoche der Erzväter, in der die wandernde Familie überhaupt die einzig tragende soziale Struktur ist, das gilt aber in geringerem Maße auch für alle späteren Zeiten, denn eine den mesopotamischen Verhältnissen ebenbürtige Stadtkultur hat Israel auch in der Königszeit nicht hervorgebracht. Das führt dazu, daß in Babylon die Familie nicht mehr die einzige und allein wichtige soziale Einheit ist, sondern durch eine ganze Reihe weiterer Kleingruppen ergänzt wird: da finden sich Freundschaften, Geschäftsbeziehungen, Abhängigkeits- und Sorgeverhältnisse. (18)

Diese soziologische Eigenart führt dazu, daß auch das göttliche Handeln über den familiären Erfahrungshorizont hinausweist und oft auf das Berufsleben bezogen ist. Göttlicher Beistand wird nicht mehr vorwiegend auf dem Weg, sondern in der Dienststelle erfahren, göttliche Zuwendung und Rettung nicht mehr allein dann, wenn man von einer Krankheit geheilt, sondern auch wenn man aus der Arbeitslosigkeit befreit wird und göttlicher Segen nicht nur bei der Geburt eines Kindes, sondern auch bei einer Beförderung auf einen besseren Posten. Schließlich werden nicht allein die Familie wie in der Vätergeschichte, sondern auch Bekanntschaften und Geschäftsbeziehungen durch die persönliche Frömmigkeit stabilisiert.(19)

Ganz zweifellos wird damit der hinter dem göttlichen Handeln stehende familiäre Erfahrungshorizont etwas verwischt; was die babylonischen Götter hier tun, geht ein Stück weit über das hinaus, was normalerweise ein Vater für sein Kind tut. Aber man muß einfach sehen, daß die Bedrohungen, denen der Einzelne und seine Familie auf dieser Stufe der hochentwickelten Stadtkultur ausgeliefert waren, z.T. andere geworden sind als in der Hirten- und Kleinbauernkultur Israels. Sie wurden besonders im Geschäftsleben (Handel) und in den staatlichen Dienststellen erfahren. Aber die göttliche Grundfunktion, den einzelnen Menschen bei den Gefährdungen seines Lebens beizustehen, ist in Babylon und Israel die gleiche.

Eine weitere partielle Differenz ergibt sich daraus, daß der einzelne Babylonier mit seiner persönlichen Gottesbeziehung in einem vom offiziellen Polytheismus geprägten Raum lebt. Das führt in den Zeugnissen zu einem unreflektierten Nebeneinander verschiedenster Gottesnamen und einer Reihe von Inkonsequenzen. Doch um so erstaunlicher ist es zu sehen, wie sich das aus der personalen Bindung ergebende funktionale Gottesverständnis, das im Alten Testament nur indirekt in der Namensentwicklung greifbar war(20), hier im aktuellen Vollzug Raum verschafft. Die gesamte gelehrte Differenzierung der Götter aus der offiziellen Religion, ihre komplizierte Einordnung in ein himmliches Pantheon, wird einfach beiseitegeschoben und eingeebnet: Wie die Götter auch heißen, sie haben alle die gleiche Funktion für den Einzelnen in seinem alltäglichen Lebensvollzug.(21)

So überwiegen auf der Ebene der persönlichen Frömmigkeit zwischen der israelitischen und der babylonischen Religion die Gemeinsamkeiten. Das Alte Testament mit seiner einfacheren Sozialstruktur belegt ihren Erfahrungshorizont in der Familie (Eltern-Kind-Beziehung) klarer als die babylonischen Quellen und kann damit zur richtigen Bewertung und Einordnung ihrer religiösen Aussagen beitragen.(22)

II. Die offiziellen Religionen

Im Gegensatz zur persönlichen Förmmigkeit dominieren auf der Ebene der offiziellen Religion die Unterschiede. Der wichtigste Unterschied ist der, daß in Mesopotamien das Handeln der Götter nicht wie in Israel primär auf das Volk, sondern auf die Stadt und das Land bezogen ist.(23) Das Volk kommt nur abgeleitet als Bevölkerung des Landes in die Gottesbeziehung hinein, während in Israel das Verhältnis zwischen Jahwe und dem Volk ganz in ihrem Mittelpunkt steht. Darüber hinaus ist das Handeln der Götter am Land notwendigerweise ein durch das Königtum vermitteltes, während in Israel dem Königtum nur eine mögliche, aber keineswegs notwendige Mittlerfunktion zukommt.

Damit hängt eine weitere tiefgreifende Differenz zusammen: Steht im Alten Testament auch für das Volk das rettende Handeln im Zentrum der Gottesbeziehung, so fehlt dieses in dieser Hinsicht in der offiziellen Religion total. (24) Die mesopotamischen Götter haben das Land nie befreit, sie handeln an ihm auch weiterhin nicht in der Kategorie der Rettung, nein, sie schaffen stattdessen im Lande Ordnung, sie geben ihm durch das Königtum politische Stabilität, die für die Bevölkerung Frieden und Wohlstand bewirkt. (25) Im Zentrum der Beziehung zum Land steht damit ein politisch vermitteltes Segenshandeln. Ein ähnlich strukturiertes göttliches Handeln würde man auch im Alten Testament finden, wenn man statt der Volksklagen königliche Texte betrachtete, aber es ist hier nie das beherrschende geworden. (26)

Hinzu kommt noch der gewichtige Unterschied im Gottesverständnis: auf der einen Seite die Einzigkeit und der Ausschließlichkeitsanspruch Jahwes, auf der anderen ein ausgebauter Polytheismus mit einem komplizierten Pantheon. Ist Jahwe immer allein und immer ganz für sein Volk zuständig, so gibt es in Mesopotamien ein ausgeklügeltes System verschiedener begrenzter göttlicher Zuständigkeiten. So sind für die einzelnen Städte direkt ersteinmal die verschiedenen Stadtgötter verantworlich, doch liegt die letzte Verantwortung schließlich beim Götterkönig, der die Spitze des Pantheons bildet. Er ist es letztlich, von dem alle Maßnahmen für das Land ausgehen, die Stadtgötter werden nur als ausführende Organe wirksam. (27)

Es stellt sich natürlich die Frage, warum die beiden Religionen, obgleich ihnen ein gemeinsames Substrat persönlicher Frömmigkeit zugrundeliegt, auf ihrer offiziellen Ebene so verschiedene Wege gegangen sind. Ich möchte hier eine Erklärung versuchen, die nicht den Anspruch erhebt, eine vollständige und hinreichende Begründung zu sein. Aber die Differenzen hängen wohl damit zusammen, daß sich die mesopotamische Religion in einem Raum konkurrierender Stadtstaaten ausgebildet hat, während die Jahwereligion ihre entscheidende Prägung erhielt, als z.T. politisch unterdrückte, z.T. nichtseßhafte Gruppen sich auf die Suche nach einem neuen Lebensraum im Kulturland machten. Von daher ist es verständlich, daß in der offiziellen Religion Babylons die politische Größe Stadt im Mittelpunkt steht, während das Handeln Jahwes primär auf eine Menschengruppe, den Stamm, bezogen ist. Und weil die Existenz dieser Gruppe in einem weit höheren Maße verletzbar ist als die der mesopotamischen Städte mit ihren Verteidigungsanlagen, bekommt das Rettungshandeln Gottes auch in der offiziellen Religion zentrale Bedeutung, während es in Babylon auf die persönliche Frömmigkeit beschränkt bleibt.

Aber natürlich ist die Rettung einer größeren Gruppe vor übermächtigen Feinden nicht einfach dasselbe, was der einzelne Mensch bei der Heilung aus einer Krankheit erfährt. Der Stamm ist wie die Stadt eine politische Sozialform, eben die Form politischer Organisation außerhalb der Stadtstaaten. Aber seine Lebensbedingungen wie seine Organisationstruktur stehen der Familie noch näher als der monarchisch gelenkte Verwaltungsapparat der Städte.

Das ist nun aber auch der Grund dafür, warum sich bei der Untersuchung der israelitischen Volksklagen, der Erfahrungshorizont, der hinter der Beziehung Jahwes zu seinem Volk steht, nicht mit Sicherheit bestimmen ließ. Ich hatte aufgrund der Selbstbezeichnungen "deine Knechte", "deine Schafe" und "dein Erbbesitz" zwar eine politische Beziehung vermutet, aber nicht sicher nachweisen können. (28)

Dazu hilft der Vergleich mit der offiziellen babylonischen Religion wirklich weiter. Hier ist der politische Charakter des göttlichen Handelns mit Händen zu greifen. Das Verhältnis der Götter zum Land entspricht dem von Besitzer und Besitz, sie halten ihren Besitz in Ordnung, indem sie die Herrschaft darüber an den König delegieren und sie setzen ihre Entscheidungen über einen göttlich-königlichen Instanzenweg von oben nach unten durch. Als Vorstellungshintergrund dieses Handelns läßt sich eindeutig die Institution des Stadtkönigtums mit seiner Verwaltungshierarchie erkennen.

Dann ist es aber in hohem Maße wahrscheinlich, daß auch hinter der Beziehung Jahwes zu seinem Volk ein politischer Erfahrungshintergrund steht. Aber er besteht nicht im orientalischen Königtum, jedenfalls nicht primär; vielmehr handelt Jahwe wie ein Stammesführer, der seiner Gruppe voranzieht(29) und sie durch alle Gefährdungen hindurchführt. Der Stammesführer hat primär das Überleben der Gruppe zu sichern, nicht Ordnung zu schaffen. Er braucht deswegen auch keinen aufwendigen Verwaltungsapparat. Es gibt in dieser Situation nichts zu verwalten; er leitet die Gruppe direkt und unmittelbar, er hat keine Zwischeninstanzen nötig. Auch das Handeln Jahwes am Volk ist also ein politisches Handeln, aber eines, das sich an der Organisationstruktur und am Erfahrungsbereich des Stammes orientiert.

Trotz dieser gravierenden Unterschiede gibt es einige Elemente, die in den beiden offiziellen Religionen ähnlich sind. Beide sind stark durchreflektiert, sind wirklich Theologie, was man von der persönlichen Frömmigkeit nicht sagen kann. Beide haben die Tendenz, alle Wirklichkeit auf Gott zu beziehen. (30) Hinzu kommt noch eine wichtige inhaltliche Entsprechung: In beiden Religionen vollzieht sich das göttliche Handeln am Volk, bzw. am Land in großen geschichtlichen Bögen, die den Lebensbogen eines einzelnen Menschen weit übersteigen. Und beidemale hat dieses geschichtliche Handeln einen Anfang: Am Anfang der Geschichte Jahwes mit Israel steht die Herausführung der hebräischen Fronarbeiter aus Ägypten, am Anfang des politischen Aufstiegs Babylons steht die Entscheidung Enlils, dem Stadtgott Marduk die Weltherrschaft zu übertragen. Doch damit setzen auch schon wieder die Differenzen ein: Während sich aus der Entscheidung Jahwes für diese Gruppe von Menschen eine feste Bindung ergibt, die sich in einer wechselvollen Geschichte bewährt, bleibt die Entscheidung Enlils eine Episode; nirgends wird der baldige Niedergang des Babylonischen Reiches mit dieser Entscheidung konfrontiert.

So überwiegen auf der Ebene der offiziellen Religionen die Unterschiede. Doch läßt sich aufgrund der differenzierteren Sozialstruktur in Mesopotamien der politische Hintergrund, der das Verhältnis Jahwes zu seinem Volk geprägt hat, klarer fassen.

Mit dieser Klärung läßt sich nun auch meine These abschließend formulieren: Ich war davon ausgegangen, daß es für das Geschehen zwischen Gott und "Mensch" nicht gleichgültig sein kann, ob der menschliche Partner ein Einzelner in seiner Familie oder eine politische Großgruppe (Stamm, Volk) ist. (31) Es läßt sich nun genauer sagen, auf welche Weise sich die unterschiedlichen Sozialformen auf den religiösen Vorgang auswirken: Das Geschehen zwischen Gott und "Mensch" orientiert sich in seiner Art an dem

Geschehen, das für die verschiedenen menschlichen Sozialformen selbst konstitutiv ist: Ein Einzelner in seinem familiären Lebensbereich erfährt Gott so, wie ein Kind seinen Vater oder seine Mutter erfährt, dagegen erlebt die Großgruppe Gott so, wie ein Stamm oder eine Stadt seinen Stammesführer oder ihren König erlebt. Für das Handeln Gottes am Einzelnen sind die kreatürlich-familiären, für sein Handeln am Volk dagegen die politisch-geschichtlichen Strukturen bestimmend. Das ist nun ein verblüffend einfaches Ergebnis. Aber es hat für das Gottesverständnis(32), ja, für das Verständnis von Religion überhaupt(33) weitreichende Konsequenzen.

III. Das Verhältnis der Religionsschichten zueinander

Wie der Vergleich zwischen den babylonischen und israelitischen Verhältnissen zeigt, braucht der Abstand zwischen den beiden Religionsschichten keineswegs überall gleich zu sein. Im Gegenteil: die Frömmigkeit des Babyloniers und die offizielle Theologie seiner Könige sind deutlich weiter voneinander entfernt als die Frömmigkeit des Israeliten vom offiziellen Jahweglauben.

Dort steht ein unreflektierter Henotheismus einem wohldurchdachten Polytheismus gegenüber, das Zentrum der persönlichen Gottesbeziehung, das beschützende und bewahrende Handeln, kommt auf der Ebene der offiziellen Religion nur da vor, wo es um die Bewahrung des Königs im Krieg geht; und die religionspolitischen Maßnahmen des Königs zielen allein auf den offiziellen Tempelkult und blenden die Frömmigkeit des Einzelnen völlig aus. Der einzelne Mensch scheint in der Welt der offiziellen Religion gar nicht vorzukommen(34), und die Probleme, welche die offizielle Theologie bewegen, haben für ihn keine Bedeutung.(35)

Demgegenüber stehen persönliche Frömmigkeit und offizielle Religion in Israel näher beieinander: Dem persönlichen Gottesverhältnis ist zwar die abgrenzende Schärfe des Jahwismus fremd, die Bindung an einen Gott jedoch, die ihn kennzeichnet, ist ihm durchaus kongenial. Das rettende Handeln Jawes steht auch für die Gottesbeziehung des Volkes im Mittelpunkt, die damit eine Intensität bekommt, die dem persönlichen Gottesverhältnis nicht nachsteht. Der unterschiedliche Abstand der Religionsschichten hier und dort erklärt sich vor allem daraus, daß die ihre Struktur bildenden Gemeinschaftsformen (Familie und Stamm) in Israel näher beieinander lagen als in Mesopotamien (Familie und Stadtstaat).(36)

Damit ist zu erwarten, daß es in Israel - eher als in Babylon - zu einem fruchtbaren Hinüber und Herüber zwischen den beiden Religionsschichten gekommen ist. Diesen gegenseitigen Einflüssen soll im Folgenden ein Stück weit nachgegangen werden.

E. DIE GESCHICHTE VON PERSÖNLICHER FRÖMMIGKEIT UND OFFIZIELLER RELIGION IN ISRAEL

Wenn im Folgenden untersucht werden soll, wie sich die beiden Religionsschichten durch die israelitische Geschichte hindurch entwickelt und zueinander verhalten haben, dann sind hier von vornherein ganz erhebliche Einschränkungen zu machen. (1)

Eine wirkliche Geschichte des religionsinternen Pluralismus in Israel kann ich - jedenfalls zur Zeit noch - nicht bieten. Zu neu ist noch die Fragestellung, zu weit ihr Horizont, als daß ein Einzelner, noch dazu im ersten Anlauf, eine umfassende Darstellung wagen könnte. Nicht weniger als die gesamte alttestamentliche Theologie und Religionsgeschichte steht zur Disposition, und es ist noch gar nicht abzusehen, auf welche ihrer vielen Aspekte sie sich auswirken wird. Um das zu klären, werden noch viele Einzeluntersuchungen notwendig sein.

Ich habe in diesem Abschnitt ein viel bescheideneres Ziel: Die Notwendigkeit, die persönliche Frömmigkeit von der offiziellen Religion Israels zu isolieren, hat vielleicht den Eindruck entstehen lassen, als ständen sich die beiden Religionsschichten starr und beziehungslos gegenüber. Das ist aber keineswegs der Fall. So wie die Sozialformen der Familie und des Volkes zwar voneinander unterscheidbare, aber nicht völlig geschiedene Lebensbereiche haben, so wie sich deren Verhältnis zueinander im Verlauf einer konkreten Geschichte immer wieder wandelt, so stehen auch die dazugehörigen Religionsschichten in einer lebendigen Wechselbeziehung. Dieses exemplarisch aufzuzeigen, nur darum geht es mir hier. Darüber hinaus kann ich nur einige Hinweise und Anregungen geben, die nach meiner jetzigen Sicht der Dinge in der weiteren Diskussion eine Rolle spielen könnten.

I. Übersicht über die Entwicklung

In den ganz großen Zügen folgt die Entwicklung der Religionsschichten den wichtigsten Stadien der israelitischen Sozialgeschichte: Am Anfang steht die Religion der auf sich gestellten, wandernden Familie; sie ist eine besondere, auf die nicht-seßhafte Existenzform der Gruppe ausgerichtete Ausprägung der persönlichen Frömmigkeit. Eine übergreifende politische Organisation gibt es noch nicht, die persönliche Frömmigkeit ist noch die Religion schlechthin.

Neben diese Familienfrömmigkeit, die durch die ganze Geschichte Israels weiterläuft, tritt die offizielle Jahwereligion; zuerst als Religion der neuen Lebensraum suchenden Stämme, später als Religion des seßhaften, staatlich verfaßten Volkes. Es kommt in dieser Periode an verschiedenen Stellen zu einer gegenseitigen Beeinflussung der beiden Religionsschichten. Mit dem Ende der staatlichen Existenz Israels (587 v.Chr.) gerät die offizielle Jahwereligion in eine tiefgreifende Krise, während die Frömmigkeit der Familien davon weit weniger betroffen wird, darum bekommt sie jetzt eine weit über die Familie hinausragende Bedeutung für das Ganze.

In der sich nun bildenden Sozialform der Gemeinde entsteht schließlich eine Frömmigkeit, in der Elemente aus beiden Religionsschichten miteinander vermischt sind.

Die wichtigsten Stadien dieser Entwicklung lassen sich unter anderem an der Traditionsgeschichte ablesen, welche die Erzählung von der Verheißung und Geburt eines Kindes durchgemacht hat. Die Erzählung gehört in den Lebensbereich der Familie. Sie entspringt der Erfahrung ihrer tödlichen Bedrohung, wenn der ersehnte Nachkomme ausbleibt. Es ist darum nicht verwunderlich, daß in einer sozialen Konstellation, in der die Familie noch nicht durch eine übergreifende Sozialform abgestützt wurde, diese existentielle Erfahrung gleich mehrere Erzählungen gebildet hat (Gen 16; 18; vgl auch 21); sie bilden die Mitte des Abraham-Kreises und repräsentieren ein Zentrum der persönlichen Frömmigkeit dieser Zeit. (2)

Das ändert sich, als das Volk neben die Familie tritt. Wohl behält auch jetzt die Geburt eines Kindes eine wichtige ökonomische und religiöse Bedeutung, wohl zieht sich die Klage der kinderlosen Frau durch die gesamte israelitische Geschichte hindurch(3), dennoch verliert das Problem seine lebensbedrohende Schärfe: In 1.Kön 4,8-17 ist ein Kind nur noch ein Wunsch unter möglichen anderen(4); sicher wohnend inmitten ihres Volkes (v.13) könnte die Familie notfalls auch ohne Kind auskommen. Die Entschärfung des Problems führt dazu, daß keine Erzählungen mehr wie in der Genesis gebildet werden.

Stattdessen wird die Familienerzählung in den politischen Bereich transponiert. Sie wird zur Erzählung von der Verheißung und Geburt eines Retters für das Volk (Ri 13; vgl auch 1.Sam 1)(5); die existentielle Not der kinderlosen Familie tritt zurück, über sie schiebt sich jetzt die Not des Volkes(6); zur Verheißung des Kindes kommt seine Bestimmung zu einer politischen Aufgabe hinzu (Ri 13,3-5). Erst dadurch bekommt der rein familiäre Vorgang eine Bedeutung für die Großgruppe. Die offizielle Religion macht eine Anleihe an die persönliche Frömmigkeit: Die Zuwendung Gottes, welche die Familie zentral in der Verheißung und Geburt eines Kindes erfuhr, wird auch für das Volk zum Vertrauensgrund für die politische Befreiung. Und umgekehrt bekommt die familiäre religiöse Erfahrung eine neue politische Funktion: Sie dient jetzt dazu, einen Menschen für seine Aufgaben in der Großgruppe zu legitimieren.

Eine weitere Veränderung der Gattung zeigt sich schließlich in der Geburtserzählung Johannes des Täufers (Luk 1,5-25+57-66). Israel hat inzwischen seine staatliche Existenz verloren und ist eine Gemeinde geworden. So ist zwar auch in Luk 1,11-17 die Sohnesverheißung mit einer Aufgabe verbunden, aber es ist keine politische Aufgabe mehr, sondern eine rein religiöse: Johannes soll als Bußprediger "Israel" zu Gott zurückbringen. (7) Die uralte Erfahrung der persönlichen Frömmigkeit dient damit jetzt der Begründung einer exzeptionellen Rolle in einer religiösen Gemeinschaft.

Während damit der Anfang und das Ende der Entwicklung relativ klar sind, läßt sich für den mittleren Abschnitt, der ja immerhin den wichtigsten Zeitraum von der "Landnahme" bis zum Exil umfaßt, noch kein vollständiges Bild zeichnen. Sicher ist, daß die Religionsschichten nicht einfach schiedlich friedlich nebeneinander hergelaufen sind, sondern aufeinander eingewirkt haben, ohne jedoch dabei ihre Eigenart völlig zu verlieren. Solche gegenseitigen Einflüsse mögen meist untergründig verlaufen sein, ohne daß sie bis jetzt namhaft gemacht werden könnten. Es lassen sich aber immerhin vier Punkte in diesem geschichtlichen Abschnitt markieren, es sind das jahwistische Geschichtswerk, das davidische Königtum, das Deuteronomium und die politische Katastrophe von 587.

Eine bewußte Beziehung von offizieller Jahwereligion und persönlicher Frömmigkeit hat der Jahwist hergestellt, als er an der Schwelle zur staatlichen Existenz seines Volkes die umlaufenden Familienerzählungen sammelte und der Volksgeschichte vom Exodus bis zur Landnahme vorfügte. Er gibt damit den religiösen Erfahrungen, die vom Einzelnen im familiären Lebenskreis in vorpolitischer Zeit als auch in seiner gegenwärtigen Epoche gemacht worden sind, eine Bedeutung für das Ganze; sie werden in seiner Konzeption zu einer Art Vorstufe, auf denen die Erfahrungen der Stämme und des Volkes mit Jahwe aufruhen. Dabei kommt es zu einer wechselseitigen Beeinflussung beider Erfahrungsbereiche: Sowohl werden die geschichtlichen Erfahrungen des Volkes durch die aus den Familien befruchtet als auch die familiäre Frömmigkeit an die Jahwereligion angeglichen.

Die Wechselbeziehung im einzelnen herauszuarbeiten, bedürfte einer eigenen Untersuchung. Ich möchte hier nur einige Andeutungen machen: Der Jahwist interpretiert die eindrückliche Erfahrung seiner Gegenwart, daß die zerstreuten Siedlungsgebiete unter königlicher Administration zu einer bis dahin unvorstellbar großen Volksgemeinschaft zusammenwachsen(8), mit der Erfahrung des Segenswirkens Gottes in der Familie. Er schafft dies, indem er den bis dahin ungeschichtlichen Segen als Segensverheißung vergeschichtlicht und über die begrenzte Gruppengröße der Familie hinaus entschränkt. (9) Damit gewinnt er eine Möglichkeit, die Erfahrung politischer Größe an Jahwe zu binden. (10) Aber diese Interpretation ist auch nicht ganz ungefährlich. Die Mehrung einer Familie zu einer Größe, die zu ihrer Versorgung nötig ist, ist ja doch etwas anderes als die Mehrung einer Großgruppe, die einfach aufgrund ihrer Größe jetzt politische Machtansprüche anmelden kann. Aus einem so übertragenen Segenshandeln Gottes kann man Eroberungskriege und territoriale Ansprüche legitimieren, und man hat das unter dem Königtum auch getan. Der Jahwist sucht die Gefahr einzudämmen, indem er der Segensverheißung ein Ziel gibt, das auch "alle Familien der Erde" mit einschließt (Gen 12,3). Hier macht er nun wieder eine Anleihe an die von Hause aus vorpolitische und universale persönliche Frömmigkeit, die keine religiöse Polemik und Abgrenzung kennt.

So oder so ähnlich wäre weiterzufragen. Was ändert sich an der persönlichen Frömmigkeit, wenn sie an der Exklusivität der Jahwereligion Anteil bekommt?(11) Werden in der theologischen Gestaltung der Familienerzählungen, in denen jetzt Themen wie das der verziehenden Verheißung(12), der Prüfung(13) und des Glaubens(14) zur Sprache kommen, nicht eigentlich Erfahrungen angesprochen, die das Volk mit Jahwe in seiner Geschichte gemacht hat?

Ich möchte es dabei bewenden lassen, in der Hoffnung, daß deutlich geworden ist, daß eine Differenzierung der Religionsschichten hier neue, durchaus lohnende Fragestellungen eröffnet.

Zu einer weniger bewußten als strukturell veranlaßten Verbindung von persönlicher Frömmigkeit und offizieller Religion kam es durch die Errichtung der Institution des Königtums. Daß in der Königstheologie Elemente beider Religionsschichten miteinander vermischt sind, hat schon die Untersuchung der aB Königsinschriften gezeigt. Für das Alte Testament, besonders für das Königtum Davids, hat H. Vorländer eine ganze Fülle von Motiven nachgewiesen, die sonst in die Beziehung des Einzelnen zu seinem "persönlichen Gott" gehören. (15) Diese Beobachtungen erhalten erst ihr volles Gewicht, wenn man ihren soziologischen Hintergrund beachtet. Im Königtum bekommt die Sozialform Familie in der Königsfamilie eine neue Ausformung und erhöhte Bedeutung. Sie ist einerseits eine Familie wie jede andere auch, andererseits ist sie die Familie des politischen Herrschers, damit bekommen alle innerfamiliären Vorgänge eine politische Bedeutung für den Staat als ganzen. C. Westermann hat gezeigt, daß in der Thronnachfolgegeschichte versucht wird, die neue Erfahrung des Politischen, wie es sich in der Institution des Königtums darstellte, von den Familienerfahrungen her zu gestalten und verständlich zu machen. (16) J. Kegler hat zeigen können, daß man in ihr klar zwischen offiziellen Texten militärischer, kultischer und staatlicher Administration und Erzählungen unterscheiden kann, die im "Grenzbereich zwischen Familie und Politik" spielen. (17) Damit wird deutlich, daß man sich in Israel - weit stärker etwa als in Babylon - der sozialen Mischform, welche die Königsfamilie bildet, bewußt geblieben ist. Analog dazu übernehmen im Königtum die Erfahrungen aus der persönlichen Gottesbeziehung die Aufgabe, politisches Geschehen zu deuten, und auf der anderen Seite wirken Erfahrungen aus der politischen Gottesbeziehung verändernd auf die Elemente persönlicher Frömmigkeit ein.

Auch hier wieder nur einige Andeutungen: Das Motiv der Erschaffung des Einzelnen durch seinen Gott wird zur Legitimierung des Königs zu seinem Amt umgestaltet. (18) Das besondere Vertrauensverhältnis zwischen dem Einzelnen und seinem Gott aktualisiert sich für den König hauptsächlich im Kampf. (19) Die Sohnesverheißung, die das Überleben der Familie sichern soll, wird jetzt zur Zusicherung des dauernden Bestandes der Dynastie, der dem Land politische Stabilität bringen soll. (20) Die Kontinuität politischer Macht ruht somit auf der biologisch-familiären Kontinuität auf.

Eine breite Aufnahme hat das Motiv des Mit-Seins Gottes insbesonders in der Davidüberlieferung erfahren. (21) Dieses urtümliche Motiv göttlichen Beistandes wird jetzt zur Deutung des Aufstiegs Davids zum König benutzt. Es wird dadurch mit militärischem Machthandeln verbunden(22) und dient der Legitimierung zu einem politischen Amt. (23) Es schließt damit jetzt sowohl die politische Größe des Königs als auch die außenpolitische Sicherung des Volkes mit ein. (24)

Wieder wird man sagen müssen, daß damit wohl eine Möglichkeit gewonnen war, die neue Erfahrung der politischen Macht an Gott zu binden, doch daß damit auch erhebliche Gefahren gegeben waren. Die Erfahrung göttlichen Beistandes, den ein den Gefahren schutzlos ausgelieferter Einzelner erlebte, ist ja im Grunde nicht auf eine geharnischte Staatsmacht übertragbar. Dazu ist sie zu schlicht und zu unbedingt. Es ist darum kein Wunder, daß der Deuteronomist, nachdem man das Scheitern des Königtums miterlebt hat, das Mit-Sein Jahwes mit dem König nur noch bedingt ansagt. (25)

Diese Andeutungen sollen genügen. Damit sind längst nicht alle Übertragungen in diesem Bereich, die ja durch die messianischen Verheissungen ein langes Nachleben bekommen haben, genannt. Auch hier würden meiner Meinung nach weitere Untersuchungen lohnend sein.

Nach diesen skizzenhaften Darstellungen möchte ich auf die beiden weiteren genannten Punkte, an denen sich eine Berührung der Religionsschichten nachweisen läßt, etwas genauer eingehen. Dabei steht das Deuteronomium als Beispiel dafür, wie die offizielle Jahwereligion auf die persönliche Frömmigkeit einwirkte, die Texte aus der Exilszeit dafür, wie die persönliche Frömmigkeit für die in die Krise geratene offizielle Religion entscheidende Funktionen übernehmen konnte.

II. Der Versuch einer Integration der persönlichen Frömmigkeit in die offizielle Religion durch das Deuteronomium

1. Hinweise auf den familiären Lebensbereich im Deuteronomium

Das Deuteronomium soll hier als Beispiel dafür angeführt werden, daß von Seiten der offiziellen Religion Israels Einflüsse auf die persönliche Frömmigkeit in den Familien ausgingen. Unter diesem Gesichtswinkel ist das Deuteronomium bisher nicht gesehen worden, denn es galt bisher die communis opinio, daß sich das Deuteronomium nur an das ganze Volk wendet; Israel als ganzes ist es, das noch einmal hypothetisch in seine Frühgeschichte gestellt und beschworen wird, auch im Kulturland bei Jahwe zu bleiben.

Doch gibt es im Deuteronomium einige Eigentümlichkeiten, die nicht so recht in dieses Verständnis passen wollen. So finden sich im dtn Gesetzeskorpus nur auffallend wenige Gebote und Gesetze, welche die Großgruppe Volk als ganze betreffen, etwa die Kriegsgesetze (Dtn 20), die Banngesetze (13) und das Zentralisationsgesetz (12); die Gesetze für die staatlichen Institutionen wie das Rechtswesen und das Königtum sind merkwürdig undifferenziert und einseitig; die Masse des dtn Gebots- und Gesetzesmaterials bleibt stattdessen auf die dörfliche Gemeinschaft und die Familie beschränkt.

Doch auch wenn man von dem Gesetzeskorpus absieht, auch für die dtn

Einleitungs- und Schlußreden können einem Zweifel hinsichtlich des Adressaten aufkommen: Denn obwohl die dtn Prediger hier Israel als ganzes meinen, reden sie es häufig so an, als hätten sie einzelne Familien vor sich. Es ist ganz erstaunlich, wie weit diese Prediger dem Einzelnen in seinen familiären Lebensbereich hinein nachgehen. Da ist nicht nur die persönliche, den Einzelnen behaftende Du-Anrede, nein, das Deuteronomium führt soviel materialiter aus dem familiären Lebensbereich auf, daß man aus diesen Angaben ein Bild von der sozialen Situation der Familien seiner Zeit entwerfen könnte:

> Das Zentrum des familiären Lebensbereiches ist das Haus(26), das die Familie baut(27) und in dem sie wohnt(28). Es befindet sich im Dorf, oder oft schon in der Stadt(29); zwischen der Siedlung und dem freien Land, wo sich die Felder, Weinberge und Ölbaumgärten befinden (30), spielt sich das Leben der Familie ab.(31) Die Familie ist die tragende Wirtschaftseinheit: sie betreibt Ackerbau(32) und Viehzucht, letztere schon als Groß- und Kleinviehzucht.(33) Es handelt sich um eine Vorratswirtschaft, die von den rechtzeitigen Regenfällen abhängt(34), und für die Vegetationspause Vorräte speichern muß.(35) Die krisenanfällige Wirtschaftsform macht es unbedingt nötig, daß Überschüsse produziert werden, der Besitz gemehrt wird(36), damit sich die Familien auch in Notzeiten über Wasser halten können. Aber das familiäre Tätigkeitsfeld ist nicht mehr allein auf Landwirtschaft beschränkt(37); auch Geldwirtschaft spielt schon eine Rolle.(38)
>
> Aus der innerfamiliären Situation heben die dtn Prediger besonders die Vater-Sohn-Beziehung hervor; in ihr findet die Weitergabe des lebensnotwendigen Wissens statt.(39); ja, die harte, aber immer von Liebe getragene Erziehung der Kinder wird von ihnen zur Erklärung des Handelns Jahwes am Volk in der Wüstenzeit benutzt.(40) Sogar auf die zentralen Gefährdungen, welchen die Familien ausgesetzt waren, gehen die Prediger ein: auf die Unfruchtbarkeit der Frau(41) und die Krankheit.(42)

Wenn aber das Deuteronomium das, was es dem Volk zu sagen hat, so tief hinein in die Sphäre der israelitischen Familie entfaltet, dann kann man vermuten, daß es auch in irgendeiner Weise auf die religiösen Überzeugungen, die von Hause aus diesen Lebensbereich bestimmten, eingeht.

2. Die Hineinnahme der Volksgeschichte in das Segenswirken Gottes am Einzelnen

Dazu soll im Folgenden das göttliche Handeln untersucht werden, welches im Deuteronomium Israel in Aussicht stellt, wenn es den Geboten und Gesetzen Jahwes gehorcht. Es findet sich einerseits implizit in den vielen, meist mit lĕmaᶜan(43) eingeleiteten Folgesätzen von Geboten(44) oder in Mahnungen, die Gebote zu halten (Gebotsparänesen)(45), die ich mit N.Lohfink "Segenshinweise" nennen möchte(46), andererseits explizit in den (bedingten) Segensverheißungen.(47)

a) Die Segenshinweise in Geboten und Gebotsparänesen

N. Lohfink hat die Verben der Segenshinweise zusammengestellt(48); er unterscheidet dabei eine Gruppe von "kriegerischen" Verben, ḥāzaq "stark werden", bō᾿ "hineinziehen" und jāraš "in Besitz nehmen" von einer Gruppe friedlicher Verben, bērak "segnen" hæ᾿ĕrīk jāmīm "lang leben", ḥājā "leben", jāṭab lĕ/ṭōb lĕ "wohl ergehen" und rābā "sich mehren". N. Lohfink hat nun herausgestellt, daß die "kriegerischen" Verben, die sich auf die Landnahme beziehen, fast nie allein, sondern meist nur als Ergänzung zu den "friedlichen" Verben vorkommen(49), die ihrerseits häufig allein stehen. Er schließt daraus: "Die Landnahmeverben haben also innerhalb des Segenshinweises einen gewissen Zusatz- und Ergänzungscharakter."(50)

Das ist nun aber ein ganz erstaunlicher Tatbestand, auf dessen soziologische und theologische Ausdeutung N. Lohfink leider verzichtet. Denn vorausgesetzt, daß sich das Deuteronomium allein an das Volk wendet, müßten doch eigentlich die Themen, die das Volk unmittelbar betreffen, die Einwanderung in das Land, seine Besitznahme und das Vertreiben der Feinde(51) im Mittelpunkt stehen. Aber mehr noch, wenn man einmal von der hypothetischen Rückdatierung des Deuteronomiums absieht, müßte man doch eigentlich ein Segenshandeln Gottes erwarten, das wirklich das Volk betrifft, wenn die Prediger das Volk zum Gehorsam gegenüber Jahwe motivieren wollten: also etwa innenpolitische Stabilität und außenpolitische Sicherheit, die Aufrichtung eines stabilen Königtums, die Ausdehnung der Grenzen, politische Macht und Grösse usw., ganz so wie wir es in den aB Königsinschriften als Ziel des göttlichen Handelns am Volk kennengelernt hatten. Doch von einem politischen Segenswirken Jahwes redet das Dtn nur am Rande(52), innerhalb der vielen Segenshinweise kommt es erstaunlich selten vor; abgesehen von den Landnahmeverben könnte man höchstens noch rābā auf die politische Existenz des Volkes beziehen. (53)

Doch worauf beziehen sich die anderen "friedlichen" Verben, die im Zentrum der Segenshinweise der dtn Paränese stehen? Wenn z.B. das Verbot Nachlese zu halten, damit die sozialen Randgruppen auch etwas zu essen haben, mit dem Segenshinweis motiviert wird: "damit Jahwe, dein Gott, dich segne bei allem Tun deiner Hände" (bērak)(54), dann denkt man ganz unwillkürlich an den Einzelnen, der das Gebot befolgt. Und hört man die Folgesätze "damit du lange lebst" (hæ᾿ĕrīk jāmīm)(55), "damit du am Leben bleibst" (ḥājā)(56) und "damit es dir wohl ergeht, d.h. ausreichende Lebensmöglichkeit bekommst" (jāṭab lĕ/ṭōb lĕ)(57) erst einmal für sich, dann würde kein Mensch darauf kommen, daß hiermit eine Großgruppe angeredet sein sollte. Nein, langes Leben und Glück sind eigentlich Dinge, um die es dem einzelnen Menschen geht. Ich erinnere an die aB Briefe, in deren vielen Wünschen es ja vor allem darum ging: um ein langes, gesundes und glückliches Leben für den Adressaten. (58) Zu dem gleichen Ergebnis führt auch eine Durchsicht der in den Segenshinweisen verwendeten hebräischen Verben und Nomina samt ihrer Synonyme:

hæ᾿ĕrīk mit und ohne jāmīm "lange leben" kommt außerhalb des Dtn überhaupt nur auf den Einzelnen bezogen vor(59), das gleiche gilt für die ähnliche Wendung hōsīf jāmīm "Lebenszeit verlängern"(60) und die nominalen Ausdrücke ʾōraek jāmīm(61) und jāmīm rabbīm "langes Leben".(62) Eine gewisse Häufung des Vorkommens tritt in der Weisheitsliteratur und in den Psalmen auf, damit in Texten, in denen die Erfahrung oder die Frömmigkeit des Einzelnen zur Sprache kommen.(63)

Bei dem Verb ḥājā "leben" und dem Nomen ḥajjīm "Leben" kommen wohl Übertragungen auf das Volk vor(64), doch das Zentrum des Gebrauchs liegt eindeutig beim Einzelnen: so spielt die Bewahrung des Lebens in der Klage des Einzelnen eine große Rolle(65), und die Ermöglichung von erfülltem Leben durch richtiges Verhalten ist ein Thema, um das viele Proverbien kreisen.(66)

Nicht so eindeutig ist der statistische Befund bei jāṭab lĕ und ṭōb lĕ "es geht jemandem gut, d.h. er hat ausreichende Lebensmöglichkeit"(67); wohl machen auch hier die Belege, in denen es um das Wohlergehen eines Einzelnen geht, einen lebendigeren Eindruck(68), gleichwohl kann auch vom Wohlergehen einer Gruppe(69) oder des ganzen Volkes(70) gesprochen werden. Es handelt sich um einen alltäglichen Sprachgebrauch, der leicht übertragbar ist.(71)

Das bedeutet aber: die größere Gruppe der Segenshinweise in den dtn Geboten und Gebotsparänesen hat gar nicht das Volk im Auge, sondern zielt auf ein Segenshandeln Gottes am Einzelnen. Es sind völlig unpolitische Segensgüter, die der Einzelne in seinem persönlichen Lebensvollzug von seinem Gott erwartete. Und wirklich lassen sich so gut wie alle Elemente der Segenshinweise auch in Zeugnissen der persönlichen Frömmigkeit nachweisen.(72)

Einen Bezug auf Jahwes Handeln am Volk bekommen diese Segenshinweise erst dadurch, daß ihnen die dtn Prediger meist eine adverbiale Bestimmung anfügen, z.B.:

Dtn 25,15 Volles und richtiges Gewicht sollst du haben,
volles und richtiges Hohlmaß sollst du haben,
damit deine Lebenstage lange währen
auf dem Land (ʿal-hāʾădāmā), das Jahwe, dein Gott, dir gibt!

Dtn 23,20f Du sollst von deinem Bruder keinen Zins nehmen...,
damit Jahwe, dein Gott dich segnet bei allen deinen Unternehmungen
im Land (ʿal-hāʾāraeṣ), in das du hineinziehst, um es in Besitz zu nehmen!

Die adverbialen Bestimmungen weisen auf den Lebensraum, in dem sich das persönliche Glück des Einzelnen vollzieht. Die dtn Prediger wollen damit ihren Hörern sagen: Was ihr an Glück und Segen in eurem persönlichen Lebensbereich erfahrt, das geschieht nicht einfach im luftleeren Raum, es hat das Land, das Jahwe dem Volk gegeben hat und das Israel aufgrund seiner Verheißung an die Väter erobert hat, zur Voraussetzung.

Es ist diese adverbiale Bestimmung gewesen, die bis jetzt verhindert hat, daß das Problem in ganzer Klarheit gesehen wurde. Denn sie ist schuld, daß die Exegeten immer wieder daran gezweifelt haben, was denn eigentlich in diesen Folgesätzen gemeint sei. Den Satz: "Damit deine 'Tage' lang währen im Lande" könnte man ja auch so verstehen, daß das Volk Israel lange im Lande wohnen bleiben darf. Während die meisten Exegeten sich nicht eindeutig festlegen(73), hat L.Dürr die These vertreten, daß allein die Aufenthaltszeit des Volkes im Lande gemeint sei, denn "es kommt nicht auf das Leben des Einzelnen an, sondern auf die Erhaltung des Volkes."(74) Und H.Kremers ist ihm in dieser Auffassung gefolgt.(75)

Doch trotz des Vorzuges, auch die Segenshinweise rein kollektiv deuten zu können, führt diese Auslegung zu erheblichen Schwierigkeiten, die sie meiner Meinung nach unwahrscheinlich machen: Denn ihre Vertreter können nicht erklären, warum die politische Existenz des Volkes im Lande nun gerade von der Erfüllung bestimmter Gebote abhängen soll, und zwar nicht nur von relativ gewichtigen Geboten, wie das Elterngebot (Dtn 5,16), sondern auch von so relativ nebensächlichen wie etwa das Gebot zum Schutz von Vögeln (Dtn 22,7).(76) Die gewagte Auslegung des Dekalogs, zu der sich H.Kremers aufgrund seiner Interpretation des Segenshinweises im Elterngebot versteigt (er bezieht ihn auf die ganze erste Tafel!), macht deutlich, daß hier etwas nicht stimmen kann.(77)

Demgegenüber ist festzuhalten: 1. Die adverbiale Bestimmung kann im Segenshinweis auch fehlen (Dtn 6,2; 22,7; 24,19), sie gehört damit nicht notwendigerweise zu seinem Verständnis hinzu; 2. Sie begegnet auch bei den Verben, denen eine zeitliche Dimension fehlt (jāṭab, bērak); der Satz "damit Jahwe dich segne bei allen deinen Unternehmungen im Lande" ist trotz adverbialer Bestimmung nur individuell verständlich. 3. Wenn die dtn Prediger den Kulturlandbesitz des Volkes gemeint hätten, dann hätten sie sich sehr viel klarer ausdrücken können, etwa lĕmaᶜan tēšēb ᶜal-hā'ădāmā "damit du wohnen bleibst im Lande" o.ä. und es bliebe unerklärt, warum sie einen Sprachgebrauch verwenden, der eindeutig individuell geprägt ist.

Damit will ich nicht ausschließen, daß die dtn Wendung später im politischen Sinn verstanden worden ist.(78)

Wenn diese Interpretation der dtn Segenshinweise richtig ist, dann bedeutet das aber für meine Fragestellung: Die dtn Prediger knüpfen ganz bewußt an die Segensgüter an, die im Zentrum der persönlichen Frömmigkeit des Einzelnen standen, aber sie geben ihnen eine neue Begründung.

War das Segenswirken Gottes, das der Einzelne erfuhr, ganz in seiner persönlichen Gottesbeziehung begründet und ging letztlich auf sein Erschaffensein durch Gott zurück, so wollen die dtn Prediger aufweisen, daß auch dieses Segenswirken am Einzelnen herkommt aus der Rettungsgeschichte, die das ganze Volk seit der Hauausführung aus Ägypten mit Jahwe erfahren hatte.

Ich möchte diese Anknüpfung und Neuinterpretation als einen bewußten Versuch der dtn Prediger werten, die schlichte Frömmigkeit, die ihnen von ihren Hörern entgegenschlug, in die offizielle Jahwereligion zu integrieren. Sie verneinen nicht die religiösen Erfahrungen, die der Einzelne in seinem familiären Alltag mit Gott machte, nein, sie gehen bewußt darauf ein; aber sie bestreiten ihnen die Sonderrolle innerhalb und neben der offiziellen Religion des Volkes. Ein solches unreflektiertes Nebeneinander darf es nach ihrer Reformkonzeption nicht mehr geben, ihr Reformruf "Jahwe, unser Gott, ist ein Jahwe" bedeutet auch, daß er ein und derselbe ist für das Volk wie für die Familie. Die dtn Prediger versuchen diese Integration, indem sie die tief im Anthropologischen verankerte und keineswegs auf Israel beschränkte persönliche Frömmigkeit fest an die exklusiven Erfahrungen binden, die Israel in seiner Geschichte mit Jahwe gemacht hatte. Damit wird aber die persönliche Frömmigkeit stark verändert: sie bekommt Anteil an dem exklusiven Gottesverhältnis der offiziellen Jahwereligion: Glück und Segen findet der einzelne Israelit nur noch innerhalb der von allen anderen Religionen geschiedenen Gottesbeziehung des Volkes; und sie bekommt Anteil an dem Entscheidungscharakter der offiziellen Religion: Glück und Segen sind dem Einzelnen nicht einfach mit seinem Leben mitgegeben, sondern sie sind ein Geschenk, das auf die Rettungstaten Jahwes an Israel zurückgeht (Dtn 8,18). Die Erfahrung des göttlichen Segenshandelns im persönlichen Leben wird damit ihrer Selbstverständlichkeit enthoben, das Leben und das Glück jedes Einzelnen, das wollen die Prediger ihren Hörern immer wieder einschärfen, hängen davon ab, ob er sich des Geschenkes Jahwes würdig erweist und seine Gebote hält.

b) Die bedingten Segensverheißungen

Ein ähnlicher Vorgang von Aufnahme und Neuinterpretation von Erfahrungen aus dem Bereich der persönlichen Frömmigkeit läßt sich auch an den Segensverheißungen beobachten. Besonders C.Westermann hat hervorgehoben, daß dem Dtn daran liegt, nach einer Phase schwerer Auseinandersetzungen mit der kanaanäischen Religion Jahwe als Spender der Fruchtbarkeit des Kulturlandes zu feiern und sein Segenshandeln mit seinem Rettungshandeln am Volk zu verbinden.(79)

Doch die dtn Prediger können und wollen bei diesem Unterfangen nicht davon absehen, daß ihre Hörer den Segen Gottes ursprünglich und primär nicht als Volk, sondern als Familie erfuhren. Denn Segen ist ja ursprünglich die Kraft der Fruchtbarkeit, des Leibes, des Ackers und des Viehs und spielt als solche im Wirtschaftsleben der Familie eine entscheidende Rolle.

Das wird am deutlichsten in Dtn 28 sichtbar: Obwohl es den dtn Predigern hier eigentlich darum geht, dem Volk als ganzen die Möglichkeiten von Segen und Fluch vor Augen zu stellen, nehmen sie bewußt einen Segensspruch auf, der sich eindeutig an den Einzelnen wendet:(80)

Dtn 28,3 Gesegnet bist du in der Stadt
und gesegnet bist du auf dem Feld.
4 Gesegnet ist die Frucht deines Leibes, und die Frucht deines Ackers, die Frucht deines Viehs, der Wurf deiner Rinder und der Zuwachs deines Kleinviehs.
5 Gesegnet ist dein Korb und dein Backtrog.

6 Gesegnet bist du, wenn du heimkommst und wenn du weggehst.

Und es zeigt sich darin, daß auch die von den Predigern formulierten Segensverheißungen an Israel inhaltlich stark an dem im familiären Lebenskreis erfahrenen Segen orientiert bleiben:

Dtn 7,12 Dafür, daß du auf diese Gesetze hörst, sie bewahrst und sie befolgst, wird Jahwe dein Gott dir den Bund und die Huld bewahren, die er deinen Vätern zugeschworen hat.

13 Er wird dich lieben, dich segnen und mehren.
Er wird segnen die Frucht deines Leibes und die Frucht deines Ackers, dein Korn, deinen Most, dein Öl, den Wurf deiner Rinder und den Zuwachs deines Kleinviehs
auf dem Land, betreffs dessen er deinen Vätern schwor, es dir zu geben.

14 Du wirst gesegneter sein als alle Völker,
nicht wird es bei dir mehr geben einen Unfruchtbaren oder eine Unfruchtbare, noch bei deinem Vieh.

15 Jahwe wird von dir alle Krankheit entfernen
und keine schlimme Krankheit Ägyptens, die du kennst, wird er dir auferlegen, sondern sie über die bringen, die dich hassen. (81)

In den Sätzen, die ich durch Unterstreichung hervorgehoben habe, konnte sich der einzelne Zuhörer mit seinen religiösen Erfahrungen unmittelbar wiederfinden. Sogar auf die Rettung aus der Not der Unfruchtbarkeit und die Heilung der Krankheit, die in seiner Frömmigkeit von so großer Wichtigkeit waren, gehen die dtn Prediger ein.

Dem entspricht es, daß im dtn Gesetzeskorpus ganz selbstverständlich das Segenswirken Gottes am Einzelnen vorausgesetzt wird, etwa wenn gesagt wird, die Gabe am Wochenfest solle sich in ihrer Höhe daran orientieren, "wie Jahwe dich gesegnet hat" (Dtn 16,10). (82) Daß Jahwe den einzelnen Menschen segnet, d.h. ihm seinen Lebensunterhalt ermöglicht - und zwar ohne jede Bedingung! - wird hier einfach konstatiert; ja, es wird sogar davon ausgegangen, daß er den einen mehr, den anderen weniger segnet, ohne daß dafür eine Erklärung gesucht wird.

Aber die dtn Prediger haben dieses, in den Lebensbereich des Einzelnen gehörende Segenshandeln Gottes in mehrfacher Hinsicht stark verändert. Erstens haben sie es auf das Volk hin ausgezogen und durch Erfahrungen, die das Volk gemacht hat, ergänzt, sodaß jetzt die beiden verschiedenen Lebensbereiche ineinanderfließen:

Das Gesegnetsein des Einzelnen wird auf das Volk übertragen und bekommt damit Anteil an der Exklusivität der Beziehung zwischen Jahwe und Israel: Israel wird gesegneter sein als alle Völker (Dtn 7,14); es wird anderen Völkern leihen können (28,12b; 15,4.6). Es wird zum heiligen Volk (28,9), und die anderen Völker werden vor seiner herausgehobenen Stellung erschrecken (28,10). Das Volk wird eine Spitzenposition erhalten, es wird mit ihm immer nur aufwärts gehen (28,13). Seine Feinde wird es in die Flucht schlagen (28,7). Auf das Volk bezogen, bedeutet der Segen Jahwes eine wirtschaftliche und politische Machtposition. Sogar so allgemein menschliche Erfahrungen wie Gesundheit und Krankheit werden zwischen Israel und seinen Feinden aufgeteilt (7,15). Hier wird sichtbar, daß eine Übertragung des Segens auf das Volk durchaus in die Gefahr kommen kann, weit an der Realität vorbeizugehen.

Zweitens wird, wie schon in den Segenshinweisen, das segnende Handeln Gottes am Einzelnen auf den Lebensraum des verheißenen und geschenkten Landes bezogen. (83)

Am eingreifendsten ist aber eine dritte Veränderung: Das Segenshandeln Gottes, das bezogen auf den Einzelnen immer unbedingt war, wird nun, da es auf das Volk hin erweitert wird, ein bedingtes Handeln. Es hängt an dem Gehorsam des Einzelnen wie der Gesamtheit gegenüber Jahwes Geboten, für den Fall des Ungehorsams wird drohend der Fluch gegenübergestellt. Was der Einzelne in seinem alltäglichen Lebensbereich als Manifestationen des Menschenschöpfers erfahren hatte, wird damit von den dtn Predigern entschlossen zu einem Bestandteil des Bundes zwischen Jahwe und seinem Volk gemacht (7,12), der göttliche Segen wird damit der "vorgeschichtlichen" Alltagswelt der Familie entzogen und zu einem Teil der Geschichte Jahwes mit seinem Volk. (84) Das ist schon eine großartige Konzeption: die "kleinen" religiösen Alltagserfahrungen in den Familien, etwa wenn eine Kuh kalbte, der Acker eine gute Ernte brachte oder ein Geschäft zu einem guten Abschluß kam, die von Hause aus für die Großgruppe ohne Interesse waren, sind jetzt Zeugnisse dafür, daß Jahwe seinen Bund mit seinem Volk hält. Sie werden damit enorm aufgewertet und damit auch dem Einzelnen sehr viel bewußter gemacht. Sie sind jetzt Ausdruck der Bundestreue Jahwes und verlangen darum eine dankbare Reaktion, nämlich bei dem Geber dieser Segensgaben zu bleiben und ihm zu gehorchen.

So hat der Integrationsversuch der dtn Prediger sicher dazu geführt, daß die weithin schlummernden Erfahrungen der persönlichen Frömmigkeit auf die Stufe des Bewußtseins erhoben und sehr viel intensiver erfahren wurden. Er hat stärker, als es bisher dem Einzelnen deutlich war, den Geschenkcharakter der göttlichen Segensgüter aufgedeckt. Und er hat ihnen eine neue, greifbarere und damit - scheinbar - sicherere theologische Begründung gegeben, die jetzt im Bereich der geschichtlichen Heilssetzungen Jahwes lag und den Rückbezug auf die urtümliche, auf der Ebene des Kreatürlichen liegende Vertrauensbeziehung überflüssig machte. Das kann man durchaus positiv werten. Aber er hat der Gottesbeziehung des Einzelnen etwas von ihrer Unmittelbarkeit und Unbedingtheit genommen: Das göttliche Segenswirken am Einzelnen entscheidet sich nach der Meinung der dtn Prediger an dessen Gehorsam gegenüber Jahwes Geboten. Damit haben sie den Grundstein zu einer Entwicklung gelegt, in der je länger je mehr die Gebote und Gesetze zu einem entscheidenden Teil der Frömmigkeit des Einzelnen werden sollten.

3. Die Verankerung der Volksgeschichte in der Familientradition

Der Versuch, der Frömmigkeit in den israelitischen Familien eine neue Grundlage in der Geschichte Jahwes mit seinem Volk zu geben, läßt sich noch von einer anderen Seite her aufzeigen.

Es ist ja eines der wichtigsten Anliegen der dtn Einleitungsreden, dem Israel der späten Königszeit die Erfahrungen aus der Frühgeschichte des Volkes lebendig zu machen. Immer wieder warnen sie ihre die Früchte des Kulturlandes genießenden Zeitgenossen davor, Jahwe, den Retter aus Ägypten zu vergessen.(85) Nun müßte man eigentlich erwarten, daß die dtn Prediger die Aktivierung der alten religiösen Traditionen des Volkes über die Institutionen zu erreichen suchen, die traditionell dafür zuständig waren, ich denke etwa an die Priesterschaft der großen Tempel, an die Jahresfeste, an das Königtum und die Staatsheiligtümer. Das ist aber erstaunlicher Weise nur sehr begrenzt der Fall.(86) Vielmehr wollen die dtn Prediger ihr Ziel vor allem dadurch erreichen, daß sie neben den traditionellen Trägern der offiziellen Jahwereligion die Familien verstärkt zur Überlieferung der Geschichte Jahwes mit seinem Volk heranziehen: Der Vater soll seinem Sohn die ganze Geschichte vom Exodus bis hin zur Landnahme erzählen, wenn die Frage nach dem Woher bestimmter Gebote und Bräuche aufkommt (Dtn 6,20).(87) Dazu geben ihm die dtn Prediger eine katechismusartige Zusammenstellung der Heilsgeschichte in die Hand (6,21-24). Den Predigern liegt alles daran, die Weitergabe der offiziellen Überlieferung des Volkes fest in den alltäglichen Lebensrhythmus des Einzelnen zu verankern: Er soll davon erzählen zuhause und auf dem Weg, wenn er aufsteht und wenn er sich schlafen legt (6,7; 11,19)(88); ja, die Erinnerung an die Rettungsgeschichte des Volkes soll zeichenhaft quasi körperlich an den Einzelnen (Hände, Stirn) und seine Lebenswelt (Haus) "gebunden" werden (6,8f; 11,18.20).(89) Und schließlich propagieren die dtn Prediger die Rezitation eines "heilsgeschichtlichen Credos" gerade beim "Erstlingsopfer", das wie kein anderes Opfer fest an die familiäre landwirtschaftliche Produktion gekoppelt war und damit ganz in die Lebenswelt der Familie gehörte (26,1-11).(90)

Das Abzielen auf die Familie bei dem Bemühen, die offizielle Jahwetradition in lebendiger Erinnerung zu halten, ist damit unverkennbar. Es fragt sich, wie es zu deuten ist. Man wird dem Pathos des Redens nur gerecht, wenn man annimmt, das die Prediger damit nicht etwas Selbstverständliches sagen. Hier helfen meines Erachtens Beobachtungen weiter, die ich oben zur persönlichen Frömmigkeit gemacht habe: Weder in der Klage des Einzelnen, noch in den Personennamen findet sich normalerweise ein Bezug auf die großen Heilstraditionen des Volkes.(91) Das heißt nun aber: Sie spielten in entscheidenden Situationen der Familie, wenn eines ihrer Mitglieder krank war oder ihr unter Gefahren ein Kind geboren wurde, keine Rolle. Damit ist nicht gesagt, daß die offiziellen Jahwetraditionen in den Familien unbekannt waren und nicht bei anderen Gelegenheiten zur Sprache kamen und auch in ihr weitergegeben wurden.(92) Aber man kann doch daraus schließen, daß die Frömmigkeit in den Familien nicht zentral um sie kreiste.

Das ist die religiöse Situation der Familien, die den dtn Predigern vor Augen steht und die sie ändern wollen. Mit dem Auftreten der Propheten des

8. Jh. sind die Gefahren, denen die Jahwereligion dieser Zeit ausgesetzt war, deutlicher ins Bewußtsein gehoben worden. In dieser Lage kann sich Israel nach der Meinung der dtn Prediger ein solches Abseitsstehen der familiären Frömmigkeit einfach nicht mehr leisten. Für sie ist der israelitische religiöse Pluralismus eine Gefahr, die die Auflösungstendenzen der offiziellen Religion noch verstärkt. Sie wollen die Jahwereligion insgesamt reformieren, es ist darum nur konsequent, wenn sie gerade den Familien eine wichtige Aufgabe bei der Überlieferung der alten Jahwetraditionen zuweisen. Wenn Dankbarkeit und Gehorsam gegenüber Jahwe bis in alle Verästelungen des Alltags hinein das Leben der Israeliten bestimmen soll, dann müssen die Erfahrungen des Volkes, die es mit Jahwe in seiner Frühgeschichte gemacht hat, verstärkt in den Familien zur Geltung kommen. Eine Integration der persönlichen Frömmigkeit in den Jahweglauben, das wissen die dtn Prediger genau, wird nur in soweit gelingen, als die Heilstraditionen des Volkes in den Familien zu einer lebendigen Wirklichkeit werden.

Mit dieser verstärkten Heranziehung der Familie zum Träger der offiziellen religiösen Traditionen haben die dtn Prediger ihre Bedeutung für die Jahwereligion als ganzes erheblich aufgewertet und sicher mit dazu beigetragen, daß sie sich nicht auflöste, als die eigentlichen Träger der offiziellen Überlieferung mit dem Untergang des israelitischen und judäischen Staates wegfielen. Sicher haben sie damit auch die persönliche Frömmigkeit in den Familien intensiviert und ihr verschiedene neue Impulse gegeben. Doch ob es ihnen gelungen ist, die Frömmigkeit des Einzelnen total auf die offizielle Religion hin auszurichten, wage ich zu bezweifeln. Nirgends, weder in der Namengebung, noch in den Klagen des Einzelnen läßt sich ein Punkt erkennen, von dem ab die offiziellen Traditionen wirklich zur Bewältigung privater Krisensituationen hinzugezogen würden. Hier griff man weiter auf seine eigenen persönlichen Gotteserfahrungen zurück. Die urtümliche Zuwendung Gottes, die der Einzelne in diesem Lebensbereich erfuhr, war nicht einfach durch die Gotteserfahrungen aus der Volksgeschichte zu ersetzen. Und letzten Endes haben die dtn Prediger nicht klären können, wie sich das unbedingte Segenshandeln Jahwes am Einzelnen - das auch sie z.T. voraussetzen - zu dem von ihnen angekündigten bedingten Segenshandeln am ganzen Volk verhält. So bleiben die deuteronomischen Integrationsbestrebungen ein Versuch - wenn auch ein großartiger. Eine wirkliche Lösung der Probleme, die aus der Erscheinung des innerreligiösen Pluralismus für die Jahwereligion entstanden, ist ihnen nicht gelungen.

III. Die Rettung der Religion Israels durch die persönliche Frömmigkeit im Exil

Die religiöse Situation des Exils soll hier als Beispiel dafür angeführt werden, daß von der persönlichen Frömmigkeit wesentliche Impulse auf die Religion der Großgruppe ausgingen.

Im Unterschied zur entgegengesetzt laufenden Einflußnahme im Dtn handelt es sich dabei nicht um eine programmatische theologische Aktion, sondern um eine mehr oder minder unreflektierte Folge der politischen Entwicklung, der nationalen Katastrophe Israels von 587.

Die endgültige Eroberung des judäischen Reststaates durch die Neubabylonier, die Zerstörung Jerusalems, seiner Mauer, seines Königspalastes und seines Tempels, die Absetzung des judäischen Königshauses und die Deportation der Oberschicht hatte auf alle Lebensbereiche Israels tiefgreifende Auswirkungen. Sie bedeutete weitgehend das Ende des politisch verfaßten Volkes, als das sich die Großgruppe seit David konstituiert hatte, aber auch die Familien, die deportierten, die daheimgebliebenen und die flüchtenden waren erheblichen Einschränkungen und Gefährdungen ausgesetzt. Katastrophen dieses Ausmaßes schlagen durch alle sozialen Ebenen durch und führen zu einer Annäherung der zuvor geschiedenen Lebensbereiche. (93)

Das wirkt sich unmittelbar auf das Verhältnis der beiden Religionsschichten zueinander aus: Religiöse Welten, die vorher weit voneinander entfernt lagen, rücken nun näher zueinander. Dennoch sind die Auswirkungen auf die "Religionen" der Groß- und Kleingruppe durchaus unterschiedlich:

Von der politischen Katastrophe ins Herz getroffen war die Beziehung zwischen Jahwe und dem Volk. Diese Beziehung war ja - wie ich gezeigt hatte(94) - geschichtlich konstituiert, d.h. sie hatte einen Anfang in der Geschichte gehabt und hatte sich seither in der Geschichte Israels bewährt, von der Befreiung aus ägyptischer Zwangsherrschaft, über die Gabe eines Lebensraumes bis hin zur Ermöglichung eines eigenen königlich regierten Zentralstaates. Wohl hatte es schon häufig politische Krisen gegeben, die die Bindung Jahwes an das Volk in Frage stellten - die tiefgreifendste war wohl der Untergang des Nordreiches -, aber solange es überhaupt noch eine geschichtlich-politische Kontinuität gab, das davidische Königtum und den Stadtstaat Jerusalem, konnte sich das Volk in seinen Klagen daran klammern, daß Jahwe die Beziehung zu seinem Volk nicht aufgekündigt habe. (95) Und eben das war jetzt anders. Die Eroberung Jerusalems 587 bedeutete einen Bruch geschichtlich-politischer Kontinuität, wie er radikaler kaum vorstellbar ist: Das Land, der freie von Jahwe seinem Volk geschenkte Lebensraum, war endgültig verloren, das Königtum, dem er ewigen Bestand zugesagt hatte, vernichtet, der Tempel, der in der Jerusalemer Theologie zum Garanten der Gegenwart Jahwes geworden war, war zerstört. Mußte das nicht bedeuten, daß die Geschichte Jahwes mit seinem Volk beendet war? Hinzu kam, daß die eigentlichen Träger der offiziellen Religion, die Priester des Jerusalemer Tempels und die königlichen Beamten (z.B. auch die königlichen Geschichtsschreiber) gerade zu denen gehörten, die deportiert wurden. So geriet die offizielle Jahwereligion in eine Krise, die in ihrem Ausmaß wohl kaum überschätzt werden kann.

Das galt aber nicht in gleicher Weise für die Frömmigkeit, die in den Familien lebendig war. Wohl wurde sie von der religiösen Krise des Volkes mitbetroffen, wie es uns der 77. Psalm eindrücklich veranschaulicht:

Ps 77,4 Gedenke ich 'Jahwes', muß ich stöhnen,
sinne ich nach, verschmachte ich...
8 Hat der Herr denn endgültig verstoßen
und will er nicht mehr gnädig sein?

9 Ist seine Gnade denn für immer zu Ende,
seine Treue vorbei von Geschlecht zu Geschlecht?
10 Hat Gott vergessen gnädig zu sein,
oder hat er im Zorn sein Erbarmen verschlossen?
11 Da sprach ich: "Das ist mein Schmerz,
daß so anders geworden ist die Rechte Eljons!"

Hier leidet ein Einzelner mit seinem Volk. Jahwes so anders gewordenes Handeln an Israel wird ihm zur eigenen Not, mit der er ringt.(96) Aber, und auch das zeigt dieser Psalm: die politische Not des Volkes bedeutete nicht notwendigerweise eine existentielle Bedrohung für den Einzelnen. Die Not des Volkes ist für ihn hier vielmehr eine theologisch-gedankliche, nicht eine physische Not. Der Untergang des Volkes bedeutete für den Einzelnen nicht notwendigerweise das Ende seines Lebens. Wohl werden viele in den Kämpfen, in den Strapazen der Deportation und der Flucht, in Hunger und Seuchen, die das verwüstete Land heimsuchten, umgekommen sein, dennoch hatte die Mehrzahl ihr Leben hindurchretten können. Wenn auch unter erheblichen Entbehrungen, man lebte, man atmete noch. Wenn auch dezimiert, blieben doch die Familien als tragende soziale und wirtschaftliche Einheiten bestehen. Das bedeutete aber: die zu diesem Lebensbereich gehörende Frömmigkeit war von der politischen Katastrophe zwar mitbetroffen, blieb aber aufs Ganze gesehen intakt. Das tief im Bereich des Kreatürlichen verankerte Gottesverhältnis des Einzelnen war von einem geschichtlichen Zusammenbruch selbst diesen Ausmaßes letztlich nicht zu erreichen. Solange der einzelne Israelit überhaupt noch lebte, konnte er sich vertrauensvoll an seinen göttlichen Schöpfer und Vater klammern. Ja, mehr noch, selbst in der politischen Notlage wurden weiter Kinder glücklich geboren, erfuhr der eine oder der andere weiterhin Genesung von schwerer Krankheit, wuchs das Korn wieder auf dem Acker und reiften die Trauben, hatte der eine oder der andere dennoch Erfolg bei seiner Tätigkeit. Das heißt aber: Gottes Rettungs- und Segenshandeln am Einzelnen ging auch nach dem nationalen Desaster weiter. Während er für das Volk unerreichbar schien, war er hier, im alltäglichen Lebensbereich noch erfahrbar. Hier besaß man noch in den Trümmern und in der Fremde sitzend einen Schatz religiöser Erfahrungen. So kommt es, daß in der Exilszeit auf mannigfache Weise versucht wird, diesen Schatz persönlicher Frömmigkeit für die in Agonie liegende offizielle Religion brauchbar zu machen.(97)

1. Die Aufnahme individueller Vertrauensmotive in die Klage des Volkes

Eine solche Anleihe an die persönliche Frömmigkeit belegt die in ihrem Grundbestand sicher exilische Volksklage Jes 63,7-64,11. Sie verdeutlicht die verzweifelte Lage, in der sich die exilische Gemeinde befand: Es wird gar nicht gewagt, eine Bitte um Rettung auszusprechen(98), zu groß ist die Schuld, die zwischen dem Volk und Jahwe steht (64,4b-6). Wie läßt sich über diesen trennenden Sündenberg die Zuwendung Jahwes überhaupt noch erreichen?

Nun auch diese Volksklage besitzt einen Rückblick auf Jahwes früheres Heilshandeln an Israel (63,7-14); aber wie viel hat er von seiner ursprünglichen, heilsversichernden Funktion eingebüßt! 1. Der Rückblick steht nicht mehr eindeutig im Kontrast zur Anklage (64,17-19a), sondern wie ein Prolog vor dem eigentlichen Klagepsalm. 2. Der Abfall des Volkes und die zornige Reaktion Jahwes dringen in den Rückblick ein (63,10)(99) und 3. tritt an die Stelle der demonstrativ konstatierenden Aufzählung der Heilstaten: "Du hast doch..." die verhaltene Frage "Wo ist der, der '...'(100) herausführte aus dem Meer den Hirten seiner Herde..."(63,11). Man spürt, der Rückblick auf Jahwes geschichtliches Rettungshandeln hat seine Eindeutigkeit verloren.

So verwundert es nicht, daß man in dieser Klage des Volkes eine Anleihe an das Bekenntnis der Zuversicht aus der Klage des Einzelnen machte:

Jes 64,7 Aber nun, Jahwe, du bist doch unser Vater,
wir sind doch der Ton und du unser Schöpfer,
das Werk deiner Hand sind wir alle.(101)

Angesichts ihrer Schuld, die eine Verbindung zu Gott unmöglich zu machen scheint, übernimmt hier die Großgruppe das urtümliche Vertrauensmotiv aus der Gottesbeziehung des Einzelnen. So wie er in seiner Not vertrauensvoll an seinen Menschenschöpfer appellierte, sich gleichsam wie ein Kind schutzsuchend an den wandte, der ihn gezeugt hatte, so wendet sich jetzt auch das Volk an Jahwe, in der Hoffnung, daß er sich auch ihnen gegenüber in ihrer Gesamtheit rühren läßt.

Ja, mehr noch, dieses urtümliche Vertrauensbekenntnis wird gegen das Berufen auf die geschichtlichen "Heilstatsachen" ausgespielt:

Jes 63,16 'Halte doch nicht an dich'(102), denn du bist unser Vater!
Denn Abraham weiß nichts von uns, und Israel kennt uns nicht.
Du, Jahwe, bist unser Vater, unser Erlöser von uran ist dein Name.

Dieses eigenartige Motiv einer Bitte um Zuwendung scheint gegen Versuche konzipiert zu sein, doch noch irgendeinen Punkt in der Geschichte Israels zu finden, auf den man sich gegenüber Jahwe berufen konnte. Einige hatten wohl einen solchen unzerstörten Rest in der Abstammung von den Erzvätern, denen Jahwe so große und unbedingte Verheißungen gegeben hatte, zu finden gemeint.(103) Die Beter des Klagepsalms stellen demgegenüber fest: Wir haben keine geschichtlichen Fakten mehr, auf denen wir gegenüber Jahwe pochen könnten, sondern uns bleibt nur die Möglichkeit, wie ein Kind bei seinem Vater Schutz zu suchen, im Vertrauen darauf, daß sein Zorn nicht so weit gehen wird, daß er die personale Bindung zu seinen Kindern endgültig zerbricht. Hier ist noch einmal mit Händen greifbar, wie jetzt im Exil versucht wird, die brüchig gewordene geschichtliche Beziehung zwischen Jahwe und seinem Volk durch die am Familienleben orientierte persönliche Vertrauensbeziehung des Einzelnen zu stützen und damit zu heilen.

Ein anderes Beispiel dafür ist der sog. "Micha-Schluß" Mi 7,7-20.(104) Daß der Text nicht vom Propheten des 8.Jh. stammt, ist sicher, umstritten ist allerdings, wann er anzusetzen ist. W.Rudolph plädiert für die nachexilische Zeit(105), H.Gunkel denkt an die Zeit Tritojesajas.(106) Wahrscheinlich scheint mir, daß Mi 7,7-20 jünger ist als Jes 63f; die Zeit der ersten entmutigenden Depression ist vorbei, es gibt schon wieder Heilsankündigungen für das zerstörte Jerusalem (v.11) und das zerstreute Volk (v.12); damit ist Deuterojesaja terminus post quem, der terminus ad quem ist der Mauerbau Nehemias, aber es besteht kein Grund (vgl.Jes 44,26.28 sek.) so weit hinabzugehen.

Den Aufbau der "prophetischen Liturgie" hat schon H.Gunkel klar beschrieben:(107) V.7-10 Gebet Zions, v.11-13 Heilsantwort darauf. V.14-17 Klage des Volkes, v.18 beschreibendes Lob, v.19f Gewißheit der Erhörung. Auffällig und hier von Interesse ist das Gebet Zions v.7-10:

Mi 7,7 Aber ich, nach Jahwe will ich ausspähen,
ich will hoffen auf meinen Rettergott.
Mein Gott wird mich erhören.
8 Freue dich nicht über mich, meine Feindin,
denn bin ich auch gefallen, stehe ich doch wieder auf,
denn sitze ich auch im Dunkeln, so ist Jahwe doch mein Licht!
9 Den Zorn Jahwes muß ich tragen,
denn ich habe gesündigt,
bis er meinen Rechtsstreit ausficht und mir Recht verschafft.
Er wird mich ans Licht herausführen,
ich werde seine Heilstat erleben.
10 Und meine Feindin soll es schauen,
Scham soll sie bedecken, die zu mir sprach:
"Wo ist denn dein Gott?"
Meine Augen sollen sich an ihr laben,
nun wird sie zertreten wie Gassenkot.

Obgleich hier, wie sich im Verlauf herausstellt, ein Kollektiv redet, ist der Abschnitt doch ganz von der Klage des Einzelnen her konzipiert. Darauf hat schon B.Stade hingewiesen(108) und H.Gunkel hat den Einzelnachweis geführt.(109) Für unsere Fragestellung ist wichtig, welche Teile der KE es sind: es ist besonders das Vertrauensbekenntnis (v.7), das Bekenntnis der Zuversicht (v.8bß) und die Gewißheit der Erhörung (9bf); auf die Lage des Volkes im Exil zugeschnitten ist allein die Betonung des Zornes Gottes und das Sündenbekenntnis (v.9a).(110) Die Verse kommen damit den Vertrauenspsalmen ganz nahe. Gerade diese Gattung bildet aber eine besonders kennzeichnende Ausdrucksform der persönlichen Frömmigkeit, der ein Pendant auf Seiten der offiziellen Religion bislang gefehlt hatte. Wenn jetzt eine das Volksschicksal betreffende prophetische Liturgie mit einem Vertrauenspsalm eingeleitet wird, dann offenbar in der Absicht, die persönliche Vertrauensbeziehung, die er barg, für das Volk nutzbar zu machen.(111) Im Verlauf der Liturgie kommt dann auch der Rückblick auf die geschichtlichen Heilstaten zum Tragen (v.14b.15.20) und zwar schon wieder kräftiger als in Jes 63f, aber es ist immer noch die Vertrauensbeziehung der persönlichen Frömmigkeit, die den Grund für die Hoffnung legt, daß Gott sich seinem Volk bald wieder zuwenden wird.

2. Die vertrauenstärkende Funktion der privaten Klage- und Lobzeremonie

Neben der Aufnahme von Vertrauensmotiven aus der Klage des Einzelnen in die Klage des Volkes kommt auch der umgekehrte Fall vor, daß die individuelle Klage- und Dankzeremonie eine Vertrauen stärkende Funktion für das Volk übernimmt. Das beste Beispiel dafür ist Thr 3, ein Text, der den Auslegern häufig Schwierigkeiten bereitet hat(112), dessen komplizierter Aufbau sich aber gut aus der auch sonst bezeugten Annäherung der beiden Religionsschichten in dieser Epoche erklären läßt.

Das Grundgerüst des Textes bildet der Bericht eines Mannes von seiner persönlichen Errettung durch Jahwe. Nach einer Selbstvorstellung (v.1) nimmt er ausführlich seine frühere Klage wieder auf (2-20)(113) und berichtet, wie er dennoch im Bekenntnis der Zuversicht seine Hoffnung auf Jahwe setzte (21-33). Das Bekenntnis ist stark erweitert, worauf ich gleich noch eingehen werde. Nach einer Unterbrechung fährt der Mann mit dem Zitat seiner früheren Feindklage fort (v.52-54) und erzählt lobend, wie sich Jahwe im Heilsorakel(114) seiner Klage annahm (55-57) und ihn errettete (58-62).(115) Insoweit läßt sich der Text durchaus im Rahmen des berichtenden Lobes verstehen, nur daß der Rückblick auf die frühere Not unverhältnismäßig stark erweitert ist und die sonst übliche Selbstaufforderung zum Lob verdrängt hat.

Neu und die Gattung sprengend ist der Mittelteil: Der Gerettete bestreitet in v.34-39 Vorwürfe gegen Jahwe, die wohl damals im Volk umliefen: Er nehme es tatenlos hin, daß die Besatzer die Flüchtlinge unterdrücken und die Gebliebenen ihres Rechts berauben.(116) Dann folgt eine Aufforderung zur Volksklage, die in dieser Situation natürlich eine Aufforderung zur Buße ist (v.40f)(117) und die dann auch ausschnittsweise zitiert wird (43-47).(118) Schließlich stimmt ein Einzelner - vielleicht wieder der Gerettete - eine Klage über die zerstörte Stadt an (48-51)(119) und der ganze Vorgang mündet - wahrscheinlich(120) - in eine Bitte gegen die Feinde des Volkes (63-66).

Wie ist dieses Ineinander so verschiedener Gattungselemente zu verstehen? Selbst wenn man die literarische Stilisierung des Textes in Rechnung stellt(121), scheint er mir doch gottesdienstliche Vorgänge widerzuspiegeln, die damals wirklich auf den Trümmern Jerusalems vorgekommen sind. Danach haben Einzelne, die in ihrem persönlichen Lebensbereich Jahwes Rettungshandeln erfahren hatten, die Gelegenheit einer öffentlichen Volksklagefeier benutzt, um dem Restvolk von ihrem Schicksal zu berichten und aufgrund dessen zu versuchen, der Gruppe als Ganzer etwas Hilfreiches in ihrer verzweifelten Situation zu sagen. Auch früher schon war es möglich gewesen, daß ein Geretteter bei seiner Dankfeier den Umstehenden etwas zu ihrer Orientierung sagte, die religiösen Erfahrungen, die er gemacht hatte, verliehen ihm offenbar ganz selbstverständlich das Recht dazu.(122) Nur handelte es sich da um einen kleinen Kreis aus Verwandten, Bekannten und Nachbarn des Betroffenen. Daran knüpfen jetzt in der Exilszeit einzelne gerettete Israeliten an. Sie wollen ihre persönlichen Erfahrungen nun dem ganzen großen Kreis der Zurückgebliebenen nutzbar machen. Und sie fanden sicher um so leichter Gehör beim Volk, als dieses seiner offiziellen religiösen Führer weitgehend beraubt war.(123)

Die Erfahrung, die der in Thr 3 Redende seinen verzweifelten Volksgenossen mitteilen möchte, ist die: Ich habe mich in meiner schweren persönlichen Not vertrauensvoll an Jahwe geklammert, und dieses mein Vertrauen wurde nicht enttäuscht, Jahwe hat sich mir zugewandt und mich gerettet.(124)

Es ist also wieder die für die persönliche Frömmigkeit so charakteristische Vertrauensbeziehung des Einzelnen zu seinem Gott, die für das Volk nutzbar gemacht werden soll. Diese wurde ja, wie ich gezeigt habe(125), anders als das Gottesverhältnis des Volkes keineswegs notwendig durch die Not in Frage gestellt(126), sondern konnte über weite Strecken gegen die lebensbedrohenden Mächte aktualisiert werden. Daran konnte man jetzt anknüpfen.

So wird in Thr 3 das Bekenntnis der Zuversicht aus der Klage des Einzelnen die Basis, von der aus der Mann der versammelten Gemeinde seine Orientierungshilfe gibt. Es steht darum an der Nahtstelle zum pluralischen Teil des Textes und ist stark erweitert:(127)

Thr 3,21 Das ist, worauf ich mein Herz richte, weswegen ich hoffe:
22 Daß die Gnadentaten Jahwes nicht 'zuende sind'(128),
und nicht erschöpft sein Erbarmen.
23 Neu sind sie jeden Morgen, groß ist deine Treue!
24 Meine Lebensgrundlage ist Jahwe, spreche ich,
deswegen hoffe ich auf ihn.
25 Gütig ist Jahwe zu dem, der auf ihn hofft,
zu dem, der ihn sucht.
26 Gut ist es, 'wenn man schweigend harrt'(129)
auf die Rettungstat Jahwes.
27 Gut ist es für den Mann, wenn er ein Joch trägt
in seiner Jugend.
28 Er sitze allein und schweige, da man es ihm auferlegt hat!
29 Er ducke seinen Mund in den Staub,
vielleicht gibt es Hoffnung!
30 Er biete dem Schlagenden seine Wange,
er werde satt an Schmähung!
31 Denn nicht verwirft der Herr 'den Menschen'(130)
für immer,
32 sondern hat er ihn betrübt, erbarmt er sich (seiner)
nach seiner großen Gnade.
33 Denn nicht gern (von Herzen) bedrückt und betrübt er die
Menschen.

Der Kern des Abschnittes ist v.24, ein Bekenntnis der Zuversicht (hælqī jhwh), an das sich folgernd ein Vertrauensbekenntnis anschließt (ʿal-kēn ʾōḥīl lō). Der Vers könnte ebenso gut in einer individuellen Klage des Psalters stehen(131), wenn man einmal davon absieht, daß situationsgemäß - wie häufiger in späterer Zeit - der prospektive Aspekt des Gottvertrauens hervorgehoben wird. (132) Dieses persönliche Bekenntnis wird nun aber reflektierend und generalisierend auf die angesprochene Volksgemeinde hin entfaltet:

Gegen die zweifelnden Fragen im Volk (Ps 77,9f) werden vom Vortragenden die Voraussetzungen thematisiert, die in jeder vertrauensvollen Hinwendung des Einzelnen zu Gott unausgesprochen impliziert waren. (133) Sie ist nur möglich, weil der Klagende noch damit rechnet, daß Gottes Zuwendung und Rettung gegen allen Augenschein noch nicht vorbei sind (22f)(134), daß er den Menschen nicht endgültig verwirft (v.31), sondern sich schließlich immer wieder seiner erbarmt (32)(135); ja, daß letztlich sein den Menschen in Not bringendes Handeln nicht seinem eigentlichen Willen entspricht (33). (136) Hinter all diesen Sätzen stehen Erfahrungen aus der persönlichen Frömmigkeit, aber sie werden auf ein Abstraktionsniveau gehoben, daß eine Ablösung aus dem Lebensbereich des Einzelnen möglich wird. Sie werden damit zu einer generellen Lehraussage, die sowohl den Einzelnen als auch das Volk betrifft: "Jahwe ist gütig zu jedem, der auf ihn hofft"(v.25). (137) Aufgrund dieser allgemeinen theologischen Aussage gibt der hier Redende seinen Mitbürgern den Rat, "stumm auf Jahwes Rettungstat zu harren" (v.26), und er malt diese Haltung des geduckten Wartens sprichwortartig (27) und bildhaft (28-30) aus. (138)

Hoffen oder nicht hoffen, das war wohl damals die Entscheidungsfrage für die Gemeinde. Sie war gleichbedeutend mit der Frage, ob es überhaupt noch einen Sinn hat, sich an Jahwe weiter zu halten, oder ob man die Jahwereligion nicht besser aufgeben sollte. (139) Der in Thr 3 Redende rät dazu, weiter zu hoffen. Er tut das, indem er auf seine persönlichen Erfahrungen mit Jahwe hinweist. Er will sagen: Solange ich und wir alle in unseren persönlichen Nöten unser Vertrauen und unsere Hoffnung auf Jahwe richten und tatsächlich immer wieder gerettet werden, solange können wir hoffen, daß Jahwe sich auch unserem Volk und unserer Stadt zuwenden wird. Dann hat es auch Sinn, Jahwe nicht aufzugeben, sondern ihn weiter mit unseren Volksklagen anzugehen (v.40-51). Unsere persönliche Frömmigkeit gibt uns den langen Atem durchzuhalten.

Mit Threni 3 vergleichbar, wenn auch in seinem Umfang viel knapper, ist Ps 130. Nur ist nicht sicher, ob man den Psalm schon in die Exilszeit ansetzen darf, sprachliche(140) und sachliche(141) Indizien scheinen eher für die nachexilische Zeit zu sprechen. (142) Ps 130 ist eine Klage des Einzelnen. Auf die Schilderung des Klagens v.1 und die Bitte um Zuwendung v.2 folgt nicht wie zu erwarten die Bitte um Rettung, sondern nur ein Motiv der Bitte, das über die allgemeine Sündigkeit des Menschen und Gottes Vergebungsbereitschaft reflektiert (v.3f). Das Motiv nähert sich in seinem zweiten Teil schon dem Vertrauensbekenntnis, das in v.5f dann breit ausgebaut ist. Von diesem seinem Vertrauensbekenntnis her nimmt der Klagende das Volk in den Blick: Er überträgt seine Erfahrung der Gnade und Vergebungsbereitschaft Jahwes auf das Volk (v.7b); Jahwe wird das Volk von seinen Sünden erlösen (v.8), so wie er dem Einzelnen vergibt (v.4); darum soll auch das Volk zu Jahwe Vertrauen fassen und auf ihn harren (v.7), so wie der Klagende selbst auf Jahwe harrt (5f).(143) Wieder ist es Vertrauensverhältnis des Einzelnen zu Gott, das für das Volk ein helfendes Wort ermöglicht.

3. Die Anknüpfung an die persönliche Frömmigkeit in der exilischen Heilsprophetie

Diese Verschränkung der beiden Religionsschichten im Exil macht verständlich, warum die exilischen Heilspropheten in so hohem Maße auf die Vorgänge und Vorstellungen aus dem Bereich der persönlichen Frömmigkeit zurückgriffen. Sie haben die Aufgabe, Israel nach einer längeren Zeitspanne, in der es so aussah, als habe Jahwe die Geschichte mit seinem Volk abgebrochen, eine ganz neue Zuwendung Gottes anzukündigen. Es ist verständlich, daß eine solche Botschaft nach allem, was passiert war, auf Mißtrauen und Skepsis stoßen mußte. Darum knüpfen die Propheten an das Handeln Gottes an, das die Israeliten aus ihrem familiären Lebensbereich kennen, um für ihre unglaubliche Botschaft Vertrauen zu schaffen.

Dieses Bemühen zeigt sich als erstes daran, daß dort, wo die Propheten auf die Klagen ihrer Mitbürger eingehen, diese häufig als Klagen des Einzelnen stilisiert sind, so z.B. bei Deuterojesaja:

Jes 40,27	Verborgen ist mein Weg vor Jahwe, und mein Recht geht an meinem Gott vorüber.(144)
Jes 49,14	Es spricht Zion: Verlassen hat mich Jahwe, der Herr mich vergessen.

Die Wurzeln šāfaṭ und ʿāzab sind typisch für die Klage des Einzelnen.(145) Wenn Deuterojesaja das Volk oder Zion solche singularischen Klagen sprechen läßt, dann deswegen, weil eben solche Klagen Einzelner in der Zeit des Exils von Gott erhört worden sind. Trotz der hoffnungslosen nationalen Lage, konnte man in diesem Lebensbereich Jahwe weiter vertrauensvoll als "meinen Gott" anreden.

Hierher gehört auch, daß Deuterojesaja mehrfach die Klage der kinderlosen Frau aufnimmt (49,21; 54,1ff) und auf Zion überträgt. Das hat nicht einfach dichterische Gründe, sondern dadurch schafft der Prophet sich die Möglichkeit, bei seiner Verkündigung der wunderbaren Wende für das Volk an Erfahrungen anzuknüpfen, die über Jahrtausende in den Familien gemacht worden und selbst im Exil nicht verloren gegangen sind: daß Gott der unfruchtbaren Frau ein Kind verheißt, daß er die Familie durch die Geburt von Kindern sichert und ihr bei den Gefahren der Geburt beisteht.(146) So verschafft Jahwe der kinderlosen Stadt jetzt auf wunderbare Weise Kinder, und zwar nicht nur eines, sondern da es sich ja um eine politische Größe handelt, gleich eine so große Zahl(147), daß die Stadt zu eng wird (49,21-23;

54,1-3).

Das Rettungshandeln Jahwes als wunderbares Geburtsgeschehen malt im Anschluß an Deuterojesaja dann Tritojesaja aus (Jes 66,7-14).(148) Gegen die Befürchtungen seiner Zeitgenossen, daß das große von Deuterojesaja angekündigte Heilswerk Jahwes stecken zu bleiben droht, wendet er bestreitend die familiäre Erfahrung, daß Jahwe den eingeleiteten Geburtsvorgang zu einem glücklichen Abschluß bringt:

Jes 66,9 Sollte ich (die Riegel des Mutterschoßes) durchbrechen
und dann nicht gebären lassen, spricht Jahwe,
Oder bin ich's, der die Geburt einleitet(149) und dann
(den Mutterleib) wieder verschließt? spricht dein Gott.

Die Weise, wie Jahwe hier direkt mit den konkreten Vorgängen bei der Geburt in Verbindung gebracht wird, entspricht den oben erwähnten Personennamen und babylonischen Geburtsritualen.(150)

In anderer Weise knüpft Ezechiel in seiner großen Heilsvision c.37 an die individuelle Rettungserfahrung an. Der Erfahrungshintergrund dieser eigenartigen Vision wird in ihrer Deutung v.11 sichtbar:

Ez 37,11 Diese Knochen sind das ganze Haus Israel.
Siehe sie sprechen:
Ausgedörrt sind unsere Gebeine und vernichtet ist
unsere Hoffnung, wir sind (vom Leben) abgeschnitten.

Trotz der pluralischen Stilisierung handelt es sich, wie eine Untersuchung der Motive zeigt, um eine Klage des Einzelnen. Ähnlich wie in diesem Satz, haben unzählige Israeliten in schwerer Krankheit geklagt, daß ihr Lebenselan abgestorben ist(151), ihre Hoffnung zusammengebrochen ist(152) und sie selbst schon in die Sphäre des Todes abgeglitten sind.(153) Und immer wieder haben solche schwer kranken Menschen erfahren können, daß Gott sie in wunderbarer Weise den Fängen des Todes entriß, sie wieder aufleben ließ und mit neuem Elan erfüllte.

An diesen Erfahrungshintergrund der persönlichen Frömmigkeit knüpft Ezechiel in seiner Vision an. Was für den Einzelnen galt, wird jetzt auch für das Volk gelten, ja, sogar noch in gesteigerter Weise. Ezechiel wendet die bildhafte Sprache der Psalmen ganz wörtlich auf das Volk an: das Volk ist für ihn mit dem Ende des judäischen Staates wirklich tot, ist ein riesiger Haufen vertrockneter Knochen. Und mit der ihm eigentümlichen Realistik beschreibt er visionär, wie die vertrockneten Gebeine durch den Lebensodem Jahwes zu neuem Leben erweckt werden.(154) Damit führt Ezechiel das Rettungshandeln Gottes auf die Ebene des Schöpfungshandelns über. An der Stelle der Rettung aus Todesnot steht jetzt das belebende Handeln des Menschenschöpfers.(155) In seiner Darstellung greift er wohl auf entsprechende Menschenschöpfungserzählungen zurück.(156) Mit dieser Transponierung deckt aber Ezechiel nur auf, was schon immer in der persönlichen Frömmigkeit galt, daß es der Menschenschöpfer ist, der sein Geschöpf in der Todesbedrohung am Leben erhält. Damit gelingt dem Prophet eine weitere, das Vertrauen des Volkes stärkende Anknüpfung an die religiösen Erfahrungen des Einzelnen: Das erschaffende Handeln des Menschenschöpfers gilt jetzt dem ganzen Volk, es wird der Gruppe als ganzer eine neue Existenz ermöglichen.

Das Anliegen der exilischen Heilspropheten, sich das persönliche Gottesverhältnis des Einzelnen nutzbar zu machen, zeigt sich zweitens noch deutlicher daran, daß vor allem Deuterojesaja sich für seine Botschaft an das Volk der Form des Heilswortes bedient, das von Hause aus an den Einzelnen gerichtet war: des Heilsorakels.(157) Thr 3 belegt uns, daß der einzelne Israelit auch nach der nationalen Katastrophe auf seine Klage hin Heilsorakel zugesprochen bekam (v.57). In diesem privaten Lebensbereich war das Rettungshandeln Jahwes auch durch das ganze Exil hindurch nicht abgerissen. Daran kann der Prophet anknüpfen, als es darum geht, seiner unglaublichen Botschaft, der Befreiung der Exilierten durch den "Heiden" Kyros, den Weg in die Herzen seiner Hörer zu bahnen. Hier war ein Stück Kontinuität im Verhältnis der Israeliten zu Jahwe geblieben, das über den Zerbruch des Gottesverhältnis des Volkes hinweghelfen konnte. Der Prophet will mit der Aufnahme des Heilsorakels seinen zweifelnden Mitbürgern sagen: Habt doch Vertrauen! Die Zuwendung Jahwes, die ich jetzt ankündige ist doch gar nicht so unglaublich, sie entspricht doch genau dem, was ihr in eurem familiären Leben immer wieder erfahren konntet.

Aber das ist noch nicht alles. Mit der Aufnahme des Heilsorakels kann Deuterojesaja einen großen Teil dessen, was das intime persönliche Gottesverhältnis des Einzelnen ausmachte, für die Beziehung Jahwes zu seinem Volk nutzbar machen. Wie jeden Einzelnen, so hat er jetzt Israel geschaffen(158), wie er mit dem Einzelnen war(159), ihn bei der Hand nahm(160) und ihm aufhalf(161), so steht er jetzt dem geschlagenen Israel bei, und wie zwischen dem Einzelnen und seinem Gott ein enges Vertrauensverhältnis bestand, so wirbt jetzt Jahwe beim Volk um dasselbe innige Vertrauen: "Ich bin dein Gott"(162) und "du bist mein".(163)

Damit verankert Deuterojesaja aber die Beziehung zwischen Jahwe und seinem Volk auf einer personal-kreatürlichen Ebene, die von den Wechselfällen der Geschichte nicht mehr getroffen werden kann. Sie beruht nicht mehr allein auf einem geschichtlich-politischen Akt, der Befreiung aus Ägypten, der Gabe des Landes oder der Erwählung des Zion, sondern sie beruht letztlich darauf, daß der Menschenschöpfer seine Geschöpfe nicht fallen läßt und sie durch alle Gefährdungen hindurch trägt.

So verwundert es nicht, daß drittens gerade in der exilischen Heilsprophetie die Beziehung zwischen Jahwe und Israel mit den personalen Bindungen aus der Familie verglichen wird:

Jes 46,3f Ihr, die ihr von Mutterleib an auf den Arm genommen,
die ihr von Geburt an getragen wurdet,
ja, bis in (euer) Greisenalter bin ich derselbe,
und bis ihr grau werdet, bin ich's, der euch trägt!
Ich habe (euch) geschaffen, so nehme ich (euch) hoch,
ja, ich trage (euch schützend) und lasse (euch) aus der
Gefahr entrinnen.

Jes 49,15 Vergißt eine Frau ihren Säugling,
daß sie ihr leibliches Kind nicht dauert?
Selbst wenn sie ihn vergessen sollte, ich vergesse euch nicht.
Jes 66,13 Wie einen seine Mutter tröstet, so werde ich euch trösten.

So selbstverständlich wie eine Mutter ihr weinendes Kind auf den Arm nimmt und es tröstet, so selbstverständlich will auch Jahwe sich von den Klagen seines Volkes rühren lassen und sich seiner annehmen. Ich hatte gezeigt, daß es gerade diese Erfahrungen, die ein kleines Kind mit seinen Eltern macht, sind, an denen sich die Frömmigkeit des Einzelnen orientierte. Alles, was die Eltern-Kind-Beziehung ausmachte, daß sie immer schon vorgegeben ist, und nicht erst durch Entscheidung geschaffen wird, daß sie im Kern unbedingt ist und daß sie letztlich unaufkündbar ist, das bestimmte bislang auch die Gottesbeziehung des Einzelnen. Wenn Deutero- und Tritojesaja gerade diesen Erfahrungsbereich auf Israel anwenden, dann übertragen sie damit auf das Volk, was den Kern der persönlichen Frömmigkeit ausmachte. Alles, was als Trennendes zwischen Jahwe und seinem Volk stand, der Berg von Sünden und das Meer von Hoffnungslosigkeit, wird durch ein so mütterlich-kreatürliches Verhalten Jahwes einfach weggewischt.

Aber gerade an diesem Motiv wird deutlich, wie gewagt diese Übertragungen alle waren. In der alten offiziellen Religion hatte man nur sehr zögernd von Jahwe als dem Vater Israels gesprochen(164) und erst recht irgendwelche Anklänge an Muttervorstellungen peinlich vermieden. (165) Der immer gespürte Abstand zwischen Jahwe und seinem Volk ließ solche vertraulichen Bilder nicht zu. Und in der Tat ist ja die Übertragung unbedingter personaler Familienbeziehungen auf eine politische Größe wie ein Volk nicht ungefährlich. Sie erhalten ihre theologische Legitimität allein dadurch, daß das im Exil übrig gebliebene Restvolk kaum noch eine politische Organisationsstruktur und keinerlei Macht mehr besaß. Die Berechtigung aller dieser Übertragungen liegt in der seelsorgerlichen Aufgabe der Heilspropheten, diesen versprengten und verzweifelten Gruppen überhaupt erst einmal die Hoffnung und die religiöse Identität wiederzugeben.

So zeigt dieser Überblick über die israelitische Religionsgeschichte der exilischen Epoche, wie jetzt die persönliche Frömmigkeit breit in die Religion des Restvolkes einströmte. Ihre Gattungen drangen auf verschiedene Weise in die Begehungen des Volkes ein und ihre Vorstellungen wurden weithin auf die Gottesbeziehung des Volkes übertragen. Damit übernahm die Frömmigkeit aus den israelitischen Familien wichtige stützende Funktionen für die Religion der Großgruppe als ganze.

Das ist ein erstaunlicher Vorgang, für den ich keine religionsgeschichtlichen Parallelen angeben könnte. Fragt man sich, wie er möglich war, so wird man wohl als erstes die Tatsache nennen müssen, daß in Israel die Familie über alle sozialen und geschichtlichen Wandlungen hinweg stets eine tragende soziale Organisationsform geblieben ist. Das liegt neben einigen anderen Gründen auch daran, daß es in Israel anders als etwa im Zweistromland nicht zu einer so beherrschenden städtischen Hochkultur gekommen ist. Ein weiterer Punkt ist der, daß die beiden Religionsschichten in Israel nie so weit voneinander entfernt lagen wie etwa in Babylon. So war es leichter möglich, Analogien zwischen dem göttlichen Handeln hier und dort zu sehen. Sicher spielt drittens auch die Tatsache eine Rolle, daß die persönliche Frömmigkeit in Israel schon in vorexilischer Zeit dem Einfluß der offiziellen Jahwereligion ausgesetzt war. Welches Ausmaß diese Beeinflussung hatte, ist schwer abzuschätzen, man kann doch aber wohl annehmen, daß sie sich klärend und intensivierend auf die Frömmigkeit des Einzelnen ausgewirkt hat. Doch zu weit darf man hier nicht gehen. Gerade die exilische Situation zeigt, daß der Einfluß der offiziellen Religion auf die Frömmigkeit in den Familien nie so weit gegangen sein kann, daß diese dadurch ihrer Eigenart beraubt worden wäre. Denn die Rolle, die die persönliche Frömmigkeit in der Exilzeit übernehmen konnte, beruht ja gerade darauf, daß sie sich in ihrem Kern auf andere Gotteserfahrungen gründete als die Religion des Volkes und darum nicht in den Strudel der national-religiösen Krise hineingerissen wurde. Nur als eigenständige, wenn auch nicht völlig geschiedene Religion der intakt gebliebenen Sozialform Familie konnte die persönliche Frömmigkeit den offiziellen Jahweglauben durch seine wohl schwerste Bedrohung hindurchretten.

Ich hoffe gezeigt zu haben, daß sich die komplizierten Umschichtungen in der israelitischen Religion der exilischen Zeit nur dann verstehen lassen, wenn man zuvor die Differenz zwischen den beiden Religionsschichten erkannt hat. Ich konnte in diesem Abriß längst nicht alle Phänomene nennen, die zu berücksichtigen wären. Nach meiner Meinung wird sich die Unterscheidung von persönlicher Frömmigkeit und offizieller Religion gerade für das Verständnis der Religionsgeschichte dieser Epoche als fruchtbar erweisen.

IV. Die Vermischung beider Religionsschichten in der nachexilischen Zeit

Über die komplizierte Entwicklung in der nachexilischen Zeit kann ich wieder nur eine grobe Skizze geben, die nur einige Tendenzen aufzeigen will, nicht aber den Anspruch erhebt, ein umfassendes Bild zu sein; denn gerade in dieser Epoche liegen, bedingt durch die Quellenlage, noch wichtige Tatbestände der sozialen und religiösen Entwicklung im Dunkeln(166), für deren Klärung spezielle Untersuchungen nötig wären.

1. Die neue Lage nach dem Exil

Von entscheidender Bedeutung für die weitere Entwicklung ist die Tatsache, daß es trotz der exilischen Heilsverheißungen nach dem Sturz der neubabylonischen Herrschaft durch Kyros 538 nicht zu einer Restitution des israelitischen Nationalstaates kommt. Wohl erhalten die in Jerusalem und Umgebung zurückgebliebenen Judäer durch mehrere Rückwanderungen exilischer Gruppen eine zahlenmäßige Verstärkung, wohl wird unter erheblichen Mühsalen der Jerusalemer Tempel als religiöses Zentrum wieder aufgebaut, und wohl erreicht schließlich die Stadt durch den Mauerbau eine gewisse ökonomische und politische Stabilität, dennoch ist das Gemeinwesen, was sich in Jerusalem und Umgebung etabliert, kein staatlich verfaßtes Volk mehr. Es fehlt ihm an der nötigen Bevölkerungszahl, es fehlt ihm, was noch entscheidender ist, eine eigene politische Spitze. Diese wird von einem persischen Stadthalter eingenommen. Der neben ihm stehende Hohepriester dagegen hat, obgleich er einige rituelle Anleihen an das Königtum gemacht hat (Salbung, Ornat), keine eigentlich politischen Aufgaben mehr, er ist vielmehr primär für die kultisch-religiösen Fragen zuständig. Darunter etabliert sich das Kollegialorgan der Familienoberhäupter, das aber nur in klein-politischen Fragen eine gewisse Handlungsfreiheit hat. (167)

Hinzu kommt noch eine wichtige strukturelle Veränderung: Gehörte vor dem Exil jeder Israelit qua Abstammung automatisch zum Volk und damit zur religiösen Gemeinschaft hinzu, so ist das jetzt nicht mehr der Fall. Schon im Exil war die Deckungsgleichheit von Volks- und Religionsgemeinschaft auseinandergefallen, man konnte nun ethnisch Israelit sein, ohne sich noch zum Jahweglauben zu halten, andererseits konnten jetzt Angehörige fremder Völker in die Gemeinschaft der Jahweverehrer aufgenommen werden. (168) Das gilt nun in verstärktem Maß auch für das nachexilische jüdische Gemeinwesen: Die Zugehörigkeit zu ihm ist primär nicht mehr durch ethnisch-politische, sondern durch religiöse Faktoren konstituiert. Dazu gehört nur, wer sich an bestimmte gemeinsame religiöse Normen und Überlieferungen bindet. (169) Und im Unterschied zu früher hat der Einzelne, wenn er sich anders entscheidet, durchaus eine Lebensmöglichkeit, ja, wie es scheint, sogar eine bessere. (170) Das heißt, wir haben es hier prinzipiell mit einer Wahlgemeinschaft zu tun, auch wenn ethnische Faktoren noch nachwirken. Diese Gemeinschaftsform möchte ich im Unterschied zum Volk mit dem Begriff "Gemeinde" bezeichnen. (171)

Dieser Übergang vom politisch organisierten Volk zur Gemeinde mußte natürlich erhebliche Auswirkungen auf die beiden Religionsschichten haben. Private Frömmigkeit und offizielle Religion rücken notwendigerweise enger zusammen. Das gilt sowohl strukturell als auch räumlich: Die nachexilische Jerusalemer Gemeinde ist zahlenmäßig und organisationsmäßig nicht so weit von der Familie entfernt wie das Volk in vorexilischer Zeit(172); ihr Lebenskreis ist auf die engere Umgebung von Jerusalem beschränkt, d.h. die Lebensbereiche von Gemeinde und Familie liegen räumlich enger beieinander. So ist zu vermuten, daß die kasuellen Gottesdienste der Familien jetzt an das Jerusalemer Heiligtum wandern und unter Beteiligung von Tempelpriestern vollzogen werden (vgl Ps 107); ein Tatbestand, dem wir wahrscheinlich die hohe Anzahl individueller Klagen und berichtender Lobpsalmen im Psalter verdanken. Schon damit werden gegenseitige Einflüsse jetzt leichter möglich.

Dabei kommt es zu einer weitreichenden inhaltlichen Veränderung und Angleichung der beiden Religionsschichten. Mit dem Ende der politischen Selbständigkeit des Gemeinwesens fällt für die offizielle Gemeindetheologie das göttliche Handeln in der Geschichte weitgehend aus - jedenfalls was die Gegenwart betrifft. Ein klares Geschichtshandeln Jahwe gibt es für sie nur noch in der Vergangenheit und - so hoffen bestimmte Gruppen in ihr in verstärktem Maß(173) - wieder in der Zukunft. Sein gegenwärtiges Geschichtshandeln, das die Gemeinde unter dem schweren, lang anhaltenden Druck einer Fremdherrschaft leiden läßt, bleibt dagegen ein Rätsel.

Es ist sicher kein Zufall, daß sich die geschichtlichen Neuentwürfe dieser Epoche (DTR, Chr, P)(174) darauf beschränken, die Vergangenheit neu zu deuten, daß es dagegen nicht zu einem wirklichen Geschichtswerk für die nachexilische Zeit gekommen ist. Der Chronist hat wohl mit den Büchern Esra und Nehemia den Versuch gemacht, die Geschichte Israels in die Gegenwart hinein zu verlängern, doch sein gestaltender Wille erlahmt dabei wohl nicht zufällig, sodaß er es bei einem ungeordneten Angliedern von verschiedenartigen Dokumenten beläßt; und was er hier aufführt, kreist allein um zwei isolierte Ereignisse, bei denen die Gemeindewirklichkeit in die Geschichte hineinragt: um den Tempel- und den Mauerbau. Von dem Gemeindealltag in den Jahrzehnten dazwischen und danach gab es nichts zu berichten. Die spärliche Quellenlage für diese Epoche hängt somit direkt mit dem Verlust der politischen Selbständigkeit und dem Ausfall des Geschichtshandelns Jahwes zusammen.

Es ist darum nicht verwunderlich, daß sich die Religion der Gemeinde verstärkt aus dem Reservoir von religiösen Erfahrungen speist, die ihre Mitglieder auch in dieser "heilsarmen" Zeit in ihrem privaten Lebensbereich machen konnten.(175) Das führt auf der einen Seite zu einer nachhaltigen Individualisierung der offiziellen Religion. Auf der anderen Seite führt die Struktur der Wahlgemeinschaft dazu, daß das Element der Entscheidung für oder gegen Jahwe, das schon immer zur offiziellen Jahwereligion hinzugehört hatte(176), nun radikalisiert auf die Ebene der Gottesbeziehung des Einzelnen transponiert wird und damit in die persönliche Frömmigkeit eindringt.

Die gegenseitige Beeinflussung der Religionsschichten läßt sich konkret auf zwei Anfechtungen beziehen, denen die nachexilische Gemeinde ausgesetzt war: die bedrückende Situation unter der persischen Fremdherrschaft und die religiöse Spaltung der ehemaligen Volksgemeinschaft.

2. Die gegenwärtige Not und das Harren auf die endgültige Rettung

Die großen Verheißungen der Exilszeit einer nationalen Restitution Israels, die das vorexilische Staatswesen noch weit überbieten sollte, waren nicht eingetroffen. Nur eine relativ kleine, politisch unselbständige Gemeinde hatte sich in Jerusalem organisieren können, die dazu noch ständig wirtschaftlichen Rückschlägen(177) und der Willkür der persischen Fremdherrschaft ausgesetzt war.(178)

In diese Situation gehören die Klagelieder der Gemeinde.(179) Sie unterscheiden sich von den oben behandelten Klagen des Volkes durch eine ganze Reihe von Merkmalen(180): In ihnen tritt der politische Geschehensbereich auffällig zurück(181), und die Geschichte fällt als Mittel der Heilsversicherung fast ganz aus.(182) An deren Stelle dringt in vielerlei Variationen ein personales Vertrauensverhältnis zu Jahwe ein, wie wir es bisher nur aus den Klagen des Einzelnen kannten. Dadurch erhalten diese Psalmen trotz ihrer pluralischen Form einen eigentümlich persönlichen Klang.

In einigen Fällen läßt sich die Herkunft der Vertrauensmotive aus der Klage des Einzelnen noch eindeutig nachweisen: So etwa in Ps 33,20-22, wo die

Gemeinde im Anschluß an einen traditionellen Hymnus eine vorsichtige, ganz von Vertrauensbekundungen getragene Bitte zu äußern wagt, die ganz in der Sprache der individuellen Klagelieder einhergehen: (183)

Ps 33,20 Unsere Seele harrt auf Jahwe,
er ist unsere Hilfe und unser Schild.
21 Ja, unser Herz freut sich über ihn
ja, wir vertrauen auf seinen heiligen Namen.
22 Deine Gnade, Jahwe, sei über uns,
so wie wir auf dich hoffen.

Nur das Reden vom "heiligen Namen" zeigt, daß man von der offiziellen Religion aus formuliert. (184) Stärker ist diese Beeinflussung im Bekenntnis der Zuversicht, das die Gemeinde am Anfang des 90. Psalms spricht:

Ps 90,1 Herr, 'Zuflucht' (185) bist du uns geworden
von Geschlecht zu Geschlecht.
Ehe die Berge geboren wurden
und die Erde und das Festland 'unter Wehen entstanden' (186),
bist du Gott von Ewigkeit zu Ewigkeit.

Der Schutz, den der Einzelne erfuhr, ist hier von der Gemeinde über die Kette der Geschlechter hinaus erweitert. Das persönliche Vertrauensverhältnis überspringt alle Geschichte und beruht letztlich darauf, daß Gott, der Weltschöpfer, vor aller Schöpfung da war und ewig bleiben wird. (187) Diese stark erweiterte Vertrauensbeziehung des Einzelnen wird damit auch für die Gemeinde der Grund, auf den sie sich in ihrer angefochtenen Lage retten kann. Es ist darum kein Zufall, daß in diesem Psalm, wie auch in einigen anderen Gemeindeklagen, die vertrauensvolle Anrede aus der Klage des Einzelnen "Mein Gott" in pluralischer Form übernommen wird (v. 17). (188)

Aber auch mit den schönen Bildern vom Sklaven, dessen Augen erwartungsvoll an den Händen seines Herrn hängen (Ps 123,2) (189) und dem Landmann, der auf Hoffnung hin sein Getreide aussät (Ps 126,5f) wird doch eben für die Gemeinde die gleiche Haltung des stillen vertrauensvollen Harrens beschrieben, die zuvor für den Einzelnen charakteristisch war, die aber schon der Sprecher von Thr 3 seinen Mitbürgern empfohlen hatte (v. 26). Doch was damals eine aktuelle, begrenzte Übertragung aus dem Bekenntnis der Zuversicht war, wird nun zu einem ständigen Element der nachexilischen Gemeindefrömmigkeit.

Auf der anderen Seite wird das Harren auf die endgültige Rettung Zions von den einzelnen Gemeindemitgliedern in ihre persönlichen Klagen aufgenommen. So fügt der Beter des 102. Psalms in seine Klage eine in der Form der Gewißheit der Erhörung einhergehende Heilsankündigung für Israel und Zion ein (v. 14-23); er tut dies nicht zufällig im Anschluß an sein Bekenntnis der Zuversicht, das allerdings schon wieder von der offiziellen Gemeindetheologie beeinflußt ist. (190) Sein persönliches Vertrauensverhältnis zu Gott ist ihm der Grund, daß er auch seine Verheißungen an sein Volk erfüllen wird. Im Anschluß an sein Lobgelübde stimmt der Beter des 69. Psalms ein eschatologisches Loblied an, das die Rettung Zions schon vertrauend vorwegnimmt (v.35-37).(191) Und schließlich gehören hierher auch die Fürbitten für Zion und Israel, die an eine Reihe von Klagen des Einzelnen angefügt sind.(192) Häufiger als je zuvor nimmt damit der Einzelne die Probleme der Großgruppe mit in seine Gottesbeziehung hinein. Der familiäre Lebensbereich des Einzelnen ist einfach von dem der Gemeinde nicht mehr so weit getrennt wie früher von dem des Volkes. Und auch die religiöse Basis, von der aus der Einzelne, wie auch die Gemeinde die bedrückende Situation zu überwinden versuchen, gleicht sich weitgehend an: es ist die persönliche Vertrauensbeziehung zu Gott, die aus der persönlichen Frömmigkeit stammt. Die Angleichung wird dadurch erleichtert, daß die Gemeinde größen- und organisationsmäßig der Familie näher steht als das Volk.

3. Die Auseinandersetzung mit den religiösen Gegnern

Die Anfechtung der nachexilischen Gemeinde wurde dadurch verschärft, daß das Ausbleiben der angekündigten großen Rettungstaten Jahwes offensichtlich viele Israeliten dazu veranlaßte, die Hoffnung aufzugeben und sich von Jahwe abzuwenden. Wie der Vorgang im einzelnen verlaufen ist, läßt sich bis heute noch nicht sagen, doch tritt mit dem Ende des Exils ein tiefer Riß quer durch die Volksgemeinschaft zu Tage zwischen solchen, die noch vertrauensvoll auf Jahwe harren und solchen, die es aufgegeben haben. Der sich bildenden Gemeinde der Frommen steht die Schar der Gottlosen gegenüber. (193) Hinzu kommt - ebenfalls noch nicht voll erklärbar - ein sozialer Bruch; die Gottlosen werden häufig als die Reichen dargestellt, welche die Frommen auch wirtschaftlich unterdrücken.(194)

In dieser Situation muß die Gemeinde versuchen, sich von den abgefallenen Volksgenossen abzugrenzen und ihre Mitglieder bei Jahwe zu halten. Die Basis, von der aus sie das tut, ist wieder die personale Vertrauensbeziehung aus dem Gottesverhältnis des Einzelnen: Was dort ein Sich-Flüchten des vom Tode Bedrohten zu Gott war, wird jetzt zu einer Mahnung an die Gemeinde, sich im Unterschied zu den Gottlosen für Jahwe zu entscheiden:

Ps 115,9 Israel, vertraue auf Jahwe, er ist ihre Stütze und ihr Schild!
10 Haus Aaron, vertraue auf Jahwe, er ist ihre Stütze und ihr Schild!
11 Ihr Gottesfürchtigen, vertrauet auf Jahwe, er ist ihre Stütze und ihr Schild!

Die Begründungen dieser Mahnung sind jeweils in den Plural gesetzte Bekenntnisse der Zuversicht aus der Klage des Einzelnen(195); der Schutz, den jedes Gemeindemitglied dort von Jahwe erfahren hatte, ist der Grund dafür, daß die Gemeinde als ganze auf Jahwe vertrauen soll und nicht wie ihre Feinde auf nichtige Götzen (v.8). Dabei ist die Entscheidung, sich an Jahwe zu halten, nicht mehr an die ethnische Volkszugehörigkeit gebunden, auch die Gottesfürchtigen aus anderen Völkern können zur Gemeinde dazustoßen. So wird "auf Jahwe vertrauen" zu einem Synonym für "sich zur Gemeinde

Jahwes halten", "die auf Jahwe vertrauen" sind jetzt die Frommen (Ps 125,1). Und es verwundert nicht, daß im Zuge der Uminterpretation des Vertrauensbegriffs auch die Gattung des Vertrauenspsalms vom Einzelnen auf die Gemeinde übertragen wird (Ps 125).(196)

Der gleiche Vorgang der Abgrenzung und Auseinandersetzung läßt sich auch auf der individuellen Ebene beobachten. Der Riß ging ja mitten durch die Volksgemeinschaft hindurch, und so wurde auch der Einzelne in seinem Alltagsleben direkt mit der Existenz dieser Abgefallenen und ihrem gottlosen Treiben konfrontiert und von ihnen religiös angefochten und z.T. sogar existentiell bedroht. So kommt es dazu, daß das Bild des Frevlers jetzt breit in die Feindklage der individuellen Klagepsalmen eindringt und die Bedrohung durch dämonische Mächte überlagert.(197)

Ein schönes Beispiel für diese Auseinandersetzung ist Ps 62. Der Beter setzt wie auch sonst in den Vertrauensliedern mit einem Bekenntnis der Zuversicht ein (v.2f), dann wendet er sich direkt an seine Feinde, die gegen ihn wie gegen ein stürzende Mauer anrennen (v.4); bis jetzt könnte man noch an dämonische Mächte denken, doch v.5 belehrt eines anderen: die Bedrohung für den Beter besteht darin, daß ihn diese Feinde heuchlerisch verführen wollen, es sind die Frevler gemeint, die ihn, den Frommen, gerade durch ihre Freundlichkeit zum Abfall bringen wollen. Dem stellt der Fromme erneut betont sein Bekenntnis der Zuversicht gegenüber:

Ps 62,6 Nur zu Gott hin ist still meine Seele,
denn von ihm kommt meine Hoffnung.
7 Nur er ist mein Fels und meine Rettung,
meine Zuflucht. Ich wanke nicht.
8 Auf Gott ruht meine Rettung und meine Ehre,
mein schützender Fels, meine Zuflucht liegt bei Gott.

Die Häufung der Aussagen und das betont vorangestellte ʾak "nur" weisen auf die neue, gegenüber den früheren Klagen, veränderte Situation: Das Sich-Flüchten zu Gott ist nicht mehr alternativlos, der Einzelne hätte durchaus die Möglichkeit, sein Leben auf andere Dinge als auf Jahwe zu gründen, eben die, die ihm die Frevler verführerisch vorleben, aber er entscheidet sich bewußt gegen diese Möglichkeit und für Gott. Aufgrund seiner Entscheidung ruft der Beter die ganze Gemeinde auf, es ihm nachzutun:

Ps 62,9 Vertrauet auf ihn, 'ganze Volksgemeinde'(198)
Schüttet vor ihm aus euer Herz!
Gott ist unsere Zuflucht...
11 Vertrauet nicht auf Bedrückung!
Auf Raub setzt nicht eitle Hoffnung!
Setzt nicht auf Reichtum euer Herz, wenn er wächst!

Die Gemeinde soll auf Jahwe vertrauen, von ihm die Wende ihrer Not erwarten und nicht wie die Frevler auf eigene Faust und mit unlauteren Mitteln ihr Geschick zu ändern versuchen.

Ein etwas anders gelagerter Fall ist in Ps 94 zu erkennen, wo ähnlich wie einst in Thr 3 ein Einzelner den Versuch unternimmt, aufgrund seiner eigenen Rettungserfahrung (v.17-19) und seines persönlichen Vertrauensverhältnisses zu Jahwe (v.22) der Gemeinde die Gewißheit zu geben (v.23), daß Jahwe dem gottlosen und gewalttätigen Treiben der Frevler, über das sie klagt (v.3-7), ein Ende bereiten wird.(199)

Auch bei dieser zweiten Anfechtung der Gemeinde knüpfen also sowohl die Gruppe als ganze als auch die Einzelnen wieder an das vom Vertrauen getragene Gottesverhältnis aus der persönlichen Frömmigkeit an. Das macht deutlich, welche enorme Kraft dieses für die Gottesbeziehung des Einzelnen so charakteristische Element bis in die Spätzeit des Alten Testaments hinein gehabt hat. Es zeigt aber auch, welch starken Veränderungen es durch die neue Gemeindesituation unterworfen wurde: Aus dem Sich-Bergen bei Gott in höchster Todesnot, das keine Alternative hat, wird eine bewußte Entscheidung für Jahwe, die sich von anderen möglichen Entscheidungen abgrenzt. Aus dem einmaligen Vollzug in einer akuten Bedrohung wird eine stetige fromme Haltung. "Vertrauen zu Jahwe" wird ein Synonym für "sich für Jahwe entscheiden und in seiner Gemeinde zu bleiben". Zu dieser Haltung kann man nun auch mahnen, was deutlich macht, wie weit man sich vom ursprünglichen Vorgang entfernt hat. Denn: Vertrauen kann man an sich nicht befehlen, es ist entweder da oder nicht; Vertrauen kann nur langsam im Zusammenleben zweier Personen erwachsen; die für alles spätere Vertrauen entscheidende Vertrauensbeziehung des Kindes zu seinen Eltern ist da, bevor sich dieses dessen überhaupt bewußt wird.

Diese Veränderung läßt sich auch an der Geschichte der Wurzel bāṭaḥ "vertrauen" ablesen. Das Zentrum ihres Gebrauchs lag ja im Vertrauensbekenntnis der Klage des Einzelnen.(200) Aus der dort gemachten aktuellen Erfahrung des Einzelnen, daß sich sein Vertrauen zu Gott bewährt hat, wird jetzt eine Verheißung für die Vertrauenden, die generell gilt: z.B. "Wer auf Jahwe vertraut - Gnade umgibt ihn" Ps 32,10.(201) Zu etwas Stetigem wird das Vertrauen auf Gott auch in der Mahnung zum Vertrauen: z.B. "Vertraue auf Jahwe und tue Gutes...!" Ps 37,3(202), die dann, wie wir sahen, auch pluralisch verwendet wird.(203) Und schließlich wird das Vertrauen zu einer frommen Haltung, die den Einzelnen (Ps 52,10) und die Gemeinde (Ps 125,1) von den Gottlosen unterscheidet.(204) Eine ähnliche Entwicklung haben übrigens auch die Verben des Hoffens durchgemacht, die ja ebenfalls ursprünglich in das Vertrauensbekenntnis der Klage des Einzelnen gehören.(205) Das Element der Entscheidung, das jetzt dem Vertrauen auf Gott innewohnt, wird am deutlichsten daran, daß neben die Verheißung für die Vertrauenden die Unheilsansage für die tritt, die auf Götzen oder ihre eigene Kraft vertrauen.(206)

Damit dringt das Element der Entscheidung, das ja schon seit jeher eine wichtige Rolle in der Gottesbeziehung der Großgruppe gespielt hatte, in die personale Vertrauensbeziehung der persönlichen Frömmigkeit ein. Das gilt zuerst für die übertragene Vertrauensbeziehung der Gemeinde als ganzer, aber dann auch für die Vertrauensbeziehung des Einzelnen. Denn die Entscheidung bei Jahwe zu bleiben, vollzieht sich nach dem Wegfall politischer Gemeinschaftsformen auf der familiär-individuellen Ebene. Der einzelne Israelit kann und muß sich entscheiden ob er in der Gemeinde Jahwes bleiben will oder nicht, der einzelne Fremdstämmige, ob er ihr beitreten will oder nicht. Das ist jetzt anders als in Jos 24. Damit wurde aber die Frömmigkeit des Einzelnen stark in Richtung auf die offizielle Religion hin verändert. Andere Elemente aus der Gemeindetheologie dieser Zeit, etwa das ausgeprägte Sündenbewußtsein, die Erfahrung des fernen und unnahbaren Gottes, der Ausbau eines normativen Gesetzeskorpus, traten hinzu und taten ihr Übriges, daß die Frömmigkeit des einzelnen Israeliten immer weiter an die Gemeindefrömmigkeit angeglichen wurde.

Doch trotz all dieser weitgehenden Übertragungen und Angleichungen fallen persönliche Frömmigkeit und Gemeindereligion von da ab nicht einfach ineinander. Die Probleme der Familien gingen auch jetzt nicht einfach auf in den Problemen der Gemeinde, und die einzelnen Gemeindemitglieder erfuhren in ihrem persönlichen Lebensbereich auch weiterhin so unmittelbar den Schutz und den Segen ihres Schöpfers wie in den Zeiten zuvor. (207) Wir hatten gesehen, wie sich ein guter Teil der nachexilischen Gemeindetheologie gerade aus diesem unversiegten Quell religiöser Erfahrungen speiste. Aber die hier gemachten unmittelbaren Gotteserfahrungen widersprachen auch weiten Teilen der offiziellen Gemeindetheologie, man denke nur an die harte Vergeltungslehre, den Gesetzesrigorismus und an den sich aufblähenden kultischen Sühneapparat. Es ist darum beeindruckend zu sehen, wie sich gegen diese Tendenzen der offiziellen Theologie doch wieder das ganz schlichte unmittelbare Vertrauensverhältnis zu Gott, welches das religiöse Erleben des Einzelnen seit jeher bestimmte, auch in dieser Epoche Raum verschafft:

Ps 103,8 Jahwe ist barmherzig und gnädig,
langmütig und reich an Huld.
9 Nicht für immer hadert er und nicht ewig grollt er.
10 Nicht nach unseren Sünden handelt er an uns,
und nicht nach unseren Verfehlungen vergilt er uns.
11 Denn so hoch der Himmel über der Erde ist,
so überlegen ist seine Gnade über denen, die ihn fürchten.
12 So fern der Sonnenauf- vom Sonnenuntergang,
so fern läßt er unsere Sünden von uns sein.
13 Wie sich ein Vater über seine Kinder erbarmt,
so erbarmt sich Jahwe über die, die ihn fürchten.

Man spürt aus diesen Versen, wie sehr sich die Gemeinde mit ihren Sünden abquälte; doch offizielle Vergeltungslehre und kultische Sühnepraxis sind nicht das letzte, sie werden überboten durch die uralten und immer neuen Erfahrungen aus der persönlichen Frömmigkeit: daß Gott sich so direkt und bedingungslos eines jeden annimmt, wie sich ein Vater von dem Weinen seines Kindes rühren läßt. Nur eine Einschränkung wird gemacht, und daran zeigt sich die Gemeindetheologie: Das kreatürliche Erbarmen Gottes gilt nur für die, die sich überhaupt noch an Jahwe halten und zu seiner Gemeinde gehören.

Damit möchte ich meinen Überblick über die Geschichte der beiden Religionsschichten abbrechen. Ich betone noch einmal, daß es sich hier nicht um mehr als um eine Skizze handeln konnte, in der nur einige Linien herausgegriffen sind. Das gilt auch und gerade für die nachexilische Epoche, die vor allem deswegen wichtig ist, weil sie unserer heutigen Konstellation in der christlichen Gemeinde am nächsten kommt. Mein Ziel war es nur aufzuzeigen, daß die Differenzierung von persönlicher Frömmigkeit und offizieller Religion zu neuen fruchtbaren Fragestellungen führen kann, und ich hoffe, ich habe es erreicht. Es würde mich sehr freuen, wenn mein erster Vorstoß dazu führen würde, daß nicht nur im Alten Testament und in der Altorientalistik, sondern auch im Neuen Testament, der Kirchengeschichte und der Praktischen Theologie das Problem des religionsinternen Pluralismus angegangen würde. Als Anregung dazu möchte ich aufgrund meiner exegetischen Beobachtungen einige Anmerkungen zur Situation unserer heutigen christlichen Gemeinden - so wie ich sie hier in Deutschland kenne - machen.

F. RELIGIONSINTERNER PLURALISMUS IN DER HEUTIGEN CHRISTLICHEN KIRCHE. Der Versuch einer neuen theologischen Begründung der sogenannten kirchlichen Amtshandlungen

Fragt man, wo sich auch in der christlichen Kirche unserer Zeit so etwas wie religionsinterner Pluralismus manifestieren könnte, so stößt man auf die Praxis und Theologie der kirchlichen Amtshandlungen(1), worunter ich hier Taufe, Konfirmation, Trauung und Beerdigung verstehen möchte. (2)

I. Die Problematik der heutigen Amtshandlungspraxis und der Mangel ihrer theologischen Bewältigung

1. Die Problematik der Praxis

Es gilt heute in der Praktischen Theologie als communis opinio, daß die Amtshandlungen zutiefst problematisch sind. So hat z.B. R.Bohren in seiner beherzten Kampfschrift in den 60-iger Jahren die gegenwärtige Amtshandlungspraxis schlichtweg als Sünde bezeichnet(3) und für ihre Abschaffung in der jetzigen Form plädiert. (4) Doch um das gleich festzustellen: Problematisch sind die Amtshandlungen nur aus der Sicht der Pfarrer und Theologen, also der Vertreter der offiziellen kirchlichen Theologie. Aus der Sicht des "Kirchenvolks", das an ihnen teilnimmt, sind sie überhaupt nicht problematisch. Im Gegenteil: Alle statistischen Erhebungen der letzten Zeit belegen eindeutig, daß trotz sinkender Gottesdienstbesucher-Zahlen die Nachfrage nach den kirchlichen Amtshandlungen unvermindert hoch, ja, z.T. sogar noch im Steigen begriffen ist. (5) Das ist nur zu verstehen, wenn man voraussetzt, daß bei denen, die nach solchen kirchlichen Handlungen verlangen, ein breites religiöses Bedürfnis für sie vorliegt. (6) Aber gerade ihre große Beliebtheit ist es, die die Amtshandlungen für den Pfarrer problematisch macht, denn nur ein geringer Teil derer, die sie in Anspruch nehmen, beteiligt sich auch am Leben der christlichen Gemeinde. Der Pfarrer vollzieht laufend kirchliche Handlungen an Menschen, die vom Standpunkt der offiziellen christlichen Theologie her gesehen eigentlich gar keine Christen mehr sind. Es besteht damit eine tiefe Diskrepanz zwischen der Beurteilung der Amtshandlungen in der Sicht der Kirche und der Masse des "Kirchenvolks". J.Matthes spricht zutreffend von einer "asymmetrischen Perspektivität".(7) Bis jetzt wurde diese Diskrepanz unter den Stichworten Säkularisierung und Volkskirche verhandelt; doch könnte es nicht sein, daß hier ein religionsinterner Pluralismus wirksam wird, der durchaus mit dem für die Religionen Israels und Babylons herausgearbeiteten Tatbestand vergleichbar ist?

2. Die bisherige theologische Bewältigung

Es ist erstaunlich, wie spät die Amtshandlungen, die doch einen Großteil pfarramtlicher Tätigkeit ausmachen, zum Gegenstand der Reflexion gemacht worden sind und wie unvollkommen es bisher gelang, die aufgezeigte Diskrepanz theologisch zu verarbeiten. In den Handbüchern der Praktischen Theologie fehlt meist ein eigener Abschnitt über die Amtshandlungen; diese sind fast ausschließlich am Gemeindegottesdienst interessiert, die Amtshandlungen werden nur als Spezialfall der gemeindegottesdienstlichen Homiletik und Liturgik mitbehandelt.(8)

Es lassen sich drei Phasen unterscheiden: In der ersten Phase, etwa von der Jahrhundertwende bis in die 30-iger Jahre wird auf eine echte theologische Begründung der Amtshandlungen verzichtet, es herrschen praktische Gesichtspunkte vor: Etwa das missionarische Argument, daß die Kirche mit ihrem Evangelium über die Amtshandlungen auch noch die Kirchenfremden erreichen könne(9), oder das seelsorgerliche Argument, daß die Kirche den Einzelnen in den entscheidenden Stunden seines Lebens begleiten müsse.(10) Die Anweisungen für die Amtshandlungspraxis sind bestimmt von einer Position des sowohl als auch: Man geht davon aus, daß die Kasualrede zu konkreten Fällen menschlichen Lebens zu sprechen habe, aber man versucht das Evangelium vor zu starker Vereinnahmung durch den Kasus abzusichern.(11) Man geht davon aus, daß an der Kasualfeier nur wenige Betroffene teilnehmen, aber man versucht die Gemeinde stärker daran zu beteiligen.(12) Ihre Berechtigung und ihre Bedeutung erhalten die Amtshandlungen vor allem als Brückenköpfe in einer immer stärker entchristlichten Welt.

Die nächste Phase, die von den 40-iger Jahren bis gegen Ende der 60-iger Jahre reicht, wird von der Position der dialektischen Theologie bestimmt. Damit verschieben sich die Gewichte vom Kasus weg auf das Evangelium. Man versucht jetzt, die Amtshandlungen radikal in die offizielle Gemeindetheologie zu integrieren. Damit erhalten sie eine klare theologische Begründung: sie sind nichts anderes als eine besondere Form der Evangeliumsverkündigung. So kann M.Mezger formulieren: "Es können, was die theologische Begründung der Amtshandlungen betrifft keine anderen Voraussetzungen und Erkenntnisse gelten als diejenigen, die für die Verkündigung der Kirche schlechthin gelten"(13) und: "Wir trauen der uns aufgetragenen Botschaft zu, daß sie das Rechte und Heilsame in allen Fällen zu sagen hat."(14) Diesem streng kerygmatischen Verständnis der Amtshandlungen entspricht es, daß die Teilnehmer der Kasualfeier als Gemeinde, als Kirche interpretiert werden: "Und als Kirche betrachten wir die zur Amtshandlung Versammelten, mag ihre menschliche Situation sein wie immer sie will. Das Wort schafft Gemeinde."(15) Die Kasualgottesdienste sind nichts weiter als eine Form des Gemeindegottesdienstes. Sie spitzen nur auf den Einzelnen zu, was generell für die Gemeinde als ganze gilt.(16)

Diese imposante, geschlossene theologische Konzeption ließ sich jedoch auf die Dauer nicht halten. Mochte sie in der Ausnahmesituation der Bekennenden Kirche unter der nationalsozialistischen Diktatur noch Rückhalt in der Realität haben(17), so ging dieser doch in der "volkskirchlichen" Praxis der Nachkriegszeit weitgehend verloren; die Tatsache, daß die Teilnehmer von Kasual- und Gemeindegottesdiensten weit auseinanderklafften, war nicht mehr einfach theologisch wegzuinterpretieren. Der Hiatus zwischen Realität und hohem theologischen Anspruch gipfelt in der Forderung R.Bohrens, dann doch lieber die Amtshandlungen in der jetzigen Form ganz abzuschaffen und sie höchstens noch als innergemeindliche Diakonie gelten zu lassen.(18)

So verwundert es nicht, daß seit dem Ende der 60-iger Jahre versucht wird, eine Amtshandlungstheorie zu entwickeln, die der "volkskirchlichen" Realität besser gerecht wird und die religiösen Bedürfnisse derer, welche die kirchlichen Amtshandlungen in so hohem Maße in Anspruch nehmen, mehr berücksichtigt. Grundlegend war hier die Entdeckung, daß die kirchlichen Handlungen Taufe, Konfirmation, Trauung und Beerdigung auf den uralten "rites de passage" aufruhen, die in frühen Stadien der Religionsgeschichte die Funktion hatten, bei den gefährlichen Übergängen menschlichen Lebens, bei Geburt, Reife, Hochzeit und Tod der Bewahrung und Sicherung des Daseins zu dienen.(19) Dabei wird die alte Funktion meist unter Aufnahme von Kategorien der modernen Sozialpsychologie (E.H.Erikson u.a.) auf die Identitätsproblematik hin interpretiert.(20) Die Amtshandlungen sind damit - jedenfalls zum Teil - Rituale, die es mit den Identitätskrisen im menschlichen Lebenszyklus zu tun haben. Sie beziehen sich auf die unmittelbaren gesellschaftlichen Bezugsgruppen des Einzelnen, sie sind darum weder von ihrer Funktion, noch von ihren Teilnehmern her mit dem Gottesdienst der Gemeinde zu identifizieren.

Das Wichtige dieses Ansatzes liegt darin, daß hier unter dem Druck der Praxis von Seiten kirchlicher Theologie ernsthaft mit religiösen Bedürfnissen gerechnet wird, die nicht mit der offiziellen christlichen Theologie übereinstimmen und daß versucht wird, in irgendeiner Weise positiv daran anzuknüpfen. Doch darüber,wie das geschehen soll, herrscht noch große Unsicherheit. Wenn W.Jetter formuliert, es sei entscheidend,wie weit es gelingt, "die in der kasuellen Situation aufgebrochenen Lebensthemen als zentrale theologische Themen des christlichen Glaubens deutlich zu machen"(21), wenn in der von H.Hild herausgegebenen Auswertung der EKD/EKHN-Befragung gesagt wird: "Zwar mag es und wird es eine Differenz geben zwischen den Erwartungen der Menschen an die Kirche und der Identifizierungshilfe, die die Kirche von ihrer Tradition zu geben vermag", aber es könne doch nicht zweifelhaft sein, "daß die Tradition des christlichen Glaubens als eine Tradition der Identifizierung des Menschen durch die Liebe Gottes, wie sie in Christus verbürgt wird, interpretiert werden darf und muß"(22), oder wenn M. Josuttis das Ritual als ein "Medium des Evangeliums"(23) bezeichnet, das von diesem zugleich benutzt und relativiert werden müsse, dann steht dahinter überall die Vorstellung, als sei es die Aufgabe, die zentralen Inhalte der offiziellen christlichen Theologie geschickt an die in der Kasualpraxis zu Tage tretenden religiösen Bedürfnisse anzupassen. "Das Evangelium" wird weiterhin einlinig gedacht - genauso wie in der dialektischen Theologie - nur daß die religiösen Bedürfnisse nicht wie von dieser als "Baalismus"(24) abgetan, sondern positiver gesehen werden, wobei es aber deutliche Schwankungen in ihrer Bewertung gibt. (25) Warum die Kirche von einem so verstandenen Evangelium her überhaupt auf diese Bedürfnisse eingehen soll, wird theologisch nicht begründet. An dieser Stelle möchte ich von meinen Beobachtungen eines religionsinternen Pluralismus in der Bibel weiterkommen.

II. Der religionsinterne Pluralismus als Deutungskategorie für die heutige Problematik

1. Die in den Amtshandlungen zu Tage tretende Religiosität

Die Problematik der heutigen Amtshandlungspraxis wird gemeinhin mit dem Prozeß der Säkularisierung in Verbindung gebracht, d.h. mit der Verweltlichung immer größerer Lebensbereiche seit der industriellen Revolution. Doch ist damit die Situation richtig gesehen? Damit wird vorausgesetzt, als habe es vor dem Säkularisierungsprozeß eine Differenz zwischen dem Gemeindegottesdienst und den das Leben des Einzelnen begleitenden kirchlichen Handlungen nicht gegeben, und als sei das, was den Pfarrern heute aus Anlaß kasueller Handlungen an religiösen Bedürfnissen entgegenschlägt, ein absterbender Rest christlicher Glaubensinhalte, noch dazu in heidnischer Verbrämung(26), der sich überhaupt nur deswegen am Leben erhalten habe, weil die Kirchenleitungen sich nicht entschließen könnten, volkskirchliche Positionen aufzugeben. Man spricht dann von "Randchristen" oder "Auswahlchristen"(27), denen man die "Vollchristen", d.h. die durch Teilnahme am Gemeindegottesdienst definierte Kerngemeinde gegenüberstellt.

Was die Vergangenheit betrifft, so sollte schon die Tatsache, daß in der frühen Missionsphase der christlichen Gemeinde Riten an den Wendepunkten des Lebens fehlen, ja, sogar massiv relativiert werden (Laß die Toten ihre Toten begraben!) (28) und die Kirche erst zu einem späteren Zeitpunkt zur Kindertaufe übergeht, davor warnen, das, was in den Amtshandlungen geschieht, nahtlos mit dem Zentrum christlicher Botschaft in Verbindung bringen zu wollen. Es besteht zwischen beiden von Anfang an eine mehr oder minder deutliche Differenz, sie ist nicht erst von der Säkularisierung geschaffen worden.

Was die Gegenwart betrifft, so hat eine ganze Reihe religionssoziologischer Untersuchungen ergeben, daß die offen zu Tage liegende Entkirchlichung breiter Bevölkerungsteile keineswegs ihre totale "Verweltlichung" nach sich gezogen hat. Daß sie der Institution Kirche und der offiziellen christlichen Theologie fern stehen, bedeutet keineswegs, daß sie a-religiös wären. Im Gegenteil, macht man sich erst einmal von dem Vorurteil frei, sie immer gleich an der offiziellen christlichen Theologie und kirchlichen Normenerwartung messen zu müssen, dann ist das Ausmaß dieser Religiosität gerade angesichts des allgemeinen Säkularisierungsprozesses ganz erstaunlich.

Wie sieht diese kirchenferne Religiosität aus? U.Boos-Nünning, die 1970 300 Katholiken einer Großstadt des Ruhrgebiets befragte, faßt ihr Ergebnis so zusammen: "Die Hoffnung auf Gottes Hilfe, das Vertrauen auf Gott, das Sich-Geborgenfühlen in einer höheren Macht und der Glaube an einen persönlichen Gott, der direkten Einfluß auf das Leben der Menschen hat, bilden die Grundpfeiler dieses Glaubens."(29) Eine wichtige Rolle spielt das private Gebet, 39 % beten täglich, 16 % öfter, 41 % könen sich ein Leben ohne Gebet nicht vorstellen.(30) Die Funktion dieser Religiosität ist nach U.Boos-Nünning folgende: "Seine Religiosität gibt dem gläubigen Menschen das subjektive Gefühl der Sicherheit, eine Sinndeutung des Geschehens, auch wenn die äußere Sicherheit zerbrochen ist. Der Glaube ist die individuelle Lebenshilfe, an die sich der Mensch in Verzweiflung wenden kann. Der Mensch braucht deshalb Religion, um des Trostes und der Hilfe in schwierigen Situationen gewiß zu sein. Die Religiosität bietet eine seelische Absicherung gegen Schicksalsschläge, das bedeutet, daß sie dem einzelnen in solchen Situationen verhilft, wieder zu sich selbst zu finden und sein eigenes Ich zu stabilisieren."(31) U.Boos-Nünning macht in diesem Zusammenhang auf die Diesseitigkeit dieser Religiosität aufmerksam.(32)

Die hohe Bedeutung der Schutzfunktion der kirchenfernen Religiosität kommt auch in anderen Befragungen heraus: A.Holl/G.H.Fischer bezeichnen ihre Hauptfunktion mit dem Stichwort "Protektion"(33), P.M.Zulehner spricht im Anschluß an P.L.Berger von einer "Religion des heiligen Schildes": "In hohem Maße dient sie zur Deutung und Bewältigung außeralltäglicher Krisen der individuellen und familiären Existenz."(34) Daneben spielt auch das segnend-fördernde Handeln Gottes eine Rolle.(35) Diese Religiosität entspringt, so formuliert P.M.Zulehner, "nicht so sehr dem herausfordernden Anruf Gottes", sondern ist "Ausdruck einer tiefen (religiösen) Sinn-Not."(36) Sie ist, nach Meinung von U.Boos-Nünning, "eine Religion des Meinens und Fühlens, des Hilfebrauchens in schwierigen Situationen, aber keine Religion der Zustimmung und des Glaubens."(37) Sie steht dem Exklusivheitsanspruch des Christentums reserviert gegenüber(38), ihr Verhältnis zur Kirche ist das einer "freundlichen Distanz".(39)

Wie ist diese Religiosität zu beurteilen? Nun, wenn man von der Untersuchung des religionsinternen Pluralismus in Israel und Babylon herkommt, dann springen einem förmlich die Gemeinsamkeiten zu der dort erhobenen persönlichen Frömmigkeit in die Augen:(40) die persönliche Vertrauensbeziehung zu Gott, die Aktualisierung des persönlichen Gottesverhältnisses zum Schutz gegen Bedrohung des leicht verletzlichen Lebens, die hohe Bedeutung des Gebets, das segnende und fördernde Handeln Gottes, das Fehlen religiöser Entscheidung und Abgrenzung. Es mag sein, daß diese moderne persönliche Religiosität verhaltener, verinnerlichter und subjektivistischer ist, aber daran, daß hier eine Spielart der uralten persönlichen Frömmigkeit vorliegt, kann wohl kein Zweifel sein. Dabei ist es nebensächlich, ob dieses oder jenes Element dieser Frömmigkeit aus der offiziellen christlichen Religion abgesunken ist, denn natürlich spielt ja auch in ihr z.B. Gottvertrauen eine Rolle(41), wesentlich ist vielmehr, daß nach dem Rückgang des kirchlichen Einflusses, sich gerade die Elemente gehalten haben, die schon immer in der persönlichen Gottesbeziehung zuhause waren. Hier erhebt trotz Säkularisierung und rational-naturwissenschaftlichem Weltbild in leicht gewandelter Gestalt wieder die uralte, in den Familien lebende Frömmigkeit ihr Haupt(42), die in der langen Epoche der Identifizierung von Kirche und Staat, von Christentum und Gesellschaft zwar auch immer vorhanden, aber doch christlich stärker umspannt und damit schwieriger zu erkennen war. Der religionsinterne Pluralismus von familiärer und offizieller Religion ist nicht erst durch den Säkularisierungsprozeß geschaffen, sondern war der christlichen Religion immer inhärent, aber die Säkularisierung hat diesen strukturellen Pluralismus verstärkt, den Abstand der Religionsschichten erweitert und klarer sichtbar gemacht. Das ist die Situation, mit der es die Kirche bei ihren Amtshandlungen zu tun hat.

2. Das Subjekt der Kasualgottesdienste

Als zweites muß geklärt werden, wer eigentlich das Subjekt der Kasualgottesdienste ist. Die Unklarheiten, die gerade an diesem Punkt bestehen, sind ganz erstaunlich und lassen sich wohl nur aus der notorischen Nichtachtung sozialer Faktoren durch eine hauptsächlich gedanklich konzipierte christliche Theologie verstehen.

Auf der einen Seite wird so getan, als hätten es die Amtshandlungen mit vereinzelten Individuen zu tun, so etwa wenn sie H.G.Haack als kirchliche Feiern bestimmt, "die den einzelnen in der Gemeinde in entscheidenden Punkten seines Lebens begleiten"(43) oder wenn M.Mezger herablassend formuliert: "Zunächst ist das, was sich aus Anlaß eines besonderen 'Falles' versammelt, kein Ganzes, sondern eine Anzahl von Einzelnen."(44)

Auf der anderen Seite wird mehr oder weniger radikal die theologische Forderung aufgestellt, als müßten die Kasualgottesdienste eigentlich Gottesdienste der ganzen Gemeinde sein.(45) Worauf dann die Tatsache, daß sie es heute faktisch nicht sind, sondern nur ein Kreis von Angehörigen und Bekannten zusammenkommt(46), der oft kaum etwas mit der gottesdienstlichen Gemeinde zu tun hat, als etwas Negatives beurteilt wird. T.Rendtorff hat dieser Sicht auch noch einen sozialgeschichtlichen Unterbau gegeben: Er behauptet, früher seien die Amtshandlungen "nur ein Bestandteil kirchlichen Lebens gewesen" und dienten "der Kontinuität des Lebens der Kirchengemeinde"(47), doch sei heute eine "Privatisierung der kirchlichen Lebensformen" eingetreten: "Der einzelne, die Familie, das Brautpaar wird zum alleinigen Träger des kirchlichen Handelns...(48), die Gemeinde...ist nicht die Versammlung der Kirchengemeinde, sondern der Kreis der Verwandten, Freunde und auf andere Weise mit dem Verstorbenen Verbundenen."(49) Und weil man in dieser "Privatisierung" etwas theologisch Negatives sieht, bemüht man sich krampfhaft, die gottesdienstliche Gemeinde stärker an den Kasualgottesdiensten zu beteiligen, was aber von wenig Erfolg begleitet ist.

Doch ist diese Sicht richtig? Zuerst zur sozialgeschichtlichen Analyse T.Rendtorffs: Wohl ist es richtig, daß sich vor der industriellen Revolution weithin die ganze Kirchengemeinde an den Kasualgottesdiensten beteiligte, wie es heute auch noch in ländlichen Gebieten vorkommen kann. Das bedeutet aber nicht, daß sich damals diese Gottesdienste strukturell anders als heute auf die ganze Gemeinde bezogen hätten, sondern liegt einfach daran, daß damals die Familie noch die primäre Wirtschaftseinheit war und dadurch fester als heute im Nachbarschaftsverband und in der Ortsgemeinschaft integriert war. Darum war eine Taufe, eine Trauung oder eine Beerdigung nicht nur Sache der betroffenen Familie, sondern zugleich auch eine Sache der mit ihr wirtschaftlich und sozial eng verflochtenen Ortsgemeinschaft, die mit der Kirchengemeinde deckungsgleich war. Die heutige Trennung von Kasualgemeinde und gottesdienstlicher Gemeinde ist eine Folge der sozialen Entwicklung, daß sich mit der industriellen Organisation von Arbeit die Arbeitswelt von der Familie trennte. Die beklagte "Privatisierung" der Kasualien hat gar nicht primär etwas mit der theologisch-kirchlichen Entwicklung zu tun, sondern ist einfach eine Folge der Privatisierung und Intimisierung der Familie in der industriellen Gesellschaft (G.Wurzbacher).(50) Das wird jetzt auch langsam von der Praktischen Theologie gesehen; so schreibt Y.Spiegel: "Die Privatisierung der Amtshandlungen, die von den Theologen vielfach beklagt wird, ist nur das Ergebnis der gesellschaftlichen Entwicklung, die jenseits der Arbeit nur geringe Bereiche öffentlicher Relevanz kennt."(51)

Wenn das so ist, dann hat es aber keinen Zweck, kirchlicherseits zu versuchen, das Rad der sozialen Entwicklung zurückzudrehen und die gegenwärtige gesellschaftliche Situation mit theologischen Verdikten zu belegen. Das führt zu nichts und schafft nur Frustrationen. Sondern umgekehrt sollte die gegenwärtige Situation zum Anlaß genommen werden, die eigenen theologischen Positionen zu korrigieren.

Die heutige Situation der Kasualgottesdienste, in denen nur noch die Familie, die Verwandten und Freunde zusammenkommen, macht nämlich klar, was grundsätzlich schon immer für die Amtshandlungen galt, was aber lange Zeit durch die Deckungsgleichheit von Kirche und Gesellschaft, Kirchengemeinde und Ortsgemeinde verdeckt worden war: Daß nämlich die Familie Subjekt der Kasualgottesdienste ist. Von der geschichtlichen Perspektive des religionsinternen Pluralismus in Israel her ist das ganz klar. Geburt, Hochzeit und Tod sind weder rein individuelle Ereignisse, noch sind es Ereignisse, die für die Großgruppe eine Rolle spielen (Volk, Gemeinde), sondern es sind die zentralen Ereignisse im Leben der Familie. Diejenigen, die aus Anlaß dieser zentralen Ereignisse zu einer gottesdienstlichen Feier zusammenkommen und dabei die Kirche um Hilfestellung angehen, sind nicht eine "Anzahl von Einzelnen" (M.Mezger)(52), sondern stehen zuvor schon in einer engen sozialen Bindung; es sind die, für die diese Ereignisse existentielle Bedeutung haben. Das können einmal mehr sein und einmal weniger, je nach dem sozialen Bezugsrahmen der Familie; die zusammenkommende

Gemeinde kann in Ausnahmefällen auch einmal mit der gottesdienstlichen Gemeinde identisch sein (heute noch z.B. bei der Beerdigung des Gemeindepfarrers); aber grundsätzlich ist die "familiäre Gemeinde" von der gottesdienstlichen unterschieden. Die gottesdienstliche Gemeinde konstituiert sich primär religiös, durch Wort und Bekenntnis, durch die Anerkennung eines für die ganze Gruppe bedeutsamen Handelns und Redens Gottes in der Geschichte; die "familiäre Gemeinde" konstituiert sich dagegen primär biologisch-sozial; sie begeht in den Kasualgottesdiensten ihre eigenen religiösen Erfahrungen, die nicht einfach mit denen der großen Gottesdienstgemeinde übereinstimmen. Dabei ist noch nichts darüber gesagt, daß gottesdienstliche und "familiäre" Gemeinde nicht auch zusammenhängen können und wie die Verbindung aussieht. Aber grundsätzlich muß jede theologische Besinnung über die Amtshandlungen von dem einfachen Faktum ausgehen, daß ihr Subjekt nicht die Gemeinde und auch nicht der Einzelne, sondern die Familie ist.

In jüngster Zeit ist das auch in der Praktischen Theologie ansatzweise gesehen worden. So stellt Y. Spiegel fest: "Dagegen dürfte es sachlich zutreffend sein, die Amtshandlungen auf das soziale System der Familie zu beziehen."(53) Und W. Jetter formuliert als zukünftige Aufgabe: "Eine Theorie volkskirchlicher Amtshandlungen muß vor allem die Folgerung aus der Erkenntnis ziehen, daß der Lebenszusammenhang dieser Handlungen für die meisten Betroffenen nur sekundär die organisierte Kirche und oft fast gar nicht die örtliche Gemeinde, vielmehr primär die Großfamilie und/oder der Freundeskreis ist."(54) Meine Beobachtungen von der These eines religionsinternen Pluralismus her unterstützen und generalisieren diese Ansätze, und machen es vielleicht auch möglich, ein Stück weit in der von W. Jetter gewiesenen Richtung weiterzukommen.

III. Die sogenannten Amtshandlungen als Rituale der persönlichen Frömmigkeit

1. Der Versuch einer neuen theologischen Begründung

Wenn sich die Diskrepanzen der gegenwärtigen Amtshandlungspraxis zwischen offizieller christlicher Theologie und mehr oder minder kirchenfernen Religiosität, zwischen gottesdienstlicher Gemeinde und familiärer Kasualgemeinde als eine Form von religionsinternem Pluralismus erklären lassen, dann wird auch verständlich, warum eine befriedigende theologische Begründung der Amtshandlungen bisher nicht gelungen ist. Denn bisher meinte man - wenn man nicht überhaupt auf praktische, also missionarische oder seelsorgerliche Begründungen auswich - von einem einlinig verstandenen Evangelium ausgehen zu können, das nur mehr oder weniger stark auf den familiären Kasus ausgerichtet werden müsse.

Doch damit wird das Problem auf gefährliche Weise verdeckt. Das Faktum eines strukturellen religiösen Pluralismus läßt sich nicht durch noch so schöne theologische Konstruktionen und gutgemeinte Ratschläge für mehr Praxisbezug wegwischen.

Entweder die Kirche versteht sich ausschließlich als bekennende Gemeinde auf dem Weg zwischen der Auferstehung Christi und seiner Parusie, die die primären sozialen Bindungen des Menschen hinter sich gelassen hat, dann soll sie die Amtshandlungen abschaffen. Aus einem einlinig, streng christozentrisch aufgefaßten Evangelium, man fasse es nun als Botschaft von der hereinbrechenden Gottesherrschaft, als universale Erlösung des Menschen durch Jesus Christus aus seiner kreatürlichen Begrenztheit, als Rechtfertigung des Sünders allein durch den Glauben o.ä., läßt sich die Amtshandlungspraxis der Kirche theologisch nicht begründen. Es ist das Verdienst von R.Bohren, daß er das in radikaler Konsequenz der Position der dialektischen Theologie klar gemacht hat: die Amtshandlungen "sind kein opus proprium der Verkündigung."(55) Denn, wie C.Westermann von der anderen Seite her verdeutlicht hat, ein so verstandenes Evangelium redet immer den Menschen an, egal ob es sich dabei um einen Mann oder eine Frau, ein Kind oder einen Greis, einen Vater oder eine Mutter handelt.(56) Für die Botschaft von der Rechtfertigung durch den Glauben an Jesus Christus ist es in der Tat völlig gleichgültig, an welchem Punkt ihres Lebensbogens sich die Angeredeten befinden und ob sie in einer sozialen Beziehung zueinander stehen. Sie sind unter dem weiten Horizont des universalen Rettungshandeln Gottes in Jesus Christus allzumal Sünder. Das verallgemeinernde Reden vom Menschen in der christlichen Gemeindetheologie ist strukturell bedingt, und alle gut gemeinten Ratschläge nach mehr Konkretisierung der Kasualrede werden daran auch in Zukunft nichts Wesentliches ändern können.(57)

Nein, die Notwendigkeit der Amtshandlungen wird sich nur dann begründen lassen, wenn die Kirche anerkennt, daß sie als Gemeinde auf dem Weg zwischen Auferstehung und Wiederkunft Christi immer auch eine Schar von Familien bleibt, und zwar nicht primär als etwas Negatives, als eine "Verhaftung in der Welt", die sie von ihrer eigentlichen Aufgabe abhält, sondern erst einmal als etwas Positives, was von Gott so gewollt ist. Die Kirche hat in ihrer Geschichte faktisch erstaunlich früh diese Anerkennung vollzogen, als sie neben der Erwachsenentaufe die Kindertaufe einführte, die dann bald beherrschend wurde. Damit erkannte sie an, daß christliche Gemeinde sich nicht ausschließlich durch die Entscheidung der vom Evangelium Bekehrten konstituiert, sondern auch durch das stille Hineinwachsen der Kinder in die durch die Familien vermittelte christliche Tradition.

Die theologische Begründung für diese faktische Entscheidung der Kirche läßt sich nicht direkt aus dem Neuen Testament geben, denn seine Schriften stammen aus einer Zeit der Aufbruchs- und Missionsphase, in der die Familien naturgemäß im Hintergrund stehen mußten, aber sie läßt sich indirekt aus dem Gesamthorizont der biblischen Überlieferung geben. Einen Weg hat schon C.Westermann gewiesen, indem er auf die Linie des segnenden Handelns Gottes aufmerksam machte, die immer die Linie seines rettenden Handelns begleitete. Dieses segnende Handeln hat es schon konkreter mit dem Menschen in seiner bestimmten Lebensphase zu tun und hat ja im Alten Testament sein eigentliches Zentrum in der Familie.(58) Darüber hinausgehend möchte ich meine Ergebnisse einführen, die einen religionsinternen Pluralismus in der israelitischen Religion wahrscheinlich gemacht haben:(59) Auch in dem von mir untersuchten Teil der Bibel hat es nie allein ein auf die

Großgruppe bezogenes Handeln Gottes gegeben, sei es nun am Volk oder an der Gemeinde, sondern daneben gab es immer ein Handeln Gottes, das sich auf den einzelnen Menschen in seinem familiären Lebensraum bezog. Es begleitet ihn von seiner Geburt an auf seinem Lebensbogen bis hin zu seinem Tode und ist, trotz mannigfacher Wechselbeziehungen und Veränderungen, zu keiner Zeit einfach identisch mit seinem, sich in großen geschichtlichen Bögen vollziehenden Handeln an der Gesamtheit. Gott wird im Alten Testament nicht einlinig erfahren, sondern deutlich verschieden auf zwei verschiedenen Ebenen: auf der Ebene der persönlichen Frömmigkeit in der Familie und auf der Ebene der offiziellen Religion in Volk oder Gemeinde. Aufgrund dieses Tatbestandes läßt sich - mit der Einschränkung, daß ich hier keine Aussagen über das Neue Testament und die frühe Kirchengeschichte machen konnte - meiner Meinung nach eine klare theologische Begründung dafür geben, warum die Kirche neben Gottesdiensten, die das Geschehen zwischen Gott und seiner Gemeinde zum Inhalt haben, andere Gottesdienste vollzieht, die um das Geschehen zwischen Gott und der Familie kreisen.

2. Der Versuch einer neuen Theorie der "Amtshandlungen"

a) "Die Amtshandlungen" als Familiengottesdienste

Versucht man von einer solchen theologischen Begründung eine Theorie der Amtshandlungen zu entwerfen, so stößt man sich schon gleich an den Bezeichnungen. "Amtshandlungen" sind diese Gottesdienste allein von der offiziellen, institutionell verfaßten Kirche aus gesehen, die an irgend jemand vollzieht, was ihres Amtes ist. Auch der blassere Begriff "Kasualien" ist nicht viel besser: Einzelne "Fälle" sind Geburt, Hochzeit und Tod nur für den Pfarrer im Unterschied zu seinen regelmäßigen sonntäglichen Gottesdienstaufgaben. Für die Betroffenen handelt es sich jedoch nicht um isolierte Fälle, sondern um markante Punkte eines kontinuierlichen Lebensbogens und der "Geschichte" einer Familie. (60)

Doch: nicht die Kirche, nicht die Gemeinde, nein, die betroffene Familie ist Subjekt dieser gottesdienstlichen Handlung. Die "Amtshandlungen" sind Familiengottesdienste. (61) Im Mittelpunkt steht das Geschehen zwischen Gott und dieser Familie. Sie ist der eigentliche Träger der gottesdienstlichen Feier. Sie zieht den Pfarrer nur als Hilfe, als "Kultfachmann" hinzu. Er hat beim Vollzug des Gottesdienstes primär Mittler zwischen Gott und dieser Familie zu sein, nicht Anwalt der Kirche.

Dieser Mittler bräuchte nicht unbedingt ein ordinierter Geistlicher zu sein. Grundsätzlich ist nicht einzusehen, warum nicht auch ein Familienmitglied die Rolle des Mittlers übernehmen könnte. (62) Hier ist R. Bohren mit seiner "Hauskirche" durchaus im Recht, wenn man einmal von der bei ihm vorausgesetzten Exklusivität absieht. (63) Doch meiner Meinung nach ist es heute, wo die Religiosität in den Familien häufig verblaßt ist, unrealistisch, die Familien einfach auf sich zu stellen. Heute werden die meisten Familien noch auf die Hilfestellung eines Pfarrers angewiesen sein; eine Änderung ist nur zu erreichen, wenn die Kirche sich entschließen würde, die in den Familien lebende Frömmigkeit bewußt zu stärken, anstatt die Familie als religiöses Subjekt wie bisher immer weiter zu entmündigen.

b) Die Aufgaben des Pfarrers für die persönliche Frömmigkeit

Die primäre Aufgabe des Pfarrers bei den sog. "Amtshandlungen" ist es dann, die Familie bei ihren Gottesdiensten an den entscheidenden Wendepunkten des Lebens ihrer Angehörigen zu unterstützen. Er ist dabei einerseits Anwalt der Familie vor Gott, indem er sich zum Sprachrohr der Familie macht und ihre Freude und ihre Dankbarkeit, aber auch ihre Sorgen und Ängste, ihre Wünsche und Hoffnungen in Lob und Klage vor Gott ausbreitet. Er ist andererseits Anwalt Gottes bei der Familie, indem er ihr sein ganz persönliches Handeln an ihr aufzeigt und verdeutlicht. Es kann also bei den Amtshandlungen nicht primär darum gehen, das auf die Gemeinde bezogene, sich in großen weltgeschichtlichen Horizonten vollziehende universale Rettungshandeln Gottes zur Sprache zu bringen, sondern das Handeln, das sich auf den Einzelnen in seiner Familie bezieht und das in der persönlichen Frömmigkeit seit jeher artikuliert wurde: Daß Gott den Einzelnen geschaffen hat, daß er ihn begleitet auf seinem Lebensweg, ihn fördert und weiterbringt, bei ihm ist und ihn schützt in Gefahren und ihn rettet aus akuter Not. Dies alles im Lebensweg der betroffenen Familienmitglieder aufzuweisen, darum geht es. Dabei hat der theologisch ausgebildete Liturg insbesonders die Aufgabe, die oft nur dumpf im Bewußtsein der Familienmitglieder vorhandenen religiösen Erfahrungen ans Licht zu heben, zu artikulieren, was die Betroffenen nur fühlten, Zusammenhänge zwischen Lebenssituationen aufzuweisen, die die Betroffenen nur ahnten, und so versuchen, den früheren und den neuen Lebensabschnitt als Einheit zu begreifen und ihnen einen Sinn zu geben.

Dazu können besonders die Texte aus der Bibel, in denen sich die persönliche Frömmigkeit früherer Generationen spiegelt, eine gute Hilfe sein (z.B. individuelle Klagen, Vertrauenspsalmen, Vätererzählungen und andere Führungsgeschichten). Sie können in ihrer harten Realistik den Prediger und die Familie davor bewahren, die persönlichen Nöte und Ängste zu schnell zuzudecken und der Familie dabei helfen, alte in Vergessenheit geratene Möglichkeiten des Einzelnen im Umgang mit Gott neu ins Spiel zu bringen. Daß es etwa möglich ist, Gott hart anzuklagen für das erlittene Leid und das erfahrene Unrecht, daß man sich in aller Hoffnungslosigkeit daran klammern kann,von Gott geschaffen zu sein und daß man darauf vertrauen kann, daß der, der mich geschaffen hat, mich nicht endgültig verläßt, sondern sich rühren läßt wie eine Mutter vom Weinen ihres Kindes.

Indem so das Geschehen zwischen Gott und dem Einzelnen, zwischen Gott und der Familie im Zentrum des Familiengottesdienstes steht, kann dieser seine Funktion erfüllen, den Betroffenen an den entscheidenden Wendepunkten ihres Lebens ein besseres Verständnis ihrer Selbst und ihrer Situation zu geben und ihr persönliches Vertrauensverhältnis zu ihrem Gott für die neue Lebensphase zu aktualisieren und zu stärken.

Erst ein zweiter Schritt kann es demgegenüber sein, dieses Geschehen zwischen Gott und dem Einzelnen in den weiteren Horizont der besonderen Geschichte zwischen ihm und seiner Kirche hineinzustellen, die mit seiner

Heilstat in Jesus Christus anhob und die zwar wohl auf die ganze Menschheit zielt, sich aber in der Gegenwart faktisch als Geschichte einer partikularen Religionsgemeinschaft vollzieht. Hier kann dann zur Sprache kommen, wie sich die speziell christliche Theologie auf die allgemeinere persönliche Frömmigkeit bezieht, daß es durchaus Entsprechungen und Konvergenzen zwischen beiden gibt, aber auch deutliche Differenzen. So kann am Rande des Familiengottesdienstes sichtbar werden, daß Gottes Handeln sich nicht auf das Leben dieser kleinen Gruppe beschränkt, sondern daß er weit mehr mit seiner Kirche, ja, letztlich mit der ganzen Menschheit vorhat, und daß er darum auch sie dazu aufruft, auf dem Weg seiner Gemeinde mitzuziehen.

c) Die Funktionen der persönlichen Frömmigkeit für die Gemeinde

Eine auf solche Weise auch kirchlich angenommene und bestärkte persönliche Frömmigkeit, könnte wichtige Aufgaben für die christliche Gemeinde und ihre Theologie übernehmen.

Die wichtigste Aufgabe der Familie in dieser Beziehung ist die religiöse Sozialisation. Wie eng der Zusammenhang zwischen religiöser Sozialisation, Primärgruppenbindung und Kirchlichkeit tatsächlich ist, hat erst jüngst die VELKD-Umfrage wieder erwiesen. (64) In ihrem eigenen Interesse muß der Kirche somit daran gelegen sein, das religiöse Leben in den Familien zu stärken. Doch wie? Wenn die Verpflichtung zur christlichen Kindererziehung in der Taufe heute so wenig nutzt, obwohl ihr theoretisch 75 % der Befragten in der EKD/EKHN-Erhebung zustimmen(65), dann liegt das vielleicht daran, daß "christlich" von der Kirche viel zu eng gefaßt wird und darum zu weit entfernt von der religiösen Wirklichkeit der Familien liegt. Es kann ja nicht darum gehen, daß die Eltern von der Kirche dazu benutzt werden, ihre eigenen theologischen Vorstellungen und kirchlichen Normenerwartungen bei den Kindern durchzudrücken. Nein, die religiöse Sozialisation im Elternhaus ist auf einer viel grundlegenderen Ebene zu sehen: In ihr geht es darum, daß die Kinder überhaupt eine persönliche Gottesbeziehung bekommen, daß sie hineinwachsen in ein Vertrauensverhältnis zu Gott und daß sie lernen, ihre kindlichen Nöte und Ängste im Gebet vor Gott zu bringen und bei ihm Trost zu finden. Für diese grundlegende Aufgabe ist die Familie durch keine kirchliche Institution zu ersetzen.

Denn ich bin bei meiner Untersuchung häufiger darauf gestoßen, wie eng der Zusammenhang zwischen der persönlichen Frömmigkeit und der Eltern-Kind-Beziehung ist. Was im persönlichen Leben von Gott erfahren wird, entspricht in hohem Maße dem, was ein Kind in seinen ersten Lebensjahren von seinen Eltern erfährt. (66) Ich hatte darum das urtümliche Vertrauensverhältnis zwischen einem Menschen und seinem Gott mit dem in Verbindung gebracht, was heute a-theologisch in der Sozialpsychologie mit "Urvertrauen" umschrieben wird. (67) Es handelt sich also um eine religiöse Sozialisation, die viel tiefer im Anthropologischen verankert liegt, als gemeinhin von der Kirche angenommen. Mir scheint es viel wichtiger zu sein, daß die Kirche bei der Taufe diesen Zusammenhang von liebevoller Zuwendung der Eltern zum Kind und seiner Religiosität in den Mittelpunkt stellt, anstatt eine speziell christliche Erziehung zu fordern. Persönliches, vertrauensvolles Gottesverhältnis und Gebetspraxis als Ziel der religiösen Sozialisation in der Familie - das mag vielen zu wenig sein, aber es ist die Basis, auf die die Kirche notwendigerweise angewiesen ist, wenn sie mit ihrem speziell christlichen Unterricht in der Schule und vor der Konfirmation nicht einfach ins Leere reden will. (68)

Eine weitere Aufgabe einer kirchlicherseits bewußt geförderten Familienfrömmigkeit könnte es sein, daß sie der christlichen Gemeinde hilft, wirklich Gemeinde zu sein und nicht bloß eine Versammlung von Individuen. Heute kann man häufig im sonntäglichen Gottesdienst Predigten hören, die sich gar nicht an die Gemeinde als ganze, sondern im Grunde an den einzelnen Kirchgänger richten. Sie kreisen um seine Glaubens- und Lebensproblematik, ohne ihn wirklich erreichen zu können, denn dazu ist der Kreis zu groß. Hier könnte ein intakter Familiengottesdienst den Gemeindegottesdienst spürbar entlasten, so daß hier die Gemeinde wirklich als ganze angesprochen werden könnte, als wanderndes Gottesvolk zwischen der zeichenhaften Aufrichtung des Heils in Jesus Christus und seiner endgültigen Realisierung an allen Menschen. Anstelle des Kreisens um innere Probleme könnten dann viel stärker die Aufgaben in den Vordergrund treten, die die christliche Gemeinde auf diesem Weg für die Menschheit als ganze hat.

Und schließlich könnte eine intakte persönliche Frömmigkeit in den Familien den Realitätsbezug christlicher Predigt und Lehre enorm stärken. Ihre oft beklagte Realitätsferne beruht ja zumindest teilweise darauf, daß man biblische Sätze und theologische Formeln benutzt, ohne sich noch im Klaren darüber zu sein, welche religiösen Erfahrungen ursprünglich dahinter standen und in welchem Lebensbereich sie gemacht worden sind. In der christlichen Theologie finden sich viele Übertragungen, die einstmals in das Geschehen zwischen Gott und einem Einzelnen gehörten, ich denke etwa an das Reden von Gott als dem Vater, vom Segen Gottes, vom Mit-Sein-Gottes und vom Vertrauen zu Gott. Es ist klar, daß, wenn christliche Verkündigung diese Herkunft nicht mehr berücksichtigt, und wenn bei den Hörern dieser religiöse Erfahrungshintergrund nicht mehr mitschwingt, diese Aussagen zu bloßen frommen Redewendungen werden, die nur noch einen ganz vagen Bezug zur Realität haben. Sie werden dann weitgehend austauschbar und lassen sich beliebig häufen.

Das wird sich erst ändern, wenn die Kirche anerkennt, daß auch ihre spezifisch christliche Verkündigung angewiesen bleibt auf den Schatz der allgemeineren religiösen Erfahrungen, die in der persönlichen Frömmigkeit in den Familien aufbewahrt sind. Er ist, wie die Umfragen zeigen, selbst in unserer technisierten und rationalisierten Welt noch immer vorhanden. Ich möchte dafür plädieren, daß ihn die Kirche heute stärker als bisher pflegen und ausschöpfen möge. Als der Jahwist die Geschichte Jahwes mit seinem Volk schrieb, hat er es für nötig befunden, die Familienreligion der Väter in die Jahwereligion hineinzunehmen. Machen wir es ihm nach! Es wäre ja durchaus möglich, daß die persönliche Frömmigkeit die christliche Religion aus der Erstarrung in einem realitätsfernen Dogmatismus befreien könnte, so wie sie einstmals die israelitische Religion durch die Krise des Exils hindurchgerettet hat.

Anmerkungen zum Teil A

1 Reden des Kaisers. Ansprachen, Predigten und Trinksprüche Wilhelm II, DTV 354, 1966, 126.
2 Darauf verweist z.B. C.Westermann, Dtjes, 131.
3 S.u. 81ff; es gibt natürlich einige Ausnahmen, s.u. 84-86.
4 Ich setze voraus, daß es sich in diesen von Dtjes aufgenommenen Heilsorakeln ursprünglich um die Antwort auf die Klage des Einzelnen handelt, s. J.Begrich, Heilsorakel, 81/217ff; die Argumente von H.E.v.Waldow dafür, daß sie von Hause aus in die Volksklagefeiern gehörten (Verkündigung Dtjes, 89; 100ff), können mich nicht überzeugen, s.R.Albertz, Weltschöpfung und Menschenschöpfung, 48.
5 Ich bin mir im Klaren, daß damit das theologische Problem des Handelns Jahwes im Krieg nicht umfassend gelöst ist.
6 Vgl mit welcher Hartnäckigkeit sich der Aufbau der Sentenzen des Petrus Lombardus bis in die gegenwärtigen Dogmatiken durchgehalten hat; im AT bis in die Theologie von L.Köhler; er wirkt aber auch noch später nach, vgl W.Zimmerli, 1972.
7 Vgl vor allem S.Mowinckel, Religion und Kultus, 1953, 9ff; weitere Literatur bei G.Lanczkowski und C.Westermann, Kultgeschichtliche Methode, RGG 3.Aufl.IV, 90-92; C.Westermann hat diesen Ansatz ohne die Beschränkung auf das "Kultdrama" und andere ritualisierte Handlungen übernommen, Das Verhältnis des Jahweglaubens, 1964, 191f. Ähnlich auch G.Mensching: "Wir definieren deshalb Religion als erlebnishafte Begegnung mit heiliger Wirklichkeit und als antwortendes Handeln des vom Heiligen existentiell bestimmten Menschen", Religion I, RGG 3.Aufl.V, 961; eine Übersicht über die verschiedenen Auffassungen der Religion in den letzten hundert Jahren bietet Chr.Elsas, Religion, 1975.
8 Die Geburt kommt für das Volk nur unter zwei Gesichtspunkten in den Blick: bevölkerungspolitisch, unter dem Gesichtspunkt der Mehrung des Volkes (vgl die Mehrungsverheißungen in der Genesis und die Volkszählung 2.Sam 24) und politisch: wenn es um die Geburt eines Retters (Ri 13) oder Führers (1.Sam 1) des Volkes geht.
9 Man muß sich klar machen, daß "Kriege" damals niemals total waren, sondern lokal und strategisch begrenzte Unternehmungen.
10 Das zeigen M.Mesarović/E.Pestel für ihr "Mehrebenen-Weltmodell" in dem sie u.a. zwischen einer Individualebene und einer soziopolitischen Ebene unterscheiden, Menschheit am Wendepunkt, 45-48; bes.55. Man könnte aus dem AT 1.Sam 4 nennen, wo der Verlust der Lade Eli und seine Familie voll trifft, aber hier handelt es sich um die Familie des führenden Priesters.
11 Begegnung und Wandel der Religionen, 1971, 50-55; vgl A.Holl/G.H.Fischer 39.
12 Vgl V.Grønbech, Götter und Menschen. Griechische Geistesgeschichte II, 1967, 194; vgl M.P.Nilsson, Geschichte der griechischen Religion, I 329ff; 729ff.
13 Die Religion der Griechen und Römer, 1930, 19.
14 Begegnung und Wandel der Religionen, 52.
15 F.E.A.Krause, Ju-Tao-Fo, die religiösen und philosophischen Systeme Ostasiens, 1924, 207. Man vgl auch berufsspezifische Sonderformen wie den Mithraskult der römischen Heerlager.
16 R.Albertz, Weltschöpfung und Menschenschöpfung, 151-157.
17 Ethos 32; RGG 1.Aufl. und 2.Aufl. widmen dem Problem unter dem Stichwort "Individualismus und Sozialismus" (H.Gunkel) einen ausführlichen Artikel, während der Artikel in der 3. Aufl. "Gemeinschaft und Individuum" von G.Gerlemann ohne Anknüpfung an die ältere Auseinandersetzung einfach die Neuauflage der Kollektivismusthese durch G.v.Rad repräsentiert, dazu s.u.; Forschungsübersichten finden sich bei J.de Fraine, Individu, 1952, 325-328 und J.Scharbert, 1958, 2f.
18 Die Theologie der Propheten, 1975, 95.
19 215.
20 Die Religion der Semiten, 19.

21 Vgl 19; 200.

22 Geschichte des Volkes Israel I, 1887, 507; vgl J.Wellhausen, Israelitische und jüdische Geschichte, 1894, 68 = 7.Aufl.1914, 101.

23 Lehrbuch der Religionsgeschichte, 1893, 101; vgl auch H.Duhm: "Jahwe ist eben der Gott des Volkes, aber nicht ohne weiteres der des Einzelnen oder seiner kleinen Sippe...", 1926, 31.

24 Das Subjekt der altisraelitischen Religion, 1893, 445.

25 477.

26 468.

27 460.

28 457f.

29 475.

30 459.

31 Sozialismus und Individualismus im Alten Testament, 1906, bes.14ff.

32 Individualismus und Sozialismus im Alten Testament, RGG 1.Aufl.III, 493-501, vgl RGG 2.Aufl.III, 232-239.

33 Gott und Mensch im Alten Testament, 2.Aufl.1936; Das Ethos des Alten Testaments, 1938.

34 Individu et société dans la religion de l'Ancien Testament, 1952, 324-355.

35 The Faith of Israel, IV. Individual and Community, 1956, 99ff.

36 Individualismus und Sozialismus, 494f.

37 496.

38 496.

39 Gott und Mensch, 2.Aufl., 192.

40 The Faith of Israel, 100; vgl 102.

41 E.Sellin 457f; M.Löhr 16; H.Gunkel 496; J.Hempel, Gott und Mensch, 192f; J.de Fraine 342-344.

42 E.Sellin 460; 465-469; M.Löhr 16f; H.Gunkel 496; J.Hempel, Gott und Mensch, 195f; 236ff; J.de Fraine 344-351.

43 E.Sellin 456-465; H.Gunkel 496; J.Hempel, Gott und Mensch, 194f; J.de Fraine 344-342; H.H.Rowley 101f.

44 Die israelitischen Personennamen, 217.

45 Das freie Laiengebet, 116.

46 Personennamen, 218; dazu steht die Bemerkung in Spannung, daß sich die Personennamen eng auf die religiöse Dichtung beziehen, die im Kult wurzelt (218f); ein Ausgleichsversuch 219f; dazu siehe unten 59f.

47 117.

48 119; Wendel sieht andererseits eine enge Verknüpfung beider Linien, s. 95f; 118.

49 197; ich zitiere aus der 2.Aufl.

50 202ff; 211.

51 241.

52 I, 399, ich zitiere nach der 4.Aufl. von 1962.

53 II 1.Aufl., 91 = II 5.Aufl.1964, 117.

54 G.v.Rad, Theol I, 403, 406; fast wörtlich folgt ihm G.Gerlemann, Gemeinschaft und Individuum, II.im AT, RGG 3.Aufl.II, 1351-1355.

55 In den späteren Auflagen seiner Theologie hat W.Eichrodt versucht, dieser Sicht der altisraelitischen Gemeinschaft eine soziologische Begründung zu geben. Er beruft sich dabei auf R.de Vaux, Lebensordnungen, dt. 1960 und J.Scharbert, Solidarität, 1958; im Einzelnen s. dazu u.10f.

56 III, 162, ich zitiere die 5. Auflage von 1964.

57 I, 370f.

58 I, 370f.

59 I, 399.

60 I, 411.

61 I, 411.

62 I, 412.

63 Geschichte der Klage, 291-295; Gen 25,22; 27,46; Nu 11,11; Ri 15,18.
64 III, 162.
65 III, 163; in der 2.Auflage leitet er die individuelle Gottesbeziehung als solche aus dem personhaften Gottesbild des Bundesgottes ab, 6.
66 III, § 21, 184ff.
67 Vgl E.O.James, Religionen der Vorzeit, engl. 1957, dt. 1960: die ältesten nachweisbaren religiösen Gebräuche drehen sich um den Tod, eines der wichtigsten Grunddaten menschlicher Existenz; ähnlich schon J.Hempel, Gott und Mensch, 192.
68 Vgl z.B. H.H.Rowley 99f; L.Wächter 7.
69 B.Duhm, Religion der Propheten, 95; R.Smend 101; H.Gunkel, Individualismus und Sozialismus, 494; J.de Fraine 355.
70 W.R.Smith 20; A.Wendel 117.
71 W.Eichrodt, Theol. III, 158; erst in den Kulturstaaten beschränkt sich seiner Meinung nach die Solidarität auf die Familie.
72 J.Hempel, Gott und Mensch, 190.
73 B.Stade, Geschichte, 507: Volk, Stamm, Clan, Geschlecht, Familie; E.Sellin, Subjekt, 443: Familie, Genossenschaft, Klan, Volk; M.Löhr 14: Volk, Stadtgemeinde, Familie.
74 Theol.I, 402.
75 Ich nenne von den älteren Arbeiten: J.Pedersen, Israel I, 1926, 29-60; A.Causse, Du Groupe ethnique à la communauté religieuse, 1937 und L.Rost, Die Vorstufen von Kirche und Synagoge im Alten Testament, 1938. Dann R.de Vaux, Das alte Testament und seine Lebensordnungen, 2 Bde, frz. 1958/60, dt. 1960, bes. I, 17-51; J.Scharbert, Solidarität in Segen und Fluch im Alten Testament und in seiner Umwelt, 1958, bes. 72ff; L.Wächter, Gemeinschaft und Einzelner im Judentum, 1961 und H.W.Wolff, Anthropologie des Alten Testaments, 1973, 309ff.
76 So z.B. W.Eichrodt, Theol.III, 158-160, der sich dabei vor allem auf J.Scharbert, Solidarität, 72ff stützt, der hier das uferlose Material über die Beduinen zusammenfaßt; auf den von ihnen statt Stamm gebrauchten Terminus "Clan" gehe ich hier nicht ein, man sollte ihn auf den Totemismus begrenzen. Vgl auch, wie A.Causse von "la solidarité familiale et tribale" ohne deutliche Unterscheidung spricht (1-31); auch R.de Vaux geht von der Stammesorganisation aus (I, 20ff, s.aber u. 10f), führt aber bezeichnenderweise nur die Institutionen der Familie (I,45ff) und des Volkes aus (I,111ff). Ohne ethnologischen Hintergrund, aber in der Tendenz ähnlich gehen L.Rost 41ff und H.W.Wolff, Anthropologie, 309f (Jos 7!) vor. Dagegen hielt J.Pedersen 1926 das Zwölf-Stämme-Schema und die Unterteilung der Stämme für eine künstliche Systematisierung (I,30); er warnte vor einer Identifizierung mit den arabischen Stämmen (32) und wies auf die frühe Auflösung der Stammesstrukturen hin: "Whatever the significance of the tribe at a certain period in the history of Israel, it has nowhere left tangible traces. In no/respect do the laws take account of the tribe, neither as regards property nor bloodfeuds nor general relation to one's neighbour"33f.
77 Das hat schon J.Pedersen klar herausgestellt: "Whereas the tribe and the city have been of varying importance to the lives of the Israelites, the household everywhere preserved its importance as the centre of life, because it represents kinship in its most intimate sense" I,51. Und das ist eben bei den Beduinen anders, die seit 2 Jahrtausenden in der exzeptionellen Lebensform kriegerischer Wüstennomaden stehen geblieben sind. Auf die Tendenz in der neueren Forschung zum Nomadentum, die antiken Kleinviehzüchter immer weiter von den Beduinen abzurücken, kann ich hier nicht eingehen, ich verweise auf C.Westermann, Genesis-Forschung 12-50, 76-86.
78 So schon E.Grosse, Die Formen der Familie und die Formen der Wirtschaft, 1896: "unter einem Stamme verstehen wir eine Gruppe von Indivi-/duen, welche dasselbe Land bewohnen, dieselbe Sprache reden und derselben Führung gehorchen - also eine locale, culturelle und politische Einheit"(13f) und J.Henninger, Die Familie bei den heutigen Beduinen, 1943: "Tatsächlich bedeuten sie (sc. alle arabischen

Begriffe für Stamm) alle nur eine politische, keine blutsmäßige Einheit, wenn auch oft durch künstlich konstruierte Genealogien alle Sippen des Stammes auf einen einzigen Ahnherrn zurückgeführt werden"(134f).

79 Die relativ selbständige Rolle der Familien gilt selbst noch für die Beduinen, vgl R.de Vaux: "Die ursprüngliche Einheit, von der alles ausgeht, ist natürlich die Familie"(I,24f); und J.Scharbert, Solidarität: "Dabei (beim Aufbruch) bleiben die Einzelfamilien wieder getrennte selbständige Einheiten, in deren innere Angelegenheiten sich niemand einmischt"(80).

80 Ich benutze hier den allgemeinen Terminus; für die Väterzeit handelt es sich eindeutig um die Großfamilie, in der die erwachsenen Söhne mit ihren Frauen und Kindern bei ihrem Vater leben und dieser die Autorität behält (Gen 37ff); zu dieser Definition der Großfamilie vgl E.Grosse 10. Ob das für die ganze Zeit der alttestamentlichen Sozialgeschichte gilt, lasse ich offen.- Die Bezeichnung "primäre Gruppen" stammt von C.H.Cooley; zu den modernen soziologischen Einteilungen der Gruppen (z.B. primär-sekundär, Groß- und Kleingruppe u.a.), die noch sehr im Fluß sind, vgl die Übersicht von J.Wössner, 1973, 98-110.

81 Unklar bleibt, auf welche Seite mišpāḥā, die "Sippe" gehört. Ihre Größe schwankt, wie schon L.Rost vermerkt, sehr stark. Mir scheint, daß zeitweise mišpāḥā ganz eng an die Familie herankommt, also etwa das bezeichnet, was wir "Großfamilie" nennen (entsprechend der beduinischen ḫamse = fünf Generationen: vom erwachsenen Mann aus gesehen, von seinem Großvater bis zu seinen Enkeln), vgl etwa Gen 24,40f; 1.Sam 20,6, daß sie aber zeitweise in die Nähe des Stammes gehört, vgl Ri 13,2; 17,7; 18,2.11. Auf diese große Bedeutungsbreite von mišpāḥā weist auch J.Pedersen, mišpāḥā bedeute nicht nur die Blutsverwandtschaft, sondern sei auch der "expression of a common character, of a psychic community" (I,50), sodaß in der israelitischen Gesellschaft Familie und Stamm ineinanderfließen.(47) Auf der anderen Seite kann Pedersen Familie und Volk als die für Israel wichtigsten sozialen Einheiten einander gegenüberstellen: "But the whole most deeply rooted and of strongest influence is generally...the kinship of the father's house"(54) - "The nation, the people...became the whole of greatest importance besides the family" (57; vgl 275). Die Unklarheit kommt meines Erachtens dadurch hinein, daß Pedersen nicht zwischen Begriff und Sache unterscheidet: Wenn man eine Großgruppe, ein Stamm oder Volk als Familie bezeichnet, drückt sich damit ein bestimmtes Verständnis von Gemeinschaft aus, wie sie sein sollte, doch damit wird das Volk nicht zur Familie.

82 The Hebrew Conception of Corporate Personality, BZAW 66, 49-62; sein frühester Aufsatz zum Thema stammt aus dem Jahr 1926, eine Übersicht über seine Veröffentlichungen bieten H.H.Rowley, The Servant, 41 Anm.1, S.Mowinckel, The Psalms I, 42 Anm.1.

83 Der Gottesknecht bei Deuterojesaja (Jes 40-55) im Lichte der israelitischen Anschauung von Gemeinschaft und Individuum; während sich bei Robinson Individuum und Gemeinschaft ziemlich die Waage halten, kommt es bei Eißfeldt faktisch zu einem Übergewicht der Gemeinschaft und damit wieder zu einer Art kollektivistischer Deutung: "Das eigentlich Seiende ist die Gemeinschaft und die zu ihr gehörenden einzelnen sind aus ihr erwachsen."14

84 The Teaching of Jesus, 1931, 2.Aufl. 1955, 227: "it is now suggested that Son of Man in the Gospels is another embodiment of the Remnant idea." Zur neutestamentlichen Diskussion dieses kollektiven Menschensohnverständnisses vgl H.E.Tödt 13f; 280-282. H.W.Robinson nimmt die These 57 zustimmend auf.

85 The Psalms I, 42-46, dazu s.u. 23.

86 58-60.

87 16ff.

88 He that Cometh, 214-233; wobei sich Mowinckels Position durchaus von dem harten Kern der "corporate personality"-Interpreten unterscheidet; vgl auch die Übersicht und kritische Würdigung bei H.H.Rowley, The Servant, 40-44.

89 L.Lévy-Bruhl, Das Denken der Naturvölker, 2.Aufl. 1926, 75; E.Durkheim, Les

Formes Elèmentaires de la Vie Religieuse..., 2.Aufl. 1925, 315ff, so O.Eißfeldt, Gottesknecht, 13f Anm.2; H.W.Robinson 53.
90 Israel I, 52-57; 109f; 272-278; 328; 475f; 496; so O.Eißfeldt, Gottesknecht, 13 Anm.1; H.W.Robinson 50-52; S.Mowinckel, The Psalms I, 42; He that Cometh, 216f (kritisch).
91 53. Auf die exegetischen Begründungen kann ich hier nicht eingehen, sie sind meist sehr oberflächlich und vermengen ganz Verschiedenartiges; vieles, was hier angeführt wird, findet durch meine Hypothese eine andere, und ich möchte sagen, bessere Erklärung, s.u.180ff. Ich will hier nur auf den eigenartigen Tatbestand aufmerksam machen, daß Robinson seine besten Argumente im Bereich der Familie findet (49f), daß er sie dann aber unreflektiert einfach auf andere Gemeinschaftsformen ausweitet, 51.
92 49.
93 Sie wird z.B. bei A.R.Johnson zu einer All-round-Theorie, aus der sich sogar die polytheistischen Spuren im AT erklären lassen: auch Jahwe wird zur corporate personality! (The One and the Many in the Israelite Conception of God, 1961); vgl Mowinckels Kritik an diesen Auswüchsen, He that Cometh, 215 Anm. 1f.
94 S. dazu J.Wössner, Soziologie, 101ff.
95 Israel I, 274.
96 277.
97 274; im Unterschied dazu bezieht S.Mowinckel die corporate personality immer auf den Stamm, The Psalms I, 42: "The individual had his real existence in the tribe" u.ö., hier zeigt sich, wie wenig der Begriff der corporate personality von ihren Vertretern soziologisch präzisiert worden ist.
98 Israel I, 276.
99 So etwa seine Interpretation der Nisbe (mo ab, mo abi), als sei der einzelne Moabiter nur der Repräsentant eines Typs (108f); hier wird eine Eigentümlichkeit der semitischen Sprachen viel zu direkt ins Soziologische übertragen; vgl auch 475 seine Charakterisierung des Volkes als "psychical whole" ohne Berücksichtigung der politischen Dimension, differenzierter wieder 474. - Die Unklarheiten sind z.T. dadurch bedingt, daß im AT die Konzeption familiärer Gemeinschaft vielfach in den politischen Raum übertragen worden ist, das bedeutet aber nicht, daß damit der Stamm oder das Volk zur Familie wird, sondern zeigt nur, welche hohe Bedeutung die Familie für das Gemeinschaftsleben insgesamt in Israel besessen hat.
100 Ich nenne nur E.B.Tylor, Primitive Culture, 2 Vol., 1871, schon 1873 ins Deutsche übertragen, und verweise für die Forschungsgeschichte im Einzelnen auf P.Bohannan, Social Anthropology, 1963 = 1971, 310 ff.
101 P.Drews, Religiöse Volkskunde, eine Aufgabe der Praktischen Theologie, Monatsschrift für Kirchliche Praxis, 1901, 1ff; von ihm stammt auch der Artikel in RGG 1.Aufl.V(1913) 1746-1754.
102 Vgl auch A.Jirku, Die Dämonen und ihre Abwehr im Alten Testament, 1912; Ders., Mantik in Altisrael, 1913; H.Duhm, Die bösen Geister im Alten Testament, 1904; J.Lippert, Der Seelenkult in seinen Beziehungen zur althebräischen Religion, 1881; J.Frey, Tod, Seelenglaube und Seelenkult im alten Israel, 1898; P.Torge, Seelenglaube und Unsterblichkeitshoffnung im Alten Testament, 1909.
103 Vgl den Begriff bei B.Stade, Geschichte I, 507; K.Marti, Geschichte der israelitischen Religion, 5.Aufl.1907, 88ff; aber auch bei H.Gunkel, RGG 1.Aufl.III, 494. Anders wird er in der Religionswissenschaft gefaßt, etwa bei G.Mensching, Volksreligion und Weltreligion, 1939; wo er die partikulare gegenüber der universalen Religion bezeichnet.
104 Vgl zu dieser Doppeldeutigkeit den Artikel von H.Gunkel, Volksreligion Israels, RGG 1.Aufl.V, 1754; das Stichwort ist bezeichnender Weise in der 2. und 3. Auflage von RGG wieder fallengelassen worden. Vgl auch den Begriff des "Vorprophetischen" bei B.Stade, Theol., 24ff: "Vorprophetisch nennen wir nicht nur alles, was zeitlich vor die Wirksamkeit der Propheten des 8.Jahrhunderts fällt, sondern auch alles, was inhaltlich hinter ihren Gedanken zurückbleibt", wobei Stade "vorprophe-

tisch" mit "volkstümlicher Religiosität" gleichsetzen kann(25).
105 Vgl zu dieser Differenzierung H.Gunkel, Volksreligion, 1754; als Beispiele für viele nenne ich B.Stade, Biblische Theologie, 1.+2.Aufl.1905: § 15 "Die vormosaische Religion Israels...", 38ff; § 16 "Die vormosaischen Vorstellungen von Jahve", die Stade von der Religion der heidnischen Araber her beschreibt (41); vgl dazu J.Wellhausen, Reste arabischen Heidentums, 1887; E.Kautzsch, Theol., "Die Spuren einer vormosaischen Religion"(1-38); K.Marti: "Die altsemitische Religion", 19-60, von der er "Die altisraelitische Jahwereligion", 61-85 und von dieser wiederum die "Religion des in Kanaan ansässigen Volkes", 86-134, abhebt.
106 So H.Ringgren, Israelitische Religion, 1963, 51.
107 So bei G.Fohrer, Geschichte der israelitischen Religion, 1969, 17ff; das "urtümliche religiöse Gut" kommt unter der Überschrift "Die vorgegebenen religiösen Elemente" vor der Erzväterreligion zu stehen.
108 Popular Questioning of Justice of God in Ancient Israel, 1970, 392.
109 Amos' Conception of God and the Popular Theology of His Time, 1964f, 123. Seine Untersuchung "Schriftprofetie en Volksideologie - Openbare Les... (29.10.1968) Nijkirk o.J. war mir nicht zugänglich. Der Autor plant eine umfassende Behandlung des Problems.
110 123.
111 1975, 7.
112 263f; 266; Zum Synkretismus in Israel vgl G.W.Ahlström, Aspects of Syncretism in Israelite Religion, 1963, z.B. 33.
113 M.Rose 253.
114 257f.
115 258f.
116 246-251.
117 208.
118 261.
119 266; Ähnlich schwebend redet auch M.Noth von der Volksfrömmigkeit, Personennamen, 218; 219f; seine Untersuchung liegt abseits der hier gezeichneten Forschungslinie und ist deswegen hier unberücksichtigt geblieben, vgl o.7.
120 M.Rose 266.
121 R.Albertz, Weltschöpfung und Menschenschöpfung, 155; 160; 161; 165.
122 Ergänzend möchte ich noch auf den Vorgang des Absinkens von Elementen offizieller Religion in die Volksfrömmigkeit hinweisen, die dadurch meist eine ganze andere Funktion bekommen. So wird etwa aus dem Kruzifix, seit dem Mittelalter Sinnbild des Christusgeschehens, in der Volksfrömmigkeit ein Zeichen, das auf den Feldern den Segen garantieren und in den Häusern böse Mächte abwehren soll.
123 'Mein Gott' im Alten Testament, ZAW 61, 1945-48, 3-16.
124 Mein Gott. Die Vorstellung vom persönlichen Gott im Alten Orient und Alten Testament, 1975.
125 S.u. 98f.
126 H.Vorländer 3.
127 4; 49 und häufig.
128 171.
129 171-175.
130 174.
131 175.
132 183.
133 184.
134 Er folgt darin weitgehend der lexikalischen (!) Zusammenstellung von CADI/J, 94-97.
135 H.Vorländer 4; 42 wird der Versuch einer Verhältnisbestimmung gemacht, sie bleibt aber unklar. Daß Vorländer für den hethitischen Bereich nur Belege für den persönlichen Gott eines Königs hat, macht ihm keine Schwierigkeiten (121-138).

136 Er begründet das z.T. wieder mit Belegen aus dem Königtum (4 Anm.3; vgl 33; 40), aus den Siegellegenden (53-57), obgleich hier der Tatbestand gerade nicht eindeutig ist, und aus der von O.Hirsch vorgenommenen Zusammenordnung von ilu und il(i) abīja, AfOBeih.13/14 (1972) 35-46.

137 H.Vorländer 4.

138 91-120.

139 Im alttestamentlichen Teil setzt Vorländer 184 den Nachweis eines Nebeneinanders von verschiedenen Religionsschichten im Alten Orient voraus, den er nicht erbracht hat.

140 Er ordnet 299 die dtn Belege der Übertragung der Vorstellung vom persönlichen Gott auf das Verhältnis Jahwes zum Volk Israel (293-301) der "exilisch-nachexilischen Literatur" (vgl Dtjes) einfach unter, ohne darüber Auskunft zu geben, ob er das Dtn abweichend von der überwiegenden Meinung der Forschung ins Exil datieren will.

141 172-174; er nennt Ri 17f; 1.Sam 20,6; Ex 21,5f; Dtn 27,15; Jer 2,27; Jes 44,9f; daß es überall um den persönlichen Gott geht, ist keineswegs ausgemacht.

142 Ephod und Theraphim (176-180); šaddaj setzt er 215-244 trotz erheblicher etymologischer Schwierigkeiten mit babylonisch šēdu gleich; selbst wenn das richtig wäre, bliebe noch zu beachten, daß im sumerisch-babylonischen lamassu und šēdu nicht mit ilu identisch sind; z.B. kann lamassu Objekt einer göttlichen Handlung sein, ilu nicht, vgl TCL 17, 37, 1f: a-na a-bi-ja ša DINGIR-šu ba-ni-šu la-ma-sà-am da-ri-tam id-di-nu-šum "an meinen Vater, dem sein Gott, sein Schöpfer einen dauernden Schutzgeist gegeben hat", zum Problem s.W.v.Soden, Die Schutzgenien Lamassu und Schedu in der babylonisch-assyrischen Literatur, 1964, 148-156. Hinzu nennt Vorländer noch Baale und Astarten (224-230).

143 184; vgl 172.

144 426; vgl zu P.Gerhardt 404-424; I.Röbbelen weist nach, daß im 17./18.Jh. ein breiter Strom "eigenmenschlicher 'Frömmigkeit'" in die Gesangbücher hineinfließt, der die reformatorische Rechtfertigungstheologie überlagert und beiseitedrängt. Röbbelen scheint jedoch hier eher einen sukzessiven Zerfallsprozeß als ein strukturelles Problem zu sehen. Wohl zeichnen sich die reformatorischen Lieder besonders durch eine klare Gemeindetheologie aus, aber die anderen sind nicht durchgängig später, so stammt z.B. auch "All Morgen ist ganz frisch und neu" (EKG 336) aus reformatorischer Zeit. Die Frage von Theologie und Frömmigkeit im Gesangbuch wäre also unter dem Gesichtswinkel des religionsinternen Pluralismus neu aufzurollen.

Anmerkungen zu Teil B

1 Das Subjekt der altisraelitischen Religion, 477.

2 Über das Ich der Psalmen, 74; zur kollektiven Psalmendeutung vgl.J.Becker, Psalmenexegese, 38-41.

3 Vgl E.Balla, Das Ich der Psalmen, 1912 und H.Gunkel/J.Begrich, Einleitung, 173-175. - Das gilt meiner Meinung nach auch für die jüngere Variante der kollektiven Deutung von H.Birkeland, Feinde, 1933. Birkelands Hypothese gründet vor allem darauf, daß er nicht formgeschichtlich zwischen der Klage des Einzelnen und den Königspsalmen - die gerade keine feste Gattung bilden! - unterscheidet (vgl 89; 106f); von daher verwischen sich die Unterschiede zwischen der Klage des Einzelnen und des Volkes, denn die Feinde des Königs sind wie die Feinde des Volkes politische Feinde; so kann Birkeland schließlich alle Klagen des Einzelnen als Königspsalmen verstehen. H.W.Robinson 57f und S.Mowinckel, The Psalms, 46 meinen zwischen den Auffassungen von R.Smend und E.Balla durch die Theorie der "corporate personality" vermitteln zu können. Doch schon allein die Tatsache, daß es für

Robinson der gewöhnliche Israelit ist, für Mowinckel aber der König (in Aufnahme der These von Birkeland), der die Gemeinschaft (welche?) repräsentiert, zeigt wie unpräzis und unsicher diese Konzeption ist; zu meiner Kritik s.o. 12f.

4 Vgl den Artikel Psalmen in RGG 1.Aufl.IV, 1927-49, den Psalmenkommentar von 1926 und die Einleitung von 1933.

5 Die Gattung eines "Dankliedes des Volkes" (H.Gunkel) bzw. des berichtenden Lobpsalms des Volkes (C.Westermann) ist durch die Arbeit von F.Crüsemann, Studien fraglich geworden (155-209).

6 Vgl E.Gerstenberger, Der bittende Mensch, 155.

7 Vgl. z.B. B.Duhm, Psalmen, 2.Aufl.1922, XXV; XXVIII.

8 Das Subjekt der altisraelitischen Religion, 468f.

9 Individu, 354.

10 6f, Anm.5; 15, Anm.1.

11 Psalmenstudien I, 137-140.

12 C.Westermann, Geschichte der Klage, 67/291; A.Wendel, Laiengebet, führt auf: Gebetswunsch, Bittgebet, Gelübde, Klagegebet, Bußgebet (?), Preisgebet, Dankgebet, Orakelgebet, Omengebet, Ordalgebet.

13 S.u. 61f.

14 So ist es wohl zu erklären, daß alle Arbeiten zum Kult in Israel sich fast ausschließlich auf den offiziellen Festkult beschränken, s.J.Wellhausen, Prolegomena; 17ff; R.de Vaux, Lebensordnungen II, 85ff, H.J.Kraus, Gottesdienst, 40ff.

15 Psalmenstudien II, 1921; hier ordnet Mowinckel schon die verschiedensten Gattungen aufgrund von Motivkombinationen einem einzigen Fest zu; noch einen Schritt weiter ging dann die kultgeschichtliche Schule, die den Großteil der individuellen Klagen als Klagen des Königs beim israelitischen Neujahrsfest interpretiert (vgl I.Engnell, The Book of Psalms, 102-106 u.ö.).

16 So behandelt z.B. H.J.Kraus die individuellen Klagen unter der Überschrift: "Der Festkult in Jerusalem", Gottesdienst, 253-257.

17 Vgl dazu auch J.Becker, Psalmenexegese, 18-23.

18 H.Gunkel/J.Begrich, Einleitung, 181.

19 261.

20 262f; er nennt Ps 42,7; 55,20; 61,3; 120,5.

21 Psalmenstudien I, 139f.

22 138.

23 140-157; er nennt: Tempelbesuch Ps 5,8; 27,4; 63,3 (txt?); 31,22f (txt?); Reinigungsriten Ps 26,6; 51,9; Omina und Orakel Ps 5,4; 12,6 (?); 27,8; 86,17; 51,8 (?); indirekt belegt in Ps 6,8f; 28,5f; 31,19f; 57,6f; 62,9f; vgl 55,23; Inkubationsorakel (unsicher) Ps 3,6; 4,9; 17,5.

24 Ps 6,7; 41,7; 69,7; 55,20; 61,3; 120,5; wohl auf das Heiligtum ausgerichtet, aber nicht dort gesprochen sind: Ps 3,5; 42,5.7/43,3; 63,3. Klar im Tempel gesprochen sind nur Ps 5; 26; 27; 28;51; in der Gemeinde Ps 22 in der jetzigen Form. Die überwiegende Mehrzahl der Klagen des Einzelnen haben gar keine (Ps 6; 7; 13; 17; 27A; 31; 40,14-18 = 70,1-6; 38; 39; 41,5-11; 55; 56; 64; 120; 88; 109; 140; 142) oder nur indirekte oder sekundäre (Ps 3; 25; 35; 42/43; 54; 57; 59; 63; 71; 86; 102; 130; 141) Hinweise auf Tempel, Großkult, Volk und Geschichte (31 von 39 Texten); zur letzten Gruppe vgl vor allem J.Becker, Israel deutet, 41-68.

25 S.Mowinckel, Psalmenstudien I, 137; vgl VI, 24-36.

26 Psalmen I, XLVIII; typisch ist das pauschale Urteil von H.Ringgren, Psalmen, 21: "Die Frömmigkeit des Psalters ist kultischer Art."

27 Der bittende Mensch 82; 59-66.

28 145f.

29 136.

30 145.

31 128.

32 162.

33 147.

34 1.Kön 14; 17,17-24; 2.Kön 1; 4,8-37; 5; 8,7-15; Jes 38.

35 Damit löst sich auch "das kultische Problem der Psalmen", das G.Quell 1926 zwar thematisiert hatte, aber nicht befriedigend, wie er selbst S.147 eingesteht, hatte lösen können. Quell geht von einer Gegenüberstellung von "Frömmigkeit" und "Kultus" aus und fragt, welcher Faktor für die Psalmen der entscheidendere gewesen sei. Dabei faßt er Frömmigkeit rein individuell ("eine konkrete, bewußte Seelenhaltung" 24), Kultus dagegen kollektiv ("eine Erscheinung des sozialen Lebens, nicht des individuellen" 38). Aufgrund dieser Alternative stellt sich für Quell gar nicht die Frage, auf welche Gemeinschaftsform Kultus zu beziehen sei; Kultus ist für ihn ganz fraglos Großkultus, Gottesdienst des Volkes, einen "Kleinkultus" kennt er nicht: "Ein Gebet ist kein Kultus"(39). Von diesem Ansatz her kommen alle gottesdienstlichen Hymnen und Klagen des Volkes in der "Kultusgruppe" zu stehen, 70ff. Da die Klagen des Einzelnen aber z.T. irgendwie geartete "kultische Elemente" enthalten, obwohl sie nach Quells Definition eigentlich kein Kultus sind, weist er sie zum großen Teil einer "kultisch-religiösen Mischgruppe" zu (104ff). Wenn daneben noch einige Klagen des Einzelnen übrig bleiben (die "religiöse Gruppe", 143), die sich bis auf das Fehlen "kultischer Elemente" in nichts von der zweiten Gruppe unterscheiden, dann wird die Fragwürdigkeit der ganzen Einteilung deutlich. In den Psalmen stehen sich eben nicht eine kultische Religion des Volkes und eine unkultische, individualistische Frömmigkeit gegenüber, sondern religiöse Begehungen der Groß- und der Kleingruppe; die Klagen des Einzelnen sind nicht "unkultisch", sondern sie sind in anderer Weise "kultisch" als die Volksklagen und Hymnen.

36 Der bittende Mensch, 160. Dieser Erkenntnisfortschritt wird von K.Seybold in seinem Referat S.13f übersehen. Er selbst gesteht zwar zu, daß zumindest die Krankheitspsalmen "außerhalb des heiligtumsgebundenen Kultus im Lebensbereich des einzelnen Kranken ihren Ort haben"(171), für die "Heilungspsalmen"(LE) und die Sühne- und Reinigungspraxis setzt er aber einen undifferenzierten Kultbegriff voraus, vgl 172; 175-180.

37 R.Albertz, Weltschöpfung und Menschenschöpfung, 154f.

38 Terminologie nach C.Westermann, Vergegenwärtigung, 256/307; vgl auch J.Kühlewein 58-62.

39 Ich differenziere hier terminologisch, was H.Gunkel/J.Begrich unter den Stichworten "Vertrauen auf Jahwe" und "Grund und Inhalt des Vertrauens", Einleitung, 232; 233 zusammenfassen; Kriterium ist, ob Gott oder der Klagende Subjekt des Satzes ist.

40 Vgl H.Gunkel/J.Begrich, Einleitung, § 6.19f, 232-238; C.Westermann, Loben Gottes, 52-55.

41 Ps 3; 5; 6; 7; 13; 17; 22; 25; 26; 27,7-14; 28; 31; 35; 38; 39; 41,5-13; 42/43; 51; 54; 55; 56; 57; 59; 61; 63; 64; 69; 70; 71; 86; 88; 102; 109; 120; 130; 140; 141; 142; 143; vgl H.Gunkel/J.Begrich, Einleitung, 172, im Anschluß von H.J. Kraus, Psalmen I, XLV habe ich Ps 41 hinzugenommen, der zwar ein LE ist, aber eine KE noch ausführlich zitiert; bei Kraus fehlen Ps 31; 70; 120; 142: Die statistischen Angaben für die KE beziehen sich immer auf diese Basis von 39 Psalmen.

42 a) mit Bekenntnis der Zuversicht: Ps 3,4; 7,11 (v.2 Vertrauensbekenntnis = VB); 22,10f; 25,5 (v.2.5b.20.21 VB); 27,10; 28,7a (v.7b VB); 31,4.5b; (v.15f VB); 43,2 (42,6 = 12 VB); 54,6; 59,10 (mit VB).17f; 61,4; 63,8f (v.9a VB);69,6 (mit Unschuldsbekenntnis); 70,6; 71,3.5-7 (v.4 VB); 140,7.8; 142,6;
b) nur mit Vertrauensbekenntnis: Ps 13,6; 26,1b; 38,16; 39,8.13; 55,24; 56,4f= 12; 57,2aß.b; 130,5f; 141,8.

43 Ps 86,5.15; 102,13; vgl 130,4.

44 C.Westermann, Loben Gottes 42-44; J.Kühlewein 63f.

45 Am nächsten kommt noch die dtr. nachgeahmte Klage Jer 14,8.9b.22.

46 Ps 44,5-9; 60,14; 74,12; die 1.P.sing. ist noch nicht endgültig geklärt (liturgisch?); doch auch wenn "Aber Gott ist mein König" (44,5; 74,12) an ein Bekenntnis in der Klage des Einzelnen erinnern könnte (Ps 5,3), dann erweist doch die Zeitbestimmung miqqædæm ("von Urzeit her") und die Apposition ("der Rettungstaten mitten

auf Erden vollbringt"), daß es hier um Erfahrungen geht, die das Volk mit Jahwe gemacht hat. Für Ps 44,5-9 hat J.Kühlewein eine bewußte Entsprechung zum Rückblick (44,2-4) erwiesen, 63f.

47 Ps 33,20-22; 90,1f; 115,9-11; Jes 63,16; 64,3b.7; bewußte Mischformen sind Thr 3,22f; Mi 7,18, s.u. 182ff. Zu der Bezeichnung "unser Rettungsgott" Ps 79,9; 85,5 s.u. 33f. Von den übrigen Stellen, die C.Westermann aufführt, sind Thr 1,18; 5,19; Ps 115,3 allgemeine Lobsätze; Ps 85,7; 60,6-7a; 106,43-46 sind textlich nicht sicher und wahrscheinlich nicht als Bekenntnis zu verstehen; Ps 80,2 gehört zum Rückblick; die späten Belege aus Add Dan und Ps Sal können hier unberücksichtigt bleiben, weil für diese Zeit Mischformen von vornherein wahrscheinlich sind.

48 Die Vertrauenspsalmen: Ps 4; 11; 16; 23; 27A; 62; dazu Ps 73,26 (v.23.28 VB); 91,2.9; 94,22; 119,114; Jer 17,14.17; Jes 49,5; Thr 3,24; Jon 2,10; Jer 16,19.

49 Ps 32,7; 118,6f; vertrauensvolle Anrede Ps 18,1-3; 144,1-2; vgl Ex 15,2 = Ps 118, 14 = Jes 12,2.

50 Man könnte höchstens Ps 46 hier nennen (so H.J.Kraus, anders H.Gunkel z.St.); doch hier steht die Beziehung Jahwes zum Zion im Zentrum; die Vertrauensbeziehung des Volkes ist davon nur abgeleitet. Die manchmal genannten Psalmen 123; 125; 126 sind sicher spät und beziehen sich nicht mehr auf das Volk, sondern auf die neue Gemeinschaftsform Gemeinde, dazu s.u. 194f.

51 Davon zu trennen sind die Gemeindegebete Ps 90; 94; 115; 123; 126; auch der Hymnus Ps 33 ist nachträglich in ein Gemeindegebet uminterpretiert worden (v.20-22); sie stammen aus einer Zeit, in der es das Volk als politische Größe längst nicht mehr gab.

52 Ps 44,1-4.(5-6); 74,2.12-17; 80,9-12; 83,10-12 (in Bitte einbezogen); 85,2-4; 89,10-13.20-38 (Rückblick auf Natanverheißung); Jes 63,7-14; 51,9f.

53 Ps 74,12-17; 89,10-13; Jes 51,9-10; vgl dazu R.Albertz, Weltschöpfung und Menschenschöpfung, 110-116.

54 Ps 80,2 Gottesbezeichnung in Anrede und Bitte um Epiphanie; 80,16 Bitte; 83,10-12 Bitte; 89,50 Bitte; zwischen Bitte und Rückblick steht Ps 74,2.

55 Ps 22,5-6; 77,12-21; 143,5; 119,52.

56 Vgl C.Westermann, Vergegenwärtigung, 254/306-258/311; J.Kühlewein 58-62; H.Zirker 118-123.

57 Theologie, 132. Vgl das schon erwähnte Zitat von W.Eichrodt: "Als Glied des Volkes, dem Gott sich offenbart und dem er seine Verheißungen gegeben hat, wagt er es, an Gottes Macht, Weisheit und Güte auch über seinem eigenen Leben zu glauben" Theologie III, 162 und A.Lauha 138f.

58 MT "Mein Herauszieher" wie Ps 22,10; doch v.6a ist min temporal, nicht lokal zu verstehen, so cj c LXX, Hier in ʿuzzī.

59 Im Bekenntnis der Zuversicht herrschen Nominalsätze vor (meist wird Jahwe in der 2.P. angeredet, z.B. Ps 3,4; 25,5; 31,4.5b; 43,2 u.ö.; seltener in der 3.P. genannt, z.B. Ps 28,7; 54,6 u.ö.); daneben begegnen Sätze mit hājā, die aber nicht als Verbalsätze aufzufassen sind; hājā hat den Sinn des alten akk. Stativs "du warst mir..." Ps 59,17f; 61,4; 63,8 u.ö. Seltener sind invertierte Verbalsätze im pf. (z.B. Ps 22,11) oder impf. (Ps 27,10). Verbalsätze dagegen fehlen.

60 Zur Vorstellung des heiligen Gottes vgl Jes 6,3; Ps 99,3.5.9; zum thronenden Gott Ps 9,12; 80,2; 99,1; 102,13 (allgemeiner Lobsatz in eine KE übertragen!); Thr 5,19.

61 Der Text ist gestört, ich versuche möglichst nah am MT zu bleiben.

62 S. dazu u. 37f und R.Albertz, Weltschöpfung und Menschenschöpfung, 34f.

63 H.Gunkel, Psalmen 93f geht zu schnell über die Schwierigkeiten hinweg; sie sind immerhin so gewichtig, daß F.Crüsemann Ps 22,23ff bei seiner Untersuchung der Tōdā-Feier ganz beiseite läßt (216 Anm.3).

64 So auch H.J.Kraus, Psalmen I, 177.

65 H.J.Kraus schreibt: "Das Heilsgeschehen ist dem Angefochtenen eine Quelle des Trostes und des Vertrauens." Psalmen II, 937; doch so klar kommt die Funktion im Psalm eben nicht heraus.

66 Für H.J.Kraus ist Ps 22,4-6 der entscheidende Beleg, um eine "Privatfrömmigkeit" in den Psalmen generell zu leugnen: "Jede Äußerung hat ihre Wurzeln und ihre Voraussetzungen, ihren Glaubensgrund und ihre Erfüllungsgewißheit in der Israelgemeinde", Gottesdienst, 253f. Das kann Ps 22 als ganzes und in seiner Ausnahmestellung gegenüber der Masse der individuellen Klagen aber gerade nicht erweisen.

Es ist vor allem Ps 22 gewesen, der verhindert hat, daß das auffällige Fehlen der Heilsgeschichte in der KE in seiner Tragweite erkannt worden ist, vgl J.Scharbert, Solidarität, 242f; H.Zirker 126-29, bes. 128.

67 So etwa von H.Zirker, 126-129; ebenfalls genannt wurde Ps 119,52, doch der Satz "Ich gedenke deiner Gerichte seit alters und tröste mich" ist wohl nicht auf die Heilsgeschichte, sondern auf Jahwes Gerichtshandeln an den Frevlern zu beziehen, so auch H.Gunkel, Psalmen, 523.

68 Psalm 77, 1947. baqqōdæš v.14 kann hier nicht, wie Weiser behauptet, das Heiligtum bedeuten (286); Weiser will eine kultische Theophanie zwischen v.11 und v.12 postulieren (286f), er übersieht aber, daß der Beter in v.17ff gar keine Theophanie, sondern eine Epiphanie aufnimmt, die nicht an den Kult gebunden ist; zum Unterschied s. C.Westermann, Loben Gottes, 69-76. Die Rede in der 3.P. läßt sich nicht analog zum Danklied erklären (282), denn es ist in Ps 77 kein Forum genannt, an das sich der Beter wenden könnte; die Form entspringt der grübelnden Reflexion.

69 S.u. 179f.

70 ʾēlī Ps 22,2.11; 63,2; 102,25; 140,7; ʾæ̆lōhāī Ps 3,8; Ps 5,3; 7,2.4; 13,4; 22,3; 25,2; 31,15; 35,23.24; 38,16.22; 40,18; 42,7=12=43,5; 43,4; 59,2 (vgl v.4.11 text?); 69,4; 71,4.12.22; 86,2.12; 109,26; 143,10.

71 Ps 3; 5; 7; 13; 22; 25; 31; 35; 38; 42/43; 59; 63; 69; 71; 86; 102; 109; 140; 143; vgl 40,18, anders 70,6.

72 ʾēlī Ps 18,3; 118,28; Jes 44,17; vgl Ex 15,2. ʾæ̆lōhāī Jes 25,1; 49,4b.5; 61,10; Mi 7,7; Jon 2,7; Hab 1,12; Ps 18,7.22.29.30; 30,13; 40,6.9; 91,2; 94,22; vgl Jes 40,27 (KE!); Ps 119,115. Die Aufrufe in den Hymnen des Einzelnen sind analog zum berichtenden Lob gebildet worden, so Ex 15,2; 104,1.33; 145,1; 146,2.

73 Die traditionelle Übersetzung "Gott meines Heils" oder "Gott meiner Rettung" klingt gekünstelt; das suff. in einer cstr.-Verbindung kann sich sowohl auf das regens als auf das rectum beziehen, vgl har qådšĕkā "dein heiliger Berg".

74 ʾæ̆lōhē jišʿī Ps 25,5; 27,9; ʾæ̆lōhē jĕšūʿātī Ps 88,2; ʾæ̆lōhē tĕšūʿātī Ps 51,16; vielleicht auch ʾădōnāī tĕšūʿātī Ps 38,23.

75 Mi 7,7; Hab 3,18; Ps 18,47; ʾēl jĕšūʿātī Jes 12,2; im Bekenntnis des Königs ṣūr jĕšūʿātī Ps 89,27; vgl auch ʾēl tĕhillātī Ps 109,1 und vielleicht ʾēl salʿī Ps 42,10.

76 So ziemlich sicher in dem Bekenntnis Ps 16,2 und neben ʾæ̆lōhāī in Ps 38,16; 86,12 (auch v.3.5.9.15?); sonst ist kein sicheres Urteil aufgrund des erstarrten Suffixes möglich. Hinzu kommt noch ṣūri Ps 28,1, das hier Gottesbezeichnung ist.

77 Ps 23,1; vgl schon Gen 48,15b. Daß hier keine ursprüngliche, sondern eine vom Volk übertragene Vorstellung vorliegt, ist gegen H.Vorländer 276 festzuhalten; das Bild vom Hirten setzt immer eine Vielzahl der Herdentiere voraus. Vorländers Argument verfängt nicht, denn auch in Mesopotamien kann schon eine Übertragung vorliegen.

78 Ps 5,3; vgl Ps 84,4; zu Ps 44,5; 74,12 s.o.B 46. Auch diese Bezeichnung scheint mir eine Übertragung zu sein. Doch ist die politische Vorstellung von König und Untertanen zurückgetreten, mælæk bezeichnet einfach die Größe Gottes, ist also eine Art Gottesbezeichnung geworden, wie in den Personennamen (im Phönizischen auch Gottesname); vgl die akk. Personennamen mit šamši "meine Sonne".

79 Ps 3; 5; 7; 13; 22; 25; 27B; 31; 35; 38; 42/43; 51; 57; 59; 63; 69; (70,6? vgl 40,18); 71; 86; 88; 102; 109; 140; 143. Mit Bekenntnis der Zuversicht, aber ohne Gottesbezeichnung + Suffix 1.sg.: Ps 26; 28; 39; 54; 55; 56; 61; 70?; 130; 142; ohne Bekenntnis der Zuversicht, aber mit vertrauensvoller Anrede: Ps 5; 35; 51; 109. Weder ein Bekenntnis, noch eine vertrauensvolle Anrede Gottes haben nur 5 der 39 Klagen des Einzelnen: Ps 6; 17; 41; 64; 120.

80 ʾēlī ʾattā Ps 22,11; 63,2; 140,7; vgl Jes 44,17; Ps 118,28; ʾᵃlōhaīʾattā Ps 31,15; 86,2; 143,10; vgl Jes 25,1; Jer 31,18. ʾattā ʾᵃlōhē jišʿī Ps 25,5; ʾattā ʾᵃlōhē māʿuzzī Ps 43,2. H.Vorländer vergißt Ps 143, 10, wie seine Aufstellung S.245f überhaupt ungenau und lückenhaft ist.

81 Ps 79,5; 83,18; 85,2; Thr 5,1.19.21; Jes 63,17; 64,7.11.

82 Ps 44,2; 60,3.12; 74,1.22; 79,1; 80,4 (text?); 83,2.

83 Ps 80,5.8.15.20 cj c BH; 89,9.

84 Ps 83,2.

85 Ps 44,24 (text?); Ps 79,12.

86 Jes 51,9.

87 "Gott Israels" und "Jahwe Zebaoth" in Ps 59,6; 69,7. Die Verse 59,6=14 gehören zu einer sekundären kollektiven Umdeutung, die der Psalm erfahren hat, vgl J.Becker, Israel deutet, 59f; H.Vorländer 284f. In Ps 69,7 kommen die Titel erst mit einer Ausweitung des Blicks auf die Gemeinde hinein. Vgl auch die sekundäre Bitte Ps 57,6, die die Feindklage unterbricht (s. C.Westermann THAT I, 804). Es bleiben Ps 22,4 und Ps 71,22; zu ersterem s.o. 29f, in letzterem ist eine Gottesprädikation Jesajas und Deuterojesajas (qᵉdōš jiśrāʾēl) in die persönliche Frömmigkeit abgesunken (par zu ʾᵃlōhaī, pc MSS, LXX, Sym., Syr. ʾᵃlōhīm versuchen auszugleichen). - "Jahwe Zebaoth" kommt gehäuft in den Zionliedern vor (Ps 24,10; 46,8.12; 48,9; 84,2.4.9.13) und in Gebeten Einzelner, die sich auf das Ladeheiligtum (1.Sam 1,11) oder den Jerusalemer Tempel beziehen (Jes 37,16).

88 Vgl individuell Jer 2,27; Mal 2,10 und R.Albertz, Weltschöpfung und Menschenschöpfung, 36f, s.u.182ff. Ebenfalls auf das Volk übertragen Dtn 32,6; vgl Jer 3,4.19; vom König ausgesagt Ps 89,27.

89 Ich rechne dazu Ps 33,20-22; 90; 94; 106; 123; 126 und die Liturgie 115. Auch sie sind pluralisch, aber unterscheiden sich in vielfacher Hinsicht von den echten Volksklagen, s.u. 192ff. Auch in ihnen überwiegt noch Jahwe als Anrede, ʾᵃlōhēnu "unser Gott" kommt aber schon häufiger vor: Ps 90,17; 94,23; 106,47; wofür 1.Chr. 16,35 ʾᵃlōhē jišʿēnu hat; 115,3; 123,2. Vgl auch die Prosagebete Neh 9,32; Esr 9,8.10.13; Dan 9,17 u.ö.; 1.Kön 8,57-59; Jer 14,22.

90 Anrede in der Bitte: Ps 3,8; 4,2; 5,3; 13,4;(18,7); 35,23.24; 38,22; 40,18; 59,2; 71,4.12; 102,25; 109,26; Bekenntnis als Begründung der Bitte: Ps 16,2; 25,5; 27,9; 43,2; 51,16; 86,2; 140,7; 143,10; vgl kollektiv Jer 31,18; als Begründung der Hinwendung zu Gott: Ps 57,3; 63,2; im Kontrast zur Klage: Ps 22,2; 69,4; 88,2; vgl Jes 40,27;42,7.12=43,5; 91,2; 94,22; Jes 49,4b.5; Mi 7,7; Hab 1,12; vgl Ps 23,1; 18,3.
Daneben noch im Lobgelübde: Ps 30,13; 43,4; 59,18; 71,22; 86,12; im kohortativen Aufruf zum Lob: Ps 118,28; Jes 25,1; vgl Ps 18,29f; 40,6; Joh 2,7 und im Unschuldsbekenntnis Ps 7,4; 18,22; vgl Ps 119,115.

91 ʾēlīʾattā Ps 22,11; 63,2; 118,28; 140,7; Jes 44,17; vgl Ps 89,27; ʾᵃlōhaīʾattā Ps 31,15; 86,2; 143,10; Jes 25,1; vgl Jer 31,18; ʾᵃdōnāīʾattā Ps 16,2; ʾattā ʾᵃlōhē jišʿī Ps 25,5; ʾattā ʾᵃlōhē māʿuzzi Ps 43,2.

92 Das kommt bei H.Vorländer 246 nicht klar heraus.

93 Zur Erschaffung des Einzelnen s.u. 37f.

94 Ebenso Jos 24,24; Jer 3,23.25; 5,24; 1.Kön 8,61.

95 Vgl Ri 10,10 DTR; Jer 8,14; Dan 9,10.13.

96 Ps 18,32; 113,5; 115,3 - Ps 66,8; 95,7; 98,3; 99,5 u.ö.; vgl in der dtr KV Jer 14,22.

97 Der KE am nächsten kommen Ps 48,15; 95,7; 105,7, vgl 2.Kön 18,22; Jes 25,9; Ps 67,7; 94,23; 99,8.9; vgl Ps 40,4; 20,8.

98 Von den 113 Stellen, an denen das Verb vorkommt, sind 36 pluralisch konstruiert, hinzu kommen noch 19 sing. Formen mit kollektivem Subjekt. Das ergibt einen Anteil des pluralisch-kollektiven Gebrauchs von 48%. Beschränkt man sich auf den theologischen Gebrauch im engeren Sinn (nur Stellen, wo Gott Objekt ist), dann sind 23 (20%) Stellen pluralisch-kollektiv, 32 (28%) singularisch. Der Befund mag dazu

verführt haben, daß man bis jetzt den verschiedenen Subjekten von batah keine Aufmerksamkeit geschenkt hat, vgl den Artikel von E.Gerstenberger, THAT I, 300-305.

99 Der erhebliche Anteil von 43% des singularischen theologischen Gebrauchs gehört hierher.

100 Etwa Ps 9,11; 33,21; 40,4; 62,9; 115,9-11(3x); wahrscheinlich auch Ps 22,5f(3x); 125,1; dazu Jes 12,2; 26,4. Die Übertragung steht im Zusammenhang der Aufnahme der persönlichen Frömmigkeit in der nachexilischen Gemeindefrömmigkeit, s. u.196.

101 Es sind dies: Ps 13,6; 25,2; 26,1; 28,7; 31,15; 55,24; 56,4.5.12; 86,2 (als Motiv der Bitte); 143,8; dazu im Bekenntnis der Zuversicht kausativ Ps 22,10; in Vertrauenspsalmen Ps 27,3; 91,2; in der KE nominal Ps 71,5.

102 Ps 44,7: "Denn nicht auf meinen Bogen vertraue ich, und mein Schwert kann mich nicht retten" klingt wie ein auf das Volk bezogenes Bekenntnis des Königs, mit dem er den geschichtlichen Rückblick auf Jahwes frühere Heilstaten (44,2-4) auf die Gegenwart appliziert. Das bewußte "Nicht-Vertrauen" auf die eigene militärische Stärke zeigt eine alternative Entscheidungssituation, die nur in der Gottesbeziehung des Volkes begegnet, s.u. 36.

103 Vgl die Motive in Jes 12,2 (mein Schutz, meine Rettung etc) und Ps 33,20 (unsere Hilfe, unser Schild), die alle aus dem Bekenntnis der Zuversicht in der KE stammen, zu Ps 33,20-22 s.u. 193. Vom Vertrauen des Volkes im Zusammenhang des Gebets wird nur noch in der späten Stelle 1.Chr 5,20 gesprochen; Ps 22,5f ist wohl nicht das Volk als ganzes, sondern sind die Vorfahren als Einzelmenschen gemeint.

104 Jes 31,1; Hos 10,13; Jer 5,17; vgl Jer 48,7; Dtn 28,52.

105 Jes 30,12; Jer 2,37; 2.Kön 18,21.24; vgl Jer 46,25.

106 Das war wohl die von Jesaja gemeinte Alternative im syrisch-ephraemitischen Krieg (Jes 7; er spricht hier allerdings nicht vom Vertrauen, sondern vom Glauben, v.9) und bei den Versuchen einer Befreiung von der assyrischen Oberherrschaft 704ff v. Chr. (Jes 30; 31).

107 Jes 30,12; 31,1; Hos 10,13; Jer 2,37; 5,17; vgl Am 6,1.

108 In der traditionsgeschichtlich komplexen Hiskiaerzählung 1.Kön 18f=Jes 36f ist bāṭaḥ so etwas wie ein Leitwort. Mit den Argumenten, die Israel und Hiskia durch assyrischen Mund vor Augen gestellt werden (18,19ff; 19,10f), werden spielerisch die Möglichkeiten erwogen, die Hiskia mit seiner Entscheidung für Jahwe, "den einzigen Gott über alle Königreiche" (19,15) ausschlägt, s. dazu E.Gerstenberger, THAT I, 304.

109 Erst in der Gemeindefrömmigkeit der nachexilischen Zeit ist die Entscheidungssituation auch in das Gottvertrauen des Einzelnen eingedrungen, so.z.B. Ps 31,7; 52,9f; damit wird aber das im Vertrauensbekenntnis Gemeinte grundlegend verändert: Aus einem Sich-Klammern an Gott in der Todesbedrohung wird eine das ganze Leben bestimmende fromme Haltung, mit der sich der Gerechte vom Gottlosen unterscheidet. Näheres s. dazu u. 196.

110 Ps 44,13; 60,5; 79,13; 80,5; 83,4; 85,7; Jes 63,8.14.

111 Ps 74,2.

112 Ps 79,2.10; Jes 63,17.

113 Ps 79,2; 74,19; vgl 83,4.

114 Ps 74,1; 79,13.

115 Ps 74,2; 79,1; Jes 63,17.

116 Ps 22,29; Ex 15,18.

117 Ps 80,2.

118 Am deutlichsten in dem Gemeindegebet Ps 123,1-2.

119 Vgl qānā "erwerben" Ps 74,2.

120 Ps 79,9; Jes 64,1.

121 Ps 74,10.18.(vgl v.7.23); 79,6; 83,17.19 (vgl v.3).

122 Ps 74,12-15; 89,10-11; Jes 51,9f.

123 Ps 74,16-17; 89,12-13.

124 Zum Nachweis im einzelnen s.R.Albertz, Weltschöpfung und Menschenschöpfung, 110-116.

125 157-161.

126 Ps 24,1f; 33,6-9; 95,3-5; 96,4f; 135,7; 136,5-8; 146,6; 148,5b.6; dazu 1.Sam 2,8b; Jes 51,15; Jer 10,12f; 31,35; 33,2.25; Am 4,13; 5,8; 9,5f; und zahlreiche Stellen bei Deuterojesaja und Hiob vgl R.Albertz, Weltschöpfung und Menschenschöpfung, 90-109.

127 Ps 22,10f; 119,73; 138,8; Jer 2,27; Hi 10,3.8-10; 35,10; vgl R.Albertz, Weltschöpfung und Menschenschöpfung, 33-42; und die ihnen korrespondierenden Heilsorakel: Jes 43,1; 44,2.21.24; 49,5; 54,5; vgl Jes 46,3f.

128 Vgl auch Hi 10,13; Jes 46,3 und die Wendung jāṣar/ᶜāśā mibbæṭæn Jes 44,2.24; 49,5.

129 Die Klagen aus Dürrenot (Jer 14f; Joel 1) sind nicht in den Psalter aufgenommen worden; ich lasse sie darum beiseite. In diesem Kapitel habe ich Beobachtungen aufgenommen, die Frau M.Ficker in ihrer Heidelberger Examensarbeit "Volksgeschichte und Einzelschicksal in den Psalmen", 1972 gemacht hat.

130 Ps 44,10-15.20.25, vgl die negative Bitte v.24; 60,3-5.12; 74,1.11, neg. Bitte v.19; 79,5; 80,5-7; 85,6; 89,39-47; Thr 5,20.22; Jes 63,17; 64,4b.6.11, neg. Bitten 63,15cj; 64,8; der einzige Text, in dem nur negative Bitten, aber keine Anklage begegnet, ist Ps 83,2. Der 11. Text Jes 51,9f muß außerhalb der Untersuchung bleiben, da er nur ein kurzes Zitat einer KV bietet, in dem (zufällig?) keine Anklage vorkommt.

131 Er zog nicht mit den Heeren Israels aus (Ps 44,10; 60,12), ließ sie zurückweichen (44,11); ließ den König nicht im Kampf bestehen (89,44), sein Schwert zurückweichen (89,44), ließ die Feinde triumphieren (89,43).

132 Ps 44,12; Jes 64,6 l māgan pi; vgl 74,19; verkaufen: 44,13; zerstreuen: 44,12. Hinzu kommt: bei den Feinden zum Spott machen: Ps 44,10.11.14; 80,7; vgl 89,46.

133 dākā Ps 44,20; pāraṣ Ps 60,3; 80,13; raᶜaš 60,4; pāṣam 60,4; in Trümmern legen 89,41; die Krone entweihen 89,40; andere Ausdrücke in Ps 89,45; 44,20.

134 Mit Schlimmem tränken (cj rāwā) Ps 60,5; mit Taumelwein (60,5), mit Tränen (80,6) tränken (šāqā); mit Tränenbrot speisen (hæʾĕkīl) Ps 80,6; vgl 89,46.

135 zānaḥ in der Anklage: Ps 44,10; 60,3.12; 74,1; 89,39; vgl auch Thr 2,7; in neg. Bitte Ps 44,24. māʾas in Ps 89,39; Thr 5,22; vgl auch Jer 14,19; Thr 3,45; ähnlich nāʾar bĕrīt Ps 89,40; vgl auch gāᶜal Jer 14,19; nāʾaṣ Thr 2,6. Für māʾas stellt H.Wildberger fest: "Nie wird in älteren Texten, vom Sonderfall des Königs abgesehen, von der Verwerfung eines einzelnen gesprochen." THAT I, 891.

136 ʾānaf Ps 60,3; 79,5; 85,6; ᶜāšan Ps 74,1 (mit ʾaf); 80,5; bāᶜar Ps 79,5 (mit qinʾā); 89,47 (mit ḥāmā); qāṣaf Thr 5,22b; Jes 64,4b (vgl die negative Bitte v.8); hitᶜabbēr Ps 89,39; māšak ʾaf Ps 85,6.

137 Ps 44,25; Jes 64,6.

138 Ps 89,47.

139 Jes 64,11; Ps 83,2 negative Bitte.

140 Thr 5,20; dazu šākaḥ Ps 44,25; Thr 5,20; vgl Ps 74,19 negative Bitte.

141 hitʾappēq "an sich halten" Jes 64,11; vgl die neg. Bitte in 63,15; šāqaṭ, dŏmī lĕ "sich Ruhe vergönnen" Ps 83,2; die Hand zurückhalten Ps 74,12.

142 Nicht zu berücksichtigen sind die Bitten, Gott möge seinen Zorn gegen die Feinde wenden, Ps 7,7; 56,8; 59,14; 69,25.

143 So entsprechend in den Klagen des Volkes Ps 74,1; 79,5; 80,5.

144 Ps 6,2=38,1; vgl auch Ps 27,9.

145 Ps 38,4; 102,11; in die Nähe gehört noch Ps 39,11, wo von einem Schlag (nægaᶜ) Jahwes gesprochen wird.

146 zānaḥ Ps 43,2; 88,15 vgl Thr 3,17; hišlīk Ps 51,13; 71,9; nāṭā Ps 27,9; nāṭaš Ps 27,9, vgl māʾas Hi 10,3; indirekt formuliert auch Ps 31,23. Es sind demnach die Psalmen 27; 31; 43; 51; 71; 88.

147 Wegraffen Ps 26,9; 28,3; Leben verkürzen 102,25; in die Grube versetzen 88,7;

die Hand Jahwes lastet auf dem Beter Ps 38,3, vgl 39,11; dākā Ps 51,10; Jahwes Pfeile dringen ein Ps 38,3; verschiedene Bilder in Ps 88,8.16b.17. Jahwe bedroht den Klagenden wie sonst die Feinde in Ps 88,18; er zerstört die Gemeinschaft 88,9. 19. Gehäuft ist von Jahwes zerstörerischem Handeln am Einzelnen in Ps 38 und 88 die Rede.

148 Ps 6; 26; 27B; 38; 41; 51; 69; 88; 102; 130.

149 Lies miššawᶜātī statt mīšūᶜātī "von meiner Rettung".

150 Ps 27,9; 38,22; 71,9.18; vgl 17,11.

151 Ps 22,12=20; 35,22; 38,22; 71,12a.

152 Ps 27,9; 69,18; 102,3; 143,7; Klage in 88,15; hitᶜallēm "sich verbergen" in Ps 55,2.

153 Ps 28,1; 39,13; 35,22; 109,1; dazu šākaḥ in der Klage Ps 13,2; 42,10.

154 Ps 7,2f; 17,8f.13; 22,21f; 27,12; 31,5.16b; 35,1-3.17b; 39,9; 43,1; 59,2f; 64,2f; 71,4; 120,2; 140,2.5; 141,9; 142,7; 143,9 vgl Ps 91,3. - Ganz anders die Klage des Volkes: Hier ist besonders charakteristisch die Bitte um Restitution: Ps 80,4. 8.15.20; Ps 85,5; Thr 5,21. Häufig ist auch die reine Bitte um Rettung: Ps 44,27; 80,19; 74,22; 79,9; 85,8; Bitten und Wünsche gegen die Feinde vor allem Ps 83 und 79,6; in die Nähe der Bitten der KE kommen nur Ps 60,6.13.

155 Ps 56,2f; 57,4; 109,2; 143,1ff; vgl die Anklage Ps 42,10=43,2 und 13,5, dazu das Lobgelübde oder die Gewißheit der Erhörung in Ps 3,8; 35,10; 86,13; vgl 25,15.

156 Vgl auch Ps 31,15f; 140,2.8; 62,2.4f.6-8.

157 Vgl Ps 11,1-3; 16,10; 23,4-6; 62,2-8; 91,3-6.9f.11-13; undeutlich nur in Ps 4. Ps 46 ist ein Sonderfall: hier vermischt sich die Heilssicherheit der Zionstheologie mit Motiven aus dem individuellen Vertrauenslied, sicher nachexilisch ist Ps 125.

158 Vgl Ps 7; 54; 56;57; 59; 140.

159 L c LXX suff. 3.m.sg.

160 Letztlich alle Psalmen, in denen eine Bitte um Rettung aus der Bedrohung durch die Feinde begegnet, also außer den Anm. 158 u.a. genannten: Ps 17; 22; 27B; 31; 35; 42/43; 64; 71; 109; 120; 141-143; in weiterem Sinn auch Ps 13; 61; 63; 70; 25? Z.T. wird die Bitte daneben auch durch die Ich-Klage motiviert Ps 13,4; 25,16; 31,10; 61,3; 109,21-24; 142,3.7; 143,7. Wie sich beides zueinander verhält, wird aus den Texten selbst nicht ganz klar, am ehesten wird man annehmen dürfen, daß es sich um zwei verschiedene Aspekte des gleichen Leides handelt, s.u. 46ff. Stark von der Ich-Klage beherrscht, ohne daß die Feindklage ganz zu fehlen braucht, sind Ps 6; 38; 41; 69; 88; 102; es sind auch die Texte, wo am härtesten über das Verwerfen und den Zorn Gottes geklagt wird.

161 zānaḥ bezeichnet 2.Chr 11,14 (im hi) die Entlassung aus dem Priesteramt.

162 Das hat schon S.Mowinckel in Psalmenstudien I in aller Klarheit herausgearbeitet; er unterscheidet S.97f zwischen den konkret politischen Feinden der KV und den stereotyp gezeichneten "dogmatisch postulierten Gestalten" (98) der KE. H.Birkeland hat an diesem Punkte seinem Lehrer widersprochen; er behauptet, "die Feindschilderungen der indiv. Psalmen stimmten... mit denen der nationalen Psalmen gänzlich überein." 87 Birkeland kommt zu diesem entgegengesetzten Ergebnis, weil er die Königspsalmen (und in ihrem Gefolge viele KE) mit zu den Volksklagen hinzunimmt. Dadurch sind alle Unterschiede von vornherein verwischt.

S.Mowinckel hat sich von Birkeland überzeugen lassen (Offersang og Sangoffer 227-248) und hat seine früheren Ansichten ausdrücklich revidiert (Vorwort zum Neudruck der Psalmenstudien von 1966, S.3); im Unterschied zu diesem u.a. (z.B. I.Engnell) hat er jedoch - je länger je mehr - wieder daran festgehalten, daß es auch private Klagen des Einzelnen gegeben hat (The Psalms in Israel's Worship II, 1-15). Wie sich jedoch die Feinde in dieser Gruppe (z.B. Ps 6 und 22) zu denen in den "National Psalms of Lamentation in the I-Form" (I,225-246) verhalten, bleibt unklar. Ich hoffe, in diesem Kapitel gezeigt zu haben, daß die "mechanical distinction between I-psalms and we-psalms", die der spätere Mowinckel H.Gunkel und C.Westermann vorwirft (The Psalms I, 226 Anm.1), eine fruchtbare und tragfähige Hypothese ist, die zu methodisch klareren Ergebnissen führt. Das soll nun auch für die "Feinde" gezeigt werden.

163 Allein in Ps 83 kann bezweifelt werden, ob es sich bei den vielen, sogar mit Namen genannten Völkern (auch Assur!) um echte historisch-politische Feinde handelt, vgl H.J.Kraus, Psalmen II, 577.

164 Ps 74,18.22.

165 zār, nåkrī Thr 5,2.

166 šākēn Ps 79,4.12; 80,7; 89,42; sĕbībōt Ps 79,4.

167 mamlākōt Ps 79,6.

168 gōjīm Ps 79,1.6.10; Jes 64,1; ᶜammīm Ps 89,51; Völkernamen begegnen Thr 5,6 und gehäuft Ps 83,6-9, dazu oben Anm. 163.

169 Ps 74,4.23; 83,3; 89,52; Jes 64,1; vgl 79,6; auch hier spielt Ps 83 eine Sonderrolle, vgl v.6.

170 Darauf macht mit Recht O.Keel 118 aufmerksam.

171 Ps 83,4-6.

172 Ps 79,1.

173 Ps 79,2.3; vgl 83,5.

174 Ps 44,11; 89,42; 80,13f.

175 Ps 74,10 cj jānā; Thr 5,8 und vom Volk aus gesehen die Schilderung des ganzen Psalms.

176 Ps 74,4-7; 79,1; Jes 63,18; vgl Thr 5,18.

177 Schmähungen gegen das Volk Ps 44,14-15; 79,4; 80,7; den König Ps 89,42.51f; gegen Jahwe Ps 74,10.18.22; 79,12.

178 Das ist weithin akzeptiert, seit E.Balla und H.Gunkel der kollektiven Deutung der individuellen Klagelieder den Boden entzogen haben (vgl H.Gunkel/J.Begrich, Einleitung, 173f). Gerade die kriegerischen Bilder hatten seit de Wette über Olshausen bis hin zu R.Smend als Argument dafür herhalten müssen, daß die Feinde der KE politische Gegner der Juden (Heiden, Hellenisten) sein müßten, s. R.Smend, Über das Ich der Psalmen, 58ff; auch H.Birkeland argumentiert: Weil die Feinde in der KE z.T. kriegerische Züge hätten, müßten sie als politische Feinde des Königs verstanden werden (85f; 114ff). Doch muß auch Birkeland zugeben, daß echte politische Bezeichnungen (etwa ᶜam und gōjīm) in den KE nur selten vorkommen (z.B. Ps 3,7), 84f; 89f.

179 Die Aufteilung von zwei Gruppen von Feinden schon bei S.Mowinckel, Psalmenstudien I, 103f; H.Gunkel/J.Begrich, Einleitung, 211; O.Keel 132ff; klar abgehoben bei H.Vorländer 258. Die Mitmenschen des Klagenden sind gemeint in Ps 22,7-9.19; 31,12-14; 35,11-16; 38,12; 41,6-10; 55,14-15.21; 69,10-13.19-22.27; fließend sind die Übergänge Ps 38,13; 55,13; 109.

180 Ps 22,7-9; 31,13; 69,12; vgl 109,25.

181 šākēn Ps 31,12; qārōb 38,12.

182 mĕjuddaᶜ Ps 31,12; 88,9.19.

183 ʾōhēb Ps 38,12; 88,19; rēaᶜ 38,12; 88,19; ʾiš šālōm 41,10; ʾænōš kĕᶜærkī Ps 55,14.

184 Ps 27,10; 31,13; 38,12; 88,9.19.

185 Ps 22,7-9; 31,12; 35,15.(19.26?); 41,7f.12; 69,10.12.21; Ps 109,25.

186 Ps 35,12, von den Gottlosen 38,21.

187 Ps 22,9.

188 Ps 35,11; 69,5; 109,6-19 in der Interpretation von H.Schmidt und H.J.Kraus z.St.

189 Im AT ist die normale Reaktion wie heute der Krankenbesuch: 2.Sam 13,5f; 2.Kön 8,29; 20,12; Hi 2,11; vgl Gen 48,1f; Ps 41,7; hinzu kommt die Erkundigung Neh 2,2; und die Anteilnahme Ps 35,13, im diplomatischen Verkehr 2.Kön 20,12ff.

190 Ps 27,10; Hi 19,13-19 ist sicher ein extremer Sonderfall.

191 2.Kön 4,18-37; vgl par 1.Kön 17,17-24; 1.Kön 14,5; vgl 2.Sam 13,5f; Ps 35,13; und häufig im NT Mk 1,30; 2,2f; 9,14-29; Lk 7,1-10; 7,11-17.

192 Das Gebot: "Du sollst deinen Vater und deine Mutter ehren" (kibbad) meint, wie ähnliche Wendungen (mit akk. palāḫu = "verehren") in Adoptionsurkunden aus Nuzi

deutlich machen, die Sorge für die Eltern (Essen, Kleidung, Begräbnis), wenn diese alt und gebrechlich geworden sind (so HSS V 60,17f; 7,18-30; 67,13.37; IX 22,11-15 u.ö. vgl auch Gen 50,1-14).
193 Lev 13; Nu 5,2; 2.Kön 7,3ff; K.Seybold deutet die soziale Isolierung zu sehr vom Fall des Aussatzes her (48-53); Hi 19,10-19 ist ein extremer Fall, den man nicht verallgemeinern darf.
194 Dieses Ergebnis ist konform mit der oben S. 26f. gemachten Voraussetzung, daß die Klagezeremonie gerade von der Familie veranstaltet wurde.
195 Daß die mitmenschlichen Feinde den Tod des Klagenden wollen, wird nur in Ps 31, 14 und 41,6 - offensichtlich subjektiv übertreibend - gesagt.
196 Ps 7,2; 31,15; 35,3f; 143,3.
197 Ps 59,5; 62,4; vgl hūt pil "bestürmen" Ps 62,4.
198 Ps 56,7; 59,3.4; 140,3; vgl ṣāfan "spähen" 56,7.
199 Ps 25,15; 31,5; 35,7; 57,7; 64,6; 91,3; 140,6; 142,4; vgl 38,13.
200 Ps 35,7; 57,7.
201 Ps 56,2f; 57,4.
202 So næfæš "Gier" Ps 17,9; 27,11; 41,3; lāhaṭ eigentlich "lodern" 57,5; und häufig biqqeš næfæš "nach dem Leben trachten" 35,4; 70,3; 54,5; 63,10; 86,14; vgl šōmĕre nafšī Ps 71,10.
203 Ps 7,2f; 17,12; vgl Ps 22,14.
204 Ps 27,2; vgl 59,16; Vergleiche mit wilden Tieren Ps 7,2f; 22,13f.17.21f; 35,17; 57,5; 91,13; daneben steht das Bild von Kriegern Ps 3,2.7; (11,2); 27,3; 35,1-3; 140,8.
205 Ps 13,3.5; 22,18b; 55,13(?). Hier berühren sich beide Gruppen von Feinden, doch kommen in der zweiten Gruppe die Verben des Triumphes und der Schadenfreude viel seltener vor als die Verben des Bedrohens. - Mit der Aufteilung auf zwei verschiedene Gruppen von Feinden läßt sich die Aporie lösen, die C.Westermann notiert hat: daß das Handeln der Feinde erst auf einen Akt zielt, daß das Reden der Feinde aber schon auf ein bestehendes Faktum zurückblickt (Geschichte der Klage, 62f/286f; vgl H.Vorländer 258).
206 Ps 3,2.7; 22,13; 25,19; 69,5.
207 Ps 3,7; 17,9; 22,13.17; 55,11; 59,7. Die gleichen Verben (sābab und nāqaf) werden auch von dem göttlichen Schrecken, der den Leidenden in Ps 88 trifft, gebraucht (v.18); vgl 27,6.
208 Ps 54,5; 86,14 werden die Feinde "Starke" genannt; daß sie dem leidenden Menschen zu stark sind, sagt explizit Ps 142,7.
209 Es ist richtig, daß die nachexilische Auseinandersetzung zwischen Frommen und Frevlern in die Feindklage eingezeichnet worden ist. Für diese spätere Traditionsphase ist die Vermutung C.Westermanns richtig, daß dahinter "das allmähliche Rissigwerden und Abbröckeln einer Gemeinschaft" sichtbar werde (Geschichte der Klage 67/290); doch läßt sich meiner Meinung nach die Entstehung der Feindklage so nicht erklären, schon weil man dann die KE insgesamt frühestens in der späten Königszeit ansetzen könnte. Die Unmöglichkeit einer primär sozialen Erklärung wird meiner Meinung nach evident, wenn man die verzweifelten, ja, oft komischen Erklärung zu Ps 59,7.15f in den Kommentaren liest; H.Vorländer gibt S.255f eine Blütenlese.
210 91.
211 91; vgl L.Lévy-Bruhl, Die geistige Welt der Primitiven, 1927, 17ff; 44ff; 242ff, worauf schon H.Gunkel/J.Begrich, Einleitung, 206f hinweisen.
212 S.o. 39f.
213 Daß hier ein Vorurteil am Werk ist, wird jedem klar, der heute die Auseinandersetzung J.Begrichs mit S.Mowinckel noch einmal liest (Einleitung, 196-211); J.Begrich räumt zuerst durchaus Parallelen ein zwischen den Feindschilderungen der Psalmen und dem, was L.Lévy-Bruhl über den Hintergrund primitiver Dämonenangst herausgearbeitet hat (206), dann macht er aber sofort eine Kehrtwendung: "Für den Primitiven begründet sich das Schreckgefühl vor unheimlichen Erkrankun-

gen durch den Glauben an dunkle, unberechenbare Mächte. Diese Begründung kennen die uns erhaltenen Klagelieder nicht."(207) Er beruft sich darauf, daß in den israelitischen Psalmen die Krankheit eindeutig auf Jahwe zurückgeführt werde (207; 204), er kann aber S.191 Anm.14 nur 4 Psalmenstellen dafür nennen (andere aus Hiob). Man sollte lieber darüber staunen, daß es so wenige sind! Explizit verursachen die Feinde die Krankheit Ps 6,8; 55,3f, und indirekt belegen das auch die vielen Bitten um Rettung aus der Bedrohung der Feinde (s.o. 40); das hat S.Mowinckel schon klar gesehen: "Wenn es sich so verhielte, daß die Krankheit in dem Bewußtsein des Kranken das Primäre, die Feinde das Sekundäre wäre, warum beten dann diese Kranken immer um Rettung vor den Feinden und fast nie mit ausdrücklichen Worten um Heilung der Krankheit?" (Psalmenstudien I, 11; vgl 101; 103) Mowinckel übertreibt etwas: auch die Bitte um Heilung kommt vor: Ps 6,3. Charakteristisch für die persönliche Frömmigkeit ist, daß beides nebeneinander steht.

214 Psalmenstudien I, 1921; seine These hängt aber nicht allein an dieser fragwürdigen Wortuntersuchung; immer noch gültige Argumente führt er unter "4. Die direkten Beweise" S.95-124 auf. Sie behalten ihre Gültigkeit trotz Mowinckels späterer Revision seiner These (vgl Vorwort zum Nachdruck von 1966, 3), in der er sich H.Birkeland anschließt.

215 248-264; bes. 252-256.

216 256f; 259; damit versucht Vorländer der Tatsache gerecht zu werden, daß die Feinde einige Male ausdrücklich als Menschen bezeichnet werden (56,2.12; 59,3f; 140,2.5.12); doch scheinen mir diese Bezeichnungen aus der späteren Uminterpretation der Feinde in die Gottlosen zu stammen; Betrug und Verleumdung (55,12; 57,5; 62,5; 64,4.6f; 140,4; vgl 120,2) sind keineswegs auf Zauberer beschränkt, sondern passen auch auf die Dämonen, wie Vorländer 257 selbst belegt.

217 Vgl J.de Fraine, Le 'démon du midi', 374ff; N.Nicolsky 16-26.

218 Dazu meine Erwägungen in THAT II, 739f.

219 Der ausführlichste Nachweis bisher von O.Keel, 107-128; er kann auch in der Motivuntersuchung Differenzen zwischen den Feinden und den Gottlosen herausarbeiten, S.155ff. Vgl auch C.Westermann, der die Aussagen über das Sein der Feinde (Beschreibung der Gottlosen) für jünger hält als die über ihr Handeln (Geschichte der Klage 63/287-65/289); dazu H.Vorländer 260.

220 Das gilt besonders für die von O.Keel aufgeführte Mischgruppe, in der sowohl ʾōjēb als auch rāšāʿ vorkommt (120 Anm. 77). Man müßte, um weiterzukommen, zwischen den Fällen unterscheiden, in denen nur die Bezeichnung ersetzt ist und denen, in denen die Motive verändert worden sind. Ein wichtiges Kriterium wäre, daß sich das Handeln der ursprünglichen Feinde ausschließlich gegen den Klagenden richtet.

221 Das ist mit Recht von den Gegnern der Dämonenhypothese immer wieder betont worden, vgl O.Keel 99-107.

222 Damit rechnet z.B. H.Vorländer 260.

223 Ps 69,2f.15f; 71,20; 86,13; 88,18; 143,3; besonders in der LE Ps 30,4; 40,3 u.ö. Auch die Wasser, die Grube oder die Scheol sind nicht einfach passive Lokalitäten, sondern werden als aggressive, den Menschen bedrohende Mächte vorgestellt, vgl Chr.Barth, Die Errettung vom Tode, 76ff u.ö.- Es stellt sich die Frage, warum solche dämonischen Mächte fast nur in den KE belegt sind. Ich möchte sie mit der Selektion der Überlieferung erklären, die dieses urtümliche, der offiziellen Religion zuwiderlaufende Element weitgehend unterdrückt hat. In den KE war es jedoch so fest in der Sprache und Struktur verankert, daß es nur schwer zu unterdrücken war; außerdem wurde es durch die nachexilische Uminterpretation auf die Gottlosen auch für die offizielle Religion tragbar und dadurch geschützt. Der breit bezeugte Dämonismus im Judentum (vgl etwa das Buch Tobith) setzt meiner Meinung nach eine sehr viel höhere Bedeutung des "Dämonenglaubens" auch in alttestamentlicher Zeit voraus als das AT belegt, nur eben in Schichten unterhalb der offiziellen Jahwereligion, besonders in der persönlichen Frömmigkeit.

224 Ps 64,5f u.ö.; s.o. Anm. B 199.

225 Ps 3; 7; 17; 27B; 35; 54; 56; 57; 59; 142.

226 Ps 6; 13; 22; 31; 42f; 55; 70; 71; 86; 109.

227 Ps 38; 69; 88; 102; vgl Ps 41.

228 S.o. 39.

229 Sonst noch Ps 22; 31; 42f; 55; 109(?).

230 Ps 23; 27A; 62; 91; vgl Ps 11.

231 M.Nicolsky nennt Ps 91 ein "talismanisches Gebet"(14) und verweist auf den jüdischen Brauch, ein kleines Pergament mit diesem Psalm als Amulett zu benutzen; vgl J. de Fraine, Le 'démon du midi', 379ff; H.Vorländer 289.

232 Daran hatten H.Gunkel/J.Begrich, Einleitung, 185; 206 noch festgehalten. In der jetzigen Psalmenforschung besteht eine große Unsicherheit, seit H.Schmidt neben einigen Krankheitspsalmen die Mehrzahl der KE als Gebete von Angeklagten in sakralen Gerichtsverfahren verstehen wollte (Das Gebet der Angeklagten im Alten Testament, BZAW 49, 1928); in die gleichen Richtungen gehen die neueren Arbeiten von W.Beyerlin, Die Rettung der Bedrängten in den Feindpsalmen der Einzelnen..., 1970 und K.Seybold, Das Gebet des Kranken im Alten Testament, 1973 (bei ihm bleiben noch 4 sichere Krankheitspsalmen übrig, dazu noch 6 wahrscheinliche!). Eine gegenüber H.Schmidt und W.Beyerlin differierende Deutung hat wiederum L.Delekat, Asylie und Schutzorakel am Zionheiligtum, 1967, vorgetragen. Diese Aufteilungen haben bis heute zu keinem gesicherten Ergebnis geführt. Sie laufen der formgeschichtlichen Hypothese zuwider, weil sie den Zusammenhang von einer Gattung mit einem Sitz im Leben aufgeben. Die Unsicherheit ist darin begründet, daß es zu viele Psalmen gibt, in denen Feind- und Leid-Klage zusammen begegnen (vgl oben die 2. Gruppe und H.Gunkel/J.Begrich, Einleitung, 202 Anm.6). Das Argument von H.Schmidt, daß die Feinde nie für die Krankheit des Beters verantwortlich gemacht werden (31) sticht nicht, wenn man erkannt hat, daß die Feindbedrohung die Krankheit in ihrer akuten Phase darstellt, s.o. 46. Schmidt selbst hat seine These in seinem Psalmenkommentar nicht durchhalten können, s. O.Keel 23 Anm. 70. Der einzig sichere Beleg für ein sakrales Gerichtsverfahren in den Psalmen scheint mir Ps 26 zu sein, der auch im Aufbau aus der Gattung der individuellen Klage herausfällt (abgewandelt in Ps 139); aber schon in Ps 7; 17; 35; 109 können die Begriffe aus dem Rechtsleben bildlich gemeint sein. So möchte ich mit H.Gunkel und J.Begrich gegen K.Seybold daran festhalten, daß - wenn auch nicht alle - so doch die ganz überwiegende Mehrzahl der KE Krankheitspsalmen sind.

233 S.o. Anm. B 154; Ps 80,4.8.15.20; 85,5; Thr 5,21; vgl Ps 80,19.

234 Personennamen, 133.

235 218.

236 219.

237 S.u. 60ff.

238 M.Noth findet in den theophoren Personennamen nach meiner Zählung 173 verschiedene Wurzeln für die prädikativen Elemente; diese Zahl ist aber zu unhandlich, weil darin auch viele unsichere, hypothetisch vor allem aus dem Arabischen erschlossene Wurzeln mitgezählt sind. Ich gehe darum bei meinen Untersuchungen von einer Zahl von 144 nach meinem Urteil einigermaßen gesicherten Wurzeln aus. Davon sind 83 = ca. 57% in den Kleinkultgattungen belegt oder lassen sich über die Bedeutung hier einordnen, im Einzelnen s.u. 61f.

239 Nach meiner Übersicht kommen ungefähr 30 Verben in den Bitten um Zuwendung vor (abgesehen wurde von ganz vereinzelten Wendungen), davon müssen 5 abgezogen werden, weil sie aufgrund ihrer Bedeutung (negative Bitten: verlassen, fern sein etc) in den Namen nicht begegnen können: von den verbleibenden 25 sind 17 in den Namen belegt (ca. 68%); von den ungefähr 50 Verben in der Bitte um Rettung kommen 34 in den Namen vor (ebenfalls ca. 68%). Von den 38 Verben und Nomina im Bekenntnis der Zuversicht und in der Vertrauensaussage, sind 55-65% in den Namen belegt, je nachdem ob man die Schöpfungsverben hinzunimmt oder nicht. Bei der Zählung wurden die entsprechenden Teile des berichtenden Lobes und des Heilsorakels mit berücksichtigt.

240 Von den Verben der Zuwendung: hiqšīb "aufmerken", ḥūš "eilen", hēqīṣ "aufwachen"; von den Verben der Rettung hiṣṣil "herausreißen", nāṣar "bewahren, bewachen", hiṣlīăḥ "glücken" sowie die Verben des Weisens und Prüfens. Von den Nomina im Bekenntnis der Zuversicht fehlen vor allem: sælaᶜ "Fels", mānōs "Zuflucht", mĕṣūdā "Schutzburg", māgēn "Schild".

241 Der Name, der am direktesten an den Großkult anklingt, ist hōdawjāhū 1.Chr 3,24 qrē; Noth will hōdūjāhū lesen (Personennamen, 194f) und sieht darin eine Aufnahme des pluralischen Aufrufs zum Lob; das kann möglich sein, doch muß man bedenken, daß hōdā eigentlich in das berichtende Lob gehört, während von Hause aus hillēl das gottesdienstliche Lob der Hymnen bezeichnet. Andere allgemeine Lobnamen sind Michael, Tobija etc. Man beachte jedoch, daß Namen mit den Spitzenbegriffen des beschreibenden Lobs extrem selten sind: Von ʾæmæt wird nur ein Name, von ḥæsæd werden drei selten belegte Namen gebildet.

242 Gen 4,1.25; 5,29; Gen 16,11; 21,6; vgl 18,14; 29,33.34.35; 30,5.10.13.18.20.24; 35,18; 38,27-30; Ex 2,22; 18,3f; 1.Sam 1,20; 4,21; 2.Sam 12,24; vgl J.Fichtner, Ätiologien, 372-396, der allerdings die Ortsnamenätiologien nicht deutlich genug davon trennt. Fichtner stellt eine charakteristische Häufung in der Genesis fest.

243 Vgl J.J.Stamm, Isaak, 33.

244 So ein Name aus Chagar Bazar aus dem 18.Jh.v.Chr. (Iraq 7, 1940, 38 Nr.5) u.ö.; vgl M.Noth, Mari und Israel, 142ff/225ff.

245 Vgl Gen 16,15f(P); 21,1-7; 35,16-20; 38,27-30; Ex 2,22; 1.Sam 1,19f; 4,19-22; 2.Sam 12,24f.

246 Die Nachricht von der glücklichen Geburt eines Sohnes heißt Freudenbotschaft (bāśar pi), Jer 20,15.

247 Hebammen bei der Geburt Gen 35,17; 38,28.

248 Vgl z.B. ḥīl "kreissen" in Dtn 2,25; Jes 23,5; Jer 4,19 ktīb; 5,3.22; Ez 30,16; Joel 2,6.

249 Der zuerst von E.Ebeling publizierte Texte wurde von F.Köcher neu kopiert; die Bearbeitung von Köcher steht noch aus; Paralleltexte sind K 2413, veröffentlicht von G.Meloni pl 1-2; S.83-93 und R.C.Thompson als AMT 67,1; K 10507 publiziert als AMT 66,4 und in Umschrift Babylonaica 14,83f. Unveröffentlicht K 3485+K 10443 und K 8210. Weitere Bruchstücke bieten BAM 249, I,8-12 und 183,8f; dazu aus der hethitischen Überlieferung Bo 4822,6-12 = KUB IV 13,6-12. Bearbeitet ist der Text von E.Ebeling in AGM 14,65-78; F.M.Th.de Liagre Böhl, JEOL 4, 202-204; Les Religions du Proche-Orient asiatique, 1970, 285-286 (nur BAM III,10-45); vgl W.G.Lambert, Iraq 31, 34.

250 W.G.Lambert, AssSt 16,1965, 283-288.

251 W.G.Lambert, Iraq 31,1969, 28-39, plates zwischen S.33f.

252 Entspricht z.T. KAR 266, bisher unbearbeitet.

253 Bearbeitet von E.Ebeling, MAOG 5, III,3-8.

254 S.v. Geburt in RlA III, 178-180; u.a. AO 4425.

255 Zur Hebamme in Babylonien vgl W.v.Soden, AfO 18, 119-121

256 Vgl Umschrift und Übersetzung von W.G.Lambert, Iraq 31, 31 und 32. Lies vielleicht ka!-lu-ú pi-it AMA-mu(?); kūnat ist gegen Lambert 38 D-Stamm.

257 Lambert kopiert BA(MEŠ), seine Übersetzung setzt SAḪAR(MEŠ) voraus.

258 (GIŠ)TIR(MEŠ) = der Wälder ist äußerst fraglich.

259 ši-mat mu-te u ši-ma-ta unterbricht den Zusammenhang.

260 Lambert liest ig-ta-na-[lu]-ut von galātu zittern; ich ziehe die Lesung ik-ta-na-[at]-tam 3.sg.Präs. Gtn von katāmu vor; dann bekommen ú-ja KA-ša einen möglichen Sinn.

261 Lambert kopiert DUG(4).GA(MEŠ)-si; das Suffix ist unmöglich; ich lese (ina) qabītīka.

262 Lambert umschreibt IZI.GAR = nūra; in der Kopie steht AN.NE = muṣlālu, der helle Mittag.

263 Vgl E.Ebeling, AGM 14, 68; er liest it-la-lad ba-mat-sa, lies it-ta-id ba-laṭ-sa.

Anmerkungen zum Teil B

264 Ergänze zu ki-[ṣir-ša].

265 Ergänzungen nach Z.53-56.

266 šu-ba-ḫi ist mir unbekannt, vgl Les religions, 285f.

267 E.Ebeling šal-la-ti-iš-šu "zum dritten Mal", ich lese GAL(4).LA-ti iš-šu i-na la-pa-ti.

268 BA 2, 634; ich habe eine Copy Geers und ein Photo der Tafel verwendet; Herr Prof. K.Deller stand mir mit Rat zur Seite.

269 Zu den eigentümlichen Pleneschreibungen im Auslaut, die den ganzen Text durchziehen, vgl K.Deller, Or 34, 464; solche Pleneschreibungen finden sich auch in einem nA Text aus Sultantepe, STT 360. Es handelt sich ebenfalls um ein Klagelied; K.Deller vermutet: "vielleicht dient die Längung zum Ausdruck des hingezogenen Klagens der Wehklage."

270 e-ṭi-ri-i kann kein ptz. sein, da eine fem. Form zu erwarten wäre, zur Bildung des imp. 2.sg.fem. ohne Elision des 2.Vokals (statt eṭri) s. GAG § 87f.i.

271 mibṭaḥjāhū "(Grund des) Vertrauen(s) ist Jahwe" und einige akk. Lehnnamen.

272 Einen Akkusativ gesteht Noth nur in dem Namen hōdūjāhū ("Lobet Jahwe") zu; doch ist diese Deutung mir nicht sicher, Personennamen, 194f.

273 Vgl G.v.Rad, Ges.Stud., 133f; er weist den Begriff der priesterlichen Anrechnungstheologie zu (vgl Gen 15,6; Ps 32,2). Die Wurzel ist in 4 Namensformen bei etwa 12 Personen bezeugt, von denen auffallend viele Leviten, Priester und Tempelsänger sind; außerhalb des AT in einem Brief aus dem 7.Jh., s. J.Naveh, IEJ 10, 129-139, bes.133.

274 Jes 6,3; Ps 97,6; Ex 24,17; Lev 9,23; zur zentralen Bedeutung von kābōd im Gottesdienstverständnis von P vgl C.Westermann, Die Herrlichkeit Gottes, 115-137. Der Name jōkæbæd Ex 6,20 ist unsicher, s. M.Noth, Personennamen, 111; die Namen mit der Wurzel kbt aus der Umwelt (z.B. Adad-kabit "Adad ist gewichtig" u.a.) sind Lobnamen ohne Bezug auf eine Theophanie. Die Namen mit hālal "aufleuchten", zāraḥ "leuchtend aufgehen", ṣāhar "erglänzen", šaḥar "Morgenröte" und *ᶜānan "sich zeigen" sind wohl bildhafte Beschreibungen der Zuwendung. An eine die Natur erschütternde Theophanie ist dabei nicht gedacht.

275 Gen 28,10-22; Ex 3,1-6 bei der Entdeckung eines heiligen Ortes; nicht an einen heiligen Ort gebunden: Gen 12,7; 17,1; 26,2f; 26,24; 35,9; 48,3; vgl 18,1; Ri 6,12; 13,3 mit rāʾā ni.

276 Neh 6,14 eine Prophetin; Esr 8,33 ein Levit.

277 Das hat schon M.Noth richtig gesehen: "Er ist nicht der Jahwe vom Sinai, der furchtbare, Schrecken erregende Gott... der in den Namen erscheint", Personennamen, 218.

278 qādōš nur in eindeutigen Abwandlungen Ps 22,4; 71,22 und in der Klage des Mittlers Hab 1,12. kābōd in den sek. eingefügten Versen Ps 57,6.12=108,6, vgl C.Westermann, THAT I, 804 und in der späten Klage 73,24; in Ps 63,3 kann die Heiligtumstheologie einmal in eine Klage eindringen, so auch in dem Wallfahrtslied Ps 84,12.

279 Ex 3,8; 6,6; 18,8-10; Jos 24,10 u.ö.

280 Ps 105,37f.43; 114,1; 136,11 u.ö.

281 Ps 81,11; Neh 9,18 u.ö.

282 Dtn 12,10; 19,13.

283 Dtn 3,20; 12,10; 25,9; Jos 1,13 u.ö.

284 Ex 13,5.11; Nu 14,3.8.16.24.31; Dtn 6,10.23; 7,1 u.ö.

285 Z.B. K.Galling, Die Erwählungstraditionen Israels, BZAW 48, 1928.

286 1.Sam 10,24; 16,8f; 2.Sam 6,21; Ps 78,70; 105,26 u.ö.

287 ḥăsadjā 1.Chr 3,20 (nachexilischer Davidide); ḥæsæd 1.Kön 4,10 (theophor?), ḤSDʾ Moscati 74,2; ganz unsicher jūšab ḥæsæd 1.Chr 3,20;ʾămittāī 2.Kön 14,15; Jon 1,1.

288 Z.B. Marduk-šarra-uṣur "Marduk schütze den König", Šarrunūri "Der König ist mein Licht", s. J.J.Stamm, Namengebung, 315-317.

289 In der akkadischen Namengebung gibt es einige wenige, s. J.J.Stamm, Namenge-

bung, 189; 214; 223. Hier hatte das Königtum viel länger Bestand und konnte die religiösen Vorstellungen stärker beeinflussen. Das Fehlen von ra a in den israelitischen Namen ist ein weiterer Beleg dafür, daß die Vorstellung vom Hirten nicht, wie Vorländer annimmt (276), in die persönliche Frömmigkeit gehört.

290 Namen mit jāšab nur im hi: jōšībjā "Jahwe ließ sicher wohnen" 1.Chr 4,35; M.Noth, Personennamen, 202. Kampfesverben wie nākā "schlagen", nāgaᶜ "stoßen" und dārak hi "zertreten" fehlen sämtlich. Der einzige Name, den man in Richtung auf "Kampf" deuten könnte, ist: jiśrā᾿ēl; O.Eißfeldt, OLZ 58, 331 u.a. deuten von śārā I her: "El streitet"; M.Noth, Personennamen, 207ff von śārā II herrschen: "Gott herrscht"; doch hierbei handelt es sich um einen Stammesnamen. Der Lebensbereich "Krieg" fehlt in den Personennamen, denn die Sozialform der Familie ist dazu zu schwach (vgl das Fehlen von "Krieg" in der Vätergeschichte).

291 1.Chr 3,21; Neh 3,29; 6,18; Esr 8,2.5; 10,2; Neh 12,3; 2.Chr 31,15.

292 M.Noth, Personennamen, 215; 194; 213.

293 Vgl J.J.Stamm, Ersatznamen, 416, 423.

294 419.

295 Vgl ähnliche akkadische Namen mit târu.

296 Das theophore Element hat sich bei dieser Namensform nur noch in einem Ortsnamen erhalten: Jos 15,14.27.

297 S.o. 52f.

298 Iraq 31, VI,49; BAM 248, I,50.66; II,56=69; IV,1.

299 M.Noth bezieht den Namen auf die Zuwendung Jahwes, Personennamen, 186.

300 Die Wurzel bezeichnet im hi auch das befreiende Handeln Jahwes, Ps 4,2; 18,23; 25,17; 119,32.

301 Vgl auch auch jaᶜaræšjā "Jahwe pflanzte".

302 Vgl M.Noth, Personennamen, 144; jālad mit Gott als Subjekt in Jer 2,27; Jes 1,2 (?); auf das Volk übertragen Dtn 32,8; vgl Nu 11,13.

303 Seltsam wäre es, wenn der im AT so wichtige Vorgang der Kindesverheißung in den Namen keinen Niederschlag gefunden hätte. Ich würde darum die Namen mit ᾿āmar in dieser Richtung interpretieren; Noth denkt an Schöpfung (Personennamen, 173), aber die Menschenschöpfung durch das Wort ist, soweit ich weiß, nirgends belegt; auch Namen mit hēqīm im Sinn von "Wort aufrichten" und millē᾿"erfüllen" könnte man auf die Kindesverheißung deuten.

304 Es sind bānā, bārā᾿ , jāṣar, kūn, ᶜāśā, pāᶜal, qānā, vgl dazu im einzelnen, R.Albertz, Weltschöpfung und Menschenschöpfung, 156.

305 bārā᾿ Ps 89,48; Jes 43,1; jāṣar Jes 43,1; 44,2.24.24; kūn Ps 119,73; vgl Hi 31,15; ᶜāśā Ps 119,73; Jes 44,2; 54,5; 51,13; Hi 10,8f; 35,10; vgl das Nomen Ps 138,8; Hi 14,15; Jes 64,7; bānā ist wohl aus akk. Einfluß zu erklären, es kommt im AT nur für die Weltschöpfung vor (vgl aber Gen 16,2); pāᶜal ist für das Schöpferhandeln im AT extrem selten gebraucht (nur Hi 36,3); die Namen sind vielleicht aus dem Phönizischen beeinflußt.

306 Ps 22,10f; Hi 10,12; vgl jāṣar/ᶜāśā mibbæṭæn "schaffen von Mutterleib an", Jes 44,2.24; 49,5.

307 Zu dieser Deutung vgl J.J.Stamm, Frauennamen, 312f.

308 Die Auffassung Noths, die Namen mit Präfixkonjugation seien generell als Wunschnamen aufzufassen, ist mit guten Argumenten bestritten worden, vgl J.J.Stamm, Ersatznamen, 414-415; ich schließe mich dieser Meinung grundsätzlich an, frage aber, ob sie für alle Namen gelten muß. Bei den beiden genannten Namen liegt, will man sie auf das Kind beziehen, ein jussivisches Verständnis näher.

309 Noch hierher gehören Namen mit den Wurzeln: jātar hi "reichlich geben", ᶜāšar hi "reich machen" und vielleicht śīm im Sinn von "befördern", vgl Gen 45,8.9; mānā "zuteilen", so KBL 3.Aufl., 397 und jěkåljā, falls der Name von kūl pilp "versorgen" abgeleitet wird (vgl KBL 3.Aufl., 392b); zu millē᾿ s.o. Anm. B 303.

310 nātan/mattān begegnet in 12, zābad in 11 und nādab in 7 Namensformen, insgesamt sind an die 100 Personen im AT so benannt; zum Wechsel von nātan zu zābad s.

Noth, Personennamen, 46f; 216; hinzu kommen noch Namen mit dem biblisch nicht belegten *ʾūš.
311 Zu dieser Namensdeutung s. J.J.Stamm, ThZ 16, 185-197; zu den Ersatznamen insgesamt, s. AssSt 16, 413-424. Vgl unseren Namen Renate (von renatus).
312 Noth will nāšā auf das Vergessen der Sünden beziehen (Personennamen, 211) dagegen J.J.Stamm, Ersatznamen, 420f.
313 Hinzu kommt wahrscheinlich noch hēšīb "zurückbringen", vgl J.J.Stamm, Ersatznamen, 419. Ob man mit Stamm auch Namen mit hēqīm so deuten will (220), ist mir nicht sicher, da dieser Verbstamm auch für das rettende Handeln Jahwes benutzt wird (Ps 40,11).
314 Diese Differenzierung möchte ich über Noth hinausgehend vorschlagen, der so gut wie alle theophoren Namen einlinig auf die Geburt bezieht.
315 Namen mit qūm können auch Ersatznamen sein vom Typ "NN ist (im Kind) wiedererstanden"; vgl J.J.Stamm, Ersatznamen, 418f.
316 Ps 4,2; 6,3; 25,16; 27,7; 31,10; 41,11; 56,2; 57,2.2; 59,6; 86,16; 119,132; in LE Ps 9,14; 30,11; 41,5; vgl Nu 6,25; 2.Sam 12,22.
317 Ps 67,2 ist eine pluralische Abwandlung des priesterlichen Segens von Nu 6,25; Ps 123,2.3 ist ein Gemeindepsalm, Jes 33,2 eine nachexilische, nachgeahmte KV.
318 Nur Ps 102,14; Jes 30,18; Am 5,15 und 2.Kön 13,23 (DTR).
319 Vgl H.Stoebe, THAT I, 590f; 595f.
320 KE: Ps 4,2; 17,1.6; 27,7; 28,2; 30,11; 39,13; 54,4; 61,2; 64,2; 102,2; 119,149; 130,2; 143,1; vgl Ps 5,4; LE: Ps 18,7; 22,25; 28,6: 31,21; 40,2; 66,19; vgl 34,7; HZ: Ps 6,9.
321 Zwei Belege: ʿānā Ps 60,7; ʾāzān hi Ps 80,2.
322 rāʾā Ps 80,15; Jes 63,15; Thr 5,1; vgl Thr 1,9.11; nābaṭ Ps 74,20; 80,15; Jes 63,15; 64,8; Thr 5,1; vgl 1,11; 2,20.
323 rāʾā Ps 25,18(?); 59,5; 119,153; 31,8; nābaṭ Ps 13,4; ḥāzā Ps 17,2(?).
324 Häufiger sind die Namen vom aram. ḥāzā; nachexilisch werden die Namen mit den Verben des Sehens häufiger.
325 Es fehlen Namen mit den für die Epiphanie charakteristischen Verben: jārad "herabsteigen" Ex 3,8; Ps 18,10; Ps 144,5; Mi 1,3; jāṣāʾ "ausziehen" Ri 5,4; Mi 1,3; ṣāʿad "schreiten" Ri 5,4; Ps 68,6; Hab 3,12; dārak "treten" Mi 1,3; Hab 3,15; bōʾ Dtn 33,2; rākab "fahren" Dtn 22,26; Ps 18,11a; 68,5.34; Jes 19,1; gāʿar "schelten" Nah 1,4; vgl Ps 18,16; rāʿam "donnern" Ps 18,14; šāʾag "brüllen" Am 1,2. - Der Name jāfīāʿ ist wahrscheinlich nicht von jāfaʿ I "erstrahlen" (Dtn 33,2; Ps 50,2; 80,2), sondern von jāfaʿ II "sich erheben" abzuleiten und bedeutet "hochgewachsen", vgl KBL 3.Aufl. 405a; einzig die Personennamen mit zāraḥ "strahlend aufgehen" berühren sich mit dem Wortfeld der Epiphanien (Dtn 33,2; Jes 60,1f), aber wahrscheinlich ist nur ein bildhafter Ausdruck für die Zuwendung Gottes gemeint, s.o. 56.
326 Ps 74,3; 80,2; Jes 63,19b, 64,1.
327 Ps 144,5f ist von Ps 18 abhängig. Die Vorstellung Ps 18,10 (Herabfahren) widerspricht der Vorstellung im Bericht von der Errettung v.17 (Beter wird von oben ergriffen); vgl E.Baumann, Strukturuntersuchungen I, 133; B.Duhm, Psalmen, 79; H.Gunkel, Psalmen 67f und J.Jeremias, Theophanie, 35; 129f; die Einfügung versteht sich im Zuge der Interpretation von Ps 18 und 144 als Königspsalmen.
328 In den Namen begegnet häufig der Grundstamm anstelle der Ableitungen, so auch mālaṭ/pālaṭ, dālā, ḥājā (?), vgl dazu M.Noth, Personennamen, 36.
329 Die Bedeutung des Namens ist unsicher; in der phönizischen Namengebung ist die Wurzel häufiger belegt, vgl BʿLḤLṢ M.Noth, Personennamen, 180f; der hebräische Name könnte auch eine Abkürzung aus mēḥălāṣāw o.ä. "aus seinen Lenden" sein.
330 Der Name jigʾāl in 2.Sam 23,36 ist textlich unsicher, LXX(B) liest gaal, LXX(L) und 1.Chr 11,38 überliefern stattdessen jōʾēl; eine Verschreibung von waw zu gimel ist leicht möglich. Alle übrigen Belege für Namen dieser Wurzel sind nachexilisch: 1.Chr 3,22; Nu 13,7. Auch das Siegel aus Beth-Zur (Diringer 127) wird von

W.F.Albright entgegen seiner früheren Meinung (BASOR 43,8f) jetzt in die Zeit Nehemias datiert (The Old Testament and Modern Study, 1951, 21). Dem entspricht die Begriffsgeschichte von gā'al: die Wurzel ist erst spät, bes. von Dtjes, theologisiert worden und kommt auch in den Psalmen recht selten vor (KE Ps 69,19; 119, 154; vgl 107,2; Thr 3,58; in KV Ps 74,2; 77,16; vgl 106,10; 78,35; dazu Ps 103,4; 19,15.

331 Die Deutung des Namens ist umstritten; M.Noth, Personennamen, 206: Gott erweise sich als lebendig, ähnlich G.Gerlemann THAT I, 550; doch sonst spielt im AT, wie Gerlemann selbst betont, das Lebendig-Sein Gottes keine große Rolle (in den Ps nur 43,3; 18,47), 554f. KBL 3.Aufl. 388b faßt den Namen als Bitte mit Vokativ: "Möge er leben, o Gott", doch ist die Existenz von Bittnamen im AT unsicher, vgl J.J.Stamm, Ersatznamen, 414f; ich nehme qal für pi an und interpretiere: "El/Gott hat lebendiggemacht (d.h. gesund gemacht)".

332 Es ist unsicher, ob der Name von dīn (so M.Noth, Personennamen, 35; 187) oder von danānu "stark sein" (KBL 3.Aufl. 219a mit Lit.) abzuleiten ist.

333 Daß Gott gerecht sei, ist eine Aussage des Lobes (Ps 33,4; 25,8 u.ö.); bei den intransitiven Wurzeln ṣādaq und jāšar kann man schwanken, ob eine allgemeine Lobaussage über eine "Eigenschaft" Gottes gemacht werden soll, oder ob ein aktives, auf den Menschen bezogenes Handeln gemeint ist. Für die zuletzt genannte Möglichkeit, zumindest für die Wurzel ṣādaq, könnte man sich entscheiden, wenn die Namen mit ṣādaq und ṣædæq an das Reden von der ṣĕdāqā Jahwes angeschlossen werden dürfen. F.Crüsemann hat herausgestellt, daß von der ṣĕdāqā Jahwes innerhalb der Psalmen vor allem in der KE gesprochen wird (79,4%). "Sie benennt nichts anderes, nicht mehr und nicht weniger als die in der Klage erflehte Rettung des Beters aus seiner Not" Gerechtigkeit Gottes, 440f. Die häufig erscheinende Präposition bĕ versteht Crüsemann im Unterschied zu K.Koch, sdq, 38f nicht lokal sondern instrumental: "Durch (be) eine ṣĕdāqā von Jahwe erbittet er Rettung, für diese ṣĕdāqā will er später danken" 441, vgl bes. Anm. 78.

334 Die Vokalisation und Deutung des Prophetennamen ist unsicher; MT vokalisiert nach rāmā "werfen" oder "verraten", aber das ist ganz unmöglich, lies jĕrīmjāhū (vgl LXX). Dann kommt nur eine hohle Wurzel in Frage. H.v.Soden hat jüngst vorgeschlagen, den Namen analog zu den amoritischen Namen Jarim-GN (vgl auch ugaritisch jrmbʿl, jrm'l) von einer Wurzel*rīm II "schenken" abzuleiten, vgl auch Mirjam, UF 2,272; doch räumt auch er ein, daß zur Zeit das Propheten der Name wahrscheinlch von rīm "erhöhen" her verstanden wurde.

335 Vgl O.Rössler, ZA 54, 1961, 164f; Dtn 32,11a; Hi 8,6b.

336 Der Name ist umstritten, vgl KBL 3.Aufl. 53f mit Lit.

337 Die Rechtstermini sind schon früh auf andere Notlagen angewandt worden, vgl J.Seeligmann, VTS 16, 277f.

338 Gamālu kommt häufig in akk. Namen vor, es bedeutet hier "Freundlichkeit erweisen" und steht dem Retten noch näher, die Bedeutung "vergelten" hat K.Seybold, VT 22, 112-117 für das Hebräische ausgeschlossen.

339 Vgl R.Albertz, THAT II, 418.

340 Die Wurzel pālaṭ Ps 17,3; 22,9; 31,2; 71,2.4; 40,18=70,6; Ps 22,5; 18,2.9; 114,2; 32,7; vgl 91,14; mālaṭ Ps 116,4; 107,20; vgl 41,2; in HZ: Jes 46,4; Jer 33,18; sonst: Ps 37,40 (2x); nur in Jes 46,4 ist das Verb von Dtjes bewußt auf das Volk (im sing.) übertragen worden.

341 Vgl G.Liedke 62ff; J.Seeligmann, VTS 16, 251-278.

342 Ps 7,9; 26,1; 35,24; 43,1; vgl Jes 49,4; und Ps 17,2; 35,24; Thr 3,59; Ps 9,5; 37,6; Jer 20,11.

343 Diskussionsworte, EvTh 31, 672, Anm.24 zu Jes 40,27.

344 Vgl Ez 39,21; Joel 4,12 u.ö.; Rechtshilfe für das Volk erst in Zusätzen zum Tempelweihgebet 1.Kön 8,45.49.59.

345 Gerade die letzte anschauliche Vorstellung ist dann auch für das Volk angewandt worden, wenn ws darum ging, die enge Bindung an Jahwe zu betonen, vgl Jes 46,3; Ps 68,20 mit anderen Verben Dtn 1,31; Hos 11,13; daß sie dagegen in der Gottes-

erfahrung des Einzelnen zuhause ist, belegt Ps 91,11f.
346 S.o. 75f.
347 Auf das Volk bezogen begegnet šāmar nur Jos 24,17 (Bewahrung auf dem Weg); auf die Gottesfürchtigen erweitert ist sātar in Ps 31,21; ebenfalls ṣāfan Ps 31,20; das gilt auch für die gleichbedeutenden, in den Namen aber nicht belegten Wurzeln nāṣar (auf das "Kleinkind" Israel angewandt Dtn 32,10); tāmak "stützen" und sāʿad "stützen".
348 Ps 17,8; 57,2; 63,8; 91,1; 121,5; vgl Jes 49,2; auf die Menschen übertragen Ps 36,8.
349 Dtn 32,28; 33,26.29; 1.Sam 7,12; Ps 20,3; 46,6; 146,5 und häufig in der Chronik: 1.Chr 5,50; 12,19; 2.Chr 18,31; 26,7; 28,23 (2x).
350 Ps 44,27; 60,13; 79,9; vgl Dtn 33,7; 2.Chr 14,10f; nicht hinzunehmen darf man die eindeutig sekundär ausgeweiteten Bekenntnisse in Ps 33,20; 115,9-11; 124,4; 46,2.
351 So etwa Jos 10,4.6.33; 2.Sam 18,3 u.ö.
352 Gen 2,18.20; Hi 26,2; Ps 22,12; Jes 41,6; vgl Gen 49,25.
353 In der Bitte: Ps 22,20; 30,11; 35,2; 38,23; 40,14=70,2; 109,26; 119,86.173; als Motiv der Bitte: Ps 27,9; 40,18=70,6; 86,17; im Bekenntnis der Zuversicht: Jes 50,7; Ps 54,6; 63,8; 118,7; vgl 121,1 (2x); im Bericht von der Rettung: Ps 28,7; 94,17; 118,13; im Heilsorakel: Jes 41,10.13.14; 44,2; vgl 49,9.
354 16 Namensformen, über 60 Personen.
355 Verbal der ganz unsichere Name von jiḥal (?).
356 Die Verteilung auf die Nominale bzw. verbale Form ist bei dieser Wurzel nicht ganz klar, vgl M.Noth, Personennamen, 161f; 189.
357 Bei der allein belegten Kurzform sitrī ist unsicher, ob eine verbale oder nominale Ableitung vorliegt.
358 Der Name ist in der Deutung unsicher, vgl KBL 3.Aufl. 25a.
359 ʿōz bedeutet in den Hymnen Jahwes Stärke und Majestät (z.B. Ps 66,3), dagegen "in den individuellen Klage- und Bittliedern und in Vertrauenspsalmen erscheint Jahwes ʿōz als Hilfe und Zuflucht, die er denen, die ihn anrufen gewährt" A.S. van der Woude, THAT II, 256; ʿōz steht damit zwischen der Gruppe des Beistandes und des Schutzes.
360 Die Datierung hängt an dem Namen ṣĕlāpaḥad Nu 26,33 u.ö., mit LXX zu lesen ṣēlpaḥad. Für Noth, Personennamen, 256 gibt der Name keinen Sinn, da er unter paḥad "Schrecken" versteht. Nun hat aber W.F.Albright den Vorschlag gemacht, paḥad im Namen des Vätergottes paḥad jiṣḥāq von palm. paḥda "Familie, Clan, Sippe" u.a. abzuleiten (Steinzeit, 248, 434; vgl THAT II, 411); auch in diesem Namen könnte paḥad Gottesname sein, er würde dann bedeuten: "Der (vergöttlichte) Verwandte ist Schatten".
361 Nach der Deutung von KBL 1.Aufl. jiḥal lĕʾēl "er möge auf Gott hoffen"; anders M.Noth, Personennamen, 204, der ihn von ḥālā II "freundlich sein" ableitet.
362 Jer 20,11.
363 2.Sam 22,3; Ps 59,17; Jer 16,19; vgl Ps 142,5.
364 Ps 18,3; 31,3.4; 71,3; 91,2; 144,2.
365 Ps 18,3; 59,10.18; 62,3.7; 94,22; 144,2.
366 Ps 61,4; vgl 2.Sam 22,51.
367 Ps 18,3; 28,7; 119,114; 144,2; vgl Ps 7,11; Gen 15,1; vgl auch sælaʿ Ps 31,4; 71,3.
368 So J.Begrich, Vertrauensäußerungen, 254/210.
369 Wenn man die Bilder im Bekenntnis der Zuversicht im Zusammenhang der Verben interpretiert, die in den Namen den Schutz Gottes bezeichnen, ist es weder wahrscheinlich, daß es sich um kriegerische Feinde handelt (so H.Birkeland), noch daß die Schutzaussagen sämtlich vom Tempelasyl her zu verstehen sind (so H.J.Kraus, Psalmen I, 142 u.ö., noch konsequenter L.Delekat, Asylie, 8 u.ö.). Die Namen belegen, daß die Erfahrung von Jahwes Schutz nicht an das Heiligtum gebunden war, vgl. u. auch die Vätergeschichte 78.

370 Vgl J.J.Stamm, Namengebung, 194ff § 25 "Prospektives Vertrauen", z.B. aB Uqâ-ilam: "Ich harre auf Gott"; nur in einigen wenigen Fällen ist Gott Subjekt: Ilī-idanni "mein Gott kennt mich"; die retrospektiven Vertrauensnamen (§ 26; 198ff) stehen der Rettungserfahrung noch näher als die Bekenntnisse der Zuversicht, sie sind z. T. kleine Berichte von der Gebetserhörung, z.B. (d)Nabû-alsika-ul-abāš "Nabu, ich rief dich an und wurde nicht beschämt".

371 Vgl G.von Rad, Theol.I, 416f; H.J.Kraus, Psalmen I, 122f.

372 Personennamen, 137; 143.

373 Ps 22,11; 31,15; 63,2; 86,2; 118,28; 140,7; 143,10.

374 Ps 116,16; 119,125; 143,12; im HZ Jes 41,8f; 44,21; 49,3.

375 Etwa der Name ʾēlijjāhū "Mein Gott ist Jahwe", doch s.u. 73.

376 M.Noth, Personennamen, 210f, J.J.Stamm, THAT II, 151. Noth deutet noch nāšā "vergessen", ḥāmal "Mitleid haben" (Noth: "verschonen"), šabaḥ "sich beruhigen" in Richtung auf Vergebung. Doch nāšā gehört zu den Ersatznamen, ḥāmal ist ein ganz normales Verb der Zuwendung, und bei jišbaḥ 1.Chr 4,17 ist es fraglich, ob ein theophorer Name vorliegt; er könnte auch bedeuten: "(das Kind) hat sich beruhigt"; so möglicherweise auch jiṣḥāq "Es lächelt", vgl J.J.Stamm, Isaak, 33-38.

377 Auch im Akk. sind Namen mit ḫīṭa mêšu "Sünde geringachten" erst spB, AHw 649b; ob der Name in ARM VII 112,12 Ja-ás-la-x in Jaslaḫ ergänzt werden darf, ist mir ganz unsicher, s. H.B.Huffmon, 246.

378 Ps 25; 38; 39; 41; 51; 69; 86; 130; angedeutet vielleicht Ps 73,15; 143,2.

379 Ps 32; 107.

380 Ps 7,4f; 17,4-5; 26,1.4-6; 35,13f; 59,4; vgl Ps 18,24; 19,14 vom Zorn Gottes ohne Sünde wird gesprochen in Ps 6; 27; 88; 102.

381 Ps 25 ist ein alphabetischer Psalm, dessen Aufbaustruktur weitgehend aufgelöst ist, vgl H.Gunkel, Psalmen, 107; Ps 32 tritt an die Stelle des Berichtes von der Errettung in normalen LE's (z.B. Ps 30,9-12) der Bericht von Sündenbekenntnis und Sündenvergebung (v.3-5); auch der Makarismos v.1f und die angehängte Mahnung (8-10) sprechen für eine späte Ansetzung in eine Zeit, da Psalmenfrömmigkeit und Weisheit sich angenähert haben (Jes Sir); vgl H.Gunkel 136. Ps 51 fehlt die Klage fast ganz; die Not ist zur Sündennot geworden; stattdessen wird die Bitte beherrschend, alles Kennzeichen für die Spätgeschichte der Gattung (vgl C.Westermann, Geschichte der Klage, 72ff/296ff; H.Gunkel, Psalmen, 266; Ps 69 datiert H.Gunkel, Psalmen, 297 in das 5.Jh. Ps 86 nimmt die Kultformel Ex 34,6f auf; hier ist die private Bittzeremonie also schon ganz in die Nähe des Heiligtumkultes gewandert; Ps 130 ist durch v.7 eng auf das Volksschicksal bezogen, er ist frühestens exilisch.

382 Zur Zuwendung tritt in Jes 40,1f im Unterschied zu Ex 3,7f die Vergebung der Sünden hinzu; vgl das Anwachsen des Sündenbewußtseins in den nachexilischen Prosaklagen: Neh 9; Esr 9; Dan 9; dazu die KV Ps 79,8f; 85,3; Thr 3,42.

383 Die ersten Erzählungen, deren Struktur von der Folge Abfall-Zorn Gottes-Strafe geprägt sind, gehören - abgesehen von dem Sinaikomplex Ex 32-34 - in die Wüstenzeit: Nu 11; 14 u.ö. Vorbereitet von den Propheten wird diese Geschehensfolge beim DTR zu einem festen Schema für die Geschichte Israels (Ri 2 u.ö.). In der Vätergeschichte fehlen Sünde und Zorn völlig.

384 S.o. 42.

385 S. M.Noth, Personennamen, 79f; A.R.Hulst, THAT II, 290-293.

386 Gottesnamen sind wahrscheinlich ʾādōn (Adonis, Byblos), mælæk (phön. Melkart) und baʿal (Baal-Šamem u.a.), gad ist ein palm. bezeugter Glücksgott, aber in prädikativer Stellung kann man schwanken, ob ein Gottesname, oder ein Gottesprädikat gemeint ist. Wieweit ʾēl Appellativum der Gottesname ist, ist noch unsicherer; im Namen ʾælīʾēl "Mein Gott ist El (?)" ist eigentlich nur ein Gottesname möglich, sonst wäre der Name eine Tautologie, dazu s.u. 73.

387 Die Einzelheiten sind nicht so wichtig und heute auch wieder umstritten, Personennamen, 66-101.

388 114-127.

Anmerkungen zum Teil B

389 107f; 113f; 121f; 140-143.

390 98; vgl auch die Beobachtungen von M.Rose an den Namen der Lachiš-Briefe, 170-182, deren statistische Signifikanz mir allerdings fragwürdig ist.

391 M.Noth spricht zutreffend von einem "breiten Strom der Volksfrömmigkeit, der immer, wenn zuweilen auch verdeckt, da ist und seit uralter Zeit da war..." Personennamen, 218.

392 Die religionsgeschichtlichen Konsequenzen dieser Tatsache müssen noch weiter durchdacht werden.

393 Personennamen, 141-143; die Unsicherheit der Interpretation besteht zum ersten darin, ob man das infigierte ī als Suffix der 1.sg. deuten darf, zum zweiten ob ʾēl im zweiten Glied Gottesname ist, oder nicht.

394 Die Möglichkeit, daß baʿal hier als Titel ("Herr") aufzufassen ist, ist natürlich nicht auszuschließen, aber doch eine Erleichterung, um den Namen mit der aus der offiziellen Religion bekannten Unvereinbarkeit zwischen Jahwe und Baal auszugleichen, vgl auch M.Noth, Personennamen, 120f, 143.

395 Vgl etwa mĕri-baʿal in mĕfibōšæt u.ö.

396 S.o. 34.

397 Etwa 1/4 der Namen hat J.J.Stamm als Ersatznamen gedeutet, Ersatznamen, 417-419; vgl E.Jenni, THAT I, 8f, dazu s.u. 76.

398 Gemeinsemitische Erscheinungen, ZDMG 81, 45; Personennamen, 73-75

399 Die dahinter stehende Vorstellung der arabischen Wüste als Völkerreservoir, aus dem nomadische Semiten in mehreren Wellen ins Kulturland eindrangen und Staaten bildeten (vgl A.Sprenger, H.Winckler, S.Moscati) ist von der neueren Nomadenforschung als unhaltbar erwiesen (vgl J.Henninger, Lebensraum, 1968, H.Klengel 1972; J.T.Luke 1965 und M.B.Rowton in verschiedenen Aufsätzen von 1967-1974). Die Wüste war für die antiken Kleinviehnomaden, die keine Kamele züchteten, kein möglicher Lebensraum. Im Nordirak haben Ausgrabungen die Entwicklung vom Sammler über das Dorf zur Stadt ohne nomadische Zwischenstufe nachgewiesen (vgl J.T.Luke 24). Typisch für die alte vorderorientalische Gemeinschaftsform war das arbeitsteilige Nebeneinander von Ackerbau und halbnomadischer Viehzucht. Diese fand auf den zum Ackerbau nicht nutzbaren Weidegebieten am Rand, wie auch innerhalb des Kulturlandes statt (M.B.Rowton hat dafür den Begriff "enclosed nomadism" geprägt, JESHO 17, 1-30). M.Liverani hat die Annahme einer nomadischen amoritischen Wanderung, von der Noth bei seiner Hypothese noch ausgeht, bestritten: Die Amoriter sind die "normalen" Bewohner Syriens im 2. JT.v.Chr., sie waren sowohl seßhafte Städter wie Nomaden und die in den akk. Texten bezeugte "Einwanderung" war eine über die Jahrhunderte andauernde Bevölkerungsverschiebung, die wohl ihre Höhepunkte hatte, aber nicht als Einfall von Wüstennomaden zu deuten ist. (The Amorites, 100-133; s. auch den Forschungsabriß bei C.Westermann, Gen 12-50, 76-81).

400 Der Stamm ist eine sehr fluktuierende, temporäre politische Organisation zur Eroberung und Sicherung neuer Wirtschaftsräume. Die grundlegende Wirtschaftseinheit ist sowohl im Ackerbau als auch bei der Viehzucht die Familie gewesen, s.o. 11.

401 Vgl die Vätergeschichten, in denen allerdings nur der Name Abraham von diesem Typ bezeugt ist, s.u. 90f; Es ist vor allem an die Epoche vor dem Aufblühen der orientalischen Stadtstaaten zu denken (3000 v.Chr.) aber auch später haben sich natürlich grundlegende familiäre Strukturen noch gehalten. - Auch G.Quell, Vaterbegriff, 965f und W.Marchel, 49; 61 haben die Schwierigkeiten der Noth'schen Herleitung gespürt und nennen die Familie neben dem Stamm.

402 Bei ʾāḥ ist wohl vor allem an die Rolle des ältesten Bruders gegenüber seinen erheblich jüngeren Geschwistern gedacht; diese trat vor allem bei einem frühen Tod des Vaters hervor, aber auch in Ausnahmesituationen konnte der älteste Bruder für den Schutz des Jüngsten einstehen, so Juda für Benjamin (Gen 43,9; 44,18-34). Das seltenere ʿam geht darauf zurück, daß bei den Semiten je nach dem Heiratsrecht der

Vaterbruder eine besondere Rolle in der Familie spielen konnte, vgl zu heutigen Verhältnissen J.Henninger, Familie, 54-58; 131f: "Der Verwandte kat exochen ist der ʿamm, der Onkel väterlicherseits", er ist bei der Erziehung seines Neffen mitbeteiligt, der Neffe erbt seinen Besitz, wenn er kinderlos stirbt.

403 Insgesamt 19 mal: Dtn 32,6b.18; Jes 63,15.16; 64,7; Jer 2,27; 3,4f.19; Mal 1,6; 2,10; Ps 68,6; 103,13; Prov 3,12; vgl Ps 27,10; bezogen auf den König: 2.Sam 7, 14; Ps 2,7; 89,27; 1.Chr 17,13; 22,10; 28,6. Nu 11,13 wird Jahwe indirekt mit der Mutter verglichen, vgl Jes 49,15; 66,13.

404 S.o. 37f; R.Albertz, Weltschöpfung und Menschenschöpfung, 26-51; 151-156; 161f.

405 85-87; die Motivkombination zeigt, daß auch bei ʾāb eine Schöpfungsvorstellung mitschwingt, nämlich die Schöpfung durch Zeugung und Geburt. Die Argumente, die dagegen immer wieder vorgebracht werden, sind rein apologetisch, vgl.W.Marchel 52ff; H.Ott 51; die immer wieder mit so viel aufklärerischem Engagement vorgetragene These, die Vaterschaft Gottes sei nur methaphorisch gemeint (so G.Quell, Vaterbegriff, 969f; W.Marchel, 52ff; H.Ott 189) geht doch an der Sache vorbei: die physische Abstammung von Gott ist genauso real oder genauso übertragen gemeint, wie alle anderen Schöpfungsvorstellungen auch.

406 Vgl R.Albertz, Weltschöpfung und Menschenschöpfung, 86f; insofern liegen die Deutungen von M.Noth und H.Winckler 84ff gar nicht so weit auseinander.

407 Vgl G.Quell, Vaterbegriff, 966.

408 So richtig H.Ott, 189f u.ö. Der Aspekt der Abhängigkeit und des Gehorsams begegnet nur Mal 1,6; auch Jes 64,7 ist eine Zuwendung Gottes gemeint, gegen E.Jenni THAT I, 16; vgl R.Albertz, Weltschöpfung und Menschenschöpfung 36f; 86 Anm. 164.

409 Namen mit "Mutter" begegnen nur im Akkadischen (ummu).

410 S.o. 34; 74.

411 S.o.42.

412 S.o. 42; 66.

413 Eine Änderung des Textes ist unnötig.

414 Ersatznamen, 416ff.

415 Es handelt sich immerhin um eine Gruppe von etwa 15 Namen, die sowohl als profane Ersatznamen als auch als theophore Namen gedeutet werden können, 418.

416 S.o. 209f.

417 Vgl z.B. R.A.Spitz, Die Entstehung der ersten Objektbeziehungen. Direkte Beobachtungen an Säuglingen des ersten Lebensjahres, 3.Aufl. 1973.

418 S.o. 6.

419 H.Vorländer geht mehr von der Voraussetzung der Vergleichbarkeit aus, als daß er sie begründet, vgl 184ff.

420 Der Gott der Väter, 1929.

421 Vgl die entsprechenden Kapitel in den israelitischen Religionsgeschichten von G.Fohrer 20ff und H.Ringgren 15ff, dazu W.H.Schmidt, Alttestamentlicher Glaube, 17ff und die Geschichten Israels von J.Bright 82ff, R.de Vaux 255ff und S.Herrmann 65ff; eine Forschungsübersicht bietet C.Westermann, Gen 12-50, 97-123.

422 Vgl dazu C.Westermann, Gen 12-50, 103-107.

423 Der Hirte Israels, 9ff; Malkût Jhwh, 134f; 137: er spricht hier von "Religion der Kleinviehnomaden" oder von "Nomadenreligion"; als ethnologisches Beispiel für die Transmigration nimmt er einen nomadischen Himalaja-Stamm, 138f. In seinem Aufsatz "Das Gottesverständnis des AT" spricht er grundsätzlich von einem nomadischen und einem bäuerlich-kanaanäischen Pol in der Religion Israels, 163-165.

424 Gott der Väter, 22 u.ö.

425 Der Hirte Israels, 9.

426 History, 92; vgl dt.87.

427 Israelitische Religion, 20ff.

428 Patriarches, 142; Cazelles weist aber insofern den richtigen Weg, als er den Vätergott mit dem persönlichen "Schutzgott" in Mesopotamien vergleicht, 142f; so auch H.Ringgren, Israelitische Religion, 17f.

429 S.o. 10f.

430 Religion, 29; ähnlich schon F.M.Th. de Liagre Böhl in seiner Antrittsvorlesung 1925 (= Das Zeitalter Abrahams, Opera Minora, 1953, 26ff); die Einwände von B.Gemser dagegen stützen sich auf Texte, die sich mit einiger Sicherheit aus den Vätererzählungen aussondern lassen (Gen 19; auch Gen 32,23-33 steht mit ihnen in Spannung, vgl C.Westermann, Arten der Erzählung, 85) oder aber eine sekundäre Umgestaltung erfahren haben (Gen 22; s.u. Anm. 448), God in Genesis, 17f.

431 43.

432 38-46.

433 Z.B. J.Bright, History, 92; G.Fohrer, Israelitische Religion, 25; R.de Vaux, Histoire, 269ff; V.Maag, Das Gottesverständnis, 171; W.H.Schmidt, Alttestamentlicher Glaube, 21; vgl C.Westermann, Gen 12-50, 111-114.

434 Das hat besonders C.Westermann herausgestellt, Gen 12-50, 110; 114.

435 Arten der Erzählungen, 61 und ö.

436 Vgl C.Westermann, Gen 12-50, 5-7.

437 ZAW 30, 1910, 18.

438 Gen 22,22-34; 36,12-22.26-33; die kriegerischen Aktionen von Gen 14 und 34 weisen deutlich über das Milieu der Kleinviehnomaden hinaus.

439 Vgl dagegen das Verhalten Gen 34; hier sind Verhältnisse der Richterzeit vorausgesetzt; die Einwände Jakobs v.30 "ich habe doch nur wenige Leute" zeigt aber noch die Mentalität der früheren Epoche.

440 So auch R.de Vaux: "Le dieu du père est mêlé à la petite histoire du groupe", Histoire, 261 und W.H.Schmidt, Alttestamentlicher Glaube, 21. Vergleichbar ist im AT nur noch das Buch Ruth, hier steht aber das Handeln Gottes mehr im Hintergrund; eine Familiengeschichte aus der Spätzeit ist das Buch Tobith.

441 Das Heilige gibt es nur in der Begegnung bei der Entdeckung eines heiligen Ortes, Gen 28, noch nicht als eine Qualität, die an besonderen Gegenständen hängt; das kultische Handeln Melchisedeks (Gen 14) sprengt das Milieu der Patriarchenerzählungen; unsicher ist immer noch, ob Gen 35,1-7 aus der Väterzeit erklärt werden kann.

442 Abraham baut seine (Lehm)-altäre gerade abseits der großen Heiligtümer (Gen 12, 8); Wenn B.Diebner erweist, daß es in vorexilischer Zeit einen Kultort Mamre nicht gegeben hat (Dielheimer Blätter 8, 1975), dann beweist das nur, daß Abraham sich eben nicht an einem Kultort niedergelassen hat (13,8) und daß diese Notizen gar keine Kultätiologien sein wollen, wie in der Forschung weithin angenommen wird. B.Diebner verwechselt die Theorie (Noths u.a.) von den lokalen Haftpunkten der Vätertradition mit der Wirklichkeit.

443 Gen 12,10-20; 20; 26,1-11.

444 Gen 31,29; vgl v.5.

445 So z.B. H.Cazellas, Patriarches, 142: Was den Leser der Vätergeschichten besonders beeindrucke: "c'est le rapport personnel entre le Patriarche et son Dieu." Dazu C.Westermann, Gen 12-50, 110.

446 V.Maag, Der Hirte Israels, 18.

447 So H.Cazelles, Patriarches, 142ff; H.Ringgren, Israelitische Religion, 17f; dann ausgeführt bei H.Vorländer.

448 Vor allem herausgearbeitet von B.Gemser, God in Genesis, 11: alle drei Pentateuchquellen stimmen darin überein "in giving account of the religious attitude in pre-Mosaic times, no stress is laid upon an antithesis between the true God and the gods of heathen peoples or individuels." Vgl 18; 21; vgl auch V.Maag, Der Hirte Israels, 19: "Der Gott Jakobs scheint zumindestens nicht im gleichen Maße eifersüchtig gewesen zu sein wie Jahwä." Gen 22 als Prüfungserzählung ist eine spätere Ausgestaltung, s. C.Westermann, Arten der Erzählung, 71f; H.Graf Reventlow, Opfere deinen Sohn, 52ff; auch Gen 15 halte ich für eine Spätbildung, vgl L.Perlitt, Bundestheologie, 69-77.

449 S.o. 72f.

450 Arten der Erzählung, 19-24.

451 Gen 16; 18,1-16a; 21. Diesen wichtigen Punkt der Väterreligion hat V.Maag völlig übersehen.

452 Die Sohnesverheißung spiegelt sich vielleicht in den Namen mit ʾāmar, hēqīm und millē?

453 Der Hirte Israels, 10; Malkût Jhwh, 138f; Das Gottesverständnis des AT, 165-169; die exegetische Begründung ist keineswegs so gesichert wie bei der Sohnesverheissung: Der Befehl zum Aufbruch findet sich in Gen 12,1-3; 31,3 und 46,1-5; der Befehl zum Dableiben Gen 26,2, d.h. bis auf 31,3 nirgends in einer Erzähleinheit, sondern in kompositorischen Verheißungstexten.

454 Gen 46,3; indirekt 12,1b; vgl 28,15; 48,15.

455 Vgl Ps 23,3; 27,1; 2.Sam 22,29 und die Namen mit *hādā, ʾūr, und nēr.

456 So auch H.Vorländer, 214f; nur insofern hat eine Ansetzung der Vätergeschichten in eine spätere Zeit ihr Recht (J.Wellhausen, J.Hoftijzer, L.Rost); das bedeutet aber nicht, daß man sie insgesamt als Rückprojektion aus der Königszeit verstehen kann. Sie ist eben Familiengeschichte abseits der politischen Geschichte.

457 Jes 41,10; 43,2.5; Jer 30,11; 46,28; vgl Jer 1,8.19; 15,20; für eine kleine Gruppe Jer 42,11; vgl mit lī 43,1.

458 Jer 20,11; Ps 23,4; vgl ʿāmad līmīn Ps 109,31; mit lī Ps 56,6; 118,6.

459 Im AT nur ʾethebaal 1.Kön 16,31 LXX; dazu Siegel Diringer 218: ʿMDJHW; vgl ʿMNJH A.Cowley, Aramaic Papyri Nr. 22, Z.105; dazu [ʾ]TBʿL KAI I, Nr.1, Z.1; vgl KAI II, 2f, M.Noth, Personennamen belegt noch Nabû-ittīja; Šamaš-ittīja (106); H.D.Preuß den äg. Namen "Amon ist mit mir", 169; vgl H.Wildberger, Jesaja, 292-295; THAT II, 325.

460 Gen 21,20.22; 26,3.24.28; 28,15.20; 31,3.5; 35,3; 48,21; dazu 39,2.3.21.23.

461 295f; 297f; vgl 301.

462 Es ist mir völlig unverständlich, wie man bei einem Ausdruck, der nur aus zwei Worten besteht, von einer "Formel" sprechen kann; der Ausdruck ist gerade nicht an eine ganz bestimmte Gattung oder Fachsprache gebunden. Das führt dazu, daß Preuß den Ausdruck von seinem Wortfeld total trennt!

463 154.

464 Mit-Sein, 9 u.ö.; THAT II, 326f.

465 Zur Diskussion um die "kultische" Verhaftung s. K.W.Neubauer, 297-301; H.D. Preuß 140; 144.

466 Die Vorstellung entspricht dem deutschen Begriff genau; seltsamerweise wird diese Bedeutung nur von wenigen erkannt, so neben anderen Begriffen W.Grundmann, ThW VII, 774; V.Maag, Der Hirte Israels, 12; C.Westermann, Arten der Erzählung, 31 A 19 spricht im Hinblick auf eine sumerische Parallele von "Verbündeter". Daß H.D.Preuß die akk. Begriffe für "beistehen" nicht berücksichtigt (izuzzu u.a.) erklärt sich aus dieser Unklarheit in der Bedeutungsbestimmung; s. auch H.Vorländer, 194 Anm.1.

467 Beistehen mit dem Ziel zu retten: Jer 1,8.19; 15,20; 42,11; Ps 91,15 und auch die anderen Heilsorakel. D.Vetters Behauptung, das Mit-Sein "manifestiert sich... nicht in einmaligen Ereignissen, in denen Gottes Rettung erfahren wurde", THAT II, 326) ist so nicht haltbar. Die Alternative einmaliges Ereignis (Rettung) - stetiges Handeln (Segen) - so Mit-Sein, 8 - läßt sich für das Erleben von Rettung im individuellen Leben gerade nicht aufstellen: Rettung ist hier Rettung aus einer Bedrohung, die immer wieder aufflackern kann, und damit ein Bewahren oder Schützen.

468 So Gen 28,15; Jos 1,5; 1.Kön 8,57; 1.Chr 28,20; 2.Chr 15,2.

469 Gen 39,2.3.23; Nu 14,43; vgl hiškīl 1.Sam 18,14; 2.Kön 18,7.

470 Gen 26,3.24; Ru 2,4; Nu 23,21; bērak steht keineswegs so häufig parallel, wie D.Vetter glauben machen will; es ist daran festzuhalten, daß das Mit-Sein sich nur mit einem Teilbereich des segnenden Handelns Gottes deckt, nämlich mit dem Gelingen der Arbeit. Dagegen kann das Mit-Sein Gottes nie die Kraft der Fruchtbarkeit bezeichnen.

471 V.Maag, Der Hirte Israels, 12 spricht von einer "göttlichen Aura, die ihn umgibt".

Anmerkungen zum Teil B

472 S.o. 60ff; 58ff.

473 Quellenzugehörigkeit und Aufbau der Perikope sind umstritten; v.13-15 sind mehrere Verheißungen gehäuft; C.Westermann hat bezweifelt, daß überhaupt ein Gotteswort zur ursprünglichen Erzählung gehört hat, Arten der Erzählung 31; 83f. Mir scheint aber die Zusage des Mit-Seins am ehesten in den Horizont der Jakob-Laben Erzählungen zu passen; vgl das Gelübde v.20. Aber selbst wenn sich 28,15 als sekundär erweisen sollte, so ist die Verankerung der Zusage des Mit-Seins in einer Erzählung durch 31,3 gesichert; vgl auch 31,5; 35,3; Esr 1,3=2.Chr 36,23.

474 S.o. 40; Anm. B 150 und 66.

475 S. auch 1.Sam 3,19; auf das Volk (Kleinkind) übertragen Dtn 32,12.

476 hithallēk Gen 24,40; 2.Kön 20,3=Jes 38,3; vgl ḥašaq "anhangen" Ps 91,14; zum Schutzengel Ps 91,11.

477 Vgl die sekundären Verheißungen Gen 26,3.24; D.Vetter hat gemeint, vom Mit-Sein Gottes werde in der Vätergeschichte auch im Zusammenhang von Streitigkeiten gesprochen; er schließt daran die Verwendung des Ausdrucks in den Jahwekriegen an (Mit-Sein, 11). Das ist nicht richtig. Gen 21,22; 26,28 löst zwar das Mit-Sein Gottes (Glück!) Streitigkeiten aus, es bezeichnet aber nirgends Gottes Beistand bei Nomadenstreitigkeiten. Gen 26,24f kann man nicht anführen, denn die sekundäre Verheißungsszene hat mit dem Kontext primär nichts zu tun.

478 Gen 24,21.40.42.56; dazu V.Maag, Der Hirte Israels, 12.

479 Gen 24,12; 27,20; vgl Ru 2,3.

480 Gen 26,3.24 und die Jakob-Esau-Erzählungen.

481 1. Der einzelne gewöhnliche Mensch: Gen 21,20.22; 26,3.24.28; 28,15.20; 31,3.5; 35,3; 39,2.3.21.23; 1.Sam 3,19; Jer 20,11; Ps 23,4; 91,15; Esr 1,3; sekundär auf das Volk übertragen: Jes 41,10; 43,2.5; Jer 30,11; Dtn 32,21.
2. Kleine Gruppe von gewöhnlichen Menschen: Gen 48,21; Ru 2,4; Jer 42,11.
3. Einzelne Menschen mit besonderer Funktion: a) Führer: Ex 3,12; 18,19; Dtn 31,8.23; Jos 1,5.5.9.17.17; 3,7.7; 6,27; Ri 2,18; 6,12.16; b) König: 1.Sam 10,7; 16,18; 17,37 (Nähe zu Gruppe 1); 18,12.14.28; 20,13.13; 2.Sam 5,10; 7,3.9; 14,17; 1.Kön 1,37.37; 11,38; 2.Kön 18,7; Hag 2,4; 1.Chr 22,11.16; 28,20; 2.Chr 1,1; 15,9; 17,3; fremder König: 2.Chr 35,21. c) Prophet (Nähe zu Gruppe 1): Jer 1,8.19; 15,20; d) Priester: 1.Chr 9,20.
4. Kleine Gruppe von besonderen Einzelnen: 1.Chr 22,18; 2.Chr 19,6.11.
Auf das Volk sind 29 Stellen bezogen: 1. Kollektiv im Sing.: Nu 23,21; Dtn 2,7; 20,1; Jos 14,12 (?); Ri 1,19.22; 2.Chr 25,7.-2. im Plural: Ex 10,10; Nu 14,43; Jos 7,12; Ri 6,13; 1.Kön 8,57.57; Jes 7,14; 8,8.10; Am 5,14; Hag 1,13; (2,4); Sach 8,23; 10,5; Ps 46,8.12; 2.Chr 13,12; 15,2; 20,17; 32,7.8.

482 284.

483 284; seine Vermutung, daß das Mit-Sein mit der Geistbegabung zusammenhängt (285ff), stimmt allerdings nicht.

484 S.o. Anm. B 481 Nr.3 und 4.

485 171.

486 Ex 13,21; 14,19; 32,1.23; Nu 14,14; vgl Dtn 1,30.33; Jes 52,12; auf einzelne Heerführer bezogen Ex 32,34; Dtn 31,8 (par. zu Mit-Sein); Jes 45,2. Eine Vermischung von beiden Vorstellungen liegt wohl in der Wendung hālak ᶜim Dtn 20,4; 31,6 vor; vgl auch u. 86f.

487 Immanuel, 36f; Wolff nennt folgende Belege: Ps 46,8.11; Ri 6,13.(12.16); Dtn 20,4; Jes 1,9; 2.Sam 5,10; Am 5,14; Mi 3,11. Im Kommentar zu Am 5,14 sind die Stellen reduziert: Dtn 20,4; Mi 3,11; Jes 7,14; 8,10; Ps 46,8.12 (Joel-Amos, 294). Mi 3,11 entfällt, dort steht bĕqæræb; zu den verschiedenen Deutungen vgl die Übersicht von H.Wildberger, Jesaja, 292-295.

488 Nu 21,34; Jos 8,1; 10,8; 11,6; Dtn 3,2.

489 Ähnlich Ex 14,13; Dtn 1,21; 3,22; 20,3f; 31,6; Jos 10,25; Neh 4,8.

490 2.Chr 20,17; 32,7.8.

491 Zu nennen sind außerdem: 1.Chr 22,18; 2.Chr 13,12; 15,2; 25,7; selbst in der

Spätzeit hat man z.T. noch gespürt, daß das Reden vom Mit-Sein eigentlich nicht in die militärische Situation gehört, so formuliert 2.Chr 13,12: wĕhinnē ᶜimmānu bārō'š hā'ĕlōhīm "Siehe bei uns ist Gott als Führer." Die Formulierung ist nur verständlich, wenn das Mit-Sein nicht eo ipso die Führerschaft Gottes im Krieg bezeichnet. - Eine Übertragung des abgeflachten Gebrauchs liegt auch Nu 23,21 vor. Sie hängt wohl mit dem Königtum zusammen.

492 Das Handeln des Volkes hat Einfluß auf das Mit-Sein Gottes in Nu 14,43; Jos 7,12; Am 5,14; 2.Chr 15,2; bedingt gegenüber dem König 1.Kön 11,38 (DTR).

493 In der KV fehlt das Mit-Sein Gottes; die einzige Stelle, wo es in einem Volksgebet vorkommt, ist 1.Kön 8,57 (DTR).

494 Vgl noch Zeph 3,15.17; Jes 12,6; vielleicht auch Jer 14,9; Joel 2,27.

495 Bis hin zum 1. Weltkrieg, s.o. 1f; Ps 46 hat ja über Luthers Bearbeitung "Ein feste Burg ist unser Gott" einen nachhaltigen Einfluß auf die Frömmigkeit des Deutschen Protestantismus bekommen.

496 Das sei einmal als These hingestellt; in eine Auseinandersetzung mit der umfangreichen Literatur zu dieser Perikope kann ich hier nicht eintreten.

497 Jos 6,27; Ri 6,12.16; 1.Sam 17,37; 18,14; 2.Sam 7,9; 2.Chr 15,9; 35,21.

498 2.Sam 8,14 z.B. steht hier in abgeflachter Bedeutung hōšīaᶜ "helfen".

499 Vgl dazu CAD A I, 344-346; vgl auch jāṣā' lifnē Ri 4,14; 2.Sam 5,24; dazu Ps 44, 10; 60,12 und ᶜābar lifnē Dtn 9,3; 31,3.

500 Vgl Koh 4,9-12; Gen 2,18ff.

501 Sie kann noch nach der Katastrophe zu Gott klagen, der einzelne Mensch nach seinem Tode nicht mehr.

502 Auf der Wüstenwanderung: Ex 17,7; Nu 11,20; 14,14; 14,42=Dtn 1,42; Ex 34,9; 33,3.5; Dtn 6,15; 7,21; im Kriegslager: Dtn 23,15; 1.Sam 4,13 (Lade); Jos 3,5. 10; in der Ziontheologie: Mi 3,11; Zeph 3,15.17; Jes 12,6; Ps 46,6; sonst noch: Dtn 31,17 (DTR); Jer 14,9; Hos 11,9; Joel 2,27; Am 5,17.

503 Jos 3,5.10.

504 Dtn 6,15.

505 Ex 33,3.5; Am 5,17; gegen diese Vorstellung Hos 11,9?

506 Der Gott der Väter, 22.

507 Der Hirte Israels, 10.

508 The God of My Father, 155f; von den aAss Parallelen her hatte schon J.Lewy auf die verschiedenen Bezeichnungstypen aufmerksam gemacht, 56f.

509 171-176; vgl H.Seebaß 50f.

510 Nur sie ist sicher in Erzählganzheiten belegt: Gen 31,5.29; 50,17; vgl Ex 18,4; Gen 49,25; Ex 15,2; mit zusätzlichen Personennamen: Gen 32,10; 2.Kön 20,5; Gen 31,53b; vgl Gen 24,12.27.42. Der Typ "Gott des NN" in einer Erzählung nur 31,42.53a.

511 So Gen 31,53a.

512 Der Gott der Väter, 19-21.

513 God of the Patriarchs, 232ff.

514 Es sind CCT 2, 6,17-20; 3, 16b,4-6; 5, 1a,31f; 22c, 7-9; TCL 19, 46,10'f; BIN 6, 119,29f; vgl dazu H.Hirsch, Altassyrische Religion, 37-40; hinzu kommt noch ICK 1, 11b,17-20, vgl CAD A I, 258.

515 Zum 'Gott der Väter', 103; dagegen H.Hirsch, AfO 21, 56-58.

516 AbB 5, 39,8; AbPh 15,20; VAT 6678, vgl A.Goetze, JCS 11,94; vielleicht ist auch der bekannte Gottesbrief YOS 2,141,1 "a-na DINGIR a-bi-ja" nicht "an Gott, meinen Vater" (So J.J.A. van Dijk, SSA, 13f; J.J.Stamm, Namengebung, 54; CAD A I, 69b), sondern "an den Gott meines Vaters" (so angedeutet CADI/J, 95b) aufzulösen; vgl dazu noch ili bīti (?) AbB 2, 116,8.

517 ARM 5, 20,15-17; 10, 113,21; 156,11; vgl il kimti ARM 2, 50, 12'.

518 2 Aqht I,27.

519 KAI 217,2f (8.Jh.); KAI 214,29 (ca. 750 v.Chr.), vgl H.Vorländer 156.

520 Ex 18,4; vgl Ex 3,6.

521 2.Kön 20,5 in der Einleitung eines Heilsorakels (!); weniger spezifisch 1.Chr 28,9; 2.Chr 17,4; 34,3.

522 203-215.

523 Vgl z.B. den altassyrischen Brief BIN 6, 119, in dem in zwei recht ähnlichen affirmativen Wendungen einmal "Assur und dein Gott" (Z.11f: A-šur ú îl-⌜ka⌝ ⌜li-tù⌞ [la]) und einmal "Assur und der Gott unseres Vaters" (Z.29f: A-šur ú il(5) a-bi(4)-ni lu i-dí) steht, s. H.Hirsch, Altassyrische Religion, 13b. Hirsch weist in AfO 21,57 noch auf die Entsprechung von CCT 5, 1a,31f (d)MAR.TU î-li a-bi-a (wahrscheinlich an Ināʾa gerichtet) und BIN 6, 97,20 (d)MAR.TU il(5)-ka (von Ināʾa abgeschickt) hin: demnach ist Amurru einmal "dein Gott", einmal "Gott meines Vaters".

524 L c 3 MSS, Sam., Vulg. suff. 1.sg. (Haplographie).

525 Vgl die Literatur, die G.Fohrer, Exodus, 115 Anm.10 zusammengestellt hat.

526 S.o. 34 u.ö.

527 Ilabrat CCT 3, 16b,4-6; TCL 19, 46,10'f; AbB 5, 39,8; Amurru CCT 5, 1a,32; Ištar-Stern CCT 5, 22c,8f.

528 The God of the Patriarchs, 230f.

529 So auch F.M.Cross 232.

530 S.o. 74ff. W.F.Albright, Steinzeit, 244; J.Bright, History, 89; Th.C.Vriezen, Religion, 118f; H.Ringgren, Israelitische Religion, 18; R.de Vaux, Histoire, 260 u.a.

531 R.Kittel, Religion 28, hält den Vatergott für einen "Gott oder Ab unbekannten Namens".

532 Steinzeit, 248, Anm.84; vgl auch den Eigennamen ṣēlpaḥad, s.o. Anm. B 360; zustimmend z.B. Th.C.Vriezen, Religion, 118; R.de Vaux, Histoire, 260; während paḥad jiṣḥāq in einer Erzählung begegnet (Gen 31,53a; vgl v.42), kommt ʾabbīr jaʿăqōb nur in poetischen Texten vor (Gen 49,14; Jes 49,26; 60,16); meiner Meinung nach liegt keine echte Gottesbezeichnung vor, sondern ein zum Epitheton verfestigtes Bekenntnis der Zuversicht, vgl Jer 20,11 (Jahwe wurde mir zu einem starken Held).

533 Dazu C.Westermann, Gen 12-50, 99f; 103-107.

534 Das scheint mir unumgänglich aus den neueren Arbeiten zu den antiken Kleinviehnomaden zu folgen (J.T.Luke, M.B.Rowton; vgl auch zu modernen Verhältnissen D.L.Johnson). Alle Versuche, die Väterreligion und die El-Religion auf zwei verschiedene Stadien zu verteilen, (so z.B. O.Eißfeldt, El und Jahwe, 30ff/391ff) scheitern meiner Meinung nach daran, daß die "ursprünglichen" Wirtschaftsräume der Väter nicht viel weiter außerhalb des Kulturlandes gewesen sein können, als wir sie jetzt antreffen. Daß Abraham im Kulturland (aber außerhalb der Stadtstaaten!) wandert und Jakob stationär zeltet, während seine Söhne auf Weiden in Mittelpalästina ziehen, braucht nach all' dem, was wir von den "Nomaden" um Mari wissen, nicht unbedingt ein späteres Übergangsstadium zu sein (J.T.Luke 29f; 278ff). Insofern hat die Skepsis von W.F.Albright, F.M.Cross (230) vor der Annahme zu primitiver Verhältnisse durchaus ihr Recht. Nur muß man soziologisch scharf zwischen den Kleinviehzüchtern und Bauern auf dem Land (Dorf) und der Stadtbevölkerung in den Stadtstaaten unterscheiden, so schon richtig G.E.Mendenhall, The Hebrew Conquest of Palestine, BA 25, 1962, 66-87.

535 A.Musil bei J.Henninger, Der Glaube an den einen Gott, 15.

536 S.o. 73.

537 S.o. 4.

538 S.o. 8f.

539 S.o. 6f.

540 Vgl Hi 2,9: "Fluche Gott und stirb!", der Satz ist im MT euphemistisch verändert, s. BH.

541 qædæm "Vorzeit" in der KV Ps 44,2; 74,2.12; Thr 5,21; Jes 51,9; vgl Ps 77,6.12; in der KE nur in der Klage des Mittlers Hab 1,12 und in dem sekundär eingefügten Rückblick Ps 143,5. ʿōlām "ferne Zeit" in der KV Jes 51,9; 63,16.19; 64,3; vgl

Ps 90,2; in der KE nur in dem späten alphabetischen Psalm Ps 25,6.

542 Das Jesus-Wort von der Annahme des Reiches Gottes wie ein Kind (Mk 10,14 par) erscheint von hier aus vielleicht in einem anderen Licht.

543 S.o. 2f.

544 S.o. 21f.

Anmerkungen zum Teil C

1 Den Begriff "Mesopotamische Religion" habe ich von A.L.Oppenheim übernommen; ich gebrauche ihn für den gesamten sumerisch-babylonisch-assyrischen Komplex, von babylonischer oder babylonisch-assyrischer Religion spreche ich, wenn ich den semitischen Anteil dieses Komplexes meine.

2 1953, 134.

3 Ancient Mesopotamia, 1964, 180.

4 181.

5 181.

6 181.

7 29; vgl Ancient Mesopotamia, 198.

8 The Earliest Akkadian Religion, Vortrag auf dem 21. internationalen Orientalistenkongress in Rom 1974, Manuskript S.3; ich verdanke die Einsicht in das Manuskript der Vermittlung von H.Waetzold, Heidelberg.

9 3.

10 Vgl etwa für die sumerische Religion K.Oberhuber: "Die religiöse Welt des alten Sumer hat sich uns als ein Doppeltes zu erkennen gegeben: die Religiosität mit dem offiziellen Kult der großen Götter in den Tempeln und die private Religiosität mit der Verehrung und Hinordnung des Menschen zu seinem 'persönlichen' Gott...", 26, vgl 9; leider wird dieses Gegenüber von ihm nicht voll entfaltet.

11 Ich möchte hier ausdrücklich betonen, daß meine These eines sozial bedingten religionsinternen Pluralismus nicht alle religiösen Differenzierungen und Sonderbildungen in Mesopotamien erklären kann und will. Daneben gibt es noch das Phänomen der kulturellen (und damit auch religiösen) Überschichtung, das insbesondere für die Randzonen des Zweistromlandes zu bestimmten Zeiten sicher erhebliche Bedeutung hat (vgl etwa den Einbau des Dagan-Kultes der nA Könige in den offiziellen Aššur-Kult, Hinweis von K.Deller). Wieweit solche Überschichtungen mit sozialen Differenzen zusammenhängen können, ist mir noch eine offene Frage. Ob etwa die Bildung tempelähnlicher Institutionen unterhalb des offiziellen Tempelkultes wie das bīt ḫamri, eqi oder kidimri von meiner These her erklärt werden kann, oder auf fremde (hurritische?) Einflüsse zurückgeführt werden muß, kann ich noch nicht entscheiden. Zur Institution der nadītu in aB Zeit s.u. 129; 133.

12 Er überschreibt das Kapitel "Mesopotamian 'Psychology'", Ancient Mesopotamia, 198-206. Zur Erläuterung meines Urteils hier ein typischer Satz: "I suggest that it was the function of the manifestation called ištaru and, sometimes, šimtu, to be the mythological, personified representation and the carrier of šimtu of the individual that was to materialize in his 'history' from his birth to his death" 205.

13 Hier wird Religion - wie in Bultmanns Entmythologisierungsprogramm - doch wieder begrifflich und nicht als ein Geschehen zwischen Gott und Mensch verstanden. Dahinter steht hier wie dort die subjektivistische Auffassung von Religion aus dem 19.Jh.

14 Vgl die Literatur bei H.Vorländer 7 Anm.1; z.B. M.Jastrow, Religion I, 1905, 194f; P.Th.Paffrath, 1913, 56-60; D.O.Edzard, Mesopotamien, 1965, 124. In eine detaillierte Auseinandersetzung kann ich hier nicht eintreten; ich möchte nur darauf hinweisen, daß die "These" in der orientalistischen Literatur immer nur in kurzen

Bemerkungen auftaucht und noch nirgends umfassend begründet worden ist. Die Tatbestände, die die Autoren dabei vor Augen haben, differieren ganz erheblich, und es ist mir die Frage, ob sie sich auf einen Nenner bringen lassen, sodaß man von einer geschlossenen Vorstellung sprechen könnte. Z.B. ist die fürbittende Funktion des "Schutzgottes", die aus den "Einführungsszenen" erschlossen wird (Ur III, aB) nicht einfach mit dem Befund in den späteren Gebeten zu vereinbaren, in denen häufig gerade einer der größeren Götter gebeten wird zu veranlassen, daß sich der erzürnte "persönliche Gott" des Beters diesem wieder zuwendet (z.B. BMS 6,81f par, s. SAHG 327f u.ö.; hier dagegen Fürsprache von Göttinnen). H.Vorländer geht auf diese Schwierigkeiten leider nicht ein.
Erst jüngst sind auch von orientalistischer Seite her die mit dem "persönlichen Gott" zusammenhängenden Vorstellungen etwas umfassender dargestellt worden: Th.Jacobsen überschreibt das 5.Kapitel seiner mesopotamischen Religionsgeschichte "The Treasure of Darkness", 1976: "The Gods as Parents: Rise of Personal Religion" (146-164). Jacobsen möchte hier die "personale Religion, die uns im 1.JT. aus Zeugnissen Israels, Ägyptens und Mesopotamiens entgegenschlägt, insgesamt aus der mesopotamischen Vorstellung vom "persönlichen Gott" herleiten, die hier am Anfang des 2.JT. entstanden sei (147-152). Sein methodischer Ansatz ist dabei ähnlich wie der von H.Vorländer. Auch er geht primär gedanklich-begrifflich vor und ordnet Texte verschiedenster Gattungen (Bußpsalmen, Gottesbriefe, Königsinschriften, Weisheitstexte) und verschiedener Zeiten zusammen, in denen ilu + suff. vorkommt. Das führt dazu, daß Jacobsen die persönliche Religion von einem "paradoxen Kern" bestimmt sieht, den Abstand zwischen der kosmischen und der individuellen Welt zu überbrücken (151f; 161ff).
Doch gehört die Erfahrung eines kosmisch-majestätischen Gottes, das Jacobsen in Ps 8; Jes 6 etc und in den sumerischen Hymnen belegt sieht, überhaupt zur persönlichen Frömmigkeit? Oder weist dieses Paradox nicht vielmehr auf eine tiefgreifende Differenz zwischen zwei Religionsschichten? Hier würde ich ähnliche Einwände wie gegenüber Vorländer erheben.

Immerhin sind die Elemente, die Jacobsen für die persönliche Gottesbeziehung in Mesopotamien herausarbeitet (Glück, Erfolg, Verantwortung?) beachtenswert (147; 155-157) und decken sich z.T. mit meinen Ergebnissen. Vor allem seine These, daß hinter dem persönlichen Gottesverhältnis die "Metapher" der Eltern-Kind-Beziehung steht (mit den Elementen: Erschaffung, Versorgung, Schutz, 157-160), stimmt mit meinen Beobachtungen am AT überein (s.o.94). Seine psychologische Erklärung des "Paradoxes" 161f geht mir allerdings zu weit.

15 S. im einzelnen meine Kritik oben 19f.

16 Vgl z.B. A.Westenholz 7-16; H.Limet, L'Anthroponymie, z.B. 346f; zurückhaltender sind J.J.Stamm, Namengebung, W.v.Soden, Gebet II, 162f; M.J.Seux, Hymnes et prières, 13f.

17 Vgl W.v.Soden, Das Problem der zeitlichen Einordnung, 23f; Gebet II, 168; M.J. Seux, Hymnes et prières, 22f; kritisch dazu J.Nougayrol, Babylonische Religion, 39f.

18 Loben Gottes, 29ff; Geschichte der Klage, 73f/298f.

19 S.o. die Untersuchung von E.Gerstenberger 26f.

20 So etwa hat das Mardukgebet, das Lambert AfO 19,48 noch in die nachaltbabylonische Zeit datiert hatte, in CT 44,21 ein aB Duplikat bekommen; W.v.Soden folgert: "Damit ist der Bußpsalm als alt erwiesen", Gebet II, 168.

21 INES 33, 1974, 267-322; M.J.Seux, Hymnes et prières, 20; sie sind oft an einen "persönlichen Gott" gerichtet. In ihnen stehen Sündenbekenntnisse neben Unschuldsbeteuerungen. Damit ist das 'Sündenbewußtsein' nicht mehr notwendigerweise ein Kennzeichen der späteren Zeit (so noch W.v.Soden, Das Problem der zeitlichen Einordnung, 21-24).

22 Vgl vor allem YOS 2,141, bearbeitet von J.J.A.van Dijk, Sagesse, 13f und AO 4318+ L 10934 F.R.Kraus, Ein altbabylonischer Privatbrief an eine Gottheit, RA 65, 1971, 27-36; 29f; vgl AbB 5,140. Das gilt auch für die sumerischen Gottesbriefe (vgl

W.Hallo, Individual Prayer, JAOS 88, 71-89) und z.T. noch für einen königlichen Gottesbrief, den W.Hallo jüngst mit dem Gebet Hiskias (Jes 38) verglichen hat, The Royal Correspondance, 209-224.

23 Les Légendes des sceaux cassites, 54: "Les épithètes en accadien sont rares."

24 S.u. 121ff.

25 Diesen Zugang deutet auch J.Nougayrol, Babylonische Religion, 32 an.

26 S.A.Falkenstein-W.v.Soden, SHAG, 235-239; M.J.Seux, Hymnes et prières, 39ff.

27 A.Westenholz 7-16; A.L.Oppenheim, Letters, 29.

28 Eine statistische Angabe wie im AT ist hier noch nicht möglich, da weder die Namen vollständig zusammengestellt, noch die aB Briefe alle ediert sind.

29 Gemessen an der Übersicht von R.Borger, HKL III, 54f.

30 Bei J.J.Stamm, Namengebung § 17f; 136-151; vgl auch die Ersatznamen § 40.

31 § 19; 151-159 + § 22.4; 176-182.

32 § 21-22.3+24-27; 161-175+187-205; vgl § 37. Auch der größte Teil der Namen, die Stamm § 29-32 anführt, läßt sich auf die drei Gruppen aufteilen. Wie im AT lassen sich die allgemeinen Lobnamen (§ 23; 33,1) nicht eindeutig zuordnen. Keine Entsprechung zum AT haben die Sklaven- und Beamtennamen (§ 41f).

33 Außer den angeführten Belegen noch CHJ 63f (HE 119) Z.3; AbB 1,46,3; 2,86,14; 111,36.

34 Mündlicher Vorschlag von K.Deller.

35 Ähnlich CHJ 63f, Z.3-5; AbB 1,46,3f; AbB 2,86,14f wirkt sich die Menschenschöpfung in einer allgemein anerkannten Autorität des Betreffenden aus.

36 Dazu ausführlicher s. R.Albertz, Weltschöpfung und Menschenschöpfung, 59-66.

37 Zur Bedeutung des Ausdrucks, der auch AbB 2,46,20f vorkommt, s. AbB 2, S.29 Anm.46a. AbB 2,111,33-36 zielt das Erschaffensein des Adressaten auf Wohltaten für den Bittsteller.

38 Z.B. AbB 1,70,4 oder seltener a-na da-ri-a-tim, z.B. AbB 1, 59,4; auf die verschiedenen Formen der Grußformel kann ich hier nicht eingehen. Ich verweise generell dafür auf E.Salonen, Die Gruß- und Höflichkeitsformeln, StOr 38, 1967; die Variationsbreite geht noch über die bei ihm dargestellten Möglichkeiten hinaus. Zur Funktion des Grußes s.u. 126f, zu den "Grußgöttern" s.u. 135ff.

39 Es ist darum ganz unmöglich, sie hier alle aufzuführen; sie begegnen nach meiner groben Schätzung in etwa 1/2 bis 2/3 aller Briefe; sie fehlen ganz nur in den Königsbriefen, dazu s.u. 127.

40 Vgl AbB 5,239,32f; die Form GN + GN šulmu u balāṭu ša PN liqbû u.ä. wird dann in den nB Briefen sehr geläufig, vgl z.B. YOS 3,158,3-5 und E.Salonen 95; 99f. Ein Schlußwunsch begegnet auch AbB 6,145,23f.

41 Vgl TIM 1,20,83 und in anderen Zusammenhängen AbB 5,159, Rs 17'; 75,8-10.

42 Vgl AbB 1,15,4; 3,56,2; ABPh 122,3.

43 Vgl AbB 2,89,15.

44 Als Verb auch lu ka-ja-an AbB 1,18,9; neben den Göttern können auch manchmal Könige genannt sein: AbB 6,14,8'; 191,10f; ABPh 75,7; zum einzelnen verweise ich wieder auf E.Salonen 33-37; die Erkundigung entspricht den hebräischen Briefen aus Arad, so Nr.1, Z.2 ŠLḤ[W(?) LŠLM], vgl M.Weippert, VT 25,202-212, 207.

45 Vgl B.Landsberger, Das 'gute Wort', MAOG 4, 300f.

46 Vgl AbB 1,7,25 (bezogen auf Schafe); 5,178,4'; 6,153,19; und aA KTS 15,42 (AfOB 13f, 15a); TCL 4,18,9 (AfOB 13f, 14a).

47 Vgl AbB 2,82,31; 6,1,35.

48 Vgl AbB 2,81,24.

49 YOS 2,15,9; mehr im Sinn von Glück haben AbB 6,140,24f.

50 Vgl mit gimillum AbB 1,132,15; 3,22,26; 5,173,17.

51 S. J.J.Stamm, Namengebung, 178.

52 179.

53 J.J.Stamm möchte die Namen von dem Gebrauch in den Briefen trennen und sie im Sinn von "schaffen" deuten. Doch sein Argument: "Aber den Namen fehlt die notwen-

dige Angabe, wozu Gott den Träger beruft" (Namengebung, 142), sticht nicht, denn auch in den Briefen steht die Wendung absolut. Der in den Briefen gemeinte Sinn ist durchaus für die Personennamen sinnvoll: Gott soll sich in besonderer Weise um die berufliche Förderung des Kindes kümmern.

54 Zur Bedeutung der Wendung s. A.L.Oppenheim, Letters, 78 und ausführlich F.R. Kraus, RA 65, 99-112; Kraus sieht in ihr "eine gewisse Tendenz, das Göttliche auch außerhalb der traditionell religiös gebundenen Bereiche von Geburt, Krankheit und Tod auf unbestimmte Weise in den bürgerlichen Alltag einzubeziehen"(101). Das kann man so sagen, aber ob es sich dabei um eine neue religiöse Entwicklung der aB Zeit handelt, wie es Kraus vermutet, wage ich zu bezweifeln. Auch im AT gehörte das segnende und fördernde Handeln Gottes im Alltag zur normalen persönlichen Frömmigkeit; es begegnet auch ganz selbstverständlich in den kassitischen Siegelgebeten, s.u. 124f.

55 Noch AbB 3,50,5; andere Ausdrücke für den göttlichen Beistand im Beruf finden sich AbB 2,81,37f (ina pīḫāti redû); 3,33,4 (ešēru Š); vgl auch ABPh 122,2f; AbB 1,15,1-4 (im Amt alt werden lassen, labāru D).

56 Vgl AbB 3,40,7 und kabtam šakānu AbB 3,52,6f.

57 Zu šumum damqum vgl AbB 1,15,2; zu igerrum damqum AbB 1,142,1f.

58 Vgl ARM 10,43,23-25.

59 Wörtlich: "sind durchbohrt" Stativ D von palāšu, vgl AHw 815b und die Interpretation von A.L.Oppenheim, Letters, 92.

60 Zur Übersetzung vgl CAD B 73b: "may your god and supporter..." und CAD I/J 96a "may the name of your god and of (the god) who incited you...", der genaue Sinn von takālu D ist also noch nicht klar.

61 Vgl einen hilfreichen Spruch von Šamaš und Marduk an eine Karawane oder Truppe, AbB 5,232,24-27.

62 Vgl AbB 5,10,4'; ABPh 17,24f.

63 Einholen von Vorzeichen für eine Reise AbB 6,64,13f; für einen Transport, AbB 2, 54,23-27; für das Weiden von Tieren YOS 2,83,10-17; ARM 14,22,4-9; 86,32-34; für militärische Züge TIM 1,7,10f; AbB 6,165,13-17; vgl auch ARM 10,11,8-11; 31,9'-13'; 130,7; Römer, Frauenbriefe, 29f.

64 Z.B. Ikūn-pî-(d)Adad (aB) "Der Ausspruch Adads hat sich bewahrheitet" u.a. vgl J.J.Stamm, Namengebung, 146f und mB Iqbi-ul-īni "Er hat versprochen und nicht geändert". Stamm, Namengebung, 206; so ist auch nicht sicher, wie der in der Tabelle genannte aAK Name mit qabû zu deuten ist; AHw 890a denkt eher an eine Kurzform der Wendung balāṭa oder šulma qabû.

65 Das Leben als Inhalt und Ziel eines Gebetes: AbB 1,116,5'-8'; TCL 17,61,28f; ABPh 105,15=106,10; ARM 10,37,7-10; verbunden mit Begehungen ARM 10,38,21-26; 40,Rs 7'-10'; die Gabe einer Tochter als qadištu AbB 6,140,6-8.

66 aB begegnen nur Namen des Types GN-rā'im-zērim "GN hat den Nachkommen liebgewonnen", AHw 951b.

67 Das Verb hat eine erhebliche Bedeutungsbreite, was die Übersetzung erschwert, so z.B. R.Frankena "Freundlichkeit erweisen" AbB 3, S.19; J.J.Stamm, Namengebung, 168 "Gnade erweisen"; ich richte mich nach W.v.Soden in AHw 276a, der die theophoren Namen unter die Bedeutung "schonen, retten" stellt.

68 Ob der Name in diesem Sinn zu deuten ist, ist unsicher, meist wird er als Kurzform des Ausdrucks šēpē GN ṣabātu "die Füße eines Gottes fassen" gedeutet, so J.J.Stamm, Namengebung, 277; 200; AHw 1067a. Dann wäre mit ihm eine Bittgeste gemeint; vgl in einem aA Brief u šēp ilīka ṣabat "und fasse den Fuß deines Gottes", CCT 3, 20,40; aB AbB 2,108,11.

69 Vgl AbB 5,159,Rs 17'; 3,52,7f.

70 Am häufigsten bei Marduk: AbB 1,105,1; 106,1; 2,88,16'. 24'.30'; 111,34; ABPh 84,1; 85,6; 119,29; 122,1 u.ö.; aber auch bei Šamaš: AbB 1,18,13; ABPh 123,15; Sin: ABPh 120,10; Dagan: ARM 3,8,27 u.ö.

71 S.u. 118.

72 S.o. 103.

73 Nach den Zeichenspuren (VS 16,135) ist die Ergänzung möglich; auch M.Stol, Leiden, hält sie für eine gute Möglichkeit, brieflich am 2.3.76.

74 S.o. 103.

75 Vgl die Wendung di-ni ù di-in-ka GN li-di-in AbB 1,135,35; 6,102,4; ausgebaut in AbB 5,160,3-5; Rechtshilfe scheint besonders von Šamaš erwartet worden zu sein, dazu s.u.137; in den Namen mit diānu kommen dagegen auch andere Götter vor.

76 Beide Verben begegnen kombiniert in Syria 33,66f,5f (Jašūb-Jaḫad von Dīr an Jarīm-Lim von Aleppo); zu šâlu vgl auch TIM 1,21,14-17.

77 Der Ausdruck wird auch für sachliche Objekte angewandt, vgl zum Sprachgebrauch AHw 503a(Nr.12) und CAD K 516-518; die unmittelbare Vorstellung findet sich vielleicht in TCL 17,6,11: (d)EN.KI šu-ú ma-di-iš u(4)-mi-i / qá-aq-qá-ad-ka li-ka(!)-ad(!) "Enki selbst möge für alle Zeit deinen Kopf festhalten"; die Zeichen passen meiner Meinung nach besser zu kâdu als zu kullu.

78 Z.B. AbB 1,3,7, S.5.

79 Z.B. AbB 2,81,7f, S.49.

80 So ist auch AbB 1,24,7f zu ergänzen.

81 Vgl AbB 1,46,5f.

82 S. dazu G.Pettinato, Ölwahrsagung I, II,16.48 und II, S.183f; 195f.

83 II,17; vgl I,49; II,49; der mukil rēš lemutti ist in der späteren Zeit ein häufig erwähnter Dämon, s. AHw 670a.

84 Vgl aAK Ṣabat-qassu; spB GN-ṣābit-qātā(II), AHw 909a.

85 Jes 41,13; 42,6; 45,1; vgl Jes 51,18 bĕ + hæḥæzīq.

86 Vgl AbB 2,81,38; ARM 6,12,16; 2,130,26 lies ir!-de-en-ne; so W.v.Soden, BagM 3, 153, Anm.7; AHw s.v. redû.

87 ABPh 105,11; AbB 1,24,7 maṣṣār šulmim u b⌈alāṭim⌉ "der Wächter der Gesundheit und des Lebens".

88 So in den Formeln mit rēšam kullu s.o. 115 und ṣibūtam ajjirši s.u. 119f, z.B. AbB 1,3,7; mit allen Abwandlungen etwa 100 mal.

89 S.o. 33.

90 Vgl ABPh 106,12-14 (Šamaš und Aja); AbB 3,50,5f; TIM 2,148,5-7 (Marduk); AbB 6,1.11f (Šamaš und Aja); dazu ARM 10,36,4-7; 37,4-6; 41,4-6; 13,101,3-5.

91 Weitere Belege für naṣāru AbB 3,50,5f; 6,1,11f; TIM 2,148,5-7; ABPh 105,16-19; ARM 10,36,4-7; 37,4-6; 41,4-6; 13,101,3-5; 4,50,6f;8f; 10,78,7f. Die schon ARM 4,50,6f.8f vorkommende Wendung GN napištīka liṣṣur "GN möge dein Leben schützen" wird die allgemeine Grußformel in den mB Briefen s. E.Salonen 59f; naṣāru (PRU 3,15.63,4; 16.111,4-6 u.ö.) bzw ug. nġr (CTA 51,8; 50,8 u.ö.) ist auch Bestandteil des ugaritischen Briefformulars. In den jB Briefen steht ein Bild für den göttlichen Schutz in der Mitteilung des eigenen Wohlergehens: ina ṣilli ša ilī šulum anāku "Im Schutz (Schatten) der Götter geht es mir gut" YOS 3,9,6f u.ö. vgl E.Ebeling, Neubabylonische Briefe aus Uruk; in den nA fehlen Grußformeln.

92 Hinzu kommt vielleicht noch TCL 1,40,22 î-lí-ka ù mu-ta-ki-li-ka (von BB 186 falsch gedeutet). Welche Bedeutung das prtz des D-Stammes von takālu hier hat, ist noch nicht ganz geklärt, so übersetzt CAD B 73b "your god and supporter", dagegen CADI/J 96a "of your god and of (the god) who incited you" (anstacheln, verführen). In AbB 6,218,15.29; 220,24 hat takālu D die Bedeutung "sorgfältig klären", in ARM 5,1,13' (vgl INES 13,144) "letzte Anordnungen (für den Abmarsch) geben" (Hinweise von M.Stol, Leiden). Nimmt man diese Bedeutung an, dann ist in TCL 1,40,22ff ein weisendes Handeln gemeint, und zwar wahrscheinlich das eines Gottes, obgleich das Partizip auch ein neues, menschliches Subjekt einführen könnte. Mir scheint jedoch die Deutung von CAD B wahrscheinlicher, im Partizip eine positive Näherbezeichnung des persönlichen Gottes zu sehen, er ist der Vertrauensgrund, auf den sich die beiden Brüder bei ihrer Ortswahl verlassen haben.

93 Vgl AbB 2,88,Rs 31'; 6,190, Rs 20f; ABPh 105,22; 106,21.

94 S.o. 103f und unten zu den kassitischen Siegelgebeten 124.

Anmerkungen zum Teil C

95 S.o. 114.

96 S.o. 113.

97 So auch H.Hirsch AfOB 13f, 37a im Unterschied zu seiner Übersetzung S.15a ("und meine Kraft möge deinen Vater heil machen"); vgl auch CAD B 143af.

98 Vgl etwa STT 57,Rs 83 (= STT 59,Vs 28); BMS 6,94 par; 12,94; 11,40 und passim, s. E.Ebeling, Handerhebungsgebete.

99 Vgl AbB 5,172,16f; ARM 3,8,26f; 17,16; vgl YOS 2,141,13.

100 Z.B. AbB 3,52,5.

101 CAD Ṣ 168a.

102 Z.B. in AbB 1,5,9; 5,174,5'.

103 AHw 1099b.

104 Z.B. YOS 2,14,10; TCL 18,148,8; AbB 5,29,14; 207,23; Sumer 14,73,20; ARM 4, 60,14.

105 Die Wendung lā libbi ilima begegnet auch in den aA Briefen, S. CCT 4,24b (AfOB 13f, 39a); Hecker 32,5. E.Ebeling interpretiert TCL 17,58,25f: kīma nizir pî (d) Ilabrat... "Wie einen durch den Mund der Gottheiten Ilabrat und Ningirsu Verfluchten" (MAOG 15, S.45); doch sind die Zeichen ganz unsicher.

106 Zur Datierung vgl H.Limet, Les Légendes, 15-18.

107 Nur in den Texten 5.3,2; 8.2,5; 11,1; 7.9,1; 10,2 und H.Limet dazu: "Les épithètes en accadien sont rares", Les Légendes, 54. Die akkadischen Texte unterscheiden sich hier auffallend von den sumerisch abgefaßten, die offensichtlich der offiziellen religiösen und literarischen Tradition näher stehen.

108 Ich habe nur einige, sehr spezielle Wendungen nicht berücksichtigt; bei mehreren ähnlichen Ausdrücken, wurde nur einer aufgeführt.

109 Die Leitung bei beruflichen Aufgaben kommt in den sumerisch verfaßten Siegeln deutlicher heraus, vgl z.B. 7.15,2f. Zum Ein- und Ausgehen im Palast s. AbB 1,15, 1-4.

110 In den Siegeln bezeichnet râmu parallel zu rêmu die punktuelle Zuwendung (5.3,3; 4,3; 5,3; 6,1; 11,2; 12,3); in den Briefen steht mehr das dauernde liebevolle Verhältnis im Vordergrund, s.o. 113.

111 An einigen Stellen steht par zu lamassu ((d)LAMA) ilu (DINGIR), und zwar mit dem Verb rašû; ilam rašû "einen Gott bekommen" war in den Briefen ein Ausdruck für Glück; so rücken in den Gebeten Schutz und Glück eng zusammen(z.7.12,7; 11.2,3).

112 Direkte Parallelen fehlen in den Briefen; in dem aB Gottesbrief YOS 2,141 findet sich auch eine Bitte um Vergebung der Schuld (Z.10f).

113 Nicht mitgezählt wurden reine Ausdrucksvarianten.- Das Thema Beistand ist in den Gebeten unterrepräsentiert; die zum Thema Leitung gesammelten Stellen sind nicht eindeutig, es könnte hier auch an ein Heilsorakel gedacht sein. Daß in den Briefen das Thema Nachkommen fehlt, mag ein Zufall sein; im AT gehören die Nachkommen fest zur persönlichen Frömmigkeit hinzu, s.o. 80.

114 Vgl auch die Texte 5.4; 5.5.

115 S.o. 37f und R.Albertz, Weltschöpfung und Menschenschöpfung, 63f; 33-40.

116 Ähnliche Verbindungen von rettendem und segnendem Handeln in 5.6; 5.7(?); 5.9; 7.10; 7.21; 8.14.- Eine explizite Verbindung von erschaffendem und segnendem Handeln ist nicht belegt, sie könnte jedoch in der Anrede "mein Vater" 7.9,1 immerhin angedeutet sein.

117 So etwa Les Légendes, 42: "On remarquera l'absence de tout jugement moral sur les actes humains et de toute référence à une théologie du péché."

118 So meint Limet S.43f, auch in Ludlul-bēl-nēmeqi werde ja der Zusammenhang von Sünde und Schicksal bestritten; doch die hier laut werdende Klage gegen die "Ungerechtigkeit" der Götter ist doch nicht ernsthaft mit dem völlig ungebrochenen Vertrauen in den Siegelgebeten zu vergleichen.

119 So Les Légendes, 43.44. Die generelle Unterscheidung von optimistischer sumerischer Religion und pessimistischer babylonischer Religion, die Limet im Anschluß an Bottéro vertritt, läßt sich meiner Meinung nach nicht halten.

Anmerkungen zum Teil C

120 Letters, 29.

121 Wenn M.Bič in der Rezension meiner Dissertation schreibt: "Die Orientalisten haben es schon weitgehend begriffen, daß der einfache Mensch im alten Orient zu / sehr Mitglied seiner Gemeinschaft war, als daß man von seiner Privatfrömmigkeit reden dürfte. Nur hervorragende einzelne, besonders Könige, bildeten eine Ausnahme"(658f), dann ist dem entgegenzuhalten, daß es immerhin einige, keineswegs unbedeutende Orientalisten (z.B. J.J.A.van Dijk, A.L.Oppenheim, Th.Jacobsen, A.Westenholz, s.o. 97f, aber auch W.v.Soden und M.J.Seux) gibt, für die sich zumindest das Problem einer "Privatfrömmigkeit" in Mesopotamien gestellt hat. Möglicherweise läßt sich Bič von dem hier vorgelegten Material mehr überzeugen; aber natürlich läßt sich über die Hilfshypothese der "Demokratisierung" alles unter die "Königsideologie" subsumieren. - M.Bič tut übrigens so, als hätte ich mich in meiner Dissertation nicht mit dieser Erklärungsmöglichkeit auseinandergesetzt, das entspricht aber nicht den Tatsachen, vgl Weltschöpfung und Menschenschöpfung, 59-66; 72f; 89. Soweit ich sehe, urteilt man heute in der Orientalistik sehr viel zurückhaltender über die "Königsideologie", vgl etwa den Bericht vom 19. internationalen Assyriologenkongress "Le Palais et la royauté", 1974 und etwa darin den Beitrag von F.R.Kraus 235-261. - In eine weitere Auseinandersetzung mit der - leider für mich unbefriedigenden - Rezension von Bič kann ich hier nicht eintreten.

122 Vgl C.Westermann, Der Frieden (shalom) im Alten Testament, 206-214. - Grüße werden darum in Dokumenten tradiert, die aus kleinen Gemeinschaften erwachsen und für sie bestimmt sind. Sie fehlen nicht zufällig in den Königsbriefen.

123 Die Hauptschwierigkeit ist die, daß sich aus den Briefen die soziale Zuordnung von Absender und Adressat oft nicht eindeutig ergibt. Das gilt vor allem, wenn nur Personennamen genannt sind, deren mögliche verwandtschaftliche Beziehung nur aus Urkunden zu erheben sein würde. Das gilt aber auch für die Briefe, in den von abu, māru, mārtu etc gesprochen wird, denn diese Verwandtschaftsbezeichnungen können auch übertragen gemeint sein.

124 Unter der Voraussetzung, daß die meisten Verwandtschaftsbezeichnungen wirklich Familienbeziehungen meinen. Eine statistische Untersuchung, die wirklich etwas aussagt, ist heute noch nicht möglich, ich begnüge mich damit, einige Beispiele anzugeben: a) aššumīja in Briefen des Sohnes an den Vater: AbB 1,38; 49; 85; 127; 2,113; 151; 179; 3,5;6;7; 9;48;49;50;51;52;53; 5,166; 6,168; ABPh 27. b) Tochter an den Vater: AbB 1,24;72; 6,5; 140; ABPh 60; 106; 107; c) Sohn an Mutter: AbB 3,60; d) Tochter an Mutter: AbB 6,178; e) Ehefrau an Ehemann: AbB 2,110;140;141; 4,145(?) f) Bruder an Bruder: AbB 2,142; g) Bruder an Schwester: AbB 1,22; 6,1. - Natürlich braucht aššumīja nicht notwendigerweise in jedem Brief zwischen Familienangehörigen zu stehen; z.T. steht nur das steigernde dāriš ūmi, z.B. AbB 1,17;61;5,224; 6,214 u.ö., z.T. fehlt jede Erweiterung. Doch man kann wohl sagen, daß in familiären Briefen die Grußformeln stärker ausgebaut sind als in den reinen Geschäfts- und Behördenbriefen.

125 An einen awīlum ("Patrizier") AbB 1,4; 12; 6,91; 157; bēlum ("Herr") AbB 5,23; 6,179; bēltum ("Herrin") AbB 1,53;66;6,50; UGULA DAM.GÀR (MEŠ) ("Obmann der Kaufleute") AbB 1,80; an einen höheren Schreiber AbB 3,33; ana abēja u bēlija ("meine Väter und Herren") AbB 5,239.

126 So.z.B. an eine Frau gerichtet, die das Kind der Absenderin versorgt, AbB 1,31.

127 S. die Zusammenstellung AbB 2,1-79 (LIH).

128 Gelegentlich vorkommende Formulierungen wie "um Nippurs willen" 5,170 u.ö. sind kein Gegenargument; hier ist die Solidarität der kleinen Gruppe in schmeichelnder Sprache auf größere politische Gebilde übertragen.

129 Ich zähle in dem von mir überschauten Material über 70 Belege.

130 Andere Belege sind: a) in 1.sg.Prek. G: ABPh 27,22f; 104,10-12; 120,10-12; BB 180,20-21; ARM 10,92,22f; 14,10,21f; b) plur. Kohortativ G: AbB 2,88,34'; c) in 1.sg.Prek.Gtn: AbB 1,15,28f; 3,22,10f; dazu in den Briefen Dritter: AbB 2, 83,11-13; ABPh 78,18-21; 119,21-26; TCL 17,29,29-31; vgl AbB 3,22,9; 2,46,19-21.

Anmerkungen zum Teil C

131 Weitere Belege sind: a) in 1.sg.Präs. Gtn: AbB 1,61,11-13; 2,89,9f; 3,19,7-9; 5,239,19-21; ABPh 60,25-28; 105,13-15; 106,8-10.15-17; UCP 9,14,31f; JCS 17,85, 6-9; ARM 10,1,5f; 3,18'f; 37,9f; 112,16-18(?); b) 1.sg.Präs. G: AbB 1,119,11'-13'; ARM 5,46,11; c) 1.plur.Präs. G: ARM 10,93,17f; d) 1.sg.Prät. G: AbB 1, 128,12f; TCL 17,61,28f (lies a-na ba-la-ṭi-ka / ak(!)-ru-ub, nicht wie E.Ebeling ku-ru-ub!); ARM 10,40,Rs 7'-10'; e) prtz. G: AbB 1,61,3; ABPh 122,7; ARM 10,3 Rs 10'; 36,14f; 37,7f; 38,9f; 40,Rs 5'; dazu in Briefen Dritter: AbB 5,166,14f. 16f; 6,32,14-17; vgl AbB 6,79,8f.

132 Der Briefschreiber charakterisiert seine Zugehörigkeit als die eines Sohnes zu seinem Vater oder eines Bruders zu seinem Bruder. Auch sonst begegnen Fürbitten gerne in Briefen, deren Partner in einer familiären Bindung stehen: an den Vater: AbB 1,15; 61; 2,82; ABPh 27; 60; 105; 106; an die Mutter: AbB 3,60; an die Tochter: UCP 9,14; über die Familienbindung hinaus dann in Briefen an Personen, auf die man angewiesen ist: an den Herrn AbB 1,128; 2,83; 5,239; vgl 5,166; den politischen Vorgesetzten: AbB 2,88; ARM 14,10; 11; 5,46; an den Chef: AbB 2,89, den Gönner: AbB 3,22 und die Freundin: AbB 1,31. Die Verteilung entspricht ungefähr der von Grüßen mit aššumīja.

133 Weitere Belege: AbB 3,60,10f.16f; BB 181,21-23; dazu in Briefen Dritter YOS 2, 129,10; vgl dazu AbB 6,140; ARM 3,17,17-20.

134 So in AbB 3,60,10f.16f; die Mutter kann ihrem entfernt in Assyrien weilenden Sohn bei seinen schwierigen Geschäften nur durch Fürbitte helfen.

135 Vgl dazu R.Harris, The nadītu-Woman, 106-135; J.Renger, Untersuchungen zum Priestertum, ZA 58,150ff.

136 Das betont besonders R.Harris, The nadītu-Woman, 123ff.

137 Die nadiatum mußten kinderlos bleiben; der väterliche Besitz wanderte damit nicht teilweise als Mitgift in eine andere Familie, sondern blieb der eigenen Familie erhalten. Die Klosterfrauen hatten wohl zu Lebzeiten die Nutzrechte über ihr Erbteil doch fiel dieser nach ihrem Tode an ihren Bruder zurück, vgl R.Harris, The nadītu-Woman, 108f.

138 Diese Funktion kommt bei R.Harris nicht deutlich genug heraus.

139 Vgl AbB 3,19,7-8 (Amat-Šamaš); ABPh 60,25-28 (Bēlissunu; Götter bēlu u bēltu = Šamaš und Aja); 105,13-15; 106,8-10.15f (Lamassani); AbB 1,61,11-13 (Lamassani); ARM 10,36-42 (Erišti-Aja); auch die Bitte um Fürbitte AbB 1,31,20f richtet sich an eine nadītu (Bēltani, Götter: Šamaš und Aja).

140 Vgl ARM 10,42,4; 36,14f; 37,7f; und AbB 1,61;3; ABPh 122,7.

141 Vgl R.Harris, The nadītu-Woman, 121; Harris hebt aber ihre Frömmigkeit zu stark von der gewöhnlicher Menschen ab; mit Recht urteilt J.Renger: "Alle diese Ausdrucksweisen einer persönlichen Frömmigkeit sind nicht auf die nadiātum beschränkt", ZA 58,155.

142 Die Belege von Fürbitten, die ganz gewöhnliche Menschen gesprochen haben, überwiegen!

143 Weitere Belege mit dem imp. von gamālu sind: AbB 2,87,16f; JCS 14,55,26-29; ARM 10,109,15-18; mit damāqu D TCL 18,85,25f.

144 aššum heißt eigentlich "wegen", "um-willen"; weitere Stellen sind: CHJ S.63f,16-18; LFBD 6,15-18; UET 5,21,10f; ARM 5,20,16-17; mit ana CHJ S.64,27.

145 Letters, 29.

146 Vgl die Definition, die B.Menzel für den offiziellen Kult gibt, 37.

147 Vgl AbB 2,89,9; ABPh 106,15; mūšam u urram AbB 1,116,6'f; mūšurri UCP 9,14, 31; von einer Fürbitte über einen längeren Zeitraum sprechen AbB 3,19,7; JCS 17,85,6.

148 mūšam u kaṣâtam "nachts (abends) und früh morgens" AbB 3,22,10; vgl ŠUK kaṣâtim u liliātim "Opferbrot für den frühen Morgen und den Abend" in zwei Briefen der nadītu Lamassani AbB 105,13=106,8.

149 AbB 105,13=106,8; vgl ABPh 120,10-12 (ohne Briefeinleitung); Das Gebet der nadītu Bēlissunu soll mit qá-ta-ja ma-si-a-ma" mit reinen Händen" geschehen, ABPh 60,27.

150 "So dürfen wir analog für das babylonische Privathaus annehmen, daß das kurummata šakānu, mit dem ikribu verknüpft, täglich morgens und abends stattfand", MAOG 4, 303; Landsberger verweist auf die Anweisung in dem nB Text K 7897,12f, der jetzt u.a. von Lambert, BWL 104,135f bearbeitet ist: u(4)-mi-šam-ma ìl-ka kit-rab / ni-qu-u qí-bít pi-i si-mat qut-rin-ni "täglich bete zu deinem Gott (mit) Opfer, Wort und dem dazugehörigen Weihrauch"; Lambert hält den Text frühestens für kassitisch. Weitere rituelle Handlungen klingen an in AbB 6,79,8f (Bier libieren) und BIN 7,41, 9f (Hände infolge häufigen Hantierens mit Weihrauchkörnern 'durchstoßen', d.h. verletzen).

151 In E-babbar ARM 10,38,10, die Absenderin Erišti-Aja ist nadītu in Sippar; in E-sagila AbB 2,89,9f; dem Inhalt nach ist der Briefschreiber ein Tempelangestellter.

152 Als erster hat C.L.Wooley Räume in Privathäusern in Ur (Larsa-Zeit) als Kapellen interpretiert (AJ 11, 1931, bes.362f). Sie befinden sich im hinteren Teil der Häuser und haben an einer Wand eine planierte und getünchte Lehmziegelbasis, in der Wooley Altäre sieht. Hinzu kommen kaminartige Aussparungen in der Wand, deren Schornstein nicht nach außen führt, und die Wooley als Weihrauchaltäre deutet, vgl die Bilder pl.46,1; 48,1.2). Zwar hat Wooley in den Hauskapellen keine Götterbilder gefunden, aber er vermutet, daß auf den erhöhten Podesten neben den Altären einmal Kultembleme oder Statuetten des Hausgottes gestanden hätten. In diesen Kapellen hat Wooley auch Begräbnisse, besonders von Kindern gefunden.

Ähnliche, als Altäre zu deutende Podeste, haben auch P.Delougaz, H.D.Hill und S.Lloyd in Privathäusern des Dijala-Gebietes gefunden (Khafajah, Tell Asmar, Tell Agrab), OIP 88, 1967, bes.11f; 151; 269; Bilder pl.72. In ihnen fanden sich aber keine Begräbnisse. D.E.McCown u.a. fand in den (ärmlichen) Privathäusern von Nippur zwar keine speziellen Kulträume, aber in den Wohnräumen einiger Häuser Nischen, in denen er Schreine für die Hausgötter sieht (OIP 78, 1967, 39f; Bilder p.36; 37b; 40c; 68). Altäre in Wohnräumen fanden sich auch in Tell Harmal und Al Dhiba'i (Sumer 2,24; 5,178 p.3a).

Öffentliche Kapellen im Wohngebiet sind bis jetzt nur in Ur gefunden worden. Sie gehören niedrigen Gottheiten. In der Kapelle der PA.SAG fand Wooley u.a. kleine Götterbilder und ein Bord mit Votiv-Gaben (AJ 11, 368-372; Bilder pl.49f). Wooley sieht in Ur drei Ebenen von Heiligtümern: "The state temples of the great gods are familiar to us, and so now are the chapels in the private houses dedicated to the domestic deities; between these come the little way side shrines of the lesser gods excavated this season."(368) Auch diese "öffentlichen Kapellen" sind damit noch unterhalb des offiziellen Kultbetriebes anzusiedeln.

153 Die Tafel ist leider schlecht erhalten; der gleiche Vorgang auf einer höheren sozialen Ebene belegt aber ARM 4,68,17-23. Die Gottesbriefe stehen dem freien Gebet ganz nahe, vgl YOS 2,141 und TCL 1,9+AbB 5,140, s. F.R.Kraus, RA 65,27-36.

154 S.o. 119.

155 ABPh 120. Der unbekannte Schreiber bittet um die Zusendung von Emmer für das nahende Elūlu-Fest (6.Monat) und verspricht im Folgenden ŠUK a-na (d)Sin ra-i-mi-ka / lu-uš-ku-um-ma / ma-ḫar (d)Sin lu-uk-ru-ba-ak-ku "Opferbrot für Sin, der dich liebt, werde ich herstellen und vor Sin will ich für dich beten"; daß diese Fürbitthandlung etwas mit dem Fest zu tun hat, wird nicht gesagt.

156 Vgl etwa AbB 3,37,14; 39,18f.

157 AbB 6,5, Hülle 3-6; 1,106,17-19; YOS 2,20,13-15. Die Familienmitglieder mußten die Opfermaterialien wahrscheinlich spenden. Häufiger ist die Erwähnung des Totenopfers für die königliche Familie, AbB 6,51,4-6; BB 80,5ff und ARM 1,65,5-7; 3,40,9-18 und in einer Reihe von Urkunden, vgl M.Birot, ARM(T) 9, Commentaire, 283ff. - M.Bayliss hat zwischen dem privaten (115-122) und dem königlichen (122-125) Totenopfer zwei klare Unterschiede herausgestellt: Während der König auch noch den Totenkult für seine vor vielen Generationen verstorbenen Vorfahren vollzieht (vgl "The Genealogy of the Hammurapi Dynasty", die 27 Namen aufführt, JCS

20, 1966, 95-118)(122f), gibt es absolut keine Anzeichen dafür, daß die Totenopfer von Privatpersonen weiter als bis zu den Großeltern zurückreichen(121). Und während die Funktion des privaten Totenkults auf den engen Raum familiärer Beziehungen beschränkt bleibt, haben die regelmäßig vollzogenen Totenopfer des Königs etwas mit der Wohlfahrt des ganzen Staates zu tun (124f). Im Königtum gewinnt damit der familiäre Totenkult eine geschichtliche und politische Dimension.

158 AbB 2,116,7-11.

159 AbB 1,69,6-11; 6,143,21-25; BB 181 (TCL 1,19),7-13; ABPh 17,33-35; vgl AbB 1,26-9,10; dazu ARM 13,23,4f; 29,12f; 14,9,5-7.13-15; 12,Rs 3'-10'; 55,19-21; 66,12f.

160 Vgl denselben Fall im Brief an Sunuḫaḫdu ARM 14,11,14-17.22-25; beidemale verspricht Jaqqim-Addu dem Adressaten, dabei die Gelegenheit zu ergreifen, für ihn zu beten.

161 S.o. 110; vgl den Report von einem Opfer an den Gott des Vaters zum Zwecke eines Vorzeichens, JCS 11,94, Nr.5, Babylonaica 3,141-144.

162 Die Kriterien sind einmal die weiblichen Personennamen, sie sind z.B. bei den nadiātum von Sippar gerne mit Aja zusammengesetzt, ein andermal bēlum und bēltum (für Šamaš und Aja) als Gottesbezeichnung; vgl R.Harris, The nadītu-Woman, 116f; doch sind die Kriterien keineswegs eindeutig; eine sichere Zuordnung wäre nur über die Urkunden zu erreichen, doch ist die Identität wegen vieler Namensgleichheiten bis heute noch nicht gesichert, vgl R.Harris, JCS 16,1-12; J.Renger, ZA 58,166ff.

163 The nadītu-Woman, 120; vgl aber 121: "Perhaps the ordinary pious person also prayed regulary."

164 ZA 58, 155.

165 AbB 1,122,4; 128,11'f; BIN 7,52,6-9; BB 90,11-12; vgl Syria 33,65,28f.

166 nīšu in AbB 6,104,7 und häufig in Maribriefen: ARM 1,3,9f; 37,22-24; 3,19,15-17; 68,13f; 4,20,22-24; 78,Rs 7'-8'; 13,147,5-16; 14,64,8; 89,9.9'.12'; 106,14'; vgl AbB 6,153,11-13; 189,20-22; zur rituellen Verankerung des Eides s. M.San Nicolò, Eid, RlA II, 306a.

167 AbB 5,75,8-10; 6,4,13-15; 71,10; 138,14-20; vgl TIM 1,16,20-24; AbB 5,28,13'-15'; 6,153,18-26.

168 Eine Ausnahme bildet allein AbB 5,160,3f: DI.KUD ša-me-e ù er-ṣe-tim ku-si-a-šu / li-di-ma "Der Richter von Himmel und Erde möge seinen Stuhl aufstellen...", zur Vorstellung von Šamaš als Richter von Himmel und Erde s.u. 155.

169 Typisch dafür ist die aB Hymne auf Ištar, RA 22,170ff; SAHG 235-237; M.J.Seux, 39-42. Etwa die Hälfte des gesamten Textes besteht aus Prädikaten, die die Göttin in ihrer Größe und Herrlichkeit unter den anderen Göttern loben wollen (Z.1-12+21-40).

170 Für Marduk AbB 1,105,1 u.ö.; Šamaš AbB 1,18,13 u.ö.; Sin ABPh 120,10; Dagan ARM 3,8,27 u.ö.

171 Für Ilabrat YOS 2,132,4; AbB 1,46,3; Il-Amurrum AbB 3,22,8; Marduk 2,86,14; Ašnan CHJ 63f,3; Adad ABPh 119,30; ilšu bānīšu TCL 17,37,1.

172 Bezeichnet Šamaš TIM 1,20,83; UET 5,21,11; Marduk AbB 5,75,9 u.ö.; Ilabrat AbB 5,159,Rs 17'; vgl ša ikarrabakkum o.ä. z.B. AbB 1,6,12; Sin-Amurrum AbB 2,82,31; Marduk AbB 6,1,35.

173 Daß die urzeitliche Erschaffung durchaus auf die gegenwärtige Geburt hinzielt, zeigt das Aṭramḫasīs-Epos.

174 Der Begriff stammt von C.Westermann, Genesis I, 324 u.ö.

175 Hammurabi und Marduk, RA 53,183-204, bes.188ff.

176 Das 'gute Wort', MAOG 4, 294-321, bes.300f.

177 BagM 2,56-59; von S.Dalley, JCS 25,82 als Beispiel angeführt.

178 Das gilt auch für die weiteren von Landsberger angeführten Beispiele BB 161, AbB 6,145. Wohl stammt ein großer Teil der Briefe aus Fundorten, in denen Šamaš Stadtgott war (Larsa TCL 17f; UCP 9; YOS 2 und Sippar, Großteil der Museumssamm-

lungen, etwa AbB 6 etc), aber es ist kaum vorstellbar, daß alle Briefe, die Šamaš als ersten Grußgott haben, nach Adab, Sippar oder Larsa gegangen sind.

179 In meiner Übersicht (AbB 1-6; TCL 17f; YOS 2; UCP 9; BB (Rest); TIM 1-2; LFBD; ABPh; CHJ) zähle ich 817 Briefe, in denen Šamaš allein oder in der ersten Position steht (236 x allein, bei den Kombinationen 507 x Šamaš und Marduk); Dagegen machen alle Briefe, bei denen andere Götter als Šamaš in der ersten Position (allein oder kombiniert) stehen, nur etwa 80 aus. Solche absoluten Zahlen sagen natürlich wenig aus; hier wäre eine genauere statistische, nach Orten differierende Untersuchung der Grußgötter unbedingt von Nöten.

180 Old Babylonian Greetings Formulae, JCS 25, 79-88, 81.

181 81; vgl die Zusammenfassung 86f.

182 In etwa 55 % aller Fälle.

183 AbB 1,24,3; 61,1; 78,4; 138,4; 2,150,4; 3,7,3; 8,3; 19,5; 20,4; AbB 5,174,2'; ABPh 39,5; 55,4; 60,4; 105,4; 106,4; LFBD 2,4; 4,3; 6,3; BB 129,4; 180,4; 239,4; ARM 10,37,4; 38,4; 39,4; 40,4; 41,4; 42,5; 43,5; vgl bēlki u bēletki "dein Herr und deine Herrin" in Briefen an nadiātum: AbB 6,63,3; 65,4; 2,156,4; BB 139,11f.

184 AbB 2,96,1 und 162,4; vgl AbB 5,39,8; ähnlich auch Adad ABPh 61,4; AbB 2,136,5; Amurru YOS 2,1,5; vgl 38,2; Šamaš AbB 4,144,4; Enlil AbB 2,162,4 (ili). Zu vergleichen ist auch die Bezeichnung bēli für Ninurta TIM 1,27,3 für Nabium AbB 1,106,28; Bunene AbB 1,119,12'; bēlki für Šamaš AbB 2,157,18; bēletīja für An-Inanna, Nanna und Kanišurra BB 181,12 (TCL 1,49). - Bei der Kombination bēli (d)AMAR.UTU u bēlti (d)Ṣarpanit "mein Herr Marduk und meine Herrin Ṣarpanit" handelt es sich wahrscheinlich wieder um Briefe von nadiātum (des Marduk in Babylon?), s. AbB 1,98,4; 5,266,4; LFBD 3,4 ((d)UTU ist wohl Fehler für AMAR. UTU!); TIM 1,14,4; 24,4f; 2,99,4; vgl BIN 7,221,4; hinzu kommen die Götter: Ninurta und Ninegal TIM 1,27,3; Marduk und Ištar(?) LFDB 18,4.

185 AbB 1,18,9; 2,142,4; 5,227,4; 6,8,4; 30,4.

186 AbB 2,155,4; ABPh 49,3; Sîn, Šamaš und Amurrum ((d)MAR.TU?) in einem Brief von Lu-martu und Dumu-martu AbB 4,148,5; Gula, Damu und Urmašum in einem Brief von Warad-Gula TCL 18,152,5; Damu und Gula in einem Brief von Šāt-Damu AbB 5,277,4; Šamaš und Sataran in einem Brief von Sataran-šitmar AbB 2,170,4; im Kontext: Ilabrat, der Gott deines Vaters in einem Brief an Ibbi-Ilabrat AbB 5, 39,8 (Grußgötter: Enlil und Ninurta); nicht volle Übereinstimmung: Šamaš und Adad, euer Gott in einem Brief an Sîn-erībam und Adad-nāṣir AbB 2,136,5; vgl Šamaš, Marduk und Zababa in einem Brief an den šāpirum von Kiš (Stadtgott: Zababa) LFBD 14,4.

187 AbB 4,140,3; TCL 18,108,4; 109,3f; 110,3; vgl AbB 4,156,3(?).

188 TCL 18,112,4-6; UCP 9,4,4-6; offensichtlich wird dieses Götterpaar auch in Briefen von Freunden an die Familie benutzt: AbB 4,141,4; 138,4; vgl UCP 9,7,4.

189 Dieses Problem wurde bisher überhaupt noch nicht gesehen.- Große Übereinstimmung herrscht nur zwischen den Göttern in den Grüßen und den Fürbitten, z.B. AbB 2,82,4.35; es kommt auch vor, daß in der Fürbitte nur einer der Grußgötter begegnet, etwa AbB 5,166,4.14. Abgesehen von dieser Entsprechung ist es das Normale, daß in den Briefcorpora entweder nur einer der Grußgötter vorkommt (z.B. AfO 24,124f,5f Šamaš und Marduk, Z.24f nur Marduk allein) oder aber ganz andere Götter eingeführt werden (AbB 5,159,2'; 1,106,28; 3,22,8; 5,159,2' vgl 8'; 39,8; 6,135,8'; AbPh 119,29f), Übereinstimmungen sind dagegen selten (UET 5,21,10; AbB 2,239,24f); konsequent wird sie nur in den Briefen der nadiātum durchgehalten, AbB 1,61,10; ARM 10,43,23f u.ö.

190 Die Erweiterung der Adressatenangabe wird meist mit Marduk gebildet (56x); wenn darüber reflektiert worden wäre, daß hierin eine Divergenz zu den Grüßen vorliegt (mit Šamaš und Marduk), dann wären Ausgleichsversuche zu erwarten, doch kommt Šamaš und Marduk in der Erweiterung nur ein einziges Mal vor! (AbB 3,57,1.5); Konsequent sind hier wieder nur die nadiātum, die auch in der Erweiterung der

Adressatenangabe bēli u bēlti einsetzen: AbB 1,61,1; LFBD 4,1 u.ö.

191 So Ilabrat YOS 2,132,4; AbB 1,46,3; Adad ABPh 119,30; Ašnan CHJ 63f,3.

192 So AbB 1,135,35; 5,159,Rs 8'; 6,102,4; in den Personennamen mit diānu kommen dagegen auch andere Götter vor; s. J.J.Stamm, Namengebung, 172; 191f; 230; AHw 172a.

193 Namengebung, 63.

194 64.

195 AbB 2,162,4.

196 ABPh 61,4.

197 "We would still have to account in some way for the almost monotheistic appearence of the earliest Akkadian names which seem to fit far better into the context of the Bible than into any Mesopotamian milieu known so far."8 Westenholz will il(um) als göttlichen Eigennamen fassen (11), doch scheint mir, daß in der persönlichen Frömmigkeit die Unterscheidung von Eigen- und Gattungsnamen nicht existiert, vgl J.J.Stamm, Namengebung, 59.

198 AbB 1,6,11; 2,142,4; 3,73,23; 5,227,4; 6,8,4; 30,4; TCL 17,37,1; 1,40,22.

199 In den beiden Formeln ilum nāṣirka rēš damiqtīka / rēška ana damiqtim likil und ilum nāṣirka ṣibūtam ajjirši, z.B. AbB 1,3,7; 2,81,7; 1,16,8 u.ö., s.o. 115 und 119f; ich zähle mit allen Abwandlungen 86 Belege.

200 21f.

201 Z.B. Marduk AbB 6,207,6; 3,50,5f; 22,4-6; Šamaš und Aja AbB 6,1,11ff; ARM 10,36,4-6 u.ö.

202 Namengebung, 67; die Übersicht, die Stamm zusammenstellt, zeigt seiner Meinung nach "daß die großen Götter zu allen Zeiten in der Namengebung beliebter waren als die kleinen."

203 4 u.ö. Damit gesteht er ein, daß sich die persönliche Gottesbeziehung nicht auf einen bestimmten Gottestyp einschränken läßt; was den "persönlichen Gott" ausmacht, ist seine besondere Funktion für den Einzelnen in seinem alltäglichen Lebenskreis.

204 Daß solche "Inkonsequenz" in den polytheistischen Religionen häufiger vorkommt, deutet A.Brelich an: "dagegen erbittet man von einem einzigen Gott oder von einem aktiven 'höchsten Wesen', sogar von den Ahnen unterschiedslos alles, was man braucht."130

205 S.o. 97.

206 So ist z.B. unsicher, wohin die Mythen und Epen gehören, die auch zur eigentlichen "Kultliteratur" in Distanz stehen; aber selbst bei den Hymnen ist es schwierig, die Grenze zu ziehen, wo die echten Kultlieder aufhören und die Literatur anfängt (vgl z.B. den großen Šamašhymnus, den W.G.Lambert zur Weisheitsliteratur rechnet, BWL 121ff).

207 Zu nennen sind vor allem der Hymnus auf Ištar (RA 22,170ff; vgl SAHG 235-237; M.J.Seux, Hymnes et prières, 39-42; der Hymnus auf Nana (VS 10,215; vgl SAHG 239-239; W.v.Soden ZA 44,30ff; M.J.Seux, Hymnes et prières, 42-45) und noch einige Fragmente, etwa der Hymnus auf Papulegarra, am vollständigsten jetzt bei M.J.Seux, Hymnes et prières, 46-50; vgl W.v.Soden, Hymne, RlA IV, 545.

208 Vgl die Texte bei J.Kärki, Die sumerischen Königsinschriften der frühaltbabylonischen Zeit und E.Sollberger/J.-R.Kupper, Inscriptions royales sumériennes et akkadiennes (IRSA), 171ff. Meist wird nur betont, daß der König eine politische Maßnahme auf Befehl der Götter unternommen habe.

209 Vgl etwa das eigenartige Kultlied auf Hammurabi LIH 60.

210 S.u. 150ff.

211 So Sam. A I,2 šar-ru ša AN ù KI; sonst Herr von Himmel und Erde KH I,3-5; LIH 59,1-3 s.u. 155; der hier und an einigen anderen Stellen daneben genannte An hat jede Selbständigkeit verloren.

212 Vgl Sam.A I,6f be-lu-ut ki-ib-ra-at ar-ba-im i-dì-nu-šum.

213 Vgl KALAM ù ni-ši a-na be-li-im i-di-nu-šum LIH 94,25-28; KALAM šu-me-rí-im ù ak-ka-di-im a-na be-li-im id-di-nu-nim LIH 95,11-13 und sumerisch LIH 62,17ff;

61,21ff.

214 Vgl KH XXIVr,11-14: SAG.GE(6) ša (d)EN.LÍL iš-ru-kam re-ú-sí-na (d)AMAR. UTU i-din-nam; Sippar B 13-15: (Šamaš) SUḪUŠ KALAM ša a-na be-li-im i-dî-na-am; 56f: in BALA-ja dam-qí-im ša (d)UTU ib-bu-ù; Malgûm 2,5-8: i-nu-ma (d)É-a ù (d)Dam-ki-na a-na re-ú-ut Ma-al-gi-im šu-mi ib-bu-ú.

215 LIH 59,15; vgl F.R.Kraus, Königtum, 253.

216 Sam. A I,14.

217 LIH 59,17; 94,27; 95,13; Sippar B 15; KH XXIVr,14; Sam.A I,7.19.

218 LIH 59,18f; 94,29f; 95,15f.

219 KH XXIVr,12; JSS 7,164,8'f;vgl Sippar B 12.

220 JSS 7,164,9'.

221 KH I,13.

222 Sippar B 57; KH XXIVr,40f; Mari 1 I,9f; šumam nabû Malgûm 2,8; vgl Sam. A I,9.

223 Sippar B 9; vgl Sam.A I,5; Sam.B 7.

224 Drei Instanzen: An/Enlil-Marduk-Hammurabi (vgl KH I,27-49 mit V,14-19),KH; An/Enlil-Marduk-Samsu'iluna, Sam.A; Enlil-Šamaš-Samsu'iluna, Sam.B; - zwei Instanzen: Šamaš-Hammurabi, Sippar B; Ea-Takil-ilissu, Malgûm 2; verborgen ist die Befehlstruktur vorhanden in den Inschriften Kudur-Mabuks und Lipit-eštars; heraus fallen die Inschriften aus Kiš und Mari 2, in ihnen steht das hilfreiche Handeln der Götter im Krieg im Vordergrund.

225 Sam.B 30; šimatka ušarbi Sam.C 73f; vgl libbam wabālu "wollen" Sam.C 14f.

226 KH V,19; Sippar B 27; Sam.A II,4; Sam.B 38; vgl Sam.C 78.

227 Sippar B 22; Malgûm 2,11; vgl Sam.B 24 und die häufig eingestreute Wendung ina qibīt GN "auf Befehl des Gottes NN" z.B. Sam.B 72f.

228 Vgl J.J.Stamm, Namengebung, 145; 149; 166; Stamm denkt an die Bestimmung des Geburtstermins für das Kind.
Zu den aAK Belegen, die Stamm aufführt, nennt W.v.Soden jetzt noch drei aB Namen, AHw 1225b; seine lexikalische Übersicht zeigt, daß šiāmu, besonders mit dem Objekt šimtu in der Bedeutung "Schicksal bestimmen" vor allem in Gattungen der offiziellen Religion vorkommt; ob sich der Ausdruck wirklich auf diese beschränken läßt, muß ich offen lassen; die Frage bedürfte einer detaillierten Untersuchung.

229 Vgl Sippar B 13-16; Sam.A I,10-12 und die Ausführung durch Samsu'iluna III,18; vgl Mari 1,II,25f.

230 Die letzten drei Zeichen kann ich nicht lesen.

231 Vgl Sippar B 17-20: ni-šî ZIMBIR(KI) ù KÁ.DINGIR.RA(KI) šu-ba-at ne-eḫ-ti-[im] šu-šu-ba-am "um die Bewohner Sippars und Babylons in sicheren Wohnsitzen wohnen zu lassen..."

232 Vgl KH V,16-18: a-na šu-te-šu-ur ni-ši KALAM ú-si-im šu-ḫu-zi-im "um die Menschen zur Ordnung zu bringen und das Land rechte Sitte zu lehren..."

233 KH I,1.27; V,14.25; Sippar B 1.28; LIH 59,15.20; 94,24.31 (inūmīšu fehlt); LIH 95,10,41 (17-40 Einschub); Sam.A I,1.13; Sam.B 1.25; Malgûm 1,5.18 (abgewandelt); 2,5.12; vgl Kiš 5,22; zu einem in mehrere Szenen zergliederten Bericht hat sich das Schema in Sam.C verändert.

234 LIH 59,15-19; 94,24-30; 95,10-16; Sam.A I,13-19; Malgûm 1,27-29; 2,5-8; vgl sumerisch LIH 61,21ff; 62,17ff.

235 LIH 95,56-62.

236 Sam.A III,7-10. - Vgl auch die von J.J.Finkelstein JCS 20, 95-118 veröffentlichte Genealogie der Hammurabi-Dynastie, die 27 Vorfahren aufzählt und die geschichtliche Dimension des königlichen Totenkultes, die M.Bayless 122f im Unterschied zum privaten herausgearbeitet hat.

237 Ganz ähnlich Sam.A I,1-19; vgl KH XXIVr,63-66 und die Errichtung des Königtums von Malgûm (1,1-29 mit Vorgeschichte). Auf die eigene Amtsführung bezogen KH XXVIr,57f; Sam.A III,1; Sam.B 108f.

238 Mit Recht hat sich B.Albrektson gegen die in der alttestamentlichen Wissenschaft gängige Meinung gewandt (G.v.Rad; M.Noth, G.E.Wright, E.Jacob, Th.C.Vriezen),

daß die "Offenbarung" Gottes in der Geschichte ein Spezifikum der israelitischen Religion sei, das sie von den vorderorientalischen Religionen unterscheidet (11-14). Er weist dagegen nach, daß auch die mesopotamische Religion ein Geschichtswalten der Götter kennt und zieht dazu auch die Königsinschriften heran, allerdings weniger die altbabylonischen (vgl z.B. 55f). Meine Untersuchung der aB Königsinschriften bestätigt sein Ergebnis; die Verhältnisbestimmung zum Geschichtshandeln Jahwes sehe ich allerdings etwas anders als Albrektson (z.B. 122), s.u. 163.

239 KH I,27-49; V,14-19; Sippar B 17-22; Sam.C 73f u.ö.

240 LIH 59,15-19; 94,24-30; 95,10-16; Mari 1,I,9f; beides zusammen Sam.A I,13-19; I,20-II,4; Malgûm 2,5-8.9-11.

241 Vgl die Selbstbezeichnung našpārum "Abgesandter", Sam.C 33; šemû GN "gehorsam gegen GN" LIH 94,12f; KH II,23; Sippar B 32.

242 Vgl dazu C.Westermann, Das sakrale Königtum, 291-308.

243 Vgl die Schlußteile der Inschriften Sam.A IV,5-21; B 107-123 (vgl auch den Namen der Mauer Z.102-106); C 144-154.

244 KH XXVIr,14-15; vgl palâm arkam šarāku, Mari 2,IV,19.

245 Sam.A IV,11-13; Sam.B 119-121.

246 KH XXVIr,57f; Sam.B 108f.

247 šarrūtam ša šaniam la išû, Sam.B 113f. - Vgl für das israelitische Königtum 2.Sam 7; Ps 2; 21; 89,20-38; 132.

248 LIH 95,45-47; Sippar B 36-38.

249 Larsa 8f; KH XXIVr,26f.

250 KH XXVr,97f: kinātam šarāku; Sam.B 115: ḫaṭṭam mīšarim (ana qištim nadānu).

251 KH XXVIIIr,27f; vgl unter Göttern Sam.C 23; nizmatam kašādu KH II,69-III,1; ohne sichtbaren Bezug auf den Krieg Sam.A IV,14f.

252 KH XXIVr,22-25; Sam.B 117; Mari 1 I,11-14; 2 IV,17; vgl kakkam petû KH XXVIIr, 94f; vgl Sam.B 118.

253 Mari 2 IV,17.

254 Sam.A III,4f; C 81; vgl auch Mari 2 IV,14-23.

255 Sam.C 43-45.82f; vgl den leider lexikalisch nicht ganz klaren Eroberungsbericht Hammurabis, KH IV,24-28.

256 Kiš 25-27; vgl ARM 10,107,22.

257 Sam.C 79f; KH XXVIIr,85; mit naṣāru ABPh 106,12-14.

258 Mari 2 I,33; vgl ARM 10,4,34.

259 KH II,69.

260 Sam.C 38.

261 Sam.C 40-42.

262 Sam.C 75-77.

263 KH XXVIIr,96f; vgl z.B. TCL 17,37,2; auch vom Vertrauen des Königs (takālu) wird in diesem Zusammenhang gesprochen, Sam.C 94.

264 KH II,35f; XXVIIr,67; Sam.A II,17.

265 Ganz von Kriegsberichten geprägt sind außer der Inschrift aus Kiš die beiden Texte aus Mari; darum kommt in diesen Inschriften das regierende Handeln der Götter nicht so zum Vorschein, aber immerhin Mari 1,I,9f ein Rückblick auf die Berufung zum König.

266 Das erklärt z.B. auch, warum in Ps 18 ein Königspsalm in ein LE eingebaut werden konnte.

267 S.o. 116f; im Zweifel kann man nur bei den sehr kurzen Prädikationen KH II,35f; XXVIIr,67 und Sam.A II,17 sein.

268 Mari 2 I,30; vgl I,11; unnēnam leqû Z.12.

269 Sam.B 69-71; Mari 2 I,28f.

270 KH III,56f.

271 So explizit Mari 2 I,28ff.

272 Mari 2 IV,5-9.

273 KH XXVIr,103-XXVIIr,1; Sam.A IV,8; B 106.110; C 148; vgl Mari 2 I,13.

Anmerkungen zum Teil C

274 Sam.C 148.

275 Sam.B 105.

276 Mari 2 IV,21.

277 Sam.B 110f; Mari 2 IV,20; vgl I,13; vgl ḫūd libbim Sam.A IV,18.

278 Sam.A IV,17.

279 Sam.A IV,8-10.

280 KH II,14f; IV,27f; XXVIIr,42; LIH 94,32; Sam.A II,19; Larsa 44f; fem.: KH XXVIIIr,43; Sam.A II,15; s. auch binītum "Geschöpf", Malgûm 1,26f.

281 KH III,27-29.

282 JSS 7,164,6'; Sam.B 34f; C 65.

283 JSS 7,164,6'; Malgûm 1,26f.

284 Sam.B 34f; C 65.

285 KH IV,27f.

286 KH XXVIIr,41f; XXVIIIr,43; Larsa 44f.

287 KH II,14f; III,27-29; LIH 94,31f.

288 Sam.A II,15.19.

289 Explizit KH XXVr,25-27: Ḫammurabimi...ana awāt (d)Marduk bēlīšu uštaktitma "Hammurabi hat sich durch das Wort Marduks, seines Herrn, in Bewegung bringen lassen", vgl Sam.B 99-101 und implizit in den meisten Inschriften.

290 Kampfeswunsch erfüllen (ernittam kašādu) LIH 95,6f; KH XXVr,28-31; Herzenswunsch erfüllen (bibil libbi GN epēšu) Isin 21-23; vgl Sam.B 99-101.

291 libbi GN ṭâbu D, KH II,7-9; XXVr,32f; LIH 59,10; 95,8f; Sippar B 34f; libbi GN ḫadû D, KH III,53f; vgl auch libbi GN nâḫu D "das Herz des Gottes beruhigen", KH III,58f.

292 pāni GN nawāru D, KH IV,34f.

293 Vgl KH IV,46f; LIH 57,7-9.27-29; negativ Larsa 6f.

294 Sam.C 91; vgl LIH 94,12f; KH II,23; Sippar B 32.

295 KH XXVIIr,19; bēlum tukulti "(Šamaš) der Herr, mein Vertrauen(sgrund)"; vgl Sam.C 94 Vertrauen auf eine Schutzzusage. Daran ändert auch nichts die vielen Selbstprädikationen, mit denen der König sein enges Verhältnis zu den Göttern hervorhebt: narāmum "Liebling" LIH 57,38; 59,8; 94,16f; KH III,10; Sippar B 33; Sam.B 64; migrum "Günstling" KH III,48f; V,13; LIH 57,37; 94,14f; 95,44; Sippar B 6; šar lalēšu "König seiner Sehnsucht" Sam.A I,17; talīmum "Zwillingsbruder" KH II,56f; mārum "Sohn" Isin 28; zērum "Same" Sam.C 71; diese Hervorhebung bedeutet im Selbstverständnis des sakralen Königtums eine erhöhte Verpflichtung.

296 S.o. 119f.

297 Häufig werden im Zusammenhang mit den Wohltaten des Königs für einen Gott dessen Wohltaten für den König genannt. Vgl etwa KH I,52f.54-62; II,14f.20f; II,34.36; II,69-III,1.4-6; III,55-57.62-64; Sam.A II,13-III,5.

298 LIH 57,44ff; Sippar B 49f; vgl Sam.A II,13-III,17; B 72-106 (mit Tempelbau).

299 LIH 59,1.22f; 94,31-37; KH II,26-31.34-36.44-47; Malgûm 1, 30f.36-38; Isin 20-36.

300 Der Terminus ist dafür zāninum "Versorger" KH I,60-62; dasselbe wird aber auch mit vielen anderen Wendungen ausgesagt: KH II,20f.44-47.52-54; III,4-6.14f.21-23.33-35; IV,4-6.16-18.

301 "Der reinigte den Ritus von E-abzu" KH I,66-II,1; "der regelte die großen Riten der Ištar" KH II,63-65; "der überwachte das Haus E-maḫ" KH III,68-69; "der in E-mešmeš die Kultordnungen der Ištar sichtbar machte" KH IV,61-63; "der etablierte Ištar in E-ulmaš" KH IV,48f; vgl III,62-64. Nicht eindeutig ist, ob KH III,43-46. 67-69; IV,21f die Festsetzung eines geregelten Opferritus oder konkrete Opferhandlungen des Königs meinen.

302 KH I,50-IV,63; kultische Handlungen des Königs fehlen allein in Mari (KH IV,19-31); es entspricht vielleicht den historischen Tatsachen, daß Hammurabi keinen Einfluß auf den Tempelkult von Mari ausgeübt hat.

303 Das ist nach den Inschriften der eigentliche Gottesdienst des Königs; seine persön-

liche Teilnahme am Tempelkult wird dagegen nur für sein Stadtheiligtum E-sagila berichtet KH II,10-12; eigene Opferhandlungen in anderen Heiligtümern sind vielleicht in KH III,43-46; IV,21.36-37 gemeint, doch ist das nicht sicher. Sonst beschränken sich die Inschriften mit allgemein religiösen Charakterisierungen des Königs, er ist naʾdum "ehrfürchtig" (KH I,30.61; III,13; IV,33; Sippar B 32; Malgûm 1,25), palḫum "ehrfürchtig" (LIH 59,13; KH I,31); Isin 2f; wašrum "demütig" LIH 59,13; KH 2,18; ein muštēmiqum "inbrünstiger Beter" KH II,19; IV,65.

304 Als Reaktion der Bevölkerung auf die politisch-religiösen Taten des Königs kommt nur ihre Fürbitte für ihn in den Blick, KH XXVr,41-47; Sippar B 70f.

305 Vgl. A.Brelich 133.

306 Vgl A.Brelich 128.

307 So Hammurabi KH XXIVr,22-29; XXVr,97; vgl die Hilfe im Kampf, die Samsu'iluna durch Zababa und Ištar erfährt, Sam.C 70ff; vgl auch Kiš 29-30.

308 Sam.C 23.

309 KH XXVIIr,92f.

310 KH XXVIr,101.

311 Malgûm 1,8.

312 KH XXVIr,102.

313 KH XXIVr,85f; XXVIIr,14-18; vgl Mari 2 I,9f, mit dem westsemitischen šāpiṭu Mari 2 I,3.

314 KH XXVIIr,17f.

315 Das zeigt eindrücklich eine Durchsicht von K.Tallquist, Akkadische Götterepitheta; allerdings geht ein Teil der Überschneidungen darauf zurück, daß er Texte verschiedener Gattungen und aus unterschiedlichen Zeiten zusammengeworfen hat; beschränkt man sich nur auf eine Textgruppe, wie etwa die aB Königsinschriften, dann sind die Mehrzahl der benutzten Epitheta doch relativ spezifisch.

316 KH XXVIr,54; Sam.C 3; vgl KH I,6f; Sam.C 19; auch von Enki wird gesagt, daß er (vorzügliche) Entscheidungen fällt, KH XXVIr,99f.

317 KH XXVIIr,64; vgl auch seinen spezifischen Titel: gugal šamê u erṣetim "Deichgraf von Himmel und Erde", KH XXVIIr,65f; aber auch Marduk gibt Überfluß (für die Götter), LIH 94,4f.

318 Natürlich gibt es in den Königsinschriften auch "Epitheta", die sich auf das Verhältnis Gott-König beziehen; sie sind hier ausgeklammert und wurden schon oben 150ff behandelt.

319 Diese zweite Funktion hebt besonders A.Brelich hervor, 128f.

320 KH I,3-5; LIH 59,1-3; vgl Larsa 48f; daß er auch Šamaš mit diesem Titel belegt, hat spezielle Gründe, s.u. 158.

321 Sam.A I,2; vgl Mari 2 I,1f von Šamaš gesagt.

322 LIH 59,4; Sam.B 1f; vgl C 1f; zur Bezeichnung von Šamaš s.u. 158.

323 KH I,2.

324 KH XXVIr,45f.

325 Dazu s.u. 157ff.

326 Larsa 48f.

327 S.o. 135.

328 KH XXVIr,45-XXVIIr,83: (An); Enlil, Ninlil, Ea, Šamaš, Sin Adad, Zababa, Ištar, Nergal, Nintu, Ninkarrak; die Reihenfolge im Prolog ist etwas anders, beginnt aber auch mit Enlil, Ea, Marduk(!)...KH I,53ff.

329 ummum rabītum KH XXVIr,82.

330 Zababa: mārum rēštum ša É-kur (auch himmlischer Tempel Enlils) KH XXVII,83f; aplum dannum, Sam C 21f; mārtum narāmtašu, Sam.C 24f.

331 Vgl kallātum "Braut", Mari 2 V,25.

332 Vgl ḫirtum ellītum "reine Gemahlin", Malgûm 1,9f.

333 mārum rēštum, KH I,9; Sam.A I,4.

334 Mari 2 V,29.

335 Malgûm 2,34.

336 KH XXVIr,55f; XXVIIIr,87f; Sam.C 17f.19f; vgl Sam.B 22f.
337 S.dazu oben 142ff.
338 So explizit am Ende der Fluchreihe des KH: erretim anniātim (d)Enlil ina pîšu ša la uttakkarū līruršuma "Diese (von den anderen Göttern ausgestoßenen) Flüche möge Enlil, dessen Ausspruch nicht verändert wird, gegen ihn aussprechen." Erst durch dieses Fluchen Enlils werden die Flüche der anderen Götter wirksam, KH XXVIIIr,85-88; vgl KH XXVIr,93-97: hier veranlaßt Ninlil durch den Mund ihres Gemahls Enlil den Tod des Zerstörers der Stele.
339 Sam.C 1f.
340 Sam.C 26.
341 KH XXVIr,99f.
342 šagaspūrūtim in ilī, Sam.C 55f.
343 qardūtim ina Igigi, Sam.C 4f.
344 belū gitmalūtum, Sam.C 54.
345 dannum KH II,23; dannum ina ilī KH XXVIIr,25; gašrum KH III,23.
346 UR.SAG SUL Sam.B 26; KH XXVIIr,82; III,60.
347 Diese Tendenz, einen Gott entgegen seiner "theologisch" zugebilligten Stellung über alle anderen Götter zu rühmen, findet sich auch in den Hymnen. Sie entspringt wahrscheinlich der unmittelbaren Erfahrung der Begegnung mit diesem Gott im Großkult.
348 KH I,1-15; die Lösung wird von Samsu'iluna, Sam.A I,1-15, übernommen.
349 Sam.A I,15 übernimmt Marduk von Ea auch das Epitheton [DINGIR?] ba-ni ne-me-qí-im "(göttlicher?) Schöpfer der Weisheit."
350 Sam.A I,14.
351 Die Spekulation um die Enlil-schaft Marduks erinnert in einigen Punkten an die Ausbildung der christlichen Trinitätslehre (vgl die Diskussion um una substantia und tres personae). C.Westermann hat schon einmal - an verborgener Stelle - die Vermutung geäußert, daß die Christologie und Trinitätslehre eigentlich mehr polytheistischen Denkstrukturen entsprächen (Interesse am innergöttlichen Geschehen) als dem biblischen Monotheismus, Schöpfung und Geschichte, 33 Anm.23. - Dem wäre weiter nachzugehen. Ich möchte nur darauf hinweisen, daß gerade die christliche Trinitätslehre ein Musterbeispiel für gelehrte offizielle Theologie ist, zu der nur wenige Fachleute Zugang haben, und daß es selbst durch das Trinitatisfest nicht gelungen ist, sie zu einem lebendigen Stück christlicher Glaubenserfahrung zu machen.
352 So auch nicht in der Variante zum Eingang des KH in JSS 7,164,1'ff; hier wird Marduk in dem einleitenden Abschnitt gar nicht erwähnt, die Herrschaft wird direkt von An/Enlil an Hammurabi delegiert. R.Borger hat dazu in BAL II,7 die Vermutung geäußert, daß diese Konzeption die traditionsgeschichtlich älteste sei, in der Nippur als Zentrum des Reiches gedacht wurde.
353 Vgl die Epitheta: bēlum rabium ša samaʾi u erṣetim (2f) und: šarrum ša ilī (4), die sonst nur Enlil zukommen.
354 Marduk nur Z.35; Šamaš dagegen häufig: Z.1.32.38.49.52.57.59.61.72; Aja Z.33.73.
355 Sam.B 1ff; die Inschrift handelt von den Bauarbeiten an der Mauer, dem Tempel und der Ziqqurat von Sippar. Marduk kommt hier nur Z.73.100 neben Šamaš vor; Z.88.97 wird neben Šamaš und Aja auch Adad genannt, vielleicht wurde auch sein Heiligtum von den Bauten mitbetroffen.
356 Sippar A (LIH 57) Marduk neben dem Stadtgott Šamaš in Z.8f.28f.37f; LIH 59: Inthronisation durch Enlil, Z.15ff; in der Selbstprädikation des Königs neben Enlil und Ninlil auch Šamaš und Marduk; LIH 94: Inthronisation durch Enlil, Z.24ff; in der königlichen Selbstprädikation An, Enlil, Šamaš und Marduk; LIH 95: Inthronisation durch An und Enlil, Z.10ff; in der Selbstprädikation nur Marduk, Z.6-9; vgl 47; Z.44 werden noch die ilāni rabūti erwähnt.

Anmerkungen zum Teil D

1 Daß es sich um ein allgemeines religionsgeschichtliches Phänomen handelt, hat schon G.Lanczkowski angedeutet, s.o. 3; es bedarf aber noch einer genaueren Nachprüfung, ob es sich wirklich um vergleichbare Erscheinungen handelt, und wieweit sachliche Entsprechungen vorliegen. Eine hochinteressante Frage wäre es, zu klären, ob die Frömmigkeit des Einzelnen auch über den semitischen Kulturkreis hinaus so starke gemeinsame Züge aufweist. Ein positiver Hinweis dafür könnte die Tatsache sein, daß die individuellen Gebete auf der ganzen Welt einander so ähnlich sind, vgl F.Heiler, Das Gebet.

2 S.o. 111.

3 So angedeutet bei M.Noth, Personennamen, 218; aber meist wurden die Personennamen doch nicht als echte religiöse Zeugnisse ernstgenommen.

4 Wieder abgedruckt in Gesammelte Studien, 1964, 168ff; etwas zurückhaltender ist die These auch in H.Gunkel/J.Begrich, Einleitung, 213 übernommen.

5 Die Vertrauensäußerungen, 200/247.

6 189/239.

7 190ff/238ff; Begrich sieht den Abstand vor allem in den Gebeten an die Schutzgottheiten durchbrochen (196f/243f), doch die These, bei den Schutzgöttern handele es sich um niedere Gottheiten, ist falsch; vgl 204/250.

8 216/259.

9 Vgl z.B. OrMan, H.Gunkel/J.Begrich, Einleitung, 213f.

10 Mit Recht vermutet Kunstmann dogmatische Vorurteile: "Mir scheint, als ob hier um des Gegensatzes zur israelitischen Religion willen der Babylonier doch etwas zu schwarz gemalt, zu kalt und berechnend angeschaut ist."(12)

11 Widengrens Kritik ist die ausführlichste und engagierteste, die die These bis jetzt erfahren hat, Accadian and Hebrew Psalms, 41-43; 72-82; 91f. Doch aus dieser polemischen Frontstellung heraus ebnet Widengren auch die wirklich bestehenden Unterschiede ein; das ist nur möglich, weil er stark gedanklich vorgeht und die Funktion der Motive nicht genügend berücksichtigt.

12 Accadian and Hebrew Psalms, 79f; 325-329.

13 Vgl die Gottesbezeichnungen ʾæ̆lōhē jišʿī "mein Rettergott" und ilum nāṣirka "dein Schutzgott"; zur Begleitung auf dem Lebensweg s. Ps 22,10f; 71,6ff; TCL 17,37,1-3; AbB 5,23,6ff.

14 S.o. 37ff und 102ff.

15 S.o. 66ff und 115 ff.

16 S.o. 60 und 104ff.

17 S.o. 81ff.

18 S.o. 127.

19 S.o. 126f.

20 S.o. 71ff.

21 S.o. 137ff.

22 Auch für die mesopotamische "persönliche Religion" hat Th.Jacobsen jüngst den Erfahrungshintergrund der Eltern-Kind-Beziehung vermutet, The Treasures, 157-160.

23 nišū "Leute, Menschen" kommt so gut wie nie allein, sondern immer im Zusammenhang mit mātum (KALAM) "Land" vor, s. LIH 59,15; 94,25; KH V,16f; Sam.A I, 20-II,1, oder mit einem Städtenamen, Sippar B 17. Mit einem Possesiv-Suffix bezogen auf die Götter erscheinen wohl mātum (LIH 59,15; Sam.A I,14.20) und Städtebezeichnungen (Sam.B 9), nicht aber nišū. - Das ist auch der Grund, warum es in Mesopotamien keine Klage des Volkes gibt; an ihrer Stelle stehen Klagen über die zerstörte Stadt.

24 S.o. 145; es kommt nur bezogen auf den König vor, s.o. 149f.

25 S.o. 144ff; 151.

26 Vgl etwa Ps 72; 2.Sam 7,10f.16.

27 S.o. 142ff.

28 S.o. 86f.

29 Vgl die Beziehung von hālak lifnē "vorangehen" in den Wüstenerzählungen zu akk. ālik pāni "Truppenführer".

30 Diese Tendenz zeigt sich z.B. in den Klagen des Volkes darin, daß nicht die Feinde, sondern Jahwe selbst die Not des Volkes bewirkt; in den aB Königsinschriften kommt sie z.B. da zum Vorschein, wo sogar die "profane" Bautätigkeit des Königs zum Gottesdienst gemacht wird.

31 S.o. 2f.

32 Es würde bedeuten, daß Gottesbezeichnungen wie "Vater" und "König" eigentlich zu bestimmten menschlichen Lebensbereichen gehören; geht von der echten Lebendigkeit der Vorstellungen nicht viel verloren, wenn man sie davon ablöst, und nun der Einzelne Gott seinen König, und die Gemeinde Gott ihren Vater nennt?

33 Es würde bedeuten, daß es religiöse Erfahrung nie abgelöst von den Erfahrungen, die ein Mensch in einem bestimmten Lebensbereich macht, geben kann.

34 S.o. 154.

35 S.o. 158.

36 Th.Jacobsen, The Treasures stößt ebenfalls auf den großen Abstand zwischen persönlicher und offizieller Religion in Mesopotamien: "In Mesopotamia it (e.g. the personal religion) seems to have remained an individual attitude and not decisively to have come to dominate public religion and shape the relation of the nation to national gods."(163) Richtig spürt er auch, daß der Abstand in der israelitischen Religion geringer ist. Doch wenn er formuliert: "As far as we can see, it is only Israel that decisively extended the attitude of personal religion from the personal to the national realm" (164), geht er doch zu weit: auch in der israelitischen Religion war die Gottesbeziehung des Volkes trotz mancher Gemeinsamkeiten nie mit dem persönlichen Gottesverhältnis des Einzelnen identisch.

Anmerkungen zum Teil E

1 Ich beschränke mich bei dieser Übersicht auf die Linie des religionsinternen Pluralismus und lasse die Frage nach außerisraelitischen Einflüssen erst einmal beiseite. Der Synkretismus ist ein Phänomen, was beide Religionsschichten betrifft, wenn auch auf unterschiedliche Weise, s.o. 17.

2 S.o. 80; die Gefährdung der Gruppe geht primär von der Kinderlosigkeit der Hauptfrau aus (Gen 18; 16,1; vgl 11,30); hinzu kommt die Gefährdung durch den Streit der Frauen (Gen 16,5ff; 21,10ff; 29,31ff).

3 Vgl 1.Sam 1,16 und die Aufnahme durch Dtjes, Jes 49,21; 54,1ff.

4 Die Kinderlosigkeit bildet nicht mehr die Exposition der Erzählung, sie muß Elisa erst auf Anfrage hin mitgeteilt werden (v.14).

5 1.Sam 1 hebt noch wie eine Familiengeschichte an, die religiös-politische Aufgabe für das Kind kommt erst durch die Dedikation des Kindes an den Tempel hinein (v. 21ff).

6 Vgl die dtr Exposition Ri 13,1, die vielleicht eine ältere verdrängt hat. Das Interesse der Erzählung hat sich von der Wende der Not auf die versichernden Zeichen der Kindesverheißung verlagert (v.8-23); die Erweiterung des familiären Horizontes hat das Eindringen kultischer Vorstellungen zur Folge (Naziräer, Angliophanie).

7 Die Gemeindefrömmigkeit zeigt sich auch in der Beschreibung des familiären Milieus: die Eltern sind fromme Leute (v.6), der Vater sogar Priester; die Zeichenforderung, Ri 13 noch legitim, wird als Unglaube abqualifiziert (v.18), das gewährte Zeichen ist gleichzeitig eine begrenzte Strafe (19f); die Gemeinde ist von vornherein Zeuge des wunderbaren Vorgangs (21-23; 65-66).

8 Daß die Mehrung "wie die Zahl der Sterne und der Sand am Meer" in den politischen

Bereich gehört und von der begrenzten Mehrung in der Ackerbau treibenden Familie getrennt werden muß, hat E.Ruprecht gezeigt (19-29).

9 Vgl dazu C.Westermann, Segen, 53f.

10 Diese Seite hat besonders H.W.Wolff herausgestellt, Das Kerygma des Jahwisten, 356f/83f.

11 Ich denke hier an Stellen wie Gen 21,11-13.

12 Vgl den Bogen von Gen 11,30-21,7; das Problem kann ja eigentlich erst bei den großen Verheißungsbögen der Volksgeschichte aufkommen. Auch beim prophetischen Gerichtswort weitet sich der Bogen von Ankündigung zu Erfüllung, als dieses vom Einzelnen auf das Volk übergeht, s. C.Westermann, Grundformen, 122. Damit taucht auch hier das Problem auf, daß die Gerichtsankündigungen nicht mehr zu Lebzeiten des Propheten eintreffen, s. z.B. Jes 8,16ff.

13 Gen 22,1.12b.

14 Vgl Gen 15,6, wahrscheinlich schon eine nachträgliche Interpretation der Vätererzählungen. Der Glaube hat in der Volksgeschichte seinen Ort zwischen dem Ergehen und dem - sehr viel späteren - Eintreffen der Verheißung, Ex 4,31.

15 Vgl den Abschnitt: "Jahwe als persönlicher Gott der davidischen Dynastie", 231-244.

16 Zum Geschichtsverständnis, 615-619.

17 123; Kegler hat gezeigt, daß sich die chronistischen Geschichtsschreiber noch des Gattungsunterschiedes bewußt sind; sie übernehmen nur die offiziell politischen Texte in ihr Werk (118ff). - Ein exemplarischer Konflikt zwischen Politischem und Familiärem ist 2.Sam 19,1-9 gestaltet, s. Kegler 153ff.

18 Ps 89,27; 2,7; 2.Sam 7,14.

19 1.Sam 30,6 ḥāzaq hitp; vgl 23,16; 17,37f.

20 2.Sam 7,10f; die Verheißung des Sohnes ist zur Verheißung eines "Hauses" erweitert; aus der punktuellen Verheißung wird damit die Sicherung eines bestehenden Zustandes in die Zukunft hinein. Zur Dynastiebildung vgl Kegler 53ff.

21 1.Sam 16,18; 17,37; 18,12.14.28; 20,13(2x); 2.Sam 5,10; 7,3.9; 14,17; 1.Kön. 1,37(2x); 11,38; 2.Kön 18,7; vgl 2.Sam 23,5cj.

22 1.Sam 17,37; 18,28; 2.Sam 5,10; 7,9.

23 1.Sam 18,12; 20,13; 1.Kön 1,37.

24 Am deutlichsten in der vordeuteronomistischen Erweiterung der Nathanverheißung, 2.Sam 7,9f.

25 1.Kön 11.38.

26 Dtn 6,7.9; 11,19f; 7,26; vgl 6,11.

27 Dtn 8,12.

28 Dtn 8,12.

29 Für Dorf und Stadt benutzt das Dtn den zusammenfassenden Begriff biš^cārǣkā "in deinen Toren", 5,14; 6,9; 11,20; 12,15; 12,17.18.21 u.ö.; Städte sind erwähnt 6,10; 28,3.16.

30 Dtn 6,11.

31 Vgl die umfassend gemeinte Gegenüberstellung von ^cīr und śādǣ im Segen 28,3.16.

32 Vgl Dtn 7,13; 28,4.11.18; 30,9; 11,14; vgl 11,17.

33 Vgl Dtn 7,13; 28,4.11.18; 8,13; 11,14; 30,9; vgl damit die Beschreibung des Landes Dtn 8,8f; hier geht nur die Erwähnung von Eisen und Erz über die familiäre Wirtschaftsform hinaus; die Wirtschaftseinheit Familie kommt auch gut im 10.Gebot heraus, Dtn 5,21.

34 Dtn 11,14f; 28,12a.

35 Dtn 28,8; vgl 6,11.

36 Vgl Dtn 8,13.18.

37 Der Segen ist häufig nicht mehr auf Acker und Vieh, sondern auf die menschliche Unternehmung (mišlaḥ jād... oder ma^căśē jād...) Dtn 12,7; 15,10; 23,20; 28,8.20;/ Dtn 2,7; 14,29; 16,15; 24,19; 28,12; vgl 15,10.18) bezogen. Damit werden andere Tätigkeiten als Ackerbau, etwa das Handwerk, stillschweigend mit eingezogen. Hier zeigt sich schon die sich differenzierende Wirtschaftsform der Königszeit.

38 Dtn 8,13.

39 Dtn 6,7; 11,19; 6,20; vgl 5,16.

40 Dtn 8,5.

41 Dtn 7,14; vgl 7,13; 28,4.11.18; 30,9.

42 Dtn 7,15.

43 Daneben mit ʾăšær Dtn 6,3f; vgl 4,40 und konsekutivem waw Dtn 15,18; mit biglal Dtn 15,10.

44 Dtn 5,16; 12,25; 14,29; 15,10.18; 16,20; 19,13; 22,7; 23,21; 24,19; 25,15.

45 Dtn 4,1(plur.).40; 5,29 (plur.); 5,33 (plur.); 6,2f.18f; 8,1 (plur.); 10,13; 11,8f.21 (plur.); 12,28; 30,16.19; an den König gerichtet Dtn 17,20; etwas anders Dtn 6,24; 27,3; vgl die Zusammenstellung bei N.Lohfink, Das Hauptgebot, 305f; die Segenshinweise begegnen - soweit ich das übersehen kann - in allen dtn-dtr Schichten des Gesetzeskorpus wie der Einleitungsreden, die bisher postuliert worden sind. Ich verzichte darum weitgehend auf eine literarische Scheidung, die mir trotz einer Reihe neuerer Versuche (G.Seitz, G.Nebeling, M.Rose, R.P.Merendino) immer noch zu ungesichert erscheint.

46 Das Hauptgebot, 81-85.

47 Dtn 7,12-15; 11,13-17; 28,1ff; 30,15-20.

48 Das Hauptgebot, 81-85.

49 Dtn 4,1 (plur.; DTR) par ḥājā; Dtn 6,18f par jāṭab lĕ; 8,1 (plur.; DTR?) par ḥājā 11,8f par hæʾărīk jāmīm; 16,20 par ḥājā (also auch in einem Gebot!); allein einzig im Befehl zum Aufschreiben des Gesetzes Dtn 27,3. Die "kriegerischen" Verben entsprechen der Aufforderung zur Einnahme des Landes (1,8; 10,11) und damit der hypothetischen Predigtsituation des Dtn.

50 Das Hauptgebot, 82.

51 So über Lohfinks Angaben hinaus in Dtn 6,19 (hādaf).

52 In der bedingten Heilsankündigung Dtn 11,22-25.

53 Dtn 6,3; 8,1; 11,21; 13,18; 30,16; die Mehrung, die sich in familiären Grenzen hält, spielt schon in der Ackerbau treibenden Familie eine Rolle (C.Westermann hat mit Hilfe ugaritischer Texte den Sitz im Leben der Mehrungsverheißung in der Hochzeitsfeier wahrscheinlich gemacht, Die Bedeutung der ugaritischen Texte, 157; 167); die Mehrung zu einer unzählbaren Masse setzt die Erfahrung der politischen Macht (etwa im Kriegszug) des Volkes voraus, s. E.Ruprecht 19-29; in der Vätergeschichte werden durch die Mehrungsverheißung Familie und Volk miteinander verknüpft.

54 So Dtn 24,19 mit maʿăśē jādǣkā, vgl Dtn 14,29; ähnlich 15,10.18; mit mišlaḥ jādĕkā Dtn 15,10; 23,21.

55 So Dtn 22,7; mit jāmīm als adverbiales Objekt noch Dtn 4,40; 5,33; 11,9; mit jāmǣkā als Subjekt Dtn 5,16; 6,2; 25,15; vgl auch in der 3.Person Dtn 17,20; mit dem Verb rābā Dtn 11,21.

56 So Dtn 16,20; vgl Dtn 4,1; 5,33; 8,1; 30,19 ; im pi Dtn 6,24; Nomen Dtn 30,6; vgl auch 30,20=32,47.

57 So Dtn 22,7; vgl Dtn 4,40; 5,16.29 (mit lĕʿōlām); 6,3.18; 12,25.28 (mit ʿad-ōlām); tōb lĕ 5,33; 6,24 (mit kål-hajjāmīm); 19,13; vgl 10,13.

58 ḥajjīm/ḥājā entspricht akk. balāṭu, z.B. AbB 5,170,4f; 1,61,6; ʾārak + jōm entspricht akk. arāku + ūmu genau; die Formulierung findet sich zufällig nicht in den aB Briefwünschen, kommt aber aB z.B. KH XXVIr,103f vor (mušariku ūm balāṭīja), mB in den kassitischen Siegelgebeten (z.B. 7.6,5) und häufig in den späteren Gebeten, vgl AGH 92,16 G; 62,36 D; in den aB Briefen steht stattdessen gleichbedeutend labāru "alt werden" (D: AbB 1,106,1f; 3,56,2; ABPh 122,1-3) u.ä.; bērak entspricht akk. karābu "segnen", AbB 2,81,23f; YOS 13,161,3f; wie im Dtn ebenfalls auf das Tun des Menschen bezogen: ana epēšīka annim likrub; jāṭab lĕ entspricht in etwa der akk. Wendung ilam rašû "Glück haben", YOS 2,15,9.

59 1.Kön 3,14 (DTR); Jes 53,10; Prov 28,2; Koh 8,12f.

60 2.Kön 20,6; Prov 9,11; 10,27; Ps 61,7; vgl Hi 29,18 mit rābā.

Anmerkungen zum Teil E

61 Ps 21,5; 23,6; 91,16; Prov 3,2.16; Hi 12,12.

62 1.Kön 3,11.

63 Die häufig weisheitliche Herkunft der Motive wird auch von N.Lohfink notiert, Das Hauptgebot, 81ff; aber er macht sich keine Gedanken darüber, aus welchem Lebensbereich sie stammen.

64 So Ps 33,19; 74,19; 78,50; 80,19; 85,7; Hos 6,2; Ez 37,14 u.ö.

65 Ps 26,9; 30,4; 41,3; 64,2; 119,25 passim; 138,7; 143,11; Jes 38,16; der Einzelne nennt Jahwe ʾēl ḥajjāī Ps 42,9; und māʿōz ḥajjāī Ps 27,1; vgl dazu noch Hi 10,12; Ps 103,4; 21,5 und die Klagen Ps 31,11; 88,4; 143,3.

66 Prov 12,28; 15,24; 22,4 u.ö.; dazu bildhaft Prov 11,30; 13,12; 15,4 u.ö. - Dieses allgemein menschliche Verständnis von Leben liegt hier vor; davon daß dieses Leben im Kult zugesprochen sein soll, ist aber auch nichts zu spüren, so G.v.Rad, Ges. Stud. 235/426; H.Kremers 151ff; dagegen mit Recht N.Lohfink, Das Hauptgebot, 52f; 84.

67 Zu dieser Bedeutungsbestimmung s. H.J.Stoebe, THAT I, 654.

68 Gen 12,13; 40,14; Jer 38,20; Ru 3,1; ṭōb lĕ Dtn 23,17; 1.Sam 16,16.23; Jer 22,15; Hos 2,9; Ps 128,2; vgl auch Gen 32,10.13; Ri 17,13; 1.Sam 25,31. Ganz richtig spürt N.Lohfink: "Sie (die dtn Predigt) erhält damit einen familiär behaglichen Beiton", Das Hauptgebot, 83.

69 2.Kön 25,24=Jer 40,9; 42,6.

70 Ex 14,12; Nu 11,18; Jer 32,29.

71 So N.Lohfink, Das Hauptgebot, 83.

72 Zu ʾōræk jāmīm s. das Heilsorakel Ps 91,16; zu ḥajjīm die vertrauensvolle Anrede Ps 27,1 und den allerdings nicht ganz sicher zu deutenden Namen jĕḥīʾēl; zu bērak den Namen jĕbærækjā; die Namen mit ṭōb haben wahrscheinlich einen anderen Sinn (ṭōbijjā "Jahwe ist gütig"); doch "Glücksnamen" begegnen mit vielen anderen Wurzeln, z.B. ʾæ̆līšæbaʿ "Mein Gott ist (mein) Glück", vgl auch die Belege aus den aB Briefen, o.104ff.

Es ist durchaus möglich, daß die dtn Prediger die ganze Form Gebot/Mahnung + Segenshinweis aus dem alltäglichen menschlichen Umgang übernommen haben; sie berührt sich ja mit der Form der Spruchweisheit "Mahnung + Hinweis auf die Folgen"; noch näher kommt Jer 38,20: Nachdem der Prophet dem König Zedeqia Jahwes Wort ausgerichtet hat, gibt er ihm in seiner Verzagtheit - sozusagen von Mensch zu Mensch - noch einen Rat: "Höre doch auf Jahwes Stimme in dem, was ich zu dir rede, damit es dir gut ergehe (jāṭab) und du am Leben bleibst (ḥājā)!" Der Hinweis hat hier die Funktion, einem Menschen Mut zu machen, eine schwere Entscheidung zu treffen; vgl auch die Aufforderungen 2.Kön 25,24=Jer 40,9; etwas anders gelagert Gen 12,13. Solche Ratschläge mit ermutigenden Hinweisen auf die positiven Folgen aus dem alltäglichen menschlichen Zusammenleben mögen hinter dem dtn Sprachgebrauch stehen.

73 Z.B. A.Dillmann/V.Ryssel, Exodus, 239; B.S.Childs, Exodus, 419; G.v.Rad, Deuteronomium, 42; vgl die vorsichtige Formulierung von E.Jenni, THAT I, 719.

74 Die Wertung des Lebens, 29; er gründet seine These vor allem auf Dtn 30,15-20; hier steht v.18 ʾābōd tōʾbēdūn parallel zu lōʾ-taʾărīkūn jāmīm ʿal..., doch es wird nicht von einer Vertreibung <u>aus</u> dem Land gesprochen (so erst DTR in Dtn 4,26). V.20 wird an die Parenthese: "denn davon hängt euer Leben ab und die Länge eurer Tage" ein inf.constr. + lĕ angefügt "um im Lande wohnen zu bleiben", doch die Verbindung ist so locker, daß keineswegs bewiesen ist, daß mit beiden Ausdrücken dasselbe gemeint sei; es könnten auch verschiedene Konsequenzen, eine für den Einzelnen und eine für das Volk angesprochen sein. Zudem ist problematisch, wieweit man Dtn 30,15-20 noch zum Dtn hinzunehmen kann; aus den Segenshinweisen im Dtn selbst, läßt sich die These Dürrs nicht begründen.

75 So beruft er sich bezüglich seiner Auslegung des Elterngebotes (Dtn 5,16) ausdrücklich auf L.Dürr: "Daß unsere Verheißung im Dekalog wie an allen anderen Stellen im Deuteronomium 'an das israelitische Volk als / Ganzes, nicht an den

Einzelnen' gerichtet ist, hat Lorenz Dürr überzeugend nachgewiesen"149f.

76 Die Schwierigkeit, die hier liegt, bemerkte schon L.Dürr: "bei einem einzigen winzigen Gesetze werden solche Konsequenzen daran geknüpft" Die Wertung des Lebens, 24, und wenn G.v.Rad erklärt: "Die Verheißung des Lebens steht nach alttestamentlicher Vorstellung nicht nur über diesem Gebot (sc. dem Elterngebot), sondern über allen Geboten" (Deuteronomium, 42), dann ist das womöglich theologisch richtig, wird aber nicht dem exegetischen Tatbestand gerecht. R.P.Merendino hat vermutet, daß Glück und langes Leben ursprünglich überall da zugesagt werden, wo es darum geht, den Träger des Lebens zu respektieren (Dtn 5,16; 12,25.28; 22,7; 25,15) (256); doch isoliert er willkürlich hæʾæ̆rīk jāmīm und jāṭab lĕ von den anderen Verben der Segenshinweise, um seine These zu verifizieren; nimmt man diese mit hinzu, dann wird sie doch relativ unwahrscheinlich (vgl z.B. Dtn 16,20).

77 Er erklärt apodiktisch: "Nur von der Zwei-Tafel-Tradition aus läßt sich der Gebrauch unserer Verheißung im Dekalog erklären: Sie bezieht sich im Dekalog... auf die völlige Bindung Israels an Jahwe", 156.

78 So eindeutig in der dtr Stelle Dtn 4,26; vgl 8,19f; 11,17; auf dem Weg dahin vielleicht Dtn 30,20.

79 Der Segen, 49.

80 Das hat auch G.Seitz 273 herausgestellt; Seitz versucht eine Rekonstruktion des ursprünglichen Segensspruches, von der hier abgesehen werden kann. Er vermutet, er wäre "vielleicht einmal ein Abschiedssegen nach der Ablieferung der Erstlingsfrüchte" gewesen. Das ist durchaus möglich, nur impliziert es nicht unbedingt, daß der Sprecher ein Priester gewesen sein muß; die Gabe der Erstlinge gehört ja ursprünglich eng mit dem familiären Wirtschaftsleben zusammen (Gen 4,3f; dort fehlt ein Mittler!) und ist erst sukzessive mit den Festen am Heiligtum verbunden worden (z.B. Ex 23,16f). Allerdings hat auch noch der priesterliche Segen Nu 6,22-26 und Ps 121,5-8 die Unbedingtheit des Segenszuspruches an den Einzelnen bewahrt.

81 Vgl auch Dtn 28,8a.11a.12 und pluralisch 11,13-15.

82 Vgl noch Dtn 12,7; 14,24; 15,14; 16,15. Das Nebeneinander von unbedingtem und bedingtem Segen im Dtn hat auch G.Wehmeier, THAT I, 370, notiert.

83 Dtn 7,13b; 28,8.11b.

84 So schon C.Westermann, Der Segen, 50f, ohne jedoch hierin eine Vermischung zweier ursprünglich unterschiedlicher Religionsschichten zu sehen.

85 Dtn 6,12; 8,11.(14.19); 9,7; vgl 4,9.23.31.

86 Eine institutionalisierte Tradierung ist allein Dtn 27,1-10 und 31,9-13 angesprochen; ob hinter Dtn 31,9-13 wirklich ein stetiges Fest steht, wie viele Exegeten meinten, oder nicht (so L.Perlitt 115-128), mag hier dahingestellt sein. Ich halte die Stelle eher für ein religiöses Programm als einen Reflex einer bestehenden Wirklichkeit.

87 G.Seitz hat die Vermutung geäußert, daß sich die Kinderfrage v.20 ursprünglich auf die Erinnerungszeichen v.8f bezogen habe und erst durch die Einfügung von v.10-18 vom Redaktor verändert worden sei (72f). Sie würde das Verständnis des Textes zweifellos erleichtern, ob das allerdings für eine so weitgehende literarkritische Operation schon hinreicht, ist mir zweifelhaft.

88 Die Wortpaare sind im umfassenden Sinn gemeint, mit ihnen soll das Alltagsleben lokal und temporal umfassend beschrieben werden.

89 Wieweit die dtn Prediger hier einen konkreten Brauch, wie er im späteren Judentum bezeugt ist, vor Augen haben, oder nur bildhaft reden, ist umstritten, vgl K.G.Kuhn, BHH I, 526.

90 Daß das "kleine geschichtliche Credo" kein alter Text ist, wie G.v.Rad meinte, ist seit dem Aufsatz von L.Rost (Das kleine Credo) unumstritten. Streiten kann man nur noch darüber, ob in v.5aα.10 eine ältere liturgische Formel zugrundeliegt, wie L.Rost meinte nachweisen zu können (S.18f), oder nicht (R.P.Merendino 359-363), und wie sich die Verse v.5-9 literarisch zum Kapitel verhalten (vgl die verschiedenen Lösungen bei R.P.Merendino 346-371; G.Nebeling 242f; G.Seitz 244f). Welcher Schicht man die Verse auch zuweist, wichtig ist, daß 26,1-11 als ganzes eine Bildung

dtn Kreise ist.

Die Frage, warum das Credo gerade mit der Darbringung der Erstlinge verbunden wurde, ist, soweit ich sehe, bisher noch nicht gestellt worden. Sachlich hätte es ja genauso nahe gelegen, bei der Gabe zum Wochenfest ein Credo einzufügen (16,10). Daß die dtn Prediger gerade die Erstlingsgabe mit der Erinnerung an die Heilsgeschichte verknüpfen, muß doch aber einer bestimmten Absicht entsprungen sein. - Zum Erstlingsopfer als urtümliche, noch ganz auf den Wirtschaftskreislauf der Familie bezogene "Opfer"-Handlung, s. C.Westermann, Kain und Abel, 16-18; Genesis I, 401f; J.Pedersen, Israel III+IV, 300-307; S.Mowinckel, Religion und Kultus, 102-108; W.Schmidt, Die Primitialopfer in der Urkultur, 81-92.

91 S.o. 27ff und 56ff.

92 Ich möchte diese Frage hier ausdrücklich offen lassen; zumindest ein sicherer Beleg dafür, daß die Exodustradition im dörflichen Zusammenleben als selbstverständlich bekannt vorausgesetzt wurde, ist Ex 23,9: "denn ihr wißt doch, wie einem Fremdling zumute ist, denn ihr seid ja selbst Fremdlinge in Ägypten gewesen"; dann häufig im Dtn: Dtn 5,15; 15,15; 24,18.22; wieweit dagegen der Dekalog mit seinem Hinweis auf die Herausführung aus Ägypten vordeuteronomisch in den Familien zuhause war, wage ich nicht zu entscheiden.

93 Vgl die Ausführungen von M.Mesarović/E.Pestel zu ihrem Mehrebenen-Weltmodell, 55 und oben 3.

94 S.o. 34f.

95 S.o. 28.

96 S.o. meine Diskussion des Psalms 31f.

97 S. R.Albertz, Weltschöpfung und Menschenschöpfung, 161f; hier waren meine Überlegungen noch auf die Schöpfungstraditionen beschränkt; sie gelten aber, wie sich jetzt ergeben hat, für das gesamte Spektrum der persönlichen Frömmigkeit.

98 Der Psalm schließt mit einer offenen Frage (Jes 64,11; vgl Thr 5,22); die Bitten, die vorkommen, sind nur Bitten um Zuwendung (63,15f.19b-64,4a mit Epiphanievorstellungen) und Bitten um Sündenvergebung (64,8).

99 Der erste Teil des Rückblicks (v.7b-10), der nachträglich wie ein Lobpsalm eingeleitet ist (7a), entspricht in seinem Aufbau dem dtr Geschichtsschema (vgl Neh 9, 5ff) und könnte hier eine nachträgliche Erweiterung sein, da v.11 noch einmal neu einsetzt, vgl C.Westermann, Dtjes, 306f.

100 Lies mit Q(a) 2 MSS, LXX, Theodot., Syr. die Verbform ohne suff. der 3.plur.

101 S.o. 34 und ausführlicher bei R.Albertz, Weltschöpfung und Menschenschöpfung, 36f; 161.

102 Nach LXX und Jes 64,11.

103 Vgl Ez 33,24; daß gerade die Vätergeschichte im Exil neue Aktualität bekam, und zwar durchaus meist positiv, zeigen Belege wie Mi 7,20; Jes 41,8; dazu O.H.Steck, Dtjes, 287f.

104 Umstritten ist die Abgrenzung, oft wird v.7 zum vorhergehenden Abschnitt gerechnet als "verheißungsvolle(s) Schlußwort des Propheten", E.Sellin, Das Zwölfprophetenbuch, 347 und auf Jes 8,17 verwiesen (so auch im neuesten Kommentar von W.Rudolph, Micha, 130), doch werden dabei die immer noch gültigen formgeschichtlichen Argumente von H.Gunkel, Micha-Schluß, 152 nicht berücksichtigt.

105 Micha, 131.

106 Micha-Schluß, 175.

107 Vgl 171.

108 Streiflichter, 1903, 164-171; er begründet damit natürlich sofort wieder seine kollektivistische Deutung der Klagen des Einzelnen, 164, s.o. 4f.

109 Mich-Schluß, 150-155; im Einzelnen ist zu nennen: v.7: ṣāfā pi vgl Ps 5,4; hōḥīl vgl Ps 38,16; 130,5; 119,114; Thr 3,21.24; die Verben des Hoffens sind typisch für das Bekenntnis der Zuversicht in der KE, vgl C.Westermann, Hoffen, 39ff/237ff; 47ff/244ff; zu pluralischen Übertragungen s.u. 192ff; v.8: Anrede an die Feinde auch in Ps 6,9; 52,3ff u.ö.; Schadenfreude der Feinde Ps 13,3.5; 35,15; nāfal

Ps 91,7; ḥōšæk Ps 88,7; Thr 3,2; jhwh ᵓōr lī Ps 27,1; šāfaṭ ist typisch für das Rettungshandeln Gottes am Einzelnen, s. Ps 7,9; 26,1; 35,24; 43,1; ᶜāśā mišpāṭ LE Ps 9,5; auch in einer Klage Zions Jes 40,27, dazu s.o. 66 und u. 186; rīb rībī vgl Ps 43,1; 119,154; v.10: Wunsch gegen die Feinde Ps 35,4.26; 40,15; 70,3f; Lust am Verderben der Feinde Ps 52,8; 54,9 u.ö.; Zitat des Spottes der Feinde vgl Ps 42,4.11.

110 Sündenbekenntnisse kommen zwar auch in der KE/LE vor (etwa Ps 41,5; der Zorn Gottes (zāᶜaf) ist aber mehr für die KV charakteristisch, s.o. 39.

111 Gunkel hat nach dem Grund für die Übertragung gefragt, gibt aber eine unzureichende ästhetische Erklärung: "Die hebräischen Dichter und Propheten haben demnach Ausdrucksformen, die ursprünglich für das religiöse Erleben des einzelnen Frommen ausgebildet waren, auf die Religion des Volkes übertragen. Um solchen eigentümlichen Vorgang zu begreifen, muß man annehmen, daß die Dichtung des Einzelnen die entwickeltere, eindrucksvollere gewesen ist...so daß die Volksreligion Grund hatte, bei der persönlichen Anleihen zu machen", Micha-Schluß, 156.

112 S. dazu A.Weiser, Klagelieder, 328ff und die erheblichen Differenzen bei der Bestimmung des Aufbaus unter den Exegeten (H.Gunkel/J.Begrich, Einleitung, 400f; C.Westermann, Klagelieder 3, 192f; und die Kommentare von H.J.Kraus; W.Rudolph u. O.Plöger); H.J.Kraus, Threni, 51 will den Text sogar in v.33 teilen.

113 Die Berichtsform bedingt, daß von Jahwe in der 3.Person gesprochen wird; nur an zwei Stellen (v.17.23) fällt der Sprecher in die Anrede Gottes zurück. Auffallend ist das starke Überwiegen der Anklage Gottes (v.2-7.8b-13.15-17), was für die KE eigentlich untypisch ist, s.o. 39f; sie erklärt sich wahrscheinlich daraus, daß der Sprecher sein Leid auch in der Ursache möglichst parallel zu dem des Volkes darstellen wollte. Aber immerhin tauchen daneben auch v.52-54 die Feinde als lebensbedrohende Mächte auf. Die Ich-Klage ist v.8a.14 angedeutet. V.18-20 sind eine Schilderung des Klagens.

114 Vgl das ᵓal-tīrāᵓ "Fürchte dich nicht!" v.57.

115 Wieweit das berichtende Lob geht, ist nicht ganz klar. Innerhalb von Verben der 2. sing.perf. taucht schon v.59 ein imp. auf (šåfṭā mit he-cohort.), den man wohl aber besser par zur ersten Vershälfte als assimilierte Perfektform interpretiert (aus šāfaṭtā + plene he, so auch W.Rudolph, Klagelieder, z.St.). W.Rudolph will so auch den imp. habbīṭā v.63 verändern und erklärt die impf.-Formen v.64-66 aus dem Formzwang des Akrostichons, so geht nach ihm das LE bis zum Schluß des Kapitels. H.J.Kraus, Threni, erklärt die eingesprengten imp. so, daß die Anfechtung des Leidenden damit aber offenbar noch anhält(50) und interpretiert v.64ff als Gewißheit der Erhörung; A.Weiser, Klagelieder, 348f, läßt das LE bis v.61 oder v.62 gehen und versteht v.62/63-66 als Bitten um die Vernichtung der Feinde, die in Erhörungsgewißheit gesprochen sind. - Der fließende Übergang ist vielleicht beabsichtigt, um von dem persönlichen Schicksal unmerklich auf das Volksschicksal überzuleiten; dafür spricht auch, daß schon im LE (v.59ff) stark hervorgehoben wird, daß Jahwe die Racheakte und Schmähungen der Feinde gesehen hat; auch das ist für ein normales Danklied ungewöhnlich und schon in Hinblick auf das Los des Volkes formuliert.

116 Die Bestreitung erinnert an Dtjes und die Freundesreden im Hiobbuch.

117 Hos 6,1-3.

118 V.42 Sündenbekenntnis; v.43-45 Anklage; v.46 Feindklage; v.47 Wirklage.

119 Dieser besondere Typ der Volksklage (vgl etwa die sumerische Klage über Ur), bestimmte ja neben der KV die Klagegottesdienste der Zurückgebliebenen, wie Thr 1f // 5 belegen.

120 S.o.Anm. E 115.

121 Hier ist vor allem an die Gestaltung des Textes als Akrostichon zu denken; aber aufgrund dieser Tatsache den kultischen Hintergrund zu leugnen (so O.Plöger 154) ginge sicher zu weit, vgl. H.J.Kraus, Threni, 54.

122 Ps 32,8ff; 34,5ff; 40,5ff u.ö.

123 Die alte Tradition, daß der Sprecher von Thr 3 der Prophet Jeremia gewesen sei, hat auf ihre Weise das Problem gesehen, daß doch nicht jeder beliebige Privatmann vor der Volksgemeinde reden kann (vgl W.Rudolph, der vom "Vorbild Jeremias" spricht). Doch liegt hier gerade eine außergewöhnliche Situation vor, vgl H.J.Kraus, Threni, 53: "An die Stelle der offiziellen Kultorgane treten die lebendigen Zeugen des Eingreifens Gottes in die Not des Menschen."
124 Diese Funktion der individuellen religiösen Erfahrung ist mehr oder minder deutlich auch in der bisherigen Forschung schon gesehen worden, so z.B. H.J.Kraus, Threni, 53: "Sie wollen hineinlocken in das Vertrauen zu Jahwe, das einzelne Beter in ihrer Not gefunden haben"; W.Rudolph, Klagelieder, 236: "Um den Glauben seines Volkes an das Eingreifen Jahwes gegen seine Feinde zu stärken, greift er (52ff) noch einmal (wie 1ff) auf die Erfahrungen seines eigenen Lebens zurück"; A.Weiser, Klagelieder, 349: "Die Tatsache, daß Gott sein Gebet erhört und sein Leben aus Todesnot gerettet hat, ist die Gewähr, daß Gott den Kontakt mit seinem Volk nicht aufgegeben, sondern noch etwas mit ihm vorhat." Doch hat bisher noch keiner danach gefragt, wie denn die hier sichtbare Differenz zwischen dem "Glauben" des Einzelnen und des Volkes zu erklären ist. Wenn die Ausführungen richtig wären, die H.J.Kraus an anderer Stelle äußert: "Privatfrömmigkeit gibt es in den Psalmen nicht. Jede Äußerung hat ihre Wurzeln und ihre Voraussetzungen, ihren Glaubensgrund und ihre Erfüllungsgewißheit in der Israel-Gemeinde", Gottesdienst, 254, dann dürfte es einen Text wie Thr 3 (und auch seine Auslegung durch Kraus) eigentlich nicht geben. Erst auf dem Hintergrund der Unterscheidung von persönlicher Frömmigkeit und offizieller Religion, wird das, was in Thr 3 vorgeht, in seiner ganzen Tragweite verständlich.
125 S.o. 38f.
126 S.o. 42.
127 Zum Aufbau s. C.Westermann, Klagelieder 3, 193; 196.
128 Lies die 3.P.plur. tammū, so auch H.J.Kraus, W.Rudolph, O.Plöger z.St.
129 Statt wĕjāḥīl "und er kreißt" lies jōḥīl "er harrt" (Buchstabenvertauschung).
130 Ein Wort ist ausgefallen, ergänze entsprechend bĕnē-ʾīš von v.33 ʾādām oder ähnlich.
131 Zum Bekenntnis der Zuversicht vgl Ps 16,5; 142,6; 73,26 und die Personennamen, s.o. 70; zum Vertrauensbekenntnis vgl Ps 38,16; 130,5, nominal Ps 39,8; im Lobgelübde Ps 71,14 und als Motiv der Bitte Ps 119,43.49.74.81.114.147, auch Ps 42, 6.12=43,5; übertragen auf Zion Mi 7,7; plur. abgewandelt Ps 33,22; zum Ganzen s. C.Westermann, Hoffen, 39ff/237ff.
132 S.C.Westermann, Hoffen, 45/242; 49ff/246ff.
133 Diesen reflektierenden und explizierenden Charakter der Erweiterungen betont auch C.Westermann, Hoffen, 49/246: "Sachlich ist damit nichts anders geworden; jedes Bekenntnis der Zuversicht ruht auf dem Festhalten an Gottes Güte, auch da, wo nichts von ihr zu sehen ist. Nur daß hier reflektierend entfaltet und ausgesprochen wird, was das ursprüngliche Bekenntnis der Zuversicht unausgesprochen einschließt."
134 In der Formulierung spielt der Vf. vielleicht, wie auch Ps 77,9f auf die liturgische Formel Ex 34,6f; Nu 14,18; Ps 86,15; 103,8; Neh 9,17b an, vgl O.Plöger 151.
135 Ps 30,6 (cj) LE; auf das Volk übertragen Jes 54,7f.
136 Zu lōʾ millibbō vgl das akk. la libbi ilima "was nicht dem Herz Gottes entspricht", "leider Gottes"; daß es eigentlich nicht dem "Willen" Gottes entspricht, den Menschen zu bedrücken, faßt die Spannung von Leiderfahrung und Gottvertrauen, die das Zentrum der persönlichen Frömmigkeit ausmachte, zusammen, verlegt sie aber in das "Wesen" Gottes. Der Vf. von Thr 3 ist der erste, der die persönliche Frömmigkeit auf die Ebene der Theologie hebt.
137 Daß eine solche lehrhafte Verallgemeinerung der persönlichen Frömmigkeit nicht unproblematisch ist, möchte ich hier nur andeuten: die Erfahrung machtloser Einzelner gilt nicht in gleicher Weise für Gruppen mit politischer Macht. Der Abstand des Erfahrungsbereichs, der hier durch theologische Abstraktion überbrückt wird,

ist etwa der, wie wenn heute ein Chilene aufgrund seiner Genesung unter seinen exilierten Mitbürgern die Hoffnung wecken will, daß sein Land wieder befreit wird von der Diktatur.

138 Ich halte v.31-33 für die Begründung von v.25, so auch C.Westermann, Klagelieder 3, 195, v.28-30 aber für eine Erläuterung von v.27. - V.26 klingt an Sprüche aus den Proverbien an, die ein Urteil fällen; allerdings sind dort nur Sprüche mit negativem Urteil (lōʾ ṭōb) belegt, so Prov 18,5a; 19,2; 24,23b; 20,23; vgl H.J.Hermisson, Weisheit, 154.

V.27 ist nach meinem Empfinden sprichwortartig formuliert, auch wenn eine direkte Parallele in den Proverbien fehlt. Ich verstehe den Vers analog zu den Mahnungen nach harter Kindererziehung, z.B. Jes Sir 30,11f "Beuge den Nacken seiner Jugend, zerschlage seine Rippen, solange er noch klein ist, damit er nicht, störrisch geworden, dir den Gehorsam verweigere"; vgl Prov 20,30; 23,13f u.ö. - Der Sinn wäre dann: Gut ist es für den Erwachsenen, wenn er schon in seiner Jugend die harte Erfahrung der Unterordnung und Entsagung gemacht hat, dann kann er auch später Nackenschläge besser verkraften. V.28-30 erläutern diese Haltung des disziplinierten Sich-Duckens unter den Schlägen eines Übermächtigen; man kann sich dagegen nicht auflehnen, sondern nur hoffen, daß sie vorbeigehen werden und bessere Zeiten kommen. Vielleicht stehen hinter diesen Bildern Erfahrungen aus dem Lebensbereich des Sklaven, Fronarbeiters oder Kriegsgefangenen.

139 So erklärt sich meiner Meinung nach der absolute Gebrauch von jōḥīl v.21; in der Entscheidungssituation wird "hoffen" hier ähnlich verallgemeinert wie in Jes 7,9 "glauben"; gegenüber den vielen, die die Hoffnung aufgegeben haben, entscheidet sich der in Thr 3 Redende für die Hoffnung.

140 qaššubōt mit ʾåznajim ist erst 2.Chr 6,40; 7,15 belegt; das Nomen sĕlīḥā erst Neh 9,17; Dan 9,9.

141 Das starke Hervortreten des Sündenbewußtseins in der persönlichen Frömmigkeit ist eine Späterscheinung, s.o. 70f.

142 So auch H.Gunkel, H.J.Kraus, Psalmen z.St.

143 Es besteht kein Anlaß, den v.7a zu streichen (gegen H.Gunkel, Psalmen z.St.), das Fehlen von v.6b.7a im Sinaiticus ist doch wohl ein mechanischer Abschreibfehler. - H.J.Kraus meint, v.7f könnten nur dann vom Beter gesprochen sein, wenn man den Psalm als Danklied auffaßt (Psalmen II, 870); er übersieht dabei, daß nicht nur von der erfahrenen Rettung, sondern gerade auch vom Bekenntnis der Zuversicht her zum Vertrauen aufgefordert werden kann, vgl Ps 62,6-8+9-11, dazu u. 195.

144 Darauf daß es sich hier eigentlich um eine Klage des Einzelnen handelt, hat H.J.Hermisson, Diskussionsworte, 672 hingewiesen. Seine Folgerung daraus, daß der Vers deswegen eine Eigenbildung des Propheten sein müsse, halte ich dagegen für nicht schlüssig.

145 Zu ʿāzab s.o. 40; zu šāfaṭ s.o. 66.

146 S.o. 80.

147 Schon der Jahwist zog die Sohnesverheißung zur Mehrungsverheißung aus, als er diesen Vorgang in der Familie auf die Volksgeschichte beziehen wollte, s.o. 167f. Jes 54,4-6 geht Dtjes auf die soziale Seite der Kinderlosigkeit, die Schande, die sie der Frau bringt, ein. Auch v.7f stammen aus der individuellen Rettungserfahrung, vgl Ps 30,6(cj). Der Rückgriff auf die Urgeschichte v.9f hat ebenfalls die Funktion, einen Anknüpfungspunkt jenseits der zerbrochenen Heilsgeschichte zu finden.

148 Das Heilswort ist sekundär durch eine "Weltepiphanie" Jes 66,6+15f gerahmt worden, s.C.Westermann, Dtjes, 332.

149 Ich übersetze so hammōlīd parallel zur ersten Vershälfte.

150 Auch in ihnen geht es ja zentral darum, daß die Riegel des Mutterschoßes geöffnet werden, s.o. 58f; vgl den Namen jiftāḥ(ʾēl) "(Gott) möge öffnen".

151 Die Verbindung von ʿæṣæm und jābēš kommt zwar in den individuellen Klagepsalmen nicht vor; wohl aber begegnet das Bild von "brennenden Gebeinen" Ps 102,4;

Hi 30,30; Thr 1,13; von "zerfallenden Gebeinen" (Ps 32,3; vgl Ps 22,15) und von "an der Haut, bzw. dem Fleisch klebenden Gebeinen" (Ps 102,6; Hi 19,20; Thr 4,8). Dabei sind einmal konkret die Knochen gemeint (z.B. Ps 22,18 "Ich kann alle meine Knochen zählen", d.h. aufgrund von Abmagerung tasten), dann aber wie bei vielen anderen organischen Begriffen (z.B. lēb, næfæš etc) die ganze Existenz des Beters (vgl etwa Ps 38,4; Thr 3,4). ʿæṣæm begegnet in keiner einzigen Klage des Volkes! - Zu jābēš vgl Ps 22,16; 102,5; Thr 4,8. - Mit der rūăḥ, die in Ez 37 zum Lebensodem transponiert ist, ist eigentlich der Elan, die Spannkraft, der Lebenswille gemeint, s. dazu R.Albertz/C.Westermann, THAT II, 736f.

152 Mit ʾābad sonst nur in schon verallgemeinerten Aussagen, Hi 14,19; Ps 9,19; mit ähnlichem Sinn aber auch in der KE, vgl Hi 17,15; 19,10; gegen diese Klage steht positiv das Bekenntnis der Zuversicht, s. Ps 62,6; 71,6. Daß das Reden vom Hoffen auf Jahwe ursprünglich in die KE gehört, hat C.Westermann nachgewiesen, Hoffen, 38ff/236ff; THAT II, 623ff. Dagegen stehen im geschichtlichen Rückblick der KV normalerweise Sätze, in denen Jahwe Subjekt ist. Vom Hoffen Israels wird in der KV nur Jer 14,8.22 geredet, hinzu kommen noch klare Übertragungen des singularischen Gebrauchs: Ps 33,20.22; Mi 7,7; Jes 25,9(2x); 26,8; 33,2.

153 Thr 3,54; Ps 88,6; Jes 53,8 "er wurde abgeschnitten vom Land der Lebendigen".

154 Der Vorgang ist auf zwei Akte zerdehnt: v.4-8 Auf die Ankündigung des Propheten hin rücken die Knochen zusammen, aber es fehlt noch die rūăḥ; v.9-10 Aufforderung an den Lebensodem und Belebung.

155 S. zu dieser Deutung R.Albertz/C.Westermann, THAT II, 737.

156 Es braucht nicht unbedingt Gen 2,5ff gemeint zu sein, aber doch eine Menschenschöpfungserzählung, in der die Erschaffung des Menschen in zwei Akten, das Formen der Gestalt und die Belebung durch den Lebensodem, dargestellt wird.

157 Jes 41,8-13.14-16; 43,1-4.5-7; 44,1-5; (54,4-6); vgl dazu R.Albertz, Weltschöpfung und Menschenschöpfung, 161f u.ö. H.E.von Waldow hatte gemeint, aus dem kollektiven Gebrauch des Heilsorakels bei Dtjes folgern zu müssen, daß dieses ursprünglich in die Volksklagefeier gehöre (Verkündigung Dtjes, 89; 100ff; BSt 29, 56). Das steht aber im Widerspruch mit J.Begrichs Nachweis einer engen Motivverknüpfung zwischen dem Heilsorakel und der Klage des Einzelnen (Heilsorakel, 87/225f). Nach den Unterschieden zwischen KE und KV, die ich oben aufgezeigt habe, muß man diese Distinktion ernst nehmen. Eine Lösung des Problems wird nur möglich, wenn man die Übertragung des Heilsorakels auf das Volk hineinstellt in die allgemeine Umschichtung zwischen persönlicher Frömmigkeit und offizieller Religion in exilischer Zeit, vgl dazu R.Albertz, Weltschöpfung und Menschenschöpfung, 48.

158 Jes 43,1; 44,1.21.24; (49,5); 54,5 dazu ausführlicher R.Albertz, Weltschöpfung und Menschenschöpfung, 26-32; 42-51.

159 Jes 41,10; 43,5.

160 Jes 41,10.

161 Jes 41,9.10.13.14; 44,2; s. dazu oben 66 f.

162 Jes 41,10.13.

163 Jes 43,1; vgl 44,21.

164 S.o. 75.

165 Darauf ist mit Recht immer wieder hingewiesen worden, vgl C.Westermann, Dtjes, 334; J.Kühlewein, THAT I, 177.

166 Vgl S.Herrmann, Geschichte Israels, 376ff; die Untersuchung von H.Kreissig, Die sozialökonomische Situation in Juda zur Achämenidenzeit (1973) geht zwar recht detailliert auf die ökonomische Situation ein, ist aber an der Sozialstruktur der nachexilischen Gemeinde nicht interessiert; bei den sozialen Konflikten läßt er leider die theologische Seite (Gerechter-Frevler) beiseite.

167 Zur Organisation des Gemeinwesens s. immer noch E.Meyer, Die Entstehung des Judentums, 130-134.

168 Vgl Jes 45,20-25; 56,1-8; Ps 115,11 u.ö.; zur Spaltung der ehemaligen Volksge-

meinschaft s. Jes 56,9-57,20; 65.

169 S. Neh 10,28; 9,2; zu gewissen Einschränkungen in ethnischer Hinsicht, s. Neh 13,1-3 nach Dtn 23,4; s. dazu R.Meyer, Die Entstehung des Judentums, 119-130.

170 Die Frevler erscheinen häufig gerade als die Reichen, Ps 52,9; 73,3-12 u.ö.; dem Vertrauen auf Jahwe wird das Vertrauen auf Reichtum gegenübergestellt, Ps 62,9. 11 u.ö.

171 Natürlich bleiben immer noch erhebliche Unterschiede zu unseren heutigen christlichen Gemeinden in der Situation der staatlich garantierten Religionsfreiheit. Die jüdische Gemeinde hat im Unterschied zur christlichen die ethnische Bindung nie ganz aufgegeben (Mischehenfrage) und hatte in nachexilischer Zeit noch mehr binnenpolitische Funktionen als unsere heutigen Gemeinden.

172 Obgleich die Listen in Neh und Esr konkrete Zahlen nennen, ist eine Zahlenangabe schwierig, s. E.Meyer, Die Entstehung des Judentums, 135-198, da sie sehr von der Beurteilung der Listen abhängig ist. Aber z.B. setzt die zentrale Regelung der Mischehenfrage eine relative Überschaubarkeit des Gemeinwesens voraus, S.Herrmann, Geschichte Israels spricht darum zu Recht von einer gewissen "familiäre(n) Kleinräumigkeit", 388.

173 Eine detaillierte Untersuchung müßte auf die verschiedenen Parteien in der nachexilischen Gemeinde eingehen; ich muß hier darauf verzichten.

174 Die Priesterschrift beschränkt sich dabei auf die vorstaatliche Zeit und legt ein beachtliches Gewicht auf die Väterzeit, weil die Familie als tragende Organisationsform dort der erhöhten Bedeutung der Familie in nachexilischer Zeit entspricht (vgl Gen 17; 23; 27,46-28,9).

175 Als Beispiel sei dafür der Gemeindelobpsalm 103 angeführt: v.3-5 blickt eindeutig auf Erfahrungen Einzelner zurück: daß Gott ihn heilt in der Krankheit (v.3f), ihm Glück bereitet (v.5a) und ihn im Alter neu belebt (v.5b). V.6 geht schon auf die Gemeinde über, aber erst v.7, und nur dieser eine Vers, nimmt das Geschichtshandeln Jahwes an Israel auf.

176 S.o. 34f.

177 Von wirtschaftlicher Not hören wir Hag 1,6; Mal 1,6-14; und das Ausbleiben einer breiten Rückwanderung von Exilierten und Flüchtlingen in der Perserzeit ist ja auch ein indirekter Hinweis darauf, daß die wirtschaftlichen Möglichkeiten in Jerusalem wenig Anreiz boten, d.h. es war gar nicht möglich, eine größere Bevölkerungszahl zu ernähren.

178 Vgl dazu etwa Neh 9,36-37.

179 Ps 90; 123; 126; 33,20-22; vgl Ps 106; 115; 94; dazu die Prosagebete Neh 9; Esr 9; Dan 9.

180 S.o. 27ff.

181 Die Bitten Ps 33,22; 12,3; 126,4; 90,14-16 sind unkonkret, sie sind mehr oder minder auf die bloße Zuwendung Gottes beschränkt; nur Ps 106,47 wird konkret die Sammlung der Versprengten aus den Völkern genannt. Ja, Ps 90,17 "Fördere das Werk unserer Hände" bezieht sich eher auf das Segenswirken Gottes am Einzelnen. Auch die Feinde sind keine politischen Feinde mehr, vgl Ps 123,4; 94,3-7; auch 125,3.

182 Ein Rückblick auf ein Rettungshandeln Gottes an Zion findet sich allein Ps 126,1, doch die zugefügten Reaktionen der Gemeinde und der Völker geben ihm einen im Vergleich zu den Rückblicken der KV subjektiven Klang. Sonst fehlen geschichtliche Rückblicke; wenn auf die Geschichte zurückgeblickt wird, dann kann das nur noch in Form eines Sündenbekenntnisses geschehen, Ps 106,6-46; Neh 9,7-30.

183 Zu ʿæzær v.20b vgl Ps 54,6; 70,6; 40,18 u.ö.; mit pluralischen Suffixen nur noch Ps 115,9.10.11 (s.u.) und Ps 124,8; 46,2; es handelt sich überall um Übertragungen. māgēn v.20b vgl Ps 18,3; 28,7; 119,114; Gen 15,1; pluralisch nur Ps 115,9-11 und an der textlich fraglichen Stelle Ps 59,12; ḥākā v.20a ist zufällig im Bekenntnis der Zuversicht nicht mehr belegt, wohl aber die anderen Verben für hoffen, auch das v.22b vorkommende jāḥāl: Ps 71,14; 38,16; 130,5. Keine direkte Parallele

in der KE hat allein v.21a, vgl Ps 105,3.
Diese spezifische Sprache erweist auch, daß die Verse nicht ursprünglich zum Hymnus 33,1-19 gehört haben können. Dieser ist von seiner Struktur her auch in v.19 zu Ende. Dieser Tatbestand wird verwischt, wenn H.J.Kraus, Psalmen I, 265 die Verse einen "Abgesang" nennt und H.Gunkel darauf verweist, daß Bitten auch sonst den Hymnus beschließen können (Psalmen, 139; er hält höchstens v.22 für zugefügt). Alle Belege, die H.Gunkel/J.Begrich dafür in der Einleitung nennen (S.58: Ps 104,35; 139,19; 1.Sam 2,10b) können nicht überzeugen, es handelt sich entweder gar nicht um Hymnen (Ps 139) oder um deutlich abgewandelte Exemplare.

184 Die Formulierung schein im Psalter erst in später Zeit eingedrungen zu sein, vgl Ps 103,1; 105,3; 106,47; 145,21.

185 Lies mit wenigen MSS und LXX mā^{c}ōz; zu mā^{c}ōz im Bekenntnis der Zuversicht s. Ps 27,1; 28,8; 31,5; Jer 16,19; auf die Gemeinde übertragen Ps 37,39; Joel 4,16; Jes 25,4.

186 Lies mit LXX u.a. eine passive Verbform.

187 Das Bekenntnis der Zuversicht ist mit dem Weltschöpfungsmotiv aus dem beschreibenden Lob kombiniert, dazu s. R.Albertz, Weltschöpfung und Menschenschöpfung, 116. Auch die Reflexion über die menschliche Vergänglichkeit v.3-12 setzt ein Motiv aus der Klage des Einzelnen voraus, die Vergänglichkeitsklage, vgl Ps 88,4-7; 102,4-12; 109,22-25 u.ö.

188 Ps 94,23; 106,47; 123,2; mehr abgrenzend Ps 115,3; vgl auch die Prosagebete Neh 9,32; Esr 9,8.10.13; Dan 9,17 u.ö.; 1.Kön 8,57.59; Jer 14,22.

189 H.Gunkel spricht von einem "zarten Ausdruck sehnsuchtsvollen Harrens", Psalmen, 545; der Vergleich stammt, wie der von Ps 126 aus dem familiären Leben. Auch sonst sind in Ps 123 Elemente der Klage des Einzelnen zu spüren: v.1 setzt singularisch ein mit einer Hinwendung zu Gott, vgl Ps 121,1; die Bitte greift mit ḥānan ein Verb auf, das für die KE typisch ist, s.o. 62f; pluralisch kommt es nur noch Ps 67,2, eine pluralische Umsetzung des aaronitischen Segens, und Jes 33,2 vor; in die offizielle Religion gehört das Thronen im Himmel v.1b.

190 "Aber du, Jahwe, thronst ewig, dein Name währt von Geschlecht zu Geschlecht", vgl Thr 5,19; Ps 22,4; 92,9. Die Bewegung des Bekenntnisses der Zuversicht auf das beschreibende Lob zu, die sich auch an einigen anderen Stellen beobachten läßt, erklärt sich daraus, daß die private Bittzeremonie jetzt am Tempel in enger Nachbarschaft mit den Gemeindefesten stattfindet.

191 Eine Verbindung von LE und eschatologischem Loblied bietet u.a. Ps 9/10, v.12f; doch kommen hier noch andere Elemente dazu, sodaß die Einordnung dieses Psalms schwierig bleibt.

192 Ps 25,22 (außerhalb des Alphabets); 51,20; vgl auch Ps 34,23 und 3,9.

193 Vgl bes. Jes 65.

194 Jes 59,3-11; Ps 94,6f; 125,3; 62,11; 73,3-12 u.ö.

195 Ganz ähnlich Ps 33,20b, zum Nachweis s. dort Anm. E 183.

196 Zu der Schutzaussage Ps 125,2 vgl Ps 34,8; neben Ps 125 könnte man höchstens noch Ps 46 als Vertrauenspsalm des Volkes bezeichnen; hier ist das Bekenntnis der Zuversicht aus der KE mit der Heilssicherheit der Ziontheologie (v.6) vermischt worden.

197 Dazu s.o. 45f; sogar die äußeren Feinde der Gemeinde werden in die KE hineingenommen, z.B. Ps 59,6.9b.12.14, damit dringen auch Volksprädikationen Jahwes in die KE ein. Der Vorgang zeigt, daß jetzt auch eine KE von der Gemeinde gebetet werden kann, dazu s.J.Becker, Israel deutet, 41-68.

198 Lies mit LXX kål-^{c}ådat.

199 Hinzu kommt noch eine weisheitliche Belehrung der Frevler (v.8-11), die als "Tierische im Volk" bezeichnet werden, es handelt sich also deutlich um eine Gruppe innerhalb der ehemaligen Volksgemeinschaft (v.8); v.14f wird dagegen das "Volk" auf die Gerechten beschränkt.

200 S.o. 35f.

Anmerkungen zum Teil E

201 Vgl die Makarismen Ps 40,5; 84,13; Jer 17,7; Prov 16,20 und die Folgesprüche Prov 28,25; 29,25; verallgemeinert wird der Vorgang Gegenstand des Lobes, Ps 9, 11.

202 Vgl Ps 37,5; Prov 3,5.

203 Ps 115,10f (vgl v.9); 62,9.11; 4,6; Jes 26,4 (immerdar, ewiger Fels); Jes 50,10; im Gegensatz zum Vertrauen auf Fürsten und Menschen Ps 118,8f (par ḥāsā bergen); 146,3; vgl Jer 17,5.

204 Vgl Ps 112,7; 119,42.

205 S. C.Westermann, THAT II, 625f.

206 Jes 42,17; vgl Hab 2,18; ein negativer Wunsch Ps 115,8=135,18; vgl auch die Anklagen wegen fehlendem Gottvertrauen Zeph 3,2; Jes 59,4.

207 Das belegt etwa das Buch Tobit, eine Familienerzählung aus dem 2.Jh.v.Chr. Obgleich das Buch unübersehbar von nachexilischer Gemeindefrömmigkeit durchtränkt ist und häufig auf die Geschichte Israels Bezug genommen wird (z.B. 1,1-13; 13, 1-16) trägt das Handeln Gottes, das zu dieser Zeit in der jüdischen Familie erfahren werden konnte und das die Grundstruktur des Buches ausmacht, viele Züge der persönlichen Frömmigkeit, wie wir sie aus dem AT her kennen (besonders eng sind die Parallelen zur Vätergeschichte, vgl Gen 24): Gott behütet Tobias auf der Reise (5,17; 7,11; 10,12; 11,16) und läßt seinen Engel (Rafael) mit ihm ziehen (3,16f; 5,1ff). Durch ihn vermittelt rettet er Sara aus der Gewalt des bösen Dämons (7f), heilt den Vater (11,1-14) und bringt das ganze für die Familie gefährliche Unternehmen zu einem guten Ende. In den vielen Segenswünschen wird von Gott Glück, langes und erfülltes Leben, Gesundheit und Kindersegen erwartet (8,17; 10,11f).

Hinzu kommen einige Unterschiede: Der 'primitive' Dämonismus, der in den Psalmen zu erkennen war, tritt uns hier als ausgebaute Dämonologie entgegen, und das Glück und Unglück des Einzelnen werden konsequenter als im AT als Belohnung und Strafe Gottes aufgefaßt. Besondere Bedeutung für das fromme Verhalten bekommt dabei das Almosengeben (z.B. 4,7-10). In dieser zweiten Veränderung zeigt sich wieder ein Einfluß der Gemeindetheologie, doch ändert er nichts daran, daß auch in dieser spät-nachexilischen Zeit die Frömmigkeit des Einzelnen überwiegend von einem positiven Gottesverhältnis bestimmt bleibt. Bezogen auf das Volk überwiegt dagegen eindeutig sein Gerichtshandeln.

Anmerkungen zum Teil F

1 Das möge man bitte nicht ausschließlich verstehen, als seien die Amtshandlungen die einzige Stelle gegenwärtiger kirchlicher Praxis, für die meine These etwas austragen könnte. Für welche anderen Bereiche sie noch Relevanz haben könnte, übersehe ich zur Zeit noch nicht und muß sich erst aus der Diskussion ergeben.

Noch eine Vorbemerkung: Ich bin mir voll bewußt, daß ich mich in diesem Teil auf fremdes Terrain begebe und mehrere Zwischenstufen, etwa die Untersuchung des Sachverhalts im Neuen Testament und in der Kirchengeschichte, überspringe. Ich nehme aber dieses methodische Handicap bewußt in Kauf, weil man meiner Meinung nach auch von einem historisch arbeitenden Theologen erwarten muß, daß er sich die Konsequenzen seiner Forschungen für die Gegenwart so gut wie möglich klar macht und dabei zugleich Rechenschaft über die Interessen ablegt, die ihn bei seiner historischen Arbeit auch geleitet haben.

Ich habe übrigens an Amtshandlungen bisher nur als Betroffener, bzw. als Zuhörer teilgenommen; das mag für viele Fachleute meine Ausführungen entwerten, aber es hat vielleicht auch den Vorteil, daß es mir dadurch leichter fällt, das Problem nicht nur aus der Perspektive der offiziellen Theologie zu sehen.

2 Daß diese Amtshandlungen eine besondere Gruppe bilden, wird in der neueren prak-

tisch-theologischen Literatur gesehen, s. z.B. W.Jetter 208f; daß man sie überhaupt mit ganz anders strukturierten Handlungen, wie Ordination, Glockenweihe etc in einen Topf werfen konnte, zeigt, wie wenig man sich ihrer Funktion lange Zeit bewußt war.

3 3.Aufl. 1968, 24.

4 Er fordert die Pfarrer zum Streik auf, 36; zu seinem Vorschlag einer radikal geänderten Form der Kasualien s. 30ff.

5 Vgl die statistischen Angaben bei T.Rendtorff 76f; Y.Spiegel 213, sie werden auch durch die EKD/EKHN-Umfrage bestätigt: 82% (87% der Frauen!) würden sich für die Taufe eines kleinen Kindes entscheiden, selbst 43% derer, die überhaupt nicht mit der Kirche verbunden sind, Wie stabil ist die Kirche?, 184. Von denen, die nur aus familiären Anlässen (Hochzeit, Taufe, Begräbnis) in die Kirche gehen, fühlen sich 78% der evangelischen Kirche etwas, kaum oder überhaupt nicht verbunden, Wie stabil ist die Kirche?, 56.

6 Man kann die große Beliebtheit der Amtshandlungen nicht als bloße Tradition abtun. Auch der sonntägliche Gottesdienst gehörte ja einmal zur "volkskirchlichen Sitte"; wenn sich diese Sitte so radikal veränderte, die der Kasualien aber nicht, dann muß das besondere Gründe haben. - Dagegen sprechen auch die Motivationen, welche die Befragten selber angeben, etwa zur Taufe, vgl die Auwertung von P.M.Zulehner: "Die Behauptung, viele Menschen würden ihre Kinder lediglich aus Grün-/den der Tradition taufen lassen, trifft daher in dieser Allgemeinheit nicht zu. Die Taufmotive sind vielmehr auf dem Feld der Religiosität zu suchen", Heirat, Geburt, Tod, 159f.

7 J.Matthes 85.

8 Vgl z.B. O.Haendler 193f; 257; J.Meyer 99-103; M.Schian 176-207; F.Niebergal II, 237-241.

9 F.Niebergall, Die Kasualrede, 1905, 27f.

10 H.G.Haack (1935), zitiert nach der 2.Aufl. 1952, 13.

11 H.G.Haack 20.

12 H.G.Haack 19: "prinzipiell (ist) zu sagen, daß jede Amtshandlung nicht eine subjektive Familienfeier, sondern eine Gemeindefeier ist."

13 51; vgl G.Harbsmeier 98; auch G.Dehn 94 u.ö.

14 M.Mezger 50.

15 53. Die Relativierung der menschlichen Sozialbeziehung wird auch in einer Bemerkung K.Barths zur Taufe deutlich: "Der Zusammenhang Eltern-Kinder kann nun einmal in der ablaufenden Zeit zwischen der Auferstehung und der Parusie Jesu die entscheidende Bedeutung nicht mehr haben, die er im vormessianischen Israel haben mußte." (37) B.Bijlsma geht zwar von dem faktischen Nebeneinander von Familie und Gemeinde aus, versucht es aber theologisch zu überwinden: "So verbindet die Taufe Familie und Gemeinde miteinander in jenem eigenartigen Austausch, der die Familie zur Gemeinde und die Gemeinde zum Oikos Christi werden läßt", 31.

16 Vgl M.Mezger 14: "Sie sind, auch in ihrer Eigenart, nur ein Sonderfall des Gottesdienstes der Gemeinde..." Aus dieser Position entspringt die Forderung, daß etwa die Taufe "prinzipiell nur im Rahmen des öffentlichen Gottesdienstes der Gemeinde gefeiert werden (kann)", K.Barth 22.

17 In dieser Situation war die Entscheidung, seine Kinder taufen zu lassen, häufig eine Entscheidung gegen Adolf Hitler und für Gott und seine Gemeinde, demgegenüber traten Schutz und Segen für das Kind naturgemäß in den Hintergrund. Die Ausnahmesituation ist mit der Epoche der landsuchenden Stämme in Israel vergleichbar; trat damals die Stammesreligion stark hervor, so war der christliche Glaube in der Bekennenden Kirche stark von der Gemeindefrömmigkeit bestimmt. Ich erinnere daran, daß auch die Alttestamentler, die von dieser Zeit stark geprägt waren (G.v.Rad, H.J.Kraus, auch W.Eichrodt) auch in Israel nur die Religion des Volkes sahen und die Existenz einer Privatfrömmigkeit bestritten, s.o. 8f; Anm. E 124.

18 28; wenn R.Bohren gegenüber G.Dehn und M.Mezger geltend macht: "Ich glaube

nicht, daß die Kasualpraxis vom Kerygma der Kasualrede her gesunden kann"(23) dann hält er damit den dialektisch-theologischen Ansatz für gescheitert.

19 S. z.B. Y.Spiegel 217; M.Josuttis 189; W.Jetter 209 u.a. auch C.Westermann, Segen, 111 hatte schon darauf verwiesen.

20 Während die rites de passage familiäre Riten sind (bis auf die Initiation, die Sache des Dorfes oder Stammes ist), wird in der modernen Interpretation der Ritus meist gesamtgesellschaftlich verstanden. Vgl W.Neidhart 229ff; M.Josuttis 189-193; R.Riess 73-76; K.W.Dahm 121; J.Matthes 87ff; H.Hild (ed.) 48f; 237; P.M.Zulehner, Heirat, Geburt, Tod 150-161 u.ö.; klarer auf die Familie bezogen bei Y.Spiegel 217-219.

21 214.

22 237.

23 199.

24 So R.Bohren: "und dabei verwandelt sich der Christus unmerklich zum Baal, zu dem Gott, der das kreatürliche Leben segnet, zum Gott der Fruchtbarkeit, zum Garanten von Eheglück und gelungener Erziehung..." 19.

25 Am kritischsten gegenüber der rituellen Sicherung des Daseins ist M.Josuttis 201, er ordnet den Ritus theologisch dem Gesetz zu; am meisten um eine positive Aufnahme der religiösen Bedürfnisse ist P.M.Zulehner bemüht; aber auch er geht davon aus, daß die Pastoral der Kirche in ihren Grundzügen stets gleich bleibe, in der heutigen Situation nur einer Modifikation bedürfe, Heirat, Geburt, Tod, 29. Der neue Ansatz geht also quer durch die evangelische wie katholische Praktische Theologie, ja, man kann sagen, daß die katholischen Autoren weniger von Skrupeln geplagt sind.

26 Typisch für eine solche Sicht sind die Formulierungen von H.-H.Jenssen: "Man begehrt bestimmte Gaben Gottes, die im Hinblick auf gerade diese konkrete Situation wertvoll sind und vergißt, daß jedes echte Gottesverhältnis nach Totalität verlangt, daß es auf die volle Gemeinschaft mit dem in Christus offenbaren Gott zielt; an die Handlungen heftet sich leicht eine heidnische Privatfrömmigkeit", 145.

27 Dieser Begriff stammt von P.Zulehner, Kirche und Priester, 133ff; Heirat, Geburt, Tod, 20.

28 Darauf weist mit Recht R.Bohren 22 hin; vgl auch C.Westermann, der die Amtshandlungen mit dem Seßhaftwerden der Kirche in Verbindung bringt, Segen 111.

29 150; vgl ihre Faktorenanalyse, Faktor 1: "Allgemeine Religiosität", 134f: die Items mit den höchsten Faktorladungen sind: Glaube als Hilfe gegen Verzweiflung (.82), Geborgenheit durch den Glauben (.79); Religion als Sicherheit in den letzten Lebensstunden (.77); Gott bestimmt Vergangenheit und Zukunft (.77); Erfahrung der Nähe Gottes (.76) etc; es gibt auch einige Items die aus dem Bild herausfallen: so Weltschöpfung (.74), christliche Politiker (.68).

30 84f; im Faktor 1 hat das private Gebet höhere Faktorladungen (.66; .62) als das Gebet in der Kirche (.59) und der Gottesdienstbesuch (.43); 134f. Für mich war besonders interessant, daß U.Boos-Nünning sich aufgrund ihrer Untersuchung genötigt sieht, das heuristisch übernommene Modell von Ch.Y.Glock, in dem nur eine ritualistische Dimension vorgesehen ist (46), zu korrigieren und zwischen öffentlicher und privater religiöser Praxis zu unterscheiden, 78ff; 84ff; 138; 148. Das entspricht meiner Unterscheidung von Groß- und Klein-Kult im Alten Testament.

31 151.

32 151.

33 36-39; A.Holl spricht daneben noch von Transcension und Orientation als Funktionen der allgemeinen Religiosität oder Pietät; s. auch die Faktorenanalyse S.23, die zwar in Einzelheiten von derjenigen von U.Boos-Nünning abweicht (es wurden andere Fragen gestellt; befragt wurden nur junge Männer, österreichische Soldaten), aber in der Grundtendenz ähnlich ist. Interessant für mich war, daß die Autoren auch auf das Problem von offizieller Überlieferung und tatsächlicher Religiosität stoßen, 39ff.

34 Kirche und Priester, 33; vgl Heirat, Geburt, Tod, 160f; vgl auch die etwas anders gelagerten (und bewerteten!) Ergebnisse von G.Kehrer bei Industriearbeitern, 190f.

35 Dieser Aspekt wird von den Autoren nicht besonders differenziert, doch hat das Item "Gottes Segen für die Ehe" bei U.Boos-Nünning den Faktor .74 in der allgemeinen Religiosität (134), bei A.Holl/G.H.Fischer "An Gottes Segen ist alles gelegen" den Faktor .69 (23); von den Autoren wird der Satz allerdings anders gedeutet.

36 Kirche und Priester, 134.

37 153.

38 In der von P.M.Zulehner ausgewerteten Befragung von Industriearbeitern in Linz (und Vorarlberg) stimmten nur 28% dem Satz zu "Es gibt nur eine wahre Religion"; 38 % meinen, alle Religionen seien gleich gut, 24% keine Religion besitze die ganze Wahrheit, Religion ohne Kirche?, 25.

39 A.Holl/G.H.Fischer 78ff.

40 Ich möchte hier ausdrücklich feststellen, daß mir diese Untersuchungen völlig unbekannt waren, als ich die persönliche Frömmigkeit in Israel untersuchte und beschrieb. Um so mehr war ich überrascht.

41 Damit rechnen die religionssoziologisch orientierten Autoren meiner Meinung nach zu stark, etwa wenn U.Boos-Nünning den Glauben an einen persönlichen Gott aus der kirchlich formulierten Religiosität herleitet (151); religionsgeschichtlich gesehen, ist der persönliche Gott seit über 3000 Jahren ein Spezifikum der persönlichen Frömmigkeit.

42 U.Boos-Nünning sieht keine Gruppe, welche diese allgemeine Religiosität tragen könnte (153; 156f), sie bezweifelt daher, daß sie eine Überlebenschance hat. Ich möchte von meiner religionsgeschichtlichen Sicht her die These aufstellen, daß diese allgemeine Religiosität auch heute noch in den Familien lebt und tradiert wird, auch wenn ihre Ausformung subjektivistischer als früher sein mag.

43 13.

44 52.

45 Schon H.G.Haack 18f; dann besonders stark in der dialektischen Theologie: K.Barth 22 (Taufe); M.Mezger 218f; 224 (Taufe) u.a. Es ist bezeichnend, daß man meistens etwas abfällig von Familienfeier spricht (z.B. H.G.Haack 18; R.Bijlsma) und nicht von Familiengottesdienst!

46 Wie es ganz nüchtern der Soziologe J.Freytag 76 feststellt.

47 74.

48 81.

49 82.

50 26-34.

51 219.

52 52.

53 216.

54 221.

55 23.

56 Segen, 110; 112.

57 So auch wieder in der sich sonst so modern gebenden "Contentanalyse" von Kasualpredigten, Die Predigt, 82. Hier fragt K.H.Lütcke: "Müßte es nicht bei der Kasualansprache die Individualität des betroffenen Hörers sein, seine spezifische Situation, durch die die Verkündigung des Evangeliums konkretisiert und profiliert wird?" Das möchte man bejahen, doch wenn Lütcke fortfährt: "Eine spezifische Aufgabe der Kasualpredigt könnte es geradezu sein, die Lebenssituation des Hörers, die Anlaß des Kasus ist, im Licht der christlichen Überlieferung (und das heißt: in ihren Tiefen, in ihrer Ambivalenz, in der Spannung von Gesetz und Evangelium) zu deuten..." dann möchte man doch bezweifeln, daß das von einer so verstandenen christlichen Überlieferung her möglich ist; Gesetz und Evangelium sind Kategorien des universalen Heilshandelns Gottes, und selbst wenn man sie auf den einzelnen

bezieht, kommt nur ein typisches Bild vom Menschen heraus (Röm 7); zur Deutung eines biographischen Lebensweges sind sie völlig unbrauchbar. - Interessant war mir an den Predigtanalysen, daß auch in kerygmatisch orientierten Taufreden die Funktion der Hilfestellung für die jungen Eltern durchschlägt, 68f.

58 Segen, 109-115.

59 Die Differenz liegt bei mir damit nicht mehr zwischen rettendem und segnendem Handeln, sondern zwischen einem rettenden und segnenden Handeln, das sich auf den Einzelnen im familiären Lebenskreis bezieht und einem (politischen) Rettungs- und Segenshandeln, das sich auf Großgruppen bezieht.

60 Das hat auch W.Jetter gesehen: nur von der Kirche aus gesehen seien die Amtshandlungen punktuell, von den Betroffenen aus stehen sie "in lebensgeschichtlichen Zusammenhängen" 221.

61 Das gilt am direktesten für Trauungen und Beerdigungen. Die Konfirmation ist dagegen strukturell auf größere Gemeinschaftsformen (Nachbarschaft, Dorf, Ortsgemeinde) hin offen.

Schwierig ist die Situation bei der heutigen Form der Taufe, bei der zwei verschiedene Vorgänge ineinandergeschoben sind: a) die religiöse Begehung bei der Geburt eines Kindes durch die Familie, b) die Aufnahme eines neuen Mitgliedes in die Kirchengemeinde. Theologisch und soziologisch richtiger wäre es sicherlich, wenn man beide Vorgänge wieder voneinander trennen würde, vgl die Vorschläge von H.Falcke 409-414; H.-H.Jenssen 162-164; aber das Beharrungsvermögen von Riten ist ungeheuer groß. - In der EKD/EKHN-Befragung stimmen 85% dem Satz zu "Ein Kind wird getauft, damit es zur Kirche gehört"; doch spricht meiner Meinung nach viel dafür, daß es sich dabei nur um angelerntes offizielles theologisches Wissen handelt, das für den praktischen Lebensvollzug wenig Bedeutung hat. Immerhin 40% stimmen dem - leider schon polemisch formulierten - Satz zu "Die Taufe hat keine Bedeutung für das Kind, sie ist in erster Linie eine Familienfeier", d.h. auch 25% von denen, die zuvor der offiziellen kirchlichen Begründung zugestimmt haben. Zu denken sollte doch geben, daß nur 29% dem theologischen Kernsatz des evangelischen Taufsakraments: "Ein Kind wird getauft, damit ihm die Erbsünde vergeben wird" noch zustimmen können. Hier ist der religionsinterne Pluralismus mit Händen zu greifen, Wie stabil ist die Kirche?, 195f.

Ich würde dafür plädieren, die Taufe (auch bei Beibehaltung der gegenwärtigen Form) primär als Familiengottesdienst zu verstehen.

62 Der Familiengottesdienst sollte darum auch eine eigene, in sich abgeschlossene Feier sein. Ich bin entschieden gegen Taufen im Sonntagsgottesdienst, besonders dann, wenn gleich mehrere Familien "abgefertigt" werden. Das besondere Geschehen zwischen Gott und einer Familie kann hier gar nicht zum Tragen kommen; die Familien fühlen sich zu Recht mißachtet und religiös überfahren, und die Verantwortung der Gemeinde für ihre Familien kommt auf diese Weise auch nicht zum Ausdruck. Warum die Familiengottesdienste, da wo es möglich ist, nicht auch in der Wohnung der Familie stattfinden könnten, vermag ich nicht einzusehen.

63 31ff; sein Vorschlag würde faktisch dazu führen, daß überhaupt nur in bewußt christlichen Familien getauft wird.

64 G.Schmidtchen 60-72; vgl L.A.Vaskovics 130ff; bis jetzt hat sich die Religionssoziologie allerdings auf die Normen und Inhalte offizieller Kirchlichkeit beschränkt (146); die religiöse Sozialisation der Familie gilt noch sehr viel grundsätzlicher bezüglich der persönlichen Frömmigkeit.

65 Wie stabil ist die Kirche?, 199.

66 S.o. 76f.

67 E.H.Erikson 62-74. Daß zwischen Urvertrauen und "Religion" eine Beziehung besteht, deutet Erikson mehrfach an, 74; 85; 113; ein differenziertes Bild entwirft D.Claessens 77-93.

68 Man muß sich klar machen, daß auch die frühchristliche Erwachsenentaufe und der ihr voraufgehende Katechumenen-Unterricht voraussetzt, daß die "Bekehrten" schon

in einer persönlichen Gottesbeziehung stehen, nur hatten sie diese im Rahmen ihrer heidnischen Religion erworben.

ABKÜRZUNGEN UND VERWEISE

Die Abkürzungen sind aufgeführt, soweit sie über RGG 3.Aufl.VI hinausgehen. Die Abkürzungen im orientalistischen Bereich richten sich nach AHw und HKL. Die Verweise sollen vor allem dem fachfremden Leser helfen, das in der Altorientalistik übliche Zitationssystem aufzuschlüsseln, ansonsten verweise ich auf HKL.

aA	altassyrisch
aAK	altakkadisch
aB	altbabylonisch
AbB	Altbabylonische Briefe; 1, 4, 5 s. F.R.Kraus; 2, 3, 6 s. R.Frankena
ABPh	s. A.Ungnad
AfO	12 s. Th.Jacobsen; 24 s. C.B.F.Walker
AfOB	Beihefte zum Archiv für Orientforschung (AfO); 13f s. H.Hirsch
AGH	s. E.Ebeling
AGM	Archiv für Geschichte der Medizin
AHw	W.v.Soden, Akkadisches Handwörterbuch, I, 1965; II, 1972; Lieferung 12, 1974; 13, 1976.
AJ	The Antiquaries Journal
AMT	s. R.C.Thompson
AO	Museumssignatur des Louvre
AOAT	Alter Orient und Altes Testament. Veröffentlichungen zur Kultur und Geschichte des Alten Testaments
ARM(T)	Archives royales de Mari (ARM Keilschrifttext; T: Transkriptionen); 2 s. C.F.Jean; 3, 6 s. J.R.Kupper; 4, 5, 10, 13 s. G.Dossin; 9, 14 s. M.Birot
AssSt	Assyriological Studies
BA	Beiträge zur Assyriologie und semitischen Sprachwissenschaft; II s. S.A.Strong
BA	The Biblical Archaelogist
BagM	Baghdader Mitteilungen
BAM	s. F.Köcher
BB	s. A.Ungnad
BHH	Biblisch-historisches Handwörterbuch (ed. B.Reike, L.Rost), 3 Bde., 1962-1966.
BHTh	Beiträge zur historischen Theologie
BIN	Babylonian Inscriptions in the Collection of J.B.Nies, Yale University; 6 s. F.J.Stephens; 7 s. J.B.Alexander
BMS	s. L.W.King
BRA	Beiträge zur Religionsgeschichte des Altertums
CAD	The Assyrian Dictionary of the University of Chicago, 1956ff.
CCT	s. S.Smith
CHJ	s. G.Boyer
CT	Cuneiform Texts from Babylonian Tablets in the British Museum; 36 s. C.J.Gadd
CTA	s. A.Herdner
CTM	Calwer Theologische Monographien
EDSA	s. C.J.Gadd
GN	Gottesname
HE	Signatur der Sammlung der École Pratique des Hautes Études
HKL	s. R.Borger
HSS	Harvard Semitic Series; 5 s. E.Chiera; 9 s. R.H.Pfeiffer
HZ	Heilszusage, Heilsorakel
ICK 1	s. B.Hrozný
IRSA	s. E.Sollberger/J.R.Kupper

JCS	17 s. A.Goetze
JESHO	Journal for the Economic and Social History of the Orient
K	Museumssignatur des British Museum, Kuyunjik-Sammlung
KAI	s. H.Donner/W.Röllig
KAR	s. E.Ebeling
KBL 2.Aufl.	L.Köhler/W.Baumgartner, Hebräisches und aramäisches Lexikon zum Alten Testament, 2.Aufl. 1958.
KBL 3.Aufl.	W.Baumgartner u.a., Hebräisches und aramäisches Lexikon zum Alten Testament, 1. Lieferung 1967; 2.Lieferung 1974.
KE	Klage des Einzelnen
KH	Kodex Hammurabi
KTS	s. J.Lewy
KV	Klage des Volkes
L	beschreibendes Lob (Hymnus)
LE	berichtendes Lob des Einzelnen (Danklied)
LFBD	s. T.Fish
LIH	s. L.W.King
LSS	Leipziger semitistische Studien
mA	mittelassyrisch
mB	mittelbabylonisch
MCS	Manchester Cuneiform Studies; s. T.Fish
nA	neuassyrisch
nB	neubabylonisch
OIP	Oriental Institute Pulications; 78 s. D.E.McCown; 88 s. P.Delougaz
PBS	University of Pennsylvania. The Museum. Publications of the Babylonian Section; 7 s. A.Ungnad
PN	Personenname
PRU	Le Palais royal d'Ugarit; 3 s. J.Nougayrol
RA	8, 11, 33 s. F.Thureau-Dangin; 53 s. J.R.Kupper
RIAA	s. L.Speleers
RlA	Reallexikon der Assyriologie, 1932ff
Rs	Rückseite
SAHG	s. A.Falkenstein/W.v.Soden
spB	spätbabylonisch
SThU	Schweizerische Theologische Umschau
StrK	s. K.Frank
STT	s. O.R.Gurney
Sumer	14 s. A.Goetze; 23 s. K.A.Al-A'dami
Syria	32, 33 s. G.Dossin
TCL	Musée du Louvre, Département des Antiquités Orientales, Textes cunéiformes; 1 s. F.Thureau-Dangin; 4 s. G.Contenau (=TC 1); 17f s. G.Dossin; 19-21 s. J.Lewy (=TC 2-4)
THAT	E.Jenni/C.Westermann, Theologisches Handwörterbuch zum Alten Testament, 2 Bde., I, 1971; II, 1976.
ThPr	Theologia Practica
TIM	Texts in the Iraq Museum; 1 s. A.Al-Zeebari; 2 s. J.J.A. van Dijk
UCP	University of California Publications in Semitic Philogy s. H.F.Lutz
UET	Ur Excavations, Texts; 5 s. H.H.Figulla/W.J.Martin; 7 s. O.R.Gurney
UF	Ugarit-Forschungen, internationales Jahrbuch für Altertumskunde Syrien-Palästinas
VAT	Museumssignatur Berlin
Vs	Voderseite
VS	Vorderasiatische Schriftdenkmäler der Königlichen Museen zu Berlin; 1 s. L.Messerschmidt/A.Ungnad; 10 s. H.Zimmern; 16 s. O.Schröder
VTS	Vetus Testamentum Supplement

YOS Yale Oriental Series; 2 s. H.F.Lutz; 3 s. A.T.Clay; 9 s. F.J.Stephens; 13 s. J.J.Finkelstein

Nachtrag:

GAG W.v.Soden, Grundriß der akkadischen Grammatik, AnOr 33/47, 1969.

LITERATURVERZEICHNIS

G.W.Ahlström, Aspects of Syncretism in Israelite Religion, Horae Soederblomianae 5, 1963.

K.A.Al-A'dami, Old Babylonian Letters from ed-Der, Sumer 23, 1967, 151-167.

R.Albertz, pālā'ni. "wunderbar sein", THAT II, 413-419.

R.Albertz/C.Westermann, rūăḥ "Geist", THAT II, 726-753.

R.Albertz, Weltschöpfung und Menschenschöpfung. Untersucht bei Deuterojesaja, Hiob und in den Psalmen, CTM A 3, 1974.

B.Albrektson, History and the Gods. An Essay on the Idea of Historical Events as Divine Manifestations in the Ancient Near East and in Israel, 1967.

W.F.Albright, Von der Steinzeit zum Christentum. Monotheismus und geschichtliches Werden (engl. 2.Aufl., 1946), 1949. (Steinzeit)

W.F.Albright, The Old Testament and the Archaelogy of Palestine, The Old Testament and Modern Study (ed. H.H.Rowley), 1956, 1-26.
S. auch O.R.Sellers

J.B.Alexander, Early Babylonian Letters and Economic Texts, BIN 7, 1943. (BIN 7)

A.Alt, Der Gott der Väter. Ein Beitrag zur Vorgeschichte der israelitischen Religion, BWA(N)T 48, 1929 = Kleine Schriften I, 1959, 1-78.

A.Alt, Zum 'Gott der Väter', PJ 36, 1940, 100-103.

A.Al-Zeebari, Altbabylonische Briefe des Iraq-Museums, Diss.phil.Münster, 1964. (TIM 1)

A.Al-Zeebari, Old Babylonian Letters, TIM 1, 1964.

K.T.Andersen, Der Gott meines Vaters, StTh 16, 1962, 170-188.

E.Balla, Das Ich der Psalmen, FRLANT 16, 1912.

Chr.Barth, Die Errettung vom Tode in den individuellen Klage- und Dankliedern des Alten Testaments, 1947.

K.Barth, Die kirchliche Lehre von der Taufe, ThEx N.F.4, 1947.

E.Baumann, Struktur-Untersuchungen im Psalter I, ZAW 61, 1945-48, 114-176.

M.Bayliss, The Cult of Dead Kin in Assyria and Babylonia, Iraq 35, 1973, 115-125.

J.Becker, Israel deutet seine Psalmen, Stuttgarter Bibelstudien 18, 1966. (Israel deutet)

J.Becker, Wege der Psalmenexegese, Stuttgarter Bibelstudien 78, 1975. (Psalmenexegese)

J.Begrich, Das priesterliche Heilsorakel, ZAW 52, 1934, 81-92 = Gesammelte Studien zum Alten Testament, ThB 21, 1964, 217-231. (Heilsorakel)

J.Begrich, Die Vertrauensäußerungen im israelitischen Klagelied des Einzelnen und in seinem Babylonischen Gegenstück, ZAW 46, 1928, 221-260 = Gesammelte Studien zum Alten Testament, ThB 21, 1964, 168-216. (Vertrauensäußerungen)

W.Beyerlin, Die Rettung der Bedrängten in den Feindpsalmen der Einzelnen auf institutionelle Zusammenhänge untersucht, FRLANT 99, 1970.

M.Bič, Rezension: R.Albertz, Weltschöpfung und Menschenschöpfung..., 1974, ThLZ 101, 1976, 657-659.

R.Bijlsma, Die Taufe in Familie und Gemeinde, ThEx 103, 1962.

H.Birkeland, Die Feinde des Individuums in der israelitischen Psalmenliteratur. Ein Beitrag zur Kenntnis der semitischen Literatur- und Religionsgeschichte, 1933.

M.Birot, Lettres de Yaqqim-Addu, gouverneur de Sagarâtum, ARM(T) 14, 1974.

M.Birot, Textes administratifs de la salle 5 du palais, ARM(T) 9, 1960.

F.M.Th.de Liagre Böhl, De Maangod en de Koe, Oud-Babylonische Mythen, JEOL 4, 1936, 202-204.

F.M.Th.de Liagre Böhl, Das Zeitalter Abrahams, Der Alte Orient 19,1 = Opera Minora, 1953, 26-49.

P.Bohannan, Social Anthropology, 1963=1971.

Literaturverzeichnis

R.Bohren, Unsere Kasualpraxis - eine missionarische Gelegenheit?, ThEx 147, 3.Aufl.1968.

U.Boos-Nünning, Dimensionen der Religiosität. Zur Operationalisierung und Messung religiöser Einstellungen, Sozialwissenschaftliche Analysen 7, 1972.

R.Borger, Handbuch der Keilschriftliteratur, 3 Bde., I, 1967, II und III, 1975. (HKL I-III).

R.Borger, Babylonisch-assyrische Lesestücke, 3 Bde., 1963. (BAL I-III).

G.Boyer, Contribution à l'histoire juridique de la 1re dynastie babylonienne, 1928. (CHJ).

A.Brelich, Der Polytheismus, Numen 7, 1960, 123-136.

J.Bright, Geschichte Israels. Von den Anfängen bis zur Schwelle des Neuen Bundes, 1966.

J.Bright, History of Israel, 1960.

A.Causse, Du Groupe éthnique à la communauté religieuse. Le Problème sociologique de la religion d'Israël, 1937.

H.Cazelles, Patriarches, DBS 7, 1966, 81-156.

E.Chiera, Excavations at Nuzi I. Texts of Varied Contents, HSS 5, 1929.

B.S.Childs, Exodus, A Commentary, The Old Testament Library, 1974.

D.Claessens, Familie und Wertsystem. Eine Studie zur 'zweiten, soziokulturellen Geburt' des Menschen, Soziologische Abhandlungen 4, 1962.

A.T.Clay, Neo-Babylonian Letters from Erech, YOS 3, 1919. (YOS 3)

G.Contenau, Tablettes Cappadociennes (TC 1), TCL 4, 1920. (TCL 4)

A.Cowley, Aramaic Papyri of the Fifth Century B.C., 1923=1967.

J.L.Crenshaw, Popular Questioning of Justice of God in Ancient Israel, ZAW 82, 1970, 380-395.

F.M.Cross, Yahveh and the God of the Patriarchs, HThR 55, 1962, 225-259.

F.Crüsemann, Studien zur Formgeschichte von Hymnus und Danklied in Israel, WMANT 32, 1969. (Studien)

F.Crüsemann, Jahwes Gerechtigkeit (ṣ̌edāqā/ṣaedaeq) im Alten Testament, EvTh 36, 1976, 427-450. (Gerechtigkeit)

K.-W.Dahm, Beruf: Pfarrer, 1971.

S.Dalley, Old-Babylonian Greetings Formulae and the Iltani Archive from Rimah, JCS 25, 1973, 79-88.

G.Dehn, Die Amtshandlungen der Kirche, 1950.

L.Delekat, Asylie und Schutzorakel am Zionheiligtum. Eine Untersuchung zu den privaten Feindpsalmen, 1967.

K.Deller, Neuassyrisches aus Sultantepe, Or 34, 1965, 457-477.

P.Delougaz/H.D.Hill/S.Lloyd, Private Houses and Graves in the Diyala Region, OIP 88, 1967.

B.Diebner, "Schaut Abraham an, euren Vater". Spekulationen über die "Haftpunkte" der Abrahamtradition, "Mamre" und "Machpela", Dielheimer Blätter 8, 1975, 18-35.

J.J.A.van Dijk, La Sagesse suméro-accadienne. Recherches sur les genres littéraires des textes sapientiaux, 1953. (SSA)

J.J.A.van Dijk, Cuneiform Texts. Old Babylonian Letters and Related Material, TIM 2, 1965. (TIM 2)

A.Dillmann/V.Ryssel, Die Bücher Exodus und Leviticus, KeH 12, 3.Aufl.1897.

D.Diringer, Le Iscrizioni Antico-ebraiche Palestinesi, 2 Bde., 1934.

H.Donner/W.Röllig, Kanaanäische und aramäische Inschriften, 3 Bde., I, 2.Aufl.1966; II und II, 1964. (KAI)

G.Dossin, La Correspondance féminine, ARM 10 (TCL 31), 1967.

G.Dossin, Correspondance de Iasmaḫ-Addu, ARM(T) 5, 1952.

G.Dossin, Correspondance de Šamši-Addu, ARM(T) 4, 1951.

G.Dossin, L'Inscription de fondation de Jaḫdun-Lim, roi de Mari, Syria 32, 1955, 1-28.

Literaturverzeichnis

G.Dossin, Une Lettre de Iarî-Lim, roi d'Alep, à Iašûb-Iaḫad, roi de Dîr, Syria 33, 1956, 63-69.

G.Dossin, Lettres de la première dynastie babylonienne I (TCL 17), 1933; II (TCL 18), 1934. (TCL 17/18).

G.Dossin/u.a., Textes divers, ARM(T) 13, 1964.

P.Drews, "Religiöse Volkskunde", eine Aufgabe der Praktischen Theologie, Monatsschrift für kirchliche Praxis 1, 1901, 1-8.

P.Drews, Volkskunde, religiöse, RGG 1.Aufl.V, 1746-1754.

L.Dürr, Die Wertung des Lebens im Alten Testament und im antiken Orient, Verzeichnis der Vorlesungen an der staatlichen Akademie zu Braunschweig, 1926/27, 1-43.

B.Duhm, Die Psalmen, KHC XIV, 2.Aufl.1922. (Psalmen)

B.Duhm, Die Theologie der Propheten als Grundlage für die innere Entwicklungsgeschichte der israelitischen Religion, 1875. (Die Theologie der Propheten).

H.Duhm, Die bösen Geister im Alten Testament, 1904.

H.Duhm, Der Verkehr Gottes mit den Menschen im Alten Testament, 1926.

É.Durkheim, Les Formes élementaires de la vie religieuse. Le Système totemique en Australie, 2.Aufl.1925.

E.Ebeling, Altbabylonische Briefe der Louvre-Sammlung aus Larsa, MAOG 15, 1942.

E.Ebeling, Altbabylonische Briefe amerikanischer Sammlungen aus Larsa, MAOG 16, 1943.

E.Ebeling, Neubabylonische Briefe aus Uruk, Beiträge zur Keilschriftforschung und Religionsgeschichte des Vorderen Orients 1, 1930.

E.Ebeling, Die akkadische Gebetsserie "Handerhebung", Deutsche Akademie der Wissenschaften zu Berlin, Institut für Orientforschung 20, 1953. (AGH)

E.Ebeling, Keilschrifttexte aus Assur religiösen Inhalts, Bd.I (WVDOG 28), 1915-19; Bd.II (WVDOG 34), 1920-1923. (KAR)

E.Ebeling, Keilschrifttexte medizinischen Inhalts, AGM 14, 1923, 65-78.

E.Ebeling, Aus dem Tagewerk eines assyrischen Zauberpriesters, MAOG 5,3, 1931.

D.O.Edzard, Mesopotamien, Götter und Mythen im Vorderen Orient, Wörterbuch der Mythologie I,1 (ed.H.W.Haussig), 1965, 19-139.

W.Eichrodt, Theologie des Alten Testaments, II, 1.Aufl. 1935; II/III, 5.Aufl.1964.

O.Eißfeldt, El und Jahwe (engl. JSSt 1, 1956, 25-37), Kleine Schriften III, 1966, 386-397.

O.Eißfeldt, 'Mein Gott' im Alten Testament, ZAW 61, 1945-48, 3-16. ('Mein Gott')

O.Eißfeldt, Der Gottesknecht bei Deuterojesaja (Jes 40-55) im Lichte der israelitischen Anschauung von Gemeinschaft und Individuum, BRA 2, 1933. (Gottesknecht)

O.Eißfeldt, Jakobs Begegnung mit El und Moses Begegnung mit Jahwe, OLZ 58, 1963, 325-331.

Chr.Elsas (ed.), Religion. Ein Jahrhundert theologischer, philosophischer, soziologischer und psychologischer Interpretationsansätze, ThB 56, 1975.

I.Engnell, The Book of Psalms, Critical Essays on the Old Testament, 1970, 68-122.

E.H.Erikson, Wachstum und Krisen der gesunden Persönlichkeit, Identität und Lebenszyklus, 1966, 55-122.

H.Falcke, Vom Sakrament der Gemeinde zur Kasualie der Familie, MPTh 57, 1968, 409-414.

A.Falkenstein/W.v.Soden, Sumerische und akkadische Hymnen und Gebete, 1953. (SAHG)

J.Fichtner, Die eytmologischen Ätiologien in den Namengebungen der geschichtlichen Bücher des Alten Testaments, VT 6, 1956, 372-396.

H.H.Figulla/W.J.Martin, Ur Excavation Texts 5, 1953. (UET 5)

J.J.Finkelstein, The Genealogy of the Hammurapi Dynasty, JCS 20, 1966, 95-118.

J.J.Finkelstein, Late Old Babylonian Documents and Letters, YOS 13, 1972. (YOS 13)
T.Fish, Letters of the First Babylonian Dynasty, MCS 1,2, 1951, 12-19; 1,3, 1951, 27-34; 2,1, 1952, 4-13. (BIN 7)
T.Fish, Letters of the First Babylonian Dynasty in the John Rylands Library Manchester, 1936. (LFBD)
T.Fish, Letters of Hammurabi to Šamaš-haṣir, MCS 1,1, 1951, 1-8. (BIN 7)
G.Fohrer, Geschichte der israelitischen Religion, 1969. (Israelitische Religion)
G.Fohrer, Überlieferung und Geschichte des Exodus. Eine Analyse von Ex 1-15, BZAW 91, 1964. (Exodus)
J.de Fraine, Le 'Démon du midi' (Ps 91 (90),6), Bibl 40, 1959, 372-383.
J.de Fraine, Individu et société dans la religion de l'Ancien Testament, Bibl 33, 1952, 324-355. (Individu)
K.Frank, Straßburger Keilschrifttexte in sumerischer und babylonischer Sprache, 1928. (StrKT)
R.Frankena, Briefe aus dem Berliner Museum, AbB 6, 1974. (AbB 6)
R.Frankena, Briefe aus dem British Museum (LIH und CT 3-33), AbB 2, 1966. (AbB 2)
R.Frankena, Briefe aus der Leidener Sammlung (TLB 4), AbB 3, 1968. (AbB 3)
J.Frey, Tod, Seelenglaube und Seelenkult im alten Israel. Eine religionsgeschichtliche Untersuchung, 1898.
J.Freytag, Die Kirchengemeinde in soziologischer Sicht, Studien zur evangelischen Sozialtheologie und Sozialethik 4, 1959.
C.J.Gadd, The Early Dynasties of Sumer and Akkad, 1921. (EDSA)
C.J.Gadd, Cuneiform Texts from Babylonian Tablets in the British Museum 36, 1921. (CT 36)
K.Galling, Die Erwählungstraditionen Israels, BZAW 48, 1928.
I.J.Gelb, A New Clay-Nail of Ḫammurabi, JNES 7, 1948, 267-271.
B.Gemser, God in Genesis, OTS 12, 1958, 1-21.
G.Gerlemann, Gemeinschaft und Individuum, II, im AT, RGG 3.Aufl.II. 1351-1355.
G.Gerlemann, ḥājā "leben", THAT I, 549-557.
E.Gerstenberger, bāṭaḥ "vertrauen", THAT I, 300-305.
E.Gerstenberger, Der bittende Mensch. Bittritual und Klagelied des Einzelnen im Alten Testament, Habil.theol. (Masch.) Heidelberg, 1971.
A.Goetze, Old Babylonian Letters in American Collections II-IV, JCS 17, 1963, 77-86.
A.Goetze, Fifty Old-Babylonian Letters from Ḫarmal, Sumer 14, 1958, 3-78.
A.Goetze, Reports on Acts of Exspicity from Old Babylonian and Kassite Times, JCS 11, 1957, 89-105.
H.Greßmann, Sage und Geschichte in den Patriarchenerzählungen, ZAW 30, 1910, 1-34.
V.Grønbech, Götter und Menschen. Griechische Geistesgeschichte II, 1967.
E.Grosse, Die Formen der Familie und die Formen der Wirtschaft, 1896.
W.Grundmann, syn-metá mit Genetiv ktl., ThW VII, 766-798.
H.Gunkel/J.Begrich, Einleitung in die Psalmen, HK II, Ergänzungsband, 1933=1966. (Einleitung)
H.Gunkel, I.Individualismus und Sozialismus im AT, RGG 1.Aufl.III, 493-501. (Individualismus und Sozialismus)
H.Gunkel, II.Individualismus und Sozialismus im AT, RGG 2.Aufl.III, 234-239.
H.Gunkel, Der Micha-Schluß. Zur Einführung in die literaturgeschichtliche Arbeit am Alten Testament, ZS 2, 1923, 145-178.
H.Gunkel, Psalmen, HK II,2, 4.Aufl.1926=1968. (Psalmen)
H.Gunkel, Psalmen, RGG 1.Aufl.IV, 1927-1949.
H.Gunkel, Volksreligion Israels, RGG 1.Aufl.V, 1754.
O.R.Gurney, Middle Babylonian Legal Documents and Other Texts, UET 7, 1974. (UET 7)

O.R.Gurney/J.J.Finkelstein, The Sultantepe Tablets I, 1957; II (mit P.Hulin), 1964. (STT I-II)
H.G.Haack, Die Amtshandlungen in der evangelischen Kirche, 2.Aufl.1952.
O.Haendler, Grundriß der Praktischen Theologie, 1957.
W.Hallo, The Royal Correspondance of Larsa. A Sumerian Prototype for the Prayer of Hezekiah?, Festschr.S.N.Kramer, AOAT 25, 1976, 209-224. (The Royal Correspondance)
W.Hallo, Individual Prayer in Sumerian. The Continuity of a Tradition, JAOS 88, 1968, 71-89. (Individual Prayer)
G.Harbsmeier, Was wir an den Gräbern sagen, Glaube und Geschichte, Festschr. F.Gogarten, 1948, 83-109.
R.Harris, The nadītu-Woman, Studies Presented to A.L.Oppenheim, 1964, 106-135.
R.Harris, Biographical Notes on the naditu Women of Sippar, JCS 16, 1962, 1-12.
K.Hecker, Die Keilschrifttexte der Universitätsbibilothek Giessen, Berichte und Arbeiten der Universität Giessen 9, 1966.
F.Heiler, Das Gebet. Eine religionsgeschichtliche und religionspsychologische Untersuchung, 2.Aufl.1920.
J.Hempel, Das Ethos des Alten Testaments, BZAW 67, 1938. (Ethos)
J.Hempel, Gott und Mensch im Alten Testament. Studie zur Geschichte der Frömmigkeit, BWA(N)T 38, 1.Aufl.1926; 2.Aufl.1936. (Gott und Mensch)
J.Henninger, Die Familie bei den heutigen Beduinen Arabiens und seiner Randgebiete. Ein Beitrag zur Frage der ursprünglichen Familienform der Semiten, Internationales Archiv für Ethnographie 42, 1943, 1-189. (Familie)
J.Henninger, Der Glaube an den einen Gott. Über religiöse Strukturen nomadischer Gruppen, Bibel und Kirche 27, 1972, 13-16.
J.Henninger, Über Lebensraum und Lebensform der Frühsemiten, AFLNW 151, 1968.
A.Herdner, Corpus des tablettes en cunéiformes alphabétiques. Decouvertes à Ras-Shamra-Ugarit de 1929-1939, 2 Bde., Mission de Ras-Shamra 10, 1963. (CTA)
H.-J.Hermisson, Diskussionsworte bei Deuterojesaja. Zur theologischen Argumentation des Propheten, EvTh 31, 1971, 665-680. (Diskussionsworte)
H.-J.Hermisson, Studien zur israelitischen Spruchweisheit, WMANT 28, 1968. (Weisheit)
S.Herrmann, Geschichte Israels in alttestamentlicher Zeit, 1973.
H.Hild(ed.), Wie stabil ist die Kirche? Bestand und Erneuerung. Ergebnisse einer Meinungsbefragung, 1974.
H.Hirsch, Gott der Väter, AfO 21, 1966, 56-58.
H.Hirsch, Untersuchungen zur altassyrischen Religion, AfOB 13/14, 1961. (Altassyrische Religion; AfOB 13f)
A.Holl/G.H.Fischer, Kirche auf Distanz. Eine religionsgeschichtliche Untersuchung über die Einstellung österreichischer Soldaten zu Kirche und Religion, 1968.
B.Hrozný, Inscriptions cunéiformes du Kultépé I, 1952. (ICK 1)
H.B.Huffmon, Amorite Personal Names in the Mari Textes. A Structural and Lexical Study, 1965.
A.R.Hulst, ᶜam, gōj "Volk", THAT II, 290-325.
Th.Jacobsen, The Inscription of Takil-ili-su of Malgium, AfO 12, 1937-39, 363-366.
Th.Jacobsen, The Treasures of Darkness. A History of Mesopotamian Religion, 1976. (The Treasures)
E.O.James, Religionen der Vorzeit, 1960.
M.Jastrow, Die Religion Babyloniens und Assyriens, 3 Bde., 1905-1912.
C.F.Jean, Lettres Diverses, ARM(T) 2, 1950.
E.Jenni, ʾāb "Vater", THAT I, 1-17.
E.Jenni, jōm "Tag", THAT I, 707-726.

H.-H.Jenssen, Die kirchlichen Handlungen. Handbuch der Praktischen Theologie II, 1974, 139-195.
J.Jeremias, Theophanie. Die Geschichte einer alttestamentlichen Gattung, WMANT 10, 1965.
W.Jetter, Der Kasus und das Ritual. Amtshandlungen und Volkskirche, Wissenschaft und Praxis in Kirche und Gesellschaft 65, 1976, 208-223.
A.Jirku, Die Dämonen und ihre Abwehr im Alten Testament, 1912.
A.Jirku, Mantik in Altisrael, 1913.
A.Jirku, Materialien zur Volksreligion Israels, 1914.
A.R.Johnson, The One and the Many in the Israelite Conception of God, 2.Aufl.1961.
D.L.Johnson, The Natur of Nomadism. A Comparative Study of Pastoral Migrations in Southwestern Asia and North Africa, University of Chicago Research 118, 1969.
M.Josuttis, Praxis des Evangeliums zwischen Politik und Religion, 1974.
I.Kärki, Die sumerischen Königsinschriften der frühaltbabylonischen Zeit, StOr 35 (Textband), 1968.
E.Kautzsch, Biblische Theologie des Alten Testaments, 1911.
O.Keel, Feinde und Gottesleugner, Stuttgarter Biblische Monographien 7, 1969.
J.Kegler, Zum Verständnis politischen Geschehens im Israel der frühen Königszeit. Ein Beitrag zum Problem alttestamentlichen Geschichtsverständnisses, Diss.theol.(Masch.) Heidelberg, 1974.
G.Kehrer, Das religiöse Bewußtsein des Industriearbeiters. Eine empirische Studie, 1967.
C.A.Keller/G.Wehmeier, bārak pi."segnen", THAT I, 353-375.
L.W.King, The Letters and Inscriptions of Ḫammurabi, King of Babylon..., 2 Bde., I, 1898; II, 1900. (LIH)
L.W.King, Babylonian Magic and Sorcery, being "The Prayers of the Lifting of the Hand", 1896. (BMS)
R.Kittel, Die Religion des Volkes Israel, 2.Aufl. 1929.
H.Klengel, Zwischen Zelt und Palast. Die Begegnung von Nomaden und Seßhaften im alten Vorderasien, 1972.
K.Koch, sdq im Alten Testament. Eine traditionsgeschichtliche Untersuchung, Diss.theol. (Masch.) Heidelberg, 1953.
F.Köcher, Die babylonisch-assyrische Medizin in Texten und Untersuchungen, 4 Bde., 1963-1971. (BAM I-IV)
L.Köhler, Theologie des Alten Testaments, 4.Aufl. 1966.
F.R.Kraus, Briefe aus dem Archive des Šamaš-ḫāzir in Paris und Oxford (TCL 7 und OECT 3), AbB 4, 1968. (AbB 4)
F.R.Kraus, Briefe aus dem British Museum (CT 43 und 44), AbB 1, 1964. (AbB 1)
F.R.Kraus, Briefe aus dem Istanbuler Museum, AbB 5, 1972. (AbB 5)
F.R.Kraus, Das altbabylonische Königtum, Le Palais et la royauté. Archéologie et civilisation, 19. Rencontre assyriologique internationale (ed. P.Garelli), 1974, 235-261.
F.R.Kraus, Ein altbabylonischer Privatbrief an eine Gottheit, RA 65, 1971, 27-36.
F.R.Kraus, Akkadische Wörter und Ausdrücke, VI-VIII, RA 65, 1971, 97-112.
H.-J.Kraus, Gottesdienst in Israel. Grundriß einer alttestamentlichen Kultgeschichte, 2.Aufl. 1962. (Gottesdienst)
H.-J.Kraus, Klagelieder (Threni), BK XX, 1956.
H.-J.Kraus, Psalmen, 2 Bde., BK XV/1-2, 3.Aufl. 1966.
F.E.A.Krause, Ju-Tao-Fo. Die religiösen und philosophischen Systeme Ostasiens, 1924.
H.Kreissig, Die sozialökonomische Situation in Juda zur Achämenidenzeit, Schriften zur Geschichte und Kultur des Vorderen Orients 7, 1973.
H.Kremers, Die Stellung des Elterngebots im Dekalog. Eine Voruntersuchung zum Problem Elterngebot und Elternrecht, EvTh 21, 1961, 145-161.
J.Kühlewein, ʾēm "Mutter", THAT I, 173-177.
J.Kühlewein, Geschichte in den Psalmen, CTM A 2, 1973.

K.G.Kuhn, Gebetsriemen, BHH I, 525-526.
W.G.Kunstmann, Die babylonische Gebetsbeschwörung, LSS N.F.2, 1932=1968.
J.R.Kupper, Correspondance de Baḫdi-Lim, prefet du palais de Mari, ARM(T) 6, 1954.
J.R.Kupper, Correspondance de Kibri-Dagan, gouverneur de Terqa, ARM(T) 3, 1950.
J.R.Kupper, Lettres de Kiš, RA 53, 1959, 19-38.
R.Labat, Geburt, RlA III, 178-179.
C.J.Labuschagne, Amos'Conception of God and the Popular Theology of His Time, Studies on the Books of Hosea and Amos, Papers Read at 7th and 8th Meetings of Die O.T. Werkgemeenskap in Suid-Afrika, 1964/65, 122-133.
W.G.Lambert, DINGIR.ŠÀ.DIB.BA Incantations, JNES 33, 1974, 267-322.
W.G.Lambert, Babylonian Wisdom Literature, 1960. (BWL)
W.G.Lambert, Three Literary Prayers of the Babylonians, AfO 19, 1959/60, 47-66.
W.G.Lambert, A Middle Assyrian Tablet of Incantation, Festschr.B.Landsberger, AssSt 16, 1965, 283-288.
W.G.Lambert, A Middle Assyrian Medical Text, Iraq 31, 1969, 28-39.
G.Lanczkowski, Begegnung und Wandel der Religionen, 1971.
G.Lanczkowski, Kultgeschichtliche Methode, I.religionsgeschichtlich, RGG 3.Aufl.IV, 90-91.
B.Landsberger, Das 'gute Wort', Altorientalische Studien, Festschr.B.Meissner, MAOG 4, 1928-29, 294-321.
A.Lauha, Die Geschichtsmotive in den alttestamentlichen Psalmen, Annales Academiae scientiarum fennicae, B LVI,1, 1945.
L.Lévy-Bruhl, Das Denken der Naturvölker, 2.Aufl.1926.
L.Lévy-Bruhl, Die geistige Welt der Primitiven, 1927=1959.
J.Lewy, Keilschrifttexte in den antiken Museen zu Stambul. Die altassyrischen Texte vom Kültepe bei Kaisarīje, 1926. (KTS)
J.Lewy, Tablettes cappadociennes (TC 2-4), 3 Bde., TCL 19-21, 1935-1937. (TCL 19-21)
J.Lewy, Les textes paléo-assyriens et l'Ancien Testament, RHR 110, 1934, 29-65.
G.Liedke, Gestalt und Bezeichnung alttestamentlicher Rechtssätze. Eine formgeschichtlich-terminologische Studie, WMANT 39, 1971.
H.Limet, L'Anthroponymie sumérienne dans les documents de la 3e dynastie d'Ur, Bibliothèque de la Faculté de Philosophie et Lettres d'Université de Liège CLXXX, 1968, (L'Anthroponymie)
H.Limet, Les Légendes des sceaux cassites, Academie Royale de Belgique, Classe des Lettres, Mémoires II,60,2, 1971. (Les Légenedes)
J.Lippert, Der Seelenkult in seinen Beziehungen zur althebräischen Religion, 1881.
M.Liverani, The Amorites, Peoples of Old Testament Times (ed.D.J.Wiseman), 1973, 100-133.
M.Löhr, Sozialismus und Individualismus im Alten Testament. Ein Beitrag zur alttestamentlichen Religionsgeschichte, BZWA 10, 1906.
N.Lohfink, Das Hauptgebot. Eine Untersuchung literarischer Einleitungsfragen zu Dtn 5-11, AnBibl 20, 1963.
J.T.Luke, Pastoralism and Politics in the Mari Period. A Re-Examination of the Character and Political Significance of Major West Semitic Tribal Groups on the Middle Euphrates, ca.1829-1758 B.C., Diss.phil. (Mikrofim-Xerokopie) Michigan, 1965.
H.F.Lutz, Early Babylonian Letters from Larsa, YOS 2, 1917. (YOS 2)
H.F.Lutz, Old Babylonian Letters, UCP 9, 279-365. (UCP 9)

V.Maag, Das Gottesverständnis des Alten Testaments, NedThT 21, 1966/67, 161-207; 459-460. (Das Gottesverständnis)
V.Maag, Der Hirte Israels. Eine Skizze von Wesen und Bedeutung der Väterreligion, SThU 28, 1958, 2-28.
V.Maag, Malkût Jhwh, VTS 7, 1960, 129-153.
T.W.Manson The Teaching of Jesus, 2.Aufl.1955.
W.Marchel, Abba. Père. La Prière du Christ et des chrétiens, AnBibl 19A, 2.Aufl. 1971.
K.Marti, Geschichte der israelitischen Religion, 5.Aufl.1907.
J.Matthes, Volkskirchliche Amtshandlungen, Lebenszyklus und Lebensgeschichte. Überlegungen zur Struktur volkskirchlichen Teilnahmeverhaltens, Erneuerung der Kirche - Stabilität als Chance. Konsequenzen aus einer Umfrage (ed.J.Matthes), 1975, 83-112.
H.G.May, The God of My Father. A Study of Patriarchal Religion, JBR 9, 1941, 155-158; 199-200.
D.E.McCown/R.C.Haines/D.P.Hansen, Nippur I, Temple of Enlil, Scribal Quarter, and Soundings, OIP 78, 1967.
G.Meloni, Saggi di Filologia semitica, 1913.
G.E.Mendenhall, The Hebrew Conquest of Palestine, BA 25, 1962, 66-87.
G.Mensching, Religion, I.Erscheinungs- und Ideenwelt, RGG 3.Aufl.V, 961-964.
G.Mensching, Volksreligion und Weltreligion, 1938.
B.Menzel, Neuassyrische Tempel. Untersuchungen zu Kult, Administration und Personal, Diss. phil. (Masch.) Heidelberg, 1976.
R.P.Merendino, Das Deuteronomische Gesetz. Eine literarkritische, gattungs- und überlieferungsgeschichtliche Untersuchung zu Dt 12-26, BBB 31, 1969.
M.Mesarović/E.Pestel, Menschheit am Wendepunkt. 2.Bericht an den Club of Rome zur Weltlage, 1974.
L.Messerschmidt/A.Ungnad, Vorderasiatische Schriftdenkmäler der Königlichen Museen zu Berlin 1, 1907. (VS 1)
E.Meyer, Die Entstehung des Judentums. Eine historische Untersuchung, 1896=1965.
J.Meyer, Grundriß der Praktischen Theologie, Bd.II, 1932.
M.Mezger, Die Amtshandlungen der Kirche als Verkündigung, Ordnung und Seelsorge I. Die Begründung der Amtshandlungen, 2.Aufl.1963.
S.Mowinckel, He that Cometh, 1959.
S.Mowinckel, Offersang og sangoffer. Salmediktningen i Bibelen, 1951.
S.Mowinckel, Psalmenstudien I-VI, 1921-1924 = 2 Bde., 1966.
S.Mowinckel, The Psalms in Israel's Worship, 2.Bde., 1962. (The Psalms)
S.Mowinckel, Religion und Kultus, 1953.
M.A.Mustafa, Soundings at Tell Al Dhiba'i, Sumer 5, 1949, 173-198.
J.Naveh, A Hebrew Letter from the Seventh Century B.C., IEJ 10, 1960, 129-139.
G.Nebeling, Die Schichten des deuteronomischen Gesetzeskorpus. Eine traditions- und redaktionsgeschichtliche Analyse von Dtn 12-16, Diss. theol. (Masch.) Münster, 1970.
W.Neidhart, Die Rolle des Pfarrers beim Begräbnis, Wort und Gemeinde, Festschr. E.Thurneysen, 1968, 226-235.
K.W.Neubauer, Erwägungen zu Amos 5,4-15, ZAW 78, 1966, 292-316.
N.Nicolsky, Spuren magischer Formeln in den Psalmen, BZAW 46, 1927.
F.Niebergall, Die Kasualrede, 1905.
F.Niebergall, Praktische Theologie, Bd.II, 1919.
M.P.Nilsson, Geschichte der Griechischen Religion, Handbuch der Altertumswissenschaft V,2,1-2, 2 Bde., I, 2.Aufl. 1955; II, 2.Aufl. 1965.
M.Noth, Gemeinsemitische Erscheinungen in der israelitischen Namengebung, ZDMG 81, 1927, 1-45.

M.Noth, Mari und Israel, Eine Personennamenstudie. Geschichte und Altes Testament, Festschr. A.Alt, 1953, 127-152 = Aufsätze zur biblischen Landes- und Altertumskunde 2, 1971, 213-233.

M.Noth, Die israelitischen Personennamen im Rahmen der gemeinsemitischen Namengebung, BWA(N)T 46, 1928=1966. (Personennamen)

J.Nougayrol, Einführende Bemerkungen zur babylonischen Religion, Theologie und Religionswissenschaft (ed.U.Mann), 1973, 28-46. (Babylonische Religion)

J.Nougayrol, Textes accadiens et hourrites des archives est, ouest et centrales, PRU 3, Mission de Ras Shamra 6, 1955. (PRU 3)

K.Oberhuber, Sumer, Theologie und Religionswissenschaft (ed.U.Mann), 1973, 3-27.

A.L.Oppenheim, The Archives of the Palace of Mari II. A Review Article, JNES 13, 1954, 141-148.

A.L.Oppenheim, Letters from Mesopotamia, 1967.

A.L.Oppenheim, Ancient Mesopotamia. Portrait of a Dead Civilization, 1964.

H.Ott, La Paternité-maternité de dieu dans l'Ancien Testament, Diss.theol. (Masch.) Montpellier, 1975.

J.Pdersen, Israel. Its Life and Culture, 2 Bde., I/II, 1926=1946; III/IV, 1940=1947.

L.Perlitt, Bundestheologie im Alten Testament, WMANT 36, 1969.

G.Pettinato, Die Ölwahrsagung bei den Babyloniern, 2 Bde., Studi Semitici 21/22, 1966.

R.H.Pfeiffer, Excavations at Nuzi II. The Archives of Shilwateshub, Son of the King, HSS 9, 1932. (HSS IX)

F.Pfister, Die Religion der Griechen und Römer. Mit einer Einführung in die vergleichende Religionswissenschaft, 1930.

O.Plöger, Die Klagelieder, E.Würthwein/K.Galling/O.Plöger, Die fünf Megilloth, HAT XVIII, 1969.

Die Predigt bei Taufe, Trauung und Begräbnis, Inhalt, Wirkung und Funktion. Eine Contentanalyse, Gesellschaft und Theologie, Abteilung Praxis der Kirche 15, 1973.

H.D.Preuß, "...ich will mit dir sein", ZAW 80, 1968, 139-173.

G.Quell, patér. B.Der Vaterbegriff im AT, ThW V, 959-974. (Vaterbegriff)

G.Quell, Das kultische Problem der Psalmen. Versuch einer Deutung des religiösen Erlebens in der Psalmendichtung Israels, BWA(N)T 36, 1926.

G.v.Rad, Die Anrechnung des Glaubens zur Gerechtigkeit, ThLZ 76, 1951, 129-132 = Gesammelte Studien zum Alten Testament, ThB 8, 4.Aufl. 1971, 130-135.

G.v.Rad, Das fünfte Buch Mose. Deuteronomium, ATD 8, 1964.

G.v.Rad, 'Gerechtigkeit' und 'Leben' in der Kultsprache der Psalmen, Festschr. A.Bertholet, 1950, 418-437 = Gesammelte Studien zum Alten Testament, ThB 8, 4.Aufl.1971, 225-247.

G.v.Rad, Theologie des Alten Testaments I, 4.Aufl. 1962. (Theol.)

Reden des Kaisers. Ansprachen, Predigten und Trinksprüche Wilhelms II.(ed.E.Johann), DTV Dokumente 354, 1966.

Les Religions du Proche-Orient asiatique. Textes babyloniens, ougaritiques, hittites (R.Labat, A.Caquot, M.Sznycer, M.Vieyra), 1970. (Les Religions)

T.Rendtorff, Die soziale Struktur der Gemeinde. Die kirchlichen Lebensformen im gesellschaftlichen Wandel der Gegenwart, Studien zur evangelischen Sozialtheologie und Sozialethik 1, 1958.

J.Renger, Untersuchungen zum Priestertum in der altbabylonischen Zeit. 1.Teil, ZA 58, 1967, 110-188.

H.Graf Reventlow, Opfere deinen Sohn, BSt 53, 1968.

R.Riess, Die Krisen des Lebens und die Kasualien der Kirche, EvTh 35, 1975, 71-79.

H.Ringgren, Psalmen, 1971.
H.Ringgren, Israelitische Religion, Die Religionen der Menschheit 26, 1963.
H.W.Robinson, The Hebrew Conception of Corporate Personality, Werden und Wesen des Alten Testaments, BZAW 66, 1936, 49-62.
I.Röbbelen, Theologie und Frömmigkeit im evangelisch-lutherischen Gesangbuch des 17. und frühen 18.Jahrhunderts, 1957.
W.H.Ph.Römer, Frauenbriefe über Religion, Politik und Privatleben in Mari. Untersuchungen zu G.Dossin, ARM 10, Paris 1967, AOAT 12, 1971. (Frauenbriefe)
O.Rössler, Ghain im Ugaritischen, ZA 54, 1961, 158-172.
M.Rose, Der Ausschließlichkeitsanspruch Jahwes. Deuteronomische Schultheologie und die Volksfrömmigkeit in der späten Königszeit, BWA(N)T 106, 1975.
L.Rost, Das kleine geschichtliche Credo, Das kleine Credo und andere Studien zum Alten Testament, 1965, 11-25.
L.Rost, Die Vorstufen von Kirche und Synagoge im Alten Testament. Eine wortgeschichtliche Untersuchung, BWA(N)T 76, 1938.
H.H.Rowley, The Faith of Israel. Aspects of Old Testament Thought, 1956.
H.H.Rowley, The Servant of the Lord in the Light of Three Decades of Criticism, The Servant of the Lord and Other Essays on the Old Testament, 2.Aufl. 1965, 3-60. (The Servant)
M.B.Rowton, Enclosed Nomadism, JESHO 17, 1974, 1-30.
W.Rudolph, Micha-Nahum-Habakuk-Zephania, KAT XIII,3, 1975.
W.Rudolph, Das Buch Ruth, Das Hohelied, Klagelieder, KAT XVII,1-3, 1962.
E.Ruprecht, Vorgegebene Tradition und theologische Gestaltung in Gen 12,1-9 (unveröffentlichtes Manuskript), 1976.
E.Salonen, Die Gruß- und Höflichkeitsformeln in babylonisch-assyrischen Briefen, StOr 38, 1967.
M.San Nicolò, Eid, RlA II, 304-315.
J.Scharbert, Solidarität in Segen und Fluch im Alten Testament und in seiner Umwelt, BBB 14, 1958.
M.Schian, Grundriß der Praktischen Theologie, 1922.
H.Schmidt, Das Gebet der Angeklagten im Alten Testament, BZAW 49, 1928.
H.Schmidt, Die Psalmen, HAT I,15, 1934.
W.Schmidt, Die Primitialopfer in der Urkultur, Corona amicorum. Festschr. E.Bächler, Berichte über die Tätigkeit der St.Gallischen Naturwissenschaftlichen Gesellschaft 72, 1948, 81-92.
W.H.Schmidt, Alttestamentlicher Glaube in seiner Geschichte, 2.Aufl.1975.
G.Schmidtchen, Gottesdienst in einer rationalen Welt, 1973.
H.Schmöckel, Ḫammurabi und Marduk, RA 53, 1959, 183-204.
O.Schröder, Altbabylonische Briefe, VS 16, 1917.
H.Seebaß, Der Erzvater Israel und die Einführung der Jahweverehrung in Kanaan, BZAW 98, 1966.
I.L.Seeligmann, Zur Terminologie für das Gerichtsverfahren im Wortschatz des biblischen Hebräisch, Hebräische Wortforschung, Festschr.W.Baumgartner, VTS 16, 1967, 251-278.
H.Seidel, Das Erlebnis der Einsamkeit im Alten Testament, Eine Untersuchung zum Menschenbild des Alten Testaments, ThA 29, 1969.
G.Seitz, Redaktionsgeschichtliche Studien zum Deuteronomium, BWA(N)T 93, 1971.
O.R.Sellers/W.F.Albright, The First Campaign of Excavation at Beth-Zur, BASOR 43, 1931, 2-13.
E.Sellin, Das Subjekt der altisraelitischen Religion, NKZ 4, 1893, 441-479.
E.Sellin, Das Zwölfprophetenbuch I, Hosea-Micha, KAT XII,1, 2. und 3.Aufl. 1929.

M.J.Seux, Hymnes et prières aux dieux de babylonie et d'assyrie, 1976.

K.Seybold, Zwei Bemerkungen zu gāmal/gĕmūl, VT 22, 1972, 112-117.

K.Seybold, Das Gebet des Kranken im Alten Testament. Untersuchungen zur Bestimmung und Zuordnung der Krankheits- und Heilungspsalmen, BWA(N)T 99, 1973.

S.D.Simmons, Early Old Babylonian Tablets from Ḫarmal and Elsewhere, JCS 14, 1960, 49-58.

R.Smend, Über das Ich der Psalmen, ZAW 8, 1888, 49-147.

R.Smend, Lehrbuch der alttestamentlichen Religionsgeschichte, 1893. (Religionsgeschichte)

S.Smith, Cuneiform Texts from Cappadocian Tablets in the British Museum, 5 Bde., I, 1921; II, 1924; III, 1925; IV, 1927; V (mit D.J.Wiseman), 1956. (CCT 1-5)

W.R.Smith, Die Religion der Semiten, 1899.

W.v.Soden, Altbabylonische Dialektdichtungen, ZA 44, 1938, 26-44.

W.v.Soden, Die Hebamme in Babylonien und Assyrien, AfO 18, 1957/58, 119-121.

W.v.Soden, Gebet II (babylonisch und assyrisch), RlA III, 160-170.

W.v.Soden, Hymne, B.nach akkadischen Quellen, RlA IV, 544-548.

W.v.Soden, Mirjam-Maria "(Gottes-)Geschenk", UF 2, 1970, 269-272.

W.v.Soden, Das Problem der zeitlichen Einordnung akkadischer Literaturwerke, MDOG 85, 1953, 14-26.

W.v.Soden, Die Schutzgenien Lamassu und Schedu in der babylonisch-assyrischen Literatur, BagM 3, 1964, 148-156.

E.Sollberger/J.R.Kupper, Inscriptions royales sumériennes et akkadiennes, 1971. (IRSA)

E.Sollberger, Samsu'iluna's Bilingual Inscription B. Text of the Akkadian Version, RA 61, 1967, 39-44.

E.Sollberger, Samsu'iluna's Bilingual Inscriptions C and D, RA 63, 1969, 29-43.

L.Speleers, Recueil des inscriptions de l'Asie antérieure des Musées Royaux du Cinquantenaire à Bruxelles, 1925. (RIAA)

Y.Spiegel, Gesellschaftliche Bedürfnisse und theologische Normen, ThPr 6, 1971, 213-231.

R.A.Spitz, Die Entstehung der ersten Objektbeziehungen. Direkte Beobachtungen an Säuglingen während des ersten Lebensjahres, 3.Aufl. 1973.

B.Stade, Geschichte des Volkes Israel, Allgemeine Geschichte in Einzeldarstellungen (ed. W.Oncken) I,6,1-2, 2 Bde., I, 1887; II, 1888. (Geschichte)

B.Stade, Streiflichter auf die Entstehung der jetzigen Gestalt der alttestamentlichen Prophetenschriften, ZAW 23, 1903, 153-171. (Streiflichter)

B.Stade, Biblische Theologie des Alten Testaments, 1.und 2.Aufl.1905. (Theol.)

H.P.Stähli, pāḥad "beben", THAT II, 411-413.

J.J.Stamm, Hebräische Ersatznamen, Festschr.B.Landsberger, AssSt 16, 1965, 413-424. (Ersatznamen)

J.J.Stamm, Hebräische Frauennamen, Hebräische Wortforschung, Festschr. W.Baumgartner, VTS 16, 1967, 301-339. (Frauennamen)

J.J.Stamm, Der Name Isaak, Festschr.A.Schädlin, 1950, 33-38. (Isaak)

J.J.Stamm, Der Name des Königs Salomo, ThZ 16, 1960, 285-297. (Salomo)

J.J.Stamm, Die akkadische Namengebung, MV(Ä)G 44, 1939=1968. (Namengebung)

J.J.Stamm, sālaḥ "vergeben", THAT II, 150-160.

O.H.Steck, Deuterojesaja als theologischer Denker, KuD 15, 1969, 280-293.

F.J.Stephens, Old Assyrian Letters and Business Documents, BIN 6, 1946. (BIN 6)

F.J.Stephens, Votive and Historical Texts from Babylonia and Assyria, YOS 9, 1937. (YOS 9)

H.J.Stoebe, ḥānan "gnädig sein", THAT I, 587-597.

H.J.Stoebe, ṭōb "gut", THAT I, 652-664.

S.A.Strong, On some Oracles to Esarhaddon and Ašurbanipal, BA II, 1894, 627-643.

K.Tallqvist, Akkadische Götterepitheta, StOr 7, 1938.
R.C.Thompson, Assyrian Prescriptions for Diseases of the Urine, etc, Babylonaica 14, 1934, 57-151.
R.C.Thompson, Assyrian Medical Texts from the Originals in the British Museum, 1923. (AMT)
F.Thureau-Dangin, Ašduni-Erim roi de Kiš, RA 8, 1911, 65-79.
F.Thureau-Dangin, Un Hymne à Ištar de la haute époque babylonienne, RA 22, 1925, 169-177.
F.Thureau-Dangin, Jaḫdunlim, roi de Ḫana, RA 33, 1936, 49-54.
F.Thureau-Dangin, Lettres et contrats de l'époque de la première dynastie babylonienne, TCL 1, 1910. (TCL 1)
F.Thureau-Dangin, Notes assyriologiques, RA 11, 1914, 88-104.
H.E.Tödt, Der Menschensohn in der synoptischen Überlieferung, 2.Aufl.1963.
P.Torge, Seelenglaube und Unsterblichkeitshoffnung im Alten Testament, 1909.
E.B.Tylor, Primitive Culture. Researches into the Development of Mythology, Philosophy, Religion, Art, and Custom, 2 Bde., 1871.
A.Ungnad, Altbabylonische Briefe aus dem Museum zu Philadelphia, 1920. (ABPh)
A.Ungnad, Babylonische Briefe aus der Zeit der Ḫammurapi-Dynastie, VAB 6, 1914. (BB)
A.Ungnad, Babylonian Letters of the Ḫammurapi-Period, PBS 7, 1915.
W.C.van Unnik, Dominus vobiscum. The Background of a Liturgical Formula, New Testament Essays (ed.A.J.B.Higgins), Festschr.Th.W.Manson, 1959, 270-305.
L.A.Vaskovics, Religionssoziologische Aspekte der Sozialisation wertorientierter Verhaltensformen, Internationales Jahrbuch für Religionssoziologie 2 (ed. J.Matthes), 1967, 115-146.
R.de Vaux, Histoire ancienne d'Israël. Des Origines à l'installation en Canaan, 1971. (Histoire)
R.de Vaux, Das Alte Testament und seine Lebensordnungen, 2 Bde., I, 1960; II, 1962.
D.Vetter, ʿim "mit", THAT II, 325-328.
D.Vetter, Jahwes Mit-Sein - ein Ausdruck des Segens, Arbeiten zur Theologie I, 45, 1971.
H.Vorländer, Mein Gott. Die Vorstellungen vom persönlichen Gott im Alten Orient und im Alten Testament, AOAT 23, 1975.
Th.C.Vriezen, The Religion of Ancient Israel, 1967.
L.Wächter, Gemeinschaft und Einzelner im Judentum. Eine Skizze, Arbeiten zur Theologie 5, 1961.
H.E.v.Waldow, Anlaß und Hintergrund der Verkündigung des Deuterojesaja, Diss.theol. Bonn, 1953. (Verkündigung Deuterojesajas)
H.E.v.Waldow, "...denn ich erlöse dich", BSt 29, 1960.
C.B.F.Walker, Cuneiform Tablets in the County Museum and Art Gallery, Truro, Cornwall, AfO 24, 1973, 122-127.
M.Weippert, Zum Präskript der hebräischen Briefe von Arad, VT 25, 1975, 202-212.
A.Weiser, Psalm 77. Ein Beitrag zur Frage nach dem Verständnis von Kult und Heilsgeschichte, ThLZ 72, 1947, 133-140 = Glaube und Geschichte im Alten Testament und andere ausgewählte Schriften, 1961, 280-290.
A.Weiser/H.Ringgren/W.Zimmerli, Sprüche/Prediger/Das Hohelied/Klagelieder/Das Buch Esther, ATD 16, 2.Aufl.1967.
J.Wellhausen, Israelitische und jüdische Geschichte, 1894; 7.Aufl.1914. (Geschichte)
J.Wellhausen, Prolegomena zur Geschichte Israels, 6.Aufl.1927. (Prolegomena)
J.Wellhausen, Reste arabischen Heidentums, 1887=1961.
A.Wendel, Das freie Laiengebet im vorexilischen Israel, 1931.
A.Westenholz, The Earliest Akkadian Religion, Masch. Manuskript eines auf dem 21. internationalen Orientalistenkongreß in Rom gehaltenen Vortrags, 1974;

dazu als Anlage: List of Akkadian Personal Names.
C.Westermann, Arten der Erzählung in der Genesis, Forschung am Alten Testament. Gesammelte Studien I, ThB 24, 1964, 9-91 = Die Verheißungen an die Väter. Studien zur Vätergeschichte, FRLANT 116, 1976, 9-91. (Arten der Erzählung)
C.Westermann, Die Bedeutung der ugaritischen Texte für die Vätergeschichte, Die Verheißungen an die Väter. Studien zur Vätergeschichte, FRLANT 116, 1976, 151-168.
C.Westermann, Der Frieden (shalom) im Alten Testament, Studien zur Friedensforschung I, 1969, 144-177 = Forschung am Alten Testament, Gesammelte Studien II, ThB 55, 1974, 196-229.
C.Westermann, Genesis. 1.Teilband: Genesis 1-11, BK I/1, 1974. (Genesis I)
C.Westermann, Genesis 12-50, Erträge der Forschung 48, 1975. (Gen 12-50)
C.Westermann, Zum Geschichtsverständnis des Alten Testaments, Probleme biblischer Theologie, Festschr.G.v.Rad, 1971, 611-619. (Zum Geschichtsverständnis)
C.Westermann, Gottes Handeln in Schöpfung und Geschichte im Alten Testament, Das Evangelium und die Bestimmung des Menschen. Gottes Heilshandeln und die gesellschaftliche Verantwortung des Menschen, Evangelium und Geschichte 2, 1972, 11-37. (Schöpfung und Geschichte)
C.Westermann, Grundformen prophetischer Rede, BEvTh 31, 2.Aufl.1964. (Grundformen)
C.Westermann, Herrlichkeit Gottes in der Priesterschrift, Wort-Gebot-Glaube, Festschr.W.Eichrodt, 1971, 227-249 = Forschung am Alten Testament. Gesammelte Studien II, ThB 55, 1974, 115-137. (Herrlichkeit Gottes)
C.Westermann, Das Hoffen im Alten Testament. Eine Begriffsuntersuchung, Theologia Viatorum 4, 1952, 19-70 = Forschung am Alten Testament. Gesammelte Studien I, ThB 24, 1964, 219-265. (Hoffen)
C.Westermann, kābad "schwer sein", THAT I, 794-812.
C.Westermann, Kain und Abel, die biblische Erzählung, Brudermord (ed.J.Illies). Zum Mythos von Kain und Abel, 1975, 13-28.
C.Westermann, Klagelieder 3,21-23.39-41. 16.Sonntag nach Trinitatis, Calwer Predigthilfen I, 3.Aufl. 1967, 190-199. (Klagelieder 3)
C.Westermann, Das sakrale Königtum in seinen Erscheinungsformen und seiner Geschichte, Forschung am Alten Testament. Gesammelte Studien II, ThB 55, 1974, 291-308. (Das sakrale Königtum)
C.Westermann, Das Loben Gottes in den Psalmen, 3.Aufl. 1963. (Loben Gottes)
C.Westermann, II.Kultgeschichtliche Methode und AT, RGG 3.Aufl.IV, 91-92.
C.Westermann, qāwā pi."hoffen", THAT II, 619-629.
C.Westermann, Der Segen in der Bibel und im Handeln der Kirche, 1968. (Segen)
C.Westermann, Struktur und Geschichte der Klage im Alten Testament, ZAW 66, 1954, 44-80 = Forschung am Alten Testament. Gesammelte Studien I, ThB 24, 1964, 266-305. (Geschichte der Klage)
C.Westermann, Vergegenwärtigung der Geschichte in den Psalmen, Zwischenstation, Festschr.K.Kupisch, 1963, 253-280 = Forschung am Alten Testament. Gesammelte Studien I, ThB 24, 1964, 306-335. (Vergegenwärtigung)
C.Westermann, Das Verhältnis des Jahweglaubens zu den außerisraelitischen Religionen, Forschung am Alten Testament. Gesammelte Studien I, ThB 24, 1964, 189-218. (Das Verhältnis des Jahweglaubens)
C.Widengren, The Accadian and Hebrew Psalms of Lamentation as Religious Documents, 1937.
Wie stabil ist die Kirche? Ergebnisse der Repräsentativ-Erhebung "Kirchenmitgliedschaft", Materialband, 1974.
H.Wildberger, Jesaja I, BK X/1, 1972.
H.Wildberger, māʾas "verwerfen", THAT I, 879-892.

H.Winckler, Einige semitische Eigennamen, Altorientalische Forschungen II,1, 1898, 84-86.
D.J.Wiseman, The Laws of Hammurabi Again, JSS 7, 1962, 161-172.
J.Wössner, Soziologie. Einführung und Grundlegung, 5.Aufl.1973.
H.W.Wolff, Anthropologie des Alten Testaments, 1973.
H.W.Wolff, Immanuel. Das Zeichen, dem widersprochen wird. Eine Auslegung von Jesaja 7,1-17, BSt 23, 1959.
H.W.Wolff, Joel und Amos, Dodekapropheton 2, BK XIV/2, 1969.
H.W.Wolff, Das Kerygma des Jahwisten, EvTh 24, 1964, 73-98 = Gesammelte Studien zum Alten Testament, ThB 22, 1964, 345-373.
C.L.Wooley, Excavations at Ur, 1930-1, AJ 11, 1931, 343-381.
A.S.van der Woude, ᶜāzaz "stark sein", THAT II, 252-256.
G.Wurzbacher/H.Kipp, Das Verhältnis von Familie und öffentlichem Raum unter besonderer Berücksichtigung der Bundesrepublik Deutschland, Familie als Sozialisationsfaktor. Der Mensch als soziales Wesen III, 1968, 1-62.
W.Zimmerli, Grundriß der alttestamentlichen Theologie, Theologische Wissenschaft 3, 1973.
H.Zimmern, Sumerische Kultlieder aus altbabylonischer Zeit. 2.Reihe, VS 10, 1913.
H.Zirker, Die kultische Vergegenwärtigung der Vergangenheit in den Psalmen, BBB 20, 1964.
P.M.Zulehner, Kirche und Priester zwischen dem Auftrag Jesu und den Erwartungen der Menschen 1974. (Kirche und Priester)
P.M.Zulehner, Heirat, Geburt, Tod. Eine Pastoral zu den Lebenswenden, 1976.
P.M.Zulehner, Religion ohne Kirche? Das religiöse Verhalten von Industriearbeitern, 1969.

Nachtrag:

S.Dalley/C.B.F.Walker/
J.D.Hawkins, The Old Babylonian Tablets from Tell al Rimah, 1976.
I.Nataka, Deities in the Mari Texts. Complete inventory of all the information on the deities found in the published Old Babylonian cuneiform texts from Mari and analytical and comparative evaluation thereof with regard to the official and popular pantheons of Mari, Diss.phil.Columbia University (microfilm-xerography) 1974.
M.Rose, Schultheologie und Volksfrömmigkeit. Paradigmen eines alten Streites, Wort und Dienst, Jahrbuch der kirchlichen Hochschule Bethel N.F.13, 1975, 85-104.
J.B.Segal, Popular Religion in Ancient Israel, Journal of Jewish Studies 27, 1976, 1-22.
A.Westenholz, The Earliest Akkadian Religion, OR N.S.45, 1976, 215-216.

NACHWORT

Der Umstand, daß zwischen der Herstellung des Schreibsatzes (Frühjahr 1977) und dem Druck ein längerer Zeitraum liegt, ermöglicht es mir, in der Form eines Nachwortes auf einige Anfragen der Gutachter und einige neuere Literatur einzugehen.

1. Die erste Anfrage betrifft die verwendete Begrifflichkeit "persönliche Frömmigkeit", "offizielle Religion" und "religionsinterner Pluralismus". Eine Schwierigkeit liegt darin, daß mit "Frömmigkeit" für die eine Religionsschicht ein partieller Begriff benutzt wird, für die andere mit "Religion" aber ein umfassender, der zugleich auch beide Schichten umgreift. Die Unterscheidung soll nicht bedeuten, daß es in der offiziellen Religion nicht auch so etwas wie "Frömmigkeit" gibt, auch wenn diese in geschichtlich-politisches Geschehen eingebettet ist und darum anders aussieht. Ich hätte auch "persönliche Religion" sagen können, mit der Wahl des Begriffes "Frömmigkeit" wollte ich andeuten, daß es sich um eine unreflektierte, unmittelbar sich im Lebensvollzug der kleinen Gruppe vollziehende Form der Religion handelt, während die "Religion" der Großgruppe immer irgendwie organisiert, vom Alltagsleben abgehoben und theologisch reflektiert ist. Vielleicht wäre der Begriff "offizielle Theologie" besser gewesen, aber die Religion der Großgruppe ist immer mehr als Theologie, ist auch Kult und Ritus. So bestehe ich nicht auf den Begriffen, ich weiß nur zur Zeit keine besseren; vielleicht werden sie sich in der weiteren Diskussion ergeben.

Es ist auf die Diskrepanz hingewiesen worden, daß ich zwar den Begriff "religionsinterner Pluralismus" gebrauche, faktisch aber nur von einem Dualismus rede. Das ist richtig. Ich habe den Begriff von G.Lanczkowski übernommen (1), um meine Beobachtungen in einen weiteren religionsgeschichtlichen Horizont einzuordnen. Und er hat insofern auch seine sachliche Berechtigung, als ich mit ihm offenhalten möchte, daß man außer den von mir herausgearbeiteten zwei Schichten noch mehrere Zwischenschichten unterscheiden kann, etwa zwischen der offiziellen Tempelreligion und der Religion der Schriftpropheten, die zwar zur Zeit ihres Auftretens die Religion vereinzelter Außenseiter war, sich aber nichtsdestoweniger auf das ganze Volk bezog und darum ein Teil der offiziellen Religion ist, wie die spätere Rezeption durch die exilische Gemeinde ja auch bestätigt. Für Mesopotamien verweise ich auf die brauchbare Unterscheidung von 4 Schichten durch A.Westenholz. (2) Meine Unterscheidung von zwei Schichten ist also nicht abschließend und erschöpfend, sondern bedarf der weiteren Ausarbeitung und Differenzierung.

2. Es wurde vermißt, daß ich nicht die Bezugnahmen auf den Zion und den Tempel in den Klagen des Einzelnen untersucht habe. Ich habe den Tatbestand in Anm. B 24 wohl erwähnt, ihn aber bei der Behandlung der Klage des Einzelnen nicht weiter entfaltet, weil es mir erst einmal darum gehen mußte, die Existenz einer eigenständigen persönlichen Frömmigkeit nachzuweisen. Erst wenn das anerkannt ist, kann man daran gehen nun auch mögliche Beziehungen zur offiziellen Religion zu untersuchen, wie ich es ja auch im Teil E versucht habe. Die Beziehungen der Schichten untereinander mögen enger sein als ich das in diesem ersten Anlauf gesehen habe, aber aufgehoben sind

damit die von mir notierten Unterschiede noch nicht. Die Bezugnahmen auf den Zion in den Klagen und den Vertrauensliedern des Einzelnen würde ich vorläufig im Zusammenhang der Annäherung von privater Bittzeremonie und Tempelkult in nachexilischer Zeit sehen (S. 191ff), aber hier sind noch genauere Untersuchungen nötig, um zu einem gesicherten Urteil zu kommen.

3. M. Rose hat die religionsgeschichtlichen Hauptlinien seiner Dissertation noch einmal in einem Aufsatz dargelegt, der mir leider erst jetzt in die Hände fiel. (3) Interessant war für mich besonders sein Versuch, die von ihm im AT herausgearbeitete Auseinandersetzung zwischen "Schultheologie" und "Volksfrömmigkeit" durch die Kirchengeschichte weiter zu verfolgen. (4) Diese Ausdehnung der Fragestellung auf andere theologische Disziplinen entspricht ganz meiner Absicht. Doch wenn Rose im Verlauf seiner kirchengeschichtlichen Untersuchung "Volksfrömmigkeit" und "Gemeindefrömmigkeit" weitgehend gleichsetzt (5), dann sehe ich meine S. 16 geäußerte Kritik bestätigt, daß Rose nicht genau genug klärt, wer eigentlich der Träger der von der "Schultheologie" bekämpften Frömmigkeit ist. Vieles, was Rose an kirchengeschichtlichen Auseinandersetzungen hier anführt (Arius-Athanasius, Augustin-Pelagius, Karlstadt-Luther) wäre nach meiner Sicht ein Streit innerhalb der offiziellen Religion, denn beide Positionen beziehen sich ja auf die Großgruppe (Gemeinde) als ganze (vgl. etwa den Streit zwischen Jeremia und den Jerusalemer Priestern). Wohl steht die traditionelle kirchliche Frömmigkeit, wie Rose sie zeichnet, in manchem dem, was ich persönliche Frömmigkeit genannt habe näher als die (z.T. rigoristischere, z.T. reflektiertere) "Schultheologie"(6), doch die persönliche Frömmigkeit, wie ich sie verstehe, liegt noch einmal eine Schicht tiefer als die "Gemeindefrömmigkeit". Sie bezieht sich nicht auf die Gemeinde, sondern auf die Familie. So werden noch weitere Klärungen bei einer Verständigung über das Problem des religionsinternen Pluralismus nötig sein.

4. Schon 1961 hatte J.B. Segal von "two levels of Israelite religion" gesprochen. (7) In seinem neuen Aufsatz "Popular Religion in Ancient Israel"(8) versucht er die beiden Ebenen zu entfalten. Die eine Schicht sieht er durch den offiziellen Kult bestimmt, die andere von religiösen Praktiken, die es mehr mit dem Individuum zu tun haben. (9) Ausgangspunkt ist für Segal die Beobachtung, daß die Riten der Volksreligion (etwa im Zusammenhang von Geburt, Heirat und Tod) in den alten Gesetzestexten eine so geringe Berücksichtigung finden. (10) Den Grund dafür sieht er darin, daß hier Elemente tragend sind, die im etablierten Kult keinen Platz haben, nämlich die Frau, magische Vorstellungen und Praktiken, die Gottesmänner und die Höhenheiligtümer. (11) Bezüglich der Frau betont Segal die Furcht vor ihrer kultischen Unreinheit und ihre Affinität zu Zauberei und Totenkult, die Gottesmänner seien Träger "mystischer Segenskräfte", die bāmōt Hauptschauplätze volksreligiöser Riten gewesen (vgl Gräber auf den Höhen). Segal verfolgt dann das Verhältnis der so beschriebenen Volksreligion zum offiziellen Kult weiter in der Zeit nach dem Fall Samarias (12) und nach dem Exil. (13)

Segals Aufsatz verstärkt den Eindruck, daß heute offensichtlich an ganz verschiedenen Stellen in der alttestamentlichen Forschung die Notwendigkeit gesehen wird, verschiedene Schichten innerhalb der Religion Israels zu unterscheiden. Aber er macht auch deutlich, daß wir noch weit davon entfernt sind, Einigkeit darüber erreicht zu haben, was unter diesen Schichten zu verstehen ist. Auf mich macht das, was Segal der "popular religion" zuordnet, den Eindruck des Disparaten und Zufälligen. Das Bild, das er von ihr zeichnet, scheint mir mehr aus einer ganz bestimmten Vorstellung von "primitiver Religion" gewonnen zu sein als aus den Texten, und der Zusammenhang muß erst nachträglich über gedankliche Klammern hergestellt werden (z.B. magische Vorstellungen). Darauf, daß solche Rudimente "primitiver Religiosität" ebenso im offiziellen Kult eine Rolle spielen, geht Segal gar nicht ein. So erhebt sich für die Zukunft die Notwendigkeit, die Frage eines methodisch abgesicherten Zugangs zur "popular religion" schärfer als bisher zu stellen. (14)

5. Nach Abschluß des Manuskripts erschien 1976 die Edition der aB Texte aus Tell al Rimaḫ, die mir zuvor nur vereinzelt durch den Aufsatz von S.Dalley in JCS 25 bekannt waren. (15) Interessant sind für meine Fragestellung vor allem die 150 aB Briefe aus dem Iltani-Archiv. Denn selbst in diesem peripheren Briefkorpus aus dem Norden Mesopotamiens überwiegen die Grußgötter Šamaš und Marduk bei weitem (84%) (16), dagegen werden andere Götter, die eigentlich in dieser Region zuhause sind, etwa Addu, Geštin-ana (Karan(n)a?), Ištar, Herrin von Qaṭara u.a.m. nur selten im Grußformular erwähnt. (17) Der Gott Aššur ist auch hier auf Briefe aus Aššur beschränkt. (18)

Selbst wenn man berücksichtigt, daß ein großer Teil der Briefe des Archivs von einem gewissen Napsuna-Addu stammt, der fast immer die Grußformel mit Šamaš und Marduk bildet (19), dann bleibt doch der Tatbestand, daß immer noch über die Hälfte aller Absender, die überhaupt Grußformeln verwenden, die aB Standartformulierung mit Šamaš und Marduk wählt. (20)

Deutlich wird aus diesem, einmal geschlossen vorliegenden Briefkorpus, daß bestimmte Briefschreiber eine gewisse Vorliebe für bestimmte Götter hatten. So verwendet Āmur-ša-Šamaš in den zwei von ihm überlieferten Briefen beide Male die Grußformel: "Addu und Geštin-ana mögen dich am Leben erhalten!" (21) Aber die Wahl der Grußgötter erfolgt weder ganz konsequent - so kann ein gewisser Uri-Addu zweimal die Lokalgöttin Geštin-ana, daneben aber auch einmal Šamaš und Marduk in seinen Grüßen nennen (22) - noch wird sie durch den ganzen Brief durchgehalten. (23)

So bestätigt und verstärkt auch dieses aB Briefkorpus den S.135-139 gewonnenen Eindruck. Auch was den Inhalt der persönlichen Frömmigkeit angeht, unterstützen die Briefe aus Tell al Rimaḫ das oben gezeichnete Bild. (24)

6. Eine weitere orientalistische Arbeit, die im Zusammenhang meiner These von Bedeutung ist, hat I.Nataka mit seiner Dissertation "Deities in the Mari Texts" (25) vorgelegt. Nataka untersucht hier alle in den bisher publizierten Mari-Texten vorkommenden Götternamen und stößt dabei auf erstaunliche Divergenzen zwischen der Bezeugung der Götter in den Pantheonlisten des offiziellen Kults und in den theophoren Personennamen. (26)

Wohl gibt es eine Reihe von Göttern, die sowohl in den Kultlisten einen hohen Rang einnehmen und häufig in der Namengebung vorkommen (Addu, Dagan, Šamaš und Ea), dem stehen aber zwei größere Gruppen von Göttern gegenüber, die entweder in den Pantheonlisten sehr prominent sind, dafür aber in den Namen nur selten vorkommen (27), oder die in der offiziellen

Religion eine geringe Rolle spielen bzw. überhaupt fehlen, in der Namengebung aber breit bezeugt sind.(28) Ein Teil dieser Differenz, etwa daß in den Namen westsemitische Götter beliebt sind, die im offiziellen Kult von Mari nicht vorkommen (29), ließe sich aus einer kulturellen Überschichtung erklären, aber aufs Ganze gesehen weist sie auf einen weitreichenden Unterschied zwischen der offiziellen und der persönlichen Religion in Mari hin.(30)

Leider beschränkt sich Nataka auf das Auflisten der Götter und das Aufzeigen dieser Differenz. Seine Arbeit ist noch ganz der Ansicht verhaftet, als sei das wesentliche über eine Religion gesagt, wenn man ihre Götter abgehandelt habe. Das Geschehen zwischen Gott und Mensch, das sich in den beiden Religionsschichten unterschiedlich darstellt, kommt darum bei ihm gar nicht in den Blick. Das führt dazu, daß Nataka ganz selbstverständlich voraussetzt, daß das Gottesverständnis in den Kultlisten und in den Personennamen identisch sei (31); er kann sogar von einem "popular pnatheon" sprechen, ohne zu bedenken, daß in der Frömmigkeit der Personennamen auch nicht die Spur von Interesse erkennbar ist, über die Stellung der Götter untereinander irgendwelche Aussagen zu machen. Nicht zufällig haben wir auf der Ebene der offiziellen Religion Götterlisten überliefert, eine Liste der Götter in den Personennamen stellt Nataka mit wissenschaftlichen Mitteln erst heute künstlich her. Es ist darum durchaus die Frage, ob die Götter in den Namen wirklich dieselben "Götterpersönlichkeiten" wie die Listen meinen, selbst wenn sie dieselben Namen tragen. So müßten die Differenzen in den Gottesvorstellungen der Religionsschichten, wie ich sie oben herausgearbeitet habe (S.134-139) - und dazu gehört auch das noch ungelöste Problem der vielen ilum/El-Namen (32) - mit in die Ergebnisse einbezogen werden, um ihre Tragweite sichtbar zu machen.

So bietet die Arbeit I.Natakas noch keine Darstellung des Gegenübers von offizieller und populärer Religion in Mari, aber sie kann doch als eine wertvolle Vorarbeit dazu gelten (33) und berechtigt zu der Hoffnung, daß auch in der Altorientalistik das Problem des religionsinternen Plurali- ıs immer deutlicher gesehen und weiter verfolgt wird.

ANMERKUNGEN ZUM NACHWORT

1 S.o.3.

2 S.o.98; seine Kommunikation ist inzwischen - stark verkürzt - gedruckt erschienen, OR NS 45, 1976, 215f.

3 Schultheologie und Volksfrömmigkeit, 1975; vgl oben 15f.

4 90-104.

5 Vgl z.B. 90; 103 u.ö.; vgl auch die Schwierigkeiten, die Rose dabei hat, Reliqienkult und Ablaß in seine Kategorien einzuordnen, 98f.

6 Vgl etwa die Charakterisierung Roses: "...das verbindet die Volksfrömmigkeit aller Zeiten, ...daß sie nach einem Gott ausblickt, der sich von menschlichem Wollen und Bitten bestimmen läßt, gewißlich ein helfend-naher Gott."98.

7 JSS 6, 1961, 81.

8 Journal of Jewish Studies 27, 1976, 1-22.

9 2.

10 4f.

11 5-11; vgl 22.

12 11-18.

13 19-22.

14 S.o.16-18.

15 S.Dalley/C.B.F.Walker/J.D.Hawkins, The Old Babylonian Tablets from Tell al Rimah.

16 In den 150 Briefen sind 75 Grüße belegt, davon 63 mit Šamaš und Marduk.

17 Addu und Geštin-ana 2x, Addu und Šala 1x, (außerhalb der Grußformel auch 119,5; 138,20'f); Geštin-ana allein 1x, mit dem Gott von Tille zusammen 1x, (vgl in der Fürbitte 144,14f); Šamaš und Ištar, die Herrin von Qaṭara 1x; unsicher ist eine Bēlet maḫ/ṣṣartim 113,4.- Hinzu kommt noch 2x Šamaš allein und 2x bēli und bēlti in Briefen einer nadītu von Sippar.

18 121,4; 122,4; Lamassani lebt in Aššur, vgl 120,14; 122,11.

19 Die Briefe 20-56 stammen von ihm, zweimal, in 48,5 und 56,4 erwähnt er im Gruß nur Šamaš allein.

20 10 von 18.

21 128,4f; 130,4f.

22 Vgl 116,4f; 117,4 mit 115,4; ich setze voraus, daß es sich um die gleiche Person handelt.

23 Vgl z.B. den Brief 144: im Gruß Addu und Šala, Z.9 die Aufforderung: tue Šamaš einen Gefallen, Z.14f Fürbitte vor Geštin-ana; andere Beispiele: 119,4f/5f; 138,4f/20-22; 150,3/23. - Zur Vatergottbezeichnung vgl 118,11f: DINGIR sa É a-bi-ki neben den Grußgöttern Šamaš und Marduk.

24 Zu kabātu D vgl neben dem oben S.109 zitierten Text 119,5f nun auch 118,11-13; zu šumam zakāru 118,7 par. zu aḫam lā nadû "den Arm nicht sinken lassen = sich kümmern"; zu qabû 160,5; ein neuer Beleg für rēṣu "Retter" liegt vielleicht 119,5 vor, wenn man die Spuren zu i-li Á.DAḪ-ni (rēṣūni) ergänzen darf (Vorschlag von K.Deller). Zur Fürbitte vgl 134,15.20 (mit ṭu-ḫi-ma, imp.sg.fem. von teḫû D, womit vielleicht das Darbringen eines Opfers gemeint ist, vgl hebr. hiqrīb); 138, 20-22; 144,13-15. Die Aufforderung, Gott einen Gefallen zu tun (gamālu), ist 144,9; 150,23 erwähnt, das Einholen von Vorzeichen bei einer Krankheit in dem interessanten, leider noch nicht ganz sicher zu deutenden Text 65. Unsicher in der Bedeutung sind auch noch die Stellen 20,18-20; 54,9f; ein Gotteseid kommt 24,9 vor. Auch Feste sind häufiger erwähnt: 58,20f; 59,6-8.9ff; 64,4f (Opfermahl?); 79,6, sie weisen schon auf die offiziellen kultischen Funktionen des Königshauses hin.

25 Vgl im Untertitel: "with regard to the official and popular pnatheons of Mari", Diss.phil.Columbia University, 1974.

26 Vgl bes. 475ff und die Tabelle 477.

27 Z.B. kommen mit der Göttin Dīrītim, der in der Kultliste die meisten Opferschafe überhaupt (7) zugewiesen werden, nur 5 verschiedene Personennamen vor, von Bēlet-ekallim und Itūr-Mer (6 Schafe) nur je 2 etc.

28 Z.B. 67 Namen mit Sin, der nur 2 Opferschafe zugewiesen bekommt, 24 mit Išḫara, die nur 1 Schaf erhält. Die in Frauennamen sehr populären Göttinnen Annum und Mamma kommen in den Pantheonlisten gar nicht vor.

29 So die Götter Ḫammu, Eraḫ, Lim und Amum, vgl 480.

30 Diesen Schluß zieht auch I.Nataka, 492, wo er allerdings von "popular" und "official pantheon" spricht, zuweilen benutzt Nataka jedoch auch die Begriffe "official cult" und "popular piety", so 478f.

31 S. jedoch oben 137-139.

32 Vgl die kontroverse Diskussionslage und das Material bei I.Nataka 222ff.

33 Z.B. ist der Name Annu-tillatī (o.112) jetzt sicher zu deuten, nachdem Nataka wahrscheinlich gemacht hat, daß Annu(m) eine Göttin ist, die vom Himmelsgott Anu getrennt werden muß, vgl 59-74, bes.73. Das Fragezeichen in der Tabelle kann also fallen.

www.ingramcontent.com/pod-product-compliance
Lightning Source LLC
Chambersburg PA
CBHW031309150426
43191CB00005B/137